Todos los libros de Linkgua Ediciones cuentan con modelos de Inteligencia Artificial entrenados por hispanistas. Pregúntale al chat de tu libro lo que desees acerca de la obra o su autor/a.

Para **ebooks**: Accede a nuestro modelo de IA a través de este enlace.

Para **libros impresos**: Escanea el código QR de la portada con tu dispositivo móvil.

Obtén análisis detallados de nuestros libros, resúmenes, respuestas a tus preguntas y accede a nuestras ediciones críticas generativas para una experiencia de lectura más enriquecedora.
La transparencia y el respeto hacia la autoría de las fuentes utilizadas son distintivos básicos de nuestro proyecto. Por ello, las respuestas ofrecen, mediante un sistema de citas, las fuentes con las que han sido elaboradas.

Autores varios

Diccionario de la literatura cubana

Tomo III

Barcelona **2024**
Linkgua-ediciones.com

Créditos

Título original: Diccionario de la literatura cubana.

© 2024, Red ediciones S. L.

e-mail: info@linkgua.com

Diseño de cubierta: Michel Mallard.

ISBN tapa dura: 978-84-1126-590-4.
ISBN rústica: 978-84-9953-774-0.
ISBN ebook: 978-84-9953-952-2.

Cualquier forma de reproducción, distribución, comunicación pública o transformación de esta obra solo puede ser realizada con la autorización de sus titulares, salvo excepción prevista por la ley. Diríjase a CEDRO (Centro español de Derechos Reprográficos, www.cedro.org) si necesita fotocopiar, escanear o hacer copias digitales de algún fragmento de esta obra.

Sumario

M

Macau García, Miguel Ángel (Matanzas, 1 enero 1886-La Habana, 7 septiembre 1971). Estudió la primaria y el bachillerato en Matanzas. Se dio a conocer como poeta en *Arpas amigas* (Matanzas, Imprenta El Escritorio, 1906), junto con José G. Villa. Fue redactor de la revista *El Estudiante* y del periódico *La Lucha*, ambos de Matanzas. Se graduó de Doctor en Derecho Civil en la Universidad de La Habana en 1914. Ejerció la carrera en Matanzas durante siete años. Aspiró a representante a la Cámara por el Partido Popular de su ciudad natal. Como poeta y dramaturgo fue laureado en tres oportunidades en los juegos Florales de Oriente (1914, 1916 y 1919). Viajó en dos ocasiones a Estados Unidos; después se trasladó a La Habana, donde laboró como juez municipal del Vedado. En 1934 es designado contador del Comité Ejecutivo y de la Asamblea Suprema de la Cruz Roja Cubana, de cuya revista *Cruz Roja Cubana* fue codirector desde 1937. En 1957 colabora en *Pueblo* y en *Diario de la Marina*. Con posterioridad se retiró de abogado. Es autor de trabajos jurídicos y de composiciones musicales. Poco antes de su muerte, recibió homenaje del Ateneo de La Habana, del cual era miembro.

Bibliografía activa

Influencia de la literatura en las costumbres, conferencia pronunciada en el local de la Asociación de Jóvenes Cristianos el 20 de diciembre de 1909, Matanzas, Imprenta de T. González, 1909.

Julián, Monólogo dramático en verso, Matanzas, Imprenta El Radium, 1910.

La justicia en la inconsciencia, drama en tres actos y en verso, Matanzas, Imprenta de R. Betancourt, 1910.

Impresiones del camino, prosa, Matanzas, Imprenta de Tomás González, 1911; 2.ª edición, La Habana, Imprenta La República, 1942.

Flores del trópico, poemas, «A guisa de prólogo», por Max Henríquez Ureña, Barcelona, F. Granada, 1912; La Habana, Cultural, 1936.

Francia bajo el Consulado, conferencia, Matanzas, Imprenta de T. González, 1912.

Lírica saturnal, Matanzas, Imprenta de T. González, 1912; 2.ª edición, La Habana, Talleres Tipográficos de «La República», 1943; México D. F., Editorial B, Costa Amic, 1948.

Mi vía-crucis, relato sobre tres operaciones quirúrgicas sufridas por el autor, Matanzas, Imprenta de T. González, 1912; La Habana, Talleres Gráficos de Albino Rodríguez, 1947; 3.ª edición, Buenos Aires, Talleres Gráficos de Porter, 1947.

La justicia en la inconsciencia, Julián La partida, Obras dramáticas, Matanzas, Imprenta de Tomás González, 1913.

El triunfo de la vida, comedia dramática, accésit en los Juegos Florales de Oriente de 1914, s. l., 1914.

Paz perdida, composición premiada en los Juegos Florales de Santiago de Cuba el 22 de junio de 1916, Santiago de Cuba, Imprenta La Moda, 1916.

Obras dramáticas, La Habana, Editorial Hermes, 191...

Ritmos de ideal, Paz perdida, poemas, La Habana, Imprenta P. Soles, 1920; La Habana, Albino Rodríguez, 1938; 3.ª edición, México D. F., Editorial B, Costa Amic, 1949.

Spoliarium, prosas de dolor y evocación, La Habana, Tipografía Moderna de Alfredo Dorrbecker, 1927; 2.ª edición, La Habana, Imprenta P. Fernández, 1940; 3.ª edición, México, Gráfica Panamericana, 1948.

Harpas de alba, versos de mis diecinueve años, 3.ª edición, Buenos Aires, 1938; s. l., 193...

Teatro, La Habana, Imprenta Albina Rodríguez, 1938.

La herencia maldita, s. l., 1938.

Antología, La Habana, Imprenta Albino Rodríguez, 1944.

Soledad, Zarzuela-revista en un acto, dividido en seis cuadros, y música del maestro Rodrigo Prats.

La maternidad es amor, comedia dramática en tres actos y en prosa, La Habana, Cultural, 19...

Obras dramáticas, México D. F., Editorial Latina, 1950.

Los poemas musicales, Composiciones líricas, letra y música, La Habana, Imprenta P. Fernández, 1930-1956.

Biognosis, ensayo filosófico, La Habana, Imprenta P. Fernández, 1953.

Pasajes en claroscuro, Prosas varias, La Habana, Imprenta P. Fernández, 1954.

Cancionero folklórico, La Habana, Imprenta P. Fernández, 1956.

Peregrinaje ocioso, prosas varias, La Habana, Imprenta P. Fernández, 1957.

Teatro, La Habana, Imprenta P. Fernández, 1957.

Clotilde Tejidor, novela cubana, *Seguro de vida*, novela corta, La Habana, Editorial Lex, 1958.

Y se salvaba el amor, novela, La Habana, Imprenta P. Fernández, 1959.

Véspero radiante, poemas, La Habana, 1960.

Poema a mi valle, Canto en espinelas, La Habana, 1961.

Bibliografía pasiva

Comentarios sobre las obras de Miguel Ángel Macau, La Habana, 1947, Grismer, Raymond L., y Manuel Rodríguez Saavedra, «Miguel A. Macau», en su *Vida y obras de autores cubanos*, tomo 1, La Habana, Editorial Alfa, 1940, págs. 51-53.

J. V., «*Julián*, Monólogo dramático en verso, original», en *El Estudiante*, Matanzas, 28, 23, 1, julio 31, 1910.

M. B. A., «Miguel A. Macau, *Los poemas musicales*», en *América*, La Habana, 46, 1-3, 93-94, noviembre-diciembre, 1955.

M. C. J., «Libros, *Lírica saturnal*», en *Diario de la Marina*, La Habana, 117, 69, 4, marzo 23, 1949.

«Miguel A. Macau, *Pasajes en claroscuro*», en *América*, La Habana, 46, 1-3, 94, noviembre-

diciembre, 1955.
«Miguel A. Macau, *Spolarium*», en *América*, La
Habana, 7, 2, 95, ago, 1940.

Macías, José Miguel (La Habana, 28 junio
1832-México, 1905). Profesor y director de
varios colegios habaneros, entre ellos el
de «Santo Tomás». Vivió algún tiempo en
Guanajay, Pinar del Río, donde fundó el colegio
«Bartolomé de las Casas». En 1861 se anunció
que estaba en prensa su *Historia de la Isla
de Cuba*. En Guanajay publicó en 1862 los
dos primeros libros impresos en ese pueblo,
Metrología nacional y *Vindicación de la metrología nacional*. Después se trasladó a Cárdenas
(Matanzas), donde dirigió la Escuela Superior
Municipal y fundó el semanario *La Capirotada*,
que servía a los ideales de independencia.
Debido a sus ideas separatistas, tuvo que emigrar al extranjero, donde siguió al servicio de
la libertad de Cuba. En 1873, cuando residía en
México, colaboró en el *Criterio Independiente*,
de Veracruz, y publicó *El Jesuita*, periódico
en el que combatió a la Compañía de Jesús.
Fue vicerrector y catedrático del Colegio
Preparatorio y Escuela Especial de Veracruz,
así como miembro de la Sociedad de Geografía
y Estadística de México. Fue premiado por
sus obras didácticas con medallas de 1.ª y 2.ª
clase en la Exposición de Orizaba, México,
y galardonado con premios extraordinarios
por el Supremo Consejo del Rito Escocés.
Trabajos suyos fueron publicados en el *Diario
Comercial* (1893) de Veracruz, así como en

la *Revista Cubana* y en *La Ilustración Cubana*.
Entre sus obras está la *Corona fúnebre de M.
M.. Alejandro del Paso, con la colaboración de
distinguidos* H. H. (Veracruz, Zayas, 1885).
Participó en la redacción de *Animales célebres
de todos los tiempos y de todos los países*
(1852), de José de Castro y Serrano. Dejó
inédita la obra de investigaciones lingüísticas
Raíces americanas. Utilizó el seudónimo revolucionario de *El Grito de Yara*.

Bibliografía activa

Diccionario de animales célebres, Madrid,
1852, Ampliación al texto de A. Smith, La Habana, 1858.
*Ampliaciones al texto de Geografía de Asa
Smith*, publicadas por el profesor de dicha
asignatura en el Colegio de Santo Tomás,
que dirige don Ramón Ituarte, 2.ª edición corregida por el autor, La Habana, Imprenta La
Habana, 1859.
Novísima tabla de cuentas, La Habana, 1858.
Apuntes de Historia Eclesiástica, La Habana,
1859; 2.ª edición, Id, 1860.
Elementos de Metrología, La Habana, Establecimiento Tipográfico La Antilla, 1859; 2.ª edición, La Habana, Imprenta La Antilla, 1862;
3.ª edición, s. l., 1864; 4.ª edición, Cárdenas,
Imprenta de la Escuela, 1867.
Geografía de Cuba, parte fundamental, La Habana, Imprenta La Habanera, 1859.
Geografía de Cuba, La Habana, Establecimiento Tipográfico La Antilla 1860; 3.ª edición,
corregida y aumentada, La Habana, Imprenta

del Tiempo, 1863; 4.ª edición, Cárdenas, Imprenta El Comercio, 1866.

Prolegómenos de literatura, La Habana, Establecimiento Tipográfico La Antilla, 1859.

Tabla de cuentas con noticias metrológicas, La Habana, Zapatero, 1859.

Exámenes preparatorios del Colegio Polimático de Fr B. de las Casas bajo la dirección de José Miguel Macías, La Habana, Establecimiento Tipográfico La Antilla, 1860.

Memorandum del Colegio Polimático Fr. B. de las Casas, La Habana, Imprenta La Antilla, 1861.

Metrología nacional, 2.ª edición corregida, Guanajay, Imprenta El Destello, 1862.

Vindicación de la Metrología nacional; o Réplica al juicio crítico del señor Ramón de Lubián y Orta, Guanajay, Imprenta El Destello, 1862.

Lecciones de geografía, sin concluir, *s. l.*, Valdés, 1863.

Catecismo de gramática española, cuaderno primero, Cárdenas, Imprenta de la Escuela, Superior Municipal, a cargo de Tomás Díaz, 1866.

Lecciones de aritmética, 1.ª, 2.ª y 3.ª partes, Cárdenas, Imprenta de T. Díaz, 1866.

Sinopsis gramatical, Cárderas, 186...

Los deportados cubanos, s, l., ca, 1870.

Cartilla de Derecho Constitucional, Veracruz, México, Lainé, 1873.

Metrología mexicana, Veracruz, Tip. de R. Lainé, 1873; 1.ª parte, 6.ª edición, Malinas, Bélgica, E. Dessain, 1882.

Catecismo de Derecho Político Constitucional,

Opúsculo escrito en completa uniformidad con los textos legales vigentes en la República Mexicana, Veracruz, 1875; Orizaba, México, *s. a.*; Puebla, México, *s. a.*; 6.ª edición, Coatepec, México.

A. Rebolledo, 1884; 7.ª edición, Veracruz-Puebla, 1889.

Disertación, presentada a la respetable junta Protectora del Colegio de Estudios Preparatorios y Escuela Especial de Comercio de Veracruz, y leída y sostenida por su autor ante el respetable jurado que debía fallar sobre los ejercicios de oposición a la Cátedra de «Cronología», Veracruz, Imprenta de Ledesma y Blanco, 1875.

Orígenes del español, Veracruz, Imprenta Ledesma, 1875-1876, 2 T.

Prolegómenos de la ciencia histórica, Veracruz, R. Lainé, 1876; 2.ª edición, *s. l.*, 1876; opúsculo escrito para servir de introducción a los «Elementos de Historia Nacional» escritos, 3.ª edición, Veracruz, Tipografía de J. Roseli, 1888.

Teoría de las desinencias, Veracruz, Ledesma, 1876.

Raíces latinas, Cuaderno 1.º *Elementos de Etimológica*, México, Imprenta de la Colonia Española, 1878; Coatepec, 1882.

Discurso y recepción en la Sociedad Masónica, Veracruz, Zayas, 1879.

Plancha de arquitectura, tratada para la fiesta solsticial del año 1878 de los E. V., Veracruz, Zayas, 1879.

Plancha trazada con motivo de la iniciación de

un profano, Veracruz, 1879.

El suicidio a la luz de la filosofía, de la historia y de la legislación, 3 partes, Veracruz, Zayas, 1879.

Presupuesto del Colegio Esperanza, Precedido de una Memoria justificativa, México, Sandoval, 1880.

Raíces griegas, Veracruz-Puebla, Librería La Ilustración, 1880; 2.ª edición, *id.*, 1880.

Geografía nacional, Malinas, E. Dessain, 1881.

Plancha traz [sic] para las honras fúnebres celebradas el 23 de junio de 1882, Veracruz, Zayas, 1882.

Tablas de cuentas, refundición, 6.ª edición, Coatepec, A. Rebolledo, 1882.

Catorceno aniversario de la R. Logia Esperanza, Veracruz, Ledesma, 1883.

Clavijero, honra de Veracruz, orgullo de México y ornamento de las ciencias, Veracruz, Tipografía de J. Ledesma, 1883.

Diccionario de los nombres de las personas, Veracruz, Zayas, 1883.

Discurso, pronunciado con motivo de la festividad de San Juan Apóstol y Evangelista, Veracruz, Zayas, 1883.

Documentos de importancia suma para la historia del Simbolismo en México, Veracruz, Ledesma, 1883.

Fiesta de San Juan Bautista y Proclamación de la Independencia del Simbolismo, Veracruz, Ledesma, 1883.

La priapea, Disertación áurea de las Cruces y de las Divinidades generadoras de donde

proceden, Veracruz, Ledesma, 1883.

Las Bodas de Plata de la D. y R., Logia Fraternidad, Xalapa, México, Ruiz, 1884.

Elementos latinos del español, Veracruz, Tipografía Veracruzana, 1884.

Fiesta del Fuego Nuevo, Veracruz, Ledesma, 1884.

Inauguración del Templo de Hiram, Veracruz, Ledesma, 1884.

Diccionario cubano, etimológico, crítico, razonado y comprensivo de las voces y locuciones del lenguaje común y del de las dicciones del nomenclator geográfico, Veracruz, Tipografía Veracruzana, 1885-1886, 2 T.; Reimpresión, Coatepec, Tipografía de Antonio M. Rebolledo, 1888.

El bautismo de los Nahoas, Jalapa, Viuda de Ruiz, 1888.

16 aniversario de la muerte de Benito Juárez, discurso, Veracruz, Tipografía del Álbum, 1888.

Vindicación de la Colonia Cubana, Veracruz, Tipografía de J. Rosell, 1888.

El orador mudo, Veracruz, Rosen, 1889.

Álbum de las niñas morelienses, Vocabulario etimológico de los nombres impuestos en el Registro Civil de las Personas, y muy en especial de los diminutivos ideológicos de esos mismos nombres, Cuernavaca, México, Luis G. Miranda, impresor, 1890.

Alegato fiscal en pro de la Comisión de Pesquisas, Veracruz, Rosell, 1890.

Apuntes para la historia del Simbolismo, Veracruz, Rosell, 1890.

Metrología decimal, 6.ª edición, Malinas 1890.

Plancha inquisitiva, Veracruz, Rosell, 1890.

Palingenesia de Benito Juárez, Jalapa, Imprenta del Gobierno, 1891.

Etymologicarum Novum Organum, Obra, que con motivo del cuarto centenario del descubrimiento de América, publica, vicerrector y catedrático del Colegio Preparatorio, Veracruz, Imprenta Latina, 1892; Xalapa, Oficina tipográfica del Gobierno del Estado, 1899.

¿Xalapa o Jalapa? Artículos publicados en el Diario Comercial de Veracruz durante enero de 1893.

Xalapa, Imprenta del Gobierno del Estado, 1893.

Erratas de la Fe de erratas de don Antonio Valbuena, Veracruz, Tipografía El Progreso, 1894-1896.

Exposición del Cuerpo de Consejo de Veracruz, Veracruz, 1897.

Etymologicarum Novum Organum, Segunda serie de los artículos inéditos o no coleccionados escritos, México, Imprenta de E. Dublan, 1901.

Bibliografía pasiva

Betancur, José M., «Biografía de José M. Macías», en *México Intelectual*, Jalapa, México, 1890.

Machado y Gómez, Eduardo (Santa Clara, 20 octubre 1838-Arroyo Colorado, Camagüey, 16 octubre 1877). Cursó la primaria en su ciudad natal. Fue alumno del poeta Eligio Eulogio Capiró. De 1858 a 1864 viajó por Estados Unidos, Inglaterra, Francia, España, Italia, Prusia, San Petersburgo y Moscú. Estudió teneduría de libros, ingeniería civil, lenguas y literaturas inglesa, francesa y alemana, así como el hebreo y el ruso. Regresa a Villa Clara en 1865 y funda el periódico *La Época* (1866). Labora en la Junta Revolucionaria de Villa Clara. Participa en el alzamiento de las Cinco Villas (1869). Es promovido a la Asamblea Constituyente de Guáimaro. Propone como emblema la bandera de Narciso López. Fue diputado, vicesecretario, secretario y presidente de la Cámara de Representantes de la República. En 1873 formó parte de los que Propusieron la sustitución de Céspedes como presidente de la República en armas. Colaboró en el periódico mambí camagüeyano *La Estrella Solitaria*. Su obra *Cuba y la emancipación de sus esclavos* apareció traducida en 1864 al alemán por E. Butze, así como al inglés, en Londres, por cuenta de la Sociedad Abolicionista. Plácido, *Dichter und Martyrer* fue traducida del alemán al francés y después al castellano. Fue publicada en la obra de García Garófalo, *Plácido, poeta y mártir.* (México, Ediciones Botas, 1938, págs. 279-295). Hizo alguna traducción del francés. Dejó inédito un *Diario de Campaña.* Murió en combate. Usó los seudónimos *Don Durama de Ochoa y Eddy.*

Bibliografía activa

Cuba y la emancipación de sus esclavos, Leipzig, F. A. Brokhaus, 1864.

Eligio Eulogio Capiró como hombre Privado, Villa Clara, Imprenta El Alba, 1865.

Plácido, *Dichter und Martyrer, Eine biographie*, Hannover, Drud von Gebr, Janecke, 1865.

Biblioteca Pública de la Sociedad Filarmónica de Villa Clara, Villa Clara, 1866.

La maestra Nicolasa, Villa Clara, Imprenta La Época, 1866.

Visita a Villa Clara de Eduardo Asquerino, Villa Clara, Imprenta La Época, 1866.

El estero del Granadillo, Villa Clara, Imprenta La Época, 1867.

Ofrenda de gratitud a la memoria de la maestra Nicolasa Pedraza y Donachea, Villa Clara, Imprenta La Época, 1867.

Autobiografía, Santa Clara, Imprenta de Juan Castillo, 1908.

Bibliografía pasiva

Camacho, Pánfilo Daniel, *Eduardo Machado, El legislador trashumante*, La Habana, Editorial Trópico, 1943.

«Eduardo Machado y Gómez», en *Álbum de El Criollo*, La Habana, Establecimiento Tipográfico O'Reilly n.º 9, 1888, págs. 223.

García Garófalo y Mesa, Manuel, *Eduardo Machado y Gómez, su vida y sus obras*, sinopsis de la obra, Villa Clara, 1944.

Martí, José, «Eduardo Machado», en su *Obras completas*, tomo 1, 4 y 5, La Habana, Editorial Nacional de Cuba, 1963-1966, págs. 122; 385, 387 y 234.

Pirala Criado, Antonio, «Sesión extraordinaria de la Cámara insurrecta depone al presidente Céspedes», sobre la intervención de Eduardo Machado, en su *Anales de la guerra de Cuba*, tomo 2, Madrid, Felipe González Rojas, Editor, 1896, págs. 651.

Santovenia, Emeterio Santiago, «Eduardo Machado y Gómez», en *Social*, La Habana, 9, 6, 54, junio, 1924.

Vilches, Fausto, «Figuras del 68, Eduardo Machado y Gómez», en *Bohemia*, La Habana, 60, 2, 100-102 enero 12, 1968.

Machado y Hernández, José (Manzanillo, Oriente, 17 mayo 1901-Guanabacoa, La Habana, 21 agosto 1959). Cursó la segunda enseñanza en el colegio «Santo Tomás de Aquino», de su ciudad natal. Aprobó los tres primeros años del bachillerato en el Instituto Provincial de Oriente, y el último en el de La Habana, donde se graduó de Bachiller en Letras y Ciencias en 1922. Se doctoró en Derecho Civil en la Universidad de La Habana (1925). Ejerció la profesión de abogado y después se le designó juez interino de los juzgados municipales de Campechuela, Niquero y Manzanillo, en la provincia de Oriente. En diciembre de 1927 fue nombrado juez municipal segundo suplente de Manzanillo. Fue uno de los fundadores del periódico *Las Noticias* (1931), de Manzanillo. En 1934 fue ascendido a juez municipal primer suplente de dicha ciudad. Al año siguiente desempeñó el cargo de juez municipal de Baracoa, Oriente, y presidió la Junta Municipal Electoral de ese Municipio.

Colaboró, entre otras publicaciones, en *Orto* (Manzanillo), *Revista de La Habana*, *Diario de la Marina* y *Vanidades*. Obtuvo por oposiciones la plaza de juez municipal de Guanabacoa. Escribió varias obras sobre Derecho.

Bibliografía activa

Versos de juventud, Manzanillo, Editorial El Arte, 1927.

Gemas y trofeos, poemas, prólogo de Enrique Serpa, La Habana, Imprenta Úcar, García, 1937.

Estampas y camafeos, 30 sonetos, Manzanillo, Editorial El Arte, 1944.

Versos de una madrugada y una carta a Chacón y Calvo, poemas, Manzanillo, Imprenta El Arte, 1945, *José Martí, Segundogénito de Dios*, discurso pronunciado el 27 de enero de 1947, Manzanillo, Sariol, 1947.

Bibliografía pasiva

Suárez Solís, Rafael, «Bibliografía, Gemas y trofeos» en *Selecta*, La Habana, 3, 32, 4, enero 1, 1938.

Madan, Augusto (Matanzas, 1853-? 1915). Realizó sus primeros estudios en Matanzas. Se marchó después a España, donde estudió la licenciatura en Derecho y en Filosofía y Letras en la Universidad de Madrid, y trabajó como profesor de química. Llegó a reunir una biblioteca de teatro de unos quince mil volúmenes. Visitó a París. Sus obras se representaron en Madrid, Barcelona y Sevilla. La de mayor éxito fue *El anillo de Fernando IV* (1874). En 1882 intentó publicar una Biblioteca Matancera con obras de autores de la provincia. Produjo gran número de piezas de teatro de contenido bufonesco o de carácter histórico y cultivó el juguete lírico y la zarzuela. Tradujo varias obras de teatro, entre ellas, del francés, la de Octavio Feuillet titulada *Un caso crítico* (Madrid, Indicador de los Caminos de Hierro, 1875). Escribió en colaboración con el poeta Rafael M. Liern las obras *Matrimonios al vapor* (Madrid, 1876?), comedia en dos actos y en verso, *Artistas para La Habana* (Madrid, Imprenta de J. Rodríguez, 1877), juguete lírico en un acto y en verso, *La escala del crimen* (Madrid, Imprenta de J. Rodríguez, 1877), melodrama en tres actos y seis cuadros, en prosa. Con el poeta José Eustaquio Triay escribió *Pablo y Virginia* (Matanzas, Imprenta El Ferrocarril 1880), drama lírico en tres actos y seis cuadros, en verso, así como *Cleopatra* (Matanzas, Imprenta La Nacional, 1881), zarzuela cómica en tres actos y en verso. En colaboración también con Liern tiene *La granadina* (Madrid, R. Velasco, 1890), juguete cómico-lírico en un acto y en verso.

Bibliografía activa

Reseña histórico-biográfica sobre la dominación visigoda en España, Matanzas, 1868.

Colección de ensayos poéticos, Escritos en variedad de metros, Santa Cruz de Tenerife, España, 1872.

La piel del tigre, comedia en dos actos y en

verso, 2.ª edición, Madrid, 1872; Comedia en cuatro actos y en verso, edición refundida, Madrid, Imprenta de José Rodríguez, 1877.

Ecos del alma, poemas, Matanzas, 1873.

Inspiraciones tropicales, poemas, Matanzas, 1873.

La lucha de la codicia, Episodio dramático en un acto y en verso, Madrid, 1873; Madrid, Imprenta de José Rodríguez, 1877; Matanzas, Imprenta La Nacional, 1880.

El anillo de Fernando IV, drama histórico en cuatro actos y en verso, Madrid, 1874; Edición corregida, Madrid, Imprenta de J. M. Ducazcal, 1875; Edición refundida, Madrid, Imprenta de J. Rodríguez, 1877.

Cantos de la selva, La Habana, 1874.

Primeras armonías, Matanzas, 1874.

El puñal de los celos, Balada dramática en dos actos y en verso, Madrid, 1874; Drama en tres actos y en verso, 2.ª edición, refundida, Madrid, Imprenta de José Rodríguez, 1877.

Asdrúbal, Tragedia histórica en cinco actos y en verso, Madrid, Indicador de los Caminos de Hierro, 1875.

Bermudo, drama en tres actos y en verso, Madrid, Imprenta de José Rodríguez, 1875; 2.ª edición, completamente refundida, Madrid, Imprenta de Policarpo López, 1877.

Colección de cincuenta apólogos morales, satíricos y literarios, Escritos en diversidad de metros, Madrid, Establecimiento Tipográfico de la Viuda e Hijos de Alcántara, 1875.

Los cómicos en camisa, Disparate bufo lírico en un acto y en verso, Madrid, Imprenta C.

Moliner, 1875.

Este coche se vende, Quid pro quo lírico, en un acto y verso, Madrid, Imprenta de C. Moliner, 1875; 2.ª edición, Madrid, Imprenta de José Rodríguez, 1876; 7.ª edición, Matanzas, Imprenta La Nacional, 1880.

Galileo, drama histórico en tres actos y en verso, Madrid, Indicador de los Caminos de Hierro, 1875; 2.ª edición, Madrid, Policarpo López, 1877.

Las redes del amor, Zarzuela bufa en un acto y en verso, Madrid, Imprenta de Manuel G. Hernández, 1875.

Genio y figura basta la sepultura, Zarzuela de costumbres andaluzas en un acto y en verso, Madrid, Indicador de los Caminos de Hierro, 1875; 2.ª edición, Madrid, J. Rodríguez, 1876.

El gran suplicio, Zarzuela en dos actos y en verso, arreglada a la escena española, Madrid, Imprenta de J. Rodríguez, 1875.

Horas de solaz, Colección de ensayos y juguetes poéticos, 2.ª edición, Madrid, Establecimiento Tipográfico de la Viuda e Hijos de Alcántara, 1875.

Suspiros y lágrimas, Colección de poesías líricas, Madrid, 1875; 2.ª edición, Madrid, Imprenta de M. G. Hernández, 1875.

Percances matrimoniales, juguete lírico en un acto y en verso, Madrid, Imprenta de José Rodríguez, 1876.

Rosa, Zarzuela en tres actos y en verso, acomodado a la música de J. Offenbach, Madrid, Imprenta de José Rodríguez, 1876.

El talismán conyugal, juguete lírico en un acto

y en verso, Nueva edición corregida, Madrid, Imprenta de José Rodríguez, 1876.

Tito Lucrecio Caro, discurso pronunciado en la Universidad Central de Madrid, Madrid, Imprenta de E. Rubiños, 1876.

A China, Zarzuela en tres actos y en prosa, 1877, *La abnegación filial*, comedia en tres actos y en verso, 1877, *Agripina*, drama trágico en un acto y en verso, 1877, *Al que escupe al cielo*, Proverbio dramático en verso, 1877, *¡Cuidado con los estudiantes!* Juguete lírico de capa y espada en un acto y en verso, Madrid, Imprenta de José Rodríguez, 1877.

Deber y afecto en contienda, drama en tres actos y en verso, Madrid, Imprenta de José Rodríguez, 1877.

La esposa de Putifar, juguete lírico en un acto y en verso, 1877; 2.ª edición, Matanzas, Imprenta El Ferrocarril, 1880.

Estudiantes y alguaciles, juguete lírico de capa y espada en un acto y en verso, Madrid, 1877; 2.ª edición, Matanzas, Imprenta El Ferrocarril, 1880.

La hija mártir, drama histórico en tres actos y en verso, 1877.

Llueven huéspedes, juguete lírico en un acto y en verso, 1877; 2.ª edición, Matanzas, Imprenta El Ferrocarril 1880.

Novio, padre y suegro, juguete lírico en dos actos y en verso, Madrid, Imprenta de José Rodríguez, 1877.

El rival de un Rey, drama en dos actos y en verso, Madrid, Imprenta de José Rodríguez, 1877.

Una romería afortunada, 1877, *Viaje en globo*, Sátira bufo-lírico-bailable en un acto y en verso, Madrid, Imprenta de José Rodríguez, 1877.

Fiebre de amor, Zarzuela cómica en dos actos y en prosa, arreglada al teatro español, Matanzas, 1878.

Un besugo cantante, Zarzuela en cuatro actos y en prosa, arreglada al teatro español, Matanzas, Imprenta El Ferrocarril, 1879.

El calvario de la deshonra, drama en tres actos y en verso, Matanzas, Imprenta del *Diario*, 1879; 2.ª edición, La Habana, Nuevo Ideal, 1906.

¡El Can-can! Disparate cancanesco en un acto, cancanobailable, cancaneado en verso, y dedicado a todos los cancanómanos, cancanófilos, cancanistas y cancaneadores, Matanzas, Imprenta El Ferrocarril, 1879.

El cáncer social, comedia en tres actos y en verso, 2.ª edición, La Habana, La Propaganda Literaria, 1879; 4.ª edición, La Habana, Tipografía El Fígaro, 1900; 5.ª edición, La Habana, Tipografía Nuevo Ideal, 1905.

El capitán amores, Opereta en dos actos y en verso, Matanzas, Imprenta El Ferrocarril, 1879.

El Capitán Centellas, Melodrama en tres actos y en prosa, Matanzas, Imprenta El Ferrocarril, 1879.

Consecuencias de un matrimonio, comedia de gracioso en dos actos y en prosa, arreglada a la escena española, Matanzas, Imprenta El

Ferrocarril 1879.

Contratiempos de la noche de bodas, juguete cómico-lírico en un acto y en prosa, Matanzas, Imprenta El Ferrocarril 1879.

Dos torturas, drama en cuatro actos y en verso original en parte, y en parte arreglado a nuestra escena, Matanzas, Imprenta El Ferrocarril 1879.

¡Él! Juguete cómico en un acto y en verso, Matanzas, Imprenta El Ferrocarril 1879.

¡¡¡Es pariente de...!!! Extravagancia cómico-bufosemicatedrática, escrita en pocas horas y en versos macarrónicos, Matanzas, Imprenta El Ferrocarril, 1879.

Jugar al alza, juguete cómico en un acto y en prosa, Matanzas, Imprenta El Ferrocarril 1879; 2.ª edición, Matanzas, Imprenta La Nacional, 1879.

La mujer del porvenir, juguete bufo-lírico-bailable-semifantástico en dos actos y en verso, Matanzas, Imprenta El Ferrocarril 1879.

Obras dramáticas, prólogo de R. M. Liern, La Habana, La Propaganda Literaria, 1879.

Percances del periodismo, Consejo cómico lírico-bailable en un acto y en verso, Matanzas, Imprenta El Ferrocarril 1879.

La pimienta, comedia en un acto y en prosa, 2.ª edición, La Habana, Imprenta La Propaganda Literaria, 1879; 5.ª edición, Matanzas, Imprenta El Ferrocarril 1880.

Quién engaña a quién, juguete lírico en un acto y en verso, Matanzas, Imprenta El Ferrocarril, 1879.

¡Todos hermanos!, Episodio dramático en un acto y en verso, escrito expresamente para el eminente actor señor don José Valero, 3.ª edición, La Habana, La Propaganda Literaria, 1879; 5.ª edición, Matanzas, Imprenta El Ferrocarril, 1880.

Un Amadís por fuerza, comedia en un acto y en verso, arreglada el teatro español, 2.ª edición, Matanzas, Imprenta El Ferrocarril, 1880.

El calvario de los tontos, comedia en dos actos y en prosa, Matanzas, Imprenta La Nacional, 1880.

Colección de artículos de costumbres y revistas, La Habana, 1880.

Cuerpo y alma, Fantasía dramática irrepresentable en un acto y en verso, Matanzas, Imprenta El Ferrocarril, 1880.

Curarse sin botica, comedia en un acto y en verso, arreglada al teatro español, Matanzas, Imprenta El Ferrocarril, 1880.

Fiebre de amor, Zarzuela cómica en dos actos y en prosa, 2.ª edición, Matanzas, Imprenta El Ferrocarril, 1880.

El Olimpo a la española, Zarzuela cómico-bufomitológica, de gran espectáculo, en dos actos y en verso, 2.ª edición, Matanzas, Imprenta El Ferrocarril, 1880.

Peraltilla, comedia en cuatro actos y en verso, Matanzas, Imprenta El Ferrocarril, 1880.

La perla de Portugal, Zarzuela en tres actos y en verso, 2.ª edición, Matanzas, Imprenta El Ferrocarril, 1880.

La reina moda, juguete bufo-lírico-fantástico-bailable-inverosímil en dos actos y en verso divididos en tres cuadros, Matanzas, Imprenta El Ferrocarril, 1880.

Obras completas, Matanzas, Imprenta El Ferrocarril 1880-1881, 2 T.

Poesías, Matanzas, La Nacional, 1882.

Wilfrida, drama en cuatro actos y un prólogo, en verso, escrito con el pensamiento de una tradición holandesa, Matanzas, Imprenta y Librería Galería Literaria, 1889.

El rey mártir, drama en tres actos y en verso, Matanzas, La Propaganda, 1894.

El 20 de mayo, Oda a la Patria, La Habana, La Universal, 1902.

Ilusiones y desengaños, poesía, La Habana, Sabas Labrador, Editor, 1903.

Bibliografía pasiva

Estrada y Zenea, Ildefonso, «Un estreno», sobre *¡Todos hermanos!*, «Literatura, Augusto Madan Y» y «Literatura, Augusto Madan II», en *Diario de Matanzas*, Matanzas, 2, 5, 20 y 23, 2, 2 y 2-3, enero 5, 23 y 26, 1879.

Rivero Muñiz, José, «Madan y García, Augusto E.», en su *Bibliografía del teatro cubano*, prólogo de Lilia Castro de Morales, La Habana, Publicaciones de la Biblioteca Nacional, 1957, págs. 62-68.

Magazine de Hoy (Véase **Suplementos literarios**)

Magazine Social (La Habana, 1945). Publicación mensual. Revista. El primer número correspondió al mes de julio. Aparecía como director Fernando A. Grosso. Se han visto tres ejemplares de 1945, uno de febrero de 1946 y, a partir de junio de 1947, varios números más. En dicho número de junio el subtítulo era «La revista de la sociedad habanera». Fungía como director Juan M. García Espinosa y como secretario de redacción Anselmo López Blanco. El amplio consejo de redacción estaba integrado, entre otros, por Enrique Labrador Ruiz, Ricardo Riaño Jauma, Fernando González Campoamor, José Zacarías Tallet, Raúl Roa, Marcelo Pogolotti, Emeterio Santiago Santovenia, Manuel Isidro Méndez, Octavio R. Costa, Antonio Núñez Jiménez, Rafael Esténger, Waldo Medina y Herminio Almendros. Del año 1948 se han visto cinco ejemplares, el primero de ellos correspondiente al mes de abril. En él aparecía nuevamente como director Fernando A. Grosso; al consejo de redacción se agregaban los nombres de Ernesto González Puig, Samuel Feijóo y Emilio Ballagas. Este último asumió la dirección literaria entre agosto y octubre de 1948. Posteriormente el consejo de redacción fue reduciéndose y solo aparecía el director, Grosso, y el secretario de redacción, López Blanco, sustituido después por Óscar de Cárdenas. Publicó cuentos, poesías, trabajos sobre cine, música, teatro, historia, filosofía, educación, además de trabajos de temas generales dedicados a la mujer, a la sociedad y a otros diversos asuntos. Tuvo algunas secciones fijas, como la de «Notas bibliográficas», que reseñaba las últimas publicaciones aparecidas. Entre sus colaboradores figuran Felipe Pichardo Moya, Raimundo Lazo, Rafaela Chacón Nardi, Fina García Marruz, Aldo Menéndez, Alcides Iznaga y Fayad Jamís. El último número visto corresponde a abril de 1951.

Malpica La-Barca, Domingo (Macurijes, Matanzas, 1836-La Habana, agosto 1909). Nació en Macurijes, hoy Pedro Betancourt. Abogado. Hombre de posición desahogada, conocedor de las artes plásticas, se dedicó a enriquecer su pinacoteca en sus frecuentes viajes al extranjero. Filántropo y mecenas, cultivó la amistad de los más señalados escritores y artistas de su tiempo, entre ellos Julián del Casal, del cual fue además protector. Dirigió hacia 1874 el semanario El *Progreso*, de Madrid. Se conocen dos relaciones de sus cuadros, la *Selecta colección de cuadros de los más célebres pintores antiguos y modernos* (La Habana, La Propaganda Literaria, 1887) y la *Colección de cuadros antiguos* (La Habana, Imprenta La Nueva Era, 1903).

Bibliografía activa

Del arte moderno, Breves reflexiones sobre el arte de la pintura, Madrid, Imprenta de N. González, 1874, *En el cafetal*, novela cubana, prólogo de Aniceto Valdivia, La Habana, Tipografía Los Niños Huérfanos, 1890.

Bibliografía pasiva

«Crónica», en El *Fígaro*, La Habana, 25, 32, 401,

agosto 8, 1909.
Dollero, Adolfo, «Malpica, Domingo», en su *Cultura cubana, la Provincia de Matanzas y su evolución*, obra histórica ricamente ilustrada, La Habana, Imprenta Seoane y Fernández, 1919, págs. 112.

Mantilla Collazo, Pedro (Alquízar, La Habana, 17 septiembre 1904). Graduado de pedagogía en la Universidad de La Habana, ejerció como maestro desde 1923. Desempeñó el cargo de asesor de la Casa de Beneficencia y Maternidad. Perteneció al «Grupo Cultural José Cabrera Díaz», a la «Asociación Nacional de Poetas Cubanos» y a la «Casa de los Poetas». Obtuvo premio en el «Concurso Literario Nacional Homenaje a las Madres» (1945), organizado por el Ayuntamiento y la Asociación de Periodistas de Artemisa (Pinar del Río), así como en el Concurso Poético Nacional del Ateneo de Cienfuegos por su *Canto a la Reina de Cienfuegos* (1946). Colaborador de las revistas *Letras, El Trovador, Cúspide, Horizontes de América, Archipiélago, Cooperación*, y del periódico La *Campaña Cubana*. Publicó, en colaboración con Patricio Lastra, *Armonías naturales* (La Habana, Imprenta Pablo Echea, 1936) y *Cantos de juventud* (La Habana, Editorial Echea, 1943), y en colaboración con Adolfo Álvarez, *Alma tropical* (La Habana, Imprenta La Casa Llano).

Bibliografía activa

Emulación del árbol, poemas, La Habana, Talle-

res de *Cuba Intelectual*, 1950.
Latitud del sueño, poemas, La Habana, Talleres de *Cuba Intelectual*, 1951.

Manzano, Juan Francisco (La Habana, agosto 1797-Id., 1854). Hijo de una esclava de la marquesa Jústiz de Santa Ana, según costumbre llevó el apellido del esposo de su ama. A los diez años se sabe de memoria sermones de Fray Luis de Granada, el catecismo, loas y entremeses. A los doce, dicta décimas propias. En 1809 muere la marquesa y pasa a manos de su madrina, doña Trinidad de Zayas y, más tarde, a las de la marquesa de Prado Ameno, que lo maltrató. A los quince años, aprende con su padre en Matanzas el oficio de sastre. Al morir éste, vuelve al servicio de la marquesa y enferma a causa de las penalidades sufridas. En 1818 entra al servicio de don Nicolás de Cárdenas y Manzano, segundo hijo de la marquesa. Aprende por sí mismo a leer y a escribir y estudia retórica en los libros de Cárdenas. Escribe versos. Aunque a los esclavos les estaba prohibido escribir, publica bajo garantía sus *Cantos a Lesbia* (1821), libro hoy inencontrable. También se perdieron sus nanas y décimas que circularon anónimamente por Matanzas. Vuelve al servicio de la marquesa, pero se evade y regresa a La Habana, donde trabaja con don Tello Mantilla. Escribe cuentos, en los que se mezclan apariciones milagrosas con leyendas africanas, y canciones de cuna. Entre 1830 y 1838 aparecieron poesías suyas en el *Diario de La*

Habana. En 1830 conoce a Del Monte, quien le publica en *La Moda* (1831), con una nota de presentación, su poesía «Al nacimiento de la Infanta María Isabel Luisa de Borbón». En 1834 aparecen sus «Romances cubanos» en *El Pasatiempo*, de Matanzas. En 1835 se casa con Delia, mulata poetisa y pianista. Su soneto «Mis treinta años» motivó que, por iniciativa de Del Monte, secundado por Ignacio Valdés Machuca, se iniciara una suscripción para liberarlo. Después de alcanzar la libertad abrió una dulcería en Matanzas. Publica en *El Aguinaldo Habanero* (1837) y en *El Álbum* (1838). En 1839, por iniciativa de Del Monte, escribe su *Autobiografía*, cuya segunda parte, entregada por Anselmo Suárez y Romero a Ramón de Palma para que la copiase, fue extraviada por éste. Lo último publicado por él aparece en la *Corona fúnebre consagrada a la tierna memoria del Pbro. don Manuel de Laza y Cadalso, cura párroco de la Iglesia de Guadalupe* (La Habana, Imprenta de don José Boloña, 1842). Fue implicado por error en la Conspiración de la Escalera, en 1844, debido a una supuesta denuncia de *Plácido* (seudónimo de Gabriel de la Concepción Valdés), por su vinculación con Del Monte, mas fue absuelto y puesto en libertad en 1845. No publicó en lo sucesivo y se ganó la vida en oficios humildes. Sus poesías aparecieron recogidas en el *Diccionario de las musas* (1837), de Manuel González del Valle, y en otras antologías más recientes. Tanto algunas de sus poesías como su *Autobiografía* fueron traducidas al inglés por el abolicionista

Richard Robert Madden con el título de *Poems by a Slave in the Island of Cuba, recently liberated. With the story of the early life of the negro poet, written by myself; to which are prefixed two pieces descriptive of Cuban slavery and the slave trade* (Londres, Thomas Ward, 1840). En ese mismo año V. Schoelcher vertió al francés trozos de la *Autobiografía* y varios sonetos. Algunos de sus trabajos aparecieron bajo las iniciales J. F. M.

Bibliografía activa

Poesías líricas, Cantos a Lesbia, La Habana, Arazosa y Soler, 1821.

Flores pasajeras, poema, La Habana, 1830.

Autobiografía, cartas y versos de Juan Francisco Manzano, «Palabras», por Emilio Roig de Leuchsenring, «Juan Francisco Manzano, el poeta esclavo y su tiempo», por José Luciano Franco, La Habana, Municipio de La Habana, 1937, Cuadernos de historia habanera, 8.

Zafira, tragedia en cinco actos, La Habana, Imprenta de don Lorenzo Mier y Teram, 1842; La Habana, Consejo Nacional de Cultura, 1962.

Obras, prólogo de José Luciano Franco, La Habana, Instituto Cubano del Libro, 1972.

Bibliografía pasiva

Armistead, Wilson, *A Tribute for the Negro*, Manchester, 1848.

Calcagno, Francisco, «Juan Francisco Manzano», en su *Poetas de color*, 4.ª edición, La Habana, Imprenta Mercantil, de los Herederos de Santiago S. Spencer, 1887, págs. 49-84.

Cortés, José Domingo, «Juan Francisco Manzano» en su *América poética, poesías selectas americanas con noticias biográficas de los autores*, París, A. Bouret, 1875, págs. 299.

Fernández de Castro, José Antonio, «Francisco Manzano», en su *Tema negro en las letras de Cuba, 1608-1933*, La Habana, Ediciones Mirador, 1943, págs. 28-33, 51.

Fornaris, José y Joaquín Lorenzo Luaces, «Juan Francisco Manzano», en su *Cuba poética*, 2.ª edición, La Habana, Imprenta de la Viuda de Barcina, 1861, págs. 150.

Guirao, Ramón, «Poetas negros y mestizos de la época esclavista», en *Bohemia*, La Habana, 26, 26, 30 y. e., 32, 40-41, 123-124, agosto 26, 1934.

«Juan Francisco Manzano», en su *Órbita de la poesía afrocubana, 1928-1937*, antología, selección, notas biográficas y vocabulario, La Habana, Imprenta Úcar, García, 1938, págs. XXIV-XXV, XXXII-XXXIII, 28.

Lezama Lima, José, «Juan Francisco Manzano» en su *Antología de la poesía cubana*, tomo 2, La Habana, Consejo Nacional de Cultura, 1965, págs. 373-374.

López Prieto, Antonio, «Juan Francisco Manzano», en su *Parnaso cubano*, Colección de poesía selectas de autores cubanos desde Zequeira a nuestro, días precedida de una introducción histórico-crítica sobre el desarrollo de la poesía en Cuba, con biografías y notas críticas y literarias de reputados literatos, tomo 1, La Habana, Editor Miguel de

Villa, 1881, págs. 251-253.

Monte, Domingo del, «Dos poetas negros, Plácido y Manzano», en su *Escritos*, introducción y notas de José A. Fernández de Castro, tomo 2, La Habana, Cultural, 1929, págs. 149-150.

«Francisco Manzano», en *Centón epistotario*, tomo 3 y 6, La Habana, Imprenta El Siglo XX, 1926 y 1953, págs. 19, 23, 76 y 20, 59, 111, 114, 260, 265.

Nora, Luz María de, seudónimo de Loló de la Torriente, «Juan Francisco Manzano», en *Bohemia*, La Habana, 58, 9, 102, 103, 113, marzo 4, 1966.

Schoelcher, Víctor, *Abolition de l'esclavage; examen du prejugé contre la couleur des africains et des sang-melés*, París, Panerre, 1840, págs. 89-92.

Mañach, **Jorge** (Sagua la Grande, Las Villas, 14 febrero 1898-San Juan, Puerto Rico, 25 abril 1961). De 1908 a 1913 reside en España. En La Habana continúa la primaria en el Colegio de los Padres Agustinos. Se traslada a Estados Unidos en 1914, donde se gradúa en el Cambridge High and Latin Schools, de Massachussetts, en 1917. Obtiene en la Universidad de Harvard el título de Bachelor of Sciencies, cum laude (1920), y pasa a ser instructor del Departamento de Lenguas Romances de dicho centro (1920-1921). Marcha a Francia y matricula Derecho en la Universidad de París. Participa en la Protesta de los Trece contra el gobierno de Zayas (1923) y es miembro del Grupo Minorista.

Obtiene el doctorado en Derecho Civil (1924) y en Filosofía y Letras (1928) en la Universidad de La Habana. Su cuento, *O. P. n.º 4* compartió con otro de Hernández Catá el primer premio de un concurso organizado por el *Diario de la Marina* (1926). Es uno de los fundadores de la *Revista de Avance* (1927-1930) y colabora en la revista *Social*. En 1928 es premiada su obra de teatro *Tiempo muerto*. En el *Diario de la Marina* y en *El País* escribió la sección «Glosas», recogidas más tarde en libro con el título *Glosario*. Funda la Universidad del Aire, programa radial destinado a difundir la cultura (1932). Fue uno de los iniciadores de la organización política ABC en lucha contra la tiranía de Machado, de cuyo periódico *Acción* fue director de 1934 a 1935. Secretario de Instrucción Pública durante el gobierno de Mendieta (1934). Exiliado en los Estados Unidos (1935-1939), se incorpora a la Facultad de Lengua y Literatura Hispánicas de la Universidad de Columbia (Nueva York), es nombrado director de Estudios Hispanoamericanos en el Instituto de las Españas de dicha universidad, donde además forma parte del cuerpo de redacción de la *Revista Hispánica Moderna*, y en 1937 se integra al claustro de la facultad de Barnad College. Ya en Cuba, es delegado a la Asamblea Constituyente (1940). Profesor titular de la cátedra de Historia de la Filosofía de la Universidad de La Habana. Ministro de Estado en los últimos meses del gobierno constitucional de Batista (1944). Dirigente del Partido del Pueblo Cubano (Ortodoxo).

Director de la Universidad del Aire en su segunda época (1948-1952), coordinador de programas culturales del circuito CMQ, de radio y televisión. Fundador y moderador del programa televisado «Ante la prensa». En 1957 se trasladó a España. Regresa a Cuba en 1959. Colaborador en diversas revistas nacionales y extranjeras. Fue miembro de la sociedad «Phi Beta Kappa», de la Sociedad Económica de Amigos del País, de la Institución Hispano-Cubana de Cultura, de las Academias Nacional de Arte y Letras, de la de Historia de Cuba, y de la Lengua. Compiló la antología de Martí, *Sus mejores páginas* (Lima, 1959). *Martí, Apostle of Freedom*, con prefacio de Gabriela Mistral, es una traducción que hizo Coley Taylor de su libro en 1950. Se marchó de Cuba en 1960. Al morir era profesor de la Universidad de Río Piedra (Puerto Rico).

Bibliografía activa

Belén el Aschanti, novela, La Habana, Imprenta Prado, 1924, Nuestra novela, 5.

Glosario, artículos y ensayos, La Habana, Ricardo Veloso, Editor, 1924.

La crisis de la alta cultura en Cuba, conferencia, La Habana, Imprenta y Papelería La Universal, 1925.

La pintura en Cuba, dos conferencias, La Habana, Sindicato de Artes Gráficas de La Habana, 1925, Biblioteca del Club Cubano de Bellas Artes, I.

Estampas de San Cristóbal, ensayo, La Habana, Editorial Minerva, 1926.

La pintura en Cuba, desde sus orígenes hasta nuestros días, La Habana, Sindicato de Artes Gráficas, 1926.

Utilitarismo y cultura, La Habana, 1927.

Goya, conferencia, La Habana, Ediciones *Revista de Avance*, 1928.

Indagación del choteo, conferencia, La Habana, Ediciones *Revista de Avance*, 1928; 2.ª edición, La Habana, Editorial La Verónica, 1940; 3.ª edición revisada, La Habana, Editorial Libro Cubano, 1955.

Tiempo muerto, conferencia, La Habana, Cultural, 1928.

Martí, el apóstol, Madrid, Espasa-Calpe, 1933; Buenos Aires, Espasa-Calpe Argentina, 1942, Colección Austral, 252; Id., 1944; Id., 1946; Id., 1952; Lima, Imprenta Torres Aguirre, 1959; 29 Festival del Libro Cubano, Biblioteca Básica de Cultura Cubana; prólogo de Gabriela Mistral, Nueva York, Las Américas Publishing, 1963.

El militarismo en Cuba, recopilación de artículos publicados en el diario *Acción*, de La Habana, La Habana, Seoane y Fernández, Impresores, 1939.

Pasado vigente, La Habana, Editorial Trópico, 1939.

El pensamiento político y social de Martí, discurso que leyó en la sesión solemne del Senado, conmemorativa del natalicio del Apóstol, la noche del 28 de enero de 1941, La Habana, edición Oficial del Senado, 1941.

El ABC ante el régimen semiparlamentario,

discurso que pronunció en el Senado el 11 de septiembre de 1942, La Habana, Editorial Cenit, 1942.

La Universidad nueva, discurso, La Habana, Publicaciones de la Universidad de La Habana, 1942.

Miguel Figueroa, 1851-1893, discurso leído por el académico de número, en la sesión celebrada el 6 de julio de 1943, en conmemoración del cincuentenario de su muerte, La Habana, Imprenta El Siglo XX, 1943.

La posición del ABC, La Habana, Editorial Cenit, 1943.

Historia y estilo, La Habana, Editorial Minerva, 1944.

Historia de la filosofía, La Habana, 1947; La Habana, Cooperativa Estudiantil Enrique José Varona, *s. a.*

Luz y «El Salvador», discurso leído en la sesión pública celebrada el 27 de marzo de 1948, conmemorativo del centenario de la fundación del colegio «El Salvador» de José de la Luz y Caballero, La Habana, Imprenta El Siglo XX, 1948.

Discurso pronunciado por el Doctor Jorge Mañach en el acto de inauguración del Rincón Martiano, en el Parque de los Mártires de la Ciudad de Santa Clara, construido por el «Grupo de los Mil», 24 de febrero de 1949, La Habana, Editorial Lex, 1949.

Semblante histórico de Varona, discurso leído por el académico de número, en la sesión solemne celebrada el 28 de abril de 1949, para conmemorar el primer centenario del nacimiento del ilustre prócer cubano, La Habana, Imprenta El Siglo XX, 1949.

Filosofía del quijotismo, separata de la *Revista de la Universidad*, La Habana, 1949.

Examen del quijotismo, Buenos Aires, Editorial Sudamericana, 1950.

Para una filosofía de la vida y otros ensayos, La Habana, Editorial Lex, 1951.

El espíritu de Martí, La Habana, Cooperativa Estudiantil Enrique José Varona, 1952, texto mimeografiado.

El Pensamiento de Dewey y su sentido americano, La Habana, Comisión Nacional Cubana de la UNESCO, 1953.

Significación del centenario martiano, La Habana, Editorial Lex, 1953.

Imagen de Ortega y Gasset, La Habana, Editorial Hércules, 1956.

Dualidad y síntesis de Ortega, Madrid, 1957.

Paisaje y pintura en Cuba, conferencia, Madrid, Artes Gráficas Ibarra, 1957.

Dewey y el pensamiento americano, Madrid, Taurus Ediciones, 1959.

El sentido trágico de la Numancia, La Habana, Publicaciones de la Academia Cubana de la Lengua, 1959.

José Martí, La Habana, Ediciones Nuevo Mundo, 1960, 2 T.

Visitas españolas, lugares y personas, La Habana, Revista de Occidente, 1960; Id., 1965.

Réplica del ABC, discurso que pronunció el 28 de abril de 1941, en el Senado de la República, el senador por Oriente y líder del ABC en dicho cuerpo, La Habana, Imprenta P. Fernández, *s. a.*

Ensayos, compilación de Jorge Luis Arcos, La Habana, Editorial Letras Cubanas, 1999.

Estampas e impresiones habaneras, compilación de Carlos Espinosa Domínguez, Barcelona, Editorial Linkgua, 2019.

Martí: ala y raíz, compilación de Carlos Espinosa Domínguez, Barcelona, Editorial Linkgua, 2019.

La civil discrepancia, compilación de Carlos Espinosa Domínguez, Barcelona, Editorial Linkgua, 2020.

Las intenciones de Hilario Casas. Narrativa y traducciones, Barcelona, Editorial Linkgua, 2021.

Bibliografía pasiva

«Adenda», en *Miscelánea de Estudos a Joaquim de Carvalho*, Figueira da Foz, Portugal, 9, 987, 1963.

VV.AA., *Jorge Mañach. Homenaje de la Nación Cubana*, Río Piedras, Editorial San Juan, 1972.

«Algunas opiniones sobre el *Glosario* de Jorge Mañach», en *Cervantes*, La Habana, 1, 5, 15, septiembre, 1925.

Alvaré, Leovigildo, «Mañach, la Universidad de la Revolución te acusa», en *Ahora*, La Habana, 2, 329, 1, 7, septiembre 8, 1934.

Álvarez, Nicolás Emilio, *La obra literaria de Jorge Mañach*, Potomac, Ediciones José Porrúa Turanzas, North American Division, 1979.

Arcos, Jorge Luis, «Pensamiento y estilo en Jorge Mañach», *Temas*, La Habana, 205-211,

octubre, 1998.

Arias, Augusto, «Recuerdo de Jorge Mañach», en *Letras del Ecuador*, Quito, 16, 124, 1, 13, 1961.

Aristigueta, J., «*Tiempo muerto* de Mañach», en *Diario de Cuba*, Santiago de Cuba, 11, 175, 2, junio 25, 1928.

Baeza, Pedro, «Martí, Jorge Mañach», en *Atalaya*, Remedios, Las Villas, 1, 1, 4, julio 15, 1933.

Baquero, Gastón, «Jorge Mañach, o la tragedia de la inteligencia en la América Hispana», en *Cuba Nueva*, Miami, 18-30, septiembre, 1962.

Bueno, Salvador, «Jorge Mañach en la cátedra martiana», en *Carteles*, La Habana, 32, 18, 54, mayo 6, 1951.

El caballero de la Luz, pseudónimo de «*Estampas de San Cristóbal*», en *El país*, La Habana, 5, 35, 3, febrero 4, 1927.

Cano, José Luis, «Jorge Mañach», *Ínsula*, Madrid, 2, julio-agosto 1961.

Casanova, Martí, «*Estampas de San Cristóbal* de Jorge Mañach», en *Diario de la Marina*, La Habana, 95, 57, 16, febrero 26, 1927.

Castro, Lucila de, «Jorge Mañach», en *Diario de la Marina*, La Habana, 101, 179, 14, junio 29, 1933.

El conde del Rivero, seudónimo, «*Martí, el apóstol*, de Jorge Mañach», en el *Diario de la Marina*, La Habana, 101, 180, 14, junio 30, 1933.

Costa, Octavio Ramón, «Jorge Mañach», en su *Diez cubanos*, La Habana, Imprenta Úcar, García, 1945, págs. 83-98.

García de Caturla, Othón, «Martí y Mañach», en *Diario de la Marina*, La Habana, 101, 172, 14, junio 22, 1933.

García Pons, César, «El libro de hoy, *Tiempo muerto* de Jorge Mañach», en *Diario de la Marina*, La Habana, 3.ª sección, 96, 140, 2, 12, mayo 20, 1928.

«El libro de hoy, *Indagación del choteo*, Apostillas», en *Diario de la Marina*, La Habana, 3.ª sección, 96, 343, 2, diciembre 9, 1928.

García-Hernández Montoro, Adrián, «Respuesta a Jorge Mañach», en *Hoy Domingo*, suplemento del periódico *Hoy*, La Habana, 2, 29, 6-7, 1960.

Horstman, Jorge, «Mañach, abeceísta y martiano», en *Ahora*, La Habana, 2, 235, 4, agosto 24, 1934.

Lavié, Nemesio, «El libro de hoy, *Estampas de San Cristóbal* por Jorge Mañach», en *Diario de la Marina*, La Habana, 95, 176, 34, junio, 26, 1927.

Lles, Fernando, «La obra perdurable de un ensayista cubano, *Estampas de San Cristóbal*», en *Social*, La Habana, 12, 4, 35, 66, abril, 1927.

«Mañach», en *El Mundo*, La Habana, 60, 20 073, 1, 6, junio 27, 1961.

Marinello Vidaurreta, Juan, «Sobre Mañach y su *Glosario*» en *Social*, La Habana, 29, 70, 76, abril 1942.

Marsa, Manuel, «Estampas», en *El País*, La Habana, 5, 29, 3, enero 29, 1927.

Martí, Jorge Luis, *El periodismo literario de Jorge Mañach*, Río Piedras, Editorial Universitaria, Universidad de Puerto Rico, 1977.

Navarro Luna, Manuel, «Mañach, crítico y biógrafo, apostillas a un juicio de Riaño Jauma»,

en *Orto*, Manzanillo, 22, 9-10, 89-93, septiembre-octubre, 1933.

Pinto Albiol, Ángel César, *El Doctor Mañach y el problema negro*, La Habana, Editorial Nuevos Rumbos, 1949.

Pogolotti, Marcelo, «El choteo» en su *La República de Cuba al través de sus escritores*, La Habana, Editorial Lex, 1958, págs. 97-101.

Rodríguez, Pepín, «La vida de Jorge Mañach como colegial, para Mañach su padre era un dios», en *Noticias*, La Habana, 1, 6, 20-21, octubre 26, 1933.

Rodríguez Acosta, Ofelia, «*Estampas de San Cristóbal*», en *El País*, La Habana, 5, 40, 3, 15, febrero 9, 1927.

Rovirosa, Dolores F., *Jorge Mañach. Bibliografía*, Madison, Seminar of Acquisition of Latina American Library Materials, University of Wisconsin-Madison, 1985.

Salazar Caballero, Manuel, «*Indagación del choteo*, Ediciones 1928» en *Revista de Oriente*, Santiago de Cuba, 2, 7, 25, febrero, 1929.

Sánchez de Bustamante y Montoro, Antonio, «Mañach y la vida de Martí», en *Diario de la Marina*, La Habana, 101, 146, 14, mayo 27, 1933.

Santovenia y Echaide, Emeterio Santiago, *Mañach y la Nación*, La Habana, Imprenta El Siglo XX, 1943.

Souvirón, José María, «Conversaciones con Jorge Mañach», en *Cuadernos Hispanoamericanos*, Madrid, 47, 139, 79-81, julio, 1961.

Torre, Amelia V. de la, *Jorge Mañach, maestro*

del ensayo, Miami, Ediciones Universal, 1978. Valdespino, Andrés, *Jorge Mañach y su generación en las letras cubanas*, Miami, Ediciones Universal, 1971.

Mañana. La revista de los niños (La Habana, 1930). Publicación mensual. El primer número correspondió a abril. Fungían como directora y director artístico, respectivamente, María Teresa Freyre de Andrade y Contado W. Massaguer. En el número inicial, dirigiéndose a los niños expresaban: «Te vamos a decir quiénes somos los Cubanos, cómo eran niños los hombres célebres y qué hacían cuando lo eran, quiénes son los grandes navegantes de los tiempos pasados y los exploradores del presente, los misterios del mar y de la tierra, que son muy interesantes y entretenidos, todo lo que sucedió en la América Latina antes de la llegada de los hombres blancos y desde que llegaron ellos hasta nuestros días, lo que les decía Martí a los niños a quienes quiso tanto; daremos premios para el que dibuje mejor, para el que escriba el mejor cuento y esos trabajos se publicarán. Las niñas tendrán además sus secciones especiales, porque las niñas son muy especiales, y tantas y tantas cosas que no puedo seguir diciéndote porque será demasiado largo.» Aparecieron cuentos, poesías, trabajos sobre arte y educación. Mantuvo una sección de psicología infantil dedicada a los padres, y otra titulada «Cartas a Xenia», atendida por María Muñoz de Quevedo, en la que se trataban diversos asuntos: música, his-

toria, etc. Sus colaboradores fueron: Enrique José Varona, Renée Méndez Capote, Uldarica Mañas, Piedad Maza, Sara Isalgué, Mariano Brull, Juan Marinello, Jorge Mañach, Francisco Ichaso y Bonifacio Byrne. El último número visto correspondió a diciembre de 1931.

Mañana. Revista de Ideas (La Habana, 1927-1928). Publicación mensual dirigida por Marcelo Salinas. Solo se han visto el primero y el segundo números, correspondientes a noviembre de 1927 y enero de 1928. En ellos aparecen poemas, cuentos, un trabajo sociológico y otro de tema educacional. Además, notas de actualidad y una sección de amenidades, con noticias geográficas, históricas, etc. Figuran como colaboradores Hugo Retamar, Rafael M. Sentmanat, *Palmiro de Lidia* (seudónimo de Adrián del Valle), *Syncerato* y *Muriel.*

Marcos, Miguel de (La Habana, 7 octubre 1894-Id., 30 diciembre 1954). Estudió la primaria en el colegio «Melitón Prez». Se graduó de bachiller en el Instituto de La Habana (1912) y terminó Derecho Civil en la Universidad (1916). Ejerció esta profesión durante tres años, pero la abandonó para dedicarse al periodismo. Después de colaborar en el diario *Cuba*, en el que se inició como periodista, fue redactor y colaborador de las publicaciones de su época: *Tiempo*, *Prensa libre* (del que fue subdirector), *Diario de la Marina*, *La Nación*, *Heraldo de Cuba*, *El Mundo*, *Carteles*, *Avance*, *Bohemia* y *Grafos*. En la prensa ejerció funciones de director, subdirector, jefe de redacción, jefe de páginas políticas, entrevistador de personalidades cubanas y extranjeras, cronista parlamentario, editorialista. Ingresó como miembro de la Academia Nacional de Artes y Letras, en 1938, con el trabajo *El arte y la ciencia de informar*. Perteneció además a la Asociación de Escritores y Artistas Americanos. Recibió los premios periodísticos «Justo de Lara» (1938), «Juan Gualberto Gómez» (1950). Fue uno de los panelistas del programa de televisión «Ante la prensa». Conferencista desde sus años de estudiante, disertó en el Lyceum, Círculo de la Cultura Francesa, Círculo Italo-Cubano y en la Universidad del Aire. Representó a Cuba en la ONU y en la UNESCO. Realizó un viaje de recorrido por las fábricas de los Estados Unidos y del Canadá con periodistas latinoamericanos invitados por el Departamento de Estado norteamericano. Utilizó los seudónimos *Mig*, *Tirso Asís* y *Teodorico Raposo*.

Bibliografía activa

Palpitaciones de la ciudad, s. l., 1912.

Lujuria, Cuentos nefandos, La Habana, Jesús Montero, 1914.

Figuras nacionales, Carlos Mendieta, personalidad, vida y hechos, ideas y cualidades características de un gran cubano de quien la patria espera su salvación, La Habana, Talleres Tipográficos de *El Magazine de la Raza*, 1923.

Apuntes del Senado, primera legislatura del décimo sexto período congresional, La Habana,

Imprenta Maza, Caso, 1937.

El arte y la ciencia de informar, La Habana, Imprenta Molina, 1938.

Fábula de la vida apacible, Cuentos pantuflares, La Habana, Editorial Lex, 1943.

Recepciones académicas, La Habana, Imprenta Úcar, García, 1944.

Papaíto Mayarí, La Habana, Editorial Lex, 1947.

Fotuto, novela, La Habana, Editorial Lex, 1948.

El siglo del Rey Sol, La Habana, Editorial Lex, 1951.

Itinerario, selección de su artículos, «Homenaje», por Instituto Nacional de Cultura.

Bibliografía pasiva

Alfonso Roselló, Arturo «Pórtico», La Habana, Ministerio de Educación, Instituto Nacional de Cultura, 1956.

Amado Blanco, Luis, «Miguel de Marcos, Final con el hombre» en *Información*, La Habana, 19, 19, B-2, enero 22, 1955.

Baquero, Gastón, «Tributo a Miguel de Marcos», en *Diario de la Marina*, La Habana, 122, 309, 4-A, diciembre 31, 1954.

Bueno, Salvador, «Miguel de Marcos», en su *Medio siglo de literatura cubana, 1902-1952*, La Habana, Comisión Nacional Cubana de la UNESCO, 1953, págs. 84-85.

«Miguel de Marcos, 1894», en su *Antología del cuento en Cuba, 1902-1952*, La Habana, Ministerio de Educación, Dirección de Cultura, 1953, págs. 93.

Carbonell, José Manuel «Miguel de Marcos Suárez, 1894», en su *La prosa en Cuba*, recopilación dirigida, prologada y anotada, tomo 1, La Habana, Imprenta Montalvo y Cárdenas, 1928, págs. 445-446, Evolución de la cultura cubana, 1608-1927, 12.

Chacón y Calvo, José María «Miguel de Marcos», en *Diario de la Marina*, 123, 8, 4-D, enero 9, 1955.

Ichaso, Francisco, «La muerte de Miguel de Marcos, gran baja de la política cubana», en *Diario de la Marina*, La Habana, 123, 12, 2-A, enero 14, 1955.

Labrador Ruiz, Enrique, «Miguel de Marcos», en su *El pan de los muertos*, La Habana, Universidad Central de Las Villas, Departamento de Relaciones Culturales, 1958, págs. 103-108.

Limia, Miguel Ángel, «La anarquista triquitraquería de Miguel de Marcos» en *El Fígaro*, La Habana, 39, 42 y 43, 669, octubre 15 y 22, 1922.

Lizaso, Félix, «Miguel de Marcos», en su *Ensayistas contemporáneos, 1900-1920*, La Habana, Editorial Trópico, 1938, págs. 200-203, 275-276.

«Miguel de Marcos, *Fábula de la vida apacible*», en *América*, La Habana, 24, 1-3, 94, enero-marzo, 1945.

Parajón, Mario, «Miguel de Marcos ha muerto» en *El Mundo*, La Habana, 53, 16 960, A-6, diciembre 31, 1954.

Pogolotti, Marcelo, «*Fotuto*» en su *La República de Cuba al través de sus escritores*, La Habana, Editorial Lex, 1958, págs. 173-175.

Quevedo, Antonio, «Obras y trabajos de los grandes hombres, Miguel de Marcos en zapatillas» en *Carteles*, La Habana, 24, 30, 28, julio 25, 1943.

Remos y Rubio, Juan José, «Ante la tumba recién cerrada», en *Diario de la Marina*, La Habana, 122, 309, 4-A, diciembre 31, 1954.

Roselló, Arturo Alfonso, «Miguel de Marcos», en *Diario de la Marina*, La Habana, 122, 309, 4-A, diciembre 31, 1954.

Suárez Solís, Rafael, «*Apuntes del Senado*», en *Revista Cubana*, La Habana, 9, 102-103, julio, 1937.

«El día que nos dejó» en *Diario de la Marina*, La Habana, 123, 3, 4-A, enero 4, 19-55.

«Con motivo de la muerte de Miguel de Marcos», en *Carteles*, La Habana, 36, 2, 28, 97, enero 9, 1955.

Velasco, Carlos de, «Miguel de Marcos Suárez, *Lujuria, Cuentos nefandos*» en *Cuba Contemporánea*, La Habana, 3, 9, 2, 222, octubre, 1915.

Villalba, Fernán, «Las entrevistas imaginarias, *Fotuto* habla de "*Fotuto*"», en *Carteles*, La Habana, 30, 2, 22-24, enero 9, 1949.

Maribona y Pujol, **Armando** (La Habana, 23 junio 1893-Id., 7 marzo 1964). Estudió la primaria en Cárdenas (Matanzas). Cursó estudios de pintura en la Fundación Villate, en la Escuela de San Alejandro y en el extranjero. Graduado de la Escuela Nacional de Periodismo. En 1911 se inició en la revista *Juventud*. En 1916 fue redactor de *El Tiempo*. Terminó el magisterio en la Escuela Normal de

La Habana en 1919. Trabajó en *El Triunfo*, *El Día* y *La Discusión* (1916-1921). En 1922 se graduó en el Seminario Diplomático Consular de la Universidad de La Habana. Fue corresponsal del *Diario de la Marina* en París y de la Sociedad de las Naciones en Suiza (1922). Entre 1924 y 1928 participó en los Congresos de la Prensa Latina en Europa. De 1930 a 1959 es redactor y colaborador del *Diario de la Marina*. Colaboró además en *El Fígaro*, *Bohemia*, *Carteles*, *El Mundo* y en diversas publicaciones extranjeras. Obtuvo premios periodísticos, como el «Lugo Viña» (1944). Asesor técnico en Turismo del Consejo Consultivo a partir de 1952, fue además vicepresidente del Instituto Cubano de Turismo y escribió obras como *El turismo en Cuba* (1959). Ejerció como profesor en la Escuela de San Alejandro hasta 1959. En 1960 se retiró del periodismo. Caricaturas y cuadros suyos fueron recogidos en los libros *Gente desconocido* (La Habana, Imprenta Bohemia, 1926), con palabras preliminares de Leandro Robainas, y *Algunas obras pictóricas de Armando Maribona* (París, Le Livre-Libre, 1929), con palabras de Ruy de Lugo Viña y con varios trabajos críticos sobre su pintura.

Bibliografía activa

Y el diablo sonríe..., novela de una joven moderna y un chico sentimental, Barcelona, Cesa Editorial Maucci, 1925.

Decapitados, Caricaturas, París, Editorial Excélsior, 1926.

La sombrerera de Malinas, novela, La Habana,

Imprenta El Ideal, 1928.

Macacos, la aristocracia Latinoamericana frente a intelectuales y artistas, ensayos, Madrid, Imprenta Sáez Hermanos, 1930.

Fechas de América, trabajos históricos, La Habana, Imprenta Pérez Sierra, 1937.

El arte y el amor en Montparnasse, documental novelado, París, 1923-1930, impropio para menores, «Testimonio a manera de prólogo», de Miguel Santiago Valencia, México D. F., Ediciones Botas, 1950.

Bibliografía pasiva

Aixalá, José, «Divagaciones de un ciudadano, Armando Maribona o la excicatriz estética», en *Alerta*, La Habana, 6, 268, 3, noviembre 12, 1940.

Compiani, José Eugenio, «Sobre dos libros de un cubano, sobre *Cooperación al turismo y Macaos*», en *Diario de la Marina*, La Habana, 100, 158, 2, junio 7, 1932.

Lombardo, Óscar, «De la bohemia intelectual», en *El Mundo*, La Habana, 20, 7 181, 10, enero 2, 1921.

Marsal, Manuel, «Y el diablillo sonríe», en *El País*, La Habana, 5, 42, 3, 4, febrero 11, 1927.

Ramírez, Arturo, «El homenaje a Armando Maribona», en *Carteles*, La Habana, 23, 13, 42, marzo 29, 1942.

Robayna Guerra, «Armando Maribona», en *Diario de la Marina*, La Habana, 93, 178, 2, junio 28, 1925.

Rodríguez Acosta, Ofelia, «Un atinado juicio acerca de una interesante novela», en *Ele-*

gancias, La Habana, 6, 5, 8, abril, 1926.

Marín, Francisco Gonzalo (Arecibo, Puerto Rico, 9 marzo 1863-en viaje hacia el extranjero, noviembre 1897). Se inició muy joven aún y a través de sus versos, en las luchas anticolonialistas. En 1887 fundó en Arecibo el periódico *El Postillón*. En ese mismo año, salió expatriado hacia Santo Domingo, donde se dedicó al magisterio. De allí fue desterrado por sus ideas políticas; por idénticas razones lo fue también de Venezuela, en agosto de 1890. Regresó a Puerto Rico el 24 de ese mismo mes y reanudó en Ponce, por un tiempo, *El Postillón*. Tuvo que dejar su patria nuevamente en 1891. Vivió en Nueva York, donde colaboró en *La Gaceta del Pueblo*, periódico separatista, y fue secretario del «Club Borinquen», que aunaba recursos para la independencia de Puerto Rico. Su máximo ideal era la libertad de Cuba y Puerto Rico. Se inscribió en el Partido Revolucionario Cubano y fue amigo de José Martí. En agosto de 1896 llegó a Camagüey en la expedición de Rafael Cabrera. En octubre ingresa, con el grado de sargento, en el Estado Mayor del General Máximo Gómez, en cuyo despacho trabajó como auxiliar. Enfermo de paludismo, Gómez determinó enviarlo al extranjero para que dirigiera un periódico cubano, pero murió durante el viaje.

Bibliografía activa

Romances, poesía, Nueva York, Modesto A.

Tirado Impresor, 1892.

En la arena, poesía, *s. l.*, Imprenta El Cubano Libre, 189...

«Poeta y patriota, bohemio y mártir», por Modesto A. Tirado Impresor, Nueva York, 1898.

En la arena, obra completa del poeta-mártir Francisco Gonzalo Marín, «Nuestro homenaje» y «Poeta y patriota, Bohemio y mártir», por José Rosabal Rosales y Modesto A. Tirado Impresor, Manzanillo, Editorial El Arte, 1944.

Bibliografía pasiva

Aguirre Torrado, Benigno, «*En la arena*», en *Orto*, Manzanillo, 34, 1-4, 71-72, enero-abril, 1945.

Castellanos, Gerardo, «Francisco Gonzalo Marín», en su *Francisco Gómez Toro, En el surco del Generalísimo*, La Habana, Imprenta Seoene y Fernández, 1932, págs. 52, 59.

Malaret, Augusto, «Francisco Gonzalo Marín», en su *Medallas de oro*, 3.ª edición, San Juan, Puerto Rico, Cantero Fernández, 1942, págs. 147-163.

Martí, José, «Francisco Gonzalo Marín», en su *Obras completas*, tomo 1, 2 y 5, La Habana, Editorial Nacional de Cuba, 1963, págs. 327, 471; 176, 178, 226, 372 y 44, 269-270, 384.

Sabas Alomá, Mariblanca, «Desde mi atalaya», en *Orto*, Manzanillo, 33, 1-7, 23-25, enero-julio, 1944.

Silva, Óscar, *Francisco Gonzalo Marín, revisión y homenaje*, prefacio de Rafael Valdés Jiménez, *s. l.*, Imprenta El Camagüeyano, 1952.

Marín, Thelvia (Sancti Spíritus, Las Villas, 28 agosto 1926-25 junio 2016). Se graduó de Bachiller en Letras y Ciencias en el Instituto de La Habana (1946). Terminó sus estudios de escultura (1947) y de pintura (1953) en la Escuela Nacional de Bellas Artes de San Alejandro. Terminó además estudios de música y psicología. En 1947 obtuvo el primer premio de poesía del Club de Mujeres Profesionales. En 1954, el segundo de escultura del Círculo de Bellas Artes. Ha sido profesora y publicitaria. Coordinadora nacional de enseñanza de Artes Plásticas del MINED y del CNC (1959-1962). Ha trabajado en *La Tarde*, *con la Guardia en Alto* y *Juventud Rebelde* (1962-1967). Investigadora de artes plásticas en el Centro de Documentación del CNC (1967-1973). Ha viajado por México, Estados Unidos, Canadá, Unión Soviética, Checoslovaquia, Bulgaria y España. Sus poemas han sido publicados, además, en *Vanidades*, *Revolución*, *El Mundo*, *Revolución y Cultura*, *Presencia* (México), *Cormorán y Delfín* (Argentina) y *Kulturny Zivot* (Checoslovaquia). Miembro del Partido Comunista desde 1972. Poemas suyos han sido traducidos al eslovaco, al checo, al búlgaro y al italiano. Desde 1974 trabaja en el MINREX como agregada cultural.

Bibliografía activa

Desde mí, poesía, La Habana, Escuela Tipográfica Manuel Inclán, 1957.

Poemas de la Revolución, La Habana, Imprenta de la Universidad Central de Las Villas, 1962.

Grito de paz, poesía y teatro, La Habana, 1964.

Una gran moneda sin escudos, poesía, prólogo de Alcides Iznaga, La Habana, Imprenta de la CTC, 1973.

Bibliografía pasiva

Caballos Pareja, Segundo, «*Desde mí*, impresiones insuficientes de una primera lectura», en *Revista del Domingo*, suplemento de *Diario de la Marina*, La Habana, 8-9, marzo 2, 1958.

Enero, Baltasar, seudónimo de José Jorge Gómez Fernández, «Nuestros poetas, Thelvia Marín Mederos, sobre *Poemas de la Revolución*», en *Con la Guardia en Alto*, La Habana, 2.ª época, 2, 68-69, junio 1, 1963.

Suárez Solís, Rafael, «Las pequeñas causas, Thelvia Marín», en *Diario de la Marina*, La Habana, 126, 65, 4-A, marzo 16, 1958.

Marinello Vidaurreta, Juan (Jicotea, Las Villas, 2 noviembre 1898-La Habana, 27 marzo 1977). Cursó la primaria en Santa Clara (1907-1910) y, durante los dos años siguientes, en Villafranca del Panadés, Cataluña, tierra de su padre. Vuelve a Cuba y termina el bachillerato en 1916 en el Instituto de Segunda Enseñanza de Santa Clara. Ingresa en la Facultad de Derecho de la Universidad de La Habana y obtiene el título de Doctor en Derecho Civil (1920), así como el de Doctor en Derecho Público al año siguiente. Alumno eminente de la Escuela de Derecho Civil, merece la Beca de

Viaje e ingresa en la Universidad Central de Madrid (1921-1922). Una vez en Cuba, participa en la Protesta de los Trece, en 1923, contra Alfredo Zayas. Funda con Rubén Martínez Villena la Falange de Acción Cubana y forma parte, al siguiente año, del Comité Ejecutivo del Movimiento de Veteranos y Patriotas. Entonces edita la revista *Venezuela Libre*, con Martínez Villena, Julio Antonio Mella y otros. Durante esos años es colaborador de *Social*, está entre los fundadores de la Institución Hispano-Cubana de Cultura (1926) y de la *Revista de Avance* (1927). Se adhiere a la declaración del Grupo Minorista e ingresa como socio de número en la Sociedad Económica de Amigos del País, de cuya directiva es electo miembro en 1930. En 1931 es director, con José M. Irisarri, de la revista *Política*. Sufre prisión en Isla de Pinos (1932) y parte como exiliado político para México (1933), en cuya Universidad Autónoma ejerce como profesor. Traslada las cenizas de Mella a La Habana después de la caída de Machado. En 1934 preside, en representación de la Liga Antimperialista de Cuba, el Primer Congreso contra la Guerra, la Intervención y el Fascismo; también funda, con un grupo de escritores, la revista antimperialista *Masas*, órgano de la Liga Antimperialista de Cuba. Fue profesor titular y miembro de la Junta de Gobierno de la Escuela Normal para Maestros de La Habana. En 1935 sufre prisión junto con otros miembros dirigentes de la revista *Masas*. Es separado de su cátedra debido a su labor periodís-

tica como director del diario proletario *La Palabra*, fundado por el Partido Comunista de Cuba. De 1936 a 1937 radica en México, donde desempeña distintas cátedras universitarias. Fue coeditor de la revista *Mediodía* y participó en el Primer Congreso de la Liga de Escritores y Artistas Revolucionarios de México (LEAR). A mediados de 1937 sale para España con Nicolás Guillén a fin de asistir, en Madrid, al Congreso de Escritores por la Defensa de la Cultura. Participa en actos efectuados en Nueva York (1937) y en Cuba (1938) a favor del pueblo español. Es designado presidente del Partido Unión Revolucionaria y patrocinador del Segundo Congreso de la Juventud de Vassar College, Estados Unidos. En 1940 fue electo delegado a la Asamblea Constituyente. En 1941 participó en la Plática de La Habana convocada por la Comisión Internacional de Cooperación Intelectual. Fue designado miembro del Consejo Nacional de Educación y Cultura y del Tribunal Permanente de los Concursos de Cuentos «Alfonso Hernández Catá» (19411955). De 1942 a 1945 desempeña diversos cargos políticos. En 1946 viaja por Chile, Brasil, Perú y Venezuela y brinda conferencias. Al año siguiente recibe del gobierno de México la condecoración de Caballero del Águila Azteca. Fue candidato a la presidencia por el Partido Socialista Popular (1948). Participa en el Primer Congreso Mundial por la Paz, que se efectúa en París; es designado delegado al XIII Congreso del Partido Comunista de Checoslovaquia por el

PSP, y asiste a las reuniones de los Congresos y del Consejo Mundial de la Paz en México, Varsovia, Berlín, Viena, Budapest, Moscú, Bruselas, Helsinki y Ginebra (1949-1966). Sufre prisión en varias ocasiones por sus actividades políticas contra la dictadura de Fulgencio Batista. En 1953 asiste como invitado especial a los actos del Centenario de José Martí en Moscú. En 1959 recibe del Consejo Mundial de la Paz la Medalla de Plata Joliot Curie, por sus diez años de trabajo a favor de la paz. Visita también, por invitación de su gobierno, la República Popular China. En 1962 es designado Rector de la Universidad de La Habana. Proclama la Reforma Universitaria. Es miembro de la Comisión Nacional de la Academia de Ciencias de la República de Cuba. Preside la Conferencia de los Pueblos efectuada en La Habana. Es designado presidente del Movimiento por la Paz y la Soberanía de los Pueblos de Cuba. En 1963 crea la Facultad Preparatoria Obrera y Campesina «Julio Antonio Mella», de la Universidad de La Habana. En ese mismo año, recibe la investidura de Doctor Honoris Causa en Ciencias Filológicas en la Universidad Carolina de Praga, Checoslovaquia. Designado presidente de la Sociedad Cubano-Mexicana de Relaciones Culturales. Es nombrado embajador y delegado permanente de Cuba ante la UNESCO (1963). En 1965 asiste como presidente de la delegación cubana al coloquio sobre literatura latinoamericana efectuado en Génova y convocado por la institución

Columbiarum. El 2 de octubre de ese año es designado miembro del Comité Central del Partido Comunista de Cuba. Al año siguiente recibe la Medalla de Oro Joliot Curie del Consejo Mundial de la Paz y asume la presidencia de este organismo. En 1970 se le otorga la Medalla de Lenin como miembro del jurado internacional de los premios Lenin. Participa en el coloquio internacional sobre José Martí (1972) celebrado en la Universidad de Burdeos, Francia. Recibe el homenaje, en la Biblioteca de Autores Extranjeros, de las organizaciones culturales y políticas de la URSS (1973). En 1974 es designado presidente del Centro Cubano de la Asociación Internacional de Críticos literarios y se le otorga el título de Profesor Emérito de la Universidad de La Habana. Es elegido por el Comité Central del Partido Comunista de Cuba miembro de la comisión encargada de redactar la Constitución del Estado socialista cubano. Miembro del Consejo ejecutivo de la UNESCO en París. Ha colaborado en *Patria*, *Cuba Contemporánea*, *La Lucha*, *Heraldo de Cuba*, *Diario de la Marina*, *El País*, *Revista Bimestre Cubana*, *Carteles*, *El Fígaro*, *Archivos del Folklore Cubano*, *Orto* (Manzanillo, Oriente), *Mediodía*, *Bohemia*, *Política*, *Ahora*, *El Mundo*, *La Palabra*, *Hoy*, *Fundamentos*, *Lunes de Revolución*, *Verde Olivo*, *Cuba Socialista*, *Alma Mater*, *Granma*, *Boletín de la Comisión Nacional Cubana de la UNESCO*, *Casa de las Américas*, *El Caimán Barbudo*, *Revista de la Biblioteca Nacional José Martí* y otras publicaciones periódicas nacionales. Entre las extranjeras que han contado con su colaboración están *Mercurio Peruano* (Perú), *Repertorio Americano* (Costa Rica), *Tierra Nativa* (Colombia), *El Nacional* y *El Gallo Ilustrado* (México), *Sur* (Argentina), *La Nueva Democracia* (Nueva York), *El Internacional* (Tampa), *Papeles* (Venezuela), *Novedades de Moscú* (URSS) y otras. Su dedicación martiana se refleja en las antologías de textos de Martí, *Poesías de José Martí* (La Habana, Cultural, 1928), *Crítica literaria* (La Habana, Ediciones Nuevo Mundo, 1960), *José Martí* (Madrid, Ediciones Júcar, 1972) y *Poesía mayor* (La Habana, Instituto Cubano del Libro, 1973). Sus trabajos sobre Martí han aparecido en sus libros sobre el Apóstol, en *Homenaje a José Martí* (París, Ediciones de la Misión Permanente de Cuba ante la UNESCO, 1972) y en *Anuario Martiano*, *Granma*, *Bohemia*, *Verde Olivo* y *Novedades* (México), entre otras publicaciones periódicas. Es autor de varios prólogos, entre ellos el de *Pulso y onda* (La Habana, La Tertulia, 1962), de Manuel Navarro Luna. Tiene además trabajos en colaboración o publicados con los de otros autores, como *Recordación de Hernández Catá* (La Habana, Editorial La Verónica, 1941) y *Carta a los intelectuales y artistas* (La Habana, 1957). Su obra ha sido traducida a varios idiomas, entre ellos al ruso, italiano y francés. Sus primeros trabajos aparecen firmados como *Juan Marinello Vidaurreta;* utilizó el seudónimo *Ismael Pérez Amunátegui* en el *Repertorio Americano*, de San José de Costa Rica.

Bibliografía activa

Discurso, Pronunciado en la velada celebrada el 27 de noviembre de 1919, para honrar la memoria de los estudiantes de medicina fusilados el 27 de noviembre de 1871, La Habana, Imprenta de Ojeda, 1919.

Liberación, poemas, Madrid, Mundo Latino, 1927.

Juventud y vejez, conferencia leída en la Sociedad Económica de Amigos del País en la noche del nueve de enero de 1928, La Habana, Imprenta y Papelería El Universo, 1928; 2.ª edición, La Habana, Ediciones *Revista de Avance*, 1928.

Sobre la inquietud cubana, La Habana, *Revista de Avance*, 1930.

Americanismo y cubanismo Literario, La Habana, Editorial Hermes, 1932.

Poética, ensayos en entusiasmo, Madrid, Espasa Calpe 1933.

Cultura en la España Republicana, Nueva York, edición del *Spanish Information Bureau*, 1937.

Dos discursos de Juan Marinello al servicio de la causa popular, La Habana, Ediciones Páginas, 1937; París, Comité Ibero-Americano, 1937.

Literatura hispanoamericana, Hombres, Meditaciones, México, Ediciones de la Universidad Nacional, 1937.

Maceo, líder y masa, Notas polémicas, La Habana, Editorial Páginas, 1937; 2.ª edición, Id., 1942.

Momento español, Valencia, España, Nuevas Ediciones Héroe, 1937; La Habana, Editorial

La Verónica de Manuel Altolaguirre, 1938; 2.ª edición aumentada Id., 1939.

La Guerra Europea y el momento cubano, La Habana, Ediciones Sociales, 1939.

La razón de España; Fernando de los Ríos, La Habana, Editorial Mundo Masónico, 1939.

Cuba contra la guerra imperialista, La Habana Ediciones Sociales, 1940.

La cuestión racial en la Constitución, La Habana, Impresos Berea, 1940.

Perfil y sentido del doce de octubre, conferencias pronunciadas en la exposición de Recuerdos de la guerra de España, La Habana, Ediciones de la Casa de la Cultura, 1941.

La Habana ha votado ya, discurso dicho en el acto celebrado en el Stadium «Polar» la noche del 15 de junio de 1940, La Habana, Ediciones Sociales, 1940.

Unión Revolucionaria Comunista y la Constitución de 1940, La Habana, Ediciones Sociales, 1940.

La libertad de Browder es la nuestra, La Habana, Imprenta Berea, 1941.

Rubén Martínez Villena, héroe del proletariado y del pueblo, La Habana, Ediciones Sociales, 1941.

Españolidad literaria de José Martí, La Habana, Imprenta Molina, 1942.

¡Juntos y adelante! Historia de una crisis histórica, La Habana, Editorial Páginas, 1942; La Habana, 1949.

Picasso sin tiempo, La Habana, Imprenta Úcar, García, 1942.

Por una justa política municipal, La Habana,

Ediciones URC, 1942.

Actualidad de José Martí, Martí maestro de unidad, La Habana, Editorial Páginas, 1943.

Cultura y docencia en la Unión Soviética, La Habana, Ediciones del Partido Socialista Popular, 1944.

El Partido Socialista Popular, Informe ante la asamblea nacional de URC, celebrada el día 21 de enero de 1944, en el punto «Sobre el cambio de nombre del Partido», La Habana, Imprenta Luyanó 13, 1944.

El Partido Socialista Popular y la cultura, La Habana, Ediciones de Mil Diez, la Emisora del Pueblo, 1944.

Actualidad americana de los Martí, La Habana, Ediciones del Senado de la República, 1945.

Educación y postguerra, la reforma educacional en Inglaterra, La inspección de la enseñanza privada, La Habana, Ediciones Sociales, 1945.

La ponencia Andreu, Atentado a la escuela y al maestro, La Habana, Ediciones del Partido Socialista Popular, 1945.

Por una enseñanza democrática, La Habana, Editorial Páginas, 1945.

Consideraciones sobre el momento americano, Charla en el Salón «Unione e Benevolenza» de Buenos Aires, la noche del 28 de agosto de 1946, Buenos Aires, Editorial Anteo, 1946.

Proposición de ley creando la escuela nacional de fotografía Rafael B. Santacoloma, La Habana, 1946, Religión y política, La Habana, Ediciones del Comité Provincial de La Habana del Partido Socialista Popular, 1946.

Los tres frentes de lucha contra Franco, discurso dicho en el acto efectuado en el Manhattan Center, de Nueva York, el día 7 de abril, organizado por el Comité coordinador pro República española, La Habana, Arrow Press, 1946, *discurso a los escritores venezolanos*, La Habana, Ayón, impresor, 1948, *discurso en la interpelación senatorial al Ministro del Trabajo Carlos Prío Socarras*, La Habana, Arrow Press, 1948.

Mensaje a Puerto Rico, San Juan, Puerto Rico, Ediciones Vanguardia del Pueblo, 1948.

Sobre el poder judicial, Charla pronunciada en el colegio de abogados de Marianao, La Habana, Ediciones del Partido Socialista Popular, 1948.

Homenaje a Rubén Martínez Villena, La Habana, Ayón, impresor, 1950.

Tres espectáculos de Moscú, conferencia, La Habana, Ayón, impresor, 1950.

Tres espectáculos de Moscú, Los premios internacionales de la paz, México, Talleres Gráficos de la Nación, 1951.

Viaje a la Unión Soviética y a las Democracias Populares, Dos charlas, La Habana, Ediciones del Partido Socialista Popular, 1950.

La cultura y la paz, Homenaje a Enrique González Martínez y Baldomero Sanín Canó, La Habana, 1952; México, Ediciones de la Revista Paz, 1952.

Martí en Moscú, La Habana, Editorial Páginas, 1953.

El caso literario de José Martí, motivos de centenario, La Habana, Ayón, impresor, 1954.

Defienda la juventud cubana su más alta bandera, Bohemia *contra Mella*, La Habana, 1954, texto mimeografiado.

Imperialismo y socialismo, El artículo que no quiso publicar, Bohemia, La Habana Ediciones del Partido Socialista Popular, 1954.

Polémicas, La América Latina y el comunismo, sobre un artículo de Germán Arciniegas, La Habana, 1954.

El Instituto Nacional de Cultura y el libre debate intelectual, La Habana, 1955, texto mimeografiado; La Habana, Editorial clandestina, 1957.

Caminos en la lengua de Martí, La Habana, Editorial Lex, 1956.

Denuncia al pueblo de Cuba, La Habana, 1956.

La penetración imperialista en la enseñanza cubana, La Habana, 1957, edición clandestina.

Conversación con nuestros pintores abstractos, sobretiro de *Mensajes, cuadernos marxistas*, La Habana, 1958; Santiago de Cuba, Universidad de Oriente, Departamento de Extensión y Relaciones Culturales, 1960; La Habana, Imprenta Nacional de Cuba, 1961.

José Martí, escritor americano, Martí y el modernismo, México D. F., Editorial Grijalbo, 1958; La Habana, Imprenta Nacional de Cuba, 1962.

Ocho notas sobre Aníbal Ponce, Buenos Aires, Ediciones de Cuadernos de Cultura, 1958. Sobretiro de Revistas *Islas*, Santa Clara, Universidad Central de Las Villas, 1961.

Meditación americana, Cinco ensayos, Buenos Aires, Ediciones Procyon, 1959; La Habana, Universidad Central de Las Villas, Dirección de Publicaciones, 1963.

Revolución y universidad, sobretiro de la revista *Fundamentos*, La Habana, Imprenta del Cerro, 1959; La Habana, Gobierno Provincial Revolucionario de La Habana, 1960.

Sobre el modernismo, polémica y definición, México, Universidad Nacional Autónoma de México, Dirección General de Publicaciones, 1959.

El pensamiento de Martí y nuestra Revolución socialista, México, Instituto Mexicano-Cubano de Relaciones Culturales «José Martí», 1960; Id., 1962.

La soberanía nacional y la paz, La Habana, Imprenta Nacional de Cuba, 1960.

Ensayos martianos, La Habana, Universidad Central de Las Villas, Departamento de Relaciones Culturales, 1961.

Guatemala nuestra, La Habana, Imprenta Nacional de Cuba, 1961.

Acerca de la paz y el desarme, conferencia pronunciada en la Escuela de Superación Pedagógica el 31 de agosto de 1962, La Habana, Ministerio de Educación, Instituto Superior de Educación, Centro de Documentación Pedagógica, 1962.

Dos discursos sobre la Reforma Universitaria, en la Escalinata, en el Aula Magna, La Habana, Imprenta de la Universidad de La Habana, 1962.

Hazaña y triunfo americanos de Nicolás Guillén, Nicolás Guillén, Elegía a Jesús Menéndez, 1948-1951, La Habana, 1962.

Homenaje a la Revolución de octubre, La Habana, Imprenta de la Universidad de La Habana, 1962.

Martí desde ahora, Lección primera de la cátedra martiana en el cursillo del año académico 1962, sobre poesía y prosa en Martí; leída en la tarde del miércoles 21 de febrero, La Habana, Imprenta de la Universidad de La Habana, 1962.

El pensamiento de Martí y nuestra revolución socialista, México, publicaciones del Instituto Mexicano-Cubano de Relaciones Culturales «José Martí», 1962; Quito, 1962.

Alejandro Lipschutz, La Habana, Imprenta de la Universidad de La Habana, 1963.

Meditación americana, Cinco ensayos, Santa Clara, Universidad Central de Las Villas, 1963.

Mella y el Primer Congreso Nacional de Estudiantes, En los sesenta años de Julio Antonio Mella, La Habana, Ediciones del Instituto «Julio Antonio Mella», 1963; La Habana, *s. a.*

Contemporáneos, Noticia y memoria, Santa Clara, Editora del Consejo Nacional de Universidades, Universidad Central de Las Villas, 1964.

Once ensayos martianos, La Habana, Ediciones de la Comisión Nacional Cubana de la UNESCO, 1964.

García Lorca en Cuba, La Habana, Ediciones Belic, 1965.

Imagen de Silvestre Revueltas, La Habana, Ediciones de la Sociedad Cubano-Mexicana de Relaciones Culturales, 1966.

Palabras de resumen en la asamblea de presen-

tación del *Comité de Base de la UJC, del Instituto de Historia-Archivo Nacional*, La Habana, Instituto de Historia, 1966.

La conferencia de lo tres continentes, Santiago de Cuba, Universidad de Oriente, 1967, texto mimeografiado.

Órbita de Juan Marinello, selección, prólogo y notas de Ángel Augier, La Habana, UNEAC, 1968.

Sobre nuestra crítica literaria, separata de la *Revista de la Biblioteca Nacional José Martí*, La Habana, 1970.

Creación y revolución, La Habana, Instituto Cubano del Libro, 1973, *Contemporáneos*, Noticia y memoria, tomo 2, La Habana, UNEAC, 1975.

Integración y fisonomía de la literatura latinoamericana, Milano, Marzorati, s. a.

Bibliografía pasiva

Alfonso Roselló, Arturo, «En charla con el Doctor Juan Marinello», en *Carteles*, La Habana, 34, 45, 42-45, noviembre 5, 1939.

Antuña, María Luisa y Josefina García Carranza (comp.), «Bibliografía de Juan Marinello» en *Revista de la Biblioteca Nacional José Martí*, La Habana, 3.ª época, 65, 16, 3, 25-457, septiembre-diciembre, 1974.

Antuña, Vicentina, «Juan Marinello, maestro emérito de la cultura cubana», en *Revista de la Biblioteca Nacional José Martí*, La Habana, 3.ª época, 65, 16, 3, 9-24, septiembre-diciembre, 1974.

Augier, Ángel, «*Poética* de Marinello», en *Aho-*

ra, La Habana, 2, 224, 4, mayo 24, 1934.

Aza Montero, Alberto, «Al margen de *Juventud y vejez*», en *Orto*, Manzanillo, 17, 13, 7, octubre 31, 1928.

Bueno, Salvador, «Últimos aportes al estudio de Martí», en *Bohemia*, La Habana, 55, 20, 33, mayo 17, 1963.

«Los estudios martianos de Juan Marinello» en *El Mundo*, La Habana, 67, 22 348, 2, noviembre 1, 1968.

Carbonell y Rivero, José Manuel, «Juan Marinello Vidaurreta, 1899» en su *La poesía lírica en Cuba*, recopilación dirigida, prologada y anotada, tomo 5, La Habana, Imprenta El Siglo XX, 1928, págs. 490, Evolución de la cultura cubana, 1608-1927, 5.

Casanovas, Martín, «*Liberación* de Juan Marinello», en *Diario de la Marina*, edición de la mañana, La Habana, 95, 37, 34, secc, 3.ª, febrero 6, 1927.

Castellanos, Carlos A., «Juan Marinello *Sobre la inquietud cubana*», en *Revista de Oriente*, Santiago de Cuba, 2, 19, 1617, abril, 1930.

«*Creación y revolución*, un nuevo libro de Juan Marinello» en *La Gaceta de Cuba*, La Habana, 121, 29-30, marzo, 1974.

«Cronología», en *Revista de la Biblioteca Nacional José Martí*, La Habana, 3.ª época, 65, 16, 3, 459-473, septiembre-diciembre, 1974.

D'Aquino, Hernando, «Una manera de ver..., *Sobre la inquietud cubana* de Marinello» en *Diario de la Marina*, La Habana, 98, 122, 2, 3.ª secc., mayo 4, 1930.

Entralgo, Elías José, «Un poeta evolutivo Marinello Vidaurreta», en *Diario de la Marina*, La Habana, 95, 65, 42, marzo 6, 1927.

«Entrevistas de *Bohemia*, Juan Marinello, a su regreso, nos habla de temas actuales», en *Bohemia*, La Habana, 31, 31, 21, 17, 26, 73, mayo 21, 1939.

Feijóo, Samuel, «Divagaciones sobre un libro martiano de Juan Marinello», en *Islas*, Santa Clara, 2, 1, 295-297, septiembre-diciembre, 1959.

Fernández de Castro, José Antonio, «Positivos, VII, Juan Marinello Vidaurreta», en *Social*, La Habana, 15, 4, 19, abril, 1930.

García Garófalo Mesa, M., «Juan Marinello Vidaurreta», en su *Los poetas villaclareños*, La Habana, Imprenta J. Arroyo, 1927, págs. 213-216.

González y Contreras, Gilberto, «Un ensayista social en Cuba», en *América*, La Habana, 13, 2-3, 19-25, febrero-marzo, 1942.

Grismer, Raymond L. y Manuel Rodríguez Saavedra, «Juan Marinello y Vidaurreta», en su *Vida y obras de autores cubanos*, tomo 1, La Habana, Editorial Alfa, 1940, págs. 33-37.

Álvares, Enrique, «Juan Marinello Vidaurreta», en *Revista de Oriente*, Santiago de Cuba, 3, 26, 5-6, 1931.

«Homenajes a Marinello, en la UNESCO, en la URSS, en Cuba», en *Boletín de la Comisión Nacional Cubana de la UNESCO*, La Habana, 13, 50, 24-27, marzo-abril, 1974.

Lavié, Nemesio, «Gaceta bibliográfica, *Sobre la inquietud Cubana*, por Juan Marinello» y «Americanismo y cubanismo de Juan Mari-

nello», en *Orto*, Manzanillo, 19 y 22, 4-5 y 2-3, 165-166 y 17-21, febrero-marzo, 1930 y 1933.

Lizaso, Félix y José Antonio Fernández de Castro, «Juan Marinello Vidaurreta», en su *La poesía moderna en Cuba, 1882-1925*, antología crítica, ordenada y publicada, Madrid, Librería y Casa Editorial Hernando, 1926, págs. 363-364.

López, Pedro Alejandro, «Palabras reveladoras de Marinello», «Marinello, las masas y el caudillo» y «Doctrinarismos de Marinello», en *Ahora*, La Habana, 2.ª época, 35, 36 y 50, 4, noviembre 7, 8 y 22, 1933.

«Maestro Marinello, Al pie de la letra», en *Casa de las Américas*, La Habana, 14, 84, 179-180, mayo-junio, 1974.

Mañach, Jorge, «De re poética», «La vieja emoción y la nueva sensibilidad», «Ondas de sugerencias» y «El poeta quietista» en *El País*, Diario de la tarde, La Habana, 5, 4, 5, 6 y 7, 3, 3, 3 y 3, enero 4, 5, 6 y 7, 1927.

Pavón Tamayo, Luis, «Creación y revolución en Juan Marinello», en *Verde Olivo*, La Habana, 15, 48, 13-15, diciembre 2, 1973.

Pérez de la Riva, Juan, «La Revista y el inventario de Marinello, el joven», en *Revista de la Biblioteca Nacional José Martí*, La Habana, 3.ª época, 65, 16, 3, 5-8, septiembre-diciembre, 1974.

Rodríguez, Emilio Gaspar, «Poetas de ahora, Marinello», en *Diario de la Marina*, La Habana, 95, 232, 34, agosto 21, 1927.

Rodríguez, Luis Felipe, «Impresión, En torno del libro de poemas *Liberación* de Juan Marinello» en *Diario de la Marina*, La Habana, 95, 30, 34, enero 30, 1927.

Rodríguez Vélez, Benicio, «Marinello..., "El intelectual marxista"», en *Aurora*, La Habana, 2.ª época, 13, 3, 7-8, marzo 10, 1934.

Roig de Leuchsenring, Emilio, «Escritores jóvenes, Juan Marinello Vidaurreta» y «Notas del director literario, Los nuevos, Juan Marinello Vidaurreta» en *Social*, La Habana, 8 y 10, 7 y 10, 5 y 7-8, julio y octubre, 1923 y 1925.

Torriente, Loló de la, «Dos meditaciones americanas», en *Nueva Revista Cubana*, La Habana, 1, 3, 199-203, octubre-diciembre, 1959.

Vega Cobiella, Ulpiano, *Interpretación, Juan Marinello Vidaurreta*, La Habana, Cultural, *s. a.*

Vincenzi, Moisés, «*Picasso sin tiempo*, por Juan Marinello», en *América*, La Habana, 19, 1, 92, julio, 1943.

Vitier, Cintio, «Juan Marinello», en su *Cincuenta años de poesía cubana, 1902-1952*, ordenación, antología y notas, La Habana, Ministerio de Educación, Dirección de Cultura, 1952, págs. 153.

Mariposa, La (La Habana, 1838). Revista. El primer número apareció el 1.º de abril. Solamente hemos podido localizar los cuadernos 1 y 2 correspondientes al tomo 1. Fueron sus directores Cayetano Lanuza y José Luis Casaseca, quien se separó de la revista después de publicado el segundo cuaderno del primer tomo. José María Labraña señala, en la página 669 de su trabajo «La prensa en Cuba» –aparecido en *Cuba en la mano. Enciclopedia popular ilustrada* (La Habana, Imprenta Úcar, García, 1940, págs. 649-786)–, que su redactor era Bartolomé Crespo y Borbón, más conocido por su seudónimo *Creto Gangá*. Su periodicidad fue primero quincenal y después semanal. Se sabe ciertamente que aparecieron tres tomos, aunque el periódico habanero *Noticioso y Lucero* del 11 y del 20 de noviembre de 1838 da noticias de la salida de los cuadernos 1 y 2 de un cuarto tomo. En el prospecto que anunciaba la publicación de la revista, aparecido en la página 2 del *Diario de La Habana* del 1.º de abril de 1838, se expresaba que la obra constaría de «seis tomos en octavo mayor, de 320 páginas cada uno, divididos en cuatro cuadernos; dos de los cuales se publicarán cada mes. ¿Y de qué va a poblarse este jardín? De un poquito de todo, menos de religión y de política». Publicó cuentos, poesías, artículos libros y trabajos sobre química, industria, medicina, modas, historia, geografía, música, fisiología y teatro. Además, notas bibliográficas y novelas cortas. La mayoría de las colaboraciones aparecían sin firma. Solo aparecen suscritas seis, bajo las firmas de Francisco Gavito, C. Lanuza, *El guajiro*, *La bruja*, *Un mirón* y *El autor de la monja*. Joaquín Llaverías publicó un índice de los tomos segundo y tercero en el tomo 2 de su *Contribución a la historia de la prensa periódica* (La Habana, Talleres del Archivo Nacional de Cuba, 1959, págs. 76-77). Aclara, además, que al final del tomo primero aparecía el índice correspondiente a ese tomo. Bajo la responsabilidad de Araceli García Carranza se ha confeccionado el índice del tomo 1, que se encuentra a disposición del público en las gavetas de la hemeroteca del departamento de Colección Cubana de la Biblioteca Nacional José Martí.

Bibliografía

Almaviva, seudónimo, «A *La Mariposa*» en *Noticioso y Lucero*, La Habana, 6, 181, 2-3, julio 1.º, 1838.

Llaverías, Joaquín, «*La Mariposa*» en su *Contribución a la Historia de la prensa periódica*, tomo 2.

Prefacio de Elías Entralgo, La Habana, Talleres del Archivo Nacional de Cuba, 1959, págs. 68-76, Publicaciones del Archivo Nacional de Cuba, 48.

Triboulet, seudónimo, «*Triboulet* a La Mariposa- Artículo, que, según barruntos, no será el último», en *Noticioso y Lucero*, La Habana, 6, 180, 2-3, junio 30, 1838.

Mármol, Adelaida del (Holguín, Oriente, 13 febrero 1840-Santiago de Cuba, 16 octubre 1857). Nació de una familia acomodada. Ésta se trasladó, cuando aún era niña, a Santiago de Cuba. Allí dedicó a Luisa Pérez de Zambrana el soneto «Al conocer a Luisa Pérez». A pesar de su corta existencia, escribió buen número de composiciones poéticas que aparecieron publicadas en *Revista de La Habana* y *Kaleidoscopio*. Entre sus poesías están «La

paz en nuestro hogar» «El jazmín de mi ventana» y «A mi jilguero». Tradujo del inglés una poesía de Byron, «La hija de Jephté». Utilizó el seudónimo *Delisa*.

Bibliografía activa

Ecos de mi arpa, s. l., 1857.

Bibliografía pasiva

Carbonell y Rivero, José Manuel, «Adelaida del Mármol, 1840-1857», en su *La poesía lírica en Cuba*, recopilación dirigida, prologada y anotada, tomo 3, La Habana, Imprenta El Siglo XX, 1928, págs. 413-414, Evolución de la cultura cubana, 1608-1927, 3.

García de Coronado, Domitila, «Adelaida del Mármol», en su *Álbum poético fotográfico de escritoras y poetisas cubanas escrito en 1868 para la señora Doña Gertrudis Gómez de Avellaneda*, Reproducción de la 3.ª edición, dedicada a la Academia de Ciencias Médicas, Físicas y Naturales, y a la Sociedad Económica de Amigos del País, comenzada en 1914, La Habana, Imprenta de *El Fígaro*, 1926, págs. 125-134.

González Curquejo, Antonio, «Adelaida del Mármol», en su *Florilegio de escritoras cubanas*, recopilación con un prólogo del señor Raimundo Cabrera, tomo 1, La Habana, Librería e Imprenta La Moderna Poesía, 1910, págs. 209.

Márquez Sterling, Manuel (Lima, 28 agosto 1872-Washington, 9 diciembre 1934). Nació en la sede diplomática de Cuba en Lima, por lo cual, jurídicamente, es cubano de nacimiento. A los diez años de edad pasó a residir a Puerto Príncipe (Cuba). Cursó la primera enseñanza en el colegio de los Padres Escolapios de esa ciudad. A los quince años fundó la revista *El Estudiante*. Colaboró en *El Pueblo*. En 1889 ingresó en la redacción de El *Camagüeyano* y se graduó de bachiller en el Instituto, de Puerto Príncipe. Debido a su padecimiento de asma, sus padres lo envían a México a reponerse. En Mérida colabora en *El Eco del Comercio* y en *La Revista de Mérida*. Al cabo del año vuelve a Camagüey, matricula en La Habana la carrera de leyes (1891) y publica artículos en *La Lucha*. Retorna a México y allí trabaja en un Banco, escribe crónicas de ajedrez para el *Diario del Hogar* y publica la revista *El Arte de Philidor* (1894). En ese año conoce a José Martí y se vincula a la causa revolucionaria del 95, pero su mala salud le impide venir a Cuba. En Nueva York, Gonzalo de Quesada le encomienda la organización del archivo de Martí. Parte hacia París con misión de propaganda. Prosigue su labor en Madrid. Colaboró en la *Revista Internacional de Ajedrez*. En México fundó el semanario *La Lucha*, de militancia revolucionaria, y fue corresponsal de *La Discusión*. Terminada la guerra, desempeña en Camagüey un cargo en la inspección del censo y colabora en *La Verdad*. En La Habana escribe para *Patria*, *Cuba libre* y *El Fígaro* (1900-1926), que lo eligió «el mejor escritor joven cubano» en 1903. Parte hacia París

como secretario de Gonzalo de Quesada. Al fundarse en 1901 el periódico *El Mundo*, colabora en él. Su nombramiento como secretario de la Legación de Cuba en México no tuvo efecto, al ser declarado persona no grata por el secretario de Relaciones Exteriores de ese país, a causa de un artículo suyo sobre Porfirio Díaz. En 1907 fue designado cónsul general en Buenos Aires. A partir de ese año y hasta el final de su vida desempeña cargos diplomáticos en Latinoamérica y Estados Unidos. En 1913 presenta credenciales al presidente Madero, de México. Denuncia las maniobras llevadas a cabo contra éste por el embajador norteamericano, con el cual se entrevista para abogar por la libertad de Madero. Muerto éste, acompaña a sus familiares a Cuba. Escribió artículos sobre la Revolución Mexicana. En La Habana funda el diario *Heraldo de Cuba* y, en 1916, *La Nación*. Se le confirió el grado de Doctor Honoris Causa por la Universidad Nacional de México (1921). En Washington mantiene sus ataques a la Enmienda Platt en artículos que envía al *Heraldo de Cuba*. En Cuba colabora en el *Heraldo* y en *El País*. Es nombrado director de la Oficina Panamericana del Ministerio de Estado (1924). Fue profesor titular del Instituto del Servicio Exterior de la Universidad de La Habana, miembro de la Sección de literatura de la Academia Nacional de Artes y Letras desde 1910 y, en 1929, miembro de la Academia de la Historia. Fue secretario de Estado durante el gobierno de Grau San Martín y, con posterioridad, encargado provisional del Poder Ejecutivo y embajador en Washington (1934), donde falleció, después de lograr la abrogación de la Enmienda Platt. Es autor de varios libros sobre ajedrez y de los prólogos a *Pláticas agridulces* (1906), de Sergio Cuevas Zequeira, y a la segunda edición de los *Episodios de la revolución cubana* (1911), de Manuel de la Cruz. No pudo terminar su última obra, *Proceso histórico de la Enmienda Platt*, que completó su sobrino Carlos Márquez Sterling. Utilizó los seudónimos *Tresemes*, *Manuel Márquez Mola*, *Carlos Loysel* y *XXX*.

Bibliografía activa

Menudencias, Folleto de crítica literaria, La Habana, Imprenta La Moderna, 1892.

Quisicosas, sátiras y críticas, México, F. P. Hoeck, 1895.

Escarcha, Opúsculo de crítica literaria, prólogo de Manuel del Palacio, Madrid, Librería de R. Fe, 1896.

Páginas libres, colección de críticas literarias y artículos sobre política cubana, México, Administración, Segunda de la Independencia, 3, 1897.

Rasguños, sátiras y críticas, México, Eduardo Dublán, impresor, 1897.

Mesa revuelta, Política y literatura, prólogo de Remigio Mateos, México, Hoeck y Hamilton, 1898.

Esbozos, La Habana, El Fígaro, 1900.

Tristes y alegres, crónicas de París, Instantáneas de la convención, prólogo de *Conde Kostia*,

seudónimo de Aniceto Valdivia, La Habana, El Fígaro, 1900.

Hombres de Pro, siluetas políticas, tomo 1, La Habana, El Mundo, 1902.

Ideas y sensaciones, prólogo de Luis Bonafoux, La Habana, El Fígaro, 1903.

Psicología profana, prólogo de Manuel Serafín Pichardo, La Habana, Imprenta Avisador Comercial, 1905.

Alrededor de nuestra Psicología, La Habana, Imprenta Avisador Comercial, 1906.

La muerte del libertador, una página para la historia, La Habana, Imprenta Avisador Comercial, 1906.

Alma-Cuba, discurso que dijo el encargado de negocios de la República de Cuba, al conferírsele el título de presidente de honor de la Unión Ibero Americana del Nuevo Continente en la sesión celebrada en Buenos Aires el 25 de septiembre de 1907, Buenos Aires, Talleres de la casa J. Peuser, 1907.

Burla burlando, La Habana, Imprenta Avisador Comercial 1907.

La diplomacia en nuestra historia, La Habana, Imprenta Avisador Comercial, 1909; Valencia, España, F. Sempere, 1910; La Habana, Instituto Cubano del Libro, 1967.

Los últimos días del presidente Madero, mi gestión diplomática en México, La Habana, Imprenta El Siglo XX, 1917; Id., 1927; México, Editorial Porrúa, 1958, prólogo de José Antonio Portuondo, La Habana, Imprenta Nacional de Cuba, 1960.

El panamericanismo, acuerdos y orientaciones de la Quinta Conferencia Internacional Americana reunida en Santiago de Chile, 25 de marzo-3 de mayo de 1923, La Habana, Talleres Tipográficos *El Magazine de la Raza*, 1923.

En la ciudad sin ruido, La Habana, Imprenta y Papelería de Rambla y Bouza, 1925.

La política exterior y la política nacional del presidente Machado, La Habana, Imprenta y papelería de Rambla y Bouza, 1926.

Las Conferencias del Choreham, el cesarismo en Cuba, México, Ediciones Botas, 1933.

Doctrina de la República, prólogo de René Lufríu, La Habana, Secretaría de Educación, Dirección de Cultura, 1937.

Proceso histórico de la Enmienda Platt, 1897-1934, prólogo de René Lufríu, La Habana, Imprenta El Siglo XX, 1941.

Bibliografía pasiva

Alcover, Antonio Miguel, «Bibliografía, *Tristes y alegres*», en *Cuba y América*, La Habana, 5, 7, 104, 427-428, septiembre, 1901.

Alfonso Roselló, Arturo, «Nuestras entrevistas, Hablando con Manuel Márquez Sterling, director de la Oficina Panamericana de Cuba», en *Carteles*, La Habana, 8, 18, 10, 22, mayo 3, 1925.

«Nuestras entrevistas, Hablando con el Doctor Manuel Márquez Sterling», en *Carteles*, La Habana, 8, 28, 16, 29, 32, julio 12, 1925.

«Nuestras entrevistas, Don Manuel Márquez Sterling», en *Carteles*, La Habana, 14, 45, 30, 48-50, noviembre 10, 1929.

«Grandes figuras del diarismo» en *El periodismo en Cuba*, Libro conmemorativo del Día del Periodista, La Habana, Carasa, impresores, 1935, págs. 71-73.

Aramburo, Mariano, «*Burla burlando...*», en *El Fígaro*, La Habana, 23, 25, 293, 1907.

Armas y Cárdenas, José de, «Márquez Sterling y su último libro», en *El Fígaro*, La Habana, 22, 10, 129, 1906.

Cabrera, Raimundo, «Con motivo de la novela de la niña Alicia Peón y Varona», en *El Fígaro*, La Habana, 36, 41, 1156, 1919.

Camacho, Pánfilo Daniel, *Manuel Márquez Sterling, un hombre positivo*, La Habana, Imprenta P. Fernández, 1947.

Carbonell, José Manuel, «Sobre un libro de Márquez Sterling», sobre *Alrededor de nuestra Psicología*, en *Letras*, La Habana, 7, 206-209, enero 31, 1906.

Carricarte, Arturo Ramón de, «*Psicología Profana*, por Manuel Márquez Sterling, un escritor y una obra vistos al través de un temperamento» en *Azul y Rojo*, La Habana, 5, 13, 2-3, abril 1, 1905.

Castillo, Antella, «Manuel Márquez Sterling», en *El Fígaro*, La Habana, 34, 43, 850-851, 1917.

«Con gran ceremonial fueron sepultados los restos del representante de Cuba en Washington, Manuel Márquez Sterling», en *El Mundo*, La Habana, 34, 11 141, 1, 15, diciembre 15, 1934.

Cortina, José Manuel, *El periodista, el diplomá-*

tico y la nacionalidad, discurso pronunciado en la Asociación de Reporters de La Habana el día 23 de octubre de 1929, con motivo del homenaje al Embajador de Cuba en México, Doctor Manuel Márquez Sterling, La Habana, Imprenta El Siglo XX, 1930.

Corzo, Juan, «La personalidad ajedrezística de Márquez Sterling», en *Carteles*, La Habana, 33, 7, 16, 62, febrero 17, 1935.

Fernández Cabrera, Manuel, «¿Qué hubiera usted querido ser? ¿Qué quisiera usted ser? Márquez Sterling», en *El Fígaro*, La Habana, 29, 38, 466-467, 1913.

Ferreiro Mora, Julio, «El "Don Tomás" de Márquez Sterling», en *Chic*, La Habana, 38, 6, 16, 113, junio, 1955.

«Los funerales de Márquez Sterling», en *Carteles*, La Habana, 22, 49, 24-25, diciembre 23, 1934.

Lufríu, René, «La niñez de Márquez Sterling», en *Revista Cubana*, La Habana, 138-151, abril-junio, 1936.

Manuel Márquez Sterling, escritor y ciudadano, La Habana, Imprenta El Siglo XX, 1938.

Lugo-Viña, Rui de, «De mis gratos recuerdos, Manuel Márquez Sterling en Buenos Aires», en *El Fígaro*, La Habana, 30, 33, 390, 1914.

Maestri, Raúl, «Manuel Márquez Sterling», en *Diario de la Marina*, La Habana, 102, 310, 20, diciembre 15, 1934.

Maresma, José, «Manuel Márquez Sterling y sus hechos notables», en *El Mundo*, La Habana, 34, 11 141, 4, diciembre 1934.

Márquez Sterling, Carlos, «Manuel Márquez Sterling, el periodista», en *Bohemia*, La Habana, 42, 37, 8-9, 146-147, septiembre 10, 1950.

«El diarismo en Manuel Márquez Sterling», Seguido de una discusión sobre el tema, en *Cuadernos de la Universidad del Aire del Circuito CMQ*, La Habana, 4, 49, 439-444, mayo 25, 1953.

«La muerte de un gran cubano», en *Carteles*, La Habana, 20, 48, 32, diciembre 16, 1934.

Muñoz Bustamante, Mario, «*Hombres de pro*», en *Azul y Rojo*, La Habana, 1, 7, 1-2, septiembre 14, 1902.

Palomares, Enrique, «Manuel Márquez Sterling, periodista y diplórnático», en *El Mundo*, La Habana, 34, 11 137, 4, diciembre 11, 1934.

Piñeyro, Enrique, «Los libros buenos», en *El Fígaro*, La Habana, 26, 40, 509, 1910.

Pogolotti, Marcelo, «Manuel Márquez Sterling y el machadato», en su *La República de Cuba al través de sus escritores*, La Habana, Editorial Lex, 1958, págs. 125-127.

Porto, Mirta Elena, *Manuel Márquez Sterling, maestro de periodistas*, México, Universidad Femenina de México, 1954.

Portuondo, José Antonio, «Don Manuel Márquez Sterling y la Revolución Mexicana», en su *Crítica de la época y otros ensayos*, La Habana, Universidad Central de Las Villas, 1965, págs. 250-258.

Rodó, José Enrique, «Nuestro Márquez Sterling», en *El Fígaro*, La Habana, 24, 4, 45, 1908.

Rodríguez Embil, Luis, «Dos libros», en *El Fígaro*, La Habana, 18, 37, 461, 1902.

Sánchez Arango, Aureliano, «Don Manuel», en

Ahora, La Habana, 2.ª etapa, 69, 2, diciembre 11, 1933.

Santovenia, Emeterio Santiago, «Palabras junto a la tumba de Márquez Sterling en el octavo aniversario de su muerte», en *Diario de la Marina*, La Habana, 110, 296, 4, diciembre 11, 1942.

Suárez Rivas, Jaime, «Manuel Márquez Sterling; con motivo de su muerte» en *Revista Cubana*, La Habana, 178-179, enero, 1935.

Tejera, Diego Vicente, «Márquez Sterling», en *El Fígaro*, La Habana, 17, 25, 288, 1901.

Varona, Enrique José, «El libro de un periodista», en *El Fígaro*, La Habana, 21, 14, 162, 1905.

Vasconcelos, José, «Discurso», en *Discursos leídos en la Universidad Nacional de México el día 3 de enero de 1921 en el acto solemne de conferir al señor don Manuel Márquez Sterling el grado de Doctor Honoris Causa*, La Habana, Prado y Morales, impresores, 1921, págs. 7-13.

Márquez Valdés, **José de Jesús** (La Habana, 15 enero 1837-Id., 22 agosto 1902). Estudió en el Colegio de Humanidades que dirigió el Licenciado Juan Manuel Enríquez. Obtuvo el título de Bachiller en Artes y se trasladó a los Estados Unidos (1851), donde se graduó, en Nueva York, de ingeniero mecánico. Regresó a Cuba en 1856 y ejerció esta profesión. Durante un tiempo se dedicó a la enseñanza del idioma inglés. En 1870 fue deportado a Isla de Pinos por conspirar contra el régimen colonial. Desde 1879 hasta su muerte fue estacionario de la biblioteca de la Sociedad Económica de Amigos del País de La Habana, en la confección de cuyos catálogos participó. Defensor del cooperativismo, fue fundador, director y colaborador de la prensa obrera cubana.

Fundó, junto con Saturnino Martínez, el semanario obrero *La Razón*, donde publicó una serie de artículos titulados «La imprenta y el periodismo» (1878). Director de *La Unión*, *El Sufragio* y *Los Sucesos*. Redactor del periódico obrero *La Aurora*, de La Habana. Colaborador del *Diario de Avisos*, *El Siglo*, *Revista de Animales y Plantas*, *El Correo de La Habana*, *Revista Cubana* (en la que publicó varios trabajos sobre historia de Cuba), *El Hogar*, *Ilustración Cubana*, *El Occidente*, *El Pilareño*, *El Fígaro*, *La Habana Elegante*, *Revista y Eco de Canarias*, *El Timbre*, *La Caricatura* y *La Habana Literaria*, de La Habana; *El Progreso* (del que fue director) y *El Álbum*, de Guanabacoa (La Habana); *El Eco de las Damas*, *El Revoltoso*, *El Trabajo* y *La Joven Cuba*, de San Antonio de los Baños (La Habana); *El Fomento*, *El Crisol*, *El Fénix*, de Cienfuegos (Las Villas), y *La Voz de América*, de Nueva York. Asimismo, aparecieron colaboraciones suyas y referencias a sus trabajos en las Memorias de la Real Sociedad Económica de Amigos del País. Entre estas colaboraciones se cuentan su «Bibliografía de libros raros (siglo XVI) pertenecientes a la biblioteca pública de la Real Sociedad Económica de Amigos del País de La Habana», entre otros trabajos dedicados a esta institución. Fue autor de novelas de costumbres, históricas y satíricas, entre ellas *Jorge o la justicia de Dios*, *La hija de un bandido*, *La flor de un desengaño*, *Historia de un paraguas*, *Aurora*, *Delitos y penas*. Muchas de ellas aparecieron en publicaciones periódicas. Dejó inéditos *Diccionario enciclopédico cubano*, y su *Historia de Cuba*. Su *Diccionario geográfico, biográfico, estadístico, bibliográfico, histórico, económico y mercantil de la Isla de Cuba* fue publicado por el *Boletín del Archivo Nacional* (La Habana, 24, 24, 1-6, 83-250, enero-diciembre, 1925), con un prólogo de Joaquín Llaverías. Utilizó el seudónimo *Hernani*.

Bibliografía activa

Misterios de una familia, novela, Barcelona, Molinas y Julí, 1869, 2 T.

El bautismo en sus distintas manifestaciones, La Habana, Imprenta M. de Armas, 1886.

Catecismo democrático, La Habana, Imprenta M. de Armas, 1887.

Aventuras de un sordo, novela humorística cubana, La Habana, Imprenta El Aerolito, 1888.

Plácido y los conspiradores de 1844, La Habana, Imprenta La Constancia, 1894.

Los «Hermanos del silencio», novela, La Habana, Imprenta «El Pilar», de Manuel de Armas, 1896.

Diccionario geográfico de la isla de Cuba, publicado, arreglado, anotado y con una introducción de Joaquín Llaverías, Jefe del Archivo Nacional e individuo de Número de la Academia de la Historia, La Habana, Imprenta Pérez, Sierra, 1926.

Bibliografía pasiva

J. M. C., «José de Jesús Márquez», en *El Fígaro*, La Habana, 78, 33, 420, agosto 31, 1902.

Portuondo, José Antonio «José de Jesús Márquez», en *La Aurora y los comienzos de la prensa y de la organización obrera en Cuba*, La Habana, Imprenta Nacional de Cuba, 1961, págs. 60-74.

Marquina, Rafael (Barcelona, España, 24 agosto 1887-La Habana, 25 abril 1960). Después de estudiar bachillerato, inició Derecho y Filosofía y Letras en la Universidad de Barcelona. En 1906 ingresó en la redacción de *La Publicidad*. Fue director de la revista *Teatralia* (1908) y de *El Imparcial*, de Madrid. En 1930 obtuvo el primer premio en el concurso de la Cámara Oficial del Libro con un artículo. Residente en Cuba desde 1935. Trabajó en *Avance, Acción, Heraldo Nacional, Alerta, Frente, Pueblo e Información*, y colaboró en el *Diario de la Marina, Bohemia, Carteles, Revista Cubana, Revista de la Biblioteca Nacional, Boletín de la Academia Cubana de la Lengua*. También hizo periodismo y dramatizaciones para la radio. Miembro del Pen Club y de la Federación de Autores Teatrales, correspondiente de la Academia Nacional de Artes y Letras, de la de Historia de Cuba y de la Cubana de la Lengua. En colaboración con Félix Lizaso hizo para el teatro *Estampas de Martí*. Elaboró el índice de materias para los dos tomos de *Obras completas* (La Habana, Editorial Lex, 1946), de José Martí. Tradujo *Las* *flores del mal*, de Baudelaire, así como obras dramáticas de Tolstoi y de otros autores. Utilizó los seudónimos *Farfarello* y *Un Ramblista*.

Bibliografía activa

Teatro cubano de selección, reseña crítica, La Habana, Publicaciones de la Secretaría de Educación, Dirección de Cultura, 1938.

Gertrudis Gómez de Avellaneda, La Peregrina, La Habana, Editorial Trópico, 1939.

Antonio Maceo, héroe epónimo, estudio biográfico, La Habana, Editorial Lex, 1943.

Las verdades de España, La Habana, Editorial Lex, 1947.

Amores, bodas y divorcios entre prensa y público, La Habana, Ediciones del Ministerio de Educación, 1950.

La ciudad de Marta y Marta de la ciudad, trabajo leído por el académico correspondiente en Barcelona, España, en recepción pública, el 2 de marzo de 1950, La Habana, Imprenta El Siglo XX, 1950.

Alma y vida de Marta Abreu, prólogo de José María Chacón y Calvo, La Habana, Editorial Lex, 1951.

Mi hermano y yo, discurso leído en recepción pública en la Academia Nacional de Artes y Letras de La Habana, la noche del 24 de enero de 1951, La Habana, Editorial Lex, 1951.

Introducción a una indagación de la españolidad, Tirada aparte de la *Miscelánea de Estudios dedicados al Doctor Fernando Ortiz por sus discípulos, colegas y amigos*, La Habana, 1956.

Juan Gualberto Gómez en sí, La Habana, Ministerio de Educación, Instituto Nacional de Cultura, 1956.

Mirta Cerra, La Habana, Imprenta P. Fernández, 1957.

Pío Baroja y sus reflejos, separata del *Boletín de la Academia Cubana de la Lengua*, La Habana, 1957.

La mujer, alma del mundo, Censo femenino en la obra de Martí, La Habana, Editorial Librería Martí, 1959.

Bibliografía pasiva

Carbonell, Miguel Ángel, «Esquema de Rafael Marquina, discurso leído en la sesión solemne celebrada el 24 de enero de 1951», en *Anales de la Academia Nacional de Artes y Letras*, La Habana, 37, 34, 5-14, 1951.

Chacón y Calvo, José María, «En recuerdo de don Rafael Marquina», en *Boletín de la Academia Cubana de la Lengua*, La Habana, 9, 1-4, 151-153, enero-diciembre, 1960.

«Rafael Marquina, *Antonio Maceo, héroe epónimo*», en *América*, La Habana, 18, 1-2, 95, abril-mayo, 1943.

Marré, Luis (Guanabacoa, La Habana, 22 agosto 1929). Estudió la primera enseñanza en Guanabacoa, se graduó de contador en la Escuela Profesional de Comercio de la capital y de Licenciado en Periodismo en la Universidad de La Habana. Laboró como jardinero, obrero textil y tenedor de libros. De 1959 a 1962 fue jefe de contabilidad de la zona de desarrollo agrario LV-17 y de la Granja del Pueblo «José Martí». Combatiente en la limpia del Escambray y en Playa Girón. Más tarde fue contador en la metalúrgica «Reinaldo Castro» (1962-1965) y laboró en el Instituto Cubano de Radiodifusión. En 1968 visitó a la Unión Soviética. Ha colaborado en *Orígenes, Ciclón, Lunes de Revolución, Unión, Casa de las Américas,* así como en *Sur* (Argentina), *Estaciones* (*México*), *Les Leitres Françaises* (Francia), *Nueva Literatura* (Hungría) y otras publicaciones. Ha redactado textos de guiones fílmicos para cortometrajes. Sus poemas figuran en varias antologías y han sido traducidos al ruso, inglés, francés, sueco, polaco, danés, húngaro, árabe. Es militante del Partido Comunista. Trabaja como jefe de redacción de *La Gaceta de Cuba*. Obtuvo el Premio Nacional de Literatura en 2008.

Bibliografía activa

Los ojos en el fresco, poesía, La Habana, Ediciones R, 1963.

Canciones, poesía, La Habana, Ediciones La Tertulia, 1964.

Habaneras y otras letras, poesía, La Habana, UNEAC, 1970.

Bibliografía pasiva

Hurtado, Óscar, «Sobre *Habaneras y otras letras*, un libro de Luis Marré», en *Revista de la Biblioteca Nacional José Martí*, La Habana, 3.ª época, 13, 1, 161-164, enero-abril, 1971.

López, César, «Frescos son los ojos de Luis Marré», en *Rotograbado de Revolución*, suplemento del periódico *Revolución*, La Habana, 15, mayo 11, 1964.

Oraá, Pedro de, «Poesía de los sueños», en *Unión*, La Habana, 3, 2, 190-195, abril-junio, 1964.

Orovio, Helio, «Del sueño al canto», en *Unión*, La Habana, 10, 1-2, 149-152, marzo-junio, 1971.

Marrero, Rafael Enrique (Cidra, Matanzas, 24 octubre 1914-La Habana, 29 julio 1974). Cursó la primaria en su pueblo natal. Fue director de la revista *Alfa* (1928-1929), de Cidra. Estudió hasta segundo año en la Escuela Normal para Maestros de La Habana (1943). Desempeñó diversos trabajos, entre ellos el de periodista, locutor y director radial en distintas radioemisoras habaneras entre 1942 y 1966. Encargado de la plana cultural de *Mañana*. Fue fundador —junto con José Sanjurjo— y secretario general de la Institución Nacional de Escritores, Poetas y Amigos del Arte (INEPAA) en 1954. Obtuvo numerosos galardones, entre ellos el primer premio en los II Juegos Florales Nacionales de Cárdenas (1939), el segundo premio del Concurso de la Asociación de Autores y Escritores de Matanzas (1939), el premio periodístico «Varona» (1948) y la segunda mención del concurso del MINFAR con su Poemario *Trino de libertad* (1967), aún inédito. Como poeta ha colaborado en *Cúspide, Orto, Pueblo, Hoy Domingo, Él País Gráfico, Nueva Generación,*

Policía, *Mella*, *Verde Olivo*, *Con la Guardia en Alto*, *Surco*, *Gaceta de Cuba* y *Humanismo* (México). Miembro de la UNEAC. Se jubiló de periodista. Compiló, con José Sanjurjo, la antología *Poetas* (La Habana, Bayo Libros, 1963). Utilizó el seudónimo *León Bueno*.

Bibliografía activa

Humo de silencio, poemas, La Habana, Imprenta F. Verdugo, 1941.

Día de palomas, Invocación al Apóstol, La Habana, Ediciones del Pen Club de Cuba, 1953.

Adolescencia náufraga, poesía, La Habana, Ediciones de la Organización Nacional de Bibliotecas Ambulantes y Populares, 1957.

Bibliografía pasiva

Baeza Flores, Alberto, «Rafael Enrique Marrero» en su *Las mejores poesías cubanas*, Barcelona, Editorial Bruguera, 1955, págs. 100.

Loy, Ramón, «Rafael Enrique Marrero» en *Alerta*, La Habana, 19, 247, 4, octubre 15, 1954.

Moreno, Mario Julio, «Rafael Enrique Marrero, el poeta de *Adolescencia náufraga*», en *Diario de la marina*, La Habana, 125, 171, 7-D, julio 21, 1957.

Vasconcelos, Ramón, «Al margen de los días», en *El País*, edición de la tarde, La Habana, 20, 235, 2, septiembre 28, 1942.

Martí (La Habana, 1929-1960). Revista quincenal infantil por el niño y para el niño. El primer número apareció el 15 de abril. Durante toda su existencia fue dirigida por Gabriel García Galán. Por varios años Emeterio Santovenia fue su jefe de redacción. Con posterioridad, la revista pasó a ser mensual. Fue órgano oficial de la Fundación Cultural Para Ciegos «Varona Suárez» y después de la Orden de Honor «José Martí». Publicó cuentos, trabajos de historia —siempre dedicados a los niños—, consejos a los padres sobre la educación infantil, artículos sobre cine. Entre sus colaboradores figuraron José Manuel Carbonell, Aurora Villar Buceta, Dulce M. Borrero, Félix Callejas, Gerardo del Valle, Antonio Iraizoz, Renée Potts y Rafael Esténger. El último número visto (397-398) correspondió a agosto de 1960.

Martí, **José** (La Habana, 28 enero 1853-Dos Ríos, Oriente, 19 mayo 1895). Con sus padres —Mariano Martí y Leonor Pérez— viajó a España en 1857. Regresó a Cuba en junio de 1859. Su padre, después de desempeñar el cargo de celador, ocupó el puesto de capitán juez pedáneo en Hanabana, Jagüey Grande (Matanzas), desde donde el pequeño Martí escribió a su madre la primera carta suya que se conserva. Cursó estudios en el Colegio San Anacleto, de Rafael Sixto Casado, y más tarde en el Colegio San Pablo, de Rafael María de Mendive.

En agosto de 1866 ingresó en el Instituto de Segunda Enseñanza de La Habana por gestiones de su maestro Mendive, que se había convertido en su protector y por quien corrían los gastos académicos. El 19 de enero de 1869, ya iniciada la guerra desde octubre del año anterior, publicó sus primeros artículos políticos en *El Diablo Cojuelo*, de su condiscípulo y amigo Fermín Valdés Domínguez. El 23 de enero de ese mismo año editó el único número del periódico *La Patria Libre*, donde publicó su drama en verso «Abdala». Trabajó por algún tiempo en el escritorio de Cristóbal Madan, a raíz del encarcelamiento de su maestro Mendive a causa de los sucesos ocurridos en el Teatro Villanueva el 22 de enero de 1869. Un incidente con los voluntarios provocó el registro de la casa de Valdés Domínguez, en la que se encontró una carta firmada por éste y por Martí y dirigida al condiscípulo Carlos de Castro y de Castro para reprochar su apostasía de la causa cubana. Juzgados en consejo de guerra, fue condenado Martí —quien insistió en asumir toda la responsabilidad— a dos años de presidio.

Ingresó en la cárcel el 21 de octubre de 1869. El 4 de abril de 1870 fue llevado a las canteras de San Lázaro a realizar trabajos forzados. Quebrantada su salud, se le trasladó a Isla de Pinos, por indulto, el 13 de octubre. Salió para España, deportado, el 15 de enero de 1871. Recién llegado a Madrid, publicó su folleto *El presidio político en Cuba*. Poco después comenzó sus estudios de derecho en la Universidad Central. Desde *El Jurado Federal* sostuvo una polémica con *La Prensa*, de Madrid. Redactó una hoja suelta condenando el fusilamiento de los estudiantes de medicina en La Habana en 1871. Después de operado de las lesiones producidas por las cadenas del presidio, se trasladó a Zaragoza. Allí, en 1874, terminó su drama

Adúltera, se graduó de Licenciado en Derecho Civil y Canónico y pocos meses después, ese mismo año, de Licenciado en Filosofía y Letras. A fines de ese año viaja a varias ciudades europeas, entre ellas París.

Llegó a Veracruz (México) el 8 de febrero de 1875 para reunirse con su familia en la capital del país. En ésta conoció a quien sería su gran amigo —su «hermano», como él lo llamó siempre—, Manuel Mercado. El 7 de marzo, con un poema dedicado a su hermana Ana, fallecida el 5 de enero, comienza a colaborar en la *Revista Universal*, donde publica su traducción de «Mes fis», de Víctor Hugo, y redacta una serie de boletines con el seudónimo *Orestes*. Tomó parte en un debate, en el Liceo Hidalgo, sobre materialismo y espiritualismo. El 19 de diciembre de 1875 fue estrenado con gran éxito, en el Teatro Principal, su proverbio en verso, escrito en un solo día, *Amor con amor se paga*, protagonizado por la actriz Concha Padilla. El 28 de enero de 1876 funda, con otros intelectuales, la Sociedad Alarcón. Ese mes pronuncia un discurso en homenaje al pintor Santiago Rebull en la Academia de Bellas Artes de San Carlos.

Conoció además a Carmen Zayas Bazán, con la que más tarde contraería matrimonio. Después de un rápido viaje a La Habana en enero de 1877, con el nombre de Julián Pérez, se dirige a Guatemala. El 29 de mayo fue nombrado catedrático de literatura y de historia de la filosofía en la Escuela Normal Central. Colabora en *Revista de la Universidad*, es nombrado vicepresidente de la Sociedad Literaria «El

Porvenir», escribe el drama *Patria y libertad* y pronuncia un discurso sobre la oratoria, por el que recibe el sobrenombre de «Dr. Torrente». Tuvo un idilio amoroso, por esos meses, con María García Granados, a la que inmortalizaría en su poema «La niña de Guatemala». El 20 de diciembre de ese mismo año de 1877 contrae matrimonio, en la ciudad de México, con Carmen Zayas Bazán. En enero del año siguiente regresa con su esposa a Guatemala. Como consecuencia de que el presidente de la República, Justo Rufino Barrios, depuso al director de la Escuela Normal, el cubano José María Izaguirre, renunció Martí a su cátedra el 6 de abril de ese año.

Regresó a La Habana el 31 de agosto. Comenzó a trabajar en los bufetes de Nicolás Azcárate y Miguel Viondi. El 22 de noviembre nace su hijo José Francisco. Fue electo secretario de la Sección de Literatura del Liceo Artístico y Literario de Guanabacoa (La Habana) y más tarde socio de la Sección de Instrucción del Liceo de Regla (La Habana). Pronunció un discurso en la velada fúnebre en honor del poeta Alfredo Torroella y participó en el debate sobre «Idealismo y realismo en el arte». Señalado a causa de su brindis contra el Autonomismo en el banquete al periodista Adolfo Márquez Sterling, el 21 de abril de 1879, y por sus audaces discursos en el Liceo de Guanabacoa, fue detenido el 17 de septiembre acusado de conspirar con Juan Gualberto Gómez y otros. El 25 de ese mes salió deportado para España.

Después de una breve estancia en Madrid, viajó a París. El 3 de enero de 1880 llegó a Nueva York. Se vinculó al Comité Revolucionario que secundaba los planes del general Calixto García. El 24 de enero leyó a los emigrados cubanos su examen de la situación cubana y primera formulación pública de su ideario político. Comenzó a colaborar en *The Hour* y en *The Sun*. Fracasada la intentona de Calixto García —la llamada «Guerra Chiquita»—, en marzo de 1881 se halla Martí en Caracas. Pronuncia discursos en el Club de Comercio, da clases de oratoria y funda la *Revista Venezolana*, de la que salieron solo dos números, uno el 1.º y otro el 15 de julio. Su artículo sobre Cecilio Acosta, aparecido en el número del 15 de julio, le creó dificultades con el presidente Guzmán Blanco, por lo que embarca de nuevo hacia Nueva York el 28 de ese mismo mes.

El 5 de septiembre del mismo 1881 aparece, en *La Opinión Nacional*, de Caracas, la primera de sus «Cartas de Nueva York; o, Escenas norteamericanas», que seguirán publicándose en este diario y en *El Partido Liberal* (México), *La Nación* (Buenos Aires), *La América* (Nueva York) y otros hasta 1891. En 1882 escribe, aunque sin editarlos, la mayoría de los poemas de *Versos libres*, y publica, como prólogo a *El poema del Niágara*, de Juan Antonio Bonalde, un ensayo que ha sido considerado también, con *Ismaelillo* (1882), iniciador del modernismo en Hispanoamérica. Por este época intenta reconstruir su hogar, minado ya por la incomprensión y que después de varias crisis quedó definitivamente roto. En 1883 es redactor de *La América*, de la que más tarde sería director. En 1885 publica en *El Latino Americano*, con el seudónimo *Adelaida Ral*, su novela *Amistad funesta*, considerada hoy la primera novela modernista. En 1886 trabaja incesantemente como corresponsal de *La América*, *El Latino Americano*, *La República de Honduras* y *La Opinión Pública* (Montevideo). Se encarga del consulado de Uruguay el 16 de abril de 1887. En septiembre termina la traducción de *Ramona*, de Helen Hunt Jackson. El 10 de octubre inicia, en el Masonic Temple, de Nueva York, la serie de discursos conmemorativos que culminarán en 1891. Colabora en *El Economista Americano* (Nueva York) y trabaja en la traducción del poema «Lalla Rookh», de Thomas Moore, que no ha podido ser hallada. El 25 de marzo de 1889 aparece publicada, en *The Evening Post*, su carta «Vindicación de Cuba», respuesta a un artículo de *The Manufacturer*, de Filadelfia, sobre la posible compra de Cuba por Estados Unidos. En julio de ese año apareció *La Edad de Oro*, mensuario dedicado a los niños de América, enteramente redactado por Martí, del que solo salieron cuatro números.

El 30 de noviembre pronunció en Hardman Hall un discurso sobre José María Heredia. El 19 de diciembre habló en la velada de la Sociedad Literaria Hispano-Americana en presencia de los delegados de la Conferencia Internacional Americana. Fue fundador, presidente y maestro de La Liga, sociedad de instrucción para la clase de color inaugurada el 22 de enero de

1890. El 24 de julio fue nombrado cónsul de Argentina; el 30, de Paraguay. En octubre de ese año, 1890, comenzó a trabajar como instructor de español en la clase nocturna de la Escuela Central, de Nueva York. El 23 de diciembre se le designó representante de Uruguay en la Comisión Monetaria Internacional Americana, de Washington. El 30 de marzo de 1891, ante dicha Comisión leyó su informe en español e inglés sobre bimetalismo. En dos veladas de la Sociedad Literaria Hispano-Americana, celebradas en abril y en junio de ese año, hizo el elogio de México y de Centroamérica. Para dedicarse por entero a su labor patriótica —labor que había suscitado protestas del cónsul español—, en octubre de 1891 renuncia a los consulados de Argentina, Uruguay y Paraguay, así como a la presidencia de la Sociedad Literaria Hispano-Americano. Invitado por Néstor Leonelo Carbonell a nombre del Club «Ignacio Agramonte», llega a Tampa el 25 de noviembre. El 26 y 27 pronuncia sus discursos «Con todos y para el bien de todos» y «Los pinos nuevos». El 28 se aprueban las resoluciones redactadas por Martí. Viaja, enfermo, a Cayo Hueso. El 5 de enero de 1892, en reunión de presidentes de las agrupaciones patrióticas, en el Hotel Duval House, logra la aprobación de las bases y estatutos secretos del Partido Revolucionario Cubano, organizado por él como un frente único en la lucha contra España. De regreso en Nueva York, pronunció un discurso el 17 de febrero en Hardman Hall, conocido como «Oración de

Tampa y Cayo Hueso», en el que exalta la unidad lograda. El 14 de marzo aparece *Patria*.

Martí es elegido delegado del Partido Revolucionario Cubano. Después de un viaje de propaganda por la Florida, parte el 31 de agosto a entrevistarse con Máximo Gómez. Entrevistados en Montecristi (República Dominicana) el 11 de septiembre, pasa por Haití y Jamaica de regreso a Nueva York. Continúa su actividad en Estados Unidos hasta que, el 25 de mayo de 1893, se traslada de nuevo a Santo Domingo. El 3 de junio se entrevista de nuevo con Máximo Gómez en Montecristi. El 30 conferencia con Antonio Maceo en San José de Costa Rica. El 28 de octubre, en Nueva York, pronuncia su discurso en honor de Bolívar. Prosigue su intenso trabajo de organización a través de una enorme correspondencia y de incesantes viajes por Estados Unidos, Costa Rica, Panamá, Jamaica y México, país al que va para entrevistarse con su presidente Porfirio Díaz.

A finales de 1894 ha completado los detalles del Plan de Fernandina, que consistía en invadir la isla mediante tres expediciones coordinadas con levantamientos internos. El 30 de enero de 1895, tras el fracaso del plan a causa de una delación, sale Martí de Nueva York hacia Cabo Haitiano en compañía de Mayía Rodríguez y de Enrique Collazo. El 25 de marzo, después de recibir la noticia del alzamiento en armas del 24 de febrero, redacta el Manifiesto de Montecristi, programa ideológico de la revolución, firmado por él y por Gómez. El mismo día escribe a su madre su carta de despedida y dirige a Federico Henríquez Carvajal la que se considera, junto con la que escribe a Manuel Mercado la víspera de su muerte —su última carta— y que quedó inconclusa, su testamento político.

El 1.º de abril escribe a Gonzalo de Quesada y Aróstegui su carta-testamento literario y sale de Montecristi hacia Cuba con Máximo Gómez y otros patriotas en la goleta «Brothers», cuyo capitán se niega a cumplir lo pactado. Después de vencer nuevas dificultades, el 10 parten de Cabo Haitiano en el vapor «Nordstrand», que los trae hasta cerca de las costas de Cuba. Desembarca por el sitio llamado Playitas, al sur de Oriente, en la jurisdicción de Baracoa, el 11 de abril de ese año 1895. Monte adentro, establecen contacto con la guerrilla de Félix Ruenes y más tarde con las fuerzas de José Maceo. El 3 de mayo redacta el manifiesto sobre las causas de la guerra para el *New York Herald*. El día 5 se entrevista con Antonio Maceo en el ingenio, La Mejorana.

En sus diarios de Montecristi a Cabo Haitiano y de Cabo Haitiano a Dos Ríos, así como en sus cartas a Carmen Miyares y a sus hijas, recoge Martí su impresión de esos días. En una refriega con la fuerzas del coronel Ximénez de Sandoval, y a pesar de la orden de Gómez a Martí de que no participara en el combate, se lanza, acompañado por el joven Ángel de la Guardia, contra un grupo de soldados españoles y cae mortalmente herido cerca de la confluencia de los ríos Cauto y Contramaestre. Su cadáver fue llevado por la tropa española a Remanganaguas y de ahí a Santiago de Cuba, en cuyo cementerio de Santa Ifigenia fue sepultado. En el acto hizo uso de la palabra el coronel Ximénez de Sandoval.

En medio de su extraordinaria actividad política y como parte integrante de la misma, Martí fue creando su gigantesca obra escrita, no menos extraordinaria que la organizativa. Durante años colaboró con artículos diversos y sobre diversos asuntos en publicaciones periódicas, pronunció discursos de carácter político con el propósito de aunar las fuerzas para la lucha definitiva, escribió cartas íntimas y de carácter político, dejó importantísimos documentos que recogen sus puntos de vista sobre múltiples aspectos de la realidad que le tocó vivir y cultivó la poesía, la novela, el teatro, la crítica. Sus textos, traducidos a diversas lenguas, han sido publicados en múltiples ediciones extranjeras. La significación de su obra ha promovido la creación de instituciones, en diversos países, dedicadas a su estudio y a la difusión de sus ideas. El conjunto armónico que forman su constante actividad por la libertad de Cuba y de América —actividad que se sustenta en una sólida ideología revolucionaria–, y su ingente obra escrita, hacen de Martí una de las figuras más trascendentes y significativas de las letras americanas.

Bibliografía activa

El presidio político en Cuba, Madrid, Imprenta de Ramón Ramírez, 1871; Edición Conmemorativa de la inauguración del Rincón Martiano, Canteras de San Lázaro, La Habana, Imprenta Úcar, García, 1944; La Habana, Editorial Lex, 1959, Biblioteca popular martiana, 1; Nueva York, Ediciones Islas, 1968.

¡27 de noviembre! Madrid, *s. i.*, 1872, Hoja suelta.

La República Española ante la Revolución Cubana, Madrid, Imprenta de Segundo Martínez, 1873.

Amor con amor se paga, proverbio dramático en un acto, representado en el «Teatro Principal», México, diciembre 19, 1875, México, Imprenta del Comercio, 1876, *Guatemala*, México, edición de «El Siglo XIX», 1878; Guatemala, Tipografía Nacional, 1913; Edición especial del Comité Nacional pro Centenario de Martí, prólogo de B. Costa-Amic, Guatemala, Educación Pública, 1953.

Rasgos biográficos de Alfredo Torroella, discurso leído en la velada del 28 de febrero de 1879, del Liceo de Guanabacoa, para honrar la memoria del poeta, Guanabacoa, La Habana, Imprenta «El Progreso», 1879.

Asuntos cubanos, lectura en Steck Hall, Nueva York, enero 24, 1880, Nueva York, *s. i.*, 1880.

Ismaelillo, Nueva York, Imprenta de Thompson y Moreau, 1882; La Habana, Editorial Guáimaro, 1939.

Prólogo a *Cuentos de hoy y de mañana*, por Rafael de Castro Palomino, separata, Nueva York, Imprenta y Librería de Néstor Ponce de León, 1883.

Cuba y los Estados Unidos, Nueva York, El Avisador Hispano-Americano Publishing Company, 1889.

Heredia, discurso pronunciado en la Velada Heredia en Hardman Hall, Nueva York, noviembre 30, 1889, Nueva York, *s. i.,* 1889.

Por Cuba y para Cuba, Tampa, Florida, *s. i.,* 1891.

Versos sencillos, Nueva York, Louis Weiss and Company, Impresores, 1891; La Habana, Editorial La Verónica, 1939.

Estudio de Gabriela Mistral, La Habana, Publicaciones de la Secretaría de Educación, 1939, Cuadernos de cultura, quinta serie, I; Con una introducción de Ángel Augier, La Habana, La Tertulia, 1956; Id., 1961.

Discursos pronunciados en Tampa en las noches del 26 y 27 de noviembre, respectivamente, de 1891, en las veladas político-literarias ofrecidas por el club político «Ignacio Agramonte», Tampa, 1891.

Simón Bolívar, discurso pronunciado en la Sociedad Literaria Hispanoamericana, Nueva York, 1893.

El Partido Revolucionario Cubano a Cuba, Montecristi, República Dominicana, *s. i.,* 1895, hoja suelta.

Obras completas, edición de Gonzalo de Quesada y Aróstegui, Washington-La Habana-Roma-Turín-Leipzig, 1900-1919, 15 V.

Cartas de José Martí a Juan Bonilla, La Habana, Imprenta La Prueba, 1903.

Flor y lava, discursos, juicios, correspondencias, etc, «José Martí», por Américo Lugo, París, Sociedad de Ediciones Literarias y Ar-

tísticas, 1910.

Crítica y libros, La Habana, Imprenta y papelería de Rambla y Bouza, 1914.

Versos, «José Martí, escritor», por Roberto Brenes Mesén, San José de Costa Rica, Imprenta Alsina, 1914.

Los Estados Unidos, Madrid, Sociedad Española de Librería, 1915.

En Cuba libre, La Habana, Imprenta Artística Comedia, 1916, Biblioteca Cuba, I.

Granos de oro, pensamientos seleccionados en las obras de José Martí por Rafael G. Argilagos, La Habana, Sociedad Editorial «Cuba Contemporánea», 1918; selección y pórtico por Rafael G. Argilagos, Manzanillo, 1918.

Obras completas de Martí, recopiladas y ordenadas por Néstor Carbonell, «Al lector», por Néstor Carbonell, edición especial de *La Prensa*, La Habana, 1918-1920, 8 V.

Páginas escogidas, selección e introducción de Max Henríquez Ureña, advertencia preliminar por Ventura García Calderón, París, Casa Editorial Garnier Hermanos, 1919.

Versos, notas de Rubén Darío, Buenos Aires, Ediciones Mínimas, 1919.

Versos escogidos de Martí, «José Martí, poeta», por Rubén Darío, París, Casa Editorial Franco-Iberoamericana, 1919.

Cartas inéditas de Martí, anotadas por Joaquín Llaverías, La Habana, El Siglo XX, 1920.

Obras completas, tomo 16, edición de Gonzalo de Quesada y Miranda, La Habana, 1920.

La Edad de Oro, San José de Costa Rica, 1921, 2 V.; edición de Emilio Roig de Leuchsenring,

La Habana, Cultural, 1932; 1889-1939; edición del Municipio de La Habana, La Habana, Imprenta Molina, 1939; 1889-1941; edición del Ministerio de Educación, Ceiba del Agua, La Habana, Imprenta del Instituto Cívico Militar, 1941; con una introducción de Emilio Roig de Leuchsenring, La Habana, Cultural, 1942, prólogo de Mauricio Magdaleno, México, Ediciones de la Secretaría de Educación, 1942; con una introducción de Emilio Roig de Leuchsenring, La Habana, Cultural, 1946; Montevideo, Consejo Nacional de Enseñanza Primaria y Normal, 1946, prólogo de Frida Schultz de Mantovani, San Salvador, Ministerio de Cultura, 1955; La Habana, 1957; La Habana, J. Suárez D., 1957, 2 t.; México D. F., Novaro, 1957, Colección Nava Mex, Escritores de América, 68; La Habana, Editorial Lex, 1959, Biblioteca popular martiana, 2; Lima, Imprenta Torres Aguirre, 1959, Biblioteca Básica de cultura cubana, 2.ª serie, 11; La Habana, Ministerio de Educación, 1959; introducción de E. Roig de Leuchsenring, La Habana, Cultura, 1959; La Habana, Editorial Isla, 1960; La Habana, Editorial Lex, 1960; La Habana, Distribuidora Antillana, 1960; La Habana, Editorial Isla, 1961; La Habana, Editorial juvenil, 1962, La Habana, Editorial Nacional, 1962; La Habana, Editorial Nacional, Editora Juvenil, 1964; La Habana, Instituto Cubano del Libro, 1972.

Pensamientos, selección y prólogo de Alfonso Hernández Catá, Madrid, Atenea, S. E., 1921, Colección Microcosmos, 9.

Madre América, «José Martí», por Ventura García Calderón, París, Casa Editorial Franco-Ibero-Americana, 1922.

Discursos, selección y prólogo de Néstor Carbonell, La Habana, Biblioteca de *El Magazine de la Raza*, 1923.

Rutas..., *Pensamientos y Versos sencillos*, selección y proemio de Francisco Prats-Ramírez, Santo Domingo, s. i., 1924.

Obras completas, ordenadas y prologadas por Alberto Ghiraldo, Madrid, Editorial Atlántica, 1925-1929, 8 V.

España, proemio de Néstor Carbonell, La Habana, Editorial Guáimaro, 1926.

Obras completas de José Martí, advertencia preliminar de Armando Godoy y Ventura García Calderón, París, Editorial Excelsior, 1926, 2 V.

Granos de Oro, Pensamientos seleccionados en las obras de José Martí, V. 2.

Pórtico, por Rafael G. Argilagos, Manzanillo, Imprenta El Arte, 1923.

Poesías de José Martí, estudio preliminar, compilación y notas de Juan Marinello, La Habana, Cultural, 1928, Colección de libros cubanos, 11.

Artículos desconocidos de José Martí, «Labor americanista de Martí», por Félix Lizaso, La Habana, Imprenta y Librería El Universo, 1930, Colección cubana de libros y documentos inéditos o raros, dirigida por Fernando Ortiz, 7.

De la vida norteamericana, Páginas desconocidas, recopiladas y prologadas por Néstor Carbonell, Buenos Aires, Julio Suárez, Editor, 1930.

Epistolario de José Martí, arreglado cronológicamente, con introducción y notas por Félix Lizaso, La Habana, Cultural, 1930-1931, 3 V., Colección de libros cubanos, 20, 21 y 22.

Ideario, ordenado y prologado por Manuel Isidro Méndez, La Habana, Cultural, 1930, Colección de libros cubanos, 15.

Martí en Venezuela, escritos sobre asuntos y personajes venezolanos, edición dispuesta por el Gobierno de Venezuela, por órgano del Ministerio de Relaciones Exteriores, «Un recuerdo de Martí», por L. Alvarado, Caracas, Tipografía Americana, 1930.

Muerte del presidente Garfiela, recopilación y ordenación por Néstor Carbonell, De la revista *Azul*, República Argentina, 1930.

Versos de amor, inéditos, Gonzalo de Quesada y Miranda, editor y recopilador, La Habana, Imprenta y Papelería de Rambla y Bouza, 1930.

Páginas de un diario, «Breves palabras», por Manuel Sanguily y Arizti, Apéndice, dos cartas del señor Manuel Sanguily y Arizti a la María Mantilla de Romero y una de ésta a aquél, La Habana, Imprenta Molina, 1932, Archivo de Manuel Sanguily, I.

La clara voz de México, compilación y notas de Camilo Carrancá y Trujillo, «Explicación», por Camilo Carrancá y Trujillo, «En torno a la poesía de Martí», por Miguel Domingo Martínez Rendón, México, Talleres Gráficos de *La Na-*

ción, 1933, Martí en México, 1.

Epistolario de José Martí y Máximo Gómez, recopilación, introducción, notas y apéndice de Gonzalo de Quesada y Miranda, La Habana, Imprenta El Siglo XX, 1933, Papeles de Martí, 1.

Flores del destierro, versos inéditos, recopilados y ordenados por Gonzalo de Quesada y Miranda, La Habana, Imprenta Molina, 1933.

Oro Puro, Pensamientos, recopilación de Guillermo Andreve, Panamá, Biblioteca Cultura Nacional, 1933.

Papeles de Martí, Archivo Gonzalo de Quesada, recopilación, introducción, notas y apéndice por Gonzalo de Quesada y Miranda, La Habana, Imprenta El Siglo XX, 1933-1935, 3 V.

Epistolario de José Martí y Gonzalo de Quesada, recopilación, introducción, notas y apéndice de Gonzalo de Quesada y Miranda, La Habana, Imprenta El Siglo XX 1934, Papeles de Martí, 2.

Educación, recopilación y prólogo de Félix Lizaso, La Habana, Publicaciones de la Secretaría de Educación, 1935, Cuadernos de Cultura, 1.ª serie.

Miscelánea, recopilación, introducción, notas y apéndice de Gonzalo de Quesada y Miranda, La Habana, Imprenta El Siglo XX, 1935, Papeles de Martí, 3.

Adúltera, drama inédito, introducción, notas y apéndice de Gonzalo de Quesada y Miranda, La Habana, Editorial Trópico, 1936, teatro cubano, 1.

La clara voz de México, 2.ª parte, compilación y

nota de Camilo Carrancá y Trujillo, «Explicación», por Emilio Carrancá y Trujillo «La intimidad literaria de Martí», por Félix Lizaso, México, Talleres Gráficos de la Penitenciaría del Distrito Federal, 1936, Martí en México, 2.

Granos de oro, exordio y selección de pensamientos por Rafael G. Argilagos, Santiago de Cuba, 1936.

Hombres de Cuba, introito de Manuel Isaías Mesa Rodríguez, La Habana, Publicaciones de la Secretaría de Educación, 1936, Cuadernos de cultura, 2.ª serie, 1.

Ideario cubano, recopilación y prólogo de Emilio Roig de Leuchsenring, La Habana, Municipio de La Habana, 1936, Cuadernos de historia habanera, 6.

Obras completas de Martí, introducción de Gonzalo de Quesada y Miranda, La Habana, Editorial Trópico, 1936-1953, 74 T.

Patria, prólogo de Hilda Parets, La Habana, Editorial Cuba, 1936.

Espíritu de América, selección y prólogo de Félix Lizaso, La Habana, Publicaciones de la Secretaría de Educación, 1937, Cuadernos de cultura, 3.ª serie, 4.

Granos de oro, Nueva selección de pensamientos de las obras de José Martí por Rafael G. Argilagos, Manzanillo, 1937.

Apuntes de un viaje, prólogo y notas de Manuel Isidro Méndez, La Habana, Publicaciones de la Secretaría de Educación, 1938, Cuadernos de Cultura, 4.ª serie, 4.

Nuestra América, introducción de Pedro Henríquez Ureña, Buenos Aires, Editorial Losada, 1939, Grandes escritores de América, 3.

Páginas escogidas, relatos, cuentos y poesías, Nota biográfica por Gaspar Mortillano, Buenos Aires, Editorial Araujo, 1939; 2.ª edición, Id., *1945*.

Páginas selectas, selección, prólogo y notas de Raimundo Lida, Buenos Aires, Ángel Estrada, 1939, Colección Estrada, 8.

Versos libres, La Habana, Editorial La Verónica, 1939.

Arte en México, 1875-1876, prólogo, compilación y notas de Camilo Carrancá y Trujillo, México, Imprenta Alfredo del Bosque, 1940, Martí en México, 3.

Martí y la iglesia católica, prólogo de Juan Marinello, La Habana, Editorial Páginas, 1940, antologías cubanas.

Antología familiar, selección y prólogo de Félix Lizaso, La Habana, Publicaciones del Ministerio de Educación, 1941, Cuadernos de cultura, 5.ª serie, 3.

Diario de José Martí, de Cabo Haitiano a Dos Ríos, 9 de abril a mayo 17 de 1895, Ceiba del Agua, La Habana, Escuela del Instituto Cívico Militar, 1941.

La revolución de Martí, 24 de febrero de 1895, con notas para un ensayo biográfico-interpretativo por Emilio Roig de Leuchsenring, La Habana, Municipio de La Habana, 1941, Cuadernos de historia habanera, 19.

San Martín, Bolívar, Washington y otros escritos, prólogo y notas de B. González Arrili, Buenos Aires, Editorial Sopena Argentina, 1941.

Granos de oro, seleccionados por Rafael G.

Argilagos, La Habana, Publicaciones del Ministerio de Educación, 1942, Cuadernos de cultura, 6.ª serie; 2.ª edición, Id., 1952.

Ideario, selección, prólogo y notas de Luis Alberto Sánchez, Santiago de Chile, Ediciones Ercilla, 1942.

Martí, prólogo y selección de Mauricio Magdaleno, México, Ediciones de la Secretaría de Educación, 1942.

Venezuela y sus hombres, prólogo de Félix Lizaso y epílogo de Lisandro Alvarado, Caracas, Editorial Cecilio Acosta, 1942, Biblioteca de escritores y asuntos venezolanos, 20.

Versos sencillos y otros poemas, La Habana, Ediciones Mirador, 1942.

Autobiografía de José Martí, compuesta por Manuel Isidro Méndez, La Habana, Editorial Lex, 1943.

Código martiano o de ética nacional, seleccionado, adaptado y clasificado por Carlos A. Martínez-Fortún, «Objeto del Código Martiano», por Carlos A. Martínez Fortún, La Habana, Seoane y Fernández, Impresores, 1943.

Estados Unidos, prólogo, ordenación y notas de Dardo Cuneo, Buenos Aires, Editorial Americalee, 1944.

Antología didáctica de Martí, selección y prólogo de Antonia Santovenia, La Habana, Seoane y Fernández, Impresores, 1945.

Nuestra América, prólogo y selección de Jaime Torres Bodet, México, Secretaría de Educación Pública, 1945, Biblioteca enciclopédica popular, 61.

Pensamientos, selección y exordio por Paky Martínez-Araúna, La Habana, Imprenta P. Fernández, 1945.

Trincheras de papel, selección y prólogo de Félix Lizaso, La Habana, Publicaciones del Ministerio de Educación, Dirección de Cultura, 1945, Grandes periodistas cubanos, 5.

Cartas a Manuel A. Mercado, prólogo de Francisco Monterde, México, Ediciones de la Universidad Nacional Autónoma de México, 1946.

Obras completas, edición conmemorativa del cincuentenario de su muerte, prólogo y síntesis biográfica por Manuel Isidro Méndez, La Habana, Editorial Lex, 1946, 2 V.; 2.ª edición; Id., 1948, 4 V.; 3.ª edición, conmemorativa del centenario de su natalicio; Id., 1953.

Ideario separatista, selección y prólogo de Félix Lizaso, La Habana, Publicaciones del Ministerio de Educación, 1947, Cuadernos de cultura, 7.ª serie, 4.

Martí, documentos para su vida, prólogo de Manuel Isidro Méndez, La Habana, Archivo Nacional de Cuba, 1947, Publicaciones del Archivo Nacional, 14.

Escritos de un patriota, selección y reseña de la historia cultural de Cuba por Raimundo Lazo, Buenos Aires, W. M. Jackson Inc. Editores, 1948, Colección Panamericana, 10.

José Martí y los deportes, recopilación e introducción por Celso Henríquez, México, Editorial y Distribuidora Istmo, 1948.

Prosas, selección, prólogo y notas de Andrés Iduarte, Washington, Unión Panamericana,

1950.

Apuntes inéditos, prólogo de Félix Lizaso, introducción de Joaquín Llaverías, La Habana, Archivo Nacional de Cuba, 1951.

Cartas a Néstor Ponce de León, prólogo de Félix Lizaso, La Habana, Imprenta Úcar, García, 1952, Colección de facsímiles, 2.

Poesía, selección y estudio de Juan Carlos Ghiano, Buenos Aires, Raigal, 1952, Biblioteca Juan María Gutiérrez, 2.

Versos sencillos y otros poemas, Madrid, Afrodisio Aguado, 1952.

Camino heroico, La Habana, Comisión Nacional Organizadora de los Actos y Ediciones del Centenario, 1953.

Cartas familiares, selección, La Habana, Comisión Nacional Organizadora de los Actos y Ediciones del Centenario, 1953.

Cartas políticas, selección, La Habana, Comisión Nacional Organizadora de los Actos y Ediciones del Centenario, 1953.

La clara voz de México, prólogo de Raúl Carrancá Trujillo, compilación y notas de Camilo Carrancá Trujillo, México, Imprenta Universitaria, 1953.

Colección de discursos de José Martí, La Habana, Comisión Nacional Organizadora de los Actos y Ediciones del Centenario, 1953.

Copias en positivo de catorce cartas de José Martí dirigidas a la señora María Mantilla y Miyares, viuda de Romero, y a Carmen su hermana, La Habana, Archivo Nacional, 1953.

Cubanos, prólogo de Enrique Gay Galbó, La Habana, Oficina del Historiador de la Ciudad,

1953, Colección del centenario de Martí, 3.

Diccionario del pensamiento de José Martí, selección, ordenación y notas por Lilia Castro de Morales, edición del Centenario, La Habana, Editorial Librería Selecta, 1953.

Discursos revolucionarios, prólogo de Raquel Catalá, La Habana, Oficina del Historiador de la Ciudad, 1953, Colección del centenario de Martí, 2.

Hispanoamericanos, prólogo de Manuel Isaías Mesa Rodríguez, La Habana, Oficina del Historiador de la Ciudad, 1953, Colección del centenario de Martí, 4.

José Martí, precursor de la UNESCO, edición y prólogo de Félix Lizaso, La Habana, Comisión Nacional Cubana de la UNESCO, 1953.

Obras escogidas, selección, prólogo y notas de Rafael Esténger, Madrid, Aguilar, 1953.

Pensamiento Político, «Martí, síntesis de su vida» por Emilio Roig de Leuchsenring, La Habana, Oficina del Historiador de la Ciudad, 1953, Colección del centenario, I.

Poesías completas, prólogo y notas de Rafael Esténger, La Habana, Aguilar, 1953.

El presidio político en Cuba, La república española ante la revolución cubana, La Habana, Comisión Organizadora de los Actos y Ediciones del Centenario, 1953.

Proyección de Martí, sus mejores textos, selección y notas de Óscar Fernández de la Vega, Edición Nacional del Centenario, La Habana, Editorial Librería Selecta, 1953.

Sus mejores poesías, edición homenaje al gran patriota cubano en el centenario de su nacimiento, Barcelona, Editorial Bruguera, 1953.

Páginas escogidas, selección, prólogo y notas de Fermín Estrella Gutiérrez, Buenos Aires, Kapelusz, 1954.

Raíz y ala, Una antología de Martí para la juventud, por Anita Arroyo, La Habana, Lyceum, 1954.

Argentina y la Primera conferencia Panamericana, ordenación y prólogo de Dardo Cúneo, Buenos Aires, Transición, 1955.

Cartas a una niña, prólogo de Félix Lizaso, La Habana, Imprenta Úcar, García, 1950, Colección de facsímiles, I; Argentina, Avellaneda, 1955.

Sección constante; historia, letras, biografía, curiosidades y ciencia, Artículos aparecidos en *La Opinión Nacional* de Caracas, desde el 4 de noviembre de 1881 al 15 de junio de 1882, prólogo de Pedro Grases, Caracas, Imprenta Nacional, 1955.

Diarios, con un ensayo preliminar de Fina García Marruz, La Habana, Editorial Libro Cubano, 1956.

Los dos ruiseñores, Buenos Aires, C. Dupont Farré, 1957, El cuento americano, 4.

José Martí en la Comisión Monetaria Internacional Americana, edición facsimilar, La Habana, Banco Nacional de Cuba, 1957.

Amistad funesta, México, Novaro, 1958, Colección Nova Mex, Escritores de América, 147.

Borrador original de la constitución y estatutos del partido Revolucionario Cubano aprobados en Cayo Hueso en 1892, prólogo de Manuel Isaías Mesa Rodríguez, La Habana, Imprenta

El Siglo XX, 1958.

Páginas inolvidables, introducción y selección de Celso Henríquez, México D. F., Litográfica Machado, 1958.

La cuestión agraria y la educación del campesino, La Habana, Editorial Lex, 1959, Biblioteca popular martiana, 5; 3.ª edición corregida Id., 1961.

La cuestión racial, La Habana, Editorial Lex, 1959, Biblioteca popular martiana, 4; 3.ª edición corregida Id., 1961.

Espíritu de Martí, compuesto por el Doctor Mariano Sánchez Roca, La Habana, Editorial Lex, 1959, Biblioteca popular martiana, 6, Id., 1961; 3.ª edición, Id.

Poesías completas, prólogo de José Antonio Portuondo, Lima, Imprenta Torres Aguirre, 1959, Biblioteca básica de cultura cubana, Primer Festival del Libro Cubano, 3.

Sus mejores páginas, selección y prefacio de Jorge Mañach, Lima, Imprenta Torres Aguirre, 1959, Biblioteca básica de cultura cubana, Primer Festival del Libro Cubano, 2.

Versos de Martí, selección, La Habana, Editorial Lex, 1959, Biblioteca popular martiana, 3; 3.ª edición corregida Id., 1961.

Versos sencillos y otros, Para niños de Cuba en la inauguración del curso escolar 1959-60, La Habana, Imprenta P. Fernández, 1959.

«...Y mi honda es la de David», ensayos, 2.ª edición, México, Nuevo Mundo, 1959.

Crítica literaria, selección y nota preliminar de Juan Marinello, La Habana, Nuevo Mundo,

1960.

Cuba, política y revolución, 1869-1886, La Habana, Prensa Libre, 1960.

Ideario, selección y prólogo de Jaime Suchlicki, La Habana, Organización Juvenil de la Casa de la Comunidad Hebrea de Cuba, 1960.

Ideas políticas y sociales, selección de Elías Entralgo, La Habana, Ediciones Nuevo Mundo, 1960.

Imágenes martianas, selección de Caridad Álamo de Joy, La Habana, Patronato del Libro Popular, 1960, 2.ª serie, 3.

Lecturas para jóvenes, selección y comentarios de Hortensia Pichardo, La Habana, Oficina del Historiador de la Ciudad, 1960.

Maestros ambulantes, La Habana, edición Blavatsky, 1960.

Martí, En el 107 aniversario del natalicio del Apóstol, 28 enero, 1960, edición mimeografiada, La Habana, Capitolio Nacional, Sección de Impresión, 1960.

El pensamiento político de Martí, selección y prefacio de Emilio Roig de Leuchsenring, La Habana, Capitolio Nacional, 1960, Colección de divulgación martiana, cuaderno 1.

El universo de Martí, Codificación del pensamiento martiano, La Habana, Ministerio de Relaciones Exteriores, Departamento de Asuntos Latinoamericanos, 1960, Suplemento, 3.

«Y hemos de poner la justicia tan alta como las palmas», Imágenes martianas, selección de Caridad Álamo de Joy, La Habana, Editorial Tierra Nueva, 1960, Patronato del libro popular, 1.ª serie, 3.

Bolívar, Washington, San Martín y otros temas americanos, prólogo de Manuel Pedro González, La Habana, Ediciones Mirador, 1961.

105 pensamientos sustanciales, 2.ª edición, La Habana, Universidad de La Habana, 1961.

Cuentos de Martí, La Habana, Ministerio de Educación, 1961.

Educación, 2.ª edición, prefacio de Emilio Roig de Leuchsenring, introducción y selección de Fernando Portuondo, La Habana, Oficina del Historiador de la Ciudad de La Habana, 1961.

Los Estados Unidos, La Habana, Prensa Libre, 1961.

Facsímil del original del Manifiesto de Montecristi, *firmado por Máximo Gómez y José Martí, el 23 de marzo de 1895*, La Habana, Academia de la Historia de Cuba, 1961.

La historia del hombre contada por sus casas, La Habana, Ministerio de Educación, 1961, Serie Martí, lecturas para niños y jóvenes, 1.

Ideario pedagógico, introducción de Herminio Almendros, La Habana, Ministerio de Educación, 1961.

José Martí, esquema ideológico, selección, prefacio, glosas y notas por Manuel Pedro González; e Iván A. Schulman, México, Editorial Cultura, 1961.

Los mejores versos de José Martí, Buenos Aires, 1961, Cuadernillos de Poesía, 16.

Meñique, La Habana, Capitolio Nacional, 1961, *La Edad de Oro*, cuaderno n.º 3.

La muñeca negra, La Habana, Ediciones Capitolio, 1961, *La Edad de Oro*, cuaderno n.º 2.

Obras completas, ordenamiento y notas de Francisco Baeza Pérez, Ediciones dirigidas por Rafael Humberto Gaviria, La Habana, Tierra Nueva, 1961, 25 V.

I. El presidio político en Cuba, II. Diario de Cabo Haitiano a Dos Ríos, III. Manifiesto de Montecristi, La Habana, Editorial Lex, 1961, Biblioteca popular martiana 1.

Tres héroes, La Habana, Ediciones Capitolio, 1961, *La Edad de Oro*, Cuaderno no, I.

Vindicación de Cuba, Traducción de la carta que publicó bajo este título *The Evening Post* de Nueva York, el 25 de marzo, 1889, publicado por la Casa de las Américas en el 108 aniversario del natalicio de José Martí, La Habana, 1961.

Ideario martiano de la educación, La Habana, Ministerio de Educación, Departamento de Relaciones Públicas, 1961.

Pensamientos, La Habana, 1961.

Diario de campaña, ordenación y prólogo de Ezequiel Martínez Estrada, La Habana, Editorial Nacional de Cuba, 1962.

La guerra social en Chicago, La Habana, Capitolio Nacional, 1960; La Habana, Imprenta Nacional de Cuba, 1962.

Lectura para niños, selección y comentarios de Hortensia Pichardo, La Habana, Oficina del Historiador de la Ciudad, 1962.

Último diario, De Cabo Haitiano a Dos Ríos, prólogo, notas y glosario de Salvador Bueno, La Habana, La Tertulia, 1962.

Versos, estudio preliminar, selección y notas de Eugenio Florit, Nueva York, Las Américas Publishing Company, 1962.

Obras completas, «Martí en su obra», por Juan Marinello, La Habana, Editorial Nacional de Cuba-Instituto Cubano del Libro, 1963-1973, 28 V.

Páginas inéditas o dispersas, introducción y notas de Gonzalo de Quesada y Miranda, La Habana, Universidad de La Habana, 1963, Biblioteca de autores cubanos, 28.

Poesías, Montevideo, Ministerio de Instrucción Pública, 1963, Colección de autores de la literatura universal 3.

Los negros, Santa Clara, Gobierno Provincial Revolucionario de Las Villas, Departamento de Cultura e Información, 1963.

Páginas escogidas, selección y prólogo de Roberto Fernández Retamar, La Habana, Editorial Nacional de Cuba, Editora Universitaria, 1965, 2 V., Biblioteca popular universitaria, 1.

Prosas de Martí sobre los Estados Unidos, Martí en USA, selección y traducción de Luis Alejandro Baralt, Illinois, Southern Illinois University Press, 1966.

Antología de José Martí, prólogo y selección de Mauricio Magdaleno, México, Ediciones Oasis, c. 1968, Pensamiento de América, II Serie, Volumen 12.

Martí, ciudadano y apóstol, Su ideario, recopilado por Homero Muñoz, Miami, c. 1968.

Lucía Jerez, novela, Madrid, Editorial Gredos, 1969.

José Martí, hombre apostólico y escritor, Sus mejores páginas, estudio, notas y selección de textos por Raimundo Lazo, México, Editorial Porrúa, 1970.

Martí y «Martí en su Tercer Mundo», por Roberto Fernández Retamar, Montevideo, Biblioteca de Marcha, 1970, Colección Los Nuestros, 3.

Martí y Puerto Rico, prólogo, selección y notas de Carlos Alberto Montaner, Puerto Rico, Río Piedras, Editorial San Juan, 1970.

Nuestra América, prólogo de Josep Fontana, Barcelona, Ediciones Ariel, c. 1970.

Páginas escogidas, selección y prólogo de Roberto Fernández Retamar, La Habana, Instituto Cubano del Libro, Editorial de Ciencias Sociales, 1971, 2 T.

Antología mínima, selección y notas de Pedro Álvarez Tabío, La Habana, Editorial de Ciencias Sociales, 1972, 2 T.

Ensayos sobre arte y literatura, selección y prólogo de Roberto Fernández Retamar, La Habana, Instituto Cubano del Libro, 1972.

Trincheras de ideas, selección y prólogo de Alberto Acosta, Guanabacoa, La Habana, Talleres Pedrito Valdés, 1972.

Nuestra América, compilación y prólogo de Roberto Fernández Retamar, La Habana, Casa de las Américas, 1974.

Madre América, París, Viuda de Bouret, *s. a.*

Bibliografía pasiva

Acosta, Agustín, «¿Fue Martí precursor del modernismo?» en *Boletín de la Academia Cubana de la Lengua*, La Habana, 3, 1-2, 67-83, enero-junio, 1954.

Acosta, Leonardo, *José Martí, la América precolombina y la conquista española*, La Habana, 1974.

Aguirre, Mirta, «José Martí, *La Edad de Oro*», en *Cuba Socialista*, La Habana, 3, 20, 123-129, abril, 1963.

Alegría, Fernando, «El Whitman de José Martí», en *Humanismo*, México D. F., 3, 24, 239-247, octubre, 1954.

Almendros, Herminio, *A propósito de* La Edad de Oro *de José Martí*, Notas sobre literatura infantil, Santiago de Cuba, Universidad de Oriente, Departamento de Extensión y Relaciones Culturales, 1956.

José Martí, La Habana, 1965.

Anuario Martiano, La Habana, 1-5, 1969-1974.

Aportes para una Bibliografía de José Martí, Montevideo, 1954.

Archivo José Martí, La Habana, 1-6, 1-22, 1940-1952.

Arias, Salvador, «Martí como escritor para niños, a través del análisis de dos textos de La Edad de Oro», en su *Búsqueda y análisis*, ensayos críticos sobre literatura cubana, prólogo de José Antonio Portuondo, La Habana, Ediciones Unión, 1974, págs. 58-88, Cuadernos de la revista *Unión*, 5.

Armas, Ramón de, «La Revolución pospuesta, destino de la revolución martiana de 1895» en *Pensamiento Crítico*, La Habana, 49-50, 8-18, febrero marzo, 1971.

Arrom, José Juan, «Raíz popular de los *Versos sencillos* de José Martí», en su *Certidumbre* de América, estudios de letras, folklore y cultura, La Habana, 1959 págs. 613-681.

Ávila, Francisco, J. Martí en el periodismo caraqueño, El estilo prospectivo de un maestro de la comunicación social, Caracas, 1968, Materiales para el estudio de Caracas, 11.

Becali, Ramón, «Martí y la prensa en los campos de Cuba Libre», en Bohemia, La Habana, 63, 5, 28-31, enero 29, 1971.

Benítez, José A., «Martí, el trabajo y los trabajadores», en Granma, La Habana, 2, febrero 24, 1971.

Blanch y Blanco, Celestino, Bibliografía martiana, 1954-1963, La Habana, Biblioteca Nacional José Martí, Departamento de Colección Cubana, 1965.

Bochet-Huré, Mme, Claude, «Les dernières notes de voyage de José Martí», en Les Langues Néo-Latines, París, 161, 61-81, juillet, 1962.

Caballero, Armando O., «Carlos Marx en Martí», en Romances, La Habana, 35, 414, 68-69, marzo, 1971.

Cantón Navarro, José, Algunas ideas de José Martí en relación con la clase obrera y el socialismo, La Habana, Dirección Política de las FAR, 1970.

Carbonell, Néstor, Martí; carne y espíritu, La Habana, 1952, 2 V.

Carter, Boyd G., «Gutiérrez Nájera y Martí como iniciadores del Modernismo», en Revista Iberoamericana, México, 28, 54, 295-310, julio-diciembre, 1962.

«Martí en las revistas del modernismo antes de su muerte», en Revista Iberoamericana, Pittsburgh, 36, 73, 547-558, octubre-diciembre, 1970.

Castro Ruz, Fidel, «Discurso en el centenario de la muerte del Mayor General Ignacio Agramonte», en Granma, La Habana, 9, 114, 2-5, mayo 14, 1973.

Chacón y Calvo, José María, «La poesía de Martí y lo popular hispánico», en Boletín de la Academia Cubana de la Lengua, La Habana, 3, 1-2, 31-66, enero-junio, 1954.

Díaz, Carlos J., «Del Manifiesto de Montecristi a la II Declaración de La Habana», en Verde Olivo, La Habana, 3, 8, 13-15, febrero 25, 1962.

Díaz-Plaja, Guillermo, Martí desde España, La Habana, Editorial Librería Selecta, 1956.

Dupotey Fideaux, Hiram, Martí en el Diario de Soldado de Fermín Valdés Domínguez, La Habana, Universidad de La Habana, Centro de Información Científica y Técnica, 1971, Colección Documentos, 2.

Espina, Antonio, Martí, estudio y antología, Madrid, Compañía Bibliográfica Española, c. 1969.

Feijóo, Samuel, «Martí encuentra su paisaje, Notas del centenario», en Bohemia, La Habana, 46, 5, 42-44, enero 31, 1954.

Fernández Retamar, Roberto, «Sobre Martí y Ho Chi Minh, dirigentes coloniales», en Casa de las Américas, La Habana, 10, 63, 48-53, noviembre-diciembre, 1970.

Lectura de Martí, México, Editorial Nuestro Tiempo, 1972.

Franco, Luis Leopoldo, Sarmiento y Martí, Buenos Aires, Lautaro, 1958, Colección Pensamiento argentino, 5.

Franchella, Quirino, *La poesía di José Martí, 1853-1895*, Estratto dagli Annali dei corso di lingue e letterature straniere presso l'Universitá di Bari, vol. II, Bari, Italia, A. Creseati, 1954.

José Martí, l'uomo d'azione e di pensiero, Parma, Roma, Maccari Editore, 1955.

García del Pino, César, «*El Manifiesto de Montecristi*», en *Granma*, La Habana, 2, marzo 25, 1971.

García Espinosa, Juan M., «En torno a la novela del Apóstol», en *Universidad de La Habana*, La Habana, 29, 171, 7-99, enero-febrero, 1965.

García Galló, Gaspar Jorge, «Martí y los tabaqueros», en *Islas*, Santa Clara, 3, 3, 63-69, mayo-agosto, 1961.

Martí, americano y universal, La Habana, Instituto Cubano del Libro, 1971.

García Marruz, Fina, «*Amistad funesta*», en *El Caimán Barbudo*, La Habana, 5-9, marzo, 1971.

Gicovate, Bernardo, «El hallazgo lingüístico en José Martí», en *Revista Iberoamericana*, México D. F., 20, 39, 13-17, marzo, 1955.

Gómez, Juan Gualberto, «Martí y yo, La última visita, La última carta», en *Bohemia*, La Habana, 46, 28, 135-142, julio 11, 1954.

González, Manuel Pedro, *Conciencia y voluntad de estilo en Martí*, tirada aparte del *Libro jubilar de Emeterio Santovenia en su cincuentenario de escritor*, La Habana, Imprenta Úcar,

García, 1937.

I. Iniciación de Rubén Darío en el culto a Martí, II. Resonancias de la prosa martiana en la de Darío, La Habana, Imprenta Úcar, García, 1953.

«El culto a Martí en la Argentina», en *Revista de la Biblioteca Nacional*, La Habana, 2.ª serie, 5, 2, 45-57, abril-junio, 1954.

José Martí, anticlercial irreductible, México, Ediciones Humanismo, 1954.

Aspectos inexplorados en la obra de José Martí, Tirada aparte de *Cursos y Conferencias*, n.º 267, diciembre, 1954, Buenos Aires, 1955.

«José Martí en Rusia», en *Revista Bimestre Cubana*, La Habana, 73, 77-84, julio-diciembre, 1957.

Antología crítica de José Martí, recopilación, introducción y notas, México D. F., publicaciones de la Editorial Cultura, 1960, Universidad de Oriente, Departamento de Extensión y Relaciones Culturales, Santiago de Cuba.

Indagaciones martianas, La Habana Universidad Central de las Villas, Dirección de Publicaciones, 1961.

José Martí en el octagésimo aniversario de la iniciación modernista, 1882-1962, Caracas, Ediciones del Ministerio de Educación, Dirección de Cultura y Bellas Artes, 1962.

Gray, Richard Butler, *José Martí, Cuban patriot*, Gainesville, University of Florida Press, 1962.

Gregori, Nuria, «Correcciones a las ediciones del *Diario de campaña* de José Martí», en *Anuario L/L* La Habana, 1, 3-102, 1972, *y. e.*,

1970.

Griñán Peralta, Leonardo, *Martí, líder político*, La Habana Instituto Cubano del Libro, Editorial de Ciencias Sociales, 1970.

Guevara, Ernesto Che, «Apología de Martí», en *Humanismo*, La Habana, 8, 58-59, 35-40, noviembre, 1959-febrero, 1960.

«Las palabras de Martí están incorporadas a nuestra lucha y son nuestro emblema», discurso, en *Verde Olivo*, La Habana, 2, 42, 20-21, febrero 1, 1960.

Henríquez Ureña, Max, «Martí, iniciador del modernismo» en *Boletín de la Academia Cubana de la Lengua*, La Habana, 3, 1-2, 84-105, enero-junio, 1954.

Heredia, Nicolás y N. Bolet Peraza, *Homenaje a José Martí*, discursos pronunciados en la velada conmemorativa que tuvo lugar en «Chickering Hall» la noche del 19 de mayo de 1898, tercer aniversario de la muerte de José Martí, Nueva York, Imprenta América, Sotero Figueroa, editor, 1898.

Horrego Estuch, Leopoldo, *Martí, su pensamiento jurídico*, La Habana, Mecenas, 1954.

Ibáñez, Roberto, «Imágenes del mundo y del trasmundo en los *Versos sencillos* de Martí», en *Cuadernos*, París, 4, 44-50, enero-febrero, 1954.

«El ideario martiano en la política exterior cuba», en *Verde Olivo*, La Habana, 2, 38, 21-30, enero 4, 1960.

Iduarte, Andrés, *Martí, escritor*, México, Ediciones Cuadernos Americanos, 1945.

Sarmiento, Martí y Rodó, La Habana, Imprenta El Siglo XX, 1955.

Jiménez Grullón, Juan Isidro, *La filosofía de José Martí*, La Habana, Universidad Central de Las Villas, Departamento de Relaciones Culturales, 1960.

Jorrín y Fabián, Miguel, *Martí y la filosofía*, La Habana, 1954, Cuadernos de divulgación cultural, Comisión Nacional Cubana de la UNESCO, 11.

Larrea Elba, M., «La prosa de José Martí en *La Edad de Oro*», en *Cuadernos*, París, 61, 3-10, junio, 1962.

Lazo, Raimundo, «Martí ensayista», en *Boletín de la Academia Cubana de la Lengua*, La Habana, 3, 3-4, 138-147, julio-diciembre, 1954.

Lens y de Vera, Eduardo Félix, *Heredia y Martí, dos grandes figuras de la lírica cubana*, La Habana, Editorial Selecta, 1954.

Lizaso, Félix, *Martí, místico del deber*, Buenos Aires, Editorial Losada, 1940.

«Normas literarias en Martí, hombre de normas», en *Boletín de la Academia Cubana de la Lengua*, La Habana, 3, 3-4, 148-167, julio-diciembre, 1954.

Losada, Juan, *Martí, joven revolucionario*, La Habana, 1969.

Llaverías, Joaquín, *Los periódicos de Martí*, La Habana, 1929.

Mantilla, María, «Recuerdos de mis primeros quince años», en *Bohemia*, La Habana, 55, 4, 11, enero 25, 1963.

Mañach Jorge, *Martí, el apóstol*, Buenos Aires, Espasa Calpe Argentina, 1942, Colección

Austral, 252.

Marinello, Juan, *José Martí, escritor americano, Martí y el modernismo*, México D. F., Editorial Grijalbo, 1958.

Ensayos martianos, La Habana, Universidad Central de Las Villas, Departamento de Relaciones Culturales, 1961.

«El pensamiento de Martí y nuestra Revolución Socialista», en *Cuba Socialista*, La Habana, 2, 5, 16-37, enero, 1962.

Once ensayos martianos, La Habana, 1964.

Mella, Julio Antonio «Martí y el proletariado» en *Verde Olivo*, La Habana, 4, 2, 38-39, enero 13, 1963.

Méndez, Manuel Isidro, *Martí, estudio crítico-biográfico*, La Habana, Imprenta P. Fernández, 1941.

Meo Zilio, Giovanni, *José Martí, tres estudios estilísticos*, separata del *Anuario Martiano* n.º 2, La Habana, Biblioteca Nacional José Martí, Sala Martí, 1970.

Miranda, Aurelio, *Martí político*, La Habana, 1969.

Molina de Galindo, Isis, «*El presidio político en Cuba*, de José Martí, 1871, Intento de análisis estilístico», en *Revista Iberoamericana*, México D. F., 28, 54, 311-336, julio-diciembre, 1962.

«La modalidad impresionista en la obra de José Martí» en *Anuario Martiano*, La Habana, 4, 51-115, 1970.

Molina Parrado, Luis, *El pensamiento social de José Martí*, prólogo de Raúl Roa, La Habana,

Editorial Lex, 1955.

Montoya, Narciso de, *Presencia de José Martí en Colombia, en el año de su centenario*, Barranquilla, Editorial Mejoras, 1955.

Nolasco, Sócrates, *Martí, el modernismo y la poesía tradicional*, Santiago de Cuba, 1955, Universidad de Oriente, Departamento de Extensión y Relaciones Culturales, 39.

Novás, Benito, «José Martí a través de sus cartas», en *Bohemia*, La Habana, 46, 51, 12-13, 223-224, 234, diciembre 19, 1954.

Nucete-Sardi, José, «*Revista Venezolana*, de José Martí», en *Diario de la Marina*, La Habana, 1-D, febrero 24, 1957.

Olivera, Otto, «José Martí y la expresión paralela en prosa y verso», en *Revista Iberoamericana*, México D. F., 22, 43, 71-82, enero junio, 1957.

Oroz, Rodolfo, «Los chilenismos de José Martí», en *Boletín de Filosofía*, Santiago de Chile, 10, 161-203, 1958.

Ortiz Fernández, Fernando, «La fama póstuma en Martí», en *Revista Bimestre Cubana*, La Habana, 73, 5-28, julio-diciembre, 1957.

Peraza Sarausa, Fermín, *Bibliografía martiana, 1940-1958/59*, La Habana, Municipio de La Habana, Departamento de Educación, 1941-1960, 18 T.

Bibliografía martiana, 1853-1953, Edición Nacional del Centenario, La Habana, Comisión Nacional Organizadora de los Actos y Ediciones del Centenario y del Monumento de Martí, 1954.

Pino Santos, Óscar, «Ideas económicas y sociales de José Martí», en *Carteles*, La Habana, 36, 21, 20-23, mayo 22, 1955.

Ponte Domínguez, Francisco José, *Pensamiento laico de José Martí*, prólogo de Manuel Isidro Méndez, La Habana, edición Modas Magazine, 1956.

Portuondo, José Antonio, *José Martí, crítico literario*, Washington, 1953.

«Dos vidas paralelas, Martí y Lenin», en *Unión*, La Habana, 9, 2, 69-79, junio, 1970.

Martí y el diversionismo ideológico, conferencia, La Habana, Frente Nacional de Solidaridad con los pueblos de Indochina, 1974.

Quesada, Gonzalo de, *Martí hombre*, La Habana, 1940.

Quesada, Luis Manuel, *Teoría martiana de la novela*, sobretiro de *Duquesne Hispanic Review*, Pittsburgh, Duquesne Universiry Press, 1968.

La única novela martiana, reimpreso de la *Revista de Estudios Hispánicos*, Madrid, The University of Alabama Press, 1970.

Quesada y Miranda, Gonzalo de, *Así vieron a Martí*, prólogo y notas y recopilación, La Habana, Instituto Cubano del Libro, Editorial de Ciencias Sociales, 1971.

Rabassa, Gregory, «Walt Whitman visto por Martí», en *La Nueva Democracia*, Nueva York, 39, 4, 88-93, octubre, 1959.

Redondo y Feldman, Susana y Anthony Tudisco, *José Martí, antología crítica*, selección, estudios y notas, Nueva York, Las Américas Publishing Company, 1968.

Rodríguez, Carlos Rafael, «José Martí», en *Unión*, La Habana, 2, 5-6, 5-18, enero-abril, 1963.

Rodríguez, Pedro Pablo, «La idea de liberación nacional en José Martí», en *Pensamiento Crítico*, La Habana, 49-50, 121-169, febrero-marzo, 1971.

Rodríguez-Embil, Luis, *José Martí, el santo de América*, estudio crítico-biográfico, La Habana, Imprenta P. Fernández, 1941.

Rodríguez Herrera, Mariano, «Formación revolucionaria del joven Martí», en *Juventud Rebelde*, La Habana, 2, enero 27, 1971.

Roig de Leuchsenring, Emilio, *Nacionalismo e internacionalismo de Martí*, La Habana, 1927.

El internacionalismo antimperialista en la obra político-revolucionaria de José Martí, La Habana, 1935.

La España de Martí, La Habana, 1948.

El americanismo de Martí, La Habana, 1953.

Martí antimperialista, La Habana, 1953; La Habana, Talleres Aguilar, 113, 19-54.

«Propaganda y organización en la revolución de Martí», en *Carteles*, La Habana, 35, 3, 68-69, enero 17, 1954.

«Recuento bibliográfico del centenario de Martí» en *Carteles*, La Habana, 35, 5, 68-70, enero 31, 1954.

El Manifiesto de Montecristi, sus raíces, finalidades y proyecciones, La Habana, Oficina del Historiador de la Ciudad, 1957.

Origen y proceso del Manifiesto de Montecristi, según el borrador y el original que se conservan en el archivo de Máximo Gómez y en el de Gonzalo de Quesada, La Habana, Oficina del

Historiador de la Ciudad, 1957.

La República de Martí, 4.ª edición aumentada, La Habana, Impresora Modelo, 1958.

Romera, Antonio R., «José Martí y la pintura española», en *Atenea*, Concepción, Chile, 31, 114, 343-344, 74-84, enero-febrero, 1954.

Sabourín, Jesús, *Amor y combate, algunas antinomias en José Martí*, La Habana, Ediciones Casa de las Américas, 19174.

Schnoll, Kurt, «Observaciones sobre la significación de la obra de José Martí para la investigación histórica marxista», en *Universidad de La Habana*, La Habana, 158, 39-56, septiembre-diciembre, 1962.

Schulman, Iván A., «Los supuestos "precursores" del modernismo hispanoamericano» en *Nueva Revista de Filología Hispánica*, Madrid, 12, 61-64, 1958.

«Génesis del azul modernista», en *Revista Iberoamericana*, México D. F., 25, 50, 251-271, julio-diciembre, 1960.

Símbolo y color en la obra de José Martí, 2.ª edición, Madrid, Editorial Gredos, 1970, Biblioteca Románica Hispánica, II. Estudios y ensayos.

Schulman, Iván A. y Manuel Pedro González, *Martí, Darío y el modernismo*, prólogo de Cintio Vitier, Madrid, Editorial Gredos, 1969.

Shur, L. A., *José Martí, guía bibliográfica*, Moscú, Biblioteca de la URSS, de literatura extranjera, 1955, texto en ruso.

Stolbov, V., «José Martí, luchador por la independencia», en *Cuba, ensayo histórico-etnográfico*, Moscú, 1961, págs. 431-473, texto en ruso.

Ternovoi, O. S., «El pensamiento del cubano eminente José Martí, 1853-1895», en *Cuestiones Filosóficas*, Moscú, 2, 129-136, 1959, texto en ruso.

«Las opiniones políticas, sociales y filosóficas de José Martí», en *Disertación*, Minsk, 1962, texto en ruso.

Verdaguer, Roberto, *José Martí; peregrino de una idea*, La Habana, 1955.

Vida y pensamiento de Martí, Homenaje de la ciudad de La Habana en el cincuentenario de la fundación del Partido Revolucionario Cubano, 1892-1942, La Habana, Municipio de La Habana, 1942, 2 V., Colección histórica cubana y americana, 4.

Vitier, Cintio «El arribo a la plenitud del espíritu, La integración poética de Martí, Lo español, lo americano y lo cubano en su obra, Segunda caracterización, Las nuevas dimensiones que aporta», en su *Lo cubano en la poesía*, La Habana, Universidad Central de Las Villas, 1958, págs. 192-241.

Vitier, Cintio y Fina García Marruz, *Temas martianos*, La Habana, Biblioteca Nacional José Martí, Departamento Colección Cubano, 1969.

Vitier, Medardo, *Martí, estudio integral*, La Habana, Publicaciones de la Comisión Nacional Organizadora de los Actos y Ediciones del Centenario y del Monumento de Martí, 1954.

Zéndegui, Guillermo de, *Ámbito de Martí*, La Habana, Imprenta P. Fernández, 1954.

Martí Fuentes, Adolfo (El Ferrol, La Coruña, España, 12 junio 1922). Vino a Cuba en 1923. Se graduó de Bachiller en Ciencias y Letras en el Instituto de La Habana (1943). Fue militante del Partido Comunista, del PURC y del Partido Socialista Popular. En 1957, siendo director del periódico *Jornadas*, tuvo que exiliarse en México, de donde regresó en 1959. Trabajó como redactor en el periódico *Hoy*. Desde 1960 ha desempeñado cargos diplomáticos en Panamá, Ecuador, Checoslovaquia y Brasil. En 1965 ejerció el cargo de jefe del departamento de países socialistas asiáticos en el MINREX, Licenciado en Lengua y Literaturas Hispánicas de la Escuela de Letras y Arte de la Universidad de La Habana (1969). Entre 1969 y 1973 ejerció como profesor de literatura en dicha Escuela. Ha obtenido, entre otros, el premio de la Asociación de Periodistas y Escritores de Artemisa (1955) y el premio de décima del Concurso «26 de julio» de las FAR (1971), con su libro *Alrededor del punto*. Ha publicado en *Nuestro Tiempo*, *Verde Olivo*, *Mujeres* y en el magazine *Hoy Domingo*. Ha publicado traducciones del portugués en *Juventud Rebelde*. Se le ha traducido al ruso y al vietnamita. Es director nacional de Literatura del CNC.

Bibliografía activa

Alrededor del punto, décimas y dicemas, introducción de Raúl Luis, La Habana, Dirección Política de las FAR, 1971.

Bibliografía pasiva

Rodríguez Rivera, Guillermo, «Libros cubanos, Concurso MINFAR 1971. Apuntes después del punto», en *Universidad de La Habana*, La Habana, 196-197, 347-351, 1972.

Martín, Juan Luis (Cienfuegos, Las Villas, 16 agosto 1898-La Habana, 13 mayo 1973). Se da la fecha de nacimiento citada por él y no la que se consigna en su inscripción. Cursó la primaria en distintas escuelas públicas de La Habana. Entre 1913 y 1915 asistió al Seminario de San Carlos y aprendió inglés, francés y alemán. Entre 1915 y 1917 cursó náutica y agrimensura y estudió latinidad en la parroquia de Jesús María. En 1916 fue pasante de Derecho en el bufete de Alfredo Zayas e ingresó en la redacción del periódico *Cuba*, donde trabajó hasta 1921. Fue profesor de escuelas nacionales militares entre 1935 y 1958 y asesor técnico y redactor del *Boletín del Ejército* (1949-1958). Dirigió la revista *La Fraternidad* (1937-1960). Entre 1944 y 1959 fue profesor de la Escuela Profesional de Periodismo Manuel Márquez Sterling. Fue corresponsal de Universal Service, de la Agencia Havas y del *Heraldo de Cuba* (Nueva York). Colaboró en *El Sol*, *Revista Bimestre Cubana*, *El Mundo*, *Información*, *Diario de la Marina*, *Avance*, *Carteles*, *Pueblo*, *Semanario Católico* (1946-1958), *Ofgang*, *The Havana Post* (de cuyo suplemento dominical en español fue director y redactor entre 1950-1951). Publicó cuentos en *El País*, *Bohemia* y *Orbe*. Perteneció a la Sociedad Astronómica de Francia. Era especialista en lenguas bantúes. Tradujo del inglés, del sueco, del danés y del catalán. Poco después del triunfo de la Revolución se retiró de sus actividades de periodista.

Bibliografía activa

Ecue, Changó y Yemayá, ensayos sobre la subreligión de los afro-cubanos, La Habana, Cultural, 1930.

Influencia del negro en la vida cubana, conferencia en la Logia «Luz y Verdad», el 16 de noviembre de 1937, Santiago de las Vegas, La Habana, 1937.

Por Cuba, contra el fascismo, conferencia pronunciada el 26 de abril de 1938, en la Logia «Fraternidad y Constancia», Punta Brava, La Habana, Imprenta El Score, 1938.

De dónde vinieron los chinos de Cuba, Los jaca, los joló, los puntí y los amoyanos, es la vida cubana, La Habana, Editorial Atalaya, 1939.

De dónde vinieron los negros de Cuba, los mandingas, gangás, caraballes y ararás, su historia antes de la esclavitud, La Habana, Editorial Atalaya, 1939.

Los grandes filósofos chinos de la antigüedad, La Habana, Editorial Atalaya, 1939.

El líder máximo de China, Biografía corta del generalísimo Chiang Kai-shek, Preámbulo del Doctor Ti-tsun Li, Nueva York, Chinese News Service, 1942.

Los voluntarios de 1871, Un partido fascista en Cuba en el siglo XIX, resumen de conferencias dictadas ante la R. L. «Fraternidad

y Constancia», La Habana, Editorial Mundo Masónico 1942.

El combatiente cubano de la Revolución, La Habana, Editorial Atalaya, 1943, Papeles cubanos, 2.

Notas sobre negros e indios, La Habana, Editorial Atalaya, 1943, Papeles cubanos. I.

Weyler y la reconcentración, Guerra de nervios en La Habana, 1896, La formación de la conciencia cubana, Imperialismo y antiimperialismo, La Habana, Editorial Atalaya, 1943, Papeles cubanos, 3.

Esquema de los factores alógenos de la población cubana, La Habana, Editora Nacional, 1944.

Esquema elemental de climas, suelos y sinecis vegetales, La Habana, Editora Nacional, 1944.

Esquema elemental de temas sobre la caña de azúcar como factor topoclimático de la geografía social de Cuba, La Habana, Editora Nacional, 1944.

Los orígenes de la voz «Mambí», La Habana, Editorial Atalaya, 1944, Papeles cubanos, 4.

Perfil del lenguaje ñáñigo, Origen de las sociedades secretas afrocubanas, Los dioses africanos, La Habana, Editorial Atalaya, 1944, Papeles cubanos, 5.

El crimen de Jabín, Disquisiciones sobre el moderno antisemitismo, La Habana, Editora Nacional, 1945.

Mutiaroco, Sanga Recobebá, Los elementos esotéricos del ñañiguismo, I, La Habana, Editorial Atalaya, 1945, Papeles cubanos, 6.

Mutiaroco, Sanga Recobebá, Los secretos eso-

téricos del ñañiguismo, II. El castellano jergal de los ñáñigos, Palabrero Abacuá, Palabrero Lucumí, La Habana, Editorial Atalaya, 1945, Papeles cubanos, 7.

Vocabulario de ñáñigo y lucumí, Breve estudio de lingüística afrocubana, La Habana, Editorial Atalaya, 1946, Papeles cubanos, 8.

La cuestión judía, Palestina y la conciencia mundial, La Habana, Ediciones Martín, 1947.

La guerra Psicológica, separata del *Boletín del Ejército,* La Habana, 1953.

Papeles del Gobernador Caprilis, y *Ensayos de Bibliografía militar,* separata del *Boletín del Ejército,* La Habana, 1953.

Papeles del Gobernador Caprilis, y *Ensayos de Bibliografía militar,* separata del *Boletín del Ejército,* La Habana, 1955.

La reconcentración de Weyler, 15 de marzo de 1896, separata del *Boletín del Ejército,* La Habana, 1956.

Simón Bolívar, el Libertador y otros ensayos, separata del *Boletín del Ejército,* La Habana, 1956.

Biografía del machete, El uso del machete en las guerras de Cuba, desde el 26 de octubre de 1868, separata del *Boletín del Ejército,* La Habana, 1957.

La guerra del Hooligan, separata del *Boletín del Ejército,* La Habana, 19...

Bibliografía pasiva

«Juan Luis Martín», en *Premio Varona,* La Habana, Ministerio de Defensa Nacional, 1945, págs. 129-139.

Montero, Tomás, «Un libro de Juan Luis Martín», en *Diario de la Marina,* La Habana, 98, 35, 14, febrero 4, 1930.

Pérez Rey, Luis, «Juan L. Martín en la trinchera», en CTC, La Habana, 4, 34, 20-30, noviembre, 1942.

Martínez Amengual, Gumersindo (La Habana, 1 junio 1901-Id., 21 julio 1972). Cursó estudios de Comercio en el Colegio La Salle. En 1927 inició estudios en el Seminario Diplomático y Consular de la Universidad de La Habana. Antimachadista, perteneció al Partido Comunista de 1934 a 1937. Ha trabajado como contador y tipógrafo. En 1960 se jubiló de empleado público. Ajedrecista, publicó obras sobre esta materia. En 1961 obtuvo mención de ensayo en el Concurso Casa de las Américas con *Estímulos y obstáculos para una revolución social en América;* en 1962 recibió el premio en dicho género, en el mismo concurso, con *Presencia de la reforma agraria en América,* y en 1963 con *Subdesarrollo y revolución en Latinoamérica.* Ha sido codirector de *Ariel,* de la *Revista Cubana de Ajedrez* y de *Ajedrez.* Ha colaborado en *El País, El Mundo, Alma Mater* y *Casa de las Américas.* Desde 1964 laboró en Prensa Latina y formó parte de la redacción de *Panorama Económico Latinoamericano.* Publicó algunas narraciones bajo el seudónimo *Clemente Verdugo.*

Bibliografía activa

Presencia de la reforma agraria en América, La Habana, Casa de las Américas, 1962.

Subdesarrollo y revolución en Latinoamérica, La Habana, Casa de las Américas, 1963.

Brasil, Monografía, La Habana, Casa de las Américas, Centro de Documentación Juan Francisco Noyola, 1964.

Venezuela, Monografía, La Habana, Casa de las Américas, Centro de Documentación Juan Francisco Noyola, 1967.

Bibliografía pasiva

Augier, Ángel, «Un libro en el mes», sobre *Presencia de la reforma agraria es América*, en *Vida Universitaria*, La Habana, 13, 143, 10-11, julio, 1962.

Baeza, Francisco, *«Presencia de la reforma agraria en América»* en *Casa de las Américas*, La Habana, 2, 15-16, 42-44, noviembre 1962-febrero 1963.

Bravet, Rogelio Luis, «¿Qué querían los yanquis?», en *Bohemia*, La Habana, 54, 49, 19, 111, diciembre 7, 1962.

Galich, Manuel, «Subdesarrollo y revolución», en *Casa de las Américas*, La Habana, 3, 20-21, 75-77, septiembre-diciembre, 1963.

Vázquez Candela, Euclides, «Un reto a los jóvenes intelectuales», en *La Gaceta de Cuba*, La Habana, 2, 14, 15-16, marzo 15, 1963.

Martínez Arango, Felipe (Santiago de Cuba, 29 enero 1909). Terminó Bachillerato en Ciencias y Letras. Estudió Filosofía y Letras. Fue director y redactor del periódico anti-machadista *Directorio* (1930). Se doctoró en Derecho en la Universidad de La Habana (1934). Ha recibido premios por los trabajos presentados al IV y al VII Congreso Nacional de Historia (1946 y 1949). Asistió al primer congreso de la Unión de Universidades Latinoamericanas (Guatemala, 1948), así como a otros de antropología en México. Profesor invitado de las Universidades de México y Estados Unidos. Ha sido miembro, entre otras, de la Sociedad de Geografía e Historia de Oriente; desde 1956, de la Sociedad Mexicana de Antropología, y hasta 1960, del Consejo de la Universidad de Oriente. Ha colaborado en la *Revista de la Universidad de La Habana*, *Boletín de Acción Ciudadana* (Santiago de Cuba), *Humanismo* (México), *Revista de la Sociedad Mexicana de Antropología*, *Revista Hispano-Americana*. Es profesor titular de Prehistoria y Arqueología de la Escuela de Historia de la Universidad de Oriente y director de la Sección de Investigaciones Arqueológicas y del museo anexo de arqueología aborigen de Cuba.

Bibliografía activa

En el cincuentenario de la muerte del lugar-teniente general Antonio Maceo, discurso pronunciado en San Pedro de Punta Brava, La Habana, el día 17 de noviembre de 1946, Santiago de Cuba, Editorial Ros, 1946.

Próceres de Santiago de Cuba, Índice biográfico-alfabético, trabajo presentado al IV Congreso Nacional de Historia y premiado como el mejor del mismo, prólogo de Leonardo Griñán Peralta, La Habana, Imprenta de la Universidad de La Habana, 1946.

Cronología crítica de la guerra hispanocubanoamericana, La Habana, 1950; 2.ª edición, Santiago de Cuba, Universidad de Oriente, Departamento de Extensión y Relaciones Culturales, 1960; La Habana, Editorial de Ciencias Sociales, 1973.

En marcha con el «Grupo Humboldt», de la Sociedad de Geografía e Historia de Oriente, Excursiones n.º 64, Mangos de Baraguá-Río Barigua, y 65, Ruta costera Santiago-Aserradero; Cuevas de Catívar, La Habana, Imprenta de la Universidad de La Habana, 1950.

Esquema del 24 de febrero, Santiago de Cuba, Imprenta Arroyo, 1950; 2.ª edición, Santiago de Cuba, Universidad de Oriente, Departamento de Extensión y Relaciones Culturales, 1959.

Perfil vigente de José Martí, Del homenaje al Apóstol en el Primer centenario de su natalicio, Santiago de Cuba, Tipografía San Román, 1953.

En la encrucijada, mensaje cívico-revolucionario, México, 1954.

El lago de Netzahualcoyotl, México, 1955; Santiago de Cuba, Universidad de Oriente, Departamento de Extensión y Relaciones Culturales, 1960.

Superposición cultural en Damajayabo, México D. F., 1963; La Habana, Instituto Cubano del Libro, 1968.

Notas para una prehistoria de Cuba, Santiago de Cuba 1971.

Arqueología de los ciguatos, Santiago de Cuba, 1973.

Martínez Bello, **Antonio** (Santa Cruz del Sur, Camagüey, 19 julio 1910). Estudió la enseñanza primaria y la secundaria en las Escuelas Pías de Camagüey y de La Habana. En esta última ejerció como profesor. En 1937 se doctoró en Derecho Civil y, al siguiente año, en Ciencias Políticas, Económicas y Sociales en la Universidad de La Habana. Terminó el periodismo en 1944. Ejerció el magisterio. Miembro de la Academia la Historia y de otras instituciones. Mereció los premios de periodismo «Varona» y «Álvaro Reynoso». En concurso convocado por el MINED y la Editora Política fue premiada su obra de texto sobre economía política, en 1966. Ha viajado por Latinoamérica, Europa y las Antillas menores. Colaborador en *Tiempo*, *Verbum*, *Revista Bimestre Cubana*, *Mañana*, *Avance*, *Carteles*, *El Mundo*, *Prensa Libre*, *Ahora*, *El País*, *La Calle*, *Bohemia*. Poemas suyos fueron antologados en *La poesía cubana en 1936*. Fue miembro del consejo directivo del Instituto «Julio Antonio Mella», de la UNEAC. Es miembro del Movimiento por la Paz y la Soberanía de los Pueblos. Ha laborado, de 1973 a 1974, en el Departamento de Historia del MINED. Se jubiló en 1974.

Bibliografía activa

Ideas sociales y económicas de José Martí, prólogo de Andrés de Piedra Bueno, Carta-crítica de Juan Marinello, La Habana, Editorial La Verónica, 1940.

Notas para un sistema de estética, prólogo de Miguel Ángel Carbonell, La Habana, Editorial Guáimaro, 1940.

La adolescencia de Martí, La Habana, Imprenta P. Fernández, 1944.

Historia económica universal, resumen de las conferencias de clases, de acuerdo con el programa oficial de las escuelas técnicas industriales y politécnicas de grado medio, La Habana, Cultural, 1951.

Montoro, temperamento y clase social, ensayo de filosofía de historia de Cuba, La Habana, Imprenta El Siglo XX, 1952.

Origen y meta del autonomismo, Exégesis de Montoro, prólogo de Emeterio Santiago Santovenia, La Habana, Imprenta P. Fernández, 1952.

Dos musas cubanas, Gertrudis Gómez de Avellaneda, Luisa Pérez de Zambrana, La Habana, Imprenta P. Fernández, 1954.

El temperamento de Martí, La Habana, Editorial Neptuno, *s. a.*

Bibliografía pasiva

Betancourt, Gaspar, «Notas para una nueva filosofía del Arte», en *Acción*, La Habana, 2, 17, 16, enero 19, 1935.

Buesa, José Ángel, «Un poeta al noroeste, Antonio M. Martínez Bello», en *Amenidades del Domingo*, suplemento del periódico *Acción*, La Habana, 2, 36, 3, febrero 10, 1935.

González Contreras, Gilberto, «Martínez Bello y su sentido estético» en *Magazine*, suplemento del periódico *Tiempo Nuevo*, La Habana, 2, 9, 17, enero 18, 1941.

González Ricardo, Rogelio, «Lo que halló Martínez Bello en la obra de Martí», en *Feria del Libro*, La Habana, 1, 1, 6, 9, mayo, 1943.

Lazo, Raimundo, «Buen ensayo martiológico», en *Cuba Nueva en Acción*, La Habana, 2.ª época, 6, 321, 2, diciembre 31, 1944.

«Un buen ensayo», en *Prensa Libre*, La Habana, 5, 1 171, 3, enero 12, 1945.

Le Riverend Brusone, Julio, «En torno de un libro de Martínez Bello, *Ideas sociales y económicas de José Martí*», en *Tiempo*, La Habana, 5, 7, 20, agosto 3, 1941.

Mañach, Jorge, «Carta a Antonio M. Martínez Bello», en *Amenidades del Domingo*, suplemento del periódico *Acción*, La Habana, 2, 36, 3, febrero 10, 1935.

Marinello, Juan, «Martínez Bello en el Lyceum», en *Magazine Dominical*, suplemento del periódico *Ahora*, La Habana, 3, 456, 6, febrero 10, 1935.

Martínez Bello, Antonio, «*Notas para un sistema de estética*», en *América*, La Habana, 7, 1, 94, julio, 1940.

Méndez, Isidro M., «Socialismo de Martí», en *El Nuevo Mundo*, suplemento del periódico *El Mundo*, La Habana, 2, 61, 6, enero 26, 1941.

Pittaluga, Gustavo, «Tipología y temperamento de Martí», en *Información*, La Habana, 17, 41,

4, febrero 17, 1953.

Quesada y Miranda, Gonzalo de, «*Ideas sociales y económicas de José Martí*», en *Prensa Libre*, La Habana 1, 52, 4, junio 13, 1941.

«Un nuevo ensayo martiano de Martínez Bello», en *El Mundo*, La Habana, 43, 13 837, 8, diciembre 1, 1944.

Rodríguez Embil, Luis, «Nueva obra martiana de Martínez Bello», en *Siempre*, La Habana, 2, 434, 3, diciembre 16, 1944.

Suárez Solís, Rafael, «Un nuevo poeta», en *Ahora*, La Habana, 3, 431, 1, 11, enero 12, 1935.

Torriente, Loló de la, «Martínez Bello, exégeta de Montoro», en *Alerta*, La Habana, 19, 236, 4, octubre 1, 1954.

Vitier, Medardo «Antonio Martínez Bello» en su *La filosofía en Cuba*, México, Fondo de Cultura Económica, 1948, págs. 192-193.

Martínez de Avileira, Lorenzo (Villa Clara, Las Villas, 2 marzo 1722-ld. 30 septiembre 1782). Se dedicó a la carrera eclesiástica. Se ordenó de presbítero en 1744. Desempeñó el cargo de teniente cura de la parroquia de Santa Clara. Cultivó muy poco la poesía, solo se conserva una de sus composiciones, escrita, por consejo de un amigo, contra unos versos que circulaban en Santa Clara con el nombre de *Ensaladillas*. A su muerte, fue sepultado en el presbiterio de la iglesia parroquial de Santa Clara.

Bibliografía pasiva

García Garófalo Mesa, Manuel, «Lorenzo Martínez Avileira y Pérez de Corcho», en su *Los poetas villaclareños*, La Habana, Imprenta J. Arroyo, 1927, págs. 11-12.

Martínez Freire, Pedro (Bayamo, Oriente, 1847-La Habana, 20 diciembre 1911). Participó en la guerra de 1868 desde sus inicios. Llegó a ser ayudante de Máximo Gómez y, más tarde, secretario de Antonio Maceo. Ascendido a teniente coronel, le encomendaron el mando de los batallones de la fuerza de Guantánamo. Alcanzó el grado de coronel y combatió a las órdenes de Antonio Maceo en 1878. Solidarizado con la Protesta de Baraguá, fungió como jefe de brigada en Guantánamo. Al salir Antonio Maceo de la isla, capituló el 8 de junio de 1878. Embarcó para Nueva York. Regresó a Cuba y de aquí fue deportado a Madrid debido a sus actividades conspirativas. Marchó a Filipinas donde desempeñó un cargo administrativo de responsabilidad. Volvió después a La Habana. Había escrito proclamas y versos patrióticos y colaborado en *El Fanal*, de Puerto Príncipe, donde publicó sus décimas «Amor al progreso» leídas en la Sociedad de Bayamo en 1868. Su «Himno holguinero» (1870), apareció en la antología *Los poetas de la guerra* (Nueva York, Editor Sotero Figueroa, 1893), prologada por José Martí. Fue autor de un prólogo al libro de Fernando Figueredo Socarrás, *La revolución de Yara. 1868-1878* (La Habana, M. Pulido, 1902). Su nombre de combatiente fue *Santiago Aponte*.

Bibliografía pasiva

Carbonell, José Manuel, «Pedro Martínez Freire», en su *La poesía revolucionaria en Cuba*, recopilación dirigida, prologada y anotada, tomo único, La Habana, Imprenta El Siglo XX 1928, págs. 310, Evolución de la cultura cubana, 1608-1927, 6.

«Pedro Martínez Freire», en *Álbum de* El Criollo, La Habana, Establecimiento Tipográfico O'Reilly número 9, 1888, págs. 219-220.

Roa, Ramón, «Pedro Martínez Freire», en su *Con la Pluma y el machete*, compilación, prólogo y notas de Raúl Roa, tomo 1, La Habana, Ministerio de Educación, 1950, págs. 361-362.

«Martínez Freyre», en *La Discusión*, La Habana, 23, 356, 1, diciembre 22, 1911.

Martínez Furé, Rogelio (Matanzas, 28 agosto 1937). Cursó la primera enseñanza y el bachillerato en letras (1955) en Matanzas. Realizó estudios de etnología y folklore en el seminario organizado por el Teatro Nacional de Cuba en 1961. Ha sido investigador del Instituto de Etnología y Folklore de la Academia de Ciencias de Cuba (1962-1964) y profesor de folklore en la Escuela de Danza Moderna y Folklórica de Cubanacán (1968). Fundador, asesor y libretista del Conjunto Folklórico Nacional, viajó con éste por Francia, Bélgica, España y Argelia. Ha colaborado en *Actas del Folklore*, *Cuba*, *Bohemia*, *Revista de la Biblioteca Nacional José Martí*, *Pueblo y Cultura*, *Revolución*, *La Gaceta de Cuba* y en *Présence Africaine* y *Théâtre des Nations* (Francia). Compositor y cantante de música folklórica y aleatoria, es profesor de folklore y danzas cubanas del Consejo Nacional de Cultura. Tradujo del inglés, del francés y del portugués los poemas de la antología *Poesía yoruba* (La Habana, Ediciones El Puente, 1963), y compiló también, la antología *Poesía anónima africana* (La Habana, Instituto Cubano del Libro, 1968). Obtuvo el Premio Nacional de Literatura en 2015.

Bibliografía activa

Conjunto Folklórico Nacional, ensayos, La Habana, Consejo Nacional de Cultura, 1963.

Bibliografía pasiva

Barnet, Miguel, «*Poesía yoruba*», en *Unión*, La Habana, 3, 2, 198-200, abril-junio, 1964.

«*Poesía anónima africana*» en *Unión*, La Habana, 6, 1, 182-192, marzo, 1969.

Díaz Martínez, Manuel, «*Poesía anónima africana*», en *La Gaceta de Cuba*, La Habana, 7, 70, 29, febrero, 1969.

Morejón, Nancy, «Cantos africanos de Cuba», en *Revista de la Biblioteca Nacional José Martí*, La Habana, 3.ª época, 61, 12, 2, 173-175, mayo-agosto, 1970.

Salper, Roberta, «Literature and revolution in Cuba», en *Monthly Review*, Nueva York, 22, 5, 15-30, octubre, 1970.

Martínez González, Vicente (La Habana, 7 septiembre 1911-Id., 10 marzo 1962). Huérfano de padre desde la infancia, desempeñó los más variados trabajos, desde vendedor de periódicos, actor, empleado del Negociado de Prensa de la Secretaría de Gobernación, hasta periodista. Fue autodidacto. Colaboró en los periódicos *Heraldo de Cuba*, *Diario de la Marina* y *El Mundo*, en cuyo suplemento dominical apareció, el 15 de enero de 1933, su único poema conocido, «Oración al camarada basurero». Era miembro de la Liga Antimperialista (1933), colaborador del semanario humorístico *El Loco* (1934), miembro del Partido Comunista (1934) y de Defensa Obrera Internacional. Participó en la dirección de la huelga de marzo de 1935. Obtuvo premio en un concurso de cuentos de la revista *Social*. Laboró en el semanario *Mediodía* (1937-1939). Fue jefe de información de *Noticias de Hoy*, órgano del Partido Socialista Popular. Trabajó en el noticiero de la radioemisora CMOA y en los periódicos *Vanguardia Cubana*, *Última Hora* y *Mañana*, y en las revistas *Carteles* y *Bohemia*. Fue premiado en los concursos periodísticos «Juan Gualberto Gómez», «Enrique José Varona» y «Víctor Muñoz». Miembro del Colegio Nacional de Periodistas y de la Asociación de Reporters de La Hahana. Viajó por México y Estados Unidos. Escribió para teatro *El Hombre está asegu*rado (1940). Al morir, era miembro del Consejo de Dirección y jefe del Departamento de Servicios Especiales de la agencia informativa Prensa Latina. Utilizó los seudónimos *Esmeril* y *Regino Marín*.

Bibliografía activa

Hombres de negocios y *El lanzamiento*, dos obras para teatro, «Palabras», de Juan Marinello, La Habana, Editorial Páginas, 1951. *3 semanas en la URSS*, La Habana, Editorial Páginas, 1953.

Bibliografía pasiva

Augier, Ángel, «Esmeril, *apuntes biográficos.*» Artículos de Nicolás Guillén, Manuel Navarro Luna, Sergio Aguirre, La Habana, Ayón, impresor, 1950.

Bermúdez Oliver, Manuel, «Un libro de Vicente Martínez», en *Orto*, Manzanillo, 39, 11-12, 19, noviembre-diciembre, 1951.

Martínez Matos, **José** (Baracoa, Oriente, 7 julio 1930). Radicó en Guantánamo, en cuyo Instituto se graduó de Bachiller en Letras alrededor de 1956. Entre 1957 y 1958 dio clases particulares en Regla (La Habana). Cursó dos años de Filosofía y Letras en la Universidad de La Habana hasta 1959, fecha en que labora en el Ministerio de Transporte. Participó en el Seminario de Dramaturgia auspiciado por el CNC. En 1963 obtiene mención de poesía en el Concurso Casa de las Américas por su libro *Días de futuro*. De 1964 a 1967 estuvo en Bulgaria, enviado por la UNEAC, donde estudió lengua y literatura búlgaras, tradujo para la Editorial en Lenguas Extranjeras de Sofía y participó en otras actividades. Viajó por Grecia, RDA, Polonia y Checoslovaquia. En 1969 merece el premio UNEAC de poesía

«Julián del Casal» con *Los oficios*; en 1973, el de poesía del «Concurso 26 de julio», auspiciado por las FAR, con *Juracán*. Ha colaborado en *La Voz del Pueblo* (Guantánamo), *Prensa libre*, *Bohemia*, *La Gaceta de Cuba* y *Unión*. Tradujo poemas de Nikola Vaptsarov. Algunos de sus poemas han sido traducidos a su vez al búlgaro, al inglés, al francés, al polaco y el danés. Trabaja en la UNEAC.

Bibliografía activa

La sonrisa del pueblo pequeño, poesía, La Habana, Ediciones Belic, 1962, Cuadernos Girón, I-

Para tratar acerca de tu risa, poesía, La Habana, 1963.

Días de futuro, poesía, La Habana, Ediciones Unión, 1964.

La llanura, poesía, La Habana, Ediciones Belic, 1964, Colección Benthos, 2.

Los oficios, introducción de Eduardo López Morales, poesía, La Habana, UNEAC, 1970.

Juracán, poesía, La Habana, Editorial de Arte y Literatura, 1974.

Bibliografía pasiva

Branly, Roberto, «Cuatro poemarios recientes, Martínez y su libro», sobre *Días de futuro*, en *Unión*, La Habana, 3, 3, 152-156, julio-septiembre, 1964.

«Los premios, literatura, José Martínez Matos, Poesía», entrevista, en *Verde Olivo*, La Habana, 15, 35, 13, septiembre 2, 1973.

Suárez, Adolfo, «*Los oficios* de Martínez Matos», en *La Gaceta de Cuba*, La Habana, 79, 3-4, diciembre, 1969.

Yanes, José, «José Martínez Matos toca su violín», sobre *Los oficios*, en *La Gaceta de Cuba*, La Habana, 86, 29, octubre, 1970.

Martínez Moles, Manuel (Cabaiguán, Las Villas, 10 febrero 1863-1951). Combatiente en la guerra de 1895, alcanzó el grado de capitán. Desempeñó el cargo de prefecto de Banao y Gavilanes, en la provincia de Las Villas. En 1902 se hizo perito agrícola y agrimensor. Trabajó como periodista. En Sancti Spíritus ocupó diversos cargos públicos, fue concejal, presidente del Ayuntamiento y alcalde interino a partir de 1915. Senador de la República por Santo Clara durante el período de 1921 a 1929. Fue miembro correspondiente de la Academia de la Historia de Cuba, presidente de la Sección de Estudios Económicos de la Sociedad Económica de Amigos del País, perteneció a las sociedades de Geografía de Cuba, México y Honduras y a la Asociación Folklórica. Dejó una obra, en parte inédita, de carácter histórico y folklórico referida a Sancti Spíritus. Es autor de un trabajo sobre cultivos. Publicó, con Joaquín Pérez Roa, *El alcalde de Sagua en Sancti Spíritus* (Sancti Spíritus, Imprenta Venus, 1926), colección de artículos aparecidos en el periódico *Don Pedro*, bajo el título de «Chirigotas», desde el 28 de agosto de 1926 al 21 de octubre del mismo año.

Bibliografía activa

Contribución al folklore, La Habana, Imprenta El Fígaro y Cultural, 1926-1931, 7 T.

Contribución al folklore, Tradiciones, leyendas y anécdotas espirituanas, tomo 1, La Habana, Imprenta de *El Fígaro*, 1926.

Manuel Martínez-Moles y Ruperto Pina; o, Un alcalde infatuado, con motivo de las elecciones de 1922, 2.ª edición, Sancti Spíritus, Imprenta Venus, 1927.

Alrededor de un proyecto de ley de 40.000 pesos, La Habana, Cultural, 1928.

Periodismo y periódicos espirituanos, trabajo de ingreso presentado por el académico correspondiente la Academia de la Historia de Cuba, La Habana, Imprenta El Siglo XX, 1930.

Epítome de la historia de Sancti Spíritus; desde el descubrimiento de sus costas, 1494, hasta nuestros días, 1934, La Habana, Imprenta El Siglo XX, 1936.

Bibliografía pasiva

Castellanos García, Gerardo, *Lucubraciones con motivo de un libro inédito de Manuel Martínez Moles*, La Habana, Imprenta Molina, 1941.

Fernández Moles, Anastasio, *Manuel Martínez Moles, apuntes para una biografía*, La Habana, Imprenta El Fígaro, 1917.

Rodríguez, Emilio Gaspar, *Un hombre que ríe, Martínez Moles*, La Habana, Cultural, 1929.

Martínez Ortiz, **Rafael** (Santa Clara, 17 junio 1859-París, 9 julio 1931). Cursó la primera enseñanza y el bachillerato en su ciudad natal. Marchó a Barcelona, España, donde se doctoró en Medicina y Cirugía. Regresó a Cuba y ejerció esta profesión en Santa Clara durante la guerra de 1895; más tarde fue médico municipal de esta localidad (1899). Dirigió periódicos en su ciudad natal y colaboró en la prensa. Profesor del Instituto de Segunda Enseñanza de Santa Clara (1900). Electo representante a la Cámara (1902). Secretario de Agricultura, Comercio y Trabajo en 1910 y de Hacienda de 1911 a 1912. En 1912 parte para Francia como Ministro de Cuba y forma parte de la Delegación cubana en la firma del Tratado de Versalles. Director general del Consejo de Defensa Nacional desde 1917, viajó de nuevo a Europa como delegado de Cuba a la Liga de las Naciones. Fue ministro de Cuba en París hasta 1926. Secretario de Estado de 1926 a 1930 en el gobierno de Gerardo Machado. En 1931 regresó a Francia como ministro de Cuba en París. Miembro de la Academia de la Historia de Cuba y de otras instituciones. Ejerció la oratoria política. Publicó trabajos sobre jurisprudencia, como su *Discurso Pronunciado en la sesión de la Cámara de Representantes del 30 de junio de 1905, sobre el proyecto de ley de anticipo a la Compañía del Ferrocarril de Cuba y texto de la ley aprobada por la Cámara* (La Habana, Imprenta y Papelería de Rambla y Bouza, 1905) y el *Discurso impugnando el proyecto de ley de loterías* (La Habana, Imprenta y Papelería de Rambla y Bouza, 1909).

Bibliografía activa

Discurso de impugnación, pronunciado en la Cámara el 11 de abril de 1906, La Habana Imprenta Rambla y Bouza, 1906.

Cuba, Los primeros años de independencia, La intervención y el establecimiento del Gobierno de Tomás Estrada Palma, Primera parte, La Habana, Imprenta La Moderna Poesía, 1911; 2.ª edición, Primera y segunda parte, París, Imprimérie Artistique «Lux», 1921, 2 T.; 3.ª edición, París, Editorial Le Livre Libre, 1929, 2 T.

El comercio y los tratados comerciales como medio de acrecentar la riqueza y de cimentar la unión espiritual de los pueblos; la solidaridad de intereses hará posible la solidaridad política, La Habana, Imprenta y papelería de Rambla y Bouza, 1927.

Discurso del Excelentísimo señor Secretario de Estado de la República de Cuba, Doctor Rafael Martínez Ortiz en la sesión de apertura, La Habana, Montalvo y Cárdenas, 1928.

Discurso inaugural de la duodécima reunión anual de la Sociedad Cubana de Derecho Internacional, La Habana, Montalvo y Cárdenas, 1928; 2.ª edición, Id., 1929.

Bibliografía pasiva

Carbonell, José Manuel, «Rafael Martínez Ortiz, 1859», en su *La oratoria en Cuba*, recopilación dirigida, prologada y anotada, T. 3, La Habana, Montalvo y Cárdenas, 1928, págs. 129-139, Evolución de la cultura cubana, 1608-1927, 9.

«Rafael Martínez Ortiz, 1859», en su *La prosa en Cuba*, recopilación dirigida, prologada y adaptada, tomo 3, La Habana, Montalvo y Cárdenas, 1928, págs. 201, Evolución de la cultura cubana, 1609-1927, 14.

Martínez Sobrino, Mario (La Habana, 24 febrero 1931-13 octubre 2016). Se graduó de Bachiller en Letras en el Instituto de La Víbora (La Habana) en 1948. Obtuvo el título de Doctor en Derecho (1954) en la Universidad de La Habana. Escribió para la radio un programa sobre «la conquista del espacio». Tomó parte en la lucha contra Batista. Después del triunfo de la Revolución trabajó en la Caja del Retiro de Artes Gráficas y en el Banco de Seguros Sociales de Cuba, en funciones de abogado, hasta 1961. Entre esa fecha y 1974 ejerció diversos cargos, entre ellos el de director de asuntos jurídicos e internacionales, en el Ministerio del Trabajo. En 1962 y 1964 viajó a Suiza como delegado del Gobierno Revolucionario a la conferencia de la Organización Internacional del Trabajo (OIT). Ha visitado además a Checoslovaquia, Unión Soviética, Francia, España y Estados Unidos. Ha colaborado en *Revolución, La Gaceta de Cuba, Unión, Cuba* y *Conjunto*, en esta última con traducciones. Tradujo textos de películas del portugués. Algunos poemas suyos fueron traducidos al alemán.

Bibliografía activa

Poesía de un año treinta y cinco, poesía, La Habana, Instituto Cubano del Libro, 1968.

Bibliografía pasiva

«Mario Martínez Sobrino, *Poesía de un año treinta, y cinco*», en *El Mundo del Domingo*, suplemento del periódico *El Mundo*, La Habana, 8, junio 2, 1968.

Núñez Miró, Isidoro, «El manjuarí y la edad de la razón», en *El Mundo*, La Habana, 67, 22 346, 2, octubre 30, 1968.

Martínez Villena, **Rubén** (Alquízar, La Habana, 20 diciembre 1899-La Habana, 16 enero 1934). Cursó la primaria en la Escuela n.º 37 del Cerro (La Habana). Se graduó de Bachiller en Ciencias y Letras en el Instituto de La Habana en 1916. Su primera colaboración aparece en la revista *Evolución* (1917). En 1922 se gradúa de abogado en la Facultad de Derecho de la Universidad de La Habana. Trabaja en el bufete de don Fernando Ortiz, donde conoce a Pablo de la Torriente Brau. En 1923 hace la recopilación y el prólogo de *En la tribuna. Discursos cubanos*, de Fernando Ortiz. Encabezó la «Protesta de los Trece». En la prisión escribe su poema «Mensaje lírico-civil», dirigido al poeta peruano José Torres Vidaurre. Participa en la organización de la «Falange de Acción Cubana», cuya «Exposición» redacta (*Heraldo de Cuba*, 1923). Forma parte del Grupo Minorista y es jefe de redacción de *Azul*. Conoce a Julio Antonio Mella y abraza el marxismo-leninismo. Comparte con Mella las tareas de la Universidad Popular «José Martí», de la cual fue profesor, así como la de La liga Anticlerical y La Liga Antimperialista de Cuba, de la que fue miembro directivo. Llega a ser miembro del Consejo Supremo del Movimiento de «Veteranos y Patriotas». Publica trabajos en prosa en *Chic*, *El Fígaro*, *Heraldo de Cuba* y *El Heraldo*, en el que es además editorialista y responsable de la página literaria de los lunes. Labora en *La Nación* como corrector de pruebas. En 1924 viaja a la Florida (Estados Unidos) para entrenarse como aviador, pero es encarcelado en Ocala (Florida) por conspirar contra Zayas. Regresa a Cuba. En 1925 su soneto «Medalla del soneto clásico» ganó el primer premio en un Concurso, convocado por el Liceo de San Luis, Oriente. El premio, que jamás recibió, causó una polémica suya con Jorge Mañach en 1927. Fue director de la revista *Venezuela Libre* (1925-1926) y formó parte del Comité «Pro-Libertad de Mella». En 1927 redacta la «Declaración del Grupo Minorista». Enferma de los pulmones. Ingresa en el Partido Comunista y dirige *América Libre*. Trabaja en la Confederación Nacional Obrera (CNOC) como asesor legal. Miembro del Comité Central del Partido Comunista de Cuba (1928). Escribe el *Boletín del Torcedor* (1929). Redacta el manifiesto del PCC con motivo de la muerte de Mella y el «Programa de reivindicaciones de la CNOC». Dirige la huelga general de marzo de 1930. Machado lo condena a muerte y parte hacia el extranjero. Pasa por Nueva York, donde colabora en las revistas *Mundo Obrero* y *Vida Obrera* y en el periódico *Luchador del Caribe*. Llega a la Unión Soviética. En Moscú trabaja en la Sección Latinoamericana del Comintern (1931). Regresa a Cuba. Colabora en *El Trabajador*. Organiza y dirige la huelga que derroca a Machado en 1933. Continúa sus luchas sindicales. Muere en el Sanatorio La Esperanza minado por la tuberculosis. Sus colaboraciones poéticas aparecieron en *Castalia*, *Nosotros*, *Chic*, *Smart*, *Orto*, *Social* y *Diario de la Marina*. Su trabajo «Bosquejo de Miguel Ángel Limia prosista» sirve de introducción a la edición de las *Prosas* de este autor (La Habana, Editorial de la Universidad de La Habana, 1965). Utilizó el seudónimo *Méndez Valina* en sus luchas políticas (Nueva York, 1933).

Bibliografía activa

La pupila insomne, poemas, «Una semilla en un surco de fuego», Bosquejo biográfico, por Raúl Roa, La Habana, Imprenta Úcar, García, 1936; 2.ª edición, La Habana, Imprenta Úcar, García, 1943; 3.ª edición, La Habana, Imprenta de la CTC, 1960; La Habana, Editorial Lex, 1960.

Un nombre, prosa literaria, relatos, crítica y crónicas, prólogo de Andrés Núñez Olano, La Habana, Imprenta Úcar, García, 1940.

Poesías, prólogo de Héctor O. Wassgarger, México, Molin's, 1955.

Órbita de Rubén Martínez Villena, esbozo bio-gráfico de Raúl Roa, selección y nota final de Roberto Fernández Retamar, La Habana, Ediciones Unión, 1964; 2.ª edición, La Habana, Instituto Cubano del Libro, 1972.

Bibliografía pasiva

Augier, Ángel, «Martínez Villena y los poetas de su generación», en *Mediodía*, La Habana, 1, 2, 5-6, 13-14, julio, 1936.

5 aniversarios de enero, *Bibliografía*, *Lenin*, *Martí*, *Martínez Villena*, *Mella*, *Menéndez*, La Habana, Universidad de La Habana, Biblioteca Central, Rubén M. Villena, 1969, texto mimeografiado.

Fernández de Castro, José Antonio, «Rubén Martínez Villena, de una más grande patria», en su *Barraca de feria*, 18 ensayos y 1 estreno, La Habana, Editor Jesús Montero, 1933, págs. 165-166.

«Una ignorada aventura patriótica de Rubén Martínez Villena», en *Bohemia*, La Habana, 26, 26, 12, 18-19, 55, 58, 61, abril 8, 1934.

Figueroa, Isidro, «El compañero Rubén», en *Santiago*, Santiago de Cuba, 16, 95-149, diciembre, 1974.

Hernández Otero, Ricardo Luis, «Cuatro sonetos desconocidos de Rubén Martínez Villena», en *Anuario L/L*, La Habana, 3-4, 188-193, 1972-1973.

Ibáñez, Frank, «Los últimos días de Rubén en Nueva York», en *Lunes de Revolución*, La Habana, 92, 47, enero 23, 1961.

Lazo, Raimundo, «Rubén Martínez Villena, *La Pupila Insomne*» en Lyceum, La Habana, 2, 5,

6, 82-83, marzo-junio, 1937.

Lizaso, Félix y José Antonio Fernández de Castro, «Rubén Martínez Villena», en su *La poesía moderna en Cuba, 1882-1925*, antología crítica, ordenada y publicada, Madrid, Librería y Casa Editorial Hernando, 1926, págs. 353-354.

López, Enrique, «Breve tránsito santiaguero de Rubén Martínez Villena», en *Santiago*, Santiago de Cuba, 16, 203-210, diciembre, 1974.

Marinello, Juan, *Rubén Martínez Villena*, La Habana, Ediciones Sociales, 1941.

«Homenaje a Rubén Martínez Villena», en su *Contemporáneos, Noticia y memoria*, La Habana, Universidad Central de Las Villas, 1964, págs. 43-74.

«Recuerdos de Rubén», en *Santiago*, Santiago de Cuba, 16, 43-49, diciembre, 1974.

Nicolau, Ramón, «Sobre Rubén Martínez Villena», en *Santiago*, Santiago de Cuba, 16, 85-94, diciembre, 1974.

Núñez Machín, Ana, *Rubén Martínez Villena*, Biografía, La Habana, UNEAC, 1971.

Rubén Martínez Villena, Síntesis de su vida, La Habana, 1972.

«Rubén Martínez Villena, el periodista», en *Santiago*, Santiago de Cuba, 16, 167-178, diciembre, 1974.

Pardeiro, Francisco A., «De la poesía a la lucha de Rubén en las páginas de *El Heraldo*», en *Santiago*, Santiago de Cuba, 16, 179-202, diciembre, 1974.

Pascual, Sarah, «Mis recuerdos de Rubén y la Universidad Popular», en *Santiago*, Santiago de Cuba, 16, 51-84, diciembre, 1974.

Pedroso, Regino, «Rubén Martínez Villena, el poeta y el hombre», en *Ahora*, La Habana, Sección dominical, 2, 158, 4, marzo 18, 1934.

Piñera, Virgilio, «Martínez Villena y la poesía», en *Lunes de Revolución*, La Habana, 92, 30-31, enero 23, 1961.

Portuondo, José Antonio, «Revaluaciones, Rubén Martínez Villena, 1899-1934», en *Ciclón*, La Habana, 2, 1, 38-52, enero, 1956.

Roa, Raúl, «Evocación de Rubén Martínez Villena», en su *Escaramuza en las vísperas y otros engendros*, La Habana, Universidad Central de Las Villas, 1966, págs. 353-381.

«Primaveras de Rubén Martínez Villena», en *Santiago*, Santiago de Cuba, 16, 9-41, diciembre, 1974.

Sabourín Fornaris, Jesús, «Apuntes sobre Rubén Martínez Villena y el Grupo Minorista», en *Dos ensayos*, Santiago de Cuba, Universidad de Oriente, 1967, págs. 33-48.

Serpa, Enrique, «Rubén Martínez Villena, fragmento de un ensayo», en *Ahora*, La Habana, sección dominical, 3, 432, 1, 6, enero 13, 1935.

Torriente Brau, Pablo de la, «Mella, Rubén y Machado», en *Pluma en ristre*, selección de Raúl Roa, La Habana, Ediciones Venceremos, 1965, págs. 117-126.

Vitier, Cintio, «Rubén Martínez Villena», en su *Cincuenta años de poesía cubana, 1902-1952*, ordenación, antología y notas, La Habana, Ministerio de Educación, Dirección de Cultura, 1952, págs. 114-115.

«Atisbos de Martínez Villena», en su *Lo cubano en la poesía*, La Habana, Universidad Central de Las Villas, 1958, págs. 310-314.

Martínez Villergas, Juan (Gomeznarro, Valladolid, España, 8 marzo 1816-Zamora, España, 8 mayo 1894). En 1834 partió hacia Madrid, donde aprendió dibujo, trabajó en la Contaduría de Rentas y siguió carrera militar. Publicó epigramas en el semanario *La Nube* y letrillas y artículos de costumbres en *El Dómine Lucas* y otros. En 1847 publicó *El Tío Camorra, periódico político y de trueno*, cuyo nombre cambió después, por razones políticas, por el de *Don Circunstancias* (1848-1849). En 1852 emigró a París. En 1856 fue nombrado cónsul general de España en Haití, pero no llegó a ejercer este cargo. Viaja a Cuba, donde permanece de 1857 a 1858. Publica el periódico *La Charanga*. En 1861 va a España y a Francia. Vuelve en 1862 a Cuba. Entre 1862 y 1864 labora en *El Moro Muza*. Viaja por Europa. En 1867, de nuevo en La Habana, continúa sus colaboraciones en *El Moro Muza*. Realiza esporádicos viajes a España. Entre 1875 y 1876 radica en Argentina y en Perú. De 1879 a 1881 fundó y dirigió en Cuba el periódico festivo *Don Circunstancias*, de carácter anti-autonomista. Entre idas y vueltas a España continúa con la publicación de *Don Circunstancias* (1883-1884) y dirige el periódico *La Unión Constitucional*. Entre sus obras en colaboración están *Los políticos en*

camisa (Madrid, Imprenta de *El Siglo*, 1845-1847. 3 T.), escrita con A. Ribot y Fontseré; *Los amantes de Chinchón* (Madrid, Imprenta de la Sociedad de Operarios, 1848), pieza trágico-cómico-burlesca en verso, escrita con don Miguel Agustín Príncipe, don Gregorio Romero Larrañaga, don Eduardo Asquerino y don Gabriel Estrella. Utilizó los seudónimos *El Tío Camorra, Don Emilio* y *Don Circunstancias*, en España, y en Cuba, *El Tambor Mayor, El T. M.* y *El Moro Muza*.

Bibliografía activa

La Ingratitud, Musa X, A don Ventura de la Vega y Comparsa, Sátira o como se le quiera llamar, Madrid, 1842.

Poesías jocosas y satíricas de don Juan Martínez Villergas, Madrid, Imprenta Plazuela de San Miguel, 1842; 2.ª edición corregida y aumentada, Madrid, Imprenta de J. M. Ducazal, 1847; 3.ª edición, La Habana, Imprenta de Manuel Soler, 1857.

Poesías escogidas de Juan Martínez Villergas, 4.ª edición, La Habana, Imprenta Militar, 1885.

El baile de las brujas, poema fantástico-político dividido en contradanzas, Madrid, 1843.

El baile de piñata, poema satírico, Madrid, Imprenta de Yenes, 1843.

Ir por lana y volver trasquilado, comedia nueva original, en dos actos y en verso, Madrid, Imprenta Nacional, 1843.

El padrino a mojicones, comedia nueva original, en un acto y en verso, Madrid, Imprenta de

Yenes, 1843; 2.ª edición, La Habana, Imprenta y Librería de Andrés Pego, 1868.

Carta del cuco al coco, Madrid, Imprenta a cargo de J. Lapuente, 1844.

Los misterios de Madrid, miscelánea de costumbres buenas y malas con viñetas y láminas a pedir de boca, Madrid, Maniri y *El Siglo*, 1844-1845, 3 T.

Pedro Fernández, comedia en un acto y en verso, Madrid, Imprenta de Repullés, 1844.

Palo de ciego, comedia en un acto, original y en verso, Madrid, Imprenta de Repullés, 1845.

Sotello, comedia en un acto y en verso, Madrid, Imprenta de Repullés, 1845.

Soto, comedia en un acto y en verso, segunda parte de *Sotello*, Madrid, Imprenta de Repullés, 1845.

Soto mayor, comedia en un acto y en verso, Madrid, Imprenta de Repullés, 1845.

Los siete mil pecados capitales, poesía, Madrid, P. Madoz y L. Sagaste, 1846.

Todo se queda en casa, comedia en cuatro actos y en verso, Madrid, Imprenta de J. González y A. Vicente, 1847.

Espartero, su pasado, su presente, su porvenir, por la redacción de *El Espectador* y *El Tío Camorra*, Madrid, Imprenta de Julián Llorente, 1848.

El quid de la dificultad, guía del viajero político, que deben aprender de memoria los que quieran llegar por el más recto de todos los caminos al mejor de todos los gobiernos, obra político económico administrativa, escrita en verso, Madrid, Imprenta de Boix, Mayor, 1850.

Desenlace de la guerra civil; o sea, resumen histórico y examen imparcial de los principales sucesos ocurridos en España desde el último sitio de Bilbao hasta el último sitio de Madrid; es decir, desde la gloriosa acción de Luchana hasta el fenómeno militar de Asdoz, o lo que es lo mismo, desde el año de gracia de 1836 hasta el año de desgracia de 1843, Madrid, Imprenta de J. Antonio Orfigosa, 1851.

Paralelo entre la vida militar de Espartero y la de Narváez, obra interesante por su objeto, útil para los que quieran saber a punto fijo las hazañas de los expresados generales, y necesaria a los que fascinados por el brillo de la exterioridad hayan creído ver más que un «héroe» donde apenas hay un «hombre», Madrid, Imprenta de J. Antonio Ortigosa, 1851.

Sarmenticidio o a mal sarmiento buena podadera, refutación, comentario, réplica, folleto o como quiera llamarse esta quisicosa que, en respuesta a los viajes publicados sin ton ni son por un tal Sarmiento, ha escrito a ratos perdidos un tal, París, Agencia General de la Librería Española y Extranjera, 1853.

Juicio crítico de los poetas españoles contemporáneos, París, Librería de Rosa y Bouret, 1854.

Apuntes para un drama, Madrid, Imprenta de Las Novedades, 1855.

Colección escogida de artículos literarios y de costumbres, La Habana, Imprenta de M. Soler, 1858.

La vida en el chaleco, novela original de costumbres no menos originales, escrita y dedicada a los habitantes de la Isla de Cuba, La Habana, Imprenta El Iris, 1859.

Varias piezas cómicas, originales y en verso, La Habana, Imprenta de A. Pego, 1868.

Los espadachines, Madrid, Imprenta de la Victoria, 1869.

Estudios geométricos, Madrid, Imprenta de Fortanet, 1878.

Bibliografía pasiva

Alonso Cortés, Narciso, *Juan Martínez Villergas*, Boquejo biográfico-crítico, 2.ª edición, Valladolid, Viuda de Montero, 1913.

Diez Gaviño, F., «Juan Martínez Villergas», en *El Fígaro*, La Habana, 10, 22, 307, junio 24, 1894.

Rodríguez, García, José A., «Un libro de Villergas», en *Revista habanera*, La Habana, 2, 29, 246-247, diciembre 10, 1914.

Martínez-Fortún y Foyo, Carlos Alberto (Placetas. Las Villas, 28 septiembre 1890-La Habana, 10 septiembre 1971). Cursó la primera enseñanza en Camajuaní, Las Villas, y el bachillerato en el Instituto de Segunda Enseñanza de Santa Clara (1905-1909), donde obtuvo además el título de agrimensor (1909). Se trasladó a La Habana en 1909 e ingresó en la Universidad, donde se graduó de Doctor en Derecho Público (1912) y de Doctor en Derecho Civil (1913). Ocupó el cargo de registrador mercantil de Remedios (Las Villas) de 1915 a 1941. Dirigió la revista *La Rosa Blanca*, órgano de la institución martiana «Orden de la Rosa Blanca», de Remedios. Es fundador de esta institución así como del Museo de Remedios (1933). Durante algún tiempo se dedicó a fundar y organizar ramas de la Orden mediante conferencias sobre facetas o características de la personalidad de Martí, entre ellas, *Tópico sobre la filosofía Martiana*, en la Universidad de Oriente, 1948. Visitó a Estados Unidos y Canadá. Colaboró en las publicaciones periódicas *Gente Moza* (Camajuaní, Las Villas), *Alma Joven* (Santa Clara), *Las Villas* y *El Faro* (Remedios); *Bohemia*, *El Mundo*, *Revista Bimestre Cubana* —donde publicó su «Historia de Remedios»— y *Revista de la Universidad de Oriente*. Fue vicesecretario de la Asociación Cultural de Cuba, miembro de la Sociedad de Escritores y Artistas Americanos y corresponsdiente de la Academia de la Historia de Cuba. Seleccionó y anotó, junto con José Andrés Martínez-Fortún y Foyo, *Cosas de Remedios* (Remedios, Imprenta Luz, 1932). Escribió en colaboración con José Andrés Martínez-Fortún y Edmundo Rivera Rodríguez un trabajo sobre *El escudo de Remedios* (1938). Seleccionó, adaptó y clasificó un *Código martiano de ética nacional* (La Habana, Seoane y Fernández, Impresores, 1943).

Bibliografía activa

El librecambio y el proteccionismo, Remedios, Imprenta La Popular, 1912.

Mi viaje a Tampa, La Habana, Gutenberg, 1917.

Genealogía de los Martínez-Fortún, La Habana,

Imprenta El Siglo XX, 1921.

Vileza, ensayo de novela con nuestras costumbres campesinas de antaño, prólogo de Karl Viart, La Habana, Imprenta El Siglo XX, 1922.

Fragmentos, Cuento, discursos, artículos periodísticos, La Habana, Imprenta El Siglo XX, 1926.

El Museo de Remedios y su labor educacional, conferencia, La Habana, Imprenta El Siglo XX, 1938.

Las parrandas de Remedios, selección musical por Agustín Jiménez Crespo, La Habana, Imprenta El Siglo XX, 1938.

Estatutos de la Orden de la Rosa Blanca, La Habana, Editorial Lex, 1949.

El cacicato de Sabana a Sabanique, La Habana, Imprenta El Siglo XX, 1956.

Bibliografía pasiva

García Pons, César, «La codificación de un pensamiento», sobre Código martiano, en *Carteles*, La Habana, 26, 12, 6-7, marzo 25, 1945.

Ludwig, Emil, «Dos contribuciones cubanas a la cultura de Europa», en *El Mundo*, La Habana, 43, 13 678, 18, mayo 28, 1944.

Martínez y Martínez, **Julia** (La Habana, 25 enero 1860). Trelles da el año 1860 como el de su nacimiento, en la página 301 del tomo 1, correspondiente a su *Bibliografía cubana del siglo XX*. Cursó sus estudios en el colegio de Nôtre Dame of Maryland, de Baltimore, Estados Unidos. Además del inglés estudió otros idiomas y obtuvo los títulos de Doctora en Pedagogía (1902) y en Letras y Filosofía (1905) en la Universidad de La Habana. En 1916 ingresó como miembro en la Academia Nacional de Artes y Letras con el discurso *El arte como exponente de la cultura de un pueblo*. Colaboró en el *Diario de la Familia*, *La Escuela Moderna*, *Cuba Libre*, *El Fígaro*, *Cuba y América* y otras publicaciones. Su interés por los problemas feministas se demuestra en algunos de sus artículos y conferencias como «La actitud de las cubanas en estos momentos» (La Habana, Talleres Gráficos Cuba Intelectual, 1927) publicada junto con las de Laura Betancourt y Margarita López con motivo de la primera serie de conferencias de divulgación cívica organizada por la Federación Nacional de Asociaciones Femeninas de Cuba.

Bibliografía activa

La educación en Grecia, elementos de la educación física, moral y religiosa, tesis presentada y sostenida el 30 de septiembre de 1902 para obtener el grado de Doctor en Pedagogía, La Habana, Imprenta Compostela n.º 89, 1902.

Influencia de la literatura clásica en las literaturas modernas, tesis presentada y sostenida el 1 de marzo de 1905 para obtener el grado de Doctor en Letras y Filosofía, La Habana, Imprenta de J. A. Casanova, 1905.

El feminismo, conferencia pronunciada en el Ateneo y Círculo de La Habana en la velada del 18 de enero de 1912, La Habana, Imprenta J. A. Casanova, 1912.

Necesidad de la educación en la mujer como medio de preparación para el desempeño de sus deberes civiles y políticos, discurso leído en el Segundo Congreso Nacional de Mujeres celebrado en La Habana del 12 al 18 de abril de 1925, La Habana, Imprenta La Universal, 1927.

Bibliografía pasiva

González Curquejo, Antonio, «Julia Martínez», en su *Florilegio de escritoras cubanas*, tomo 3, La Habana, Imprenta El Siglo XX, 1919, págs. 119-122.

Martínez y Martínez, Saturnino (Oviedo, Asturias, 1840-La Habana, 1905).

Llegó a Cuba ya adolescente. Se educó en La Habana y aprendió el oficio de torcedor, que desempeñó en la tabaquería de Partagás. Vecino de Guanabacoa, dedicó una oda al Liceo de aquella villa después de inaugurarse dicha corporación (1861). En 1863 fue nombrado estacionario de la Biblioteca Pública de la Sociedad Económica de Amigos del País, empleo nocturno que alternaba con su oficio de tabaquero, que desempeñaba de día. En 1865, y en unión del escritor cubano Manuel Sellén, fundó el periódico *La Aurora*, publicación semanal dedicada a los artesanos, sostenida en gran parte por el sector de los tabaqueros. Fue uno de los dirigentes de la primera huelga de tabaqueros del taller de Cabañas (1866). En 1875 dirigió el sema-nario *La Razón*. Colaboró en *La Aurora*, *Liceo de La Habana*, *Revista Habanera*, *Ofrenda al Bazar*, *Aguinaldo Habanero*, *Noches Literarias* y otras publicaciones. Fue presidente del Centro Asturiano de La Habana y secretario de la Cámara de Comercio, Industria y Navegación. Quedó postrado los dos últimos años de su vida. Utilizó los seudónimos *Camilo* y *Galileo*.

Bibliografía activa

Poesías, La Habana, Imprenta del Tiempo, 1866.

Poesías, prólogo de Juan Martínez Villergas, La Habana, Imprenta Sociedad de Operarios, 1870.

Poesías, La Habana, Imprenta de la Viuda de Barcina, 1876.

Bibliografía pasiva

González del Valle, Martín, «Saturnino Martínez», en su *La poesía lírica en Cuba*, Barcelona, Tipografía de Luis Tasso, 1900, págs. 301-317.

Monte, Ricardo del, «El efectismo lírico, *Poesías*, por Saturnino Martínez, 1870-1876», en *Revista de Cuba*, La Habana, 3, 133-172, 1878.

«Nuestros poetas, Saturnino Martínez», en *El Fígaro*, La Habana, 4, 7, 1, febrero 23, 1890.

Portuondo, José Antonio, *La Aurora y los comienzos de la prensa y de la organización obrera en Cuba*, La Habana, Imprenta Nacional de Cuba, 1961.

Salom, Diwaldo, «Saturnino Martínez», en *Le-*

tras, La Habana, 5, 136, diciembre 31, 1905.

Masas (La Habana, 1934-1935). Revista mensual editada por la Liga Antimperialista de Cuba. El primer número correspondió a mayo. Era dirigida por un consejo integrado por Juan Marinello, Regino Pedroso, José Manuel Valdés Rodríguez, Manuel Marsal (solo hasta el número 6, de octubre-noviembre de 1934) y Mario Fiallo. A partir del número 2 (junio de 1934) Joaquín Cardoso entra a formar parte también del consejo de dirección y Mario Fiallo aparece como «administrador y técnica» [*sic*]. En el artículo de Juan Marinello, «Al comenzar», aparecido en el primer número, se expresaba que «*Masas* aspira a ser, quiere ser, una revista revolucionaria en el más amplio y genuino sentido de la palabra y entiende que, para serlo cabalmente, precisa, ante todo, denunciar sin miedos ni hipocresías, la realidad colonial de Cuba... Pero conocer la realidad no es todo. Se hace necesario orientar adecuadamente la lucha para transformar esa realidad en beneficio de las masas trabajadoras de Cuba. También a eso aspira *Masas* con la colaboración de todos». La propia revista presentó desde sus comienzos una relación de colaboradores en la que aparecían los nombres de Martín Castellanos, Emilio Ballagas, Luis Felipe Rodríguez, Leonardo Fernández Sánchez, Ofelia Domínguez, Ramón Guirao, y Gerardo del Valle, entre otros. Posteriormente se fueron añadiendo los nombres de Gustavo Aldereguía, José Zacarías Tallet, Aurora Villar

Buceta, Emilio Roig de Leuchsenring, Raúl Roa, Pablo de la Torriente Brau y José Chelala Aguilera. Además de artículos de contenido político —que eran los fundamentales— se publicaban en sus páginas cuentos, poemas y crítica literaria y cinematográfica. Otros colaboradores fueron Mirta Aguirre, Ángel Augier, María Villar Buceta, Loló de la Torriente, Héctor Poveda y los dibujantes Horacio, Riverón, Acosta, Ravenet y Jorge Rigol. Con la publicación del número 7, correspondiente al 10 de enero de 1935, cesó su salida al ser acusados los integrantes de su consejo de dirección y el colaborador José Chelala de hacer «propaganda sediciosa». Posteriormente fueron condenados a seis meses de prisión.

Bibliografía

Arredondo, A., «Los apristas y el caso de *Masas*», en *La Palabra*, La Habana, 1, 36, 1, marzo 2, 1935.

«Frente al caso de *Masas*» en *La Palabra*, La Habana, 1, 25, 1, febrero 17, 1935.

«Masas y los tribunales de Urgencia», en *La Palabra*, La Habana, 1, 22, 1, 8, febrero 14, 1935.

Roca, Blas, «El caso *Masas* y el Partido Comunista», en *La Palabra*, La Habana, 1, 34, 1, 8, febrero 28, 1935.

Masdeu Reyes, **Jesús** (Bayamo, Oriente, 19 noviembre 1887-La Habana, 29 febrero 1958). Cursó la primaria en su pueblo natal. De joven trabajó como maestro rural en Oriente. Más tarde desempeñó labores en ingenios azucareros. En Bayamo comenzó a cultivar el periodismo. Se trasladó a La Habana en 1916. Comenzó a destacarse entre 1920 y 1925. Viajó por Europa. Miembro de una delegación cubana a un congreso de periodistas, viajó a México en 1930. En 1933 viajó a Estados Unidos para entrevistar al ex dictador cubano Gerardo Machado, derrocado ese mismo año y a cuyo régimen estuvo vinculado políticamente. Colaboró y fue redactor en diversas publicaciones periódicas, entre ellas *El Día*, *Heraldo de Cuba*, *El País*, *La Discusión*, *Pueblo*, *Excelsior* y *Bohemia*. Fue bibliotecario en la Biblioteca Municipal de La Habana y uno de los fundadores, y más tarde profesor de la escuela de periodismo «Manuel Márquez Sterling», entre 1940 y 1956. Desempeñó, hasta su muerte, un puesto en la oficina de publicidad del Palacio Presidencial. Fue socio de honor del Club Atenas. Es autor del ensayo *Cuba, tierra de esclavitud* y de la novela *El ensueño de los míseros*, inédita.

Bibliografía activa

La raza triste, novela cubana, La Habana, Imprenta y papelería de Rambla y Bouza, 1924; 2.ª edición, La Habana, 1943.

La gallega, novela, La Habana, Editorial El Dante, 1927.

Ambición, novela, La Habana, Tipografía Artística, 1931.

Matamoros y del Valle, Mercedes (Cienfuegos, 13 marzo 1851-Guanabacoa, La Habana, 25 agosto 1906). Huérfana de madre desde los tres años, su padre fue su primer mentor; con él aprendió inglés y francés e inició sus lecturas literarias. En La Habana estudió en el colegio «El Sagrado Corazón», del Cerro. En 1867 dio a conocer sus primeros artículos de costumbres en los periódicos *El Siglo* y *El Occidente*. Más tarde colaboró en *La Opinión* (1868). De 1878 a 1880 colaboró en *El Triunfo*. Publicó en *El Almendares* y además en la *Revista de Cuba* de 1880 a 1883. A partir de 1884 graves problemas familiares la aíslan de las letras, se dedica al magisterio particular y labora en el colegio María Luisa Dolz. En 1892 Antonio del Monte impulsa la edición de sus obras completas. Vuelve a las letras y publica en la *Ilustración de Cuba*, *La Golondrina* (Guanabacoa), *El País*, *La Habana Elegante*, *La Habana Literaria* y *El Fígaro*. Sus poemas *Mirtos de antaño*, que aparecieron en el *Diario de la Marina* (1903-1904) y en *El Fígaro* (1922), datan de 1888 y 1889. *El Fígaro* publicó además algunas poesías de su libro inédito *Armonías cubanas*, de 1897. Trelles, en su *Bibliografía cubana del siglo XIX*, cita la pieza en un acto *El invierno en flor*, mencionada por Merchán, la cual no ha podido ser localizada. Tradujo a Byron, Longfellow, Chaucer, Tennyson y Thomas Moore, del inglés; del francés, a André Chenier y a Vigny, y del alemán a Goethe y a Schiller. Su soneto «La muerte del esclavo», escrito en 1879 para un certamen de poesía fue traducido al sueco.

Recibió el epíteto de *La alondra ciega*. Usó el seudónimo *Ofelia*.

Bibliografía activa

Poesías completas, prólogo de Aurelia Castillo de González, La Habana, Imprenta La Moderna, 1892.

Sonetos, prólogo de Manuel Márquez Sterling, La Habana, Tipografía La Australia, 1902.

Bibliografía pasiva

Carbonell, José Manuel, «Mercedes Matamoros, 1858-1906», en su *La poesía lírica en Cuba*, recopilación dirigida, prologada y anotada, tomo 4, La Habana, Imprenta El Siglo XX, 1928, págs. 227-223, Evolución de la cultura cubana, 1608-1927, 4.

Castellanos, Jesús, «Las triunfadoras, Mercedes Matamoros, La mejor poetisa», en *Azul y Rojo*, La Habana, 2, 21-22, 7, mayo 31, 1903.

Chacón y Calvo, José María, «Mercedes Matamoros», en su *Las cien mejores poesías cubanas*, Madrid, Editorial Reus, 1922, págs. 256-257.

Esténger, Rafael, «Mercedes Matamoros», en su *Cien de las mejores poesías cubanas*, 2.ª edición, aumentada con un ensayo preliminar y la inclusión de poetas actuales, La Habana, Ediciones Mirador, 1948, págs. 256.

Feijóo, Samuel, «Mercedes Matamoros, ceiba y manuscritos», *Azar de lecturas*, crítica, La Habana, Universidad Central de Las Villas, 1961, págs. 80-83.

García de Coronado, Domitila, «Mercedes Matamoros», en su *Álbum poético fotográfico de escritoras y poetisas cubanas*, 3.ª edición, La Habana, Imprenta de *El Fígaro*, 1926, págs. 189-193.

González Curquejo, Antonio, «Mercedes Matamoros», en su *Florilegio de escritoras cubanas*, recopilación, tomo 2, La Habana, Aurelio Miranda, Impresor, 1913, págs. 95-96.

Lezama Lima, José, «Mercedes Matamoros», en su *Antología de la poesía cubana*, tomo 3, La Habana, Consejo Nacional de Cultura, 1965, págs. 530-531.

Márquez Sterling, Manuel, «Mercedes Matamoros», en *Azul y Rojo*, La Habana, 1, 14, 2-3, noviembre 2, 1902.

Martín Morales, Alfredo, «Mercedes Matamoros, Ante su tumba», en *El Fígaro*, La Habana, 22, 35, 446-447, 1906.

Maza y Artola, Juan José, «Safo y una poetisa cubana», en su *Asfódelos*, La Habana, Editorial Hermes, 1930, págs. 249-276.

Monte, Antonio del, «Evocando a una gran poetisa», en *El Fígaro*, La Habana, 38, 36, 538-539, octubre 30, 1921.

Nieto y Cortadellas, Rafael, «Documentos sacramentales de algunos cubanos ilustres, 83, María de las Mercedes Matamoros y del Valle», en *Revista de la Biblioteca Nacional*, La Habana, 2.ª serie, 6, 3, 167-168, julio-septiembre, 1955.

Pichardo, Hortensia, *Mercedes Matamoros, su vida y su obra*, La Habana, Cárdenas, 1953.

«Mercedes Matamoros, La poetisa del amor y del dolor», en *Revista de la Biblioteca Nacio-*

nal, La Habana, 2.ª serie, 7, 3, 105-119, julio-septiembre, 1956.

Salazar, Salvador, «Mercedes Matamoros, su vida y su arte», en *Anales de la Academia Nacional de Artes y Letras*, La Habana, 14, 13, 110-138, enero-marzo, 1929.

Vitier, Cintio, «Mercedes Matamoros», en su *Cincuenta años de poesía cubana, 1902-1952*, ordenación, antología y notas, La Habana, Ministerio de Educación, Dirección de Cultura, 1952, págs. 11-12.

Matamoros y Téllez, Rafael (La Habana, 1813-1874). Escritor público y abogado. Trabajó como inspector de talleres. La Sociedad Económica le otorgó un accésit por su «Memoria sobre la exportación del tabaco en rama», publicada en *Memorias de la Real Sociedad Patriótica de La Habana* (1836). En dicha institución ocupó el cargo de secretario, en sustitución de Bachiller y Morales, y fue nombrado socio de mérito (1843). Fue colaborador en *El Álbum*, *Revista de La Habana*, *Idea*, etc. Asistía a las reuniones literarias de Domingo del Monte. En *Memorias de la Real Sociedad Económica de La Habana* se publicó, en 1846, su trabajo «No hay jurisconsulto perfecto sin el estudio de la filosofía y de las letras». Es autor de *Elegías cubanas* (1839), inéditas, en las que trata el tema de la esclavitud y de la situación de los esclavos, y de *Romances cubanos*, que no se han conservado.

Matanzas (Matanzas, 1913-Id.). Revista semanal ilustrada [de] política, sociología, literatura, ciencias e intereses generales. Solo se han visto los tres primeros ejemplares, el primero de ellos correspondiente al 5 de enero. Era dirigida por Fernando Llés y Justo G. Betancourt. Publicó poemas, cuentos y crítica literaria. Figuran como colaboradores Francisco Llés, José Ignacio Forn, Higinio Julio Medrano y Eduardo Marquina. El último número visto (3) corresponde el 19 de enero de 1913.

Maza y Artola, Juan José (La Habana, 20 diciembre 1867-Id., 8 abril 1939). Se graduó de bachiller en el Instituto de La Habana en 1882. En 1886 y 1888, respectivamente, se licenció en Filosofía y Letras y en Derecho Civil y Canónico en la Universidad. Mientras ejercía como abogado, continuó sus estudios universitarios hasta obtener el doctorado. Recibió premio en estudios sánscritos en la Universidad por su trabajo *Desarrollo histórico de la declinación en la lengua sánscrita, comparando este proceso gramatical en su análogo en las otras lenguas clásicas*. De 1889 a 1895 trabajó como profesor en el Colegio El Progreso, de Carlos de la Torre y Huerta, y en el Colegio «Patriarca San José». Durante varios meses de 1892 ocupó el cargo de abogado fiscal de la Audiencia de La Habana. Desde la capital y bajo el seudónimo *Otanes* cooperó con los insurrectos en la Guerra de Independencia de 1895 a 1898. Fue secretario de la Junta de Reconstrucción y Auxilio (1899-1902). Ejerció como profesor auxiliar de la Facultad de Filosofía y Letras de la Universidad (1900). Formó parte de los tribunales de oposiciones para profesores universitarios y del Instituto de La Habana. Estuvo entre los fundadores del Partido Republicano. Fue representante de la Cámara entre 1901 y 1906. Fue senador (1913-1921) por el Partido Conservador Nacional, del que fue además uno de los fundadores. Durante estos años pronunció famosos discursos contra la corrupción administrativa imperante en el país. Ejerció como profesor de griego en la Escuela de Letras y Filosofía de la Universidad de La Habana (1921-1930). Más tarde ocupó la presidencia del Partido Nacionalista. Tras la desaparición de este partido en 1924, se alejó de toda actividad política. Volvió a su cátedra de griego en 1934, año en que se abrió de nuevo la Universidad. En 1937 abandonó la docencia para realizar trabajos de investigación. Colaboró en *Patria* (Nueva York y La Habana), *La Discusión*, *Diario de la Marina*, *El Fígaro*, etc. Es autor del *Discurso a favor del proyecto de Ley de Divorcio pronunciado en la sesión del Senado del 6 de junio de 1917* (La Habana, Imprenta y Papelería de Rambla y Bouza, 1917), entre otros.

Bibliografía activa

Máximo Gómez y la Asamblea, estudio jurídico-social, La Habana, Imprenta y Papelería «La Universal», 1899.

Los ideales de la conducta humana y su ex- *presión en el teatro de Sófocles*, conferencia pronunciada en la Universidad de La Habana el día 18 de marzo de 1922, La Habana, Imprenta y Papelería La Propagandística, 1928.

Asfódelos, ensayos, La Habana, Editorial Hermes, 1930.

Importancia de la cultura clásica en las universidades, ponencia, catedrático titular de la Universidad de La Habana, La Habana, Carasa, 1930, Congreso Internacional de Universidades, Tema 14.

Bibliografía pasiva

Dihigo y Mestre, Juan Miguel, «El Doctor Juan J. de la Maza y Artola, profesor de la Universidad», en *Universidad de La Habana*, La Habana, 4, 23, 212, marzo-abril, 1939.

«Elogio del Doctor Juan J. Maza y Artola, profesor de la Facultad de Filosofía y Letras», en *Universidad de La Habana*, La Habana, 4, 24-25, 217-270, mayo-agosto, 1939.

Mazas Garbayo, **Gonzalo** (Cruces, Las Villas, 19 enero 1904). Estudió en Cruces la primaria. Se graduó de bachiller en el colegio Mimó, de La Habana. Regresó a Cruces y laboró como mecanógrafo en dos agencias bancarias. En 1921 ingresó en la Facultad de Medicina, donde se doctoró en 1927. En 1925, su cuento «El Valle» fue premiado en, el concurso literario del periódico *El País*; en 1928 recibió el segundo premio de cuento en los concursos auspiciados por *Carteles* y *Excelsior*. En ese mismo año fue secretario de la Asociación

Cubana de Poetas. Ya graduado, laboró como cirujano del «Calixto García» y del Hospital de Emergencias. Fue profesor de la Facultad de Medicina, perteneció a diversas sociedades médicas y escribió cuadernos de divulgación médico-social. En 1930 publicó, junto con Pablo de la Torriente Brau, el libro *Batey*, que recogía cuentos de ambos. Colaboró en *Carteles*, *Diario de la Marina*, *Excelsior*, *Revista de La Habana* y *Archivos del Folklore Cubano*. En 1959 fue designado jefe del Departamento de Divulgación y Propaganda del Seguro de Salud y Maternidad Obrera. Dirigió la revista *Maternidad Obrera* de 1959 a 1961. Recibió su retiro de médico en 1960.

Bibliografía activa

Poemas del hospital y otros Poemas, La Habana, Tipografía Moderna de Alfredo Dorrbecker, 1925.

Las sombras conmovidas, poesía, La Habana, Talleres Tipográficos de Herrera y Fernández, 1945.

El bazar de las sorpresas, poesía, La Habana, Talleres Tipográficos de Rubio, 1957.

Bibliografía pasiva

Aguirre, Mirta, «Versos y Prosas, Gonzalo Mazas, Garbayo», en *Hoy*, La Habana, 8, 150, 6, junio 26, 1945.

Carbonell, José Manuel, «Gonzalo Mazas Garbayo, 1904», en su *La poesía lírica en Cuba*, recopilación dirigida, prologada y anotada, tomo 5, La Habana, Imprenta El Siglo XX,

1928, págs. 566-567, Evolución de la cultura cubana, 1608-1927, 5.

García Hernández, Manuel, «*Versos del Hospital*», en *Diario de la Marina*, La Habana, 114, 36, 45, febrero 10, 1946.

Mañach Robato, Jorge, «*Batey*, cosa deportiva», en *El País-Excelsior*, La Habana, 8, 80, 2, marzo 22, 1930.

Novás Calvo, Lino, «*Batey*», en *Revista de Avance*, La Habana, 4, 5, 45, 125, abril 15, 1930.

Rodríguez, César, «*Las sombras conmovidas*», en *Avance*, La Habana, 11, 204, 8, agosto 28, 1945.

Sabas Alomá, Mariblanca, «Gonzalo Mazas, poeta y médico», en *Avance*, La Habana, 11, 144, 3, junio 19, 1945.

Suárez Solís, Rafael, «Dos espontáneos» en *Diario de la Marina*, La Habana, 98, 94, 24, abril 5, 1930.

Villarronda, Guillermo, «Elogio y censura, *Las sombras conmovidas*», en *Cuba Nueva en Acción*, La Habana, 6, 139, 2, junio 15, 1945.

Medina, Tristán de Jesús (Bayamo, Oriente, 12-1833-Madrid, 2 enero 1886). Muy joven se trasladó a Santiago de Cuba, donde su padre fue designado administrador de la Aduana. Hizo sus primeros estudios en La Habana y en Filadelfia. Más tarde estudió latín y griego en el seminario de los escolapios de Madrid. Completó su educación en la Universidad Central de Madrid y en Alemania. Al parecer, estudió violín. Ya en Santiago de Cuba, determina seguir la carrera eclesiástica y se ordena en el Seminario de San Basilio el Magno. En *El Redactor* dio a conocer su novela «Una lágrima y una gota de rocío». En 1852 comienza a publicar en *El Orden* su novela «Un joven alemán». En 1854 editó los cuadernos *No me olvides*, redactados casi enteramente por él, donde publicó los primeros capítulos de su novela «El Doctor In-Fausto» y algunas poesías. En el Seminario se le confió la cátedra de Física Experimental en 1855, y en 1856 la de Historia Universal. Ese año celebró su primera misa. Colaboró en *Diario de La Habana*, *Revista de La Habana* y *La Verdad Católica*. Adquirió cierta nombradía como orador sagrado. Visitó a Inglaterra. La Real Academia Española le encomendó la *Oración fúnebre de Cervantes* en 1861. En 1864 desempeña en el Ateneo de Madrid la cátedra «Símbolo de civilización». Frecuentó a literatos y políticos liberales, entre ellos Castelar. Participó en las reuniones abolicionistas del Circo de Madrid y publicó en *La Democracia* el manifiesto de los cubanos promotores del «Comité de las Antillas», documento del partido reformista cubano. La posición liberal de Medina está expresada en el artículo «Principios fundamentales de la libertad política» —publicado en *La América* (1865), de Madrid, y reproducido en la *Revista de Cuba* (1884)— y en crónicas, como «Recuerdos de la patria del poeta Coleridge». Por esta época colaboró en la *Revista Hispano-Americana*, *La Discusión* y *La Correspondencia*, todas publicaciones madrileñas. Su inclinación a la heterodoxia y

su matrimonio con una dama de familia anglicana, lo llevaron a los medios protestantes y a la idea, incluso, de formar una iglesia nueva. Dos veces le fueron suspendidas las licencias de confesar y predicar, pero al final de sus días se reconcilió con el catolicismo. Proyectó una colección de *Cuentos de un dilettanti*, de la cual se editó aparte solo *Mozart ensayando su Réquiem*. Dejó inéditas varias novelas. Utilizó los seudónimos *Tristán Edmain* y *Andrés Mattini*.

Bibliografía activa

El Doctor In-Fausto, novela habanera, *s. l.*, 1850.

Misterios de La Habana, Libro primero, *Purísima*, La Habana, Imprenta La Cubana, 1854.

Himno al Dios de la Armonía para las fiestas de Santa Cecilia, patrona de la Música, Santiago de Cuba, Imprenta de Miguel A. Martínez, 1855.

Una lágrima y una gota de rocío, novela en acción, Santiago de Cuba, Imprenta de Miguel A. Martínez, 1855.

El libro de los mártires, Canto religioso en memoria de los 41 días de cárcel de Santa Filomena, Santiago de Cuba, Imprenta de Miguel A. Martínez, 1855.

María-Esperanza, Sermón predicado el día 15 de agosto de 1861, ante la Real Archicofradía de Nuestra Señora de la Almudena, Madrid, Imprenta de L. Beltrán, 1861.

Oración fúnebre de Cervantes, pronunciada por acuerdo de la Real Academia Española en 23 de abril de 1861 en la iglesia de monjas trinitarias de Madrid Madrid, 1861.

Oración para las honras fúnebres que se celebraron en Madrid el 28 de setiembre de 1862 en sufragio por los militares muertos en campaña, s. l., 1862.

Discurso pronunciado en el Ateneo de Madrid el 24 de febrero de 1863 sobre la libertad de la discusión y de la enseñanza, s. l., 1863.

Mozart ensayando su Réquiem, Madrid, Imprenta de Fortanet, 1881.

«Un cuento de Tristán de Jesús Medina», por Cintio Vitier, La Habana, Biblioteca Nacional, Departamento Colección Cubana, 1964.

Las ciencias fatalistas consideradas en sus principales contradicciones y en sus temibles consecuencias, Madrid, *Revista Hispano-Americana*, 1882.

Bibliografía pasiva

Arce, Luis A. de, «El Seminario de San Basilio el Magno de Santiago de Cuba», en *Universidad de La Habana*, La Habana, 30, 180, 176-182, julio-agosto, 1966.

Carbonell y Rivero, José Manuel, «Tristán de Jesús Medina y Sánchez, 1833-1886», en su *La prosa en Cuba*, recopilación dirigida, prologada y anotada, tomo 2; La Habana, Imprenta Montalvo y Cárdenas, 1928, págs. 397-398, Evolución de la cultura cubana, 1608-1927, 13.

Gutiérrez-Gamero, Emilio, «Un discurso del P. Tristán Medina», en *Revista Bimestre Cubana*, La Habana, 43, 294-297, 1er. semestre, 1939.

Heredia, Nicolás, «Tristán de Jesús Medina», en su *El lector cubano, Trozos selectos en prosa y verso de autores cubanos*, revisada por Enrique José Varona, La Habana, Imprenta y Librería La Moderna Poesía, 1903, págs. 161.

Lezama Lima, José, «Tristán de Jesús Medina», en su *Antología de la poesía cubana*, tomo 2, La Habana, Consejo Nacional de Cultura, 1965, págs. 487-489.

Menéndez Pelayo, Marcelino, «Tristán de Jesús Medina», en su *Historia de los heterodoxos españoles*, tomo 6.

Heterodoxia en el siglo XIX, edición preparada por Enrique Sánchez Reyes, Santander, Aldus, 1948, págs. 332, 456-457, Obras completas de Menéndez Pelayo, 40.

Mestre y Tolón, Ángel, «Tristán de Jesús Medina», en *Camafeos*, La Habana, entrega 5, 25-27, 1865.

Olavarría y Huarte, Eugenio de, «*Mozart ensayando su Réquiem*, por don Tristán Medina», en *La América*, Madrid, 23, 8, 10-12, abril 28, 1882.

Sanguily, Manuel, «Tristán de Jesús Medina», en su *Oradores de Cuba*, La Habana, Tipografía Moderna de Alfredo Dorrbecker, 1926, págs. 29.

Obras de Manuel Sanguily, 3.

Varona, Enrique José, «Tristán de Jesús Medina», en *Artículos y discursos, Literatura-Política-Sociología*, La Habana, Imprenta de A. Álvarez, 1891, págs. 30-32.

Medina y Céspedes, **Antonio** (La Habana, 13 junio 1824-Id., 7 abril 1885). Comenzó sus estudios colegiales en 1831 y dos años más tarde ingresó en la Escuela de los Padres Belemitas del Convento de Belén. Trabajó como aprendiz de sastre en un taller y logró obtener el empleo de operario de sastre en el Teatro Tacón, donde conoció a figuras de la cultura de su época. Fue amigo de Francisco Manzano y de Gabriel de la Concepción Valdés. En 1842 publica el periódico *El Faro*, primer periódico dirigido en Cuba por un hombre de la raza negra. En 1844 fue perseguido con motivo de la «Conspiración de la Escalera», que costó la vida a varios de sus amigos. En 1850 obtiene el título de Maestro de Instrucción Elemental y en 1862 abre el colegio «Nuestra Señora de los Desamparados», para niños pobres, que mantuvo hasta 1878. Después de cerrada la escuela trabajó en un negocio de pompas fúnebres. Su labor docente le mereció que se le llamara «el Don Pepe de la raza de color». Fue representante en La Habana de la Sociedad Abolicionista de Madrid. Era socio de número y vocal del Ateneo de La Habana. Contribuyó económicamente al movimiento revolucionario del 68. Su casa fue siempre centro de tertulias literarias. Colaboró en el *Diario de la Marina, El Avisador Comercial, La Aurora, La Prensa, El Colibrí, La Fraternidad* y *La Familia*. Sus sonetos «Amor a Dios», «La pobreza» y «La oración del huerto» fueron traducidos al inglés.

Bibliografía activa

Lodoiska; o, La maldición, drama en cinco ac-

tos, dividido en seis cuadros, Escrito en verso, La Habana, Imprenta de Torres, 1849.

La maldición, drama en cinco actos, dividido en seis cuadros, original y en verso, 2.ª edición, La Habana, Imprenta del Ejército, 1882.

Poesías, La Habana, Imprenta del Faro, 1851.

Don Canuto Ceibamocha; o, El guajiro generoso, Zarzuela, La Habana, 1854; 2.ª edición, La Habana, Imprenta del Ejército; 1881.

Jacobo Girondi, drama en tres actos y en verso original, Estrenado en el Teatro Payret la noche del 26 de marzo de 1881, La Habana, Imprenta La Lolita, 1881.

Bibliografía pasiva

Calcagno, Francisco, «Antonio Medina», en su *Poetas de color*, 4.ª edición, La Habana, Imprenta Mercantil de los herederos de Santiago S. Spencer, 1887, págs. 90-94.

Edreira de Caballero, Angelina, *Antonio Medina, el Don Pepe de la raza de color*, conferencia leída el 10 de marzo de 1937, en el Palacio Municipal, correspondiente a la serie sobre Habaneros Ilustres, y publicado en el número 15 de los *Cuadernos de Historia Habanera*, La Habana, Imprenta Molina, 1938.

Mediodía (La Habana, 1936-1939). Revista mensual. El primer número apareció en junio. Entre los integrantes del comité editor se contaban Nicolás Guillén, Aurora Villar Buceta, Carlos Rafael Rodríguez, Ángel Augier, Edith García Buchaca, Jorge Rigol y José Antonio Portuondo. A partir del número 2 Juan

Marinello pasó a formar parte del grupo editor. Desde el número 9 (no se han localizado los números comprendidos del 5 al 8) y hasta su desaparición fungieron, como director y subdirector, respectivamente, Nicolás Guillén y Carlos Rafael Rodríguez. En el número inicial se expresaba: «*Mediodía* no es una empresa de entretenimiento artístico. Sus editores están enterados del papel social que todo arte cumple, aunque ese efecto quede sin percibir. Y advertidos de ello se disponen a que esa función pública tenga en nuestras páginas un destino profundamente humano, y sea leal a las circunstancias peculiares de Cuba. Cree *Mediodía* que el pensamiento debe inexorablemente, estar a contribución de la vida y participar en las contiendas históricas de nuestro tiempo. Como el intento de acomodar el arte al servicio de lo humano no está reñido con el rigor estético, *Mediodía* pretende ejercer una vigilancia sobre sus colaboraciones que mantenga a la revista en un tono de excelencia literaria y artística. Pulcritud sin narcisismo, acercamiento al mayor número de lectores, pero sin ese halago de vulgaridad, que es innecesario y que tan habitualmente se utiliza entre nosotros».

Después del número 3, correspondiente al mes de agosto, cesó la publicación. Reapareció en diciembre (número 4). En dicho número se insertó un artículo titulado «Silencio de *Mediodía*», en el cual se manifestaba: «*Mediodía* debe una explicación a sus amigos por el continuado silencio en que permaneció después de su tercer número. Aunque, tal vez, solo la necesiten nuestros lectores del extranjero, menos enterados de las contingencias que le han salido al paso a esta revista. La detención de Nicolás Guillén y la acusación al resto de los editores [...] de "pornografía y propaganda subversiva" a causa de haberse insertado en nuestro último número "El baile del Guanajo" quedaron felizmente disueltas en el Tribunal de Urgencia, que se vio obligado a desestimar tales imputaciones. Ellas sirvieron solo para poner de relieve la acogida cordial que *Mediodía* ha tenido en Cuba y afuera».

Y más adelante señalan: «Esos incidentes han ocasionado el retraso de *Mediodía*, originando a la vez la alteración de su antiguo formato. Ante la alternativa de abandonar su publicación o suprimir algo de su aspecto formal, los editores han preferido lo último, fieles a su convicción de que el arte tiene una función social e histórica que es la que le confiere su más alto rango».

De enero a junio de 1937 (número 5 al 22) salió como «Decenario popular». Desde el número 23 (6 de julio de 1937) fue «Semanario popular». Los cuatro primeros números de la revista fueron dedicados casi en su totalidad a tratar cuestiones literarias. Aparecieron cuentos, poesías, crítica literaria, trabajos sobre teoría de la literatura, historia y arte. Hubo tres secciones fijas: «Noticias», que reflejaba las últimas actividades culturales; «Libro», donde se reseñaban los últimos libros aparecidos, tanto en Cuba como en el extranjero, y «Revistas», que comentaba las publicaciones periódicas, cubanas o no, que veían la luz.

Entre los colaboradores figuran Fernando Ortiz, Luis Felipe Rodríguez, Emilio Ballagas, Manuel Navarro Luna, Raúl Roa, Elías Entralgo, Regino Pedroso, Mirta Aguirre, Dulce María Escalona y Martín Castellanos. A partir de enero de 1937 la publicación registró cambios sustanciales. Se comenzaron a tratar asuntos referentes a la política, tanto nacional como internacional, aunque sin abandonar lo literario y artístico. Comenzaron a aparecer, en cada número, editoriales en los que se reflejaba la difícil situación del país, la crisis económica, las luchas obreras y estudiantiles, etc. Durante la guerra civil española, *Mediodía* fue constante fuente de información y publicó con particular interés entrevistas y colaboraciones de distinguidos intelectuales españoles como Rafael Alberti, Miguel Hernández, Juan Ramón Jiménez y Antonio Machado, envueltos en el proceso político que sufría su patria. Las sesiones del Congreso de Escritores Antifascistas, celebrado en Valencia en los primeros días de julio de 1937, y al cual asistió Guillén como delegado, entre otros intelectuales cubanos, también fueron reflejadas en sus páginas. Demandas obreras, actos sindicales y en general cualquier actividad que implicara la reivindicación de los trabajadores, la defensa de la patria contra los intereses extranjeros, encontraron en *Mediodía* eco inmediato. Mantuvo una sección dedicada a realizar comentarios cinematográficos, «Tablas y pantalla», y en ocasiones una página deportiva. Fueron colaboradores en esta etapa Emilio Roig de Leuchsenring, Loló de la Torriente, José Zacarías Tallet, José Luciano Franco, José Antonio Ramos, Salvador García Agüero, Manuel Bisbé, Alejo Carpentier, Enrique Serpa, Luis Amado Blanco, Rómulo Lachatañeré, Félix Pita Rodríguez, Salvador Massip, Gustavo Aldereguía, Marcos Díaz, Ladislao González Carbajal y Miguel Ángel Figueredo. Figuras políticas como Blas Roca y Lázaro Peña escribieron ocasionalmente en sus páginas. Entre los intelectuales extranjeros que colaboraron figuran Aníbal Ponce, Miguel Otero Silva y Langston Hughes. Del año 1939 se han localizado dos números, con un formato menor, del 2 al 9 de enero (números 101 y 102, último visto). Fueron éstos, posiblemente, los últimos aparecidos, pues como afirma Ángel Augier en la página 205 de su *Nicolás Guillén* (La Habana, UNEAC, 1971), la «publicación se suspendió a principios de 1939 por haberse consolidado ya la situación del diario *Hoy*».

Bibliografía

«El aniversario de *Mediodía*» en *Mediodía*, La Habana, 2, 47, 16, diciembre 20, 1937.

«Dos años de vida», en *Mediodía*, La Habana, 3, 101, 32, enero 2, 1939.

«Nuevo formato de *Mediodía*», en *Mediodía*, La Habana, 3, 101, 24, enero 2, 1939.

Medrano, **Higinio Julio** (Guantánamo, Oriente, 30 julio 1887). Titulado de la Escuela Profesional de Periodismo Manuel Márquez

Sterling. Publicó artículos, cuentos, ensayos y críticas en *Cuba y América, Patria, El Fígaro, Cuba Contemporánea, Letras, Nosotros, La Novela Cubana* —en uno de cuyos números apareció una novela suya—, *Orto, Gráfico, Actualidades, Revista Cubana, Repertorio Americano* (Costa Rica) y muchas otras revistas y periódicos cubanos y extranjeros. Fue redactor de *El Estudiante Latinoamericano.* Fue canciller del Consulado de Cuba en Filadelfia (1909), vicecónsul en Nueva York (1921-1925) y cónsul en New Port (1921), Mérida (1925), México D. F. (1926), Tampico (1926), Cincinnati (1926). Viajó por República Dominicana, Puerto Rico, Panamá. Fue jefe del despacho de la Asociación de la Prensa de Cuba (1930) y vicesecretario de su ejecutivo (1932). Trabajó como redactor y traductor en la Editorial CTC (1953). Fue presidente de la Asociación de Traductores de Cuba y presidente de honor de la Sociedad Amigos de Juan Clemente Zenea y de la Unión Maceísta de Oriente. Obtuvo el Premio Varona. Trabajos suyos fueron incluidos en el tomo 16 de *El periodismo en Cuba* (La Habana, Imprenta Pérez Sierra, 1952), *La obra de un libertador en educación popular* (La Habana, Editorial Lex, 1953), *Viejas memorias* (Santiago de Cuba, Imprenta Arroyo, 1958). Dejó los libros *El falso ejemplo, Parlamento y parlamentaristas, La ruta milagrera de Martí y el Índice glorioso de Mantua.* Usó el seudónimo *Fray Gapone.*

Bibliografía activa

Pedro N. González Veranes, *Panegírico del triunfador,* discurso pronunciado en el Círculo de Bellas Artes el 2 de diciembre de 1944, La Habana, Talleres Tipográficos de Tamayo, 1946.

Bibliografía pasiva

«Higinio Julio Medrano», en *Nosotros,* La Habana, 1, 11, 4, septiembre, 1920.

López, Pedro Alejandro, «Pétalos de sinceridad, Higinio Julio Medrano», en *Letras,* La Habana, 2.ª época, 9, 36, 440, septiembre 28, 1913.

Rivas Vázquez, Alejandro, «Carta a Higinio Julio Medrano, La Habana, marzo 21, 1921», en *El Fígaro,* La Habana, 38, 10, 141, mayo 1, 1921.

Mella, Julio Antonio (La Habana, 25 marzo 1903-México D. F., 10 enero 1929). Aparece inscrito en el Registro Civil como Nicanor McPartland. En su niñez visitó varias veces a Nueva Orleans (Estados Unidos) en compañía de su madre. Hizo la primera enseñanza en varios colegios católicos en la capital. En la Academia Newton fue alumno del poeta mexicano Salvador Díaz Mirón. Con el propósito de estudiar la carrera militar viajó a México alrededor de 1920. Regresa de inmediato a Cuba. Obtiene el título de Bachiller en el Instituto de Segunda Enseñanza de Pinar del Río (1921). Ese mismo año matricula Derecho y Filosofía y Letras en la Universidad de La Habana. Sus primeros trabajos periodísticos aparecieron en la revista universitaria *Alma Mater* (1922-1923), de la que fue administrador.

En enero de 1923 es líder de la lucha estudiantil por la reforma universitaria. Funda la Federación de Estudiantes Universitarios. En octubre de 1923 organiza y dirige el Primer Congreso Nacional de Estudiantes, y en noviembre inaugura la Universidad Popular «José Martí» con el propósito de impartir instrucción política y académica a los trabajadores y de vincular la Universidad «con las necesidades de los oprimidos». Fue director y redactor de *Juventud* (1923-1925), fundador de la Liga Anticlerical (1924) y de la sección cubana de la Liga Anti-imperialista de las Américas (1925). Funda el Instituto Politécnico Ariel junto con Alfonso Bernal del Riesgo en 1925. Es el primer secretario de organización que tiene el Partido Comunista de Cuba y uno de sus fundadores (1925). Fue expulsado de la Universidad de La Habana. Detenido, se declara en huelga de hambre. El Comité Pro-libertad de Mella inicia una campaña para liberarlo, la presión nacional e internacional se hace sentir, y se le libera el 23 de diciembre de 1925. A principios de 1926 embarca rumbo a Honduras. En México se vincula al movimiento revolucionario continental e internacional. Colabora en los periódicos *Cuba Libre*, *El Libertador*, *Tren Blindado*, *El Machete* y *Boletín del Torcedor* (este último de La Habana). Pronuncia conferencias, publica críticas sobre el muralismo mexicano.

En febrero de 1927 asiste al Congreso Mundial contra la opresión colonial y el imperialismo, celebrado en Bruselas. Participa en la Liga Campesina Nacional de México. Sostuvo una polémica con Víctor Raúl Haya de la Torre, sobre la significación política del APRA. De Bruselas viaja a Moscú, donde participa en el Congreso de la Internacional Sindical Roja. Miembro del Comité Central del Partido Comunista de México, lucha por la reforma agraria, por la nacionalización del petróleo y en las huelgas de los mineros. Funda varias organizaciones antimperialistas, estudiantiles y campesinas. Con Leonardo Fernández Sánchez y Alejandro Barreiro organiza la Asociación de los Nuevos Emigrados Revolucionarios Cubanos, ANERC (1927).

Murió asesinado por órdenes del dictador cubano Gerardo Machado. Entre los trabajos que dejó inéditos se encuentra *Hacia dónde va Cuba*. Utilizó los seudónimos *Cuauhtémoc Zapata*, *Kim* (*El Machete*), y *Lord McPartland*.

Bibliografía activa

Cuba un pueblo que jamás ha sido libre, La Habana, Imprenta El Ideal, 1924.

La lucha, revolucionaria contra el imperialismo, prólogo de Blas Roca, La Habana, Ediciones Sociales, 1940.

La lucha revolucionaria contra el imperialismo; o, ensayos revolucionarios, 2.ª edición, La Habana, Editora Popular de Cuba y del Caribe, 1960, Primer Festival del pensamiento político, 2.

Glosando los pensamientos de José Martí, «Nuestro homenaje a José Martí», por Juan

Marinello, La Habana, Imprenta Berea, 1941.

Julio Antonio Mella en El Machete, antología parcial de un luchador y su momento histórico, por Raquel Tibol, México, Fondo de Cultura Popular, 1968.

Julio Antonio Mella, antología, La Habana, Imprenta Universitaria André Voisin, 1971.

Documentos y artículos, La Habana, Instituto de Historia del Movimiento Comunista y la Revolución Socialista de Cuba, 1975.

Bibliografía pasiva

Aguirre, Mirta, *Recuerdos de Mella*, La Habana, 1944.

Aguirre, Sergio, «Julio Antonio Mella y su ámbito republicano», en *Universidad de La Habana*, La Habana, 29, 176, 21-44, noviembre-diciembre, 1965.

Augier, Ángel, «Cómo era Julio Antonio Mella», en *Bohemia*, La Habana, 41, 4 y 5, 30-33, 80 y 8-10, 93, 94, 113, enero 23 y 30, 1949.

Berman, Gregorio, «Los pares de Mella, José Carlos Mariátegui y Aníbal Ponce», en *Universidad de La Habana*, La Habana, 28, 165, 7-18, enero-febrero, 1964.

Carbajal, Ladislao G., *Mella*, La Habana, Librería Páginas, 1942.

Dumpierre, Erasmo, «Una biografía de julio Antonio Mella», en *Universidad de La Habana*, La Habana, 29, 172, 7-23, marzo-abril, 1965.

Mella, Esbozo biográfico, La Habana, Academia de Ciencias, Instituto de Historia, 1966.

Garbalosa, Graciella, «Julio Antonio Mella en México», en *Bohemia*, La Habana, 25, 25, 33, 8, 9, 59, septiembre 17, 1933.

García Galló, Gaspar Jorge, «Julio Antonio Mella y la fundación del Partido Comunista», en *Universidad de La Habana*, La Habana, 29, 174, 51-75, julio-agosto, 1965.

González Manet, Enrique, «Las revistas estudiantiles de la Universidad de La Habana» en *Vida Universitaria*, La Habana, 14, 153-154, 28-29, mayo-junio, 1963.

«Revistas estudiantiles de la Universidad de La Habana, *Juventud*, órgano de lucha» en *Vida Universitaria*, La Habana, 14, 157-158, 8, 9, 58, septiembre-octubre, 1963.

Julio Antonio Mella, Documentos para su vida, prólogo de Raúl Roa, La Habana, Comisión Nacional de la UNESCO, 1964.

Marinello, Juan, «Cenizas sin muerto Y-II», en *Bohemia*, La Habana, 25, 25, 34 y 37, 34, 35, 43 y 26, 45, 46, octubre 1 y 29, 1933.

«Mella y el primer congreso nacional de estudiantes» en su *Contemporáneos, Noticia y memoria*, tomo 1, La Habana, Editora del Consejo Nacional de Universidades, Universidad Central de Las Villas, 1964, págs. 297-325.

Martínez Bello, Antonio, «El pensamiento de Julio Antonio Mella en relación con las ideas sociales de José Martí», en *Universidad de La Habana*, La Habana, 28, 165, 35-55, enero-febrero, 1964.

Mortillaro, Gaspar, «Presencia de Tina Modotti en la vida de Julio Antonio Mella», en *Universidad de La Habana*, La Habana, 29, 174, 77-

90, julio-agosto, 1965.

Pascual, Sara, «La fructífera juventud de Julio Antonio Mella», en *Universidad de La Habana*, La Habana, 28, 165, 19-34, enero-febrero 1964.

Julio Antonio Mella, Biografía, La Habana, Universidad de La Habana, Instituto Julio Antonio Mella, 1964.

Portuondo, José Antonio, «Mella y los intelectuales», en su *Crítica de la época y otros ensayos*, La Habana, Editora del Consejo Nacional de Universidades, Universidad Central de Las Villas, 1965, págs. 84-115.

Roa, Raúl, «Julio Antonio Mella», en *Bohemia*, La Habana, 25, 25, 33, 3, 60, septiembre 17, 1933.

«La revolución universitaria de 1923», en su *Retorno a la alborada*, tomo 1, La Habana, Editora del Consejo Nacional de Universidades, Universidad Central de Las Villas, 1964, págs. 229-258.

Roca, Blas, *Vida de Julio Antonio Mella*, La Habana, Ediciones Sociales, 1949.

«Rememoración de Julio Antonio Mella», en *Obra Revolucionaria*, La Habana, 3, 5-14, febrero 20, 1963.

Rodríguez, Carlos Rafael, «Vigencia de Julio Antonio Mella», en *Universidad de La Habana*, La Habana, 29, 174, 91-102, julio-agosto, 1965.

Roselló, Arturo Alfonso, «Hablando con Julio Antonio Mella sobre la revolución universitaria», en *Carteles*, La Habana, 7, 30, 10, 30, noviembre 23, 1924.

Serviat, Pedro, «Mella, la clase obrera y los intelectuales», en *Universidad de La Habana*, La Habana, 30, 179, 95-114, mayo-junio, 1966.

Torriente, Loló de la, «Por qué asesinaron a Julio Antonio Mella», en *El Mundo*, La Habana, 65, 21 783, 1, 5, enero 10, 1967.

Memoria de Alfonso Hernández Catá (La Habana, 1953). Publicación mensual. Revista de pequeño tamaño, dedicada exclusivamente a recoger trabajos y otros materiales de Alfonso Hernández Catá y relacionados con él. Era dirigida por Antonio Barreras, quien en el primer número, aparecido el 8 de noviembre, expresaba: «Estos pequeños cuadernos, pues, estarán dedicados a la difusión de su vida y de su obra, consustanciándose de tal suerte con esta última, que deberán considerarse como complemento de la misma, por cuanto registrarán todo lo que acerca de él o de sus trabajos, se haya escrito o escriba; insertará ensayos, crónicas o cuentos inéditos o poco conocidos amparados con su firma, y, como mensuario especializado que es, llevará a cabo una propagación sistemática de la totalidad de su obra. En ese sentido, pues, se propone ofrecer secciones fijas, como las destinadas a su "Ideario" —compuesto fervorosamente por el que esto escribe—, su "Epistolario", que representa uno de los costados más interesantes y ricos de su labor literaria, y, también, la titulada "El Catá que yo conocí" escrita especialmente para esta revista, que nos aumentará su conocimiento en lo anecdótico y en lo biográfico». Colaboraron en sus páginas Juan Marinello, Raimundo Lazo, Octavio R. Costa, Jorge Mañach, Agustín Acosta, Félix Lizaso, Salvador Bueno, Rafael Esténger, Fernando González Campoamor, Luis Rodríguez Embil y José María Chacón y Calvo. El último número visto (8) corresponde al 24 de junio de 1954.

Memorias de la Real Sociedad Económica de Amigos del País de La Habana (Véase **Memorias de la Sociedad Patriótica de La Habana**)

Memorias de la Real Sociedad Económica de La Habana (Véase **Memorias de la Sociedad Patriótica de La Habana**)

Memorias de la Real Sociedad Económica y Anales de Fomento (Véase **Memorias de la Sociedad Patriótica de La Habana**)

Memorias de la Real Sociedad Patriótica de La Habana (Véase **Memorias de la Sociedad Patriótica de La Habana**)

Memorias de la Sociedad Económica de Amigos del País de La Habana (Véase **Memorias de la Sociedad Patriótica de La Habana**)

Memorias de la Sociedad Patriótica de La Habana (La Habana, 1793-1796; 1817-1820; 1823-1825; 1835-1845; 1846-1851; 1853-1857; 1858-1866; 1877-1878; 1880-1884; 1894-1896; 1901-1949). Refiere Joaquín Llaverías en las páginas 96 y 98 del tomo 1 de su obra *Contribución a la historia de la prensa periódica* (La Habana, Talleres del Archivo Nacional de Cuba, 1957) que «En los títulos Y y VIII de los *Estatutos para una Sociedad de Amigos de la Ciudad de San Cristóbal de La Habana, a beneficio de sus moradores, de los de sus Campos, y utilidad común del Estado*, existen tres artículos relacionados con las *Memorias* de dicha corporación, que dicen cuanto sigue: 1. El Instituto de esta Sociedad de La Habana, es promover la cultura y Comercio, la crianza de ganado e Industria Popular, y oportunamente la Educación e instrucción de la juventud; en cuyos objetos imprimirá y dará al público todos los años sus Memorias. 6. En las Memorias se publicarán las ocupaciones más importantes de aquel año, y una relación histórica de las materias y discursos que se acordaren imprimir, formando una obra periódica, con examen de los progresos de otras Sociedades, que le sirven de estímulo. 7. En las mismas se colocarán los cálculos de aumentos y bajas, de la introducción y exportación, con otras curiosidades conducentes al fin de su instituto: concluyen las Actas con la relación de los Socios, y de los mapas y dibujos presentados que puedan contribuir al bien público, y a su instrucción».

La colección que comprende estas *Memorias* está agrupada por series, de la primera a la décima; en algunos momentos hubo variaciones en el título de la publicación. Así, tenemos la primera serie, aparecida bajo el título de *Memorias de la Sociedad Patriótica de La Habana*, que comprende cuatro volúmenes, correspondientes a los años 1793, 1794, 1795 y 1796, el último de los cuales permanece inédito. Con relación a la persona que redactó los dos primeros volúmenes hay discrepancias; algunos afirman que fue Juan Manuel O'Farrill, secretario de la corporación en aquellos momentos, y otros señalan que su redactor fue Félix Veranes. Lo cierto es que en los tomos 1 y 2 no aparece redactor. El tomo 3 sí expresa que su redactor fue «Don Félix Veranes, Capellán de la Real Armada, Socio de Número». La segunda serie, que comprende cinco tomos y que apareció bajo el título de *Memorias de la Real Sociedad Económica de La Habana*, abarca, en su primera parte, desde enero de 1817 hasta marzo de 1820, con entregas mensuales, con José Arazoza como director. Luego de un período en el que no salió, se reanuda su publicación en abril de 1823 —hasta abril de 1825—, ahora bajo la dirección de Francisco Javier Troncoso. La tercera serie, bajo el título de *Memorias de la Real Sociedad Patriótica de La Habana*, comprende veinte tomos, que abarcan el período de noviembre de 1835 a noviembre de 1845. Desde el tomo sexto de esta serie se suprimió del título la palabra *Real*, y desde el tomo 16 se sustituyó la palabra *Patriótica* por *Económica*. Durante este período, las *Memorias* fueron dirigidas por Joaquín José García y Francisco

de Paula Serrano. La cuarta serie, aparecida bajo el título de *Memorias de la Real Sociedad Económica de La Habana*, continuó dirigida por Francisco de Paula Serrano y comprende siete volúmenes, entre enero de 1846 y junio de 1849. *Anales de las Reales Junta de Fomento y Sociedad Económica de La Habana* fue el título adoptado por la quinta serie, que consta de cinco volúmenes, comprendidos entre julio de 1849 y septiembre de 1851. En los tomos 4 y 5 de dicha serie la palabra *Reales* fue sustituida por *Real*. Su dirección estuvo a cargo del propio Paula Serrano. La sexta serie, aparecida bajo el título de *Anales y Memorias de la Real Junta de Fomento y de la Real Sociedad Económica de La Habana*, comenzó en noviembre de 1853 y finalizó en septiembre de 1857. Comprende cuatro tomos, dirigidos los tres primeros por Jacobo de la Pezuela y el cuarto por Juan Agustín Ferrety. La séptima serie, con el título de *Anales y Memorias de la Real Junta de Fomento y de la Real Sociedad Económica*, comprende de enero de 1858 a marzo de 1866, con un total de once volúmenes. Los dos primeros estuvieron bajo la dirección de Álvaro Reynoso y Próspero Massana, pero a partir del tercero quedó Reynoso solamente en la dirección. Entre los tomos 8 y 11 de esta séptima serie, el título fue *Memorias de la Real Sociedad Económica y Anales de Fomento*.

Dirigida por Marcos J. Melero, la octava serie comprende un solo volumen, de noviembre de 1877 a abril de 1878. Su título es, desde esta serie, *Memorias de la Real Sociedad Económi-*

ca de Amigos del País de La Habana. La novena serie, de abril de 1880 a mayo de 1884,
comprende cuatro volúmenes, dirigidos por
Rafael A. Cowley, con Marcos de Jesús Melero, Vidal Morales y Eusebio Valdés Domínguez
y, desde el tomo 2, Antonio López Prieto como
redactores. La décima serie corresponde a los
años 1894, 1895 y 1896, respectivamente, bajo
la dirección de Alfredo Zayas. La serie undéci-
ma, formada por un solo volumen, apareció en
1901 bajo el título de Memorias de la Sociedad
Económica de Amigos del País de La Habana,
y recoge las tareas desarrolladas por la Sociedad durante el año 1899. Fue dirigida por
Ramón Meza. Este volumen no es considerado
por muchos como parte de las Memorias, en
el sentido que éstas tenían, ya que en él solamente aparecen informes de juntas generales,
actos, mociones, etc.

Posteriormente, la Sociedad Económica publicó, hasta 1949, una Memoria anual que trataba asuntos internos y reglamentarios de la
asociación. En la página 5 del tomo 1 de los
Índices de las Memorias de la Sociedad Económica de Amigos del País (La Habana, Imprenta
Molina, 1938) —publicados por Adrián del Valle— se señala: «En las Memorias de la Sociedad
Económica de Amigos del País de La Habana,
se hallan descritos, en las actas reproducidas
o extractadas, en los informes anuales de las
Secciones y otros documentos, el desenvolvimiento de la patriótica Corporación y los valiosos servicios por ésta prestados al país en
todos los órdenes sociales. Se reproducen,

además, en ellas, importantes documentos
indispensables para el conocimiento de la
historia de América en general y de Cuba en
particular. Contienen numerosos trabajos de
carácter histórico, científico, económico y literario; artículos sobre agricultura, industria,
comercio, artes; estudios sociológicos, especialmente sobre educación; copiosos datos
estadísticos, etc.». En sus páginas aparecieron trabajos de José Agustín Govantes, Juan
Bernardo O'Gaban, Tomás Romay, Antonio
Zambrana, José Silverio Jorrín, José O'Farrill,
Andrés de Jáuregui, Antonio Robredo, Miguel
de Cárdenas, José Agustín Caballero, Antonio
Bachiller y Morales, José Varela Zequeira, Pe-
dro Alejandro Auber, Tranquilino Sandalio de
Noda, Tomás Agustín Cervantes, Ramón Zam-
brana, Francisco de Frías, Francisco Camilo
Cuyás, José Zacarías González del Valle, José
Antonio Saco, Rafael Matamoros, José Valdés
Fauli, Antonio María Escovedo, Domingo del
Monte, Félix Varela, Manuel Costales y Govan-
tes, Félix Manuel Tanco, Juan Bautista Sagarra,
Eusebio Valdés Domínguez, Antonio González
Curquejo, Alejandro Ramírez, Francisco Javier
Balmaseda, José Pablo Valiente, Andrés Poey,
Carlos J. Finlay y Nicolás Azcárate. El destaca-
do hombre de ciencias alemán, Alejandro de
Humboldt, colaboró en sus páginas.

Bibliografía

Llaverías, Joaquín, «Memorias de la Sociedad
Patriótica de La Habana», en su Contribución
a la historia de la prensa periódica, tomo 1,

prefacio de Emeterio Santiago Santovenia, La Habana, Talleres del Archivo Nacional de Cuba, 1957, págs. 93-122, Publicaciones del Archivo Nacional de Cuba, 47.

«Memorias de la Real Sociedad Económica de Amigos del País», en *El Palenque Literario*, La Habana, 1, 7, 160-161, enero 5, 1878.

«Memorias de la Sociedad Económica», en *Diario de La Habana*, La Habana, 127, 1-2, mayo 7, 1846.

Pardo Pimentel, Nicolás, «*Memorias de la Sociedad Económica de La Habana* por una comisión permanente de su seno», en *Noticioso y Lucero de La Habana*, La Habana, 10, 68, 2, marzo 9, 1842.

Méndez, **Manuel Isidro** (Navia, Asturias, España, 15 mayo 1882-La Habana, 18 abril 1972). Autodidacto, llegó a conocer varios idiomas. Arribó a La Habana en 1896, donde realizó trabajos de oficina hasta 1898. De 1901 a 1923 vivió en Artemisa (Pinar del Río) dedicado al giro de ferretería. De 1923 a 1936 vivió fuera de Cuba, salvo una breve estadía en ésta. Sus campañas a favor del Frente Popular lo llevan a exiliarse de España y regresar a Cuba en 1936. Su primer estudio biográfico de Martí recibió premio del Real Consistorio Hispanoamericano del Gay Saber, en 1924. Su obra *Martí. Estudio crítico-biográfico* (1941) fue premiada en el Concurso Literario Inter-americano de la Comisión central pro-monumento a Martí (La Habana, 1939). En 1940 Artemisa lo hace su hijo adoptivo por acuerdo de la Cámara Municipal como reconocimiento a su labor de propulsor de la cultura. Compartió con Fernando Ortiz y Emilio Roig de Leuchsenring la dirección de la Institución Hispanoamericana de Cultura y fue miembro de la Academia de la Historia de Cuba. Colaboró en periódicos españoles y cubanos, entre ellos *El Ideal* y *La Libertad* (Artemisa), *Orto* (Manzanillo), *Social*, *Carteles*, *Bohemia*, *Revista Bimestre Cubana*, *Revista de la Biblioteca Nacional*, *Diario de la Marina*, *Lux*, *El País*, *Patria*, *La Rosa Blanca*, *Fragua Martiana*, todos de La Habana. Es autor de artículos y conferencias sobre Martí. Coordinó, prologó e hizo la síntesis biográfica a las *Obras completas* de Martí (La Habana, Editorial Lex, 1946, 2 T.). Ha compilado además el *Ideario* de Martí (La Habana, Cultural, 1930).

Bibliografía activa

Aspas y ósculos, relatos, Barcelona, 1909.

Gemas de viaje, impresiones, Barcelona, 1913.

Armonías íntimas, madrigales en prosa, Artemisa, Imprenta La Libertad, 1914.

Etruscos, Artemisa, 1915.

Cuba como Bélgica, discurso, La Habana, Imprenta El Siglo XX, 1918.

La Fiesta de la Raza, Contribución al hispanoamericanismo, La Habana, Imprenta El Siglo XX, 1918.

Martí, discurso pronunciado en el Centro Obrero de Artemisa, Artemisa, Tipografía de Robainas, 1918.

Poetas de Artemisa, apunte histórico-crítico,

La Habana, Imprenta El siglo XX, 1919.

Un poeta musical, Gustavo Sánchez Galarraga, La Habana, Imprenta El Siglo XX, 1922.

José Martí, estudio biográfico, París, Agence Mondiale de Librairie, 1925.

Mi maestro de primeras letras, Oviedo, 1925.

Ideario de Martí, extracto de la introducción al vol. XV de la Colección de libros cubanos, 1929, La Habana, Cultural, 1930.

Letra a la serenata de Toselli, La Habana, 1931.

Martí, estudio crítico-biográfico, La Habana, Imprenta P. Fernández, 1941.

Autobiografía de José Martí, La Habana, Editorial Lex, 1943.

El Intendente Ramírez, La Habana, Imprenta El Siglo XX, 1944.

Martí, socumentos para su vida, La Habana, Archivo Nacional de Cuba, 1947.

Notas para el estudio de las ideas éticas en Cuba, siglo XIX, José Antonio Caballero, Félix Varela y José de la Luz y Caballero, La Habana, Editorial Lex, 1947.

Biografía del Cafetal Angerona, La Habana, Editorial Lex, 1952.

Entraña y forma de Versos sencillos *de José Martí,* La Habana, Imprenta Universidad de La Habana, 1953.

Acerca de «La Mejorana» y «Dos Ríos», trabajo presentado al Séptimo Congreso Nacional de Historia, La Habana, Oficina del Historiador de la Ciudad, 1954.

Gustavo Pitaluga, diálogo sobre el destino, La Habana, Cámara Cubana del Libro, 1954.

La madre del Apóstol, preámbulo de Jesús M. Marinas, Guanabacoa, La Habana, Editorial Vamos, 1957.

Historia de Artemisa, introducción del DOR del PCC Regional de Artemisa, Comisión de Historia Regional, «A manera de obligada presentación», por M. I. Méndez Canel, Artemisa, DOR del PCC Regional de Artemisa, Comisión de Historia Regional, 1973.

Bibliografía pasiva

Cabrera Álvarez, Guillermo, «Don Manuel Isidro Méndez», en *Anuario Martiano,* La Habana, 5, 329-337, 1974.

«Falleció el historiador martiano Manuel Isidro Méndez», en *Granma,* La Habana, 8, 94, 4, abril 19, 1972.

García Carranza, Araceli, «Citas para una Bibliografía de Manuel Isidro Méndez», en *Anuario Martiano,* La Habana, 5, 343-376, 1974.

García Espinosa, Juan M., «Algunos momentos de una vida singular», en *Anuario Martiano,* La Habana, 5, 339-342, 1974.

«Manuel Isidro Méndez, *Martí*», en *América,* La Habana, 10, 1, 95, junio, 1941.

Medrano, Higinio Julio, «Libros y autores, *Armonías íntimas*», en *Cuba y América,* La Habana, 2.ª época, 19, 3, 6, 210, marzo, 1915.

Sarabia, Nydia, «Un gran martiano, don Manuel Isidro Méndez, escribe la historia de Artemisa», en *El Mundo del Domingo,* suplemento del periódico *El Mundo,* La Habana, 3, septiembre 3, 1967.

Méndez Capote, Domingo (Lagunillas, Cárdenas, Matanzas, 12 mayo 1863-La Habana, 16 junio 1934). Cursó la primaria en Cárdenas y se graduó de bachiller en el Instituto de La Habana (1883). Terminó Filosofía y Letras (1885) y obtuvo los títulos de Licenciado en Derecho Administrativo (1887) y Doctor en Derecho Civil y Canónico (1888) en la Universidad de La Habana. Ejerció cátedra de Derecho en la Universidad desde 1890 hasta 1895 —año en que se incorpora a la Guerra de Independencia— y nuevamente en 1899. Obtuvo el grado de General de Brigada. Redactó las leyes de la República en Armas, presidió la Asamblea de La Yaya (1897) y fue vicepresidente de la República en Armas de 1897 a 1898. Terminada la guerra, labora como secretario de Estado y Gobernación (1899). Presidente de la Convención Constituyente, participa en la discusión y aprobación de la Ley Fundamental de 1901. Apoya la candidatura de Tomás Estrada Palma y entre 1902 y 1906 es presidente del Senado y vicepresidente de la República, cargo al que renuncia. A partir de este momento se retira de la vida política. Se exilia en los Estados Unidos y regresa para reintegrarse a su bufete. Fue decano del Colegio de Abogados. En 1916 participa en el Congreso jurídico de La Habana. Colaboró en *Patria* (Nueva York), *La República* (Remedios, Las Villas), *La Discusión* y *El Mundo*, entre otras publicaciones, entre 1899 y 1931. Cultiva la oratoria forense. Los crímenes del Machadato lo llevan a exiliarse nuevamente en los Estados Unidos (1931-1933). Murió cuando preparaba su discurso de ingreso a la Academia de la Historia de Cuba sobre *La juventud del 95*.

Bibliografía activa

Tesis para el Doctorado en Derecho Civil y Canónico, Diferencias que separan las sociedades anónimas de las colectivas y comanditarias, y razones en que se fundan, La Habana, Imprenta del Gobierno y Capitanía General, 1889.

El Pacto del Zanjón, conferencia pronunciada en la Academia Nacional de Artes y Letras, La Habana, Imprenta Molina, 1929.

Trabajos, ensayos históricos, La Habana, Imprenta Molina, 1929-1930, 3 T.

Bibliografía pasiva

Álvarez Tabío, Fernando, *Domingo Méndez Capote*, conferencia pronunciada el día 24 de junio de 1955, en la Asociación de Funcionarios del Poder Judicial, La Habana, Editorial Librería Martí, 1956.

Carbonell y Rivero, José Manuel, «Domingo Méndez Capote, 1863», en su *La oratoria en Cuba*, recopilación dirigida, prologada y anotada, tomo 5, La Habana, Imprenta Montalvo y Cárdenas, 1928, págs. 299-300, Evolución de la cultura cubana, 1608-1927, 11.

Llaverías, Joaquín, *Elogio del Doctor Domingo Méndez Capote, Académico electo*, leído en la sesión solemne celebrada en la noche del 16 de junio de 1935, La Habana, Imprenta El Siglo XX, 1935, Academia de la Historia de

Cuba.

Méndez Capote, Renée, *Domingo Méndez Capote, El hombre civil del 95*, La Habana, Impresores Úcar, García, 1957.

Méndez Capote, **Renée** (La Habana, 12 noviembre 1901-14 mayo 1989). Realizó estudios de primera y segunda enseñanza en su hogar, con institutrices inglesas y francesas. Estudió música, pintura y ballet español. Fue directora, con su hermana Sara, de *Artes y Letras* (1918). Fue profesora de francés en el Colegio La Luz y fundadora del Lyceum. Trabajó como directora de Bellas Artes en la Secretaría de Instrucción Pública y Bellas Artes (1933-1934). En este último año pasó a ser jefa de la Sección de Cultura General en la Dirección de Cultura de ese organismo. En 1935, cuando la huelga de marzo, fue encarcelada en varias ocasiones y cesanteada. Entre 1940 y 1959 desempeñó cargos de responsabilidad en el Ministerio de Educación. Entre 1943 y 1946 fue autora radial en la emisora CMZ. Participó en el movimiento de resistencia clandestina contra Batista. Ha trabajado en la Biblioteca Nacional (1960-1964); cuya *Revista* dirigió entre 1962 y 1964, y en la Editora Nacional (1964-1966). Ha viajado por Estados Unidos, México, Francia, España, Suiza, Holanda, Bélgica, Alemania, Austria, Hungría. En 1965 participó en una delegación de la UNEAC a las actividades de la Primera Semana de la Cultura Cubana, efectuada en Moscú. Como escritora y periodista ha colaborado en el *Diario de la Marina*, *El País*, *Grafos*, *Social*, *Bohemia*, *Mañana*, *El Mundo*, *La Gaceta de Cuba*, *Unión*, *Verde Olivo*, *Mujeres*. Fue redactora en *Juventud Rebelde* y en *Pionero*. Realizó el trabajo de traducción de *Documentos inéditos sobre la toma de La Habana por los ingleses en 1762*, La Habana, Biblioteca Nacional. Departamento Colección Cubana, 1963, con introducción, notas y cartografía por Juan Pérez de la Riva y Bibliografía por Juana Zurbarán. Tradujo y adaptó *Ivanhoe* (La Habana, Editora Juvenil, 1965), de Walter Scott, y adaptó *El último de los Mohicanos* (La Habana, Editora Juvenil, 1966), de James Fenimore Cooper. Pertenece al grupo permanente de asesores literarios infantiles y juveniles del MINED desde 1974. Usó los seudónimos *Suzanne*, *Berenguela* e *Io-san*.

Bibliografía activa

Oratoria cubana, ensayos, La Habana, Imprenta Editorial Hermes, 1926.

Apuntes, relatos, La Habana, Editorial Hermes, 1927.

Domingo Méndez Capote, El hombre civil del 95, La Habana, Imprenta Úcar, García, 1957.

Memorias de una cubanita que nació con el siglo, prólogo de Samuel Feijóo, La Habana, Universidad Central de Las Villas, 1963; La Habana, UNEAC, 1964; La Habana, Instituto Cubano del Libro, 1969.

Relatos heroicos, anécdotas del 68 y del 95, La

Habana, Editora Juvenil, 1965.

Crónicas de viaje, La Habana, UNEAC, 1966.

Dos niños en la Cuba colonial, La Habana, Editora Juvenil, 1966.

De la maravillosa historia de nuestra tierra, La Habana, Instituto Cubano del Libro, 1967.

Episodios de la Epopeya, La Habana, Instituto Cubano del Libro, 1968.

Un héroe de once años, La Habana, Instituto Cubano del Libro, 1968.

Fortalezas de La Habana colonial, La Habana, Instituto Cubano del Libro, Editorial Gente Nueva, 1974.

Bibliografía pasiva

Aixalá, José, «Un libro nuevo y un prócer viejo, *Apuntes*», en *Diario de la Marina*, La Habana, 95, 298, 18, octubre 26, 1927.

Álvarez Bravo, Armando, «Yo soy una viejita cómica», en *Edita*, La Habana, 1, 3, 13-14, septiembre, 1964.

Barnet Lanza, Miguel, «Las memorias de Renée Méndez Capote», en *La Gaceta de Cuba*, La Habana, 4, julio 18, 1963.

Bueno, Salvador, «Bolsilibros», en *El Mundo*, La Habana, 4, octubre 29, 1964.

Entralgo, Elías José, «*Apuntes*, por Renée Méndez Capote de Solís, La Habana», en *Revista de Oriente*, Santiago de Cuba, 3, 26, 17, 1931.

Galardy, Anubis, «Vivencias de "Una cubanita que nació con el siglo"», en *Granma*, La Habana, 2, 337, 8, diciembre 5, 1966.

Garzón Céspedes, Francisco, «Con vergüenza, trabajo serio y balas», en *Santiago*, Santiago de Cuba, 10, 119-134, marzo, 1973.

Jorge Cardoso, Onelio, «Dice de la cubanita que nació con el siglo», en *Revolución*, La Habana, 3, diciembre 12, 1964.

Mañach Robato, Jorge, «Apuntes», en *Revista de Avance*, La Habana, 2, 3, 18, 27, enero 15, 1928.

Montemar, «Una escritora cubana», sobre *Apuntes*, en *Diario de la Marina*, La Habana, 95, 309, 42, noviembre 6, 1927.

Otero González, Lisandro, «Una cubanita fragante», en *Bohemia*, La Habana, 36-37, agosto 2, 1963.

Pita Rodríguez, Félix, «Memorables memorias», en *Revolución*, La Habana, 3, diciembre 12, 1964.

Sedeño, Livia, «Memorias», en *El Mundo*, La Habana, 4, junio 4, 1966.

Simo, Ana María, «La buena memoria de Renée», en *Unión*, La Habana, 158-160, octubre-diciembre, 1964.

Suárez Solís, Rafael, «Elogio y súplica a Renée Méndez Capote», en *El Mundo*, La Habana, 4, abril 29, 1964.

Torriente, Loló de la, «Renée Méndez Capote y sus memorias», en *El Mundo*, La Habana, 62, 20 792, 4, octubre 26, 1963.

Mendive, **Rafael María de** (La Habana, 24 octubre 1821-Id., 24 noviembre 1886). Huérfano, su hermano mayor, Pablo, se hizo cargo de su educación y le enseñó literatura española, inglés y francés. Dio a conocer sus versos en *Correo de Trinidad* (1839-1841). En

1843 ingresó en el Seminario de San Carlos, donde estudió derecho y filosofía. En 1844 viajó por Europa. Redactó, con J. G. Roldán, la revista *Flores del Siglo* (1845). Colaboró en el *Faro Industrial* (1846-1847) y en *Semana Literaria* (1847-1848). Fue nombrado secretario de la sección de Literatura del Liceo de La Habana, desde cuyo cargo promovió concursos literarios y fundó, con José Quintín Suzarte, *El Artista* (1848), órgano del Liceo. Embarcó hacia Europa en 1848. Colaboró en el periódico *Crónica de Ultramar* (París). En 1851 sus versos fueron incluidos en la antología *Poetas españoles y americanos del siglo XIX*, de Andrés Avelino de Orihuela. Después de visitar a Italia, regresó a Cuba en 1852. Trabajó diez años en la Sociedad de Crédito Territorial Cubano de Domingo Aldama. Fundó la *Revista de La Habana* (1853-1857), que editó una serie de libros. En 1856 ingresó en la Sociedad Económica de Amigos del País. Colaboró en *Guirnalda Cubana* (1854), *La Piragua* (1856), *Revista Habanera* (1861-1862), Álbum de lo Bueno y lo Bello (1860), *Aguinaldo Habanero* (1865). Además, en el *Correo de la Tarde* y el *Diario de La Habana*. En 1864 fue nombrado director de la Escuela Municipal de Varones. Por su labor, fue premiado por la Junta Superior de Instrucción Pública. Fue, durante sus años de profesor, protector y maestro de José Martí. En 1867 se le autorizó a establecer el Colegio San Pablo. La casa de Mendive era centro de reuniones literarias y fervor patriótico. En enero de 1869, a raíz de los sucesos del Teatro Villanueva, fue conducido preso al castillo del Príncipe; más tarde fue confinado a España. De Madrid pasó a Nueva York, donde residió de 1869 a 1878. Colaboró en los periódicos de Nueva York *La Ilustración Americana*, *La América*, *Museo de las Familias y Mundo Nuevo*. En 1875 residió unos meses en Nassau. A raíz de la Paz del Zanjón regresó a Cuba. Trabajó en el bufete de Valdés Fauli. Dirigió el *Diario de Matanzas* (1878-1879). Colaboró en *La Lucha* (1887) y *El Almendares*. Escribió en el periódico *La Tarde*. Estuvo al frente del Colegio San Luis Gonzaga, de Cárdenas. Enfermó y fue trasladado a La Habana, donde falleció. Es coautor de *Cuatro laúdes* (1883), junto con Ramón Zambrana, José Gonzalo Roldán y Felipe López de Briñas. En colaboración con José de Jesús Q. García publicó su antología *América poética* (1856). Prologó la segunda edición de las *Poesías* de Fornaris. Tradujo las *Melodías irlandesas*, de Moore, impresas en Nueva York (1863). Hizo traducciones de Hugo, Byron, Lamartine. Dejó dramas inéditos. Algunos de sus versos fueron traducidos al francés por Moreau y al inglés por Longfellow. Utilizó los seudónimos *Tristán del Páramo*, *La Caridad* y *Armand Flevié*.

Bibliografía activa

Pasionarias, La Habana, Tipografía V. de Torres, 1847.

Gulmara, juguete lírico en un acto, La Habana, Imprenta de Torres, 1848.

Poesías, prólogo de Manuel Cañete, Madrid,

Imprenta y Estereotipia de Manuel Rivadeneyra, 1860; París, Librería Extranjera, 1860; 3.ª
edición, prólogo de Manuel Cañete.

Biografía por el Doctor Vidal Morales, La Habana, Editor Miguel de Villa, 1883.

Bibliografía pasiva

Azucena, Adolfo de la, seudónimo de Juan Clemente Zenea, «Rafael María de Mendive», en
Floresta Cubana, La Habana, 65-67, 1856.

Bueno, Salvador, «Rafael María de Mendive,
maestro de Martí», en su Figuras cubanas,
La Habana, Comisión Nacional Cubana de la
UNESCO, 1964, págs. 143-145.

Carbonell, José Manuel, «Rafael María de
Mendive y Daumy, 1821-1886», en su La poesía lírica en Cuba, recopilación dirigida, prologada y anotada, tomo 3, La Habana, Imprenta
El Siglo XX, 1928, Evolución de la cultura cubana, 1608-1927, 3.

Coestler, Alfred, «El período revolucionario en
Norte América, Fragmentos del Cap. III de
The Literary History of Spanish America por
Guarina Lora de Henríquez», en Cuba Con-
temporánea, La Habana, 21, 78-80, 1919.

Coronado, Francisco de P., «El centenario de
Mendive», en El Fígaro, La Habana, 38, 35
y 37, 522 y 554, octubre 23 y noviembre 6,
1921.

Chacón y Calvo, José María, «Rafael María de
Mendive», en su Las cien mejores poesías
cubanas, Madrid, Editorial Reus, 1922, págs.
149-151.

Chaple, Sergio, Rafael María de Mendive, Defi-

nición de un poeta, La Habana, Instituto Cubano del Libro, 1973.

D. E. P., «Rafael María de Mendive», en La Fraternidad, Sancti Spíritus, 1, 31, 2-3, 1886.

Edmain, Tristán, seudónimo de Tristán de Jesús Medina, «Cuatro laúdes», en Diario de La
Habana, La Habana, segunda época, 2, 243,
244, 245 y 246, 2, 2-3, 2-3 y 2, octubre 11, 12,
13 y 14, 1853.

Escoto, José Augusto, «Tres cartas inéditas de
Rafael María de Mendive», en Revista histórica, crítica y bibliográfica de la literatura cubana, Matanzas, 1, 1, 98-100, 1916.

Esténger, Rafael, «Rafael María de Mendive»,
en su Cien de las mejores poesías cubanas, 3.ª
edición aumentada, con un ensayo preliminar
y la inclusión de poetas actuales, La Habana,
Ediciones Mirador, 1948, págs. 140-141.

Fernández de Castro, José A., «Rafael María
de Mendive», en su Esquema histórico de las
letras en Cuba, 1548-1902, La Habana, Universidad de La Habana, 1949, págs. 92-93.

Figarola Caneda, Domingo, «Velada de Mendive», en El País, La Habana, 9, 304, 2, diciembre 23, 1886.

Gómez, Juan Gualberto, «Un poeta cubano,
Rafael María de Mendive», en Revista de
Cuba, La Habana, 16, 140-155, 1884.

González del Valle, Martín, «Rafael María de
Mendive», en su La poesía lírica en Cuba,
Barcelona, Imprenta de Luis Tasso, 1900,
págs. 223-238.

Lezama Lima, José, «Rafael María de Mendive», en su Antología de la poesía cubana,

tomo 2, La Habana, Consejo Nacional de Cultura, 1965, págs. 298-301.

Lizaso, Félix, *Rafael María de Mendive, el maestro de Martí*, La Habana, Imprenta Molina, 1937.

«Mendive, el glorioso maestro», en *El Mundo*, La Habana, 53, 16 981, A-6, enero 25, 1955.

Mañach, Jorge, «El estilo en Cuba y su sentido histórico», en su *Historia y estilo*, La Habana, Minerva, 1944, págs. 169-170.

Martí, José, «A Enrique Trujillos», Carta de julio 1, 1891, en su *Epistolario de José Martí*, tomo 1, 1862-1891, arreglado cronológicamente con introducción y notas por Félix Lizaso, La Habana, Cultural, 1930, págs. 271-274.

Monte, Ricardo del, «Mendive», en *El País*, La Habana, 9, 280, 21 noviembre 25, 1886.

Montoro, Rafael, «Crítica literaria, Poesías de Rafael María de Mendive», en su *Discursos políticos y parlamentarios*, Filadelfia, Levytype, 1894, págs. 519-529.

Nieto y Cortadellas, Rafael, «Documentos sacramentales de algunos cubanos ilustres, 84, Rafael María de Mendive y Daumy», en *Revista de la Biblioteca Nacional*, La Habana, 2.ª serie, 6, 3, 168-171, julio-septiembre, 1955.

«Opiniones de escritores ilustres sobre Mendive», en *El Fígaro*, La Habana, 38, 35, 523-524, octubre 23, 1921.

Rodríguez, José Ignacio, «Reminiscencias», en *La Habana Literaria*, La Habana, diciembre 15, 1891.

Salazar y Roig, Salvador, «Rafael María de Mendive», en su *Literatura cubana, El clasicismo en Cuba*, La Habana, Imprenta Cuba y América, 1913, págs. 47-49.

«Rafael María Mendive» en *Cuba contemporánea*, La Habana, 9, 78-97, 177-195, 1915.

Sánchez de Fuentes y Peláez, Eugenio de, «Mis relaciones con Mendive», en *El Fígaro*, La Habana, 8, 41, 3-6, 1892.

Santovenia, Emeterio Santiago, «Rafael María de Mendive», en *Chic*, La Habana, 9, 57, 25, abril, 1920.

Suárez y Romero, Anselmo, «Rafael María de Mendive», en *La Lucha*, La Habana, 2, 274, 2, noviembre 26, 1886.

Valdivia, Aniceto, «Rafael María de Mendive», en *El País*, La Habana, 9, 282, 2, noviembre 27, 1886.

Velasco de Millás, Isolina, *Rafael María de Mendive*, conferencia, La Habana, Imprenta Molina, 1931.

Vitier, Cintio, «Rafael María de Mendive», en su *Lo cubano en la poesía*, La Habana, Universidad Central de Las Villas, 1958, págs. 155-156.

Zambrana, Ramón, «Rafael María de Mendive», en su *Soliloquios*, La Habana, Imprenta La Intrépida, 1865, págs. 6-20.

Mendoza Guerra, Pedro (Pamplona, España, 3 septiembre 1862-Quito, 1 diciembre 1920). Cursó el bachillerato en el Colegio de Belén, en La Habana. Laboró como maestro en La Habana y en Cárdenas (Matanzas). Más tarde, como telegrafista graduado de la Escuela Profesional, trabajó en Sancti Spíritus y en Puerto Príncipe. En esta ciudad dirigió *El Pueblo*, cargo del que quedó cesante por sus artículos liberales. En Cienfuegos (Las Villas), dirigió *La Juventud Liberal* y más tarde el periódico *La Evolución*. Sus ideas separatistas le costaron prisión. Emigró a México. Desde Nueva York intentó venir a luchar a Cuba, y al fin logró desembarcar en la expedición del «Bermuda» (1896). Se le designó gobernador de Camagüey (1896-1897). Colaboró en *La Verdad* y en el *Boletín de la Guerra*. En 1897 fue electo Representante a la Asamblea Constituyente de la Yaya. En Camagüey fundó el periódico *Las Dos Repúblicas* (1898). Fue alcalde de esa ciudad, fundador del Partido Nacional Cubano y, en 1902, Representante a la Cámara. En 1906 era redactor de *La Lucha*. Ocupó diversos cargos en la administración pública. Fue redactor de *Las Avispas* y de *El Triunfo*, director de *El Partido Liberal* y colaborador de *La Habana literaria*, *El Fígaro* y *Bohemia*, así como de publicaciones extranjeras. Desde 1908 hasta su muerte desempeñó cargos diplomáticos en Uruguay, Santo Domingo y Ecuador. Escribió con Ricardo Lancís y Demetrio Castillo el *Informe de los delegados de Cuba al Congreso de la American Prison Association* (La Habana, 1910).

Bibliografía activa

Cancionero heroico, Santo Domingo, Establecimiento Tipográfico El Progreso, 1915.

Bibliografía pasiva

Hermann, seudónimo de Emilio Roig de Leuchsenring, «Pedro Mendoza Guerra», en *Social*, La Habana, 5, 12, 64, diciembre, 1920.

Llaverías, Joaquín, *Elogio del señor Pedro Mendoza Guerra*, *individuo de número*, leído en la sesión solemne celebrada en la noche del 19 de diciembre de 1923, La Habana, Imprenta El Siglo XX, 1923.

Márquez Sterling, Manuel, «Pedro Mendoza Guerra», en *El Fígaro*, La Habana, 15, 1, 9, enero 1, 1899.

Mendoza y Durán, **Tomás** (Caracas-Tunas, Oriente, agosto 1869). A partir de 1866 cultivó en La Habana el teatro y escribió comedias, dramas y zarzuelas en prosa y verso, entre ellas *Una estocada secreta*, drama en tres actos en verso; *Justicia de propia mano*, drama en tres actos y en prosa; *Dos máscaras*, zarzuela en un acto en verso, y *El tesoro de Santa Clara*, comedia en un acto y en prosa. En 1868 fue nombrado secretario de la Sociedad Filarmónica de Santiago de Cuba, así como profesor de Historia Natural del Instituto de Segunda Enseñanza de dicha ciudad. Colaboró en *El Siglo* y en otros periódicos nacionales y extranjeros. Fue además orador revolucionario. Al iniciarse la revolución de 1868 marchó al extranjero para llevar a cabo una misión del Comité del Centro. Después se alistó en la expedición del general Manuel de Quesada, en Nassau. En diciembre de ese año suscribió un manifiesto independentista en unión de Luis

Victoriano Betancourt, Rafael Morales, Julio Sanguily y otros expedicionarios. La expedición partió a bordo de la goleta Galvanic y desembarcó a fines de diciembre al norte de Camagüey. Luchó con el grado de capitán en el combate de Paso de Lesca. Ascendió a comandante. Con el grado de coronel participó en el ataque al pueblo de Tunas en agosto de 1869, donde resultó herido. Falleció a los pocos días. Utilizó el seudónimo *El Bachiller Linaza*.

Bibliografía activa

De lo vivo a lo pintado, comedia de costumbres en tres actos y en verso, original, estrenada en el Teatro de La Reina, de esta ciudad, el 19 de marzo del presente año, Santiago de Cuba, Imprenta de Espinal y Díaz, 1867.

A espaldas vueltas, proverbio en un acto y en verso, original, estrenado en el Teatro principal de Santiago de Cuba, La Habana, Imprenta de la Viuda de Barcina, 1868.

Los mocitos del día, caricatura de costumbres, en un acto y en prosa, original, representada por los Bufos Habaneros en el Gran Teatro de Tocón en la noche del 17 de setiembre de 1868, La Habana, Imprenta de la Viuda de Barcina, 1868.

Bibliografía pasiva

González Curquejo, Antonio, «Tomás Mendoza», en su *Breve ojeada sobre el teatro cubano al través de un siglo*, 1820-1920, La Habana, Imprenta y Papelería la Universal, 1923, págs.

21.

«Tomás Mendoza», en *Álbum de* El Criollo, *Semblanzas*, La Habana, Establecimiento Tipográfico O'Reilly n.º 9, 1888, págs. 207.

Menéndez, Aldo (Caibarién, Las Villas, 14 febrero 1918-17 diciembre 2020). Al concluir la enseñanza primaria en su ciudad natal, cursó hasta tercer año de bachillerato en el Instituto de Cienfuegos (las Villas). Desde 1936 era miembro de la Juventud Comunista. Se dio a conocer como poeta en *Social*. Estudió inglés y se hizo técnico electricista en Estados Unidos. Permaneció en la Escuela de Náutica de Cienfuegos de 1946 a 1947. Desempeñó los más variados trabajos. Desde 1956 luchó contra el gobierno de Batista. Fue director de *Signo y Atejo*, y colaboró en *Orígenes*, *Ciclón*, *Islas*, *Diario Libre*. En 1959 recibe el premio el Mejor artículo en defensa de la Revolución por «Las voces», publicado en *Revolución*. De 1961 a 1966 labora en el MINREX y es Consejero Cultural en Viena. Ha viajado por América Latina, Unión Soviética y Europa. Desde 1968 trabaja en *Bohemia*. Es coautor, con Samuel Feijóo y Alcides Iznaga, de *Concierto* (La Habana, Imprenta de Herrería y Fernández, 1947), donde publicó sus poemas «Morada temporal». En Islas (1962) dio a conocer su prosa poética «Transeúnte contemplativo». Sus poemas han sido antologados y traducidos al inglés, al francés y al danés.

Bibliografía activa

Puerto inmóvil, poesía, La Habana, Impresores Úcar, García, 1953.

Ciudad cerrada, poesía, La Habana, Imprenta Úcar, García, 1955.

Testimonios del silencio, Cienfuegos, Ediciones de la revista *Signo*, 1960.

Helena, poesía, La Habana, Ediciones La Tertulia, 1965.

Siempre cantábamos, poesía, La Habana, UNEAC, 1969.

Bibliografía pasiva

Branly, Roberto, «*Helena*, El eterno retorno de la poesía», en *Unión*, La Habana, 5, 1, 176-178, enero-marzo, 1966.

Feijóo, Samuel, «Testimonios del combatiente» en *Islas*, Universidad de Las Villas, Santa Clara, 3, 2, 367-371, enero-abril 1961.

Navarro Lauten, Gustavo, «Tres notas bibliográficas», sobre *Puerto inmóvil*, en *Orto*, Manzanillo, 42, 1, 21, enero, 1954.

Vitier, Cintio, «Aldo Menéndez», en su *Cincuenta años de poesía cubana*, 1902-1952, ordenación, antología y notas, La Habana, Ministerio de Educación, Dirección de Cultura, 1952, págs. 307.

Menéndez Alberdi, **Adolfo** (Sagua la Grande, Las Villas, 15 agosto 1906). Cursó la primaria en su ciudad natal. Vivió en una colonia cañera ubicada en el central Nazábal, donde, mientras enseñaba, se hizo maestro equiparado y procurador público. Durante la dictadura de Gerardo Machado redactó panfletos contra la tiranía. Publicó sus primeros poemas en periódicos locales. Después de la caída de Machado trabajó, en distintas oficinas. Participó en manifestaciones y protestas contra los gobiernos que le sucedieron. En 1947 obtuvo el premio único en el Concurso Nacional convocado por el Liceo de Güines (La Habana) con su *Canto mínimo a José Martí*. Durante la tiranía batistiana partió de Cuba y recorrió Puerto Rico, Santo Domingo, México y Centroamérica. Sus libros de versos recibieron mención en los concursos de la Casa de las Américas en 1960 (*Poemas del Pueblo*), 1962 (*Cielo terrenal*) y 1963 (*El alba compartida*). En 1974 obtuvo el primer premio de poesía infantil de las FAR en el concurso «26 de julio» con su libro *Juegos de Islasol*. Compiló *20 en el XX:* (1973), antología de versos. Poemas suyos han sido incluidos en varias antologías poéticas. En *Emocionario doliente* utilizó el seudónimo *Alipio*.

Bibliografía activa

Emocionario doliente, poemas, prólogo de Loreto Serapión, La Habana, Imprenta Hermes, 1938.

Escala, poemas, La Habana, 1945.

Canciones afines, La Habana, Imprenta de Clemente Núñez, 1947.

Canto mínimo a José Martí, La Habana, 1947.

El sueño inevitable, La Habana, Imprenta Cuba Intelectual, 1949; 2.ª edición, Id., 1950.

Poemas del pueblo, 3.ª edición, La Habana, Imprenta Marón, 1960.

El transeúnte, poemas, La Habana, Talleres Gráficos Marón, 1962.

El alba compartida, poesía, La Habana, Ediciones Unión, 1964.

Caña e ingenio en la poesía cubana, Caña y azúcar en los cantos folklóricos cubanos, La Habana, 1965.

Azúcar, viejo tema poético y folklórico cubano, Artículos, La Habana, 1966.

Las raíces con nombres y apellidos, poesía, La Habana, UNEAC, 1975.

Bibliografía pasiva

Baeza Flores, Alberto, «Adolfo Menéndez Alberdi», en su *Las mejores Poesías cubanas*, Barcelona, Editorial Bruguera, 1955, págs. 88.

Díaz Martínez, Manuel, «*El alba compartida*» en Unión, La Habana, 3, 3, 159-160, julio-septiembre, 1964.

Daura y Elder, Rafael, «26. Autores premiados, poesía infantil», en *Verde Olivo*, La Habana, 16, 37, 8-9, septiembre 15, 1974.

F. B. P., «*Poemas del pueblo*», en *Boletín Cultural*, La Habana, 1, 7, 19, junio, 1960.

«Galería de poetas, Adolfo Menéndez Alberdi», en *Archipiélago* Caibarién, 3, 5, 3, julio, 1945.

Mensajero político, económico-literario de La Habana (La Habana, 1809). Publicación de pequeño tamaño —como era usual en la época— que se editaba dos veces por semana. Según parece comenzó a salir en enero de 1809, pues el ejemplar más antiguo revisado (número 2) corresponde al día 13 de dicho mes y año. José María Labraña afirma en la página 669 de su trabajo «La prensa en Cuba» —aparecido en *Cuba en la mano. Enciclopedia popular ilustrada* (La Habana, Imprenta Úcar, García, 1940, págs. 649-786)—, que era dirigida por José Antonio de la Casa y redactada por Manuel Zequeira y Nicolás Ruiz. Antonio Bachiller y Morales señala, en la página 198 del tomo 2 de su obra *Apuntes para la historia de las letras y de la instrucción pública en la isla de Cuba* (La Habana, Academia de Ciencias de Cuba. Instituto de Literatura y Lingüística, 1971), que «En los artículos originales y en las poesías se conocen algunas iniciales como las de M. Z. (Manuel Zequeira) y N. R. (Nicolás Ruiz), y otras que después se han hecho distinguidas por sus obras posteriores». Publicó discursos patrióticos, noticias del extranjero y temas mercantiles. El último número visto correspondió al 14 de diciembre de 1811. Labraña anota, en el trabajo antes señalado, que se convirtió en la Gazeta diaria y mensajero-político-literario de La Habana.

Mensajero Semanal, El (Nueva York, 1828; Filadelfia, 1828-1829; Nueva York, 1829-1831). Revista. El Primer número apareció el 19 de agosto. Aunque en la publicación no consta, se sabe que fue redactada por José Antonio Saco y Félix Varela. El primer número se editó en Nueva York; entre los números 2 y 32 en Filadelfia, y a partir del número 33 y hasta el final, de nuevo en Nueva York. De contenido variado, publicó trabajos sobre política internacional, arquitectura, industria, historia, ciencias naturales y geografía. Reprodujo noticias y comentarios relacionados con la guerra que se desarrollaba en Sudamérica, así como acontecimientos notables de los Estados Unidos de Norteamérica. En su sección «De los ocios» insertó trabajos sobre literatura española, y poemas del español Juan Nicasio Gallegos. Aparecieron comentarios sobre las poesías de José María Heredia. Publicó además pequeñas piezas teatrales. También dio a conocer el movimiento teatral parisién y traducciones de artículos editados en la prensa extranjera. José María Labraña señala, en las páginas 669 y 670 de su trabajo «La prensa en Cuba» —aparecido en *Cuba en la mano. Enciclopedia popular ilustrada* (La Habana, Imprenta Úcar, García, 1940, págs. 649-786)—, que fueron sus colaboradores Manuel del Socorro Rodríguez, Gaspar Betancourt Cisneros, Tomás Gener, Ramón Vélez Herrera y José Estévez. En el último número publicado, que vio la luz el 29 de enero de 1831, se hace constar: «No son motivos políticos, sino otros de distinta especie los que obligan al redactor del *Mensajero* a terminar su publicación. La generosidad de los individuos que se suscribieron a él, miróla su redactor como un honor que se hacía a su persona, y una protección que se dispensaba a su periódico. Reciban pues todos ellos el homenaje sincero de su gratitud, pero recíbanle más cordialmente los que desde el principio hasta el fin han sido siempre suscriptores a el *Mensajero*». Después de insertar una lista de los que a principios de enero de 1831 estaban suscritos a la publicación en la ciudad de La Habana, se señala: «Quisiera también poder imprimir la lista de los suscriptores de Matanzas, pero no sabiendo acerca de este particular ninguna otra cosa sino que el S. Gobernador don Cecilio Ayllón echa un embargo a los *Mensajeros* inmediatamente que llegan a esa ciudad, que los arresta después en su casa por algunos días o semanas, y que solo los pone en libertad cuando ya los considera purgados del veneno con que pudieran infestar a Matanzas, me veo privado del placer que tendría en dar a aquellos vecinos un expreso testimonio de mi gratitud».

Expresa Carlos Manuel Trelles, en la séptima parte de su trabajo «Bibliografía de la prensa cubana (de 1764 a 1900) y de los periódicos publicados por cubanos en el extranjero» —en la *Revista Bibliográfica Cubana* (La Habana, 3, 16, 163, julio-agosto, 1939)—, que «El Gobierno español calificó su circulación en la Isla de sospechosa y esto precipitó la muerte de esta notable publicación, en donde salieron a la luz valiosos escritos». Aparecieron tres volúmenes.

Bibliografía

Camacho, Pánfilo Daniel, «Fundación de *El Mensajero Semanal*», en su *José Antonio Saco*, estudio biográfico, La Habana, Imprenta Molina, *s. a.*, págs. 18.

Mensajero, **El** (Véase **Reflejo**, **El**.

Mensajero de las Damas (La Habana, 1882). Semanario dedicado al bello sexo. El primer número apareció el 11 de febrero. Era dirigido por María Manuela López. Publicó cuentos, poesías, crítica literaria, folletines, artículos sobre moral y religión. En un Prospecto inicial anunciaron que sus colaboradores serían, entre otros, Luisa Pérez de Zambrana, Martina Pierra de Poo, Domitila García de Coronado, Mercedes Matamoros, Bernardo Costales y Sotolongo, Eduardo Augusto Peyrellade, Pablo Hernández, Francisco Guitart; de todos éstos, efectivamente, aparecieron colaboraciones. También se publicaron trabajos de Aurelia Castillo de González, Enrique Hernández Miyares, Enrique José Varona, Rafael María de Mendive, Úrsula Céspedes de Escanaverino, Felipe Poey, Federico Villoch, Luis Victoriano Betancourt, Antonio Sellén y Ricardo Potestad y Cordero. Algunos trabajos aparecieron bajo los seudónimos *Julio Rosas* (Francisco Puig de la Fuente), *Felisa*, *Estela*, *Araminta*, *Lidia*. El último número visto corresponde al 1.º de junio de 1884.

Mensajero de las Damas, **El** (La Habana, 1904-Id.). Semanario ilustrado dedicado a las damas. El primer número apareció el 4 de febrero. Era dirigido por Ramón Mendoza Socarrás. Su subtítulo varió, primero, a «Revista ilustrada dedicada a las damas»; después readoptó el subtítulo original. Publicó

cuentos, poemas, capítulos de una novela, trabajos sobre la educación de la mujer y temas históricos. Además, aparecieron notas teatrales y de arte y secciones dedicada a modas, deportes y sociedad. Entre sus colaboradores figuran Francisco Javier del Castillo, I. Aldereguía, Mercedes Matamoros, Francisco P. Sánchez y L. A. Pazos. El último número visto (13) corresponde al 20 de mayo de 1904.

Mensajes (La Habana, 1964-Id. 1970-1971). Boletín de la Unión de Escritores y Artistas de Cuba (UNEAC). Publicación mimeografiada, cuyo primer ejemplar aparece fechado el 22 de enero. En él se expresa que «la Unión de Escritores y Artistas de Cuba inicia un servicio de divulgación de textos marxistas sobre temas estéticos [...]». En efecto, los tres ejemplares localizados de ese año, reproducen solamente materiales de este tipo. El boletín reapareció, con una periodicidad semanal y con numeración independiente, alrededor del 20 de mayo de 1970, según la fecha que se anota al pie de algunos trabajos. Siguió tirándose a mimeógrafo. En este número se expresa que «la nueva y brutal agresión perpetrada por el imperialismo yanqui contra nuestro pueblo en la persona de once heroicos miembros de nuestra flota pesquera y en respuesta al hundimiento de las dos embarcaciones que tripulaban, los artistas y escritores cubanos, dispuestos siempre a combatir con sus medios o con las armas inician la publicación de *Mensajes* como una forma más de lucha. El carácter de comprometida emergencia de este boletín se integra a la decisión y combatividad de nuestro pueblo...».

Publicó cuentos, poemas, crítica literaria y cinematográfica, trabajos sobre música, artes plásticas, estética, así como noticias sobre el movimiento artístico y literario internacional. Además, reflejó la labor desarrollada por la UNEAC. Entre sus colaboradores figuraron Nicolás Guillén, José Antonio Portuondo, Ángel Augier, Onelio Jorge Cardoso, Salvador Bueno, Mirta Aguirre, Eliseo Diego, Félix Pita Rodríguez, Luis Marré, José Luciano Franco, Raúl Luis, Pedro y Francisco de Oraá, Miguel Barnet, Alberto Rocasolano, Luis Pavón, Gustavo Eguren, Marcelino Arozarena, Adolfo Suárez, Roberto Branly, Mary Cruz, José Cid, Nancy Morejón, Georgina Herrera, Otto Fernández, Helio Orovio y Mario Rodríguez Alemán. El último ejemplar visto (15) corresponde al 15 de abril de 1971.

Mensajes. Cuadernos marxistas (La Habana, 1956-1958). Revista mimeografiada. Se supone que su periodicidad haya sido mensual. Como expresan en el primer número que vio la luz, correspondiente al mes de julio, fue «órgano de los intelectuales y artistas que tienen al marxismo como ideología». No aparece constancia en la revista, de la cual solo se han localizado cuatro números, de quiénes fueron sus editores. En dicho primer número anotaban además que *Mensajes* «hará por tanto, simultáneamente, un trabajo de unidad y de deslinde. Unidad para los fines de exaltar y dar impulso a la cultura nacional. Deslinde en cuanto a modos estéticos, criterios filosóficos, concepciones científicas». Publicó trabajos sobre política, literatura, arte, crítica literaria. Tuvo la sección «Notas y comentarios», que reflejaba acontecimientos nacionales e internacionales, sobre todo los relacionados con el movimiento cultural. Entre sus colaboradores figuraron Juan Marinello y Carlos Rafael Rodríguez. Se publicaron trabajos de algunos escritores y artistas extranjeros, como Julián Romay y David Alfaro Siqueiros. El último número localizado corresponde a abril de 1958.

Mensuario de arte, literatura, historia y crítica (La Habana, 1949-1951). Publicación auspiciada por la Dirección de Cultura del Ministerio de Educación. Fue su director Raúl Roa. El cuidado técnico y artístico estuvo a cargo de Félix Ayón y Félix Pita Rodríguez, respectivamente. En el primer número, que correspondió a diciembre, apareció un artículo de Roa titulado «El estado y la cultura», en el que expresaba, entre otras cosas, la siguiente: «Este *Mensuario de literatura, arte, historia y crítica*, se aparta de ambas [de la *Revista Cubana* y de la *Revista Cubana de Filosofía*] por su índole, su estructura y su mensaje. No es vocero de determinada tendencia literaria o artística, ni es un aséptico minarete de elegidos. Es un palenque abierto a todos los escritores y artistas cubanos de ayer, de hoy y de mañana. Este *Mensuario*, aspira a recoger y a traducir las palpitaciones de la vida literaria y artística de Cuba y del extranjero. Y su objetivo céntrico es abrirle al pueblo nuevas vías de acceso al banquete platónico». Fue un tabloide de reconocida importancia. Publicó cuentos, poesías, crítica literaria y teatral, trabajos sobre historia, música, cine, artes plásticas. Mantuvo la sección «Libros», que comentaba las últimas publicaciones aparecidas. Colaboraron en sus páginas Medardo Vitier, Fernando González Campoamor, Francisco Prat Puig, Marcelo Pogolotti, José Zacarías Tallet, Rafaela Chacón Nardi, Salvador Bueno, Fernando Ortiz, Regino Pedroso, Raimundo Lazo, Rine Leal, Elías Entralgo, Félix Lizaso, Joaquín Llaverías, Onelio Jorge Cardoso, Leopoldo Horrego Estuch, Emilio Ballagas, Emeterio Santovenia, Luis Rodríguez Embil, Roberto Fernández Retamar, Herminio Almendros, Raúl Aparicio, Ángel Augier, Ramiro Guerra, Enrique Gay Calbó, José Manuel Valdés Rodríguez, Antonio Núñez Jiménez, Marcelo Salinas, Luis Pavón, Raúl Cepero Bonilla y otros. En los dos últimos números vistos (14 y 15), correspondientes a junio y julio de 1951, no aparece director.

Mercurio (Cienfuegos, Las Villas, 1912-Id.). Revista. El primer número visto (5) corresponde al 28 de enero. Fungían como directores Hilarión Cabrisas y Ramón S. Varona (hijo). La lista de colaboradores estaba formada por José Fernández Pellón, Ramón S. Varona (*Mañana*), Fernando de Zayas, Eduardo Benet, Eduardo Sanz (*San Duarsedo*), Enrique Hernández y Arturo Villamil. Aparecía también una lista de colaboradores residentes en La Habana, entre ellos Federico Uhrbach, León Ichaso, Enrique Coll, Manuel Lozano Casado, Agustín Acosta, Diwaldo Salom y Antonio Iraizoz (*Tit-Bits*). Figuraba como colaborador, desde Gibara, Armando Leyva; desde Sancti Spíritus, César Cancio, y desde Matanzas, Juan Castelló Montenegro, Fernando y Francisco Lles, Medardo Vitier y Tomás Santamarina. A partir del número 13 fue colaborador, desde Guantánamo, Regino Eladio Boti. También fueron colaboradores Max Henríquez Ureña y Tomás Jústiz del Valle. Desde Londres y Buenos Aires prestaron su colaboración, respectivamente, Armando R. y Salazar y Ruy de Lugo Viña. Publicó cuentos, poemas, crítica literaria, trabajos de historia, notas sobre teatro y otros temas variados. Mantuvo la sección «Vida literaria», que reflejaba los últimos acontecimientos nacionales e internacionales en ese campo. Otros colaboradores fueron José Manuel Poveda, Rafael Montoro, Miguel Macau, Mariano Albaladejo, Joaquín Aramburu, *Roger de Lauria* (seudónimo de Ramón R. Gollury), Enrique Gay Calbó, Pedro López y Pablo Díaz de Villegas. El último número visto (22) corresponde al 26 de mayo de 1912.

Mercurio, El (La Habana, 1876-1877). Periódico de ciencias, artes, literatura y anuncios. Solo se han hallado dos números (1 y 3), correspondientes al 4 y al 13 de diciembre. Se ha encontrado, además, un *Suplemento* a *El Mercurio*, de fecha 25 de octubre de 1887, que, tipográficamente, es casi exacto a los otros dos ejemplares antes mencionados. Refiriéndose al periódico, señala Carlos Manuel Trelles, en la séptima parte de su trabajo «Bibliografía de la prensa cubana (de 1764 a 1900) y de los periódicos publicados por cubanos en el extranjero» —en *Revista Bibliográfica Cubana* (La Habana, 3, 16, 163, julio-agosto, 1939)—, lo siguiente: «De Felipe Poey y Francisco Calcagno», a los cuales atribuye José María Labraña, en la página 724 de su trabajo «La prensa en Cuba» —aparecido en *Cuba en la mano. Enciclopedia popular ilustrada* (La Habana, Imprenta Úcar, García, 1940, págs. 649-786)—, su fundación y dirección. Dice Trelles, además, que salieron cuatro números, el último de ellos en 1877, sin especificar la fecha exacta. En los ejemplares vistos aparecen dos folletines, uno de Luisa Pérez de Zambrana y otro de Francisco Sosa, y datos sobre el poeta Manuel Justo Ruvalcaba tomados del *Diccionario biográfico cubano*, de Calcagno.

Mercurio Cívico (La Habana, 1821-Id.). «Periódico político, crítico y literario», se lee en el facsímil del primer ejemplar publicado, correspondiente al 15 de septiembre, que reproduce Joaquín Llaverías en la página 384 del tomo 1 de su *Contribución a la historia de la prensa periódica* (La Habana, Talleres del Archivo Nacional de Cuba, 1957). Según afirma el propio Llaverías, de cuya obra antes citada están tomados todos los datos, salía preferentemente los lunes, sábados y domingos, y era dirigido por Desiderio Herrera. No se ha visto ningún ejemplar. En la «Introducción» al primer número, también reproducida por Llaverías en las páginas 381 y 384 de su libro, se dice, entre otras cosas que «el *Mercurio Cívico* sin degradar con la vil adulación el alto carácter de ciudadano, sin traspasar los límites de la moderación, y con toda la energía que inspira la verdad, defiende tus derechos, y corrige tus vicios, mientras tendiendo la vista por el campo de las necesidades públicas, reclama en tu nombre su remedio; mientras procura presentarte con toda la exactitud posible, las ideas de una sana política y de una moral pura, mientras exige la reforma de los abusos, y finalmente mientras pone en práctica todos los medios que puedan hacerle gloriar con el justo título de amante de la libertad». Trató con preferencia los asuntos políticos y locales, aunque también aparecieron poesía y algunos trabajos literarios y científicos. Bachiller y Morales expresa, en la página 220 del tomo 2 de su obra *Apuntes para la historia de las letras y de la instrucción pública en la isla de Cuba* (La Habana, Academia de Ciencias de Cuba. Instituto de Literatura y Lingüística, 1971), que este periódico se distinguió «por el tono decente con que trató las cuestiones de que se ocupó, ora la doctrina política, ora de literatura». Además, señala también Bachiller, «habló de calles, panópticos, y se entretuvo en diálogos morales y noticias geográficas». Llaverías refiere, en la página 385 de su ya citada obra, que en un semanario titulado *El Mercurio*, que vio la luz en La Habana entre 1876 y 1877, dirigido por el propio Desiderio Herrera, apareció, en el número correspondiente al 1.º de enero de 1877, un trabajo de Eusebio Valdés Domínguez titulado «Examen bibliográfico sobre el periódico titulado *Mercurio Cívico*». Carlos Manuel Trelles señala, en la séptima parte de su «Bibliografía de la prensa cubana (de 1764 a 1900) y de los periódicos publicados por cubanos en el extranjero» —aparecida en la *Revista Bibliográfica Cubana* (La Habana, 3, 16: 164, julio-agosto, 1939)—, que el último número que salió corresponde al 24 de diciembre de 1821.

Bibliografía

Llaverías, Joaquín, «Mercurio Cívico», en su *Contribución a la historia de la prensa periódica*, tomo 1. Prefacio de Emeterio Santiago Santovenia, La Habana, Talleres del Archivo Nacional de Cuba, 1957, págs. 379, 381, 383-385, Publicaciones del Archivo Nacional de Cuba, 47.

Merchán, Rafael María (Manzanillo, Oriente, 2 noviembre 1844-Finca Boitá, Guatavita, Colombia, 19 marzo 1905). Hacia los doce años comenzó el aprendizaje de tipógrafo en la imprenta de Francisco Murtra. En Bayamo trabajó como cajista en la imprenta del periódico *La Regeneración*. Ingresó en

1860 en el Seminario de Santiago de Cuba, pero desistió de seguir la carrera eclesiástica. Escribió artículos para *La Aurora* y *El Comercio*. Se trasladó en 1867 a La Habana, donde trabajó como profesor en el colegio Santo Tomás y como redactor político de *El Siglo*. Colaboró además en *La Opinión* y en *El País*, donde apareció su artículo «Laboremus», del cual, según algunos, se deriva el nombre de «Laborantes» dado por las autoridades españolas a los propagandistas de la independencia. En 1869 colaboró en *La Verdad* y fundó *El Tribuno*. Amenazado de prisión y de muerte, tuvo que emigrar a Estados Unidos. En Nueva York, a través del periódico *La Revolución*, órgano oficial de la Junta Cubana, sostuvo una polémica de carácter político con Juan Clemente Zenea. En 1870 fue designado director de esta publicación. Fundó y dirigió también, en Nueva York, el *Diario Cubano* (1870). Viajó a Europa. Colaboró en *La Liberté* y en la *Revista Latinoamericana* (1874). Se estableció en Colombia, donde fue secretario particular del presidente Rafael Núñez, miembro honorario de la Academia Colombiana de la Lengua, secretario del Ateneo, colaborador de *La Reforma*, *Repertorio Colombiano*, *La Estrella de Panamá*, *El Estudio*, *El Promotor* (de Barranquilla) y *El Hispanoamericano* (de Panamá), así como redactor del periódico *La Luz* (1881-1884). En 1890, como actitud provisional, se pronunció a favor del autonomismo, pero al estallar la guerra del 95 volvió a su posición separatista. Actuó como delegado del Partido Revolucionario en Colombia y libró campañas de prensa en *Rayos X* de Bogotá. Con el artículo «La redención de un mundo», publicado en *Repertorio Colombiano*, cerró su campaña periodística en pro de la independencia de Cuba. En carta dirigida a Juan Gualberto Gómez en mayo de 1901 supone de los Estados Unidos intenciones protectoras en relación con Cuba. En 1899 se le nombra representante, por Oriente, a la Cámara Revolucionaria que se reuniría en Santa Cruz, del Sur, pero no pudo trasladarse a Cuba. No aceptó del gobierno interventor el nombramiento de profesor de Historia de América en la Universidad. Fue designado por Estrada Palma enviado extraordinario y ministro plenipotenciario en España y en Francia. Llegó a Santiago de Cuba en 1902. En Oriente y en La Habana recibió homenajes y también ataques periodísticos. Partió hacia España, donde enfermó. Tuvo que realizar viajes, por motivos de salud, a París y a Londres. Partió de España hacia Colombia. Editó *Versos de Rafael Núñez* (1885). Prologó su obra *La reforma política en Colombia* (1885). Recopiló y prologó las cartas de Gustavo Ortega bajo el título *Un exlibertador* (Bogotá, Tipografía La Luz, 1898). Recogió en un volumen y prologó los escritos *A la memoria de Francisco Javier Cisneros* (1900). Utilizó los seudónimos *El anotador literario, Benigno, Cauto, P. M. Casqueado, Jasón y Sportsman* en publicaciones de Colombia; *Un cubano*, en Estados Unidos, *Huberto* y las iniciales J. M. M., en publicaciones cubanas. Inicialó de diversas formas sus artículos.

Bibliografía activa

La honra de España en Cuba, Nueva York, La Revolución, 1871.

Juan Clemente Zenea, poeta cubano, Bogotá, Echeverría Hermanos, 1881.

Mil anécdotas, Bogotá, Imprenta de La Luz, 1884.

Estudios críticos, Bogotá, Imprenta de La Luz, 1886.

Dámaso Zapata, discurso leído en el acto de la inhumación de su cadáver, el 1.º de septiembre de 1888, en el cementerio de Bogotá, Bogotá, 1888.

Carta al señor don Juan Valera sobre asuntos americanos, Bogotá, Imprenta de La Luz, 1889.

La autonomía de Cuba, defensa personal, Bogotá, Imprenta de La Luz, 1890.

Un poco de todo, Bogotá, Imprenta de La Luz, 1890, *Id*, 1891.

Variedades, tomo 1, Bogotá, Imprenta de La Luz, 1894.

La educación de la mujer, discurso leído en la sesión solemne del Colegio Pestalozziano de Bogotá el 18 de noviembre de 1894, Bogotá, Imprenta de La Luz, 1894.

Cuba, justificación de su guerra de independencia, Bogotá, Imprenta de La Luz, 1896.

Cuba, justificación de sus guerras de independencia, La Habana, Imprenta Nacional de

Cuba, 1961.

Colombia y Cuba, *Suscripción para auxilio de los enfermos y heridos del Ejército Libertador Cubano*, informe que dirige a los donantes y al gobierno republicano de Cuba, Bogotá, Imprenta de La Luz, 1897.

Un punto de disciplina, Bogotá, Imprenta de La Luz, 1897.

Un ex-libertador, Bogotá, Tipografía La Luz, 1898.

La redención de un mundo, Bogotá, Imprenta de La Luz, 1898.

Comentarios, Artículos, Bogotá, Imprenta de La Luz, 1898; Madrid, 1903.

Emociones, versos, Bogotá, Librería Nueva, 1899; Bogotá, Librería Nueva, 1899; Bogotá, Imprenta de La Luz, 19...

La Ley Platt, carta abierta el señor Juan Gualberto Gómez, con motivo del informe que redactó la Convención Constituyente, acerca de la Ley o Enmienda Platt, *s. l.*, 1901.

Estudios críticos, prólogo de Antonio Gómez Restrepo, Madrid, Editorial América, 1917.

Patria y cultura, selección y prólogo de Félix Lizaso, La Habana, Ministerio de Educación, Dirección de Cultura, 1948.

Bibliografía pasiva

Andrade, Roberto, «Montalvo y su crítico Merchán», en *Revista Bimestre Cubana*, La Habana, 31, 377-405, 1933.

Bobadilla, Emilio, «Estudios críticos, Rafael María Merchán», en su *Crítica y sátira*, La Habana, Editorial de la Universidad de La Habana, 1964, págs. 55-76.

Boulevardier, seudónimo, «El brindis de Piñeyro», en *La Discusión*, La Habana, 15, 175, 3, junio 24, 1903.

Bueno, Salvador, «Los grandes críticos, Piñeyro, Merchán, *Justo de Lara*», en *Cuadernos de la Universidad del Aire del Circuito CMQ*, La Habana, 4, 48, 383-391, marzo 2, 1953.

Carricarte, Arturo Ramón de, «En memoria de Merchán», en *El Fígaro*, La Habana, 35, 4, 86, 1918.

Cesáreo, G. A., «Miscelánea, comentario sobre *Estudios críticos*, por Rafael María Merchán», en *Revista Cubana*, La Habana, 8, 569-572, 1888.

Cruz, Manuel de la, «Variedades», en *La Habana Elegante*, La Habana, 6, noviembre 4, 11, 18, 1894.

«Rafael María Merchán», en su *Cromitos cubanos*, Madrid, Saturnino Calleja, 1926, págs. 73-79, Obras de Manuel de la Cruz, 5.

Dihigo, Juan Miguel, *Rafael María Merchán*, conferencia inaugural de la segunda serie sobre «Figuras intelectuales de Cuba» pronunciada el 7 de marzo de 1915 en la Sociedad de Conferencias, La Habana, Imprenta El Siglo XX, 1915.

«En honor de Merchán»; en *Diario de la Marina*, edición de la tarde, La Habana, 63, 271, 1, noviembre 15, 1902.

Entralgo, Elías José, «Tres forjadores finiseculares de la conciencia nacional, Rafael María Merchán, Raimundo Cabrera y Diego Vicente Tejera y Calzado», en *Cuadernos de la Univer-*

sidad del Aire del Circuito CMQ, La Habana, 4, 48, 373-382, marzo 2, 1953.

Figarola Caneda, Domingo, *Bibliografía de Rafael María Merchán*, 2.ª edición corregida y aumentada La Habana, La Universal, 1905.

Gómez Restrepo, Antonio, «Rafael María Merchán», en *Revista de La Habana*, 257-266, noviembre, 1944.

González Ricardo, Rogelio, *Merchán-Masó*, homenaje tributado a tan preclaros manzanilleros, el 10 de octubre de 1922, por las Escuelas Públicas de Manzanillo, Campechuela y Niquero, Manzanillo, Editorial El Arte, 1922.

«Vida y obras de Rafael María Merchán», en *Revista de La Habana*, La Habana, 222-238, noviembre, 1944.

Lavié Vera, Nemesio, *La personalidad de Rafael María Merchán*, trabajo leído en sesión pública, el día 16 de marzo de 1951, La Habana, Imprenta El Siglo XX, 1951.

Lizaso, Félix, «Rafael María Merchán», en *Patria y cultura*, La Habana, Ministerio de Educación, Dirección de Cultura, 1948, págs. 7-54.

Márquez Sterling, Manuel, «Rafael María Merchán», en *El Fígaro*, La Habana, 18, 42, 523, 1902.

Merchán y Valera», en *Patria*, Nueva York, 1, abril 29, 1896.

Opiniones sobre los Estudios críticos *y otros trabajos de Rafael María Merchán*, Bogotá, Imprenta de La Luz, 1890.

París, Gonzalo, «El drama moral de Merchán», en *El Fígaro*, La Habana, 34, 46, 924, diciembre 23, 1917.

Roig de Leuchsenring, Emilio, «En el centenario de un glorioso mambí de la pluma, Merchán», en *Carteles*, La Habana, 25, 48, 38-39, noviembre 26, 1944.

Tejera, Diego Vicente, «Rafael María Merchán», en *El Fígaro*, La Habana, 18, 36, 447, 1902.

Torriente, Cosme de la, «Rafael María Merchán, gran patriota cubano», en *Revista de La Habana*, La Habana, 211-221, noviembre, 1944.

Trujillo, Enrique, *Carta abierta al señor don Rafael María Merchán*, contestando en El Porvenir *a su opúsculo*, La autonomía de Cuba, Defensa personal, Nueva York, El Porvenir, 1891.

Valera, Juan, «Quejas de los rebeldes de Cuba» y «A una señora cubana», en su *Obras completas*, tomo 2, Madrid, Manuel Aguilar, 1942, págs. 1945-1953, y 1953-1956.

Valle, Rafael Heliodoro, «Amigos cubanos de Ricardo Palma», en *Revista Cubana*, La Habana, 52-75, enero-junio, 1950.

Varona, Enrique José, «*Estudios críticos* de Rafael María Merchán», en *Revista de La Habana*, La Habana, 252-256, noviembre, 1944.

Merlín, **condesa de** (La Habana, 5 febrero 1789-París, 31 marzo 1852). Hija de los condes de Jaruco y Mompox. Su nombre era María de las Mercedes Santa-Cruz y Montalvo. Pasó parte de su infancia con sus abuelas y tías, mientras sus padres viajaban por Europa. A los ocho años de edad ingresó como pensionista en el Convento de Santa Clara, del que se fugó año y medio más tarde. En 1802 se trasladó a España. En su casa se celebraban reuniones artístico-literarias con destacadas figuras de la época. Conoció a Goya, a Quintana y a Meléndez Valdés. Se dedicó a estudiar disciplinadamente y comenzó a interesarse por la música. En 1809 contrajo matrimonio con el general francés Cristóbal Antonio Merlin. Abandonó la capital española en 1812 con las familias de franceses establecidos en España, que se habían visto precisados a abandonar el país a causa de la guerra antinapoleónica. Radicada en París desde 1813, estableció relaciones con figuras de renombre como Balzac, Liszt, Rossini, George Sand, Alfred de Musset, etc. Participó como cantante en diferentes conciertos públicos y privados. Viajó a Alemania, Suiza, Inglaterra e Italia. En 1840, ya con cierta nombradía, se trasladó a Nueva York y más tarde a La Habana. Durante los pocos días que permaneció en Cuba participó como cantante en distintos actos benéficos. Permaneció en París sus doce últimos años. Colaboró en las más importantes publicaciones periódicas francesas. La *Revue des Deux Mondes* (París, 26: 7 34-769, abril 1.º, 1841) publicó su trabajo sobre la esclavitud en las colonias españolas. Sus textos aparecieron en diversas publicaciones cubanas, como *El Colibrí, El Siglo XIX* y *Faro Industrial de La Habana*. Sus libros *Mes douze premières années, Histoire de la Soeur Ines, Souvenirs et memoires, Les esclavages dans les colonies espagnoles, La Havane* —con el título *Viaje a La Habana—* y *Lola*, fueron traducidos al español. *Madame Malibran* fue traducido al italiano. *Mis doce primeros años* y *Viaje a La Habana*, traducidos desde 1838 y 1844, respectivamente, han visto varias ediciones. Este último libro, con unos «Apuntes biográficos de la condesa de Merlin», por Gertrudis Gómez de Avellaneda, publicado recientemente con una introducción de Salvador Bueno, es solo una parte del texto original. Es autora, además, de la novela *Flavia*. En su novela *Les lionnes de Paris* utilizó el seudónimo *Feu le Prince de...*

Bibliografía activa

Mes douze premières années, París, Imprenta de Gaultier-Laguiome, 1831.

Histoire de la Soeur Ines, Episode de mes douze premières années, París, Imprenta de P. et Laguiome, 1832.

Souvenirs et memoires de madame la Comtesse Merlin, publiés par elle-même, París, Charpentier, Libraire-Editeur, 1836, 4 V.; Bruselas, Société Typographique Belge, Ad. Wahlen, 1837, 3 V.

Les loisirs d'une femme du monde, París, Librairie de L'advocat, 1838, 2 V.; 2.ª edición.

Madame Malibran, Bruselas, Société Typographique belge, Ad. Wahlen, 1838.

Les esclaves dans les colonies espagnoles, París, Imprenta de H, Fournier, 1841, La Habana, París, Librairie d'Amyot, éditeur, 1844, 3 V; Bruselas, Imprenta du *Politique-Société Belge de Librairie Hauman*, 1844, 3 V; Bruselas, Société Typographique belge, 1844, 5 T.

en 1 V.; La Haye, chez les heritiers Doorman, 1844, 3 T.

Les lionnes de Paris, París, 1845, 2 V.

Lola et Maria, París, I. de Potter, libraire-éditeur, 1845, 2 V.

Le Duc d'Athenes, avec préface par le marquis de Foudras, París, 1852, 3 V.

Correspondencia íntima de la condesa de Merlin, extraída del estudio biográfico, bibliográfico e iconográfico, publicado acerca de tan notable personaje, por Domingo Figarola Caneda, traducida del francés por Boris Bureba, con un prólogo y notas biográficas de la condesa y de su colaborador y amigo Philarete Chasles, por doña Emilia Boxhorn, Madrid-París, Industrial Gráfica, 1928.

Bibliografía pasiva

Agüero, Pedro de, «La condesa de Merlin», en *Revista de Cuba*, La Habana, 5, 251-263, marzo, 1879.

Bacardí Moreau, Emilio, *La condesa de Merlin, una cubana eminente*, discurso leído el día 3 de marzo de 1920 en la Academia Nacional de Artes y Letras, prólogo de Armando Leyva, Santiago de Cuba, Tipografía Arroyo Hermanos, 1924.

«Biografía y crítica de la condesa de Merlin, I y II», en *Revista Universal*, París, 5-6, julio 14 y 31, 1856.

«La condesa de Merlin, *Mis doce primeros años*», en *La Cartera Cubana*, La Habana, 2, 99-102, 1839.

Esténger, Rafael, «El otoño galante de la condesa de Merlin», en su *Los amores de cubanos famosos*, Miniaturas biográficas, La Habana, Editorial Alfa, 1939, págs. 9-19.

Figarola Caneda, Domingo, *La condesa de Merlin, María de la Merced Santa Cruz y Montalvo*, estudio bibliográfico e iconográfico, escrito en presencia de documentos inéditos y de todas las ediciones de sus obras, su correspondencia íntima, 1789-1852, obra póstuma, publicada bajo la dirección de su señora viuda, con un bosquejo biográfico del autor por Sancho B. Muro, París, Éditions Excelsior, 1928.

Figueroa, Agustín de, *La condesa de Merlin, musa del romanticismo*, Madrid, Imprenta de Juan Pueyo, 1934.

Monte Domingo del, «Una habanera en París», en *Aguinaldo Habanero*, La Habana, 69-84, 1837.

Ramírez, Serafín, «La condesa de Merlin», en su *La Habana artística*, apuntes históricos, La Habana, Imprenta del E. M. de la Capitanía General, 1891, págs. 35-55.

Veráfilo, seudónimo de Félix Tanco, *Refutación al folleto intitulado* Viaje a La Habana *por la condesa de Merlin*, publicada en el *Diario*, La Habana, Imprenta del Gobierno y Capitanía General, 1844.

Villa-Urrutia, Wenceslao Ramírez de, «La condesa de Merlin», en *Revista Bimestre Cubana*, La Habana, 27, 3, 362-370, mayo-junio, 1931.

Mesa, **Blanca Mercedes** (Matanzas, 7 julio 1932). Después de terminar el bachillerato en letras en el Instituto de Matanzas (1950), se traslada a La Habana, en cuya Universidad se Doctora en Filosofía y Letras (1954). Trabajó en el Ministerio de Bienestar Social (1959) y en la Biblioteca Nacional (1961). Obtiene el título de bibliotecaria en 1963. Recibe una beca por la UNESCO destinada a la Universidad de Buenos Aires, donde sigue un curso de documentación científica y técnica (1964). En 1965 organiza uno en La Habana, sobre la misma materia, en la Academia de Ciencias, donde laboró desde 1967 como responsable de algunas de sus bibliotecas. En 1970 ingresa como profesora en la Escuela de Letras y de Arte de la Universidad de La Habana. Miembro del Partido Comunista de Cuba desde 1973. En 1974 obtuvo reconocimiento en el Concurso 13 de marzo de la Universidad de La Habana con su obra de teatro *La muerte de Abel, tragedia simbólica de los tiempos presentes*. En colaboración con Antonia María Tristá publicó *Cuentos, relatos y refranes pineros* (La Habana, Academia de Ciencias de Cuba, 1967).

Bibliografía activa

Poemas proletarios, La Habana, Editorial Luz-Hilo, 1961.

Mesa Rodríguez, Manuel Isaías (La

Habana, 6 junio 1894-Id., 1968). Graduado de la Academia Nacional de San Alejandro (1914). Cultivó la pintura y la escultura. Perteneció al Ejército Nacional. Se graduó de Oficial de Artillería en Fort Barrancas (Florida) Ejerció el magisterio a partir de 1921. Obtuvo diploma de Maestro Habilitado en 1923. En 1930 se hace Tenedor de Libros, Profesor Mercantil, Perito Taquígrafo, Procurador Público. Conservador del Museo «José Martí» (1934-1935), del que más tarde fue director durante diez años. En 1940 obtiene el título de Maestro Normalista y en 1942 el de Doctor en Pedagogía en la Universidad de La Habana. Luchó en la Primera Guerra Mundial. De 1941 a 1948 participó en los congresos nacionales de Historia. Perteneció a la Sociedad Geográfica de Cuba, a la Sociedad Cubana de Estudios Históricos, a la Academia de la Historia de Cuba y a otras instituciones. Fue director de *El Tiempo* (Artemisa, Pinar del Río) y de *El Magisterio Nacional*. Fue director de publicaciones de la Junta Nacional de Arqueología y Etnología. Entre sus prólogos están el de su recopilación de la antología de José Martí, *Hombres de Cuba* (1936), el de los *Aforismos* (1930), de José de la Luz y Caballero, el del *Diario de campaña del Comandante Luis Rodolfo Miranda* (1954). Es autor, además, del prefacio, las anotaciones y la tabla alfabética de los tomos 6 y 7 del *Centón epistolario de Domingo del Monte* (1953 y 1957.

Bibliografía activa

La defensa de una mala causa, réplica al P. H. Chaurrondo, La Habana, Imprenta La Moderna Poesía, 1925.

Biografía del Doctor Enrique González Arocha,

La Habana, El Dante, 1926.

Breve historia del poblado de «Las Cañas», Guanajay, Talleres Tipográficos El Heraldo, 1928.

Juan Clemente Zenea, La Habana, Imprenta Recaredo Casas, 1931.

José Antonio Cortina y Sotolongo, La Habana, Imprenta Úcar, García, 1936.

Anselmo Suárez y Romero, el cantor de la naturaleza guajira, La Habana, Imprenta Molina, 1937.

Clima y agricultura, La Habana, Cultural, 1939.

Lecciones de historia de Cuba, ajustadas al 4.º, 5.º y 6.º grados de los cursos de estudios para las escuelas de Cuba, La Habana, Imprenta La Propagandista, 193...

Artigas, héroe del Uruguay, La Habana, Instituto Cívico de Ceiba del Agua, Centro Superior Tecnológico, 1945.

Monseñor Guillermo González Arocha, patriota y ciudadano, La Habana, Imprenta El Siglo XX, 1945.

Don José de la Luz y Caballero, biografía documental, La Habana, Logia Realidad, 1947.

Museo José Martí, La Habana, Archivo Nacional de Cuba, 1949.

Letra y espíritu de Martí a través de su epistolario, La Habana, Academia de la Historia de Cuba, 1950.

El Manifiesto de Montecristi, Cárdenas, Matanzas, Comité Pro Centenario de la Bandera, 1950.

Tres retratos de Luz y Caballero, La Habana, Academia de la Historia de Cuba, 1950.

Los hombres de «La Demajagua», La Habana,

Imprenta El Siglo XX, 1951.

Semblanza de don Cosme, La Habana, Imprenta El Siglo XX, 1951.

Don Domingo Figarola Caneda, 1852-1952, La Habana, Imprenta El Siglo XX, 1952.

El decálogo del 95, La Habana, Imprenta El Siglo XX, 1953.

Apostillas en torno a una gran vida, Domingo del Monte, La Habana, Imprenta El Siglo XX, 1954.

La *casa natal de Martí*, La Habana, Imprenta El Siglo XX, 1954.

Diez años de guerra, La Habana, Imprenta El Siglo XX, 1954.

María Luisa Dolz, educadora y ciudadana, La Habana, Imprenta El Siglo XX, 1954.

Calixto García, prefacio de Emeterio Santiago Santovenia, La Habana, Imprenta El Siglo XX, 1955.

José de La Luz y Caballero, maestro de una gran generación, La Habana, Oficina del Historiador de la Ciudad, 1956.

Martín Morúa Delgado, La Habana, Imprenta El Siglo XX, 1956.

San Francisco, cuna del general Núñez, La Habana, Imprenta El Siglo XX, 1956.

Algunas fuentes bibliográficas para la historia de Cuba, La Habana, Academia de la Historia de Cuba, 1958.

Joaquín Llerena Seguí, 1881-1932; *suum unicuique...*, La Habana, 19...

Bibliografía pasiva

«Manuel Isaías Mesa Rodríguez, *San Francisco,*

cuna de Núñez», en *América*, La Habana, 48, 1-3, 96, abril-junio, 1956.

Pérez Cabrera, José Manuel, «Contestación», en *Discursos leídos en la recepción pública del Prof. Manuel Isaías Mesa Rodríguez el día 11 de marzo de 1949*, contesta en nombre de la corporación, La Habana, Imprenta El Siglo XX, 1949, págs. 33-46, Academia de la Historia de Cuba.

Mestre, **José Manuel** (La Habana, 28 junio 1832-Id., 29 mayo 1886). Realizó los estudios primarios y secundarios en La Habana. Ingresó en la Universidad en 1845. En 1848 comenzó a trabajar en el Colegio El Salvador, junto a su maestro José de la Luz y Caballero. En 1849 obtuvo el grado de Bachiller en Filosofía. De 1849 a 1855 cursó las materias referentes a las licenciaturas en jurisprudencia y en filosofía. En 1850 ingresó en el profesorado de la Universidad de La Habana como suplente de la cátedra de Geografía e Historia. Al año siguiente pasó a ser profesor supernumerario de Lógica, Metafísica y Moral en la Facultad de Filosofía y Letras. En ese mismo año, 1851, y hasta 1861, fue director del Colegio El Salvador. En 1855 realizó los ejercicios correspondientes a la licenciatura en filosofía y comenzó a ejercer la profesión de abogado. En 1856 es uno de los fundadores de la *Revista de Jurisprudencia*. Fue nombrado alcalde mayor interino del distrito de Belén, en La Habana, en 1858. En 1863 realizó los ejercicios correspondientes al grado de Doctor en Derecho Civil y Canónico. Con motivo de suprimirse la Facultad de Filosofía y Letras, le fueron encomendadas las cátedras de Filosofía del Derecho, Derecho Internacional y Legislación Comparada de la Facultad de Jurisprudencia en 1864. Renunció en 1866. Se dedicó por entero a su bufete. Participó en las tertulias del Liceo de La Habana. Era de ideas abolicionistas. Fue consecutivamente anexionista y autonomista. Al estallar la Guerra de 1868 se compromete con su ayuda económica para propiciar una sublevación en Vuelta Abajo. Al fin tuvo que exiliarse del país. Desde 1869 radicó en Nueva York, donde fue codirector, junto a Enrique Piñeyro, de la publicación *El Mundo Nuevo* (1873). Fue miembro activo de la Junta Cubana y comisionado diplomático de la República en armas. En 1876 obtuvo su grado de Bachiller en Leyes en el Colegio de Columbia. Ejerció la profesión en Nueva York. Allí permaneció hasta 1878, año en el que, al amparo de las garantías dadas por las autoridades españolas, vino a La Habana. Regresa a Nueva York y vuelve a Cuba, ya definitivamente. Colaboró en diversos periódicos y revistas como *Faro Industrial de La Habana*, *Revista de La Habana*, *Cuba Literaria*, *El Siglo*, *Revista de Cuba*. Perteneció a varias instituciones, como la Sociedad Económica de Amigos del País, la Academia de Medicina y la de Antropología. Tradujo el *Curso de Física Experimental*, de Macet. Firmó M. y J. M. M.

Bibliografía activa

Elogio del Doctor José Zacarías González del Valle, Catedrático de Física de la Real Universidad Literaria, escrito por acuerdo de su Claustro General, La Habana, Imprenta El Tiempo, 1861.

De la Filosofía en La Habana, discurso, La Habana, Imprenta La Antilla, 1862; La Habana, Ministerio de Educación, Dirección de Cultura, 1952.

De la propiedad intelectual, discurso para el Doctorado, leído y sostenido el 5 de diciembre de 1863, La Habana, Imprenta La Antilla, 1863.

Una raza prehistórica de Norte América, Los Terraplaneros, Mound Builders, discurso leído en la sesión solemne de la Sociedad Antropológica de la Isla de Cuba, celebrada el día 8 de octubre de 1883, y publicado en la *Revista de Cuba*, La Habana, Establecimiento Tipográfico de Soler, Álvarez, 1884.

Obras, introducción de Loló de la Torriente, La Habana, Editorial de la Universidad de La Habana, 1965.

Bibliografía pasiva

Carbonell, José Manuel, «José Manuel Mestre, 1832-1886», en su *La oratoria en Cuba*, recopilación dirigida, prologada y anotada, tomo 1, La Habana, Imprenta Montalvo y Cárdenas, 1928, págs. 289-290, Evolución de la cultura cubana, 1608-1927, 7.

Desvernine, Pablo, «José Manuel Mestre», en *Vida de Doctor José Manuel Mestre*, La Habana, Imprenta Avisador Comercial, 1909, págs. 296-301.

«José Manuel Mestre, 1832-1932», en *Diario de la Marina*, La Habana, 100, 179, 8, junio 28, 1932.

Montané, Luis, «José Manuel Mestre», en *Vida del Doctor José Manuel Mestre*, La Habana, Imprenta Avisador Comercial, 1909, págs. 286-289.

Monte, Ricardo del, «José Manuel Mestre», en *El País*, La Habana, 9, 128, 2, junio 1, 1886.

Rodríguez, José Ignacio, *Vida del Doctor José Manuel Mestre*, La Habana, Imprenta Avisador Comercial, 1909.

Rodríguez Lendián, Evelio, «Discurso sobre José Manuel Mestre», en *Discursos leídos por los señores Manuel V. Rodríguez, E. Rodríguez Lendián y Nicolás Heredia al colocarse los retratos de los beneméritos patricios José de la Luz Caballero, José Manuel Mestre y Antonio Bachiller y Morales en el salón de actos de la Facultad de Letras y Ciencias*, La Habana, Imprenta La Moderna Poesía, 1901, págs. 33-46.

«José Manuel Mestre», en *Vida del Doctor José Manuel Mestre*, La Habana, Imprenta Avisador Comercial, 1909, págs. 289-296.

Varona, Enrique José, «Elogio del Doctor José Manuel Mestre», en *Vida del Doctor José Manuel Mestre*, La Habana, Imprenta Avisador Comercial, 1909, págs. 279-286.

Mestre, **Laura** (La Habana, 6 abril 1867-Id., 11 enero 1944). Concluidos sus estudios en la escuela primaria, prosiguió su educación con maestros particulares. Estudió letras y ciencias con el profesor Gabriel Pichardo. Con Dolores Desvernine estudió pintura. Su padre, el Doctor Antonio Mestre, le enseñó griego y latín. Muy joven aún, aprendió varias lenguas modernas. En 1885 se da a conocer con la traducción —realizada en colaboración con su hermana Fidelia y publicada en *La Habana Elegante*— de la novela *La sombra*, del francés M. A. Gennevraye. Se presentó a oposiciones para obtener la dirección del Colegio «Heredia». Tras su fracaso en este intento por las influencias políticas del concursante que obtuvo la plaza, se retiró a su vida privada. En la *Revista de la Facultad de Letras y Ciencias de la Universidad de La Habana* apareció su traducción del canto segundo de la *Ilíada*, «La enumeración de las naves» —publicada más tarde en su libro *Estudios griegos*—. Dejó inédito un libro titulado *El arte*, donde recoge estudios sobre dibujo y pintura, sobre el estilo de algunos pintores y sobre la evolución del arte. Es autora de la traducción directa, inédita, de los textos completos de la *Ilíada* y la *Odisea*. Dejó diversos cuadros, entre ellos un autorretrato.

Bibliografía activa

Estudios griegos, La Habana, Imprenta Avisador Comercial, 1929.

Literatura moderna, estudios y narraciones, La Habana, Imprenta Avisador Comercial, 1930.

Bibliografía pasiva

Chacón y Calvo, José María, «Una helenista cubana, Laura Mestre», en *El Mundo*, La Habana, 66, 21 932, 1, 8, julio 2, 1967.

Dihigo y Mestre, Juan Miguel, «*Estudios griegos*, por Laura Mestre», en *Revista de la Facultad de Letras y Ciencias de la Universidad de La Habana*, La Habana, 39, 257, 1929.

«*Literatura moderna*, estudios y narraciones, por Laura Mestre», en *Revista de la Facultad de Letras y Ciencias de la Universidad de La Habana*, La Habana, 40, 166-167, 1930.

Henríquez Ureña, Camila, «Laura Mestre, una mujer excepcional», en *Anuario L/L*, La Habana, 1, 208-219, 1970.

Torriente, Loló de la, «Laura Mestre», en *El Mundo*, La Habana, 66, 21 864, 4, abril 14, 1967.

Mestre Fernández, **Alfredo** (La Habana, 26 mayo 1909). Cursó la primaria en una escuela pública y en los Hermanos Maristas de la Víbora (La Habana). Terminó la segunda enseñanza en el Instituto de La Habana y en el Colegio Zaldívar, en 1927. Ha trabajado como empleado, conductor de guaguas, repartidor de leche, impresor. A partir de 1933 se inició en el periodismo, y colaboró en La *Publicidad*, *Esfuerzo*, *Unidad*, *Vamos y Todo por Guanabacoa* (Guanabacoa, La Habana), así como en el *País Gráfico*, *Carteles y El Mundo*. Fue premiado por su novela *Luisa* en el Concurso Permanente del Libro Americano (1945). Después del triunfo de la

Revolución trabajó como corrector de pruebas en el Departamento de Publicaciones del Ministerio de Educación. Es redactor de la revista *Bohemia*. Es autor, con José Sierra Veras, de las narraciones *Habaneras* y de los ensayos históricos *Lejanías* (La Habana, Editorial Superación, 1933), recogidos en un solo volumen.

Bibliografía activa

Habaneras, cuentos, La Habana, Editorial Superación, 1933.

Pero..., *Hombres y épocas*, tomo 1, 3.ª edición, prólogo de José Sierra Veras, La Habana, Editorial Superación, 1934.

El palomar vacío; o, Luisa, novela, 1.ª parte, La Habana, Imprenta Luyanó n.º 6, 1937.

Todo un mundo, Instantáneas biográficas, La Habana, Editorial Esfuerzo, 1939; 2.ª edición, prólogo de Eduardo Zamacois, La Habana, 1950.

Luisa, novela, La Habana, Editorial Esfuerzo, 1943; 2.ª edición, La Habana, Arroyo, 1946.

La bandera de Carlos Manuel, La Habana, Imprenta Arroyo, 1947; La Habana, 1951.

El descubrimiento de Cuba, La Habana, Editorial Vasaluz, 1948.

Bayamo, La Habana, Tipografía Costales, 1949.

La gloria de Colón, La Habana, Tipografía Costales, 1950.

Aquel viejo sueño de Drake, la toma de La Habana por los ingleses, La Habana, 1952.

La mujer de Críspulo lee el diccionario, comedia novelada en 5 actos y un pedúnculo, La Ha-

bana, 1963, texto mimeografiado.

Bibliografía pasiva

Avilés Ramírez, Eduardo, «Desde París, El espíritu rebelde», en *Diario de la Marina*, La Habana, 104, 81, 8, abril 3, 1936.

«Desde París, Alrededor de *Todo un mundo*, I y II», en *Diario de la Marina*, La Habana, 107, 201 y 202, 4 y 4, agosto 23 y 24, 1939.

«La nobleza de esas lágrimas», en *¡Alerta!*, La Habana, 6, 250, 3, octubre 22, 1940.

«Reparos a Mestre Fernández», en *Diario de la Marina*, La Habana, 115, 172, 4, julio 22, 1947.

Jaume, Adela, «Bibliografía, la literatura americana en 1944», en *Diario de la Marina*, La Habana, 113, 297, 4, diciembre 15, 1945, 11.

La Torre, José G., «Alfredo Mestre Fernández y su libro *Todo un mundo*», en *El País*, edición de la tarde, La Habana, 17, 304, 13, diciembre 23, 1939.

Matamoros y Lucha, Ernesto, «*Luisa*, el poema novelado de una mujer a los quince años», en *El País Gráfico*, suplemento del periódico *El País*, La Habana, 14, 12, 23, julio 9, 1944.

Suárez Solís, Rafael, «*Todo un mundo*», en *Información*, La Habana, 7, 279, 14, noviembre 15, 1939.

Zamacois, Eduardo, «Facetas de actualidad, acabamos de leer...», en *Pueblo*, La Habana, 3, 962, 4, noviembre 29, 1939.

Mestre Tolón, **Ángel** (La Habana, 2 agosto 1841-Barcelona, septiembre 1873). Cursó sus estudios primarios de manera irregular por los constantes viajes que realizaba con su padre a lo largo de la isla. Egresado de un colegio habanero en 1857, comenzó a visitar la cátedra de filosofía del presbítero Toymil. Por esta misma época se trasladó a Matanzas con su familia. En unión de Santiago Manzanet publicó *Dos laúdes* (1863). En 1864 y 1865 fundó, en La Habana, *Rigoletto*, periódico festivo, y *Camafeos*, respectivamente. En España, a donde se había trasladado por esos años, colaboró en *La Conveniencia*. Tras su regreso a Matanzas fundó *El Alba* (1868). Colaboró en *Aguinaldo Habanero*, *Liceo de Matanzas*, *Revista de La Habana*, *Cuba Literaria*, *El Siglo*. A principios de 1869 se marchó a España. En Madrid colaboró en *La América*. En hoja suelta dio a conocer sus versos «La insurrección de Cuba» (1869), en los que se hacía partidario de España en la lucha por la independencia, iniciada en octubre de 1868.

Vivió sus últimos días enajenado.

Bibliografía activa

Melancolías, La Habana, Imprenta El Iris, 1863.
Poesías, carta prólogo de Víctor Caballero y Valero, Matanzas, El Comercio, 1868.

Meza, Ramón (La Habana, 28 enero 1861-Id., 5 diciembre 1911). Obtuvo el título de Bachiller en Artes en la Universidad de La Habana en 1877. En 1882 se graduó de Licenciado en Derecho Civil y Canónico. Dos años más tarde, en 1884, publica en la *Revista de Cuba* su primer trabajo conocido. Ese mismo año colaboró en *La Lotería* y en *La Habana Elegante*, donde llegó a ocupar el cargo de redactor.

La Sociedad Provincial Catalana Colla de Sant Mus le otorga, en 1886, en los Juegos Florales del 15 de noviembre, un accésit por su novela *Carmela*. Entre 1888 y 1889 viaja por Canadá. Este último año fue premiada su novela *Don Aniceto el tendero* en el Certamen del Liceo de Santa Clara. En 1891 alcanzó el doctorado en Filosofía y Letras en la Universidad de La Habana. Fue nombrado profesor supernumerario de la Facultad de Filosofía y Letras en 1895.

En 1898 se traslada a Estados Unidos y comienza a publicar, en los folletines de *Cuba y América*, su novela *En un pueblo de la Florida*. En 1899, después de su regreso a Cuba, es nombrado profesor de literatura española en la Facultad de Filosofía y Letras. En 1900 cesa en dicha Facultad y ocupa, por oposición, una cátedra auxiliar en la Escuela de Pedagogía. Ese mismo año desempeña la subsecretaría de Justicia. Fue secretario de la Sociedad Económica de Amigos del País de La Habana y, por razón de su cargo, director de sus *Memorias* que publicó todos los años entre 1900 y 1909.

Fue electo concejal del municipio habanero en 1901. Ese año ganó medalla de oro en la Exposición de Buffalo. Fue síndico primero del Ayuntamiento. Por encargo de esa institución pronunció el discurso de elogio del general Máximo Gómez; en 1905, recogido ese mismo año en el folleto *A la memoria del general Máximo Gómez. Actas, acuerdos y sesión solemne de los días 18 y 22 de junio de 1905 del Ayunta-*

miento de La Habana (La Habana, Imprenta P. Fernández, 1905). En 1906 es nombrado profesor titular de psicología pedagógica, de historia de la pedagogía y de higiene escolar. Fue vocal del Consejo Escolar de La Habana. Ocupó la secretaría de Instrucción Pública y Bellas Artes de La Habana en 1909. Además de en las publicaciones antes mencionadas, colaboró en *La Ilustración Cubana*, *Revista Cubana*, *El Triunfo*, *La Correspondencia de Cuba*, *Patria*, *El Cubano*, *Revista de la Facultad de Letras y Ciencias* —en estas tres últimas ocupó además el cargo de redactor—, *La Unión*, *El Palenque Literario*, *La Tribuna*, *La Industria*, *The Home Review*, *La Juventud*, *El País*, *Diario de la Marina*, *El Fígaro*, *Helios*, *Cuba en Europa*, *Revista de Educación*, *La Instrucción Primaria*. Prologó *Luisa. Novela Cubana* (La Habana, Imprenta El Pilar, 1895), de José Zacarías González del Valle. Dejó varios textos inéditos, entre ellos *La ciudad de La Habana: sus barrios*, *plazas*, *casas*, *monumentos*, *fiestas*, *tradiciones*, *emblemas*, la novela *Ilustres de vista corta* y varios cuentos. *Don Aniceto el tendero* fue traducida al inglés. *Mi tío el empleado* fue publicado en traducción rusa en 1964. Firmó con los seudónimos *R. E. Maz* y *Un redactor*.

Bibliografía activa

El duelo de mi vecino, *Flores y catabazas*, novelas por R. E. Maz, seudónimo, La Habana, La Propaganda Literaria, 1886.

Carmela, La Habana, La Propaganda Literaria, 1887.

Mi tío el empleado, novela, Barcelona, Imprenta de Luis Tasso, 1897, 2 V.; prólogo de Lorenzo García Vega, La Habana, Dirección General de Cultura, 1960.

«Sobre la novela y su autor», por José Antonio Portuondo, «*Mi tío el empleado*, novela de Ramón Meza, por José Martí», La Habana, Editorial Arte y Literatura, 1974.

Don Aniceto el tendero, novela, Barcelona, Imprenta de Luis Tasso, 1889; La Habana, Comisión Nacional Cubana de la UNESCO, 1961.

Una sesión de hipnotismo, comedia en dos actos, La Habana, Imprenta El Pilar, 1891.

Últimas páginas, novela, La Habana, Establecimiento Tipográfico El Pilar, 1891.

Estudio histórico-crítico de la Iliada y la Odisea y su influencia en los demás géneros poéticos de Grecia, tesis elegida para sus ejercicios del grado de Doctor en la Facultad de Filosofía y Letras, La Habana, Imprenta La Universal, 1894.

Homero, la Ilíada y la Odisea, 2.ª edición, La Habana, Imprenta Avisador Comercial, 1907.

Don Quijote como tipo ideal, discurso pronunciado en la Universidad Nacional, en la fiesta del tercer aniversario de la publicación del Quijote, La Habana, Imprenta Avisador Comercial, 1905.

Observaciones sobre educación, La Habana, Imprenta Avisador Comercial, 1905.

Dos monumentos de la antigüedad, La Habana,

Imprenta La Moderna Poesía, 1906.

Protejamos al inmigrante, trabajo presentado en la 6.ª Conferencia de Beneficencia y Corrección, La Habana, Imprenta La Moderna Poesía, 1906.

La educación en nuestro medio social, discurso, La Habana, Imprenta Avisador Comercial, 1908.

Eusebio Guiteras, estudio biográfico, La Habana, Imprenta Avisador Comercial, 1908.

Sociedad Económica, sus benefactores, La Habana, Imprenta La Moderna Poesía, 1908.

Miguel Melero, estudio biográfico, La Habana, Imprenta Avisador Comercial, 1909.

El edificio escolar, sus dependencias, La Habana, Imprenta Avisador Comercial, 1910.

Julián del Casal, estudio biográfico, La Habana, Imprenta Avisador Comercial, 1910.

Los González del Valle, estudio biográfico, La Habana, Imprenta El Siglo XX, 1911.

La psicología pedagógica, su tendencia actual, conferencia, La Habana, Imprenta Avisador Comercial, 1911.

El duelo de mi vecino, novela, La Habana, Comisión Nacional Cubana de la UNESCO, 1961.

Novelas breves, El duelo de mi vecino, Don Aniceto el tendero, Últimas páginas, prólogo de Ernesto García Alzola, La Habana, Editorial Arte y Literatura, 1975.

Bibliografía pasiva

Arrufat, Antón, «Ramón Meza y la novela cubana del siglo XIX», en *Cuba en la UNESCO*, La

Habana, 2, 4, 184-204, diciembre, 1961.

Carbonell, José Manuel, «Ramón Meza y Suárez Inclán, 1861-1911», en su *La prosa en Cuba*, recopilación dirigida, prologada y anotada, tomo 2, La Habana, Imprenta Montalvo y Cárdenas, 1928, págs. 107-108, Evolución de la cultura cubana, 1608-1927, 13.

Casey, Calvert, «Meza literato y los "Croquis habaneros"», en *Cuba en la UNESCO*, La Habana, 2, 4, 173-183, diciembre, 1961.

Castillo de González, Aurelia, «Carta sobre *Últimas páginas*», en *El Fígaro*, La Habana, 7, 43, 2-3, noviembre 29, 1891.

Cruz, Manuel de la, «Ramón Meza», en su *Cromitos cubanos*, Bocetos de autores hispanoamericanos, La Habana, Establecimiento Tipográfico La Lucha, 1892, págs. 345-360.

Dihigo, Juan Miguel, *Elogio del Doctor Ramón Meza y Suárez Inclán*, leído en la sesión pública extraordinaria del día 20 de enero de 1912, La Habana, Imprenta El Score, 1912.

Figarola Caneda, Domingo, *El Doctor Ramón Meza y Suárez Inclán, noticia bio-bibliográfica*, 2.ª edición corregida, La Habana, Imprenta de la Biblioteca Nacional, 1909.

García Vega, Lorenzo, «Ramón Meza y Suárez Inclán», en su *Antología de la novela cubana*, La Habana, Ministerio de Educación, Dirección General de Cultura, 1960, págs. 103-104.

González Curquejo, A., «El nuevo secretario de Instrucción Pública», en *Cuba y América*, La Habana, 13, 29, 1, 71-72, febrero, 1909.

Hernández, Erena, «De la burocracia colonial y otros pecadillos...», en *Bohemia*, La Habana,

66, 50, 35, diciembre, 1974.

«Homenaje a Ramón Meza», en *Cuba en la UNESCO*, La Habana, 2, 4, 5-256, diciembre, 1961.

Lezama Lima, José, «Ramón Meza, tersitismo y claro enigma», en *Cuba en la UNESCO*, La Habana, 2, 4, 20-25, diciembre, 1961.

Martí, José, «*Mi tío el empleado*, novela de Ramón Meza», en su *Obras completas*, tomo 5, La Habana, Editorial Nacional de Cuba, 1963, págs. 125-129.

Merchán, Rafael María, «Cartas literarias, sobre *Mi tío el empleado* y *Don Aniceto el tendero*», en *La Habana Literaria*, La Habana, 1, 7, 153-155, diciembre 15, 1891.

Otero, José Manuel, «Un escritor olvidado pero no desconocido», en *Bohemia*, La Habana, 66, 34, 10-13, agosto 23, 1974.

Parajón, Mario, «El autor de *Carmela* y *Mí tío el empleado*», en *Cuba en la UNESCO*, La Habana, 2, 4, 31-39, diciembre, 1961.

Piñera, Virgilio, «Breve aventura teatral de Ramón Meza», en *Cuba en la UNESCO*, La Habana, 2, 4, 92-96, diciembre, 1961.

Remos y Rubio, Juan José, *Tendencias de la narración imaginativa en Cuba*, La Habana, La Casa Montalvo y Cárdenas, 1935, págs. 105-107, 133-134 y 135-137.

Rodríguez Lendián, Evelio, *Elogio del Doctor Ramón Meza y Suárez Inclán, individuo de número*, leído en la sesión solemne celebrada en la noche del 5 de diciembre de 1915.

«Bibliografía del Doctor Meza», por Domingo Figarola Caneda y Francisco de Paula Coronado, La Habana, Imprenta El Siglo XX, 1915, Academia de la Historia.

Roig de Leuchsenring, Emilio, «Ramón Meza y Suárez Inclán», en su *La literatura costumbrista cubana de los siglos XVIII y XIX*, tomo 4.

Los escritores, La Habana, Oficina del Historiador de la Ciudad de La Habana, 1962, págs. 239-247, Colección histórica cubana y americana, 26.

Sanguily, Manuel, «Homero, instantánea», en *El Fígaro*, La Habana, 24, 8, 86-87, febrero 23, 1908.

Uhrbach, Federico, «Un ilustre de las letras, Ramón Meza y Suárez Inclán», en *El Fígaro*, La Habana, 25, 32, 393, agosto 8, 1909.

Varona, Enrique José, «Mi tío el empleado», en *La Ilustración Cubana*, La Habana, 4, 6, 83 y 86, febrero 29, 1888.

«El problema homérico, con motivo de la tesis de Ramón Meza», en *El Fígaro*, La Habana, 10, 46, 598, diciembre 30, 1894.

Villaverde, Cirilo, «Carta sobre *Últimas páginas*», en *El Fígaro*, La Habana, 7, 43, 3, noviembre 29, 1891.

Vítier, Cintio, «Sor Juana, Meza, Martí», en *Cuba en la UNESCO*, La Habana, 2, 4, 26-30, diciembre, 1961.

Zeno Gandia, Manuel, «*Últimas páginas*», en *La Habana Literaria*, La Habana, 2, 7, 145-149, abril 15, 1892.

Milanés, **Federico** (Matanzas, 1815-Id., 2 julio 1890). Estudió la primaria en la escuela municipal de Matanzas.

Estuvo empleado en Rentas Reales y más tarde en un establecimiento industrial. Se hizo cargo de la secretaría del Ferrocarril de Matanzas, que dejara su hermano José Jacinto por motivos de salud. Permaneció en el cargo hasta que partió con éste en un viaje de dieciocho meses por Estados Unidos y Europa para curarlo de su enfermedad. Al morir sus padres, se hizo cargo de la administración de los intereses familiares.

En 1837 publicó en el *Aguinaldo Habanero* su sátira en verso «Amor a los figurines», que sirvió de letra a una pieza musical. Su obra dramática *La cena de don Enrique el Doliente*, terminada en agosto de 1838, mereció la censura de Del Monte y sus amigos. Frente a este hecho, José Jacinto defendió la obra de su hermano en cartas dirigidas a Del Monte. Hacia 1840 o 1841, escribió su comedia *Un baile de ponina*. En el año 1846, en el segundo certamen de los Juegos Florales del Liceo de La Habana, alcanzó el primer premio, consistente en medalla de plata y título de socio de mérito, con su «Sátira contra la manía de publicar tomos de poesías con títulos inadecuados y prólogos altisonantes y laudatorios».

Publicó la primera edición de las obras de su hermano en cuatro tomos (La Habana, 1846-1847). En 1861 alcanzó el primer premio por su «Oda a la muerte del eminente poeta don Manuel J. Quintana», en el primer certamen de los juegos Florales del Liceo de Matanzas, presidido por Gertrudis Gómez de Avellaneda. Ganó, además, accésit por su comedia de cos-

tumbres en tres actos, *La visita del Marqués*. Doña Gertrudis recibió de Federico Milanés el ramo de oro con que la obsequiara el Liceo de Matanzas. En esta ocasión Milanés le dedicó y leyó unos versos.

En 1865, en un viaje que hizo a Estados Unidos, publicó y prologó en Nueva York la segunda edición de las obras de su hermano. Al siguiente año, en el certamen de los Juegos Florales del Liceo de La Habana, alcanzó el Primer Premio Por su «Sátira contra los vicios de la sociedad cubana». En 1867 su comedia *Mercedes*, en cuatro actos y en verso, fue premiada con un accésit en los Juegos Florales del Liceo de La Habana. Rectificó el juicio de Calcagno, seguidor de Del Monte, acerca de que había sido *Plácido* (seudónimo de Gabriel de la Concepción Valdés) el inspirador de *El poeta envilecido*, de su hermano José Jacinto, por lo cual escribió «Una rectificación» en *El Pasatiempo* (1880), de Matanzas. Sobre este mismo punto rebatió también el juicio de Domingo Figarola Caneda, lo cual motivó una réplica de éste, publicada en libro con el título *Milanés y Plácido* (1914).

Colaboró además en las publicaciones periódicas *El Yumurí* (Matanzas), *Faro Industrial de La Habana*, *La Piragua*, *Revista de La Habana*, *Liceo de Matanzas*. Escribió *La prueba peligrosa*, comedia en un acto, y *Saber vivir*, comedia en cuatro actos y en verso. Hizo la traducción en verso del primer acto de *Hamlet, príncipe de Dinamarca*, así como la traducción completa en verso de *Macbeth*. En colaboración con su hermano, publicó las décimas *Los cantares del montero* (Matanzas, Imprenta del Comercio, 1841) bajo los seudónimos de *Miraflores* (José Jacinto) y *El camarioqueño* (Federico). López Prieto recogió en su *Parnaso cubano* (1881) sus dos sátiras, la «Oda a Quintana» y su poema elegíaco «Aniversario», sobre la muerte de José Jacinto. Pasó los últimos años de su vida retirado de las letras.

Bibliografía pasiva

Álvarez Bravo, Armando, «Introducción a un epistolario de los Milanés», en *Cuba en la UNESCO*, La Habana, Nueva etapa, 5, 6, 88-92, agosto, 1964.

Figarola Caneda, Domingo, *Milanés y Plácido*, *réplica al señor Federico Milanés*, La Habana, Imprenta El Siglo XX, 1914.

González del Valle, José Zacarías, «Carta a José Jacinto Milanés enjuiciando *La cena de don Enrique* de Federico Milanés» y «Carta a José Jacinto Milanés enjuiciando Los *cantares del montero*», en *Revista histórica*, *crítica y bibliográfica de la literatura cubana*, Matanzas, 1, 1 y 3, 70-74 y 274-276, 1916.

Lezama Lima, José, «Federico Milanés», en su *Antología de la poesía cubana*, tomo 2, La Habana, Consejo Nacional de Cultura, 1965, págs. 390-391.

López Prieto, Antonio, «Federico Milanés» en su *Parnaso cubano*, Colección de poesías selectas de autores cubanos desde Zequeira hasta nuestros días precedida de una introducción histórico-crítica sobre el desarrollo de la poesía en Cuba, con biografías y notas críticas y literarias de reputados literatos, tomo 1, La Habana, Editor Miguel de Villa, 1881, págs. 262-263.

Milanés, José Jacinto, «Cartas a Domingo del Monte sobre la obra de su hermano *La cena de don Enrique el Doliente*», en *Centón Epistolario de Domingo del Monte*, con un prefacio, anotaciones y una tabla alfabética por Domingo Figarola Caneda, tomo 3, La Habana, Imprenta El Siglo XX, 1926, págs. 166-167, 197-198, págs. 212-216.

Piñeyro, Enrique, «José Jacinto Milanés», *Obras completas de José jacinto Milanés*, 1ª edición, La Habana, 1846, 2.ª edición, Nueva York, 1865, en *Cuba en la UNESCO*, La Habana, Nueva etapa, 5, 6, 42-49, agosto, 1964.

Vitier, Cintio, «Federico Milanés», en su *Lo cubano en la poesía*, La Habana, Instituto Cubano del Libro, 1970, págs. 121-127.

Milanés, **José Jacinto** (Matanzas, 16 agosto 1814-Id., 14 noviembre 1863). Fue el primogénito de una familia numerosa y de escasos bienes de fortuna. Asistió a la escuela de Ambrosio José González; y aprendió el latín con Francisco Guerra Betancourt, a quien sustituyó algunas veces en su cátedra. El resto de su educación fue obra personal. Conocía a la perfección el italiano y el francés.

Se inició de niño en el conocimiento del teatro clásico español a través del *Tesoro del teatro español* de Quintana, regalo de su padre. Comenzó a escribir desde muy joven ensayos dramáticos. Trabajó en Matanzas con su tío político don Simón de Ximeno, casado con una hermana de su madre, el cual en 1832 le consiguió un empleo en el escritorio de una ferretería en La Habana.

En 1833, al estallar la epidemia de cólera en La Habana, regresó a su ciudad natal. Al año siguiente llegó a Matanzas Domingo del Monte, cuya amistad constituyó un poderoso estímulo literario para él.

En 1836, al regresar Del Monte a La Habana, lo invitó en más de una ocasión a pasar temporadas en su casa, donde se relacionó con los escritores que frecuentaban su tertulia. Allí pudo ampliar, a través de la biblioteca de Del Monte, su cultura clásica y moderna, y comenzó su período de mayor actividad literaria, que abarca los años 1836-1843.

Publicó en el *Aguinaldo Habanero* (1837) su famoso poema «La Madrugada» y otras poesías. Aparecieron colaboraciones suyas en casi todas las revistas habaneras: *El Plantel* (1838), *El Álbum* (1838, 1839), *La Cartera Cubana* (1839), *El Prisma* (1846), *Flores del Siglo* (1846), *El Artista* (1848), *Revista de La Habana* (1853, 1856), *Revista Universal* (1860). En Matanzas colaboró en *La Aurora* y *El Yumurí*. En 1838 se estrenó en La Habana, con éxito de crítica, su drama *El conde Alarcos*. Este estreno le produjo su primera crisis nerviosa. Nunca accedió a ver la obra en escena. Con esta obra se situó entre los primeros que cultivaron el drama romántico en lengua española.

En noviembre de 1839 unas fiebres le atacan el cerebro y lo mantienen inválido durante más de dos meses. En 1840 termina *Un poeta en la corte*, que la censura impidió publicar hasta 1846. Entre sus obras de teatro también se cuentan *Por el puente o por el río*, que no llegó a concluir, y *Una intriga personal*, extraviada definitivamente. El mismo año de 1840 empezó a publicar sus cuadros de costumbres en verso, *El mirón cubano*, precedentes del teatro costumbrista, que siguió publicando en 1841 y 1842.

Por influencia de Del Monte obtuvo el cargo de secretario en la compañía del Ferrocarril de Matanzas a Sabanilla, cargo que tuvo que abandonar en 1843 por motivos de salud. A partir de esa fecha permaneció recluido en su casa, al cuidado de su hermana Carlota. Comprometido desde hacía diez años con la señorita Dolores Rodríguez Valera, rompió este compromiso al enamorarse de su prima Isabel Ximeno. A esta ruptura y al desaire que sufrió por parte de la familia de su prima se atribuyen los primeros síntomas del desequilibrio mental que padeció hasta su muerte. Otros biógrafos lo atribuyen a factores hereditarios.

Acompañado por su hermano Federico inició, en mayo de 1846 y costeado por sus admiradores y amigos, un viaje a los Estados Unidos, a Londres y a París, con la esperanza de que recobrase su salud. Regresaron en noviembre de 1849. Algo mejorado, escribió ya pocos versos, sin lograr igualar los de sus primeros tiempos.

En 1852 su enfermedad sufrió nueva crisis que lo hizo caer en un mutismo casi completo. En él vivió once años, hasta su muerte. Junto con su hermano Federico publicó *Los cantares del montero* (Matanzas, Imprenta del Comercio, 1841), que firmó como *Miraflores*, mientras su hermano lo hacía como *El camarioqueño*. También utilizó el seudónimo *Florindo* en unos versos publicados por la *Aurora de Matanzas* en 1836.

Bibliografía activa

El conde Alarcos, drama caballeresco en tres actos y en verso, La Habana, Imprenta del Gobierno y Capitanía General por S. M., 1838.

Obras, colección de sus poesías, leyendas, cuadros de costumbres y artículos literarios, prólogo de Federico Milanés, La Habana, Imprenta del *Faro Industrial*, 1846, 4 T., en 2 V.

Obras, publicadas por su hermano, 2.ª edición corregida, aumentada y precedida de un nuevo prólogo del editor, sobre la vida y escritos el poeta, Nueva York, Juan F. Trow, Establecimiento Tipográfico, 1865.

Obras completas, tomo 1, poemas, Edición Nacional del Centenario, introducción de José Augusto Escoto, La Habana, Imprenta El Siglo XX, 1920.

Algunas poesías, prólogo de José Sergio Velázquez, La Habana, Publicaciones de la Secretaría de Educación, Dirección de Cultura, 1937, Cuadernos de cultura, Tercera serie, 5.

Obras completas, Edición Nacional del Centenario, La Habana, Editora del Consejo Nacional de Cultura, 1963, 2 T.

Antología lírica, selección y prólogo de Salvador Arias, La Habana, Instituto Cubano el Libro, Editorial Arte y Literatura, 1975.

Bibliografía pasiva

Acosta, Agustín, «José Jacinto Milanés», en *Universidad de La Habana*, La Habana, 18, 168-169, 7-30, julio-octubre, 1964.

Almaviva, seudónimo de Francisco Sellén, «La decadencia de un poeta», en *El Fígaro*, La Habana, 1, 5, 3, diciembre 2, 1866.

Álvarez, Bravo, Armando, «Introducción a un epistolario de los Milanés», en *Cuba en la UNESCO*, La Habana, nueva etapa, 5, 6, 88-92, agosto 1964.

Arias, Salvador, «El diminutivo en Milanés», en *Revista de la Biblioteca Nacional José Martí*, La Habana, 3.ª época, 57, 8, 2, 77-84, abril-junio, 1966.

Armas, José de, «Milanés», en *Heraldo de Cuba*, La Habana, 2, 208, 7, agosto 6, 1914.

Branly, Roberto, «José Jacinto Milanés, 1814-1863», en *Pueblo y Cultura*, La Habana, 17-18, 33-37, diciembre, 1963.

Bueno, Salvador, «Imagen del poeta Milanés», en su *Temas y personajes de la literatura cubana*, La Habana, Ediciones Unión, 1964, págs. 41-50.

«José Jacinto Milanés, el desdichado», en su *Figuras cubanas*, breves biografías de grandes cubanos del siglo XIX, La Habana, Comisión Nacional Cubana de la UNESCO, 1964, págs. 107-119.

González Campoamor, Fernando, «Milanés íntegro», en *El Mundo*, La Habana, 62, 20 875, 4, febrero 2, 1964.

«El centenario de Milanés», en *El Fígaro*, La Habana, 30, 29, 349, julio 19, 1914.

«El centenario de Milanés en La Habana», en *Bohemia*, La Habana, 5, 34, 401-402, agosto 23, 1914.

Conde Kostia, seudónimo de Aniceto Valdivia, «José Jacinto Milanés», en *La Lucha*, La Habana, 30, 227, 5, agosto 16, 1914.

Chacón y Calvo, José María y Salvador Salazar, «Sobre el autor de "Los dormidos"», en *Revista de la Facultad de Filosofía y Letras y Ciencias*, La Habana, 35, 1-2, 32-41, enero-junio, 1925.

Chamberlin, Vernon A., «Schlegel y Milanés, dos dramas románticos sobre el tema del conde Alarcos», en *Hispanófila*, Chapel Hill, 3, 27-38, 1958.

Editores, «Teatro, *El conde Alarcos*», en *La Aurora*, Matanzas, 324, 2, noviembre 22, 1839.

Escarpanter, José Antonio, «La crítica ante Milanés», en *Cuba en la UNESCO*, La Habana, nueva etapa, 5, 6, 7-19, agosto, 1964.

Feijóo, Samuel, «Milanés, cubanismos», en su *Sobre los movimientos por una poesía cubana hasta 1856*, La Habana, Universidad Central de Las Villas, Dirección de Publicaciones, 1961, págs. 104-108.

Figarola Caneda, Domingo, «En honor de Milanés», en *La Ilustración Cubana*, La Habana,

Barcelona, 1, 28, 218-219, octubre, 1885.

«Milanés y Plácido» en su *Plácido, poeta cubano, contribución histórico-literaria*, La Habana, Imprenta El Siglo XX, 1922, págs. 195-231.

Fornaris, José y Joaquín Lorenzo Luaces, «José Jacinto Milanés», en su *Cuba Poética*, Colección escogida de las composiciones en verso de los poetas cubanos desde Zequeira hasta nuestros días, 2.ª edición, La Habana, Imprenta de la Viuda de Barcina, 1861, págs. 87-88.

García Lorenzo, Luciano, «*El conde Alarcos*, de José Jacinto Milanés» y «*El conde Alarcos*, de José Jacinto Milanés, Mujer-amor, Hombre-honra», en su *El tema del conde Alarcos, del romancero a Jacinto Grau*, Madrid, Consejo Superior de Investigaciones Científicas, 1972, págs. 95-107 y 153-156.

Garmendía, Miguel, «Milanés como crítico», en *Revista histórica, crítica y bibliográfica de la literatura cubana*, Matanzas, 1, 1, 78-84, 1916.

González del Valle, José Zacarías, «*Obras* de don Jacinto Milanés, primer tomo», en *El Prisma*, La Habana, 1, 173-179, 1846.

González Freire, Natividad, «Teatro dramático cubano del siglo XIX», en *Bohemia*, La Habana, 67, 10, 10-13, marzo 7, 1975.

Guiteras, Antonio, «Milanés y Cañete», en *La Ilustración Cubana*, La Habana-Barcelona, 4, 3, 34-35, enero 30, 1888.

Gulteras, Eusebio, «Milanés y su época», en *Cuba y América*, La Habana, 13, 29 y 30, 1, 2, 3, 4, 5, 6 y 1, 33-40, 10-16, 17-24, 18-24, 9-16 y 17-20, febrero, marzo, abril, mayo, junio, julio y agosto, 1909.

Guiteras, Pedro José, «José Jacinto Milanés» en *El Mundo Nuevo*, Nueva York, 4, 65-66, 87-88 y 106-107, marzo 15 y abril 1, 1874.

Hartzenbusch, Juan Eugenio, «Crítica literaria, *El conde Alarcos*, de José Jacinto Milanés», en *Revista de Cuba*, La Habana, 8, 337-339, 1880.

Heredia, Nicolás, «Matanzas y Milanés», en *Álbum Milanés*, Matanzas, Imprenta La Nacional, 1881, págs. 155-157.

«Homenaje a José Jacinto Milanés», en *Cuba en la UNESCO*, La Habana, nueva etapa, 5, 6, 88-92, agosto, 1964.

Lazo, Raimundo, *El romanticismo, fijación psicológico-social de su concepto, lo romántico en la lírica hispano-americana, del siglo XVI a 1970*, México, Editorial Porrúa, 1971, págs. 80-82.

Lezama Lima, José, «José Jacinto Milanés», en su *Antología de la poesía cubana*, tomo 2, La Habana, Consejo Nacional de Cultura, 1965, págs. 226-229.

López Prieto, Antonio, «José Jacinto Milanés», en su *Parnaso cubano*, Colección de poesías selectas de autores cubanos desde Zequeira a nuestros días precedida de una introducción histórico-crítica sobre el desarrollo de la poesía en Cuba, con biografías y notas críticas y literarias de reputados literatos, La Habana, Editor Miguel de Villa, 1881, págs. 217-222.

Mañach, Jorge, «Milanés o la frustración», en su *Historia y estilo*, La Habana, Editorial Mi-

nerva, 1944, págs. 153-155.

Menéndez y Pelayo, Marcelino, *Antología de poetas hispanoamericanos*, tomo 2, Madrid, Establecimiento Tipográfico Sucesores de Rivadeneyra, 1893, págs. XXIX-XXXXII.

Navarro, Osvaldo, «Milanés, seguir mirando hasta el final», en *El Caimán Barbudo*, La Habana, 2.ª época, 63, 5-7, diciembre, 1972.

Palma, Ramón de, «*El conde Alarcos*, drama inédito de José Jacinto Milanés», en *El Álbum*, La Habana, 5, 73-110, 1838.

«*Obras* de don José Jacinto Milanés», en *Revista de La Habana*, La Habana, 4, 253-255, 267-269, 277-279, 1847.

Piñeyro, Enrique, «José Jacinto Milanés», en su *Estudios y conferencias de historia y literatura*, Nueva York, Imprenta de Thompson y Moreau, 1880, págs. 207-213.

Poncet y de Cárdenas, Carolina, «José Jacinto Milanés y su obra poética, conferencia pronunciada en el Liceo de Matanzas, el día 28 de diciembre de 1922» en *Cuba Contemporánea*, La Habana, 11, 31, 122, 117-154, febrero, 1923.

Roig de Leuchsenring, Emilio, «José Jacinto Milanés», en su *La literatura costumbrista cubana de los siglos XVIII y XIX*, tomo 4.

Los escritores, La Habana, Oficina del Historiador de la Ciudad, 1962, págs. 151-153.

Salazar, Salvador, «Milanés, Luaces y la Avellaneda como poetas dramáticos», en *Revista de la Facultad de Letras y Ciencias*, La Habana, 22, 1 y 2, 127-130 y 237-242, enero y marzo,

1916.

«El secreto de Milanés», en *Anales de la Academia Nacional de Artes y Letras*, La Habana, 12, 11, 1-4, 54-66, enero-diciembre, 1927.

San Millán, Blas María del, «*El conde Alarcos*», en *La Cartera Cubana*, La Habana, 1, 6, 353-363, diciembre, 1838.

Suárez y Romero, Anselmo, «Un recuerdo», en su *Colección de artículos*, La Habana, Consejo Nacional de Cultura, 1963, págs. 159-164.

Suzarte, José Quintín, «*El conde Alarcos*, drama original de don José Jacinto Milanés, estudio crítico», en *La Siempreviva*, La Habana, 1, 249-262, 1838.

Teurbe Tolón, Edwin y Jorge Antonio González, *Historia del teatro en La Habana*, Santa Clara, La Habana, Universidad Central de Las Villas, Dirección de Publicaciones, 1961, págs. 152-153.

Vázquez, Ricardo, «El fantasma de la tertulia», en *El Caimán Barbudo*, La Habana, 2.ª época, 37, 8-10, enero, 1970.

Vitier, Cintio, *La luz del imposible*, La Habana, Imprenta Úcar, García, 1957, págs. 11-13.

«Acentos de José Jacinto Milanés», en su *Lo cubano en la poesía*, La Habana, Universidad Central de las Villas, Departamento de Relaciones Culturales, 1958, págs. 85-102.

La crítica literaria y estética en el sitio XIX cubano, tomo 1, prólogo y selección, La Habana, Biblioteca Nacional José Martí, Departamento Colección Cubana, 1968, págs. 23, 33.

«El obseso», en su *Poetas cubanos del siglo XIX*, Semblanzas, La Habana, Cuadernos de la revista *Unión*, 1969, págs. 25-27.

Ximeno y Cruz, Dolores María, «Aquellos tiempos, Memorias de Lola María, cap. XII. El entierro de José Jacinto Milanés y otras noticias de su vida», en *Revista Bimestre Cubana*, La Habana, 22, 6, 888-923, noviembre-diciembre, 1927.

Zenea, Juan Clemente, «José Jacinto Milanés», en *Revista Habanera*, La Habana, 2, 2, 103-105, 1861.

Milanés, María Luisa (Jiguaní, Oriente, 15 julio 1893-Bayamo, Oriente, 9 octubre 1919). Muy pequeña aún pasó a vivir a Bayamo. Inició los estudios en el propio hogar y los continuó en el colegio Juan Bautista Sagarra, de Santiago de Cuba, en el Colegio Francés y más tarde en el Sagrado Corazón, de La Habana. Comenzó a escribir desde muy joven. Egresada del Sagrado Corazón, regresó a Bayamo y contrajo matrimonio. Realizó notables traducciones de poetas ingleses y franceses. Destruyó casi toda su obra y dejó sin terminar la *Autobiografía*. Su obra fue publicada por la revista *Orto* (Manzanillo, Oriente, 9 (15), mayo 31, 1920). Utilizó el seudónimo *Liana de Lux*.

Bibliografía pasiva

Carbonell, José Manuel, «María Luisa Milanés, 1893-1919», en su *La poesía lírica en Cuba*, recopilación dirigida, prologada y anotada, T. 5, La Habana, Imprenta El Siglo XX, 1928, págs. 379, Evolución de la cultura cubana,

1608-1927, 5.

Claro Valle, Clara del, seudónimo de José de la Luz León, «La poetisa suicida», en *El Mundo del Domingo*, suplemento del periódico *El Mundo*, La Habana, 10-11 y 3, marzo 13 y 20, 1966.

Henríquez y Carvajal, Federico, «Vida trunca, *Liana de Lux*», en *Orto*, Manzanillo, 9, 15, 1-5, mayo 31, 1920.

«Homenaje a María Luisa Milanés», en *Orto*, Manzanillo, 15, 19, noviembre 30, 1926.

Lizaso, Félix y José Antonio Fernández de Castro, «María Luisa Milanés», en su *La poesía moderna en Cuba*, 1882-1925, antología crítica, ordenada y publicada, Madrid, Librería y Casa Editorial Hernando, 1926, págs. 298-299.

«Las poetisas suicidas, perennidad de María Luisa», en *Orto*, Manzanillo, 28, 1, 4-5, enero, 1939.

Rodríguez, Luis Felipe, «María Luisa Milanés», en *Orto*, Manzanillo, 9, 15, 49, mayo 31, 1920.

Valdés Roig, Ciana, «María Luisa Milanés», en *Archipiélago*, Santiago de Cuba, 3, 18, 85-101, diciembre 1, 1930.

Vitier, Cintio, «María Luisa Milanés», en su *Cincuenta años de poesía cubana, 1902-1952*, ordenación, antología y notas, La Habana, Ministerio de Educación, Dirección de Cultura, 1952, págs. 53.

Millán, **José Agustín** (La Habana, entre 1810 y 1820). Fue socio de la Academia de Cristina, donde se representaron muchas de sus obras. Se dio a conocer como autor hacia 1841. Compuso más de veinte piececitas de ocasión para beneficio de autores, sobre todo del cubano Francisco Covarrubias. Estas pequeñas piezas gozaron de popularidad en La Habana y en provincias. Dirigió la colección *Los cubanos pintados por sí mismos* (La Habana, Imprenta de Barcina, 1852), la cual se publicó en edición de lujo ilustrada por Landaluze. Esta obra se repartió en sus inicios por entregas. No llegó a publicarse el segundo tomo. Su título fue sustituido después por el de *Tipos cubanos*. La misma recogía trabajos de José Victoriano Betancourt, Federico Milanés, José María de Cárdenas. El propio Millán participó con un trabajo titulado «El Calambuco». Colaboró en *El Moro Muza* —en su segunda época—, donde publicó su novela *Memorias de una viuda;* en *La Prensa* (La Habana), *Faro Industrial de La Habana*, *El Avisador del Comercio* (La Habana) y otros. Entre sus piezas dramáticas está *Don Silvestre del Campo* (1857). Un cargo en el gobierno lo apartó de la escena y abandonó la literatura después de 1860. Tradujo del francés *La hechicera de París* (La Habana, Imprenta del Faro, 1845), *Gabrina; o, Un corazón de mujer*, de M. M. Foucher y Alboise, y *Los hijos naturales* (La Habana, Imprenta Habanera, 1858), drama en tres actos arreglado de una novela de E. Sué por el Vizconde Jules de France, entre otros textos. Según Trelles, vivía en 1863. Firmó con sus iniciales.

Bibliografía activa

Apuros del carnaval, comedia original en un acto y en prosa, La Habana, Imprenta de Ramón Oliva, 1841.

El hombre de la culebra, juguete cómico en un acto y en prosa, La Habana, Imprenta de Ramón Oliva, 1841.

El médico lo manda, comedia original en un acto y en prosa, La Habana, Imprenta de Torres, 1841.

Mi tío el ciego; o, Un baile en el Cerro, comedia original en un acto y en prosa, La Habana, Imprenta de Ramón Oliva, 1841.

Una aventura; o, El camino más corto, comedia original en tres actos y en prosa, La Habana, Imprenta de Barcina, 1842.

El novio de mi mujer, comedia original en un acto, La Habana, Imprenta del Faro Industrial, 1842.

Amor y travesura; o, Una tarde en El Bejucal, pieza cómica en un acto, La Habana, Imprenta *El Faro Industrial*, 1843.

El recién-nacido, pieza cómica original en un acto, La Habana, Imprenta de M. Soler, 1843.

La guajira; o, Una noche en un ingenio, pieza cómica en un acto y en prosa, La Habana, 1844.

Un concurso de acreedores, pieza cómica en un acto, La Habana, Imprenta de Barcina, 1845.

Los habaneros pintados por sí mismos, s. l., 1845.

Sota y Caballo; o, El andaluz y la habanera, juguete cómico en un acto y en prosa, La Habana, 1845.

Un chubasco a tiempo, pieza cómica en un acto y en prosa, La Habana, 1846.

Una mina de oro, pieza cómica en un acto, La Habana, 1847.

Amor y guagua, pieza cómica original en un acto y en prosa, La Habana, Imprenta de Soler, 1848.

Manjar blanco y majarete, juguete escrito para un beneficio de Covarrubias, La Habana, 1848.

Miscelánea dramática y crítica, o sea colección completa de las obras dramáticas y artículos de costumbres cubanas, su autor, prólogo de Nicolás Cárdenas y Rodríguez, 2.ª edición, La Habana, Imprenta de M. Soler, 1848.

Los sustos del huracán, pieza cómica original en un acto, representada en el Teatro del Circo el 22 de noviembre de 1848, La Habana, Imprenta de M. Soler, 1848.

Un velorio en Jesús María, pieza cómica en un acto, La Habana, Imprenta de Torres, 1848; 2.ª edición, introducción y notas de José Antonio Escarpanter, La Habana, Consejo Nacional de Cultura, Centro Cubano de Investigaciones Literarias, 1964, Comedias de José Agustín Millán, I.

Biografía de don Francisco Covarrubias, primer actor de carácter jocoso de los teatros de La Habana, La Habana, Imprenta del Faro, 1851.

Un californiano, pieza cómica en un acto, La Habana, Imprenta de Barcina, 1851.

¿La bendición papá?; o, El viejo enamorado, pieza cómica en un acto original, La Habana,

Imprenta La Habanera, 1856.

El cometa de trece de junio; o, El fin del mundo, pieza cómica en un acto, La Habana, Imprenta de Barcina, 1857.

Función de toros sin toros, pieza cómica en un acto, La Habana, Imprenta de la Viuda de Barcina, 1857.

Obras dramáticas, edición completa, La Habana, Imprenta viuda de Barcina, 1857, 2 T.

Memorias de una viuda, novela de costumbres cubanas, original, 2.ª edición, ilustrada con grabados, La Habana, Imprenta Nacional y Extranjera, 1860.

Bibliografía pasiva

Arrom, José Juan, «José Agustín Millán» en su *Historia de la literatura dramática cubana*, New Haven, Yale University Press, 1944, págs. 3, 60-61.

González Curquejo, Antonio, «José Agustín Millán», en su *Breve ojeada sobre el teatro cubano al través de un siglo, 1820-1920*, La Habana, Imprenta y Papelería La Universal, 1923, págs. 15.

Millet, Gabriel (La Habana, 29 octubre 1823-Madrid, 2 junio 1899). Cursó estudios en el Seminario San Carlos. Se graduó de abogado en la Universidad de Barcelona (1847). Se trasladó a París a causa del estallido de la guerra de 1868. Desde Europa colaboró activamente con la causa de la independencia. Al terminar la guerra, estableció su residencia en Madrid. Visitó diversos países europeos.

No obstante su permanencia en Europa, mantenía contacto con los problemas cubanos a través de sus viajes anuales a la isla. En 1881 fue electo diputado a Cortes por los autonomistas de Santa Clara. Prestó servicios en la publicación de *La Tribuna*, periódico dirigido en Madrid por José María de Labra. Colaboró en *La Bandera Cubana*, que dirigía Domingo Figarola Caneda y era órgano del Comité Revolucionario en Francia. En *La Unión*, de Güines (La Habana), dio a conocer un conjunto de artículos recogidos más tarde en su libro *Una pascua en Madruga. Impresiones y recuerdos* (1888). Colaboró, junto con otros emigrados, en diversas publicaciones francesas. Durante todos estos años prestó incesantemente sus servicios a la causa de la independencia a través de su actividad de propagandista y mediante la ayuda prestada a los emigrados y prisioneros.

Bibliografía activa

Una pascua en Madruga, Impresiones y recuerdos, La Habana, Imprenta El Retiro, 1888.

Mi última temporada en Cuba, segunda parte de *Una pascua en Madruga*, Madrid, Establecimiento Tipográfico Sucesores de Rivadeneyra, 1894.

Una página de historia, apéndice a la segunda parte, inédita, de *Una pascua en Madruga*, Madrid, Tipografía de los Hijos de M. G. Hernández, 1894.

Bibliografía pasiva

Cabrera, Ramiro, «*Redención*», *el legado de Gabriel Millet y de Lara*, discurso pronunciado en la escuela «Redención» que regentea la Sociedad Económica de Amigos del País, el día 5 de junio de 1930, La Habana, Imprenta Avisador Comercial, 1930.

Valdés Rodríguez, Manuel, «Gabriel Millet», en *Cuba y América*, La Habana, 3, 63, 6-8, julio 20, 1899.

Minerva (La Habana, 1888-1889; 1910, 1915; 1925). «Revista quincenal dedicada a la mujer de color», se lee en el primer ejemplar visto, correspondiente al 30 de noviembre de 1888. Fue dirigida por Miguel Gualba. Como su subtítulo indica, estaba dedicada a reflejar los problemas e intereses de la mujer de la raza negra. Publicó poemas, trabajos sobre educación e instrucción y notas sobre moral. Entre sus colaboradores se contaban Úrsula Coimbra de Valverde, Lucrecia González, Cristina Ayala, África C. de Céspedes y Joaquín Granados. Reprodujo un discurso de Martín Morúa Delgado. El último número que hemos encontrado (17), correspondió al 19 de julio de 1889. Carlos Manuel Trelles señala, en la séptima parte de su trabajo «Bibliografía de la prensa cubana (de 1764 a 1900) y de los periódicos publicados por cubanos en el extranjero» —en *Revista Bibliográfica Cubana* (La Habana, 3, 16: 165, julio-agosto, 1939)—, que la revista salió hasta 1889. El 15 de septiembre de 1910 comenzó a salir otra publicación de igual título, y con el subtítulo «Revista universal ilustrada. Ciencia, artes, literatura, sport». Su periodicidad también fue quincenal. A partir del número 4-5, del 1.º de noviembre de 1910, la publicación se declara continuadora de la *Minerva* fundada en 1889 —error que después rectifica con el año 1888—. Fueron sus directores Óscar G. Edreiras e Ildefonso Morúa Contreras. En su primer número presentaba una relación de redactores y redactores especiales. Se destacaba entre los primeros José Manuel Poveda, y entre los segundos Juan Gualberto Gómez, Nicolás Guillén (padre) y Lino Dou. En septiembre de 1914 la revista amplía su tamaño. En diciembre de ese año nombran a Juan Gualberto Gómez su director honorario. Otros redactores fueron Miguel A. Céspedes, Primitivo Ramírez Ros, Saturnino Escoto Carrión, Luis Valdés Carrero y Santos Vaquero Echemique. En esta segunda época, *Minerva* fue una revista de bastante importancia, ya que sus páginas reflejaban los problemas que afrontaban los intelectuales negros, las luchas que sostenían por sus derechos y su desarrollo cultural. En sus páginas aparecieron noticias sobre las actividades de la Sociedad de Estudios Literarios, así como fragmentos de las conferencias pronunciadas en dicha institución. Innumerables escritores prestaron su colaboración en esta revista, entre ellos Fernando Ortiz, José Antonio Ramos, Regino Eladio Boti, Arturo Ramón de Carricarte, Jesús López Silvero, Ramón Vasconcelos, Pedro A. López, Alfredo Zayas,

Carlos Prats, Lorenzo Despradel, Camaño de Cárdenas, José Tablada Fuentes, Vicente Silvera y Ludovico Soto. El último número visto corresponde a la quincena de abril de 1915. Según parece, la publicación cesó en ese año, pues León Primelles, en su *Crónica cubana. 1915-1918* (La Habana, Editorial Lex, 1955), solo la menciona en 1915. Se han localizado los ejemplares de los días 12 y 30 de julio de 1925, correspondientes al año 37 de la tercera época. Aparecía como director José E. Morvá.

Bibliografía

«Ofrenda a *Minerva* en su aniversario», en *Minerva*, La Habana, 3, 17-18, 4-12, septiembre, 1911.

Minerva, **La** (Santiago de Cuba, 1821-1823). «Periódico político, científico y literario», según lo define, en la página 215 del tomo 2 de su obra *Apuntes para la historia de las letras y de la instrucción pública en la isla de Cuba* (La Habana, Academia de Ciencias de Cuba. Instituto de Literatura y Lingüística, 1971), Antonio Bachiller y Morales, quien también señala que era redactado por el dominicano Francisco Muñoz del Monte. Emilio Bacardí señala, en la página 150 del tomo 2 de su obra *Crónicas de Santiago de Cuba* (Santiago de Cuba, Tipografía Arroyo, 1925), que comenzó a salir en el mes de enero y que «el segundo número fue mandado secuestrar por el Jefe Superior Político, siendo absuelto por el tribunal de imprenta llamado «Mesa Censoria»,

declarando que no es subversivo ni abusivo de la libertad de imprenta». No se ha visto ningún ejemplar. Bachiller lo define, en la página 216 de su ya citada obra, como «... uno de los mejores, por su contenido y sus formas elegantes...»; José María Labraña, en la página 670 de su trabajo «La prensa en Cuba» —aparecido en *Cuba en la mano. Enciclopedia popular ilustrada* (La Habana, Imprenta Úcar, García, 1940, págs. 649-786)—, lo califica como «Uno de los mejores de la época, cuyos trabajos eran reproducidos por los demás de la isla». Señala también que su otro redactor era Manuel M. Pérez. Afirma Bacardí, en la página 151 de su mencionada obra, que cesó en 1823.

Mirador Literario. Información y crítica (La Habana, 1942-1940). Revista. El primer número correspondió al mes de enero. Fue su editor Alberto Sánchez Veloso. Su periodicidad fue mensual. A partir del número 6 (julio, 1942) su formato se amplió. Del primer año de publicación se han visto seis números, de 1943 un número (junio) y de 1944 otro (julio). Esta revista estuvo dedicada, fundamentalmente, a realizar crítica literaria sobre libros publicados en Cuba o en el extranjero. Reprodujo artículos de publicaciones extranjeras y los prólogos que aparecían en los libros de las Ediciones Mirador. Tuvo varias secciones fijas, entre ellas «El libro del mes» y «Mirador», ambas de crítica, y «Bibliografía del mes», que indizaba las últimas publicaciones, sobre todo dentro de las ciencias sociales. Fue pues, una revista «de, por, para los libros y quienes amen los libros». Divulgó además las actividades desarrolladas por la ferias del libro que se celebraban anualmente en La Habana y en el interior del país. Algunas notas aparecieron firmadas por Raúl Roa, Raimundo Lazo, Rafael Suárez Solís y Bernardo Clariana.

Miranda, Anisia (Ciego de Ávila, Camagüey, 30 diciembre 1932-Gres, Vila de Cruces, 22 octubre 2009). Cursó la primaria en La Habana. Se graduó en la Escuela del Hogar (1951). Inició estudios de periodismo, pero no los terminó a causa de su viaje a la Argentina (1953). En Buenos Aires se graduó en el Instituto Grafo-Técnico (1954-1957) y colaboró en el semanario *Propósitos*, dirigido por Leónidas Barletta. De 1959 a 1961 trabajó en la Embajada de Cuba en dicha capital. En 1961 regresó a Cuba. Fue redactora de *Pueblo y Cultura* (1962-1963), trabajó en la Editora Juvenil (1963-1965) y en el semanario infantil *Pionero* (1966-1967). Ha publicado además en *Vida Nueva*, *Mujeres*, *El Guía*, *Simientes*, *Bohemia*, *La Gaceta de Cuba*, *El Mundo*, *Revolución* y *Verde Olivo*. Ha escrito para el ICR. En el Concurso La Edad de Oro, del CNC, obtuvo mención de cuento por su libro *Becados* (1963) y de teatro por *Las semillas desobedientes* (1963), además del premio de teatro infantil de 1965 por dos obras. Sus cuentos *La primera aventura* fueron premiados por la Comisión Permanente de la Jornada Internacional de la Infancia (1965). En

1973 recibió el premio «Ismaelillo», de prosa, de la UNEAC, con *Los cuentos del Compay Grillo*. Ha participado como jurado en diversas ocasiones. Ha viajado además a España, la Unión Soviética y la República Democrática de Vietnam. Es coautora de *Relatos y anécdotas de niños vietnamitas* (La Habana, Instituto Cubano del Libro, 1967).

Bibliografía activa

Ésta es Cuba, hermano, prólogo de Leónidas Barletta, Buenos Aires, Editorial Follas Novas, 1960.

Becados, La Habana, Editora Juvenil, 1965.

Mitos y leyendas de la antigua Grecia, La Habana, Editora Juvenil, 1966.

Niños héroes de Vietnam, La Habana, Imprenta del Semanario Pionero, 1966.

Cómo entre todos salvaron al chivito, La Habana, Editorial Gente Nueva, 1968; 2.ª edición, Id., 1974.

Conoce Vietnam, La Habana, Ediciones de la Jornada Internacional de la Infancia, 1968.

Lidia tiene un cocuyo, La Habana, Editorial Gente Nueva, 1968.

La locomotora que no quiso ser vieja, La Habana, Instituto Cubano del Libro, Editorial Gente Nueva, 1970.

Ochenta primaveras del Tío Jo, Biografía, anecdotario y selección, La Habana, Ediciones UJC, 1970.

El tractor pionero, La Habana, Instituto Cubano del Libro, Editorial Gente Nueva, 1970.

Vietnam y tú, La Habana, Instituto Cubano del

Libro, Editorial Gente Nueva, 1970.

Los cuentos del Compay Grillo, La Habana, UNEAC, 19175.

La primera aventura, La Habana, Editorial Gente Nueva, 1975.

Bibliografía pasiva

Aparicio, Raúl, «En moneda de aplauso», sobre *La ranita que perdió el charco*, en *El Mundo del Domingo*, suplemento del periódico *El Mundo*, La Habana, 11, septiembre 19, 1965.

Duarte, María Elena, «Había una vez», entrevista, en *Mujeres*, La Habana, 14, 6, 70-71, junio, 1974.

Nora, *María Luz de*, seudónimo de Loló de la Torriente, «*Becados*», en *Bohemia*, La Habana, 57, 49, 106, diciembre 3, 1965.

Miró Argenter, **José** (Sitges, Cataluña, 4 marzo 1852-Marianao, La Habana, 2 mayo 1925). Estudió la segunda enseñanza en Barcelona. Se graduó de Bachiller en Artes (1869). Vino a Cuba en 1874 y dos años más tarde se estableció en Oriente, donde conoció a Antonio Maceo. Dedicado al periodismo, contribuyó en la preparación del clima que antecedió al levantamiento del 95. Por un artículo publicado en *La Nueva Era*, de Santiago de Cuba, fue desterrado a Holguín. Allí dirigió *La Doctrina* (1887). Más tarde dirigió, en Manzanillo, *El Liberal* (1893). Al estallar la lucha se incorporó a ella con las tropas de Bartolomé Masó. Llegó a ocupar el grado de General de División. Fue jefe del Estado Mayor de Antonio Maceo hasta la muerte de éste. Cuidó de dejar oculto y seguro su cadáver en el Cacahual y salvó los documentos del cuartel general. Al terminar la guerra desempeñó el cargo de vocal de la comisión revisora y liquidadora del Ejército Libertador y estuvo encargado de sus archivos. En *El Cubano Libre*, publicado en los alrededores y en el propio Santiago de Cuba, aparecieron parte de sus *Crónicas de la guerra*. Dirigió *La Democracia* (1898), de Manzanillo, y *Vida Militar* (1905), de La Habana. Fue colaborador de *El Fígaro* entre 1902 y 1918. Perteneció a la Academia de la Historia de Cuba.

Bibliografía activa

Guerra de Cuba, extracto de las operaciones militares realizadas por el ejército invasor al mando del Lugarteniente General Antonio Maceo, desde su salida de Oriente hasta su llegada a Mantua, provincia de Pinar del Río, San José de Costa Rica, Imprenta El Diarito, 1896.

Apuntes de la vida de Antonio Maceo Grajales, primer lugarteniente general del Ejército Libertador Cubano, Veracruz, Camagüey, Tipografía de Las Selvas, 1897.

Muerte del general Maceo, relato del suceso, seguido de una refutación a la farsa oficial, Cayo Hueso, Imprenta de *El Yara*, 1897.

Cuba, crónicas de la guerra, tomo 1, *La campaña de Invasión*, tomo 2 y 3, *La campaña de Occidente*, La Habana, Librería e Imprenta La Moderna Poesía, 1909, 3 V.; 2.ª edición,

La Habana, Editorial Lex, 1942-1943, 2 V.; 3.ª edición, Id., 1943, 1 V.

Cuba, crónicas de la guerra, 4.ª edición, Id., 1945; *Cuba, crónicas de la guerra, Las campañas de Invasión y de Occidente, 1895-1896*, La Habana, Instituto Cubano del Libro, Editorial de Ciencias Sociales, 1970.

Crónicas de la guerra, La Habana, Instituto Cubano del Libro, Ediciones Huracán, 1970, 3 V.

El pacífico, drama en tres actos, La Habana, Imprenta y Papelería de Rambla y Bouza, 1914.

Salvador Roca, novela, La Habana, Imprenta y Papelería de Rambla y Bouza, 1914.

Discurso del general José Miró en el acto de inauguración del monumento a Maceo el 20 de mayo de 1916, La Habana, Imprenta El Siglo XX, 1918.

El soldado de las Tunas, general Vicente García, La Habana, La Moderna, 1919.

El combate de Ceja del Negro, octubre 4 de 1896, narración histórica, La Habana, Editorial Lex, 1950.

Bibliografía pasiva

Carbonell, José Manuel, «José Miró y Argenter, 1857-1925», en su *La prosa en Cuba*, recopilación dirigida, prologada y anotada, tomo 3, La Habana, Imprenta Montalvo y Cárdenas, 1928, págs. 159-160, Evolución de la cultura cubana, 1608-1927, 14.

Fernández Cabrera, Manuel, «Miró, dramaturgo», en *El Fígaro*, La Habana, 30, 4, 43, 1914.

Figueredo y Socarrás, Fernando, *Elogio del general José Miró y Argenter*, académico de número*, La Habana, Imprenta El Siglo XX, 1926, Academia de la Historia.

Remos y Rubio, Juan José, *El general Miró Argenter, guerrero y cronista de la invasión*, discurso leído en la sesión solemne celebrada el 4 de marzo de 1952, para conmemorar el centenario del nacimiento del ilustre libertador, La Habana, Imprenta El Siglo XX, 1952, Academia de la Historia de Cuba.

Miscelánea (Tlalpam, México, 1829-1830; Toluca, México, 1831-1832). «Periódico crítico y literario por José María Heredia», se lee en el primer ejemplar publicado (septiembre), aunque presentaba un pequeño formato de revista. Su periodicidad fue mensual. En la «Introducción» al número inicial se manifestaba: «Al empezar la publicación de la *Miscelánea*, conoce su editor las dificultades y peligros de una empresa en que no osa esperar provecho ni gloria. Solo el deseo de dar a la República un periódico literario, siquiera en ensayo, y reanimar el gusto de las letras, le pone en la mano la pluma. El funesto espíritu de partido, no satisfecho con minar las bases de la sociedad, va corrompiendo el idioma, y sofocando en su vértigo la afición a los buenos estudios que tanto contribuyen a la elegancia y dulzura de la vida. Las mentes agitadas por la triste manía de dominar y destruir, miran como despreciables y pueriles las inocentes ocupaciones del filósofo y del literato, hacia las que afectan el altivo menosprecio de la superioridad. ¿Quién podrá calcular los resultados posibles si se generaliza este espíritu, capaz de restablecer el imperio bárbaro de la ignorancia? Por lo mismo, el editor ha creído hacer un servicio al país con la publicación de la *Miscelánea*, en que se propone generalizar ideas útiles, contribuir a la perfección del gusto, y recoger algunas flores de los campos inmensos de la historia, y las regiones estrelladas de la poesía. Espera además que los hombres sensibles y moderados, a quienes fatiga el triste espectáculo de las contiendas políticas, hallarán en estos cuadernos una agradable distracción que alivie sus agitados espíritus. Para llenar el objeto que se ha propuesto el editor, está muy lejos de contar con solas sus propias fuerzas, y desde luego abre la *Miscelánea* a los literatos que se dignen favorecerla con sus producciones en cualquier ramo de los conocimientos humanos y enriquecer con ellas las páginas de este periódico. ¡Ojalá otro más digno de la ilustración mexicana eclipse cuanto antes el débil ensayo que se ofrece hoy al público, dejando al autor solo la palma de haber abierto con su ejemplo un nuevo camino de gloria». Esta importante revista salió ininterrumpidamente hasta el mes de diciembre, en cuyo ejemplar apareció un «Aviso» en el que se hacía constar: «Con este número concluye el tomo primero de la *Miscelánea*... Continuará la publicación del segundo tomo, aunque la suscripción apenas alcanza a cubrir los costos indispensables, aun en la forma actual del periódico». El segundo tomo constó de cuatro números, publicados de enero a abril de 1830. Su segunda época, ahora publicada en Toluca, comenzó con el número correspondiente al mes de junio, y en él hacía constar el editor: «La publicación de este periódico quedó suspensa en mayo del año próximo pasado, por haber tenido el editor que separarse de Tlalpam, y fijar su residencia en otro punto. Habiendo variado hoy sus circunstancias personales, vuelve a emprender su agradable tarea y se complace en ofrecer públicamente al Excmo. señor Gobernador del Estado su gratitud por la protección con que ha honrado esta segunda época de la *Miscelánea*. Los dos tomos de la anterior están ya sujetos al juicio del público; por lo mismo, solo añadirá el editor que siguiendo absolutamente el mismo plan, espera proporcionar una lectura variada, instructiva y agradable a toda clase de personas, estando pronto a ensanchar los límites de la obra, siempre que el aumento de los suscriptores se lo permita...». El primer tomo de esta segunda época, que consta de siete números, se extendió hasta diciembre; comenzó el segundo en enero de 1832; duró hasta el mes de junio, número en el cual anuncia su editor la «Despedida»: «Con este número concluye el tomo II de la segunda época de la *Miscelánea*, cuyo índice y carátula recibirán los suscriptores. Motivos cuya enumeración sería inútil y fastidiosa, obligan al Editor a suspender su publicación, y al despedirse del respetable público, cumple gustoso con un deber, manifestando su gratitud por la acogida favorable que ha dispensado, a esta obrilla. Si variaren las circunstancias, tendrá la satisfacción de continuar sus tareas bajo un plan más vasto; y se esforzará en dar a la República Mexicana un periódico literario digno de su civilización». La nota aparecía firmada en Toluca el 5 de julio de 1832. Revista de contenido variado, publicó artículos morales, filosóficos e históricos; noticias literarias y críticas, y extractos de obras variadas; cuentos y poesías de Heredia; una pieza teatral de este autor, *Los últimos romanos;* poesías de los españoles Juan Meléndez Valdés y Manuel J. Quintana. También reprodujo trabajos sobre literatura francesa contemporánea, economía política, pequeñas biografías, artículos sobre educación, bellas artes, preceptiva literaria y un ensayo sobre la novela. Su sección «Revisión de obras» estuvo dedicada al comentario de las últimas publicaciones. Carlos Manuel Trelles reproduce, en la página 38 del tomo 2 (1826-1840) de su *Bibliografía cubana del siglo XIX* (Matanzas, Imprenta de Quirós y Estrada, 1912), un sumario de todos los materiales publicados.

Miscelánea de Literatura (La Habana, 1827). «Periódico semanal», según lo define Antonio Bachiller y Morales en la página 228 del tomo 2 de su obra *Apuntes para la historia de las letras y de la instrucción pública en la isla de Cuba* (La Habana, Academia de Ciencias de Cuba. Instituto de Literatura y Lingüística, 1971). El autor también expresa que su director fue Antonio Franchi Alfaro. No se ha visto ningún ejemplar. José María Labraña cita, en la página 670 de su trabajo «La prensa en Cuba» —aparecido en *Cuba en la mano. Enciclopedia popular ilustrada* (La Habana, Imprenta Úcar, García, 1940, págs. 649-786)—, que su redactor fue Anastasio Carrillo de Albornoz. Aparecieron ocho números, según señala Carlos Manuel Trelles en la séptima parte de su trabajo «Bibliografía de la prensa cubana (1764-1900) y de los periódicos publicados por cubanos en el extranjero» en *Revista Bibliográfica Cubana* (La Habana, 3, 16: 167, julio-agosto, 1939).

Miscelánea de útil y agradable recreo (La Habana, 1837). Revista. Fue su editor Luis Caso y Sola. Consta de dos tomos, que vieron la luz en los meses de agosto y septiembre. En el primero de ellos hay una dedicatoria del editor, que expresa: «Al joven don José Victoriano Betancourt. A ti, cuya lira dulce y armoniosa ha templado tantas veces las penas de mi corazón, consagro estas mis cortas tareas literarias: acógelas como un tributo de amistad y admiración». Publicó leyendas y cuadros románticos, poemas y traducciones de literaturas europeas, en especial de la alemana. Fueron sus colaboradores Cirilo Villaverde, quien publicó en esta revista sus primeras novelas cortas, Antonio Bachiller y Morales, Leopoldo Turla y José Quintín Suzarte. José María Labraña expresa, en la página 670 de su trabajo «La prensa en Cuba» —aparecido en *Cuba en la mano. Enciclopedia popular* *ilustrada* (La Habana, Imprenta Úcar, García, 1940, págs. 649-786)—, que su director fue Ramón de Palma. De ello no hay constancia en la publicación. Señala también Labraña, en su mencionado trabajo, que la *Miscelánea* «Sirvió de base al *Álbum*, de Caso y Palma». Preparado por Feliciana Menocal, con la colaboración de Araceli García Carranza, se ha publicado su índice en *Índices analíticos*, La Habana, Biblioteca Nacional José Martí. Departamento Colección Cubana, 1964, pág. 84.

Bibliografía

Almaviva, seudónimo, *Miscelánea de útil y agradable recreo*», en *El Noticioso y Lucero*, La Habana, 5, 308, 2, noviembre 5, 1837.

Menocal, Feliciana, «*Miscelánea de útil y agradable recreo*», en *Índices analíticos*, La Habana, Biblioteca Nacional José Martí, Departamento Colección Cubana, 1964, págs. 83.

Miscelánea Literaria (La Habana, 1806). Papel Periódico de La Habana. El primer número apareció el 15 de agosto. Su periodicidad fue semanal. No hay constancia de quién o quiénes lo redactaban. Publicó fábulas, críticas literarias, poemas satíricos, epigramas. Muchos trabajos aparecían firmados por *Los redactores* y otros por seudónimos, tales como *Honorio Valillo*, *Musiphilo*, *J. R.* y *T.* Antonio Bachiller y Morales señala, en la página 197 del tomo 2 de su *Apuntes para la historia de las letras y de la instrucción pública en la isla de Cuba* (La Habana, Academia de Ciencias de Cuba, Instituto de Literatura y Lingüística, 1971), que «se le llamó por sus enemigos, el *carretón de la basura*, porque iba a recoger lo que los otros arrojaban». El último número visto (19) correspondió al 19 de diciembre de 1806.

Mitjans, **Aurelio** (La Habana, 27 julio 1863-Id., 12 octubre 1889). Estudió en el Colegio de Belén. Fue discípulo de Calcagno. Cursó la carrera de derecho en España. En Cuba recibió el grado de Licenciado en Derecho Civil y Canónico. Su mal estado de salud lo obligó a llevar una vida retraída. Se consagró a la crítica y a la investigación literarias. En 1885 se reunía en la biblioteca de Ramón Meza con sus amigos Julián del Casal, Manuel de la Cruz y Enrique Hernández Miyares. Su primer libro, único que publicó en vida. *Estudios literarios* (1887), contiene una colección de ensayos premiados en varios certámenes, así, «Estudio sobre J. J. Milanés» y «Del teatro bufo y de la necesidad de reemplazarlo fomentando la buena comedia», triunfaron en las conversaciones literarias que se celebraban en la casa del Doctor José María Céspedes. «De la Avellaneda y sus obras» fue galardonado en los Juegos Florales de la Colla de Sant Mus, y «Caracteres dominantes en la literatura en los últimos cincuenta años», obtuvo Medalla de Oro del Círculo de Abogados de La Habana. En respuesta a un comentario de Varona sobre este libro, Mitjans dirigió a *Juan Sincero* (seudónimo de Manuel de la Cruz) una «Carta abierta», en *La Habana Elegante* (20 de mayo de 1888). Colaboró en dicho semanario con otros artículos, como el dedicado a Paul Bourget (números 31 y 32 de 1888), y poesías como «El héroe oscuro», «La piamontesa», «La última carta», «Al Progreso». Después de su muerte apareció en *La Habana Elegante* su artículo sobre Hipólito Taine (10 de noviembre de 1889). Colaboró también en *El Fígaro*, y en la *Revista Cubana* publicó su «Estudio sobre las obras de Lope de Vega» (tomos 3 y 4 de 1886), y «Luaces y Heredia» (tomo 7, 1888). Póstumamente apareció, por suscripción que dirigieron Raimundo Cabrera, Francisco Calcagno y Rafael Montoro, con prólogo de éste, su *Estudio sobre el movimiento científico y literario de Cuba* (1890), que dejó incompleto y que es la primera historia de las letras cubanas hasta 1868. Manuel de la Cruz llamó la atención sobre algunas de sus poesías en las que reflejó su tránsito del autonomismo al separatismo, considerándolo incluso «Heraldo de los poetas de la Revolución». Mitjans proyectaba reunir esas composiciones patrióticas en un volumen titulado *Recuerdos del tiempo heroico*. Murió en la pobreza. Utilizó el seudónimo *El camagüeyano*.

Bibliografía activa

Estudios literarios, colección de memorias premiadas en varios certámenes, La Habana, Imprenta La Prueba, 1887.

Estudio sobre el movimiento científico y literario de Cuba, prólogo de Rafael Montoro, La Habana, Imprenta de A. Álvarez, 1890; *Histo-*

ria de la literatura cubana, prólogo de Rafael Montoro.

«La vida y la obra de Mitjans», de Manuel de la Cruz, *Estudio sobre el movimiento científico y literario de Cuba*, Madrid, Editorial América, 1918.

«La obra póstuma de A. Mitjans, examen y anotaciones», de Ramón Meza, La Habana, Consejo Nacional de Cultura, 1963.

Bibliografía pasiva

Cabrera, Raimundo, Rafael Montoro y Francisco Calcagno, «La obra póstuma de Mitjans», en *El Fígaro*, La Habana, 3, marzo 9, 1890.

Calgagno, Francisco, «Aurelio Mitjans», en *El País*, La Habana, 2, octubre 15, 1889.

César de Hinolia, seudónimo de Nicolás Heredia, «*Estudios literarios* por Aurelio Mitjans», en *El Álbum*, Matanzas, 2, 2 y 3, 10-11 y 18, enero 8 y 15, 1888.

Cruz, Manuel de la, «Aurelio Mitjans», en *Revista Cubana*, La Habana, 10, 368-377, 1889.

Varona, Enrique José, «Revista de libros, un rato en compañía del señor Mitjans», en *Revista Cubana*, La Habana, 7, 370-375, 1888.

Moda, La o, Recreo semanal del bello sexo (La Habana, 1829-1831). Revista fundada por Domingo del Monte y José J. Villarino. El primer ejemplar correspondió al 7 de noviembre. Circuló bajo el lema de Propertius traducido por Quevedo: «Escribe en blando y dulce y fácil verso / Cosas que cualquier niña entender pueda». Señalaban los editores en el prospecto inicial que tratarían los siguientes temas: «Las modas de París, Londres y otros países, haciendo la descripción de los vestidos de baile, teatro, paseo, boda &c. &c., acompañando a cada uno de ellos un *figurín* que los represente, dibujado, grabado e iluminado por los mejores artistas del país. — Historia y novelas nuevas e interesantes. Noticias de las que se publiquen y crítica de ellas. — Cuentos, enigmas, anécdotas, descubrimientos y cosas raras. — Poesía, ya selecta u original. — En cada número, o dos veces al mes, se pondrá la música de canciones nuevas e interesantes, valses y contradanzas modernas, bien sean de las que se publiquen en España, Italia e Inglaterra, a las que están suscritos los Redactores; o bien sean las que les comuniquen los profesores de esta ciudad. — Descripción de costumbres, usos y cosas raras de las naciones extranjeras, dignas de referirse. — Narración de los acontecimientos diarios en estilo jocoso. — Teatros: enumeración de las piezas representadas o cantadas durante la semana, y observaciones sobre ellas. Avisos de tiendas en donde se despachen objetos de moda y lujos».

En la revista correspondiente al 12 de junio de 1830, se publicó una nota en la que se indicaba: «Los redactores actuales de este periódico suspenden en este número 32 sus trabajos de redacción, teniendo que atender precisamente a otras ocupaciones». En el número siguiente (19 de junio), el otro fundador de la revista, Villarino, que continuó a cargo de su redacción, anuncia que «Habiendo cesado sus tareas en este periódico los anteriores redactores, por sus precisas ocupaciones, seguirá publicándose bajo el mismo régimen que hasta aquí, por su editor, quien lo avisa a las señoras y señores suscriptores». Joaquín Llaverías señala, en la página 41 del tomo 2 de su *Contribución a la historia de la prensa periódica* (La Habana, Talleres del Archivo Nacional de Cuba, 1959), que «Nada nos refiere el editor de *La Moda* en sus columnas sobre las personas que sustituyeron a del Monte y a sus amigos en la redacción de la misma»; pero según el propio Llaverías, Vidal Morales y Morales afirma que «fue primeramente redactado por Del Monte y Villarino. Los últimos tomos, por don Manuel González del Valle y don Ignacio Valdés Machuca». Esta afirmación de Vidal Morales y Morales, sostenida por Llaverías, apareció en la página 476 del tomo 11 de la *Revista de Cuba*, en la sección «Biblioteca Cubana». La separación de Del Monte y sus compañeros se debió a diferencias de opiniones con relación a los materiales a publicar, además de enfrentar problemas administrativos.

La Bibliografía consultada coincide en señalar que después de la retirada de Del Monte de la redacción de la revista, ésta perdió bastante importancia, ya que comenzaron a publicarse trabajos poco originales y muchos tomados de diarios españoles y extranjeros en general. Los principales colaboradores fueron Domingo del Monte —quien firmaba bajo los seudónimos *El peregrino, Toribio Sánchez de*

Almodóvar, Flérido, S. J. B., C. N. y *Dr. F. de P. S. I.*–, José Policarpo Valdés, cuyos seudónimos eran *Rosario* y *Polidoro;* Juan Francisco Manzano, quien suscribía con sus iniciales J. F. M.; Anacleto Bermúdez, que firmaba como *Bermudes;* Ramón de Palma, con sus iniciales R. de P.; Ignacio Valdés Machuca, como *Desval;* Francisco Iturrondo, como *El cantor de las ruinas del Alhambra;* Francisco Camilo Cuyás, como *F. C. Yascu*; Prudencio de Hecheverría y O'Gaban, también con sus iniciales P. de H. y O. Aparecieron trabajos anónimos de Félix Varela, Blas Osés y José Antonio Cintra, según consta en las anotaciones hechas por Vidal Morales y Morales en el primer tomo de *La Moda*, existente en la Biblioteca Nacional José Martí. El último número publicado correspondió al 11 de junio de 1831. La colección completa consta de tres volúmenes con 28 números cada uno. Según consta en el periódico *Noticioso y Lucero de La Habana*, correspondiente al 27 de enero de 1841, se publicó un prospecto que anunciaba: «Suspendida la impresión de esta obra a mediados de 1831, la cual mereció la aceptación y aprecio del público ilustrado de esta capital, y con especialidad la alta estima del bello sexo [...] torna a aparecer de nuevo, vencidos los obstáculos que causaron su paralización [...]. Comenzará en el cuarto tomo [...]». Sin embargo, no llegó a publicarse más.

Bajo la responsabilidad de Feliciana Menocal se ha confeccionado su índice analítico, que se encuentra a disposición del público en las gavetas de la hemeroteca del departamento de Colección Cubana de la Biblioteca Nacional José Martí.

Bibliografía

Lapique, Zoila, «*La Moda o Recreo semanal del bello sexo*», en *Revista de la Biblioteca Nacional José Martí*, La Habana, 64, 3.ª época, 15, 3, 85-99, septiembre-diciembre, 1973.

Llaverías, Joaquín, «*La Moda o Recreo semanal del bello sexo*», en su *Contribución a la historia de la prensa periódica*, tomo 2, prefacio de Elías Entralgo, La Habana, Talleres del Archivo Nacional de Cuba, 1959, págs. 31-33, 35-43, 45, 47, 49 y 53, Publicaciones del Archivo Nacional de Cuba, 48.

Modernismo Se conoce con este nombre, en los países de lengua castellana, al movimiento de renovación literaria que comienza en las postrimerías del siglo XIX y se extiende hasta los comienzos del siglo XX. Puede considerarse, en gran medida, un movimiento encaminado a quebrantar la ética y la estética del romanticismo. En poesía renueva el lenguaje y la métrica y rinde culto al arte por el arte, sobre todo en sus primeros momentos. La supremacía que concede al complejo de sensaciones, la línea, el color y el gusto por lo exótico, son también características muy significativas de la orientación. Tanto en América como en España, el modernismo no se limita a la poesía; así vemos que invade la novela, la crónica y el teatro. No obstante, la crítica no se ha puesto de acuerdo en lo referente a la amplitud y el alcance del movimiento, pero últimamente está en ascenso el criterio de que el modernismo no es una escuela literaria, sino toda una época. Lo cierto es que Rubén Darío es considerado hoy el jefe indiscutible de aquel movimiento, y que solo a partir de la publicación de su libro *Azul* (1888) se inicia la cohesión de tantas inquietudes renovadoras dispersas. Hispanoamérica es, pues, donde se origina el modernismo y donde alcanza más cohesión y relieve. Con él, las letras hispanoamericanas se incorporan a la literatura universal. Conviene, sin embargo, no confundir el modernismo con la orientación del mismo nombre que se desarrolló paralela y simultáneamente en varios países de Europa, pues los intereses de esta última, más ambiciosos y universales, rebasaban lo puramente artístico y afectaban problemas estéticos y religiosos muy complejos. Precisa aclarar, además, que en Cuba se denominó «modernismo», en determinado momento, a la tarea renovadora llevada a cabo principalmente por Regino Eladio Boti y José Manuel Poveda en un período que va, de manera restringida, de 1913 a 1917. Pero la crítica más reciente prefiere llamarlo —con razón— posmodernismo, teniendo en cuenta para ello las características de las obras producidas en este período.

Cuando el modernismo logra su máximo desarrollo, que muy bien podría situarse en los años que van de 1896 a 1907 —aunque algunos prefieren marcar el fin de este hito dos años antes— no halla en Cuba un grupo de escritores cuya sensibilidad se corresponda plenamente con los ideales estéticos del movimiento. De ahí que la crítica se muestre acorde en señalar que en Cuba no existió modernismo, al menos con la misma intensidad y características con que se presentó en otros países hispanoamericanos. Sin embargo, en los años anteriores a la Guerra de 1895, la de nuestra independencia, la producción literaria cubana —representada por José Martí, Julián del Casal y Manuel de la Cruz— prácticamente precede a dicha escuela. Sabido es que el primero, por sus ideales separatistas, vivió gran parte de su vida fuera de la patria, y que el segundo, debido a la situación política interna, no logra influir con suficiente amplitud en su momento.

Para el gran crítico Pedro Henríquez Ureña, José Martí inicia el modernismo con su libro *Ismaelillo* (1882). En realidad la poesía de Martí sobrepasa dicha orientación, aunque en algunos momentos —formalmente— se puedan advertir contactos específicos. Julián del Casal se muestra plenamente modernista en su segundo libro, *Nieve* (1892), ya que en el primero, *Hojas al viento* (1890), las influencias del romanticismo se sobreponen a la impronta de parnasianos, decadentes y simbolistas franceses, de más reciente conocimiento. Casal, se ha dicho, no fue un *maestro de ideas*, sino un emotivo enamorado de la sensación y el color. Martí es también un gran emotivo, pero en opuesta dirección, pues resulta, a su vez, un extraordinario maestro de ideas.

Aunque el modernismo apenas rozó la conciencia de otros escritores de la Cuba finisecular, no podemos pasar por alto el caso de Juana Borrero, quien —a través de sus relaciones literarias con Julián del Casal— se impregna de algunas sugestiones propias del modernismo. Pero romántica por temperamento, no va más allá de ese contacto tangencial. Algo más o menos parecido ocurre con los hermanos Carlos Pío y Federico Uhrbach, también discípulos del autor de *Nieve*, que dan en colaboración el libro *Gemelas* (1894). Bonifacio Byrne, tal vez el poeta más importante del período que va de Casal a Regino Eladio Boti, en su libro *Excéntricas* (1893) presenta rasgos que superan la expresión de su momento. Después de este libro, Byrne se inclinará a favor de una poesía de acento patriótico, dentro de la cual se destaca su conocidísimo poema «Mi bandera». En la prosa, aparte de Manuel de la Cruz y Nicolás Heredia, merecen citarse aquí a Eulogio Horta y a Francisco García Cisneros. Ya a estas alturas, se hace necesario destacar el papel jugado por la revista *La Habana Elegante* (1883-1996), que dirigía Enrique Hernández Miyares, en cuyas páginas aparecieron las principales firmas del modernismo.

Pese al privilegio de haber contado Cuba con dos escritores de la talla de José Martí y Julián del Casal, la dispersión impuesta por la guerra dio un corte brusco a las posibilidades de un avance literario coherente. Al morir ambos maestros, antes de independizarse el país del coloniaje español, se paralizan los afanes renovadores que ellos encarnaban.

Ya libres de España, pero escamoteada la verdadera independencia por Estados Unidos de Norteamérica, la mayoría de los escritores cubanos no siguen la ruta que abrieran Martí y Casal, y permanecen aferrados —salvo contadas excepciones— a un mal asimilado clasicismo castellano, deformado por las peores zonas del romanticismo.

Debe destacarse —y así lo han hecho los estudiosos del trasfondo social de la cultura—, que la renovación modernista coincidió con el expansionismo financiero y comercial de Estados Unidos. La intervención armada estadounidense en nuestra Guerra de Independencia, constituye uno de los ejemplos más fehacientes en tal sentido. Se ha dicho, justamente, que en ese instante y a través de ese fenómeno internacional, el mundo colombiano entra de lleno en la órbita de las potencias que se disputan las fuentes provisoras de materias primas y los mercados potenciales; así, con ese fondo, repito, las letras hispanoamericanas se incorporan a la literatura universal. El apogeo del modernismo, pues, se corresponde en Cuba con un período literario de transición. Al instaurarse la República en 1902, el modernismo es la orientación dominante en los países de habla castellana, pero en el nuestro carece de figuras capaces de generar internamente un movimiento en concordancia con el quehacer literario del exterior. La rectoría espiritual que ejercieron Enrique José Varona y Manuel Sanguily en la primera década republicana, debió influir en no pocos escritores para mantenerse alejados de todo intento renovador. «Basta ver cómo Enrique José Varona —señalaba José Manuel Poveda al respecto—, cubano sesudo si los hay, ha negado toda importancia al ciclo llamado "modernista" y dice de su figura más notable [Rubén Darío] "que es un hombre de talento que se ha empeñado en demostrar que no lo tiene". Aquí todos, con Varona a la cabeza, han estado guardando el museo, reproduciendo sus baratijas para el mercado local, y vaciando en ramplona escayola sus escasas "chefs d'oeuvre" para el comercio de cabotaje.»

No obstante, en esa década inicial de la República, se escriben o se publican algunas obras que se apartan tímidamente de los cánones convencionales. En este caso está Mercedes Matamoros con sus *Sonetos* (1902), Carlos Pío (fallecido mucho antes) y Federico Uhrbach con *Oro* (1907), Francisco Javier Pichardo con *Voces nómadas* (1908) y René López, que no dejó libro y publicó gran parte de su producción también por esos años. Tal vez pueda hallarse aquí y allá algún rasgo modernista en *Crepúsculo* (1909), *Sol de invierno* (1911) y *Limoneros en flor* (1912), de los hermanos Fernando y Francisco Lles. Aunque estos autores son en su verso formalmente fieles al clasicismo, y el acento dominante en su obra es de sabor romántico, su prosa puede ser tenida por modernista. En lugar destacado debe situarse la labor en prosa de Jesús Castellanos.

Transicional al fin, la producción literaria de esos años presenta dos vertientes que, en determinado momento, representan —en poesía— Manuel Serafín Pichardo y José Manuel Carbonell. Vemos que los rasgos románticos y las «meditaciones campoamorescas» se mezclan con la versificación declamatoria y dan lugar a la «poesía» de certamen. La más ruidosa confirmación de su existencia la constituye la polémica suscitada en torno al poema «La visión del águila» (1907), de Carbonell, al no ser premiado éste en unos juegos florales convocados por el Ateneo de La Habana. Desde las páginas de la revista *Letras* (tres épocas, 1904-1918), Carbonell atacó a Manuel Serafín Pichardo y a *Conde Kostia* (seudónimo de Aniceto Valdivia), ambos integrantes del jurado calificador que declaró desierto el premio. En *El Fígaro* (1885-1929), que dirigía Pichardo, se abroquelaron los replicantes. *Conde Kostia* y Emilio Bobadilla (*Fray Candil*), casi siempre residente en el extranjero, representan la crítica vinculada a la primera vertiente; en tanto, Arturo Ramón de Carricarte y Bernardo G. Barros respondían a la segunda. Sin embargo, las diferencias de una y otra vertiente eran más bien resultado de intereses personales que de verdaderas posiciones estéticas. Puede considerarse este momento como el de la más profunda crisis lírica de Cuba.

Tres años antes, la antología que lleva por título *Arpas cubanas* (1904), había dado señales inequívocas de la penuria poética que padecía el país, pues —al decir de Boti— con excepción de los textos de René López y alguna que otra composición aislada, lo demás podía arrojarse a un cesto sin remordimiento alguno. Así las cosas, correspondería a Regino Eladio Boti y a José Manuel Poveda, fundamentalmente, devolverle a nuestra poesía la dignidad perdida (véase **Posmodernismo**).

Bibliografía

Boti, Regino Eladio, *Notas acerca de José Manuel Poveda, su tiempo, su vida y su obra*, Manzanillo, Imprenta y Casa Editorial El Arte, 1928.

Henríquez Ureña, Max, *Breve historia del modernismo*, México, Buenos Aires, Fondo de Cultura Económica, 1954, págs. 412-441.

Henríquez Ureña, Pedro, «El modernismo en la poesía cubana», en su *Ensayos críticos*, La Habana, Imprenta de Esteban Fernández, 1905, págs. 33-42.

Molina, **Alberto** (Placetas, Las Villas, 19 mayo 1949). Desde pequeño vive en Guanabacoa (La Habana). Tomó parte en la campaña de alfabetización en 1961. Fue miembro del ejército. Ha trabajado como profesor de secundaria. Cursó estudios en la escuela de formación de actores del Instituto Cubano de Radiodifusión, donde se graduó en 1974. En 1975 ganó el premio en el concurso de narrativa policiaca convocado por el Ministerio del Interior con su novela *Los hombres color del silencio*. Trabaja Como actor en la televisión nacional.

Bibliografía activa

Los hombres color del silencio, novela, prólogo de José Antonio Portuondo, La Habana, Editorial Arte y Literatura, 1975.

Bibliografía pasiva

Rafael, «Concurso XVI Aniversario del Triunfo de la Revolución, Nueva óptica al género», en *Verde Olivo*, La Habana, 17, 13, 61, marzo 30, 1975.

Molina, **Luisa** (Cercanías del río Moreto, Matanzas, 21 julio 1821-Sabanilla del Encomendador, Matanzas, 20 abril 1887). De educación autodidacta a causa de la pobreza de su familia y del aislamiento en que vivía. Desde joven cultivó la décima y el soneto. Se dio a conocer en la revista *El Artista* (1848). También publicó en *El Almendares*, *La Piragua*, *Brisas de Cuba*, *El Yumurí*, *Revista de La Habana*, *El Archivo* y *Cuba Poética* (1861). Composiciones suyas fueron recogidas en la compilación de José Domingo Cortés, *Poetisas americanas. Ramillete poético del bello sexo hispanoamericano* (París, Librería de A. Bouret, 1875). Ignacio María de Acosta y Emilio Blanchet editaron el *Aguinaldo de Luisa Molina* (Matanzas, Imprenta La Aurora, 1856), colección de prosas y versos de varios autores, impresa para aliviar la miseria en que se encontraba la poetisa.

Bibliografía activa

Al recreo familiar de Sabanilla, Luisa Molina, 15

de noviembre, Matanzas, Imprenta Galería literaria, 1885.

Bibliografía pasiva

Aguiar y Loysel, Gonzalo J., de, «La señorita doña Luisa Molina», en *El Artista*, La Habana, 222-226, noviembre 19, 1848.

Carbonell, José Manuel, «Luisa Molina, 1821-1897», en su *La poesía lírica en Cuba*, recopilación dirigida, prologada y, tomo 3, La Habana, Imprenta El Siglo XX, 1928, págs. 63-64, Evolución de la cultura cubana, 1608-1927, 3.

González Curquejo, Antonio, «Luisa Molina», en su *Florilegio de escritoras cubanas*, recopilación, tomo 2, La Habana, Aurelio Miranda, 1913, págs. 319.

Milanés, Federico, «Un pensamiento sobre la Srta, Doña Luisa Molina», en *Revista de La Habana*, La Habana, 2.ª serie, 1, 125-128, 1853.

Valdés Aguirre, Fernando, «Luisa Molina» en *La Piragua*, La Habana, 1, 13, 168-170, septiembre 23, 1856.

Zenea, Juan Clemente, «Una poetisa matancera», en *El Almendares*, La Habana, 173-176, marzo 28, 1852.

Montagú y Vivero, **Guillermo de** (San Juan y Martínez, Pinar del Río, 12 diciembre 1881-La Habana, 1 septiembre 1952). Cursó los primeros estudios en Barcelona. Siendo casi un niño, *El Fígaro* le premió cinco sonetos. Se graduó de bachiller en su pueblo natal en 1900 y de Doctor en Derecho Civil en la Universidad de La Habana en 1905. En 1908 mereció, por su oda *A la patria*, la Flor Natural en los Juegos Florales celebrados por El Ateneo de La Habana. Fue secretario de la Convención Nacional del Partido Liberal y de la Asamblea Provincial de Pinar del Río, así como catedrático del Instituto de Segunda Enseñanza y Juez de Primera Instancia de dicha ciudad, abogado de oficio de su Audiencia, vocal de la Junta de Educación, miembro del tribunal para exámenes de notarios públicos —cuyos estudios realizó también en la Universidad de La Habana— y representante a la Cámara por Pinar del Río. Mediante oposición ingresó en el Poder Judicial en 1919 y ejerció en el juzgado Municipal del Sur de La Habana; más tarde, como juez de primera instancia de Almendares (La Habana), magistrado de la Audiencia de esta provincia y magistrado del Tribunal Supremo de Cuba desde 1933 hasta su muerte. Autor de numerosos trabajos jurídicos, conferencista y orador, colaboró en *Revista de Derecho*, *La Jurisprudencia al Día*, *Repertorio judicial*, *Letras*, *El Fígaro*, *Social*, *La Discusión*, *La Lucha*, *El Comercio*, *Diario de la Marina y El Mundo*, así como en *Blanco y Negro* y *La Esfera*, de Madrid. Tradujo al español *Las flores del mal* (La Habana, Editorial Lex, 1949), de Baudelaire. Usó el seudónimo *Amín-Adimquir.*

Bibliografía activa

A Cuba, poesía, escrita para ser recitada el 20 de mayo de 1902, Pinar del Río, Imprenta La

Constancia, 1902.

A la Patria, oda premiada con la Flor Natural en los Juegos Florales del Ateneo de La Habana en el año 1908, Pinar del Río, Imprenta La Caridad, 1908.

Iris, versos, Barcelona, F. Granada, 1910; 2.ª edición, La Habana, Editorial Lex, 1947.

Martín Pérez, el Soñador, novela cubana, Barcelona, F. Granada, editores, 1912.

Resplandores, versos de *Amin-Adimquir*, La Habana, Imprenta Molina, 1938.

Poemas siderales, La Habana, Imprenta Molina, 1939.

Bronces y llamas, poesía, La Habana, Imprenta Molina, 1941.

Bibliografía pasiva

Béguez César, José A., *Guillermo de Montagú, Poeta-Filósofo*, La Habana, Compañía Editora de Libros y Folletos, 1948.

Carbonell, José Manuel, «Guillermo de Montagú, 1881», en su *La poesía lírica en Cuba*, recopilación dirigida, prologada y anotada, tomo 5, La Habana, Imprenta El Siglo XX, 1928, págs. 141, Evolución de la cultura cubana, 1608-1927, 6.

Gálvez, Wenceslao, «Una novela cubana», en *Letras*, La Habana, 2.ª época, 8, 32, 378-379, agosto 25, 1912.

Gayol Fernández, Manuel, «Iris», en *Revista Cubana*, La Habana, 24, 454-458, enero junio, 1949.

«Guillermo de Montangú, *poemas siderales*», en *América*, La Habana, 4, 1, 93, octubre, 1939.

Pichardo Moya, Felipe, *Resplandores, bronces y llamas, poemas siderales*», en *Revista Cubana*, La Habana, 16, 213-214, julio-diciembre, 1941.

Monte, Domingo del (Maracaibo, Venezuela, 4 agosto 1804-Madrid, 4 noviembre 1853). Llegó a Cuba en 1810. En 1816 ingresó en el Seminario de San Carlos y en 1819 en la Universidad de La Habana. Allí conoció a Heredia, cuya amistad cultivó durante casi toda su vida. Colaboró en *El Americano libre, El Revisor Político y Literario, El Observador Habanero*. En 1823 ocupó por breve tiempo el cargo de secretario del Juzgado de Guane, en Pinar del Río. En 1827 se graduó de Licenciado en Derecho Civil. Trabajó en el bufete de Nicolás María de Escobedo, con cuya ayuda económica emprendió un viaje a Estados Unidos y a Europa. Conoció a personajes europeos y americanos de la política y de las letras, con los que sostuvo una correspondencia importante. A mediados de 1829 regresó a La Habana, donde fundó, en compañía de Jesús Villariño, *La Moda; o, Recreo Semanal del Bello Sexo*. En compañía de Bachiller y Morales publicó *El Puntero Literario* (1830). Ese año ingresó en la Sociedad Económica de Amigos del País, donde ocupó diversas secretarías y promovió la creación de la Academia Cubana de Literatura. Colaboró en la *Revista Bimestre* (1831-1834). Publicó en *La Aurora de Matanzas* y en *El Pasatiempo* y formó parte de la Sociedad Patriótica. En 1836 se radicó en La Habana. Su casa fue centro de la vida intelectual del país. Colaboró en *El Eco de Madrid* (España), en el *Aguinaldo Habanero*, *El Álbum* y *El Plantel* (1838), donde publicó sus estadísticas sobre la educación primaria y su artículo «Moral religiosa» que dio inicio a una polémica con Luz. Redactó el *Proyecto a S. M. la reina de España en nombre del Ayuntamiento de La Habana pidiendo leyes especiales para Cuba* (1838). Ese año fue nombrado miembro honorario de la Academia de la Historia de París. Según Calcagno, fue también miembro de la Academia de Historia de Madrid y de la Sociedad de Estadística. Fue visto con recelo por las autoridades españolas debido a su amistad con el cónsul inglés Turnbull. Tuvo que abandonar Cuba y partió hacia Filadelfia (1842). Acusado por *Plácido* (Gabriel de la Concepción Valdés) ante los jueces de la Conspiración de la Escalera, fue llamado a presentarse ante el Tribunal Militar. Decidió permanecer en París, donde publicó, en *Le Globe* (1844), una carta justificatoria en la que propone como solución al problema de la esclavitud, el trabajo de blancos libres. En 1845 O'Daniel desatendió su solicitud de regresar a Cuba. Combatió la propaganda anexionista. Se le trató de implicar, al igual que a Saco, en las actividades del Club de Anexionistas de Madrid. Se le desterró de la capital, a la cual regresó en 1852. Sus restos fueron trasladados a Cuba. Dejó inéditos varios trabajos. Su correspondencia fue recogida por la Academia de la Historia de Cuba en 7 tomos, bajo el título *Centón epistolario de Domingo del Monte* (La Habana, Imprenta El Siglo XX, 1923-1957), con un prefacio, anotaciones y una tabla alfabética por Domingo Figarola Caneda, Joaquín Llaverías y Martínez y Manuel Isaías Mesa Rodríguez. Firmó bajo iniciales y como *Torilio Sánchez de Almodóvar*, *Gonzalo Fernández de Oviedo*, *Íñigo López de Mendoza, maestro en Artes*, *Br. don Torilio Sánchez de Almodóvar* y *Un suscriptor*.

Bibliografía activa

La isla de Cuba tal cual está, Nueva York, Whitaker, 1836.

Biblioteca cubana, lista cronológica de los libros inéditos e impresos que se han escrito sobre la Isla de Cuba y de los que hablan de la misma desde su descubrimiento y conquista hasta nuestros días, formada en París en 1846, La Habana, Establecimiento Tipográfico de la Viuda de Soler, 1882.

Escritos, introducción y notas de José A. Fernández de Castro, La Habana, Cultural, 1929, 2 T.

Humanismo y humanitarismo, La Habana, Publicaciones de la Secretaría de Educación, Dirección de Cultura, 1936; La Habana, Editorial Lex, 1960.

Bibliografía pasiva

Bachiller y Morales, Antonio, «Carta a Pedro José Guiteras sobre del Monte», en *El Mundo*

Nuevo, Nueva York, 314, diciembre 1, 1873.

Blanchet, Emilio, «La tertulia literaria de Del Monte», en *Revista de la Facultad de Letras y Ciencias*, La Habana, 14, 49-56, 1912.

Bueno, Salvador, «Pequeñas biografías, Domingo del Monte, el crítico», en *Carteles*, La Habana, 34, 6, 70, febrero 8, 1953.

Las ideas literarias de Domingo del Monte, La Habana, Comisión Nacional Cubana de la UNESCO, 1954.

«La compleja personalidad de Domingo del Monte», en su *Figuras cubanas*, La Habana, Comisión Nacional Cubana de la UNESCO, 1964, págs. 237-250.

Carbonell y Rivero, José Manuel, «Domingo del Monte, 1804-1853», en su *La poesía lírica en Cuba*, recopilación dirigida, prologada y anotada, tomo 2, La Habana, Imprenta El Siglo XX, 1928, págs. 134-137, Evolución de la cultura cubana, 1608-1927, 2.

«Domingo del Monte y Aponte, 1804-1853», en su *La prosa en Cuba*, recopilación dirigida, prologada y anotada, tomo 5, La Habana, Imprenta Montalvo y Cárdenas, 1928, págs. 27-28, Evolución de la cultura cubana, 1608-1927, 16.

Cruz, Manuel de la, «Crítica, Domingo del Monte», en su *Obras*, tomo 3, Madrid, Editorial Saturnino Calleja, 1924, págs. 79-80.

Chacón y Calvo, José María, «Domingo del Monte», en su *Las cien mejores poesías cubanas*, Madrid, Editorial Reus, 1922, págs. 53-60.

«Un clásico cubano, don Domingo del Monte», en *Diario de la Marina*, La Habana, 121, 299, 102, 119, 130, diciembre 22, 1953.

«La obra de Domingo del Monte», en *Boletín de la Academia Cubana de la Lengua*, La Habana, 3, 1-2, 5-30, enero-junio, 1954.

«Domingo del Monte y Aponte», en *América poética, colección de las mejores composiciones escritas por los poetas hispano-americanos del siglo actual, escogidas y publicadas por Rafael María de Mendive y J. de J. Q. García*, tomo 2, La Habana, Imprenta del Tiempo, 1856, págs. 85.

Entralgo, Elías José, *Domingo del Monte y su época*, La Habana, Editorial Hermes, 1924.

«Domingo del Monte», en *Los maestros de la cultura cubana*, «Palabras inaugurales», por José María Chacón y Calvo, La Habana, Ateneo de La Habana, 1940, págs. 33-45.

El modo agraciado del enamoramiento en Domingo del Monte, La Habana, Imprenta de la Universidad, 1955.

«Domingo del Monte», en su *Lecturas y estudios*, La Habana, Comisión Nacional Cubana de la UNESCO, 1962, págs. 79-87.

Esténger, Rafael, «Domingo del Monte», en su *Cien de las mejores poesías cubanas*, 3.ª edición aumentada con un ensayo preliminar y la inclusión de poetas actuales, La Habana, Ediciones Mirador, 1948, págs. 93-94.

Feijóo, Samuel, «Del monte, pluma insular», en su *Sobre los movimientos por una poesía cubana hasta 1856*, 1947-1949, La Habana, Universidad Central de Las Villas, Dirección de Publicaciones, 1961, págs. 49-52.

Fernández de Castro, José Antonio, «Del Monte y Aponte, Domingo», en su *Medio siglo de historia colonial de Cuba, cartas a José Antonio Saco ordenadas y comentadas, de 1823 a 1879*, La Habana, Ricardo Veloso, Editor, 1923, págs. 415-416.

«Domingo del Monte y Aponte», en *Social*, La Habana, 8, 1, 41, enero, 1923.

«La obra de Domingo del Monte», en *Diario de la Marina*, La Habana, 3.ª sección, 97, 201, 2, julio 21, 1929.

«Larra, su formación intelectual», en *Revista Cubana*, La Habana, 7, 144-155, enero-marzo, 1937.

Domingo del Monte, editor y corrector de las poesías de Heredia, La Habana, 1938.

«Domingo del Monte, primeros trabajos, 1821-1830», en su *Esquema histórico de las letras en Cuba, 1548-1902*, La Habana, Universidad de La Habana, Departamento de Intercambio Cultural, 1949, págs. 59-62.

«Tierras y hombres amados por el Sol» y «El escritor americano Del Monte, su conocimiento de Larra y la influencia de éste en Cuba», en su *Órbita*, La Habana, UNEAC, 1966, págs. 106-135 y 257-264.

Fornaris, José y Joaquín Lorenzo Luaces, «Domingo del Monte y Aponte», en su *Cuba poética*, Colección escogida de las composiciones en verso de los poetas cubanos desde Zequeira hasta nuestros días, 2.ª edición, La Habana, Imprenta de la Viuda de Barcina,

1861, págs. 56-58.

González del Valle, Francisco, «Luz, Saco y Del Monte ante la esclavitud negra», en *Revista Bimestre Cubana*, La Habana, 47, 190-196, primer semestre, 1941.

«Trascendencia de una polémica filosófica», en *La Habana en 1841*, La Habana, Oficina del Historiador de la Ciudad, 1952, págs. 239-250.

Guiteras, Pedro José, «Don Domingo del Monte», en *El Mundo Nuevo*, Nueva York, págs. 299-302, noviembre 15, 1873.

Hermann, Enrique Alejandro de, seudónimo de, Emilio Roig de Leuchsenring, «Domingo del Monte, el más real y útil de los cubanos de su tiempo», en *Carteles*, La Habana, 34, 50, 84-85, diciembre 13, 1953.

Herrera Dávila, Ignacio, «Poesías del *Bachiller don Torilio Sánchez de Almodóvar*», en su *Rimas americanas*, tomo 1, La Habana, Imprenta de Pedro Nolasco Palmer, 1833, págs. 56-118.

Iraizoz y del Villar, Antonio, *La crítica en la literatura cubana*, discurso, La Habana, Imprenta Avisador Comercial, 1930, págs. 11, 12.

Lizaso, Félix, «La obra de Domingo del Monte», en *Diario de la Marina*, La Habana, 97, 258, 14, septiembre 16, 1929.

«Don Domingo del Monte», en *Revista Cubana*, La Habana, 196-224, enero-junio, 1949.

«Sino adverso en la hora de Del Monte», en *El Mundo*, La Habana, 53, 16 999, A-6, febrero 15, 1955.

«Del Monte y Vidal Morales», en *El Mundo*, La

Habana, 53, 17 005, A-6, febrero 22, 1955.

«Fernández de Castro y Del Monte», en *El Mundo*, 53, 17 011, A-6, marzo 1, 1955.

Llaverías, Joaquín, «*La Moda; o, Recreo Semanal del Bello Sexo*», en su *Contribución a la historia de la prensa periódica*, tomo 2, La Habana, Archivo Nacional de Cuba, 1959, págs. 31-53.

Marinello Vidaurreta, Juan, «*Escritos de Domingo del Monte*», en *Revista de Avance*, La Habana, 311, octubre 15, 1929.

Mendive, Rafael María de, «Domingo del Monte», en *Revista de La Habana*, La Habana, 2, 137, septiembre 15, 1853-marzo 1, 1854.

Menéndez y Pelayo, Marcelino, «Domingo del Monte», en su *Historia de la poesía hispanoamericana*, tomo 1, Madrid, Victoriano Suárez, 1911, págs. 250-253.

«El mérito literario de Del Monte», en *El Mundo Nuevo*, Nueva York, 327, diciembre 15, 1873.

Mesa Rodríguez, Manuel Isaías, *Apostillas en torno a una gran vida, Domingo del Monte*, La Habana, Imprenta El Siglo XX, 1954.

Milanés, Federico, «Prólogo», en *Obras de don José Jacinto Milanés*, prólogo, 2.ª edición corregida y aumentada, Nueva York, Establecimiento Tipográfico Juan F. Trow, 1865, págs. xvi-xxi.

«Necrología», en *La Verdad*, Nueva York, 359, noviembre 30, 1853.

Núñez, Ana Rosa, «Domingo del Monte en la Bibliografía cubana», en *Cuba Bibliotecológica*, La Habana, 2, 4, 4-9, octubre-diciembre, 1954.

Pascual, José Antonio, «Peñas y tertulias en la Gran La Habana», en su *Peñas y tertulias*, La Habana, Editorial Ágora, 1964, págs. 30-33.

Pérez Cabrera, José Manuel, «La conspiración de 1844» y «La Comisión permanente de Literatura de la Sociedad Económica», en su *Estudios y conferencias*, La Habana, Imprenta El Siglo XX, 1934, págs. 83-95 y 119-145.

Pérez Acevedo, Luciano, «Domingo del Monte y el General Tacón», en *Cuba Contemporánea*, La Habana, 1, 1, 278-291, enero, 1913.

Pérez de la Riva, Juan, «Domingo del Monte», en su *Correspondencia reservada del capitán general don Miguel Tacón*, La Habana, Biblioteca Nacional José Martí, Departamento Colección Cubana, 1963, págs. 325, 326.

Poncet y de Cárdenas, Carolina, «Domingo del Monte», en su *El romance en Cuba*, La Habana, Imprenta El Siglo XX, 1914, págs. 18-26.

Portuondo, Fernando, «Domingo del Monte en su tiempo», seguido de una discusión sobre el tema, en *Cuadernos de la Universidad del Aire del Circuito CMQ*, La Habana, 3, 44, 125-141, octubre 20, 1952.

Saíz de la Mora, Jesús, *Domingo del Monte, su influencia en la cultura y literatura cubanas*, La Habana, La Propagandista, 1930.

Toledo, Pedro de, seudónimo de José Antonio Fernández de Castro, «Figuras de otro tiempo, Domingo del Monte y Aponte», en *Diario de la Marina*, La Habana, 95, 302, 33, octubre 30, 1927.

Valdés Miranda, Carlos, *Domingo del Monte y*

Aponte, La Habana, Imprenta Molina, 1941.

Vitier, Cintio, «Domingo del Monte», en su *Lo cubano en la poesía*, La Habana, Instituto Cubano del Libro, 1970, págs. 149-151.

Vitier, Medardo, «Domingo del Monte como crítico», en su *Las ideas en Cuba*, tomo 2, La Habana, Editorial Trópico, 1938, págs. 184-189.

Ximeno, Dolores María de, «Domingo del Monte, retrato e impresiones», en su *Aquellos tiempos..., memorias de Lola María*, La Habana, Imprenta El Universo, 1928, págs. 191-248.

Ximeno, José Manuel, «Domingo del Monte y *Plácido*, I, II y III», en *El Siglo*, La Habana, 11, 32, 33 y 34, 14, 14 y 14, mayo 21, 28 y junio 4, 1947.

Zayas, Alfredo, «Un episodio de la vida de tres hombres célebres», en *Revista Cubana*, La Habana, 11, 367-378, 1890.

Monte, **Ricardo del** (Cimarrones, Cárdenas, Matanzas, 30 julio 1828-La Habana, 9 julio 1909). José Augusto Escoto rectificó el año de su nacimiento, ocurrido en el Ingenio Ceres. Vivió en Matanzas hasta los once años. Fue enviado a La Habana y de allí a un colegio jesuita de los Estados Unidos, donde permaneció cinco años. Viajó por Europa en compañía de su tío y padrino Domingo del Monte, quien influyó en su formación. Estuvo agregado al servicio diplomático en Nápoles y en Roma. Conocía las lenguas clásicas y las principales lenguas modernas. De regreso en Cuba, dirigió *El Prisma* en 1847, durante su segunda época. A mediados de 1853 dirigió *La Aurora de Matanzas*. Colaboró además en *El Tiempo*, *La Serenata*, *La Legalidad*. Redactó, con Bachiller y Morales, el *Faro Industrial de La Habana* (1841-1851), y con Quintín Suzarte *El Correo de la Tarde*. Colaboró con el conde de Pozos Dulces en la campaña reformista de *El Siglo*, del que fue redactor. Allí publicó su traducción de la novela de Delphine Gay (madame de Girardin), *Margarita o Dos amores*. En 1868 Frías, quien ejerció gran influencia en la orientación de su pensamiento, lo llevó consigo a dirigir *La Opinión*. Durante la Guerra de los Diez Años vivió retraído en Guanabacoa (La Habana). Meses antes de terminar la contienda, fundó con José Antonio Cortina y otros la *Revista de Cuba* (1877-1884), al impulso de la cual se debió la creación de la Sociedad Antropológica de Cuba. A raíz del Pacto del Zanjón (1878), Del Monte asumió la dirección de *El Triunfo*, órgano del Partido Liberal. Fue miembro fundador del Partido Liberal Autonomista, miembro integrante de su junta central y redactor de su programa. Fue varias veces Diputado Provincial por La Habana y en 1889, por Ceiba del Agua y Vereda Nueva, de la provincia habanera. Antes de estallar la guerra del 95, fue corresponsal del *New York Herald*. Firmó el Manifiesto del Partido Autonomista de 4 de abril de 1895 en contra de la revolución armada. Durante la intervención americana dirigió *El Nuevo País* (1902). Escribió todos sus poemas durante un tiempo que estuvo afectado de la vista. Asumió la dirección del periódico *Cuba* en 1907. Entre sus trabajos está el prólogo al libro de Arturo Ramón de Carricarte *Noche trágica*, su ensayo «El arte de la historia» y la «Noticia preliminar de una antología de poetas cubanos publicada en *Cuba Contemporánea*, 1914». Escribió además semblanzas y artículos necrológicos. Tradujo a Horacio. Utilizó los seudónimos *De Profundis* (*La Serenata*, 1866) y *Juan Vinagre* (*Juan Palomo*, 1873).

Bibliografía activa

El efectismo lírico, juicio crítico de las poesías de Saturnino Martínez, La Habana, Imprenta Militar, 1878.

Poesías, juicios sobre la personalidad literaria de Ricardo del Monte por Enrique José Varona, Julián del Casal, Rafael Montoro y José de Armas y Cárdenas, La Habana, Imprenta de *El Fígaro*, 1918.

Obras, introducción de José Manuel Carbonell, prólogo de Rafael Montoro, La Habana, Imprenta El Siglo XX, 1926.

Bibliografía pasiva

Acuña, José G., «Un gran periodista ejemplar», en *Diario de la Marina*, La Habana, 95, 13, 16, enero 13, 1927.

Carricarte, Arturo Ramón de, «Cubanos ilustres, Don Ricardo del Monte», en *Azul y Rojo*, La Habana, 3, 23, 3, junio 23, 1904.

Conangla Fontanilles, José, «A propósito de las *Poesías* de Ricardo del Monte», en *Bohemia*, La Habana, 10, 25, 3-4, junio 22, 1919.

«Ricardo del Monte íntimo, su ceguera y su muerte», en *Revista Bimestre Cubana*, La Habana, 22, 2, 161-198, marzo-abril, 1927.

Cruz, Manuel de la, «Ricardo del Monte», en su *Cromitos cubanos*, La Habana, Establecimiento Tipográfico La Lucha, 1892, págs. 111-131.

Chacón y Calvo, José María, «Ricardo del Monte», en su *Las cien mejores poesías cubanas*, Madrid, Editorial Reus, 1922, págs. 196-198.

Esténger, Rafael, «Ricardo del Monte», en su *Cien de las mejores poesías cubanas*, 3.ª edición aumentada con un ensayo preliminar y la inclusión de poetas actuales, La Habana, Ediciones Mirador, 1948, págs. 178.

Lezama Lima, José, «Ricardo del Monte y Rocío», en su *Antología de la poesía cubana*, tomo 3, La Habana, Consejo Nacional de Cultura, 1965, págs. 422-423.

«Ricardo del Monte», en *El País*, La Habana, 5, 51, 16, febrero 20, 1927.

Montes López, José (Santa Clara, 1901). En 1937 obtuvo mención en el concurso convocado por la Dirección de Cultura con su drama *Chano*, obra en tres actos que refleja las angustias del campesinado cubano frente al latifundista. Este drama fue representado en la capital y en otras ciudades del interior de la isla y logró mucha popularidad al finalizar la década del treinta. En 1938 se estrenó *La sequía*, drama rural en tres actos, el cual fue dado a conocer en el Teatro Campoamor por un grupo de aficionados y se representó en 1941 en el Principal de la Comedia. Esta obra fue montada además por el grupo del Teatro Popular, de cuya revista, *Arte*, fue colaborador. Otra obra conocida de Montes López es su comedia en tres actos *Papá quiere casarme* (1952). Además de escribir para el teatro ha escrito para la televisión cubana. Ha publicado una obra científica, *La familia ricinoleica. Derivados químicos del aceite de higuereta* (La Habana, 1960).

Bibliografía activa

Chano, drama de ambiente campesino en tres actos, La Habana, Editorial Hermes, 1937.

Bibliografía pasiva

González Freire, Natividad, «José Montes López, 1901», en su *Teatro cubano contemporáneo, 1928-1957*, La Habana, Sociedad Colombista Panamericana, Departamento de Imprenta, 1958, págs. 46-48.

«Hechos y comentarios, teatro cubano», en *Revista Cubana*, La Habana, 15, 261-262, enero-junio, 1941.

Marquina, Rafael, «José Montes López», en su *Teatro cubano de selección, reseña crítica*, La Habana, Publicaciones de la Secretaría de Educación, Dirección de Cultura, 1938, págs. 12-13.

Méndez, Graziella, «Revisión y panorama del teatro en Cuba», en *Mes del Teatro cubano*, *El Sótano*, programa con motivo del Mes de Teatro Cubano, febrero, 1958, La Habana, 1958, págs. 6-7.

Montori, **Arturo** (La Habana, 28 abril 1878-Id., 1932). Graduado de Doctor en Pedagogía, fue profesor por oposición de la cátedra de Gramática, Elocución y Composición, Literatura Española y Cubana de la Escuela Normal para Maestros de La Habana. Llegó a ocupar su dirección hasta 1919. En ese mismo año formó parte del movimiento de creación del Partido Nacionalista que se organizó como reacción contra la injerencia norteamericana en el Partido Liberal. Fue candidato del partido Nacionalista por la provincia de La Habana en 1922. En 1926 fue designado agregado técnico de la Secretaría de Instrucción Pública en la Embajada de Cuba en Washington por el gobierno de Machado. Fue precursor de la llamada «Escuela nueva» e impulsor de la enseñanza laica. Escribió libros de texto, algunos en colaboración con Ramiro Guerra, como el *Libro cuarto de lectura* (1921) y el *Libro quinto de lectura*, cuya tercera edición data de 1938. También figuró entre los redactores del *Libro de Cuba* (1930). Director con Ramiro Guerra de *Cuba Pedagógica*, colaboró además en *Cuba Contemporánea*, *Letras*, *Nuestro Siglo*, *Revista Bimestre Cubana* y *Carteles*. Entre sus trabajos de crítica literaria se encuentra su ensayo «Los orígenes de la poesía cubana», publicado en la revista habanera *Letras* (1914).

Bibliografía activa

Cuestiones pedagógicas, La Habana, Imprenta

Comas y López, 1908.

Crítica del método herbartiano, La Habana, Imprenta de Comas y López, 1909.

La fatiga intelectual, La Habana, Imprenta de *Cuba Pedagógica*, 1913.

La enseñanza religiosa y la moral cristiana, La Habana, Imprenta de *Cuba Pedagógica*, 1914.

Ideales de los niños cubanos, La Habana, Imprenta de *Cuba Pedagógica*, 1914.

Manifiesto político, La Habana, 1914.

Tipos de apercepción en un grupo de niñas cubanas, La Habana, Imprenta de *Cuba Pedagógica*, 1915.

Modificaciones populares del idioma castellano en Cuba, La Habana, Imprenta de *Cuba Pedagógica*, 1916.

Función de los estudios gramaticales y literarios en la Escuela normal, discurso de inauguración del curso 1917-18 en la Escuela Normal para Maestros de La Habana, La Habana, *Cuba Pedagógica*, 1917.

Ponencia sobre reglamentación de las escuelas privadas que la directiva de Fundación Luz Caballero dedica a sus asociados y simpatizadores, La Habana, Imprenta de Aurelio Miranda, 1917.

La obra literaria de Miguel de Carrión, La Habana, 1919.

El feminismo contemporáneo, La Habana, Imprenta La Moderna Poesía, 1922.

Las novelas de Carlos Loveira, separata de *Cuba Contemporánea*, La Habana, 1922.

El tormento de vivir, tristes amores de una niña ingenua, novela, La Habana, Imprenta y Papelería La Progandista, 1923.

Libro segundo de lenguaje, La Habana, Imprenta La Moderna Poesía, 1925.

Informe rendido acerca del funcionamiento de las High Schools o Escuelas de Enseñanza Secundaria, La Habana, Secretaría de Instrucción Pública y Bellas Artes, 1926.

Libro primero de lenguaje, 2.ª edición, La Habana, Cultural, 1927; 3.ª edición, La Habana, Imprenta P. Fernández, 1938.

Bibliografía pasiva

Carbonell, José Manuel, «Arturo Montori, 1878», en su *La prosa en Cuba*, recopilación dirigida, prologada y anotada, tomo 4, La Habana, Imprenta Montalvo y Cárdenas, 1928, págs. 241-242, Evolución de la cultura cubana, 1608-1927, 15.

Carrión, Miguel de, «Carta sobre *El tormento de vivir*», en *Social*, La Habana, 9, 3, 9, marzo, 1924.

Dihigo, Juan Miguel, «*Bibliografía, Modificaciones populares del idioma castellano en Cuba;* por el Doctor Arturo Montori», en *Revista de la Facultad de Letras y Ciencias*, La Habana, 23, 353-355, 1916.

Montoro, **Rafael** (La Habana, 24 octubre 1852-Id., 14 agosto 1933). Estudió en el Colegio El Salvador, que dirigía José María Zayas (1862-1863). Por razones de salud partió de Cuba en 1864. Visitó Francia e Inglaterra. Más tarde cursó estudios elementales en Nueva York (1866). De regreso en Cuba, ingresó en el Colegio San Francisco de Asís. Fue alumno de Juan Clemente Zenea y de Enrique Piñeyro. Tomó sus primeras lecciones de oratoria con Antonio Zambrana.

Su primer escrito impreso, «La pena de expulsión» fue publicado en *Ejercicios literarios* cuando solo tenía catorce años. Viajó después por Europa, de nuevo por razones de salud. Vivió en España durante una década (1868-1878). Allí comenzó la carrera de Leyes. Trabajó en el Ateneo Científico y Literario de Madrid, junto con Castelar, Azcárate, Cánovas y otros. Con un cubano, José del Perojo, introdujo en las corrientes intelectuales peninsulares la doctrina neokantista desde las páginas de la *Revista Contemporánea*, de la cual fue colaborador. Colaboró además en la *Revista Europea*, *El Norte* y *El Tiempo*.

Fue secretario de la Asociación de Escritores y Artistas Españoles. Regresó a Cuba en 1878. Fundador y orador del Partido Liberal (Autonomista) durante casi dos décadas se puso al servicio de las doctrinas del autonomismo, del cual se convirtió en su principal ideólogo frente a las luchas independentistas. Colaboró en *El Triunfo* y participó en las veladas literarias de la *Revista Cubana*. Obtuvo la licenciatura en Derecho Civil y Canónico en la Universidad de La Habana (1884). Fue electo diputado ante las Cortes españolas (1886). Desempeñó el cargo de Secretario de Hacienda del transitorio gobierno autonomista en 1898.

Durante los primeros años de la República fue ministro plenipotenciario de Cuba en In-glaterra y Alemania bajo el gobierno de don Tomás Estrada Palma. Fue candidato a la vicepresidencia por el Partido Conservador (1908). Participó en el Informe de la Cuarta Conferencia Internacional Americana que se presentara a Manuel Sanguily (1911). Fue secretario de la Presidencia del régimen de Menocal (1913) y secretario de Estado del gobierno de Zayas. En 1916 dirigió los *Anales de la Academia Nacional de Artes y Letras*, de la que fue miembro desde su fundación en 1910. Fue electo académico de número de la Academia de la Historia en 1926.

Cultivó la crítica literaria, los estudios sociológicos, económicos y políticos. En Cuba publicó más de 350 artículos y trabajos, que vieron la luz en *El Palenque Literario*, *La Autonomía*, *El Fígaro*, *Revista Cubana*, *La Habana Literaria*, *Cuba y América*, *El Comercio*, *Diario de la Marina*, *Letras*, *La Discusión*, *Revista Cuba Contemporánea*, *La Lucha*, *Excelsior*, *Excelsior-El País*, *El País* y otras publicaciones. Escribió numerosos prólogos, como el que hiciera a la obra de Aurelio Mitjans *Estudios sobre el movimiento científico y literario de Cuba* (La Habana, Imprenta de A. Álvarez, 1890). Publicó, en colaboración con Adrián del Valle, un *Compendio de la historia de la Sociedad Económica de Amigos del País de La Habana* (La Habana, Imprenta y Librería El Universo, 1930) y la «Biografía de Vidal Morales y Morales en *Iniciadores y primeros mártires de la revolución cubana* (La Habana, Cultural, 1931), del mismo Vidal Morales.

Bibliografía activa

Informe aprobado por la Real Sociedad Económica sobre la necesidad de una reforma arancelaria, La Habana, La Propaganda Literaria, 1890.

Discursos políticos y parlamentarios, Informes y disertaciones, prólogo de Ricardo del Monte, Filadelfia, La Compañía Levytype impresores, 1894.

Principios de moral e instrucción cívica, Obra adaptada a la enseñanza por el Doctor Carlos de la Torre y Huerta y con un prefacio del Doctor Enrique José Varona, La Habana, Imprenta y Librería La Moderno Poesía, 1902.

Nociones de Instrucción Moral y Cívica, La Habana, Imprenta La Moderna Poesía, 1908.

Obras, Edición del Homenaje, «Prólogo de la primera edición», por Ricardo del Monte, «Un gran orador cubano, Rafael Montoro, sus discursos y su política», por Manuel Sanguily, «Rafael Montoro», por Enrique José Varona, La Habana, Cultural, 1930, 3 T.

El ideal autonomista, La Habana, Editorial Cuba, 1936.

Instrucción Moral y Cívica arreglada para las escuelas de Cuba, La Habana, Cultural, 1937.

Ideario autonomista, Editado por Antonio Sánchez de Bustamante y Montoro, La Habana, Secretaría de Educación, Dirección de Cultura, 1938.

Bibliografía pasiva

Álvarez Gallego, Gerardo, «Ayer y hoy, Don Rafael Montoro, visto por su hijo», en *Carteles*, La Habana, 34, 2, 97-98, 102, enero 11, 1953.

Barrial Domínguez, José, *Bibliografía de Rafael Montoro y Valdés*, compilada bajo la dirección de Lilia de Castro de Morales, directora de la Biblioteca Nacional, La Habana, Biblioteca Nacional, 1952.

Cabrera, Raimundo, «Rafael Montoro», en *El Estudiante*, Matanzas, 30, 39, 449-450, noviembre 19, 1911.

Camacho, Pánfilo Daniel, *Montoro, el líder del autonomismo*, discurso leído en la sesión pública celebrada con motivo del centenario del natalicio del ilustre tribuno el 24 de octubre de 1952, La Habana, Imprenta El Siglo XX, 1952.

Carbonell, José Manuel, «Rafael Montoro y Valdés, 1852», en su *La Oratoria en Cuba*, recopilación dirigida, prologada y anotada, tomo 2, La Habana, Imprenta Montalvo y Cárdenas, 1928, págs. 159-162, Evolución de la cultura cubana, 1608-1927, 8.

Carbonell, Miguel Ángel, «La obra de Montoro», en *Revista Cubana*, La Habana, 9, 25, 285-290, julio, 1937.

«El Montoro que yo conocí», en *Revista Lyceum*, La Habana, 8, 32, 5-41, noviembre, 1952.

Castellanos, Jesús, «Montoro, Ex-marqués y ex-orador», en su *Cabezas de estudios*, La Habana, Imprenta Militar, 1902, págs. 104-106.

Cruz, Manuel de la, «Rafael Montoro», en su *Cromitos cubanos*, Madrid, Editorial Saturnino Calleja, 1926, págs. 43-61, Obras de Manuel de la Cruz, 5.

«Rafael Montoro», en su *Pasión de Cuba*, selección y prólogo de Andrés de Piedra-Bueno, La Habana, Publicaciones del Ministerio de Educación, 1947, págs. 28-47.

Chacón y Calvo, José María, «Sobre la personalidad de don Rafael Montoro y su aporte a los orígenes de la nación cubana», en *Diario de la Marina*, La Habana, 110, 135, 4, junio 7, 1942.

Montoro y su sentido de la historia, discurso leído en la recepción pública del Doctor, la noche del 1.º de marzo de 1945, La Habana, Imprenta El Siglo XX, 1945.

Entralgo, Elías José, «Montoro y los autonomistas», seguido de una discusión sobre el tema, en *Cuadernos de la Universidad del Aire del Circuito CMQ*, La Habana, 21, 35-46, septiembre, 1950.

Fernández, Wifredo, *Montoro, creyente, escritor y tribuno*, Isla de Pinos, 1933.

García Pons, César, «Rafael Montoro y sus ideas políticas», en *Bohemia*, La Habana, 44, 29, 20-23, 111-112, julio 20, 1952.

Guiral, Mario, «Autonomismo», en *Los grandes movimientos políticos cubanos en la Colonia*, tomo 1, La Habana, Municipio de La Habana, 1943, págs. 79-99.

Heredia, Nicolás, «Siluetas cubanas, Rafael Montoro» y «La obra de Montoro», en *El Fígaro*, La Habana, 8 y 10, 22 y 18, 3, 6 y 252, junio 26 y mayo 27, 1892 y 1894.

Herrera de la Serna, Nilda, *Montoro, su vida y su obra*, La Habana, Editorial Lux, 1952.

Martínez Bello, Antonio, *Montoro, temperamento y clase social, ensayo de filosofía de la historia de Cuba*, trabajo leído en la sesión celebrada el día 15 de diciembre de 1952, La Habana, Imprenta El Siglo XX, 1952.

Méndez Capote, Renée, «Rafael Montoro», en su *Oratoria cubana*, ensayos, La Habana, Imprenta Editorial Hermes, 1926, págs. 137-145.

«Oradores autonomistas, Rafael Montoro», en *El Fígaro*, La Habana 44, 3, 26-27, 45, marzo 6, 1927.

Menocal y Cueto, Raimundo, *Rafael Montoro, una interpretación histórica*, discurso leído en la sesión de la Academia Nacional de Artes y Letras, el 4 de diciembre de 1952, La Habana, Editorial Aquiles, 1952.

«Rafael Montoro y Valdés», en *Cervantes*, La Habana, 8, 8-9, 24-25, septiembre-octubre, 1933.

Rodríguez Rendueles, Manuel, «Montoro académico», en *Evolución*, La Habana, 2.ª época, 4, 84, 253-255, agosto 10, 1917.

Sanguily, Manuel, «Un gran orador cubano, Rafael Montoro, sus discursos y su política», en su *Oradores de Cuba*, La Habana, Tipografía Moderna de Alfredo Dorrbecker, 1926, págs. 215-281.

Obras de Manuel Sanguily, 3.

Santovenia, Emeterio Santiago, «Montoro, símbolo de una época», en *Carteles*, La Habana, 32, 52, 18, diciembre 25, 1938.

Varona, Enrique José, «Conferencia del señor Montoro», en *La Lucha*, La Habana, 1, 3, 19, diciembre 24, 1882.

«La obra de Montoro», en *Revista Cubana*, La Habana, 19, 465-472, 1894.

Vitier, Medardo, «Los autonomistas, Rafael Montoro», seguido de una discusión sobre el tema, en *Cuadernos de la Universidad del Aire del Circuito CMQ*, La Habana, 4, 46, 291-303, diciembre 23, 1952.

«Valoraciones, un recuerdo de Montoro», en *Diario de la Marina*, La Habana, 126, 113, 4-A, mayo 13, 1958.

Yero Buduen, Eduardo, *La voz de Caín, cartas abiertas a Rafael Montoro*, Nueva York, Sotero Figueroa, 1896.

Morales, **Alfredo Martín** (La Habana, 11 noviembre 1864-Id., 29 mayo 1921). Cursó sus primeros estudios en el Colegio San Anacleto. Fue alumno del poeta José Fornaris. Más tarde ingresó en la Facultad de Filosofía y Letras de la Universidad de Madrid. Allí se inicia en la carrera periodística y frecuenta las tertulias literarias del Ateneo. Tras su regreso a Cuba en 1880, se dedicó por entero al periodismo. Dirigió *Maceo* y *El Acicate*, de tono separatista. Redactor de *El Triunfo*, *La Lucha*, *Veras y Bromas* y *La Habana Cómica*. Fue jefe de información de *El Mundo* desde sus comienzos en 1901 y más adelante del *Diario de la Marina* y *El Triunfo*. Colaborador asiduo en *El Fígaro* y *Letras*. Fue el primer presidente de la Asociación de la Prensa de Cuba. Bajo el gobierno de José Miguel Gómez desempeñó la jefatura de despacho de las oficinas del Palacio Presidencial Utilizó varios seudónimos, entre ellos *Crispín*, el más conocido.

Bibliografía activa

Artículos políticos y literarios, prólogo de Rafael Montoro, La Habana, Imprenta La Tipografía, 1886.

Bibliografía pasiva

Soto Paz, Rafael, «Alfredo Martín Morales», en su *Antología de periodistas cubanos*, 35 biografías, 35 artículos, La Habana, Empresa Editora de Publicaciones, 1943, págs. 126-127.

Varona, Enrique José, «*Artículos políticos y literarios*, por Alfredo Martín Morales», en *Revista Cubana*, La Habana, 4, 463-466, 1886.

Morales Gómez, **Julio** (La Habana, 10 febrero 1912). Cursó la primera y la segunda enseñanzas en el Colegio La Salle del Vedado, donde se graduó de Bachiller en Ciencias y Letras en 1927. Ingresó en la Universidad de La Habana en 1928, en las carreras de Derecho y Ciencias Políticas, Sociales y Económicas, de las que se graduó en 1937. Años más tarde obtuvo la cátedra de Derecho Romano por oposición y llegó a ser titular de la misma hasta fines de 1960. Fue secretario de la Facultad de Derecho de 1950 a 1960, presidente de la Acción Católica de Cuba de 1953 a 1959. Cursó estudios de Filosofía y Letras de 1953 a 1954. Era miembro de La Junta de Gobierno del Colegio de Abogados entre 1954 y 1961.

Ha viajado por América Central y del Sur, Estados Unidos, Canadá y Europa Occidental. Colaboró en *El Mundo, Grafos, Cine-Guía, Juventud Católica* y *Universidad de La Habana*. Desde 1962 fue profesor en el Seminario católico San Carlos. Tres poemas suyos fueron incluidos en la antología *La poesía cubana en 1936* (1937). Se ordenó de sacerdote en 1971.

Bibliografía activa

La figura femenina en las tragedias de Shakespeare, conferencia, La Habana, Academia Tipográfica América Arias, 1932.

Julián del Casal, conferencia, La Habana, Academia Tipográfica, América Arias, 1932.

Tiempo, poesía, La Habana, Imprenta Molina, 1937.

Requisitos de la novación en el Derecho Romano, La Habana, 1939.

Bibliografía pasiva

Biaín, Ignacio, «*Tiempo*», en *Semanario Católico San Antonio*, La Habana, 575, noviembre 25, 1937.

Blunno, Domingo Alberto, «*Tiempo*, por José Morales Gómez», en *Nueva Vida*, Avellaneda, Argentina, 3, abril 2, 1938.

Ducazcal, seudónimo de Joaquín Navarro Riera, «Libros nuevos, *Julián del Casal*, conferencia, y *Tiempo*, poesías», en *Horizontes*, La Habana, 10, 131, 22, enero, 1938.

García Caturla, Othón, «Sobre una conferencia», en *Las Villas*, Remedios, Las Villas, 1,

julio 23, 1932.

Menéndez Pereira, Octavio, «Motivos efímeros, *Julián del Casal*», en *La Estrella de Panamá*, Panamá, 1, febrero 3, 1933.

Villarronda, Guillermo, «*Tiempo*», en *El Espectador Habanero*, La Habana, 6, enero, 1938.

Morales González, **Rafael Simón** (San Juan y Martínez, Pinar del Río, 28 octubre 1845-Sierra Maestra, Oriente, 15 septiembre 1872). Estudió la primera enseñanza en el colegio de don José Fors; estudió más tarde en el de Santo Tomás, dirigido por Ramón Ituarte, donde laboró además como maestro. Aplicó las *Lecciones de objetos* del Doctor Mayo y fue seguidor del procedimiento pedagógico de Pestalozzi. Abrió centros de enseñanza e impartió clases para superar la ignorancia reinante. Ingresó en la Facultad de Filosofía de la Universidad Literaria de La Habana (1860) y a la vez estudió derecho y filosofía fuera de la Universidad, bajo la orientación de José Victoriano Betancourt. Ingresó en la carrera de jurisprudencia y obtuvo el título de Bachiller en Derecho Civil y Canónico en 1868. Asistía a las tertulias en el Liceo de La Habana. Tuvo como proyecto la creación de un Liceo Científico, Artístico y Recreativo en Santiago de las Vegas, ciudad de la que fue expulsado por las autoridades españolas debido a su antiespañolismo. Colaboró en *El País* con trabajos jurídicos. Al estallar la guerra del 68 se incorporó a las filas mambisas. Fue miembro de la Cámara de Representantes de la República en Armas (1869). A él se debieron varios proyectos de leyes entre ellos el de instrucción pública. En Camagüey, en plena insurrección, publicó la hoja volante *La Estrella Solitaria* (1869). Dejó fragmentos de una *Cartilla cubana de lectura* (1872). Por sus dotes como orador se le conocía como *Pico de oro*. Su nombre de batalla era *Moralitos*.

Bibliografía pasiva

Carbonell, Miguel Ángel, «Rafael Morales González», en su *Sembradores y propulsores*, La Habana, Ediciones Guáimaro, 1926, págs. 89-94.

Carbonell, Néstor, «Rafael Morales González», en su *Próceres*, ensayos biográficos, La Habana, Montalvo y Cárdenas, 1928, págs. 211-217.

Morales y Morales, Vidal, *Rafael Morales y González; contribución al estudio de la historia de la independencia de Cuba*, prefacio de Enrique José Varona, Carta del señor Tomás Estrada Palma, La Habana, Imprenta y Papelería de Rambla y Bouza, 1904.

Sanguily, Manuel, «Rafael Morales González, Moralitos», en su *Brega de libertad*, selección y prólogo de Ernesto Ardura, La Habana, Ministerio de Educación, Dirección de Cultura, 1950, págs. 91-93.

Morales y Morales, **Vidal** (La Habana, 21 abril 1848-Id., 27 agosto 1904). Tras cursar la primera y segunda enseñanzas, ingresó en la Universidad de La Habana, donde se graduó de Licenciado en Derecho Civil (1870). Comenzó a interesarse por nuestro pasado histórico y literario bajo el influjo de Anselmo Suárez y Romero y de Antonio Bachiller y Morales. Dio a conocer sus primeros trabajos periodísticos en *La Tertulia*, con un artículo aparecido en 1873, titulado «Páginas olvidadas de Espronceda». Publicó en *El Foro* trabajos sobre temas jurídicos (1874). Colaboró en la *Revista de Cuba* (1877), en cuyo primer número apareció un artículo suyo, «Tres historiadores cubanos». En *El Triunfo* publicó, entre 1878 y 1879, la serie de veintidós artículos titulada «La Isla de Cuba en sus diferentes períodos constitucionales». Llegó a ocupar el cargo de abogado fiscal sustituto de la Audiencia de La Habana (1881-1883). Fue secretario contador del Colegio de Abogados de La Habana y perteneció a la junta clasificadora del gremio de abogados. De mayo de 1883 a enero de 1884 realizó un viaje por Estados Unidos y Europa. Tomó posesión del cargo de promotor fiscal de Guanabacoa (La Habana, 1884). En 1888 fue designado juez de primera instancia de San Antonio de los Baños (La Habana). Más tarde ascendió a segundo juez de primera instancia del Distrito Sur de Matanzas (1894). Ocupó la secretaría de la Sala de la Audiencia de La Habana en 1897. Al cese de la dominación española, el gobierno interventor lo designó jefe de los archivos de la Isla de Cuba. En 1902 fundó el *Boletín de los Archivos de la Isla de Cuba*, que cambió su nombre por el de *Boletín de los Archivos* de la *República de Cuba*, el cual dirigió hasta su muerte. Colaboró en *El Siglo*, *El Triunfo*, *La Enciclopedia*, *Cuba y América* y *El Fígaro*. Dirigió la publicación de la *Colección póstuma de papeles científicos, históricos, políticos y de otros ramos sobre la Isla de Cuba, ya publicados, ya inéditos* (1881), de José Antonio Saco y de las *Obras* (1888) de Francisco de Arango y Parreño. Escribió gran número de biografías. Dejó obras inéditas. Firmó con sus iniciales y utilizó los seudónimos *Ladislao Verm* y *XX*.

Bibliografía activa

Discursos de presentación y de gracias pronunciados en el acto de investidura de Doctor en la Facultad de Derecho Civil y Canónica de Licenciado, el domingo 17 de marzo de 1872, La Habana, Imprenta La Antilla, 1872.

Juicio sobre la intervención del elemento hereditario en la formación de los poderes públicos, tesis para el doctorado, leída y sostenida el 5 de marzo de 1872, La Habana, Imprenta La Antilla, 1872.

Apuntes para una biografía del señor don José Silverio Jorrín, La Habana, La Propaganda Literaria, 1887.

Biografía del señor don Antonio Bachiller y Morales, La Habana, La Propaganda Literaria, 1887.

Biografía del Señor don Francisco de Frías y Jaccott, conde de Pozos Dulces, La Habana, La Propaganda Literaria, 1887.

Iniciadores y primeros mártires de la revolución cubana, prólogo de Nicolás Heredia, La Habana, Imprenta Avisador Comercial, 1901; 2.ª edición, introducción de Fernando Ortiz y biografía por Rafael Montoro, La Habana, Cultural, 1931, 3 T.; 3.ª edición, La Habana, Consejo Nacional de Cultura, 1963, 3 T.

Hombres del 68, Rafael Morales y González, contribución al estudio de la historia de la independencia de Cuba, prefacio de Enrique José Varona, La Habana, Imprenta y Papelería de Rambla y Bouza, 1904; La Habana, Instituto Cubano del Libro, Editorial de Ciencias Sociales, 1972.

Nociones de historia de Cuba, adaptadas a la enseñanza por Carlos de la Torre y Huerta, La Habana, Imprenta La Moderna Poesía, 1904; Id., 1906; 3.ª edición, Id., 1913; 4.ª edición, Id., 1917; 5.ª edición, Id., 1923; 7.ª edición, La Habana, Cultural, 1938.

Bibliografía pasiva

Castellanos, Jesús, «De la tribu de los útiles, Después de una conversación con el Doctor Gonzalo Aróstegui», en *Azul y Rojo*, La Habana, 3, 33, 6, septiembre 10, 1904.

Castillo de González, Aurelia, «La obra del Doctor Vidal Morales», en *Cuba y América*, La Habana, 6, 112, 53-55, mayo, 1902.

Céspedes, José María, «El libro del Doctor Vidal Morales, *iniciadores y primeros mártires de la Revolución Cubana*», en *Cuba y América*, La Habana, 5, 8, 107, 102-103, diciembre, 1901.

Chacón y Calvo, José María, «El centenario de un gran erudito, Vidal Morales y Morales», en *Diario de la Marina*, La Habana, 116, 94, 4, abril 20, 1948.

«Doctor Vidal Morales y Morales», en *Cuba y América*, La Habana, 4, 78, 6, marzo 5, 1900.

«Ecos y notas», en *La Discusión*, La Habana, 13, 3 339, 4, octubre 14, 1901.

Jorrín, José Silverio, «Doctor Vidal Morales y Morales», en *Cuba y América*, La Habana, 4, 78, 22-24, marzo 3, 1900.

Kostia, Conde, seudónimo de Aniceto Valdivia, «*Rafael Morales y González*», en *La Lucha*, La Habana, 20, 142, 1, junio 14, 1904.

Lizaso, Félix, «Vidal Morales y Morales en su centenario», en *Carteles*, La Habana, 29, 17, 36, abril 25, 1948.

«Del Monte y Vidal Morales», en *El Mundo*, La Habana, 53, 17 005, A-6, febrero 22, 1955.

Márquez Sterling, Manuel, «El libro de Vidal Morales», en *El Fígaro*, La Habana, 17, 38, 442, octubre 13, 1901.

Montoro, Rafael, «Pozos Dulces, *Biografía de don Francisco de Frías y Jaccott, conde de Pozos Dulces*, por el Doctor V. M. y M.», en *La Semana*, La Habana, 1, 9, 1-3, octubre 31, 1887.

Piñeyro, Enrique, «Sobre el libro de Vidal Morales», en *El Fígaro*, La Habana, 17, 43, 502, noviembre 17, 1901.

Trelles, Carlos Manuel, «Bibliografía del Doctor Vidal Morales y Morales, 1848-1904», en *Cuba y América*, La Habana, 8, 17, 2, 69-76, noviembre 6, 1904.

«Vidal Morales», en *El Estudiante*, Matanzas, 2, 36, 3, septiembre 1, 1905.

Varona, Enrique José, «La biografía del Señor Jorrín», en *Revista Cubana*, La Habana, 7, 182-185, 1888.

Moreira, **Rubén Alberto** (Manzanillo, Oriente, 20 marzo 1917-La Habana, 1968). Muy niño, aún fue trasladado a La Habana. No concluyó la enseñanza primaria. Cursó estudios en la Academia Nacional de Bellas Artes San Alejandro. Su situación económica no le permitió continuar sus cursos académicos. Asistió al estudio de pintura de Leopoldo Romañach, quien lo tuvo por discípulo. Visitó a Estados Unidos en 1948. Colaboró como periodista en *Lux* y en *Acción*. Sus cuadros fueron expuestos en la Galería Lex (1957) y en el Capitolio Nacional (1961). Desempeñó diversos cargos, entre ellos el de director del Taller de Arte Revolucionario, fundado por el Comandante Ernesto Guevara en 1960. En *Combate* (1959-1960) escribió la sección dominical «El pueblo, las artes y las ciencias». Publicó poemas en *Signo* (Cienfuegos, Las Villas) y en *Juventud Rebelde*. Dio ciclos de conferencias y charlas sobre arte a miembros del ejército y la policía. Desde 1963 y hasta su muerte fue redactor y crítico de artes plásticas en *Con la Guardia en Alto*. Sus obras en prosa —*El hombre posible, Historia de una ciudad ausente, El gran arte de la realidad*, etc.— permanecen inéditas.

Bibliografía activa

Aurora y barricada, poema, La Habana, 1961.

Morejón, **Nancy** (La Habana, 7 agosto 1944). En 1959 obtuvo título de profesora de inglés. Se graduó de Bachiller en Letras en el Instituto de La Habana (1961). De 1963 a 1964 laboró como profesora de francés en la Academia «Gustavo Ameijeiras» y como traductora en el Ministerio del Interior. En 1964 obtuvo el premio «Rubén Martínez Villena», otorgado por la FEU habanera. Entre 1963 y 1965 militó en el Comité de Base de la Unión de Jóvenes Comunistas de la Escuela de Letras. Obtuvo la licenciatura en Lengua y Literatura Francesa en la Universidad de La Habana (1966) y, en ese mismo año, mención de poesía de la UNEAC por su libro *Richard trajo su flauta y otros argumentos*. Es autora de la selección y el prólogo de *Recopilación de textos sobre Nicolás Guillén* (La Habana, Ediciones Casa de las Américas, 1974). En diversas ocasiones ha trabajado de traductora en eventos y congresos. También ha traducido para el Instituto Cubano del Libro. En 1967 formó parte del Encuentro del Centenario de Rubén Darío celebrado en Varadero. Ha colaborado en *Unión*, *Cultura'64*, *El Caimán Barbudo*, *La Gaceta de Cuba*, *Casa de las Américas*. Ha escrito, en colaboración con Carmen Gonce, el libro *Lengua de pájaro* (1971), monografía etno-histórica sobre Nicaro. Ha sido antologada, junto con otros poetas en *Novísima poesía cubana* (1962), seleccionada por Reinaldo Felipe y Ana María Simo. Obtuvo el Premio Nacional de Literatura en 2001.

Bibliografía activa

Mutismos, poemas, La Habana, Ediciones El Puente, 1962.

Amor, ciudad atribuida, poemas, La Habana, Ediciones El Puente, 1964.

Richard trajo su flauta y otros argumentos, poemas, La Habana, UNEAC, 1967.

Bibliografía pasiva

Felipe, Reinaldo, «*Amor, ciudad atribuida*», en *Unión*, La Habana, 3, 3, 161-163, *julio-septiembre*, 1964.

Torriente, Loló de la, «Rafart y Nancy», en *El Mundo*, La Habana, 63, 20 945, 4, abril 25, 1964.

Morell de Santa Cruz, **Pedro Agustín** (Santiago de los Caballeros, Santo Domingo, 1694-La Habana, 30 diciembre 1768). Cursó la carrera eclesiástica en la Universidad de Santo Domingo. Fue nombrado canónigo doctoral de la Catedral de Santo Domingo a los veintiún años de edad. En 1718 se trasladó a La Habana, donde fue consagrado y designado vicario general, gobernador de la mitra (1729-1732), previsor del arzobispado (1732), deán de la Catedral de Santiago de Cuba en 1719. En 1736 viajó a Santo Domingo. Recibió la mitra de Nicaragua en 1749 y allí permaneció de 1750 a 1753. En enero de 1754 llegó a La Habana, donde ocupó el cargo de obispo.

Fue deportado a la Florida por el conde de Albemarle debido a su actitud intransigente ante la dominación inglesa (1762). En 1763 regresa a La Habana, en cuya universidad (Real y Pontificia Universidad de San Jerónimo) se gradúa de Doctor en Derecho Canónico (1767). Es autor de la *Memoria sobre la invasión del Almirante Vernon en Guantánamo* (1746), de la *Carta Pastoral* (La Habana, 1799), citada por Bachiller, de la *Relación histórica de los primitivos Obispos y Gobernadores de Cuba*, publicada en 1841 en las *Memorias* de la Sociedad Patriótica de La Habana, de la *Relación en 1757 de la visita eclesiástica de la ciudad de La Habana y su partido en la Isla de Cuba, hecha y remitida a S. M. Católica (que Dios guarde) en su Real y supremo Consejo de Indias por el Licenciado D. P. M... de S... C... obispo de la Santa Iglesia Catedral de la misma*, aparecida en el *Boletín de las Provincias Eclesiásticas de la República de Cuba* (La Habana, abril 1939-diciembre 1941) y de la desaparecida *Relación de las tentativas de ingleses en América*.

Bibliografía activa

Carta pastoral de Illmo. señor Obispo de Cuba a su diócesis, con motivo del terremoto acaecido en la ciudad de Santiago, y lugares adyacentes, La Habana, Imprenta del Cómputo Eclesiástico, 1766; 2.ª edición, Cádiz, 1766; La Habana, Imprenta de la Real Marina, 1766.

Relox de la Passion de Christo Señor Nuestro, Nueva Guatemala, Viuda de D. S. Arébalo,

1791.

Visita apostólica, topográfica, histórica y estadística de todos los Pueblos de Nicaragua y Costa Rica, hecha por el Ilustrísimo Señor don, Obispo de la Diócesis en 1751, y elevada al conocimiento de S. M. Católica Fernando VI en 8 de setiembre de 1752; o, Documento antiguo, s. l., Biblioteca del *Diario de Nicaragua*, 1909.

Historia de la isla y catedral de Cuba, prefacio de Francisco de Paula Coronado, La Habana, Imprenta Cuba Intelectual, 1929.

Bibliografía pasiva

Campos, Diego de, *Relación y diario de la prisión y destierro del illmo, señor Pedro Agustín Morell de Santa Cruz, dignísimo señor Obispo de esta Isla de Cuba, Xamayca y provincias de la Florida, del Consejo de S. M., que mandó ejecutar el Exmo, señor conde de Albemarle, conquistador de esta ciudad de La Habana, en el año 1762*, La Habana, Imprenta del Cómputo Eclesiástico, 1763.

Echeverría, José Antonio, «Historiadores de Cuba, I. Morell de Santa Cruz», en *El Plantel*, La Habana, 74-79, noviembre, 1838.

Matusalén, Juan, Jr., «De los tiempos de la nanita, Prisión y destierro del Obispo Morell de Santa Cruz», en *Carteles*, La Habana, 34, 39, 94-95, septiembre 27, 1953.

Pérez Cabrera, José Manuel, «Pedro Agustín Morell de Santa Cruz», en su *Historiografía de Cuba*, México, Instituto Panamericano de Geografía e Historia, 1962, págs. 4, 47, 70,

80-90, 95, 101-102, 114, 144, 146-147, 149, 170, 212, 232, 251, 300, 328.

Remos y Rubio, Juan José, «Pedro Agustín Morell de Santa Cruz», en su *Historiadores de Cuba*, La Habana, Editora Biblioteca Nacional, 1955, págs. 3-5.

Moreno Fraginals, Manuel (La Habana, 9 septiembre 1920-Miami, 19 mayo 2001). Estudió las primeras letras en la escuela Zapata. En 1942 obtuvo el primer premio del concurso de la Sociedad Colombista Panamericana por su trabajo *Viajes de Colón en aguas de Cuba*. Se doctoró en Derecho Civil en 1943. Realizó estudios históricos en El Colegio de México (1945-1947). Durante dos años (1947-1949) investigó en los archivos de Indias (Sevilla) y Simancas, España. Fue subdirector de la Biblioteca Nacional de Cuba (1949-1950) y profesor de Historia de Cuba de la Universidad de Oriente (1950-1951). Se doctoró en Ciencias Sociales en la Universidad de La Habana, en 1951. En ese año obtuvo el primer premio de la Asociación de Bibliotecarios de Cuba con el libro *José Antonio Saco. Estudio y Bibliografía*. En 1954 se traslada a Venezuela, donde es gerente económico de Cervecería Caracas y, más tarde, director del Centro de Estudios Económicos, jefe de producción de Televisa, jefe de información de Radio Continente, propietario de la emisora Radio Junín y copropietario de la publicitaria Los Molinos. Desde el Centro de Estudios dirige investigaciones económicas de Venezuela,

Colombia, Perú y el área del Caribe. Ha viajado por México, España, Francia, Bélgica, Puerto Rico, Santo Domingo, Jamaica, Colombia. En septiembre de 1959 regresa a Cuba. Obtiene accésit del Concurso Casa de las Américas por su ensayo *Nación o plantación* (1959). Ha representado a Cuba como funcionario del Ministerio de Comercio Exterior en España, Bulgaria, Hungría, Yugoslavia, Checoslovaquia, Inglaterra, Grecia e Italia. También ha sido profesor de la Universidad Central de Las Villas, asesor económico de varias empresas y secretario de la Cámara de Comercio de Cuba (1963-1969). Fue director de información del Ministerio de Comercio Exterior de Cuba (1968-1972). Colaborador de las publicaciones cubanas *Bohemia*, *Universidad de La Habana*, *Islas*, *Mensuario*, de la Dirección de Cultura del Ministerio de Educación; de las mexicanas *El Hijo Pródigo*, *Letras de México*, *Revista del Instituto Panamericano de Geografía e Historia*, *Revista de Historia de América*, *Cuadernos Americanos*; de la venezolana *Revista Nacional de Cultura*; de la norteamericana *American Historical Review*; de las españolas *Índice* y *Cuadernos Hispanoamericanos*. Su ensayo «La historia como arma», fue publicado en la revista *Casa de las Américas* (La Habana, 7, 40, 20-28 enero-febrero, 1967). Es autor del prólogo al libro de Ramiro Guerra y Sánchez, *Azúcar y población en las Antillas* (1970). Ha sido, desde 1972, asesor del Consejo Nacional de Cultura.

Bibliografía activa

Misiones cubanas en los archivos europeos, México D. F., Instituto Panamericano de Geografía e Historia, 1951.

José A. Saco, estudio y Bibliografía, La Habana, Universidad Central de Las Villas, Dirección de Publicaciones, 1960.

El ingenio, el complejo económico social cubano del azúcar, La Habana, Comisión Nacional Cubana de la UNESCO, 1964.

Bibliografía pasiva

Bianchi Ross, Ciro, «Cara a cara, Moreno Fraginals», en *Cuba Internacional*, La Habana, 7, 69, 24-25, mayo, 1975.

Bueno, Salvador, «*El ingenio*, Manuel Moreno Fraginals», en *Boletín informativo de la Comisión Nacional Cubana de la UNESCO*, La Habana, 3, 9, 24, octubre, 1964.

Campuzano, Luisa, «Moreno Fraginals, Manuel, *El Ingenio, el complejo económico social cubano del azúcar*» en *Revista de la Biblioteca Nacional*, La Habana, 3.ª época, 57, 8, 1, 101-102, enero-marzo, 1966.

González Manet, Enrique, «Importancia del ingenio», en *El Mundo*, La Habana, 65, 21 844, 4, marzo 22, 1967.

Morillas, **Pedro José** (La Habana, 1803-Id., 1881). Huérfano desde su infancia, tras arduos esfuerzos logró graduarse de Doctor en Jurisprudencia en la Universidad de La Habana (1825). En 1838 fue premiado por la Sociedad Económica de Amigos del País con la patente de socio de mérito por su *Memoria sobre los medios de fomentar y generalizar la industria*. En la década del cincuenta participó activamente en los círculos artísticos y literarios de La Habana y Matanzas con José Fornaris, Ramón Zambrana, Manuel Costales y otros. En la revista *Obsequio de las Damas* publicó su relato «Rasgos de amor fraternal». En *La Piragua* (1856) dio a conocer su narración «El ranchador», escrita desde 1839. En 1857 editó, con Manuel Costales, el *Aguinaldo Habanero*, donde publicó «Impresiones y recuerdos» y «Fantasía». Es autor además de *El último indígena*, novela breve e inédita que mereció un juicio desfavorable de Anselmo Suárez y Romero. El folleto *Dúplica a la réplica de don José Antonio Saco a los anexionistas que han impugnado sus ideas sobre la incorporación de Cuba en los Estados Unidos* (Nueva York, Imprenta de *La Verdad*, 1851), firmado con el seudónimo *El discípulo*, es erróneamente atribuido a Morillas, según la opinión de Vidal Morales.

Bibliografía pasiva

«Pedro José Morillas, 1803-1881, en *Noveletas cubanas*, selección y prólogo de Imeldo Álvarez García, La Habana, Instituto Cubano del Libro, Editorial Arte y Literatura, 1974, págs. 24.

Morúa Delgado, **Martín** (Matanzas, 11 noviembre 1857-Santiago de las Vegas (La Habana, 28 abril 1910). Trabajó en el alambique

«El Refino». Organizó gremios de trabajadores. Se estableció, a partir de 1876, en Cárdenas (Matanzas). Fundó el periódico *El Pueblo* (1879), de Matanzas, donde publicó los versos. En 1880 funda en Pueblo Nuevo el Círculo de Artesanos, que mantenía una escuela nocturna y otra diurna para los obreros y sus hijos. Por la colaboración que prestó a un independentista fue apresado.

Suspendida la publicación de *El Pueblo*, partió hacia Cayo Hueso (1881). En 1882 marchó a Nueva York, donde estudió el inglés, el francés y el portugués. Fue redactor de *El Separatista* (1883). Formó parte de la Directiva del Comité Patriótico de Nueva York y fue su delegado. Redactor del periódico *La República* y, a partir de 1885, director de *El Cubano Libre*. En 1886 se separa del movimiento revolucionario por considerarlo fracasado. Reside en Cayo Hueso (1887), donde funda la *Revista Popular* (1889).

En 1890 regresa a Cuba. Fue redactor de *La Tribuna* y colaborador de la *Revista Cubana*. En 1892 funda la *Nueva Era* y polemiza con Juan Gualberto Gómez sobre los derechos de la raza de color. Colaboró en *Las Avispas*, en *El Fígaro* y en *La Habana Elegante*. Fue miembro de la Sociedad Económica. Abraza el autonomismo durante breve tiempo. Se dirigió a Tampa, pero volvió a Cuba en la expedición independentista de Lacret en 1898. Terminada la guerra, se traslada a Las Villas, donde funda el periódico *La Libertad*, dirige *La República*, colabora en *El Villareño* (1900) y es delegado a la Constituyente en 1901. Durante la República

fue senador, fundador del Partido Moderado (1904), presidente del Senado (1910), ponente de la «Ley Morúa» y secretario de Agricultura, Comercio y Trabajo (1910). Es autor de *Ensayo político; o, Cuba y la raza de color* (1881). Tradujo la biografía del libertador Toussaint Louverture, de John R. Beard, y *Called Back*, de Hugo Conway, bajo el título *Recordación*. Utilizó los seudónimos *O. Oigeda*, *Genaro María D. Dulmont* y *El Revistero* (en *El Pueblo*).

Bibliografía activa

Colección de artículos escritos para El Pueblo, Key West, Imprenta El Obrero, 1881.

Dos apuntes, biografía de dos langostas que parecen hombres, Nueva York, Hallet y Breen, 1882.

Sofía, novela cubana, La Habana, Imprenta de A. Álvarez, 1891, prólogo de Imeldo Álvarez García, La Habana, Instituto Cubano del Libro, 1972.

Las novelas del señor Villaverde, La Habana, Imprenta de A. Álvarez, 1892.

La familia Unzúazu, novela cubana, La Habana, Imprenta La Prosperidad, 1901, prólogo de Pedro Deschamps Chapeaux, La Habana, Instituto Cubano del Libro, Editorial Arte y Literatura, 1975.

La ley electoral en el Senado, Enmienda presentada por el senador, y debate y resolución sobre la misma, La Habana, Imprenta y papelería de Rambla y Bouza, 1910.

Impresiones literarias y otras páginas, introducción de Alberto Baeza Flores, La Habana,

Imprenta Nosotros, 1957.

Obras completas, prólogo de José González Puente, La Habana, Comisión Nacional del Centenario de don Martín Morúa Delgado, 1957, 5 T.

Bibliografía pasiva

Álvarez Mola, Martha Verónica y Pedro Martínez Pérez, «Algo acerca del problema negro en Cuba hasta 1912» en *Universidad de La Habana*, La Habana, 79-93, mayo-junio, 1966.

Baquero, Gastón, «Martín Morúa Delgado», en *Carteles*, La Habana, 37, 47, 30-31, noviembre 18, 1956.

Beceiro, J., «Vida de un dirigente obrero, Martín Morúa Delgado», en *Coctel*, La Habana, 1, 3, 87-88, noviembre, 1956.

Canales Carazo, Juan, *Amarguras y realidades*, recopilación de datos relativos a la labor del ilustre cubano desaparecido Martín Morúa Delgado como literato, como constituyente, en la Asamblea, como legislador en el Senado y como político, La Habana, Imprenta O'Reilly, 1910.

Martín Morúa Delgado, vida y carácter, estudio leído en la velada celebrada el 28 de abril, en el «Centro Maceo», La Habana, Montalvo y Cárdenas, 1922.

González, Julián, *Martín Morúa Delgado, Impresiones sobre su última novela y su gestión en la Constituyente de Cuba*, La Habana, Imprenta y papelería de Rambla y Bouza, 1902.

Horrego Estuch, Leopoldo, *Martín Morúa Delgado, Vida y mensaje*, La Habana, Sánchez, 1957.

Márquez Sterling, Manuel, «Morúa Delgado», en su *Hombres de pro*, Siluetas políticas, tomo 1, La Habana, Administración de *El Mundo*, 1902, págs. 41-47.

Martí, José, «Nuestros periódicos», en su *Obras completas*, tomo 5, La Habana, Editora Nacional de Cuba, 1963, pág. 53.

«Martín Morúa Delgado», en *Adelante*, La Habana, 1, 1, 4, junio, 1935.

Merchán, Rafael María, «La población de color en Cuba», en su *Variedades*, tomo 1, Bogotá, Imprenta La Luz, 1894, págs. 472-510.

Mesa Rodríguez, Manuel, *Martín Morúa Delgado*, La Habana, Imprenta El Siglo XX, 1956.

«Morúa», en *Nuestro Tiempo*, La Habana, 4, 15, 18, enero-febrero, 1957.

Padilla, Luis, «Ofrenda de la amistad, Martín Morúa Delgado», en *Fraternidad y Amor*, Guanabacoa, La Habana, 2, 20, 2, 337-2, 343, mayo 1, 1925.

Pérez Landa, Rufino, *Vida pública de Martín Morúa Delgado*, La Habana, Carlos Romero, 1957.

Romaní, Salvador y Joaquín Texidor, *Iconografía de Martín Morúa Delgado*, La Habana, Comisión del Centenario, 1957.

Trujillo, Enrique, «*Sofía*, novela cubana por Martín Morúa Delgado», en *El Porvenir*, Nueva York, 2, 89, 2, noviembre 18, 1891.

Mosca, La (La Habana, 1820). Bajo el epígrafe de «Con más acierto y vigor / Que la severa invectiva, / Una crítica festiva / Corta el abuso mayor», apareció este «periódico satírico», según lo define Joaquín Llaverías en la página 20 del tomo 2 de su *Contribución a la historia de la prensa periódica* (La Habana, Talleres del Archivo Nacional de Cuba, 1959), de donde se han tomado todos los datos, pues no se ha visto ningún ejemplar. El primer número de los siete publicados apareció el 14 de mayo. Su periodicidad fue semanal. Era dirigido por el argentino José Antonio Miralla. José María Labraña, en la página 670 de su trabajo «La prensa en Cuba» —aparecido en *Cuba en la mano. Enciclopedia popular ilustrada* (La Habana, Imprenta Úcar, García, 1940, págs. 649-786)—, señala que este periódico salió en 1812, y que en 1820 apareció uno de igual título dirigido por Ignacio Valdés Machuca. Ese año ve la luz, dirigida por Valdés Machuca, *El Mosquito*, lo que resulta, evidentemente, una confusión de Labraña. La mayoría de las colaboraciones estuvieron dedicadas a censurar a las autoridades españolas y a propiciar la honradez en el sistema judicial. Aparecieron algunas poesías, siempre de tono satírico-burlesco. La totalidad de los trabajos fueron firmados con seudónimos (*El enemigo de los estafadores del nuevo cuño, El agraviado por la injusticia, El tribuno del pueblo. La lechuza, El reparón*) o carecían de firma. El último número publicado correspondió al 13 de junio de 1820. Llaverías, en las páginas 22 y 23 de su ya citada obra, publica un índice de los trabajos aparecidos en los números que vieron la luz.

Bibliografía

Llaverías, Joaquín, «*La Mosca*» en su *Contribución a la historia de la prensa periódica en Cuba*, tomo 2, prefacio de Elías Entralgo, La Habana, Talleres del Archivo Nacional de Cuba, 1959, págs. 20-22, 23, Publicaciones del Archivo Nacional de Cuba, 48.

Mosquito, El (La Habana, 1820). Publicación de corte satírico-burlesco, fundada y dirigida por Ignacio Valdés Machuca. El primer número correspondió al 27 de abril. Su periodicidad variaba, pero preferiblemente salía una vez a la semana. En todos los ejemplares publicados figuró el epígrafe «Señores eruditos / Ojo avizor que aun hablan los mosquitos». No fue una publicación literaria; sus páginas estuvieron dedicadas, sobre todo, a hacer críticas al abandono de las calles, los descuidos de la policía, etc. Publicó algunas poesías de tono satírico. Muchos de los trabajos aparecían firmados con seudónimos. Ha sido identificado solamente *Dorilo*, usado por Manuel González del Valle. Otros seudónimos utilizados en la publicación fueron *Mendo Nuño*, *Pedro Búscalo*, *El mosquito imaginario*, *El vigilante*, *El hablador*, *Un vecino*. El último número aparecido correspondió al 24 de agosto. Joaquín Llaverías incluye, en la páginas 13, 15 y 17 del tomo 2 de su *Contribución a la historia de la prensa perió*dica (La Habana, Talleres del Archivo Nacional de Cuba, 1959), un índice de los números publicados.

Bibliografía

Llaverías, Joaquín, «*El Mosquito*», en su *Contribución a la historia de la prensa periódica*, tomo 2, prefacio de Elías Entralgo, La Habana, Talleres del Archivo Nacional de Cuba, 1959, págs. 9, 11 y 13, Publicaciones del Archivo Nacional de Cuba, 48.

Muecas (Cardenas, Matanzas, 1907-1916). «Revista literaria ilustrada», se lee como subtítulo en él primer número visto, que corresponde al 29 de enero de 1911. En este momento se encontraba en el tercer año de su salida. En dicho número se hace constar que se empezó a publicar en septiembre de 1907. Los otros ejemplares hallados corresponden al 21 y 31: de enero de 1914. El último que hemos visto es del 17 de enero de 1915. En el mismo aparece como jefe de redacción Humberto M. Villar. Publicó poemas, notas históricas y de arte, crónica social y noticias sobre el movimiento musical cubano. Entre sus colaboradores figuraban *Conde Kostia* (seudónimo de Aniceto Valdivia), Hilarión Cabrisas e Ignacio Haedo. León Primelles anota, en la página 174 de su *Crónica cubana*. 1915-1918 (La Habana, Editorial Lex, 1955), que en 1916 continuaba apareciendo, pero no la menciona en los años siguientes.

Mujer, La (La Habana, 1929). Revista mensual para la familia y el hogar. Labores, modas, arte, literatura, reformas sociales y todo lo que pueda interesar a la Mujer para su cultura y desenvolvimiento económico y social. Fue dirigida por María Collado. El primer número apareció el 20 de septiembre, y en él se expresaba: «No será esta publicación órgano de ninguna institución determinada; se mantendrá neutral en este punto a fin de hacer más eficaz su labor doctrinaria en pro de la causa que defenderá con tesón y energía, aunque sin violencias de ninguna clase. Sus columnas estarán siempre abiertas a todos los clamores justos, a todas las empresas elevadas, ya sean iniciativa oficial, de colectividades, o particulares. La obrera encontrará siempre dispuesta a *La Mujer* a secundarla en todos sus esfuerzos por mejorar su condición precaria. La estudiante hallará estímulo en todo momento para el esfuerzo que realiza en las aulas, la escritora podrá tener como suyas propias estas páginas, y así sucesivamente todas las mujeres sea cual fuere su condición social desde la más humilde a la más elevada, encontrarán siempre aquí eco simpático en todas sus empresas y auxilio decidido si les es necesario». Figuraron entre sus redactores Domitila García de Coronado, Isabel Margarita Ordetx, María Villar Buceta y Aida Peláez de VillaUrrutia. Fueron colaboradores, según aparecía en el machón de la publicación, Miguel Coyula, Amiama Gómez, Eduardo Segura, Óscar Ugarte, Andrés Segura Cabrera y Óscar Soto. A partir del número 2 su periodicidad pasó a ser quincenal, aunque por lo general veía la luz con cierta irregularidad. Desde el número 128 fue órgano oficial de la Asociación Nacional Femenina de Prensa. Publicó artículos sobre el movimiento feminista cubano, trabajos literarios, poemas, breves piezas teatrales, notas históricas y musicales. Tuvo varios secciones fijas, como «Para nuestros pequeños lectores», dedicada a los niños; «Letras femeninas», que publicó trabajos escritos solo por mujeres, tanto de contenido científico como crónicas de arte y literatura; «Bibliográficas», que comentaba la últimas publicaciones, y varias secciones encaminadas a divulgar la vida de destacadas figuras femeninas. Otros colaboradores fueron Mercedes Borrero, Renée Potts, Ciana Valdés Roig, *Roger de Lauria* (seudónimo de Ramón R. Gollury), Félix Callejas, José Ángel Buesa, Josefina de Cepeda. Por su asiduidad en las colaboraciones se destacan Isabel Esperanza Betancourt y Amada Borges. El último número visto (140) corresponde a junio de 1941.

Mujer Moderna, **La** (La Habana, 1925). Revista mensual. Órgano oficial del Club Femenino de Cuba. El primer número correspondió al mes de noviembre. Eran sus propietarias Hortensia Lamar y Rosario Guillaume, quienes fungían como directora y administradora, respectivamente. Su lema era «Libertad-Educación-Trabajo». Fue misión fundamental de esta publicación divulgar temas relacionados con el movimiento feminista cubano e internacional, así como dar a conocer trabajos educacionales, pedagógicos y apuntes biográficos. Publicó también poemas; notas

musicales, de arte y de cine, y una sección infantil y juvenil. Colaboraron en sus páginas Juan Marinello, Rubén Martínez Villena, María Villar Buceta, Ofelia Rodríguez Acosta, Adrián del Valle, Dulce María Borrero, Jorge Mañach, Piedad Maza, Salvador Salazar. El último número visto (13) corresponde a noviembre de 1926.

Bibliografía

Rodríguez, Manuel, «*La Mujer Moderna*», en *Aurora*, La Habana, 5, 59, 800-802, junio 10, 1926.

Mundo, **El** (Véase **Páginas literarias y Suplementos literarios**)

Mundo Artístico, **El** (la La Habana, 1884). «Revista quincenal de música, teatros y bellas artes», se lee en el primer número encontrado (2), correspondiente al 15 de enero. Era su director Gabriel Morales y Valverde (*Edgardo*) y su editor propietario Anselmo López. Entre la lista de colaboradores que aparecía en el machón de la publicación, se destacan Nicolás Azcárate, Rafael Montoro, Enrique José Varona, Pablo Desvernine y los conocidos músicos Ignacio Cervantes, Rafael Díaz Albertini y Nicolás Ruiz Espadero. Dedicada casi exclusivamente a divulgar trabajos relacionados con la música y sus diversos géneros, publicó también trabajos relacionados con la lírica española, notas teatrales y de arte, así como ocasionales poemas de Diego Vicente

Tejera. Reprodujo artículos aparecidos en la prensa europea. El último número visto (24) correspondió al 15 de diciembre de 1885.

Bibliografía

«El Mundo Artístico» en La Voz de Cuba, La Habana, 4.ª época 17, 6, 2, enero 6, 1884.

Mundo del Domingo, El (Véase **Suplementos literarios**)

Mundo Ilustrado, El (Véase **Suplementos literarios**)

Mundo Literario, El (La Habana, 1877-1878; 1882-1883; 1885-Id.). Periódico quincenal. Fueron sus directores Carlos Genaro Valdés y Quintín Díaz Sevilla. El primer número, de fecha 5 de octubre, expresaba: «Como otros muchos, y con la fe y el entusiasmo de los que más, nosotros también comenzamos con el firme propósito de entretener nuestros ocios haciendo algo de provecho para nuestros conciudadanos, por medio de la palabra escrita, azotando con el látigo del ridículo todas las costumbres perniciosas que agitan esta sociedad, analizando con razonada crítica las producciones literarias que ven la luz pública, haciendo vibrar la lira de algunos poetas para solaz de las imaginaciones tropicales, y sobre todo, dando preferencia en las columnas de El Mundo Literario a la exposición de los adelantos científicos y literarios que se alcancen en otros Países, y por último,

ofreciendo a nuestros lectores toda clase de conocimientos útiles; que no están ni deben estar reñidas las bellas artes con los adelantos de la industria y el comercio». A partir del número 3, correspondiente al 7 de noviembre, cambió su título por el de El Palenque Literario. En nota firmada por Carlos Genaro Valdés, que apareció en dicho ejemplar, se afirma que no sería «más que la continuación de las dos anteriores entregas del Mundo...». Y se añade: «En cuanto a la marcha que ha de seguir El Palenque Literario es la misma que trazamos en la primera entrega del Mundo, teniendo que agregar solamente que publicaremos con gusto todas lo composiciones, en prosa o verso, que se nos remitan, siempre que revistan una forma literaria aceptable, y tengan una tendencia útil o científica». Entre el 7 de noviembre de 1877 y el 25 de mayo de 1878, dirigió la revista Carlos Genaro Valdés; entre el 5 de octubre del propio año ocupó la dirección Ricardo Potestad y Cordero, con Carlos Genaro Valdés y Bernardo Costales y Sotolongo como redactores. Desde el número correspondiente al 5 de septiembre de 1878, El Palenque Literario se convirtió en «órgano de los masones de Cuba» y expresó que daría a la luz «los trabajos y las buenas obras que la masonería realice». Desde el 20 de octubre de 1878 ocupó de nuevo la dirección Carlos Genaro Valdés. La publicación fue suspendida el 20 de noviembre de 1878. Reapareció el 5 de febrero de 1882, dirigida por el ya mencionado Valdés. A partir del número del 20 de mayo de 1882 se subtituló «Periódico político quincenal»; desde el número siguiente (5 de junio), «Periódico político-literario quincenal». El 5 de agosto de 1883 fue suspendida la revista, haciendo constar que «*El Palenque Literario* termina aquí su efímera existencia, en la forma en que ha venido publicándose, quizás para adoptar otra dentro de breves días». Volvió a aparecer, siempre como *El Palenque Literario*, el 5 de julio de 1885, con tomo y numeración aparte, bajo la dirección de Aniceto Valdivia. La redacción estaba a cargo de Bernardo Costales y Sotolongo, Carlos Genaro Valdés y Antonio Sellén. Su subtítulo fue «Periódico quincenal». A lo largo de esta accidentada existencia, la publicación mantuvo siempre un formato y un contenido estables. Publicó poesías, cuentos, impresiones de viajes, artículos costumbristas, estudios y notas críticas sobre literatura y notas bibliográficas, así como trabajos en defensa de la mujer y sobre moral, religión, historia, teatro, gramática. Mantuvo la sección «Misceláneas», que reflejaba los últimos acontecimientos científicos y literarios del mundo. Dedicó muchas páginas al estudio de la obra poética y teatral de Joaquín Lorenzo Luaces. Entre sus colaboradores figuraron Domingo Figarola Caneda, Francisco Calcagno, Luisa Pérez de Zambrana, Enrique José Varona, Antonio López Prieto, Saturnino Martínez, Francisco Sellén, Antonio Zambrana, Nicolás Heredia, Pedro Santacilia, Rafael Montoro, Antonio Bachiller y Morales, Aurelia Castillo de González, Rafael María de Mendive, Pablo Hernández y Augusto de Armas. Numerosos poetas latinoamericanos de reconocido prestigio colaboraron en sus páginas. El último número revisado corresponde al 5 de octubre de 1885.

Bibliografía

«*El Palenque Literario*», en *Revista Económica*, La Habana, 2, 65, 199, febrero 5, 1878.

Mundo Nuevo, **El** (Nueva York, 1871-1876). «Enciclopedia ilustrada de ciencias, artes, literatura, educación, industria, comercio, etc., etc.», se lee en el primer ejemplar publicado, correspondiente al 25 de mayo. Presentaba formato de revista. En la portada inicial que acompañaba cada volumen y que presumiblemente era entregada a fin de año junto con un índice general de los trabajos publicados, se decía: «Enciclopedia ilustrada de política, ciencias, artes, literatura, modas, industria y educación». Era su director Enrique Piñeyro, a quien se une José Manuel Mestre desde el número 25. Ambos aparecen como editores. Su salida se efectuaba los días 25 de cada mes. A partir del número 6 comenzó a salir quincenalmente. En el primer número se manifestaba: «No puede expresar cabalmente nuestro propósito este número inicial del *Mundo Nuevo*; apenas si basta a dejarlo comprender. Las dificultades y complicaciones que forzosamente trae consigo la aparición de un periódico por vez primera, nos han impedido realizar por completo nuestro pensamiento. Secciones hay, a que siempre daremos importancia capital, que no aparecen abiertas todavía. La industria, la agricultura, las grandes invenciones que cada día mejoran y corrigen los procedimientos en todas las artes útiles, la Instrucción pública, piedra angular del bienestar de todas las naciones, los mil y mil resortes que dan impulso, agrandan la esfera de acción y multiplican la fuerza de los pueblos en su marcha hacia el grado más alto de progreso —han de ser notados y seguidos de cerca por nosotros, para tener de todo ello siempre al corriente a nuestros lectores—, y casi no podemos decir que hemos comenzado a hacerlo desde hoy. *El Mundo Nuevo* será además un periódico esencialmente "artístico y literario, original y americano, combinando siempre en sus columnas todas las manifestaciones de lo Bello, ligando sus grabados con sus artículos y escogiendo unos y otros de modo que interesen, agraden e instruyan a los lectores a quienes especialmente está dirigido"».

Y más adelante se señala: «Estudios literarios, biografías de personajes célebres, composiciones poéticas de relevante mérito, críticas de cuantas obras se publiquen de interés general o americano, viajes, noticias literarias, novelas, bien traducidas o bien originales, pero en uno y otro caso especialmente preparadas para nuestro periódico —se encontrarán siempre en las columnas del *Mundo Nuevo*».

Publicó poemas, cuentos, noveletas, cuadros de costumbres, trabajos científicos, históricos, literarios, geográficos, piezas teatrales y artículos de interés general. Mantuvo las secciones «Bibliografía», con comentarios sobre las últimas publicaciones, «Prensa ilustrada de Europa», que condensaba artículos y noticias aparecidos en la prensa extranjera, y «Revista general», donde se trataba sobre la marcha de los sucesos contemporáneos. La revista se destacó por la profusión de sus grabados e ilustraciones. Se hizo eco en sus páginas de los acontecimientos políticos que sucedían en Cuba y dio cabida a noticias y referencias sobre la guerra cubano-española. Entre sus colaboradores figuraron Antonio Bachiller y Morales, Francisco Javier Cisneros, Francisco y Antonio Sellén, Ignacio Escoto, Leopoldo Turla, Rafael María de Mendive, José Antonio Echeverría, José Joaquín Palma, Manuel Sanguily, José Ignacio Rodríguez, Antonio Zambrana y Pedro José Guiteras. Este último, durante varios números, mantuvo la sección «Estudios de literatura cubana». En el número 69 (correspondiente al 15 de mayo de 1874) apareció una nota en la que se indicaba: «Con este número cerramos el cuarto volumen de nuestro periódico. *El Mundo Nuevo* cesa desde hoy de aparecer como publicación separada, quedando reunido a *La América Ilustrada*, también de Nueva York, y formando un nuevo periódico, de que será editor-propietario el señor J. C. Rodríguez, y que abarcando ambos títulos y las respectivas condiciones de cada una de las dos publicaciones, comenzará a salir desde el día 1.º del entrante mes. Los que hasta ahora han sido editores de El *Mundo Nuevo* continuarán colaborando asiduamente en el nuevo periódico...».

Prosiguió con la numeración de *La América Ilustrada*, por lo que el siguiente número fue el 76. Su periodicidad fue decenal. En el número 88 (1.º de octubre de 1874) apareció una nota en la que se hacía constar que desde dicho número la redacción y dirección de la revista volvían a estar en manos de Enrique Piñeyro. Siguió siendo su editor J. C. Rodríguez. Entre los números 96 y 99 fungieron como directores José Manuel Mestre e Isaac Carrillo, y entre el 100 y el 105 figuraron en tal cargo el propio Carrillo y Eugenio María de Hostos. Desde el número 97 su periodicidad pasó a ser quincenal. Entró a formar parte de la dirección, desde el número 107, además de Carrillo, Francisco Sellén. Piñeyro tomó nuevamente la dirección de la revista desde el número 119 hasta su desaparición. La tónica de la publicación siguió siendo la misma, aunque se hace más constante la colaboración de escritores hispanoamericanos (Ricardo Palma, Rafael Pombo). Otros colaboradores de esta etapa fueron Diego Vicente Tejera, Luis Victoriano Betancourt, José María Céspedes. Publicó póstumamente algunos poemas inéditos de Juan Clemente Zenea. Continuaron apareciendo las mismas secciones, traducciones de poetas —fundamentalmente ingleses y alemanes—, trabajos sobre arte, lingüística, instrucción pública, etc. La publicación fue suspendida con el número 144, correspondiente al 15 de diciembre de 1876. En total aparecieron siete volúmenes.

Bajo la responsabilidad de Araceli García Carranza se ha confeccionado el índice de la *América Ilustrada*, que incluye también la etapa en que salía como El *Mundo Nuevo-La América Ilustrada*. El mismo se encuentra a disposición del público en las gavetas de la hemeroteca del departamento de Colección Cubana de la Biblioteca Nacional José Martí.

Muñoz Bustamante, **Mario** (La Habana, 3 julio 1881-Id., 2 enero 1921). Cursó los estudios primarios y secundarios en La Habana. En 1900 se inició como periodista en la revista *Cuba Libre*. Más tarde entró a formar parte de la redacción de *El Mundo*, donde trabajó como reportero y después como crítico teatral. Fue redactor del *Diario de la Marina* y colaborador en *El Mundo Ilustrado*. En 1910 fue designado miembro de número de la Academia Nacional de Artes y Letras. Fue secretario y más tarde, en 1917, vicesecretario de su Sección de Literatura. Dejó inédita la colección de cuentos *Venus criolla* y un tomo de ensayos sobre los conquistadores y libertadores de América, con el título *Gente de hierro*. Utilizó los seudónimos *Héctor Garaffa y Dartal*.

Bibliografía activa

Crónicas humanas, 2.ª edición, La Habana, Imprenta Gutiérrez, 1905.

El pantano, Sátira, La Habana, Imprenta Avisador Comercial, 1905.

Ideas y colores, prólogo de *Justo de Lara*, La Habana, Imprenta Avisador Comercial, 1907.

El General Mario García Menocal, tercer presidente de la República de Cuba, La Habana, Imprenta El Siglo XX, 1913.

Rimas de gozo, La Habana, Imprenta El Siglo XX, 1915.

Bibliografía pasiva

Carbonell, José Manuel, «Mario Muñoz Bustamante, 1881-1921», en su *La poesía lírica en Cuba*, recopilación dirigida, prologada y anotada, tomo 5, La Habana, Imprenta El Siglo XX, 1928, págs. 134, Evolución de la cultura cubana, 1608-1927, 5.

«*Crónicas humanas*, por Mario Muñoz Bustamante», en *Cuba y América*, La Habana, 8, 18, 15, 22, enero 8, 1905.

Roig de leuchsenring, Emilio, «Mario Muñoz Bustamante», en *Social*, La Habana, 6, 2, 37, 66, febrero, 1921.

Uhrbach, Federico, «Muñoz Bustamante y su libro», en *El Fígaro*, La Habana, 21, 3, 27, enero 15, 1905.

Muñoz del Monte, Francisco (Santiago de los Caballeros, Santo Domingo, 1800-Madrid, 1868). Desde muy niño pasó a vivir a Santiago de Cuba. Fue condiscípulo de José María Heredia. Allí publicó, en 1821, el periódico científico y literario *La Minerva*. En 1836 fue nombrado diputado a Cortes y se vio precisado a trasladarse a España por razones políticas. Colaboró en diversas publicaciones liberales, entre ellas *La Época*, en favor de libertades políticas para Cuba. En Madrid fue encarcelado. Se trasladó a La Habana en 1840. Durante varios años ejerció la abogacía. Desarrolló actividades en el Liceo de La Habana y colaboró en *El Prisma* y otras publicaciones. Mantuvo estrechos vínculos literarios con Domingo del Monte, su primo hermano. En 1848 pasó a Europa y más tarde a Madrid. Colaboró entonces en *La Revista Española de Ambos Mundos* y en *La América*.

Bibliografía activa

La mulata, poema, La Habana, 1845.

Dios es lo bello absoluto, poema, La Habana, 1858, Biblioteca del Liceo.

Poesías, Madrid, Imprenta y Fundición de M. Tello, 1880.

Bibliografía pasiva

Carbonell, José Manuel, «Francisco Muñoz del Monte, 1809-1868», en su *La poesía lírica en Cuba*, recopilación dirigida, prologada y anotada, tomo 2, La Habana, Imprenta El Siglo XX, 1928, págs. 72-74, Evolución de la cultura cubana, 1608-1927, 2.

Lezama Lima, José, «Francisco Muñoz del Monte», en su *Antología de la poesía cubana*, tomo 2, La Habana, Consejo Nacional de Cultura, 1965, págs. 532-533.

López Prieto, Antonio, «Francisco Muñoz del Monte», en su Parnaso cubano, Colección de poesías selectas de autores cubanos desde

Zequeira a nuestros días, precedida de una introducción histórico-crítica sobre el desarrollo de la poesía en Cuba, con biografías y notas críticas y literarias de reputados literatos, tomo primero, La Habana, Editor Miguel de Villa, 1881, págs. 323-324.

Muñoz Rubalcava, Francisco (Santiago de Cuba-Camagüey, 5 marzo 1872). Cursó estudios en Francia, Alemania y Estados Unidos. Desde 1866, en Camagüey, comenzó a conspirar contra el gobierno español. En la provincia de Oriente colaboró en la organización del levantamiento de 1868. Fundó *El Camagüey*, en unión de Ignacio Miranda y Agramonte y fue redactor de *El Siglo* y de *Aguinaldo Habanero*. Alcanzó el grado de General del ejército mambí. Fue hecho prisionero y condenado a la pena de fusilamiento. Se le atribuyen tres novelas.

Bibliografía activa

Flores de un día, poemas, Nueva York, Imprenta de S. Hallet, 1859.

Murciélago, El (La Habana, 1856-Id.). Periódico semanal, literario, satírico y burlesco. Fue dirigido por Pedro Chávez y Martínez. Su redactor era Tomás de las Casas López. La primera entrega correspondió al 10 de enero, y en ella aparecía un «Mensaje del *Murciélago* a mis lectoras», en el que se expresaba, entre otras cuestiones, lo siguiente: «Al comenzar la tan ardua como difícil empresa que a todo trance me propongo realizar, no es mi ánimo sino ser útil a la sociedad a quien tengo el honor de dirigirme; de consiguiente, mi mensaje no es otro sino volar, no solo como he tenido por costumbre; sino abandonar los estrechos círculos que la naturaleza le plugo concederme. Saldré a cualquier hora que se me antoje, tomaré el rumbo que más me conviniere, revolotearé donde sea necesario, picaré la fruta que más me plazca, devoraré el insecto que me venga a manos, observaré con escrupuloso cuidado las veladas, convites, bailes, tertulias, teatros y todo aquello, en fin, que pueda ser concerniente como expreso material, capaz de llenar nada menos que dos y medio pliegos de impresión, inclusive la carpeta del periódico que lleva mi nombre y que subsistirá mientras haya un insecto en el universo, siempre que vosotras le dispenséis vuestra poderosa distracción».

La mayoría de las colaboraciones que aparecieron —cuentos, poemas, fábulas, una comedia—, tuvieron tono satírico y burlesco, y estaban firmadas con seudónimos. Colaboraron en sus páginas, entre algunos escritores conocidos, Felipe López de Briñas, y Manuel Orgallez. Otros colaboradores fueron Margarita del Mármol, Ramón García de Oramas y Ramona Pizarro. El resto de los trabajos aparecen con los seudónimos *Asmodeo III* (seudónimo de José de Poo y Álvarez), *El Licenciado Buscalé*, *Celestino Contrabajo*, *El trovador*, *El pobrecito* y *El brujo*, entre otros. En total se han consultado catorce entregas, la última de las cuales corresponde al 10 de abril de 1856.

Murmurios del Cauto (Santiago de Cuba, 1862-Id.). Periódico literario dedicado a la juventud cubana. El primer número apareció el 23 de marzo. Su periodicidad fue semanal. No hay constancia de quien lo dirigió. En el ejemplar inicial se expresaba que «...a los *Murmurios de Cauto* le sucederá lo que a los hombres y los pueblos. Él comenzará débil; y más de un desdeñoso lo mirará con los ojos del indiferentismo; pero seguirá firme en sus pasos y andado los días llegará el momento en que los desdeñosos, los indiferentes, los egoístas dirán: y ¿cómo de unos murmurios tenues y lánguidos ha podido formarse un caudal? Entonces (¡ah esperanza! cuán bella eres) será, que muchos desearán dar su contingente a los *Murmurios*, unos haciendo con sus fuerzas pecuniarias que se sostenga un periódico cuyo título dice cuanto se puede desear, título cuya palabra recuerda uno de nuestros más bellos monumentos naturales: el Cauto, ese paterno río en cuyas orillas hay ocultas tantas tradiciones cubanas que ahora saldrán del encierro en que por espacio de más de tres siglos han estado escondidas, no olvidadas; y otros haciendo con esa fuerza que da amor a la Patria, con esa voluntad que tan generosa despierta del letargo cuando se nombra un objeto en que va embebida nuestra historia, que se aúnen los ánimos; y con las producciones literarias, débiles ahora, de unos; fuertes, de otros, contribuyan a que los *Murmurios* literarios sean una semejanza completa de los murmurios del río en cuyas aguas se bañaron los hijos del Sol, los pacíficos habitantes del mundo de Colón». Publicó cuentos, poemas, fábulas traducidas del inglés y del francés, artículos costumbristas, trabajos sobre la moral y la educación. Además, reflejó los adelantos que se operaban en la ciudad de Santiago de Cuba, la historia de ésta, apuntes biográficos y notas estadísticas. En la sección «Avenidas» reprodujo noticias diversas. Publicó, por capítulos, la novela de Tristán de Jesús Medina «Un joven alemán». Entre sus colaboradores figuraron varios escritores de la provincia oriental y de otros lugares de la isla, hoy apenas conocidos, tales como Carmen Perozo y Beltrán, Néstor Martínez y Guía, Fabriciano Rodríguez, Manuel de J. Peña, Juan Izaguirre y Juan Gil Crobe. Se insertaron colaboraciones en prosa y verso de José Joaquín Palma, Federico García Copley y Francisco Agüero y Agüero. Muchos trabajos aparecieron firmados con los seudónimos *Furraca* (seudónimo de Gumersindo Martínez), *Remigio*, *Antenor*, *Melibeo* (seudónimo de Francisco Martínez Betancourt), *Chepe*, *Bembenuto* y *El hijo del Damují* (seudónimo de Antonio Hurtado del Valle). En la página 201 del volumen que recoge la colección, se lee: «Al público: Con la entrega de hoy, que finaliza el trimestre, debía cesar esta publicación, pues nuestro deseo, como expresábamos en el prospecto, era solo formar un tomo de 200 páginas y recopilar en él las composiciones de todos los jóvenes de Cuba, que quisieran favorecernos con su colaboración. El trimestre cumple hoy, no así la publicación pues fieles al compromiso que hemos contraído con el público, queremos entregarle una obra completa y no un fragmento, y en ese concepto se publicarán cuatro entregas más, que son las que juzgamos necesarias para concluir la lindísima novela de nuestro ilustrado amigo y compatriota don Tristán de Jesús Medina...». En efecto, siguieron publicando la revista hasta terminar la mencionada novela en un último número que al igual que el resto de la colección (excepción hecha del primer número), carece de portada y fecha. En dicho ejemplar se expresa: «Nada más natural que al dirigirnos por última vez al público expresemos nuestro agradecimiento...». El volumen consta, en total, de 312 páginas.

Museo (Matanzas, 1960). Publicación periódica que fue órgano oficial del Museo Municipal de Matanzas. Desde el número 34-35 lo fue también del Consejo Provincial de Cultura de dicha ciudad. El primer número publicado correspondió al mes de mayo. Fue dirigida por Israel M. Moliner. En los ejemplares vistos aparecen poemas —sobre todo de autores locales—, trabajos históricos, noticias sobre el movimiento cultural de la provincia. Dedicó números completos a José Martí y al poeta matancero Bonifacio Byrne, así como otros relacionados con la trayectoria de la prensa

matancera desde épocas pasadas. Entre sus colaboradores figuraron Agustín Acosta, el *Indio Naborí* (seudónimo de Jesús Orta Ruiz), José Luciano Franco y Waldo Medina. El último número visto (60-68) corresponde a los meses de abril a diciembre de 1965.

Museo, El (La Habana, 1882-1884). Semanario ilustrado de literatura, artes, ciencias y conocimientos generales. El primer número correspondió al 3 de diciembre. Fungía como redactor Juan Ignacio de Armas, quien a partir del número 31 ocupó también la dirección. Desde ese mismo número se incorporó a la redacción Bernardo Costales y Sotolongo.

Revista de contenido variado —historia, arte, noticias de actualidad—, publicó amplio material literario, sobre todo poesía y crítica, además de cuentos, tanto de autores cubanos como extranjeros, y fragmentos de novelas y novelas completas por capítulos. Se destaca *El Museo* por reproducir en sus páginas cuadros famosos, así como grabados y dibujos de muy buena calidad. En sus inicios mantuvo dos secciones fijas: «Libros nuevos» y «Errores gramaticales».

Entre sus colaboradores figuran Rafael María de Mendive, Enrique José Varona, Mercedes Matamoros, Rafael Montoro, Nicolás Azcárate, Rafael Fernández de Castro, José Varela Zequeira, Luis Victoriano Betancourt, Saturnino Martínez, Ramón Meza, Vidal Morales y Morales, Antonio López Prieto, Domingo Figarola Caneda, Arturo de Carricarte y Diego Vicente

Tejera. El último número visto corresponde al 27 de abril de 1884.

Bibliografía

«El aniversario de *El Museo*, en *El Museo*, La Habana, 2, 53, 182, diciembre 2, 1883.

Musicalia (La Habana, 1928-1932; 1940-1946). Revista bimestral. El primer número corresponde a mayo-junio. Fue su directora María Muñoz de Quevedo. A partir de 1931 sale muy irregularmente. En 1932 publica solamente un número (15-16, correspondiente a enero-abril), último número encontrado de esa primera época. En 1940 reinicia su salida, ahora con el subtítulo «Revista Bimestral de Arte y Crítica. Segunda época». María Muñoz de Quevedo y Antonio Quevedo eran sus directores; Joaquín Nin y José Ardévol, jefe y secretario de redacción, respectivamente. Ha cambiado el formato y la presentación y mejorado la calidad del papel y la impresión. Como lo indica su nombre, se dedicaba por entero a la música. Recogía en sus páginas trabajos sobre el canto y la música, sobre sus autores e intérpretes de todos los tiempos, más reconocidos universalmente, así como actividades y conciertos en Cuba y en el extranjero de los grupos y figuras más destacados, crítica de libros sobre música y, ocasionalmente, conferencias de destacados intelectuales cubanos. Aparecieron en sus páginas trabajos de Alejo Carpentier, Fernando Ortiz, Francisco Ichaso, Alejandro García Caturla, Ángel Gaztelu, Luis de Soto, Luis Gómez Wangüemert, Adolfo Salazar, entre los más conocidos, junto a los de otros cubanos y numerosos extranjeros. A partir de 1942 sale irregularmente. El último ejemplar consultado (número 11) corresponde a enero-marzo de 1946.

Bibliografía

G. B., «*Musicalia*», en *Revista de Avance*, La Habana, 2, 3, 23, 164-165, junio 15, 1928.

M. L. D., «*Musicalia*», en *Revista de Avance*, La Habana, 2, 3, 25, 227-228, agosto 15, 1928.

Mustelier, Manuel María (Santiago de Cuba, 20 marzo 1878-La Habana, 6 noviembre 1941). Cursó la primaria y el bachillerato en Santiago de Cuba. Publicó sus primeros poemas en *El Triunfo*. Muy joven aún comenzó a hacer propaganda separatista en unión de su hermano Luis Alejandro Mustelier, canónigo de la catedral de Santiago de Cuba. Abandonó la isla antes del inicio de la guerra de 1895. En México continuó sus actividades separatistas. Regresó a Santiago de Cuba en 1898 y colaboró en *El Cubano* y *El Cubano Libre*. Más tarde se trasladó a La Habana y colaboró en *El Fígaro* (1900-1926), *Azul y Rojo*, *Cuba y América*, *Bohemia*, *La Época*, *La Opinión Nacional*, *El Debate*, *El Mundo* y *Diario de la Marina*. Fue profesor, en diversos colegios habaneros, de preceptiva literaria e historia de la literatura española.

Bibliografía pasiva

Carbonell, José Manuel, «Manuel María Mustelier y Galán, 1878», en su *La poesía lírica en Cuba*, recopilación dirigida, prologada y anotada, tomo 5, La Habana, Imprenta El Siglo XX, 1928, págs. 57-58, Evolución de la cultura cubana, 1608-1927, 5.

Martínez Arango, Felipe, «Manuel María Musteller», en su *Próceres de Santiago de Cuba*, *índice biográfico-alfabético*, La Habana, Imprenta de la Universidad de La Habana, 1946, págs. 129.

Navarro Riera, Joaquín, «Un poeta neoclásico», en *El Fígaro*, La Habana, 38, 21, 306, 1921.

«Dos sonetos madrigalescos de Manuel María Mustelier», en *El Fígaro*, La Habana, 43, 17, 355, septiembre 19, 1926.

Remos y Rubios, Juan J., «Madre, esposa y lira», en *El Fígaro*, La Habana, 36, 29, 778-779, agosto 3, 1919.

Salazar, Salvador, «Un sonetista cubano, Manuel María Mustelier», en *Alma Cubana*, La Habana, 3, 1, 15-20, enero, 1925.

N

Nadereau Maceo, **Efraín** (Santiago de Cuba, 17 octubre 1940). Cursó la enseñanza primaria y superior en escuelas públicas de su ciudad natal. Ha desempeñado diversas labores. Fue asesor literario en el CNC y responsable del Departamento de Extensión Bibliotecaria de la Biblioteca «Elvira Cape», de Oriente. En 1967 terminó sus estudios de Lengua y Literatura Españolas en la Universidad de Santiago. Desde esa fecha trabaja en la Dirección Provincial de Literatura del CNC de Oriente. En concursos de la Universidad ha obtenido diversos premios y menciones en poesía y ensayo. En el concurso 26 de julio, de las FAR, obtuvo menciones con sus libros de poemas *Tránsito por la naturaleza* (1969) y *Al final de la palabra* (1971), y el premio con *La isla que habitamos* (1972). Ha dirigido diversas publicaciones de la provincia, entre ellas *Boletín del Poeta*. Ha colaborado en los boletines referidos y en *Unión*, *La Gaceta de Cuba*, *Verde Olivo*, *Mujeres*, *Bohemia*, *Mambí*, *Taller Literario*, *Caimán Barbudo*, *Casa de las Américas*. Asistió en 1973, en representación de la UNEAC, a la V Conferencia de Escritores Afroasiáticos, celebrada en Kazajstán, Unión Soviética. Sus cuentos y poemas han aparecido en antologías nacionales, como *20 poetas jóvenes de la Universidad de Oriente*, *13 nuevos cuentistas de la Universidad de Oriente*, *Punto de partida*, *Poesía David '69*. Algunos de sus poemas han sido traducidos al ruso y publicados en periódicos de la URSS.

Bibliografía activa

La Isla que habitamos, poesía, La Habana, Instituto Cubano del Libro, Editorial Arte y Literatura, 1973.

Bibliografía pasiva

Carbonell R., Idalberto, «Algunas consideraciones acerca del libro de poemas *Al final de la palabra* del poeta Efraín Nadereau Maceo», en *Boletín del Poeta*, Santiago de Cuba, 1, 9, 16-23, septiembre, 1971.

Cos Causse, Jesús, «Nadereau habla de Nadereau», en *Boletín del Poeta*, Santiago de Cuba, 1, 9, 24-25, septiembre, 1971.

«Nota biográfica», en *Catálogo*, Santiago de Cuba, 1, 4, 24-25, julio-agosto, 1971.

Portuondo, José Antonio, «Carta prólogo», en *Boletín del Poeta*, Santiago de Cuba, 1, 9, 2-5, septiembre, 1971.

Nadie Parecía. Cuaderno de lo bello con Dies (La Habana, 1942-1944). Revista que comenzó a salir en septiembre. Fue dirigida por Ángel Gaztelu y José Lezama Lima. Publicó poesías cubanas y extranjeras, traducciones, artículos literarios, dibujos, narraciones y fragmentos de obras de la literatura universal. Figuraron entre sus colaboradores, además de quienes la dirigían, René Portocarrero, José Rodríguez Feo, Luis Antonio Ladra, José Moreno Villa, Alberto Baeza Flores, Eugenio

Florit, Alfredo Lozano, Eloísa Lezama Lima, Juan Arcos y otros. Cesó su publicación en marzo de 1944, según testimonio personal de José Lezama Lima. Su índice analítico, confeccionado por un equipo de investigadores, ha sido publicado en el tomo 1 de *Índice de las revistas cubanas*, La Habana, Biblioteca Nacional José Martí. Departamento de Hemeroteca e Información de Humanidades, 1969, págs. 53-76.

Nápoles Fajardo, **Juan Cristóbal** (Victoria de las Tunas, Oriente, 1 julio 1829-1862). Fue educado por su abuelo materno, José Rafael Fajardo, quien le dio a conocer los clásicos y los poemas de Zequeira y Rubalcava. Aprendió algo de retórica y poética con su hermano Manuel. Dio a conocer sus décimas en *El Fanal*, de Puerto Príncipe, en 1845. Con proclamas y décimas tomó parte en la conspiración de Agüero en 1851 y en otras posteriores. Colaboró con un poema en *La Piragua*, órgano del grupo siboneísta. En compañía de su esposa y sus hijos se trasladó de su pueblo natal a Santiago de Cuba, donde continuó escribiendo y colaboró en algunas publicaciones periódicas. Dada su precaria situación económica se vio precisado a aceptar del gobierno español en Santiago el cargo de pagador de Obras Públicas. A consecuencia de los ataques de sus enemigos adoptó el seudónimo *Cookcalambé*, transformado más tarde, cuando ya era popular, en *Cucalambé*, a su vez anagrama de «Cuba clamé». Desapareció a los treinta y dos años sin dejar huellas. Se conjetura que murió por suicidio.

Bibliografía activa

Rumores del hórmigo, La Habana, s. i., 1857; Poesías, La Habana, Imprenta El Tiempo, 1858; 3.ª edición, Holguín, Imprenta de El Oriental, 1866; París, 1878; 4.ª edición, Holguín, Imprenta de la Crónica, 1879.

Poesías, México, Imprenta de Navor Chávez, 1884.

Poesías, La Habana, Imprenta La Moderna Poesía, 1926; edición corregida, explicada y ampliada por José Muñiz Vergara.

El Capitán Nemo, La Habana, Seoane y Fernández, Impresores, 1938; selección e introducción de Samuel Feijóo, La Habana, Ediciones Bruñidor, 1948, prólogo de José Muñiz Vergara.

El Capitán Nemo, Lima, Imprenta de Torres Aguirre, 1959, Biblioteca básica de cultura cubana, 15, 20, Festival del Libro Cubano; La Habana, 1960.

Consecuencias de una falta, drama original en cuatro actos y en verso por *El Cucalambé*, seudónimo, Santiago de Cuba, Imprenta de Miguel A. Martínez, 1859.

Colección de poesías inéditas del popular vate cubano, Gibara, Establecimiento Tipográfico de M. Bim, 1886.

Cantos cubanos, al pueblo de Cuba por Juan C. Nápoles, *Cucalambé*, La Habana, 1907.

Poesías completas, y *Consecuencias de una fal-*

ta, drama original en cuatro actos y en verso por *El Cucalambé*, seudónimo, compilación y prólogo, por Jesús Orta Ruiz, La Habana, Editorial Arte y Literatura, 1974.

Bibliografía pasiva

Ardura, Ernesto, «*El Cucalambé*, poeta de su pueblo», en su *Prédica ingenua; en rayos y comentarios de interpretación nacional*, La Habana, Imprenta Úcar, García, 1954, págs. 157-160.

Boti, Regino Eladio, «*El Cucalambé* y Núñez de Arce», en *Revista de Oriente*, Santiago de Cuba, 3, 23, 6-7, noviembre, 1930.

Carbonell, José Manuel, «Juan Cristóbal Nápoles Fajardo, el *Cucalambé*, 1829-1862», en su *Poesía lírica en Cuba*, recopilación dirigida, prologada y anotada, tomo 3, La Habana, Imprenta El Siglo XX, 1928, págs. 238-242, Evolución le la cultura cubana, 1608-1927, 3.

Crespo Frutos, Ernesto, «*El Cucalambé*», en *Boletín del Poeta*, Santiago de Cuba, 1, 7-8, 18-22, agosto, 1971.

Cruz, Manuel de la, «Reseña histórica del movimiento literario en la isla de Cuba, 1790-1890», en su *Literatura cubana*, Madrid, Editorial Saturnino Calleja, 1924, págs. 48-49, Obras de Manuel de la Cruz, 3.

Cruz, Mary, «El tunero camagüeyano y oriental», en *El Mundo*, La Habana, 66, 21 934, 4, julio 5, 1967.

Esténger, Rafael, «Retorno a *Cucalambé*», en *Cúspide*, Santiago de Cuba, 6, 5, 10, 25, septiembre, 1930.

Fornaris, José, «Juan C. Nápoles Fajardo», en *El Triunfo*, La Habana, 2.ª época, 7, 43, 2, febrero 17, 1884.

«Homenaje a un poeta autóctono, Juan Cristóbal Nápoles Fajardo, *el Cucalambé*», en *Revista de Oriente*, Santiago de Cuba, 2, 19, 3, 13, abril, 1930.

Indio Naborí, seudónimo de Jesús Orta Ruiz, «Revaloración patriótica y social de *El Cucalambé*» en *Bohemia*, La Habana, 66, 27, 12-19, julio 5, 1974.

Lezama Lima, José, «Juan Cristóbal Nápoles Fajardo, *El Cucalambé*», en su *Antología de la poesía cubana*, tomo 3, La Habana, Consejo Nacional de Cultura, 1965, págs. 87-89.

Mañach, Jorge, «El estilo en Cuba y su sentido histórico», en su *Historia y estilo*, La Habana, Editorial Minerva, 1944, págs. 168-169.

Montemar, Antonio, «El amor a Cuba en *El Cucalambé*» en *El Mundo*, La Habana, 66, 21 926, 2, junio 25, 1967.

Remos y Rubio, Juan José, «Deslindes, *El Cucalambé* como símbolo», en *Diario de la Marina*, La Habana, 123, 155, 4-A, julio 2, 1955.

Varona, Enrique José, «Ojeada sobre el movimiento intelectual en América», en su *Estudios literarios y filosóficos*, La Habana, Imprenta La Nueva Principal, 1883, págs. 86.

Vitier, Cintio, «El empeño nativista, los romances cubanos, el siboneísmo, *El Cucalambé*», en su *Lo cubano en la poesía*, La Habana, Universidad Central de las Villas, 1958, págs.

111-154.

Naturalismo Con la publicación de *Sofía* (1891), primera de una serie de novelas que, amparadas bajo el título común de *Cosas de mi tierra* y bajo el influjo de los Rougon-Macquart de Emile Zola, proyectaba escribir Martín Morúa Delgado, se incorpora a nuestra literatura el movimiento naturalista, aproximadamente con un cuarto de siglo de retraso en relación con el surgimiento de esta escuela literaria en Francia.

Cierto es que en la narrativa precedente a *Sofía* podemos hallar pasajes que por la crudeza con que están descritos rondan ya la frontera con el naturalismo, pero no pasan, en general, de ser motivos aislados que la deformación romántica de la realidad agiganta. Con todo, debe destacarse que el naturalismo llega a Cuba no solo a través de la lectura directa de sus modelos franceses, sino tamizada, también, por la obra de escritores españoles como Emilia Pardo Bazán y Vicente Blasco Ibáñez, quienes imprimieron al naturalismo español características peculiares que lo distinguen bastante del cultivado en Francia por Zola y sus seguidores. Al respecto es conveniente reproducir algunos fragmentos de la carta-prólogo dirigida al periodista Mario Muñoz Bustamante por Miguel de Carrión, insertada por éste en su novela *El milagro* (1901): «Queda el estudio humano, más científico que artístico, para el cual es menester una observación más larga y un trabajo lento y paciente de coleccionista. Esta forma es enteramente desconocida en nuestra literatura... Usted no ignora que prohombres de nuestras letras se han apresurado a dar cuenta de la edición de un libro mediocre, húngaro o noruego, hecha por un escritor de tercera fila, mientras que la obra magna de Vicente Blasco Ibáñez, el más grande de los novelistas españoles y uno de los que tienen derecho a figurar entre los maestros que aún viven en el mundo entero, no les ha inspirado una sola línea; acaso únicamente por haber leído al final del volumen el sitio donde fue escrito: Playa de la Malvarrosa (Valencia). Y sin embargo, el maestro valenciano arrastra en pos de su talento a una juventud sedienta de nobles empresas y demuestra con hechos que las fuentes del arte naturalista no están secas, ni lo estarán mientras existan hombres y tierra. Es admirador de Zola, cuyos pasos sigue y a quien llega a igualar en la pintura viva de lugares y figuras de carne maravillosamente animadas, superándole a veces en la exposición admirable del alma de sus personajes... Su arte es el verdadero, el grande, el que nosotros debemos propagar en nuestro ambiente, para que la obra de esta hermosa juventud literaria (de que usted es un digno representante y yo una simple unidad) que ahora se levanta en nuestra nueva nación no caiga en el terreno estéril e ingrato. El noble impulso de los innovadores de más allá del mar debe ser recogido y secundado por los entusiastas de aquí».

Así, nuestro naturalismo no seguirá ortodoxamente los cánones de su homólogo francés, y en novelas como *Sofía* y *La familia Unzúazu* (1901), su continuación, Morúa Delgado —pese a la inefable acromegalia que hace padecer a una de sus heroínas— está más cerca del realismo crítico que de la pretendida objetividad científica del naturalismo zolesco.

Perfil mucho más acusado dentro del naturalismo, hasta llegar a extremos que no recordamos en nuestra narrativa del XIX y muy difícilmente superados en la del XX, reviste *Memorias de Ricardo* (1893), del oscuro novelista Manuel María Miranda, obra de escaso o nulo valor literario, pero de indudable valor sociológico por el implacable buceo que realiza su autor en el ambiente de promiscuidad en que vivían las capas urbanas más humildes de nuestra población, así como por el testimonio que nos ofrece sobre la acogida de las ideas sociales en el movimiento obrero capitalino de la época.

Ya en nuestro siglo, *Fray Candil* (seudónimo de Emilio Bobadilla) continuará la directriz naturalista en nuestra narrativa con sus *Novelas en germen* (1900), *A fuego lento* (1903), *En la noche dormida* (1913) y *En pos de la paz* (1917), todas muy mediocres salvo, quizás, *A fuego lento*, reimpresa después de la Revolución por la Editorial de la Universidad de La Habana en 1965. Pero, en realidad, Bobadilla carecía del talento requerido para fecundar el género entre nosotros. Esta labor correspondería a un grupo de jóvenes que integran la llamada primera generación republicana de escritores y que tiene en Miguel de Carrión, Jesús Cas-

tellanos, Carlos Loveira, José Antonio Ramos y Luis Felipe Rodríguez sus más destacados prosistas. Dejando a un lado a este último, cuya producción narrativa está más atenida al realismo crítico que al naturalismo —aunque aisladamente puedan señalarse en sus cuentos y novelas pasajes que denotan la impronta de este último movimiento—, con la obra de estos autores alcanza su momento de plenitud el naturalismo en nuestra literatura.

Miguel de Carrión resulta entre ellos el que más se dejó seducir por el aspecto seudocientífico de la escuela, pese a la admiración profesada a Blasco Ibáñez de que hemos dejado constancia. Siendo médico, no siempre con fortuna aplicó sus conocimientos de fisiología a la obra narrativa, lastrándola a veces considerablemente (repárese en los motivos clínicos —abortos, operaciones, etc.— que, tratados con pésimo gusto, se reiteran en *Las honradas*, por citar solo un ejemplo). Con *El milagro* (1903), que presenta puntos de tangencia con *La faute de l'Abbé Mouret*, de Zola, se da a conocer como novelista. Más tarde, con voz mucho más propia, produjo sus dos obras más logradas: *Las honradas* (1917) y *Las impuras* (1919). Póstumamente fue publicada por la Comisión Nacional de la UNESCO, ya después del triunfo de la Revolución, *La esfinge* (1961), novela que dejó sin concluir Carrión en 1929 al sorprenderlo la muerte.

Jesús Castellanos, muerto prematuramente en 1912, dejó escrito un libro de cuentos (*De tierra adentro*, 1906) y dos novelas (*La conju-*

ra, 1908; *La manigua sentimental*, 1910) que muestran también la impronta naturalista. Ésta aparece de modo especial en *La conjura*, obra pesimista que tiene el mérito de haber captado como pocas entre nosotros el sentimiento de la frustración nacional ante el doloroso espectáculo de la República mediatizada. Sus cuentos, que le proporcionan un sitial destacado dentro de nuestra cuentística debido a las directrices que inaugura en ella, denotan la influencia del modernismo en su prosa. En ellos la filiación naturalista resulta menos discernible que en su producción novelística.

En cambio, Carlos Loveira, quizás el que mayores dotes de novelista poseyó en este grupo, lastra su obra con la inserción a veces gratuita de motivos tratados siguiendo las pautas del más grosero naturalismo, especialmente en sus novelas más logradas: *Generales y doctores* (1920) y *Juan Criollo* (1927). Loveira es autor de otras tres novelas (*Los inmorales*, 1919; *Los ciegos*, 1922, y *La última lección*, 1924), también de filiación naturalista, que al igual que las dos citadas con anterioridad dan buena muestra de su preocupación por crear una obra firmemente enraizada en la problemática nacional, cuyos males denunció valientemente. Las limitaciones del credo estético naturalista que profesó, unidas a las suyas como escritor (gusto dudoso, despreocupación formal, etc.), impidieron que ocupara el lugar al que estaba llamado, de primerísima jerarquía en nuestra narrativa. La otra figura importante vinculada al naturalismo dentro de la primera generación republicana,

es la de José Antonio Ramos, quien se inició en la novela con *Humberto Fabra* (1908), ensayo juvenil poco logrado. Ramos es autor de una trilogía de novelas de importancia para su época en nuestro medio: *Coaybay* (1927), *Las impurezas de la realidad* (1929) y *Caniquí* (1936), obras en las que, desafortunadamente, el pensamiento progresista del autor no logra plasmarse en una forma estéticamente eficaz, lo que toma harto penosa su lectura.

Fuera de estos autores, el saldo de la producción narrativa adscrita al naturalismo en las tres primeras décadas del siglo, resulta desalentador. Es oportuno recordar que, en general, ni siquiera se trataba del naturalismo tal como lo entendía Zola —con pretensiones de objetividad científica en el examen de personajes y medios sociales determinados—, sino que fue un trasunto de su costado más endeble: el buceo en lo sexual y escatológico. De hecho, quizás no fuera Zola, o al menos escritores hispanos de talla como la Pardo Bazán o Blasco Ibáñez los que influyeron directamente, sino que lo hicieron a través de escritores españoles de escaso mérito literario que cultivaron con gran sentido comercial la denominada novela «galante». Entre estos escritores se encuentran Felipe Trigo, Pedro Mata, José Francés, Rafael López de Haro, José María Carretero (*El Caballero Audaz*) y el cubano Eduardo Zamacois, quien desarrolló su carrera literaria en España. Con todo, para el historiador literario de este período son interesantes las figuras de Ramón Ruilópez (*Chita*, 1907), Miguel de Marcos (*Lujuria*, 1914), Arturo Montori (*El tormento de vivir*, 1923), Jesús Masdeu (*La raza triste*, 1924), Manuel Villaverde (*La rumba*, 1924), Jesús J. López (*Cuentos perversos*, 1925), Félix Soloni (*Mersé*, 1926; *Virulilla*, 1927), algunos de los cuales abordan temas de positivo interés que, lamentablemente, no supieron desarrollar de modo artístico.

A partir de los años treinta se producen los primeros intentos de renovación en el campo de la novela. Los distintos «ismos» surgidos en torno a la Primera Guerra Mundial, agrupados bajo la denominación común de «vanguardia», van haciendo su aparición, si bien tímidamente, en las obras de los novelistas más jóvenes, por lo que el naturalismo va perdiendo adeptos. Con todo, mantiene su influencia no solo en narradores discretos, sino en la obra de importantes creadores de la época, como Enrique Serpa, quien entra en nuestra narrativa con los relatos de *Felisa y yo* (1937). Un año más tarde publica su mejor novela: *Contrabando*. En ambos libros pervive, junto al propósito de renovación formal, el lastre naturalista de la narrativa de las dos décadas precedentes, lastre del que no llega a sacudirse del todo ni siquiera tardíamente, al publicar su segundo libro de cuentos, *Noche de fiesta* (1951), y su otra novela, *La trampa* (1956), plenos ambos volúmenes de recursos melodramáticos anquilosados y de un naturalismo ya ampliamente superado en otras literaturas.

Fuera de Serpa, resulta difícil encontrar otras figuras de importancia cuyas obras se adscri-

ban en lo fundamental al naturalismo. No siempre es posible establecer con claridad la barrera entre realismo y naturalismo. Elementos de esta última escuela se detectan a menudo en la producción de nuestros narradores desde la década del cuarenta hasta nuestros días. En la literatura postrevolucionaria, la propia violencia del proceso ha llevado en ocasiones a numerosos autores a extremos naturalistas en sus obras, pero —en rigor— una concepción propiamente naturalista dista mucho de presidirlas.

Navarette y Romay, Carlos (La Habana, 28 diciembre 1837-Id., 13 junio 1893). Abogado de profesión. Algunos de sus romances fueron publicados en *Brisas de Cuba* —donde colaboró asiduamente entre 1855 y 1856—, *La Piragua* (1856) y *Floresta Cubana* (1856). De 1865 a 1867 fue presidente del Liceo de Guanabacoa (La Habana), en el que fundó una escuela. Frecuentó las tertulias que se celebraban en casa de Nicolás Azcárate. Entre 1967 y 1968 sostuvo una polémica con Enrique Piñeyro en *El Álbum*, de Guanabacoa, a propósito de *El Cid*, de Corneille. Cuando la guerra del '68 fue perseguido y desterrado a Isla de Pinos. Emigró a Barcelona después de haber perdido su modesta fortuna. De regreso en Cuba fue tesorero-bibliotecario y vicepresidente de la Sociedad Económica de Amigos del País y dos veces rector de la Casa de Beneficencia. Colaboró además en *Revista Habanera*, *Álbum de lo Bueno y lo Bello*, *La*

Idea, *Álbum Milanés*, *Correo de la Tarde*, *El Siglo*, *El Triunfo*, *Revista de Cuba*, *Revista Cubana* —donde publicó sus «Cartas sobre una cuestión dramática», en 1893—. Es autor de la novela corta «Margarita», publicada en la revista *La Habana* en 1859, de los poemas descriptivos «Hojas de un libro de viaje», algunos de los cuales aparecieron en *Revista de Cuba*, y del proverbio dramático «Antes que te cases mira lo que haces», publicado en el segundo tomo de las *Noches literarias* (1866), de Azcárate, junto con varios poemas. Calcagno hizo una versión al francés de su proverbio dramático. Cultivó la crítica.

Bibliografía activa

Poesías, París, Enrique Plon, 1866.

Bibliografía pasiva

«Don Carlos Navarrete y Romay», en *El País*, La Habana, 16, 140, 2, junio 14, 1893.

«Carlos Navarrete y Romayo Recuerdos», *El Fígaro*, La Habana, 9, 21, 254, 1893.

Fornaris, José y Joaquín Lorenzo Luaces, «Carlos Navarrete y Romay», en su *Cuba Poética*, Colección escogida de las composiciones en verso de los poetas cubanos, desde Zequeira hasta nuestros días, 2.ª edición, La Habana, Viuda de Barcina, 1861, págs. 223-224.

Piñeyro, Enrique, «*Poesías* de Carlos Navarrete y Romay», en *Revista del Pueblo*, La Habana, 2.ª época, 16, 132-134, mayo, 1866.

Navarro, **Desiderio** (Camagüey, 13 mayo 1948-7 diciembre 2017). Cursó la primaria y el bachillerato en su ciudad natal. Entre 1965 y 1968 trabajó como asesor en la dirección provincial de teatro de Camagüey, colaboró como crítico de cine y de teatro en el periódico *¡Adelante!* y ganó premio de cuento en un concurso provincial auspiciado por la UNEAC y en el Concurso 26 de julio, del CNC. Se trasladó a La Habana en 1968. Trabajó como responsable de las páginas culturales de *Cuba Internacional* y, más tarde, de la sección «Criterios», de teoría y crítica literarias, de *La Gaceta de Cuba*. Ha colaborado en *Unión*, *Casa de las Américas*, *La Gaceta de Cuba*, *Revolución y Cultura*, *Granma*. Desde 1972 trabaja en investigaciones sobre teoría de la literatura y de la cultura. Ha editado y traducido por vez primera al español, de sus respectivas lenguas nacionales, numerosos trabajos teóricos de autores de los países socialistas europeos, entre ellos Anatoli Lunacharski, Arnold Arnoldov, Mijaíl Bajtín, Dmitri Lijachov, Mijaíl Lifschitz, T. Pavlov, Hans Redeker, Szabolcsi Miklos, Tudor Vianu, Antonina Kloskowska, etc. Es autor además de trabajos de crítica de arte, de poemas y cuentos, publicados en las revistas y periódicos antes citados. Ganó mención única en el género ensayo en el Concurso UNEAC 1972 por el libro *Del foso al Sol. Martí y una semiótica del sujeto más allá del poema*. Hizo la selección, traducción y presentación de los trabajos recogidos en *Ideología, cultura y sociedad*. Antología de estudios marxistas sobre la cultura (La Habana, Instituto Cubano del Libro. Editorial Arte y Literatura, 1975). Ha traducido —también de su lengua original— y publicado poesía y narrativa de diversos autores de países socialistas. Es asesor de la Dirección Nacional de Literatura del CNC.

Navarro, Noel (Manacas, Las Villas, 30 diciembre 1931). Ingresó en el Instituto de Segunda Enseñanza de Santa Clara después de abandonar sus estudios en la Escuela Normal de Holguín. Ha realizado diversos trabajos. Formó parte del grupo de escritores camagüeyanos que animaba Rolando Escardó. En Camagüey trabajó activamente en las filas del Movimiento Revolucionario 26 de julio contra la tiranía batistiana. Después del triunfo de la Revolución trabajó en el Instituto Nacional de Reforma Agraria. Asistió al Encuentro de Poetas y Artistas (Camagüey, 1960) y al Congreso de Escritores y Artistas de Cuba (La Habana, 1961). En 1961 fue premiada, por las Ediciones R, su novela *Los días de nuestra angustia*. Su novela *Los caminos de la noche* fue premiada por las Ediciones Granma en 1967. Ganó mención en el Concurso UNEAC (1967 y 1969) con sus novelas *El plano inclinado* y *El Sol sobre la piedra*, respectivamente, y en el Ateneo de Gijón, de la Editorial Cenit (España, 1968). Su novela testimonio *Vida de Marcial Ponce* ganó mención en el Concurso 26 de julio de 1970. Fue premiado por la UNEAC en 1970 por su novela *Zona de silencio*. En 1972

ganó el premio en el Concurso Casa de las Américas por su libro de cuentos *La huella del pulgar*. Asistió a las conmemoraciones del 150.º Aniversario de Baguiv, Tashtkent, URSS, 1968. Ha colaborado en *Diario Libre, Prensa libre, Hoy, Hoy Domingo, Revolución, Lunes de Revolución, con la Guardia en Alto, Vanidades, Romances, Mujeres, Cuba, La Tarde, Juventud Rebelde, Granma, Pueblo y Cultura, Casa de las Américas, La Gaceta de Cuba, Unión, La Mujer Soviética* y *El Mundo*, éstas dos últimas de la URSS. Fue director de la revista *Culturales*. Trabaja en el Departamento de Relaciones Internacionales del CNC.

Bibliografía activa

Los días de nuestra angustia, La Habana, Ediciones R, 1962.

Los caminos de la noche, novela, La Habana, Ediciones Granma, 1967.

El plano inclinado, La Habana, Instituto Cubano del Libro, 1968.

Zona de silencio, La Habana, UNEAC, 1971.

La huella del pulgar, La Habana, Ediciones Casa de las Américas, 1972.

Bibliografía pasiva

Aparicio, Raúl, «Quién y qué», en *El Mundo*, La Habana, 65, 21 732, 4, noviembre 8, 1966.

Buzzi, David, «La narrativa de Noel Navarro», en *Revolución y Cultura*, La Habana, 9, 82-85, noviembre, 1972.

Dalton, Roque, «*Los días de nuestra angustia*, de Noel Navarro», en Casa de las Américas,

La Habana, 4, 26, 164-165, octubre-noviembre, 1964.

Galardis, Anubis, «Premio novela, entrevista con Noel Navarro», en *Revista del Granma*, suplemento del periódico *Granma*, La Habana, 3, 6, 5-6, febrero 5, 1967.

Goncharova, Tatiana, «Meditaciones sobre un nuevo libro de Noel Navarro», *La huella del pulgar*, en *Literatura Soviética*, Moscú, 313, 156-157, julio, 1974.

González, Reynaldo, «*Los días de nuestra angustia*» en *Pueblo y Cultura*, La Habana, 12, 15-16, 1963.

Iznaga, Alcides, «Una huella que se queda», en *Bohemia*, La Habana, 66, 45, 28, noviembre 8, 1974.

«8 preguntas al autor de *Los días de nuestra angustia*», en *Pueblo y Cultura*, La Habana, 12, 17, 1963.

Oleaga, Armando, «Dos novelas de Noel Navarro», en *El Caimán Barbudo*, La Habana, 2.ª época, 61, 12-13, octubre, 1972.

Rivero, José, «El amigo de Octavio Riquelme, entrevista con el escritor Noel Navarro», en *El Caimán Barbudo*, La Habana, 2.ª época, 18, 21-22, marzo, 1975.

Suardíaz, Luis, «*Los días de nuestra angustia*, de Noel Navarro», en Unión, La Habana, 2, 5-6, 119-123, enero-abril, 1963.

Vignier, Marta, «Un chisme blanco», en *El Mundo*, La Habana, 65, 21 835, 4, marzo 11, 1967.

Navarro, **Osvaldo** (Santo Domingo, Las Villas, 14 agosto 1946). Cursó la primaria en una escuela rural de su pueblo. Perteneció a las FAR (1961-1964) y al MININT (1964-1971). En 1968 ganó el premio de poesía «Cucalambé». Ese mismo año, en Cienfuegos (Las Villas), se vinculó a un grupo de jóvenes escritores que editó la revista *Tercer Mundo*, de cuyo consejo de redacción formó parte. Presidió, ese año, el Primer Encuentro de Escritores Jóvenes, organizado por el grupo y celebrado en Cienfuegos. En 1973 obtuvo el Premio David, de la UNEAC, por su libro de poemas *De regreso a la tierra*, y el premio de la Primera Bienal de Poesía Novel de La Habana. En 1974 fue primera mención en el Concurso 26 de julio, de las FAR, por su libro de décimas *Los días y los hombres*. Ha viajado a la Unión Soviética (1974) y a México (1975). Ha colaborado en *El Caimán Barbudo* —donde actualmente trabaja como jefe de redacción—, *Revolución y Cultura*, *Unión*, *La Gaceta de Cuba*, *Casa de las Américas*, *Santiago*. Preside la sección de literatura de la Brigada «Hermanos Saíz», de la UNEAC. Poemas suyos han sido traducidos al ruso.

Bibliografía activa

De regreso a la tierra, poesía, La Habana, UNEAC, *1974*.

Bibliografía pasiva

«*De regreso a la tierra*», en *Cuba Internacional*, La Habana, 7, 68, 64, abril, 1975.

Hoz, Pedro de la, «Una voz que germina» en *Bohemia*, La Habana, 67, 3, 25, enero 17,

1975.

Pereira, Manuel, «*De regreso a la tierra* de Osvaldo Navarro», en *Granma*, La Habana, 11, 75, 3, marzo 29, 1975.

Navarro Lauten, Gustavo (Manzanillo, Oriente, 18 agosto 1930). Desde muy joven trabajó como vendedor de libros y como mecanógrafo. Más tarde desempeñó labores de cajista y de corrector de pruebas en la Editorial El Arte, de Manzanillo. Se graduó de Doctor en Derecho en la Universidad de La Habana. Fue profesor de inglés. Ocupó la jefatura de redacción de la revista *Orto* y del periódico *Orientación*, editados en Manzanillo. En este último colaboró como crítico musical. Colaboró además en *Información*, *Última Hora*, *Repertorio Americano* (San José de Costa Rica), *Letras del Ecuador* (Quito). Ha viajado a Guatemala, México, Estados Unidos, Canadá y Jamaica. Trabajó en la Editora Política como corrector de estilo. Asesor legal de la ANAP. Tradujo *A Survey of Russian Music*, de Michel-Dimitri Calvocoressi.

Bibliografía activa

Tres compositores soviéticos, Prokofiev, Shostakovich y Khachaturian, Manzanillo, Ediciones *Orto*, 1950.

Las horas diferentes, poemas, Manzanillo, Ediciones *Orto*, 1954.

Actualidad y beligerancia de José Martí, Manzanillo, Ediciones *Orto*, 1959.

Breve biografía de Manuel Navarro Luna, Breve biografía compilada y escrita por su hijo, La Habana, Academia de Ciencias, 1967.

Bibliografía pasiva

Branly, Roberto, «Navarro por Navarro», en *Juventud Rebelde*, La Habana, 4, abril 17, 1969.

Nora, María luz de, seudónimo de Loló de la Torriente, «Gustavo Navarro Lauten, *Manuel Navarro Luna*, breve biografía», en *Bohemia*, La Habana, 61, 33, 101, agosto 15, 1969.

Quevedo, Antonio, «Una conferencia sobre Khachaturian», en *Información*, La Habana, 14, 147, 16, junio 22, 1950.

Rigol Guardiola, Sergio A., «Gustavo Navarro Lauten, *Las horas diferentes*, poemas», en *Universidad de La Habana*, La Habana, 112-114, 247, enero-junio, 1954.

Rodríguez, César, «Dos libros de poesía, *Las horas diferentes*», en *El avance criollo*, La Habana, 20, 222, 16, septiembre 9, 1954.

Torriente, Loló de la, «*Las horas diferentes*, Gustavo Navarro Lauten», en *Alerta*, La Habana, 19, 77, 4, marzo 31, 1954.

Navarro Luna, Manuel (Jovellanos, Matanzas, 29 agosto 1894 (La Habana, 15 junio 1966). Tras la muerte de su padre fue llevado a Manzanillo, donde pasó su niñez y casi toda su vida. Aprendió las primeras letras con su madre. Hizo sus estudios primarios en modestas escuelas de barrio. Estudió música y fue uno de los fundadores de la Banda Infantil de Música de Manzanillo. Más tarde ingresó en la Banda Municipal de la ciudad. Desempeñó los más humildes y diversos oficios, fundamentalmente el de barbero. Trabajó como procurador público. Muy joven comenzó su carrera literaria. Publicó sus primeros versos en las revistas Manzanilleras *Penachos* y *Orto*. Fue director de *La Defensa* y de *La Montaña*. Fundó además una filial de la Asociación de la Prensa y la Biblioteca Pública «José Martí». Formó parte importantísima del Grupo Literario de Manzanillo desde su fundación en 1921. Sus ideas antimperialistas lo llevaron a ingresar en Defensa Obrera Internacional en 1929 y más tarde en el Partido Comunista (1930). Desplegó una amplia actividad política como organizador y participante de diversos actos públicos antimperialistas y fue acusador privado de la causa del asesinato del líder azucarero Jesús Menéndez (1949). En 1949 asistió al Congreso Continental por la Paz, celebrado en México. Durante la tiranía batistiana colaboró activamente con los grupos revolucionarios. Después del triunfo de la Revolución colaboró incansablemente en la prensa radial y escrita y ofreció conferencias y recitales en unidades del ejército y la milicia. Viajó a la Unión Soviética en 1962 como parte de la delegación cubana al Congreso Mundial por el Desarme y la Paz. Colaboró en numerosas publicaciones nacionales, entre las que se destacan *Letras*, *Revista de Avance*, *Social*, *Renacimiento*, *Hoy*, *Bohemia*, *Verde Olivo*, *La Gaceta de Cuba* y *Unión*. En dos de sus libros utilizó el seudónimo *Mongo Paneque*.

Bibliografía activa

Ritmos dolientes, Manzanillo, Editorial El Arte, 1919.

Corazón adentro, Manzanillo, Biblioteca Martí, 1922.

Siluetas aldeanas por *Mongo Paneque*, seudónimo, Manzanillo, Imprenta y Editorial El Arte, 1925.

Refugio, poemas, Manzanillo, Editorial El Arte, 1927.

Surco, poesía, Manzanillo, Editorial El Arte, 1928.

Cartas de la ciénaga por *Mongo Paneque*, La Habana, Editorial Hermes, 1930.

Pulso y onda, ensayo de Juan Marinello, La Habana, Editorial Hermes, 1932; La Habana, Editorial La Verónica, 1939.

Pulso y onda, poemas, 2.ª edición, Madrid, Ediciones Héroe, 1939, La Habana, Ediciones La Tertulia, 1962.

Poemas mambises, París, 1935; con palabras de Henri Barbusse, Manzanillo, Editorial El Arte, 1942; Id., 1943; Id., 1944; La Habana, Imprenta Úcar, García, 1959; La Habana, Editorial Tierra Nueva, 1960; La Habana, Imprenta Nacional de Cuba, 1961.

La tierra herida, poesía, Manzanillo, Editorial El Arte, 1936; Id., 1938.

Martinillo, La Habana, s. i., 1949.

Doña Martina, Elegía, Manzanillo, edición de la Revista *Orto*, 1952; Id., 1954; La Habana, Editorial Tierra Nueva, 1961; La Habana, Rafael Humberto Gaviria, 1961.

Poemas, prólogo de Heberto Padilla, La Habana, Ediciones Unión, 1963.

Manuel Navarro Luna, antología, introducción y selección de textos por Alejandro Expósito, La Habana, Instituto Cubano del Libro, Editorial Pueblo y Educación, 1973.

Bibliografía pasiva

Aguilar Poveda, Luis, «*Cartas de la ciénaga*», en *Revista de Oriente*, Santiago de Cuba, 3, 25, 15, abril, 1931.

Alberto, Esmildo, «Jovellanos, cuna natal de Navarro Luna», en *Bohemia*, La Habana, 62, 40, 102, octubre 2, 1970.

Augier, Ángel, «Navarro Luna poeta militante» en *Revista del Granma*, suplemento del periódico *Granma*, La Habana, 2, 34, 6-8, junio 26, 1966.

Aza Montero, Alberto, «El libro de la diáfana emoción», en *Orto*, Manzanillo, 16, 7, 4, abril 15, 1927.

Bianchi Ross, Ciro y Sonia Díaz, «Yo vengo de esta tierra, sobre *Manuel Navarro Luna*», en *Revolución y Cultura*, La Habana, 20, 32-35, abril, 1974.

Branly, Roberto, «Navarro Luna, treinta y cinco años de su quehacer poético», en *Unión*, La Habana, 2, 8-9, 100-106, septiembre-diciembre, 1963.

«Vigencia y actualidad de Navarro Luna», en *La Gaceta de Cuba*, La Habana, 109, 27-28, febrero, 1973.

Cabrera Escanelle, «El nuevo libro de Navarro Luna», en *Orto*, Manzanillo, 17, 13, 2-3 octubre 31, 1928.

Chacón y Calvo, José María, «Una elegía de Manuel Navarro Luna», en *Orto*, Manzanillo, 42, 2-3, 19-29, febrero-marzo, 1954.

Delebro, J. F., «Homenaje a Manuel Navarro Luna», en *Verde Olivo*, La Habana, 14, 29, 61, julio 16, 1972.

Díaz Martínez, Manuel, «Hombre y poesía», en *Hoy Domingo*, suplemento del periódico *Noticias de Hoy*, La Habana, 24, 141, *s. p.*, junio 17, 1962.

Esténger, Rafael, «*La tierra herida*» en *Orto*, Manzanillo, 27, 6, 90-92, octubre, 1938.

Fernández Retamar, Roberto, «Manuel Navarro Luna, 1894, Su poesía social», en su *La poesía contemporánea en Cuba, 1927-1953*, La Habana, Orígenes, 1954, págs. 67-69.

«La poesía vanguardista en Cuba», en *Los vanguardismos en la América Latina*, La Habana, Casa de las Américas, 1970, págs. 311-326.

«Rebelión de la poesía», en *Revolución y Cultura*, La Habana, 2, 14, 57-58, agosto, 1973.

Ferrer, Raúl, «Navarro Luna, una conciencia anhelante», en *La Gaceta de Cuba*, La Habana, 109, 6-8, febrero, 1973.

Font, María Luisa, «*La tierra herida*» en *Orto*, Manzanillo, 29, 11, 92-94, noviembre, 1940.

Forné Farreres, José, «Cubanía y españolidad de Manuel Navarro Luna», en *La Gaceta de Cuba*, La Habana, 6, 59, 5, junio, 1967.

«Para una evocación de Manuel Navarro Luna», en *Verde Olivo*, La Habana, 11, 24, 19-21, junio 14, 1970.

«Evocación de Manuel Navarro Luna», en *La*

Gaceta de Cuba, La Habana, 109, 22-23, febrero, 1973.

Gay Calbó, Enrique, «Manuel Navarro Luna», en Revista de La Habana, La Habana, 1, 1, 83-89, enero, 1930.

Guillén, Nicolás, «Un poeta de su tiempo, el tiempo nuestro», en La Gaceta de Cuba, La Habana, 109, 26-27, febrero, 1973.

Ichaso, Francisco, «Surco de Manuel Navarro Luna», en Revista de Avance, La Habana, 3, 30, 26-27, enero, 1929.

Indio Naborí, El, seudónimo de Jesús Orta Ruiz, «Raíces, flores y frutos de una vida», en Revista del Granma, suplemento del periódico Granma, La Habana, 2, 34, 6-8, junio 26, 1966.

Iznaga, Alcides, «Manuel Navarro Luna», en Bohemia, La Habana, 66, 24, 93, junio 14, 1974.

Jiménez Grullón, Juan I., «Manuel Navarro Luna, poeta de América», en Repertorio Americano, San José de Costa Rica, septiembre 15, 1953.

«Manuel Navarro Luna», en su Seis poetas cubanos, ensayos apologéticos, La Habana, Editorial Cromos, 1954, págs. 61-84.

Jorge Cardoso, Onelio, «Manuel Navarro Luna», en Mensajes, La Habana, 1, 16, 1-4, septiembre 3, 1970.

«Jóvenes escritores opinan sobre Navarro Luna», en Revista del Granma, suplemento del periódico Granma, La Habana, 2, 34, 4-5, junio 26, 1966.

Lavié, Nemesio, «El libro de hoy, Refugio, por M. Navarro Luna», en Diario de la Marina, La Habana, 95, 114, 34, abril 24, 1927.

«Captación de Pulso y onda», en Orto, Manzanillo, 22, 4 y 5, 41-45, abril, y mayo, 1933.

López, Pedro Alejandro, «En el remanso dominical» en Orto, Manzanillo, 8, 26, 6, agosto 10, 1919.

«Manuel Navarro Luna, poeta de la lucha y de la vida», en El Caimán Barbudo, La Habana, 68, 11-13, junio, 1973.

«Manuel Navarro Luna, Pulso y onda», en América, La Habana, 20, 1-2, 93, oct-noviembre, 1943.

«Manuel Navarro Luna, todo un hombre, todo un poeta, todo un revolucionario», número homenaje, en La Gaceta de Cuba, La Habana, 109, 1-32, febrero, 1973.

Marinello, Juan, «Tierra y canto», en Orto, Manzanillo, 27, 2, 27-29, febrero, 1938, «Las cartas de Navarro Luna», en La Gaceta de Cuba, La Habana, 5, 52, 2, agosto-septiembre, 1966.

«Navarro Luna en tres tiempos», en La Gaceta de Cuba, La Habana, 109, 2-4, febrero, 1973.

Más, Óscar, «Manuel Navarro Luna, hombre y poeta», en La Gaceta de Cuba, La Habana, 109, 24-25, febrero, 1973.

Nadereau Maceo, Efraín, «La poesía de Manuel Navarro Luna», en La Gaceta de Cuba, La Habana, 109, 18-20, febrero, 1973.

Navarro Lauten, Gustavo, Manuel Navarro Luna, breve biografía, La Habana, Talleres Tipográficos del Departamento de Publicaciones de la Academia de Ciencias de Cuba,

1967.

«Navarro Luna», en *Verde Olivo*, La Habana, 16, 26, 23, 1974.

«Navarro Luna, VIII aniversario», en *La Gaceta de Cuba*, La Habana, 125, 13, julio, 1974.

«Navarro Luna, poeta y militante», número homenaje, en *Revista del Granma*, suplemento del periódico *Granma*, La Habana, 2, 34, 1-12, junio 26, 1966.

«Navarro Luna, setenta años», en *La Gaceta de Cuba*, La Habana, 3, 40, 2, octubre, 1964.

Nolasco, Sócrates, «A don Manuel Navarro Luna», en *Orto*, Manzanillo, 42, 2-3, 15-16, febrero-marzo, 1954.

«Manuel Navarro Luna, El canto de las azadas y otros poemas», en *Orto*, Manzanillo, 43, 3, 17-19, marzo, 1955.

Padilla, Heberto, «Sobre las *Odas mambisas* de Manuel Navarro», en *Lunes de Revolución*, suplemento del periódico *Revolución*, La Habana, 113, 17-18, julio 10, 1961.

Pita Rodríguez, Félix, «Manuel Navarro Luna y las virtudes revolucionarias», en *La Gaceta de Cuba*, La Habana, 109, 12-13, febrero, 1973.

Portuondo, José Antonio, «Manuel Navarro Luna en el primer aniversario de su desaparición», en *La Gaceta de Cuba*, La Habana, 6, 59, 4, junio, 1967.

«El Navarro que yo conocí», en *La Gaceta de Cuba*, La Habana, 109, 9-11, febrero, 1973.

Roa, Raúl, «*Mongo Paneave*», en *La Gaceta de Cuba*, La Habana, 109, 4-6, febrero, 1973.

Roca, Blas, «Encuentros con Navarro Luna, Poeta y militante», en *Revista del Granma*, suplemento del periódico *Granma*, La Habana, 2, 34, 2-3, junio 26, 1966.

Rodríguez, Carlos Rafael, «El lirismo avivado», en *Orto*, Manzanillo, 23, 3, 67-69, marzo, 1934.

Sánchez Quesada, Epi, «Minibiografías, Manuel Navarro Luna», en *Orto*, Manzanillo, 36, 4, 5-8, abril, 1947.

Santana, Joaquín G., «La poesía civil y patriótica de Manuel Navarro Luna», en *La Gaceta de Cuba*, La Habana, 109, 13-15, febrero, 1973; *Furia y fuego en Manuel Navarro Luna*, La Habana, UNEAC, 1975.

Suárez, Adolfo, «Imagen del poeta en la memoria», en *La Gaceta de Cuba*, La Habana, 109, 21, febrero, 1573.

«*Surco*, poemas de Manuel Navarro Luna», en *Revista de Oriente*, Santiago de Cuba, 1, 5, 25, noviembre, 1928.

Vázquez Candela, Euclides, «Los sesenta años de "Papasito"», en *Revolución*, La Habana, 8, 2 653, 1, 2, agosto 21, 1964.

Vitier, Cintio, «Manuel Navarro Luna, en su *Cincuenta años de Poesía cubana, 1902-1952*», ordenación, antología y notas, La Habana, Ministerio de Educación, Dirección de Cultura, 1952, págs. 175.

Navarro Riera, Joaquín (Santiago de Cuba, 28 junio 1872-La Habana, 12 diciembre 1950). No cursó disciplinas académicas, por lo que su formación fue totalmente autodidacta. Comenzó a trabajar como periodista en *El Triunfo*, de Eduardo Yero Buduén. Fundó y dirigió la revista *Prosa y Verso* (1894-1895), que editaba el periódico *El Triunfo*. Fue jefe de redacción de *El Cubano Libre*, de Santiago de Cuba. En 1912 ingresó en la Academia Nacional de Artes y Letras como miembro correspondiente. Colaboró o fue redactor en *El Mundo*, *Diario de la Marina*, *El Fígaro*, *La Habana Elegante* y *Bohemia*. Cultivó fundamentalmente la crónica política. Entre 1926 y 1948 ocupó diversos cargos en el Ministerio de Estado, entre ellos el de bibliotecario (1933-1948). Utilizó el seudónimo *Ducazcal*.

Bibliografía activa

La vida de un libertador, *Luis Rodolfo Miranda*, La Habana, Imprenta P. Fernández, 1940.

Bibliografía pasiva

Carbonell, José Manuel, «Joaquín Navarro Riera, *Ducazcal*, 1872», en su *La prosa en Cuba*, recopilación dirigida, prologada y anotada, tomo 1, La Habana, Imprenta Montalvo y Cárdenas, 1928, págs. 371-372, Evolución de la cultura cubana, 1608-1927, 12.

Luz León, José de la, «*Ducazcal*, instantánea», en *Orto*, Manzanillo, 2, 16, 4, abril 20, 1913.

Neoclasicismo En España, el espíritu del siglo XVIII se inicia en un ambiente dominado todavía por la prolongada decadencia del Siglo de Oro. Sus verdaderas características comenzarán a definirse hacia su tercera década. Tal vez pueda tomarse el año de 1726, cuando Benito Jerónimo Feijóo publica el primer tomo del *Teatro crítico*, como la fecha que señala el surgimiento de una nueva mentalidad, fenómeno este último que no es ajeno a los cambios políticos operados en la península. En 1700, tras la muerte de Carlos II, ocupa el trono español la dinastía de los Borbones. Como es de suponer, la influencia francesa se hizo sentir en no pocos estratos de la vida española e incitó a gran parte de sus intelectuales a arremeter contra los métodos escolásticos y anticientíficos predominantes en aquel momento. Sin embargo, en el terreno puramente literario, el siglo XVIII es un período creativamente pobre, baldío, donde se cuentan escasas figuras de relieve. De ahí que se haya dicho con razón que su poeta más importante fue un pintor: Goya. El neoclasicismo literario —y esto puede advertirse en las doctrinas de la poética de Ignacio Luzán, impresa en 1737— defiende y propone como ideales la corrección y el buen gusto. La creación casi nunca va más allá de estos postulados, y así vemos que los escritores más notables de aquel momento (Nicolás Fernández de Moratín, José Cadalso, Gaspar Melchor de Jovellanos, Nicasio Álvarez de Cienfuegos, Félix Samaniego, Tomás Iriarte, Ramón de la Cruz, Leandro Fernández de Moratín y los novelistas Diego de Torres Villarroel y José Francisco Isla) no alcanzan jerarquía universal.

Muchos de los nombres citados constituyen las principales influencias en la literatura cubana a partir de Manuel de Zequeira, Manuel Justo Rubalcava y Manuel María Pérez y

Ramírez. Estos tres autores nacen y mueren dentro de un período que va de 1764 —año del nacimiento del primero— a 1853, deceso del último. Su quehacer literario se desenvuelve en un momento que, de acuerdo con las circunstancias, podemos considerar propicio para el desarrollo económico, cultural y político de la isla. Florecimiento relativo que coincide con el gobierno de don Luis de las Casas, durante el cual se le presta atención oficial al desarrollo de la imprenta, se funda el *Papel Periódico* y, más tarde, se crea la Sociedad Económica de Amigos del País, para solo destacar acontecimientos de índole cultural. Humboldt visita a La Habana por aquellos días (1801), y brillan y sobresalen Francisco de Arango y Parreño, Tomás Romay y los iluministas José Agustín Caballero —el primero entre nosotros en abandonar los métodos escolásticos— y Félix Varela.

En Cuba, toda la creación literaria anterior a los tres Manueles tiene un valor histórico relativo y muy escaso valor en el orden artístico. Difuso es el período que cubre algo más de la primera mitad del siglo XVIII, en el cual figuran —entre otros— los versificadores Juan Miguel Castro Palomino, José Rodríguez Ucres (*El Capacho*), Félix Veranés, José Surí y Águila, Mariano José de Alva y Monteagudo, Lorenzo Martínez de Avileira y José del Socorro Rodríguez; el dramaturgo Santiago Pita, autor de nuestra primera obra teatral, titulada *El príncipe jardinero y Fingido Cloridano;* los historiadores Pedro Agustín Morell de Santa Cruz, José Martín Félix de Arrate, Ignacio José de Urrutia

y Montoya, Antonio José Valdés y José María Callejas; educadores y oradores sagrados como Francisco Ignacio Cigala, José González Fonseca, Rafael del Castillo y Sucre y Juan Bautista Barea, entre otros.

No será, pues, sino a partir de Zequeira y Rubalcava que la influencia de los neoclásicos españoles se discierna de manera incuestionable en la literatura cubana. La línea de continuidad mantenida por nuestra poesía, cosa que no ocurre de igual modo con otros géneros, nos obliga a centrarnos en ella al pretender dar una visión totalizadora y sintética del neoclasicismo en Cuba. La presencia de Nicolás Fernández de Moratín en algunas páginas de Zequeira es tan indiscutible como la de Juan Meléndez Valdés en algunos de nuestros primeros románticos. Así, pues, el neoclasicismo irrumpe en Cuba hacia los postrimerías del siglo XVIII y se presenta matizado por elementos temáticos y de factura que responden a un «acento cubano». Ejemplos de esto último son la «Oda a la piña», de Zequeira, y la «Silva cubana», atribuida a Manuel Justo Rubalcava. Los anteriores poemas son el resultado de una vinculación real a la naturaleza insular, aunque en su tratamiento prefieren dichos autores las asociaciones mitológicas propias del neoclasicismo. Por lo demás, hay zonas en la producción de éstos —sin duda las más extensas de sus obras— donde se advierte una factura y un acento que se identifican con los modelos españoles. Podrían servir de ejemplos la «Égloga de Albano y Galatea» o la «Batalla naval de

Cortés en laguna», de Zequeira y la «Égloga» (Riselo, Cloris y el poeta) o el hermoso soneto «A Nise bordando un ramillete», de Rubalcava. Todos esos poemas —por su temática y tratamiento— son de un neoclasicismo inconfundible. Quiere esto decir que dichos textos podían ser firmados por un poeta español del momento sin que se apreciaran en ellos rasgos reveladores de otra procedencia. La impronta neoclásica, como es natural que ocurra, se extiende en Cuba hasta años algo avanzados del siglo XIX. Un nombre representativo de ese momento es el de Ignacio Valdés Machuca (*Desval*), autor del primer libro de poesía impreso en Cuba: *Ocios poéticos*, publicado en 1819. Más tarde editó *Cantatas* (1829), que, según el erudito Bachiller y Morales, son versiones bastante personales basadas en textos de Juan Jacobo Rousseau. Meses después, en el citado año, vio la luz su cuaderno poético titulado *Tres días en Santiago*, colección de versos escritos durante una temporada que pasó en el campo. Sus composiciones «La muerte de Adonis» y «Los baños de Mariano» son representativas de su modo de hacer poético. En éstas se unen los mitos y leyendas más caros a los neoclásicos con una incipiente preocupación por lo cubano. Esta manera poética se hace extensiva a otros creadores de aquel momento.

Así vemos que un poeta tan decididamente romántico como José María Heredia, para solo citar un ejemplo señero, presenta no pocos rasgos neoclásicos, aunque no es esta la tónica dominante en su obra. Juan Meléndez Valdés influye con mayor o menor intensidad tanto en Valdés Machuca como en Heredia, pero el temperamento apasionado y patriótico del segundo le sitúa claramente dentro del romanticismo. El neoclasicismo es una época de seudónimos, anagramas y églogas, en la que el artificio se sobrepone a la espontaneidad y al contacto real con la naturaleza y la vida. Como puede advertirse, en Cuba el neoclasicismo no se corresponde exactamente —y no podía ser de otra manera— con el español. Cuando el neoclasicismo se hallaba prácticamente liquidado en España y el romanticismo se insinuaba claramente, todavía sus cánones regían la producción literaria de Cuba, en las primeras décadas del siglo XIX. Si para los españoles el neoclasicismo representa un período literario bastante pobre, entre nosotros constituye la influencia bajo la cual da sus primeras señales verdaderas la literatura cubana.

Ninfas (Santa Clara, 1929). Revista infantil. Comenzó a salir, quincenalmente, a partir del 15 de enero. Fue fundada y dirigida por María Dámasa Jova. La redactaron Olga Rodríguez, Ofelia Águila, Georgina Duquesne, Adelaida Jiménez Rojo y Hugo Martínez. Tenía, entre sus objetivos principales, los de «ampliar la cultura del niño estimulando sus disposiciones literarias y proporcionarles material didáctico, tales como textos, estuches de dibujo y pintura, etc., para saciar la sublime hambre de saber». Durante su trayectoria presentó variaciones en su subtítulo. Los colaboradores, según aclara la propia revista, eran «los alumnos de las Escuelas Cubanas», aunque posteriormente se aclara que entre sus colaboradores también se encontraban los de las escuelas extranjeras. Todos ellos publicaron en *Ninfas* muchas de sus poesías, narraciones, crónicas y cuentos. Tuvo otras secciones dedicadas a materias o cursos específicos. Además, publicó noticias sobre la educación cubana, especialmente la villaclareña, así como consejos útiles a los niños, crucigramas, juegos y concursos de dibujo. Otras figuras del magisterio de la provincia colaboraron en sus páginas, entre ellas Julia Alea, Rafael Méndez, Nena Pérez San Gil, Felicia Abreu, Ángel C. Estapé, Olguita Amey, Graciela Rey, Lina Rosa Echegaray y otros. El último número encontrado corresponde al 15 de enero de 1938.

Niñez, **La** (La Habana, 1879). Periódico de instrucción y recreo. Comenzó a salir el 8 de mayo, bajo la dirección de Fernando Urzáis. Publicaba poesías, cuentos cubanos y extranjeros, consejos y pensamientos para los niños. Además, aparecieron en sus páginas artículos sobre educación e historia. La propia publicación señala entre sus colaboradores a José Martí (no detectado entre los números vistos), Antonio Bachiller y Morales, Luisa Pérez de Zambrana, Martina Pierra de Poo, Rosa Krüger, Aurelia Castillo de González, Vidal Morales y Morales, Francisco Calcagno, Domitila García de Coronado, Diego Vicente

Tejera, Luis Victoriano Betancourt, Ramón Ignacio Arnao, Eusebio Valdés Domínguez, Rafael María de Mendive, Antonio Sellén, Luis Alejandro Baralt, Domingo Figarola Caneda, quien firmaba con el seudónimo *Evangelina*, y otros. También colaboraron, además de su director, F. Ruiz de Cárdenas, Esteban Borrero Echeverría, Mercedes Valdés Mendoza, Clara Luz del Valle y otros. El último ejemplar encontrado (número 16) corresponde al 1.º de septiembre de 1879.

No me Olvides (La Habana, 1854-Id.). Revista. Estaba dedicada a las damas. Carlos Manuel Trelles señala, en la octava parte de su trabajo «Bibliografía de la prensa cubana (de 1764 a 1900) y de los periódicos publicados por cubanos en el extranjero» —en *Revista Bibliográfica Cubana* (La Habana, 3, 17-18, 196, septiembre-diciembre, 1939)—, que comenzó a publicarse el 26 de septiembre de 1854 y que era dirigida por Tristán de Jesús Medina, quien firma la introducción al primer número, fechado el 11 de septiembre de 1854. Publicó poesías, cartas, relatos, artículos y parte de una novela. Casi todo el material de la revista está firmado por Tristán de Jesús Medina, quien además tuvo a su cargo la sección de «Educación». También aparecieron las firmas de José Fornaris, Fernando Valdés Aguirre y Felicia (Virginia Felicia Auber de Noya). Se ha revisado hasta la cuarta entrega, todas sin fecha. Las poesías publicadas por la revista en su última entrega aparecen con fecha 11 de noviembre de 1854. Carlos Manuel Trelles da ésta como la del cese de la publicación.

Noble, **Enrique** (Banagüises, Matanzas, 2 abril 1910). Se graduó de Bachiller en Ciencias y Letras en el Instituto de La Habana en 1931. En 1942 se doctoró en Pedagogía en la Universidad. Trabajó como profesor del Candler College, de La Habana, y fue asistente de Fernando Ortiz en el Instituto de Investigaciones Científicas de Ampliación de Estudios de la Universidad de La Habana. Radicado desde hace tiempo en Estados Unidos, ha ejercido como profesor en Birmingham-Southern College, The University of Miami, The University of Denver, The University of New Mexico, The University of Rochester, The John Hopkins University, Goucher College y Universidad de Missouri. Ha colaborado en *Nueva Revista Cubana*, *Ultra*, *Revista Bimestre Cubana* —en la que apareció su artículo «Aspectos rítmicos y sociales de la poesía mulata latinoamericana»—; *Cuadernos Hispánicos*, *Cuadernos Hispanoamericanos* (España); *Phylon*, *InterAmerican Bibliographical Review* (Estados Unidos). Es miembro de la American Association of Teachers of Spanish and Portuguese y de The Modern Language Association of America. Es especialista en historia de la cultura latinoamericana y en el estudio de los aportes africanos a la misma.

Noche, **La** (Véase **Páginas literarias**)

Noda, **Tranquilino Sandalio de** (Cafetal en Guanajay, Pinar del Río, 3 septiembre 1808, San Antonio de los Baños, La Habana, 23 mayo 1866). Iniciado en la práctica de la agrimensura desde niño, a los catorce años había levantado ya varios planos de la región de Vuelta Abajo, en Pinar del Río. Adquirió gran parte de su formación científica y literaria en la biblioteca privada del erudito francés Dubois, uno de los emigrados de Santo Domingo que se dedicaron a fomentar cafetales. En 1829 la Sociedad Económica lo premió con medalla de honor y con el título de socio de mérito por su «Memoria sobre las causas que producen la alternación en las cosechas del café». Ese mismo año ganó un *accesit* por su «Memoria sobre los caminos y manera de conservarlos». La misma Sociedad premió además su trabajo «Memoria sobre el modo de exterminar la hormiga bibijagua» (1831). Recibió clases del agrónomo cubano José M. Dau. Obtuvo diploma de agronomía en 1832. Adquirió de manera autodidacta amplios conocimientos de historia, ciencias naturales, matemáticas, literatura, filología, agricultura, geología y arqueología. Aprendió solo diversas lenguas, entre ellas el hebreo, el griego y el latín, así como varios dialectos africanos. En 1840 fue nombrado agrimensor titular de la Audiencia Pretorial. Trabajó como maestro de instrucción primaria. Levantó el plano topográfico de toda su comarca y promovió su mejoramiento cultural y material. Reconoció la costa sur hasta la Ciénaga de Zapata, en la provincia de Matanzas, e informó sobre el estado de los embarcaderos. Gestionó la línea de vapores que recorría la costa sur de Pinar del Río, promovió industrias, trazó poblaciones, proyectó caminos, gestionó la creación de la Sociedad Económica en diversos pueblos, entre ellos Guanajay. En 1849 fue comisionado por la Sociedad Económica para realizar un viaje a Yucatán como investigador agrícola. Prestó diversos servidos técnicos al gobierno español. Ha sido considerado traidor por haber entregado a las autoridades un plano con la descripción topográfica y militar de la zona de Pinar del Río por la que desembarcó la expedición del anexionista Narciso López. A modo de desagravio por haber sido detenido injustamente y teniendo en consideración los servicios prestados a la metrópoli, se le ofreció el cargo de secretario y más tarde el de oficial primero de la Comisión de Estadística. Colaboró en *El labrador*, *Diario de La Habana* (1834-1855), *Memorias de la Sociedad Económica de Amigos del País*, *El Artista*, *Anales de la Junta de Fomento*, *Faro Industrial de La Habana*, *Revista de Jurisprudencia* (La Habana). Entre sus trabajos publicados en la prensa se citan las «Tradiciones cubanas» (1842), relatos históricos casi novelescos, varios poemas, y diversos ensayos sobre geografía, historia, economía, política y costumbres. Se le atribuyen un artículo dedicado a *Hernani* y otro con el título «Del eclecticismo en la literatura». Es autor además de un *Atlas matemático, físico*

y político, de un elogio en verso de Camoens y de un epitafio de Ramón Zambrana en versos latinos. Trabajó en favor de la implantación del sistema métrico decimal, para lo cual escribió un trabajo titulado «Memoria sobre el sistema métrico decimal y ventajas de su implantación». Quedaron inéditos el *Atlante cubano*, perdida obra de agrimensura, *Educación elemental*, *Riqueza raíz de Cuba*, la novela *El cacique de Guajaba*, un diccionario de lenguas africanas y otro diccionario siboney, un tratado nuevo de topografía y un sistema de taquigrafía. Tradujo la novela Rosalía, de Ana de Essors, los dramas de Voltaire *Adelaide Du Guesclin* y *La mort de Cesar* y, en colaboración con su hermana, los poemas de Ossian. Firmó con el seudónimo *Aristo* y con su nombre Sandalio.

Bibliografía pasiva

Antero, Héctor, «Un sabio campesino», en *El Mundo*, La Habana, 64, 21 558, 4, abril 19, 1966.

Calcagno, Francisco, «Tranquilino Sandalio de Noda», en *El Siglo*, La Habana, 6, 155, 4-5, julio 2, 1867.

Costa, Octavio Ramón, «Brega y sabiduría de Noda», en *Rumor de historia*, La Habana, Imprenta Úcar, García, 1950, págs. 9-20.

Dau, José María, «Tranquilino Sandalio de Noda, Apuntes biográficos» y «Don Tranquilino Sandalio de Noda», en *El Siglo*, La Habana, 6, 127 y 164, 5, mayo 30 y julio 12, 1867.

Díaz Bravo, Armando, *Don Tranquilino Sandalio de Noda no tiene igual en Cuba republicana*,

Pinar del Río, 19...

Dihigo, Juan Miguel, «El movimiento lingüístico en Cuba, estudio crítico», en *Revista de la Facultad de Letras y Ciencias de la Universidad de La Habana*, La Habana, 32 y 33, 2 y 3, 233-265 y 299-352, septiembre y noviembre, 1916.

Febres Cordero, Julio, «Balance del indigenismo en Cuba», en *Revista de la Biblioteca Nacional*, La Habana, 1, 4, 61-204, agosto, 1950.

«En busca de un personaje», en *Diario de la Marina*, La Habana, 119, 309, 60, diciembre 30, 1951.

«Serenidad final de Noda», en *Diario de la Marina*, La Habana, 120, 6, 4, enero 6, 1952.

«En torno al sabio Noda», en *Bohemia*, La Habana, 44, 42, 154, 159, octubre 19, 1952.

«Las cosas de Noda», en *Revista de la Biblioteca Nacional José Martí*, La Habana, 2.ª serie, 4, 2, 190-276, abril-junio, 1953.

«El caso Noda», en *Bohemia*, La Habana, 45, 30, 138-141, julio 26, 1953.

Guerra, Armando, *Un prócer humilde, Tranquilino Sandalio de Noda, esbozo biográfico y contribución histórica*, prólogo de don Joaquín de Aramburu, La Habana, Imprenta La Moderna Poesía, 1924.

Lara, Justo de, seudónimo de José de Armas y Cárdenas, «Noda», en *El Comercio*, La Habana, 24, 163, 1, junio 12, 1912.

Le Roy y Gálvez, Luis F., «El caso Noda», en *Bohemia*, La Habana, 45, 28, 137, 142-143, julio 12, 1953.

Pichardo y Tapia, Esteban, *Geografía de la isla de Cuba*, tomo 3, La Habana, Establecimiento Tipográfico de D. M. Soler, 1854, págs. 32-36.

Quintana, Jorge, «El caso Noda», en *Bohemia*, La Habana, 45, 27, 138-140, julio 5, 1953.

Sánchez Roig, Mario, *Un sabio olvidado, Tranquilino Sandalio de Noda y Martínez*, conferencia dada el día 2 de diciembre de 1940, La Habana, Editora de Libros y Folletos, 1942.

«El caso Noda», en *Bobemia*, La Habana, 45, 29, 130, 142-143, julio 19, 1953.

Santos Fernández, Juan, «Tranquilino Sandalio de Noda», en *Anales de la Academia de Ciencias Médicas, Físicas y Naturales*, La Habana, 48, 17-21, mayo-diciembre, 1911.

Santovenia, Emeterio Santiago, *Tranquilino Sandalio de Noda*, La Habana, Imprenta Cubana, 1910.

Soto Paz, Rafael, «El primer sabio cubano», en *Bohemia*, La Habana, 44, 31, 141, 143, agosto 3, 1952.

«El caso Noda y el día del agrimensor», en *Bohemia*, La Habana, 45, 37, 122-126, septiembre 13, 1953.

Zapata, Felipe, «Noda o el patriotismo, ensayo de enjuiciamiento metódico», en *Coctel*, La Habana, 2, 22-27, 155-160, 46-50, 59-69, 50-57, 35-42 y 63-66, junio-noviembre, 1958.

Nogueras, **Luis Rogelio** (La Habana, 17 noviembre 1944). Su nombre es Luis Rogelio Rodríguez Nogueras. Cursó la primera enseñanza y comercio en la Academia Militar del Caribe. Estudió máquinas IBM. Viajó a Estados

Unidos (1955-1956). Hizo estudios de publicidad dirigida en la Universidad de Caracas. Trabajó como auxiliar de laboratorio de cine, auxiliar de cámara, camarógrafo, dibujante animador y realizador. Ha trabajado además como corrector de estilo. Cursó Lengua Española y Literaturas Española e Hispanoamericana en la Escuela de Letras y de Arte de la Universidad de La Habana. Ha colaborado en *Juventud Rebelde*, *Universidad de La Habana*, *Cuba*, *Verde Olivo*, *Unión*, *La Gaceta de Cuba*, *Casa de las Américas*, *Alma Mater*, *Tercer Mundo Siglo XX* —esta última de Cienfuegos, Las Villas—; *El Corno Emplumado*, *Pájaro Cascabel*, *El Día* (México); *Marcha* (Montevideo); *Cormorán y Delfín* (Argentina); *Cuadernos Hispanoamericanos* (España), *Ruedo Ibérico* y *La Bar du Jour*, ambas de París. Fue jefe de redacción de *El Caimán Barbudo* (1966-1967). Participó en el Encuentro en el Pabellón de la Juventud en la Expo-67 (Canadá, 1967). En 1967 compartió con Lina de Feria (*Casa que no existía*) el Premio David, de la UNEAC, por su libro de poemas *Cabeza de zanahoria*. Algunos de sus poemas han sido traducidos al francés, al inglés, al danés y al ruso.

Bibliografía activa

Cabeza de zanahoria, poemas, La Habana, Ediciones Unión, 1967.

Bibliografía pasiva

Alomá, Orlando, «Los Davides», en *Casa de las Américas*, La Habana, 9, 49, 160-161, julio-agosto, 1968.

Cuza Malé, Belkis, «Feria, Nogueras y los mal intencionados», en *La Gaceta de Cuba*, La Habana, 6, 64, 12, abril-mayo, 1968.

J. R., «Un poeta premiado», en *Verde Olivo*, La Habana, 8, 25, 60-61, junio, 1967.

Nosotros (La Habana, 1919-1920). Revista mensual. Órgano oficial de la Asociación de Antiguos Alumnos del Colegio La Salle. Comenzó a salir en septiembre, bajo la dirección de Guillermo R. Martínez Márquez y Guillermo Alamilla. A partir de noviembre de 1919 asume la dirección artística Armando R. Maribona. Publicó cuentos, relatos históricos, artículos y críticas a libros cubanos. También publicó poemas, algunos de ellos inéditos, de poetas cubanos conocidos. Reflejó la actualidad cultural y social de su época. En sus páginas aparecieron las firmas de Rubén Martínez Villena, Juan Marinello Vidaurreta, Enrique Serpa, Agustín Acosta, Luis Felipe Rodríguez, Néstor Carbonell, Aurelia Castillo de González, Alberto Lamar Schweyer, Wenceslao Gálvez, Dulce María Loynaz y Muñoz, Ciana Valdés Roig, José Manuel Carbonell y otros. El último ejemplar encontrado (número 12) corresponde a octubre de 1920. Según parece su publicación cesó en ese año, pues solo hasta el mismo la menciona León Primelles en su *Crónica cubana. 1919-1922* (La Habana, Editorial Lex, 1957).

Noticias de Arte (La Habana, 1952). Revista que comenzó a publicarse mensualmente a partir de septiembre. La propia publicación define sus objetivos al expresar: «Es nuestro propósito que *Noticias de Arte* no sea una revista más, sino el eco de nuestro medio artístico, el cual reclamaba una publicación que pudiera presentar de manera condensada y seleccionada las distintas y variadas actividades intelectuales que forman la sensibilidad y el devenir del pensamiento contemporáneo». Logró dar una panorámica de las manifestaciones culturales más sobresalientes de su época, tanto nacionales como extranjeras. Además, reseñó exposiciones, concursos plásticos y literarios y actividades de algunas escuelas de arte y de museos, así como del ballet de Cuba. También publicó notas bibliográficas. Colaboraron en sus páginas José Gómez Sicre, Nicolás Quintana, Salvador Bueno, Aurelio de la Vega, Joaquín Texidor, Mario Carreño, J. M. García Ascot, José M. Valdés Rodríguez, Enrique Labrador Ruiz, Néstor Almendros y otros. El último ejemplar revisado (número 11) corresponde al bimestre octubre-noviembre de 1953.

Noticias de Hoy (Véase **Suplementos literarios**)

Noticias. Un periódico amable de interés humano (La Habana, 1933-ld.). Comenzó a salir en forma semanal a partir del 21 de septiembre, bajo la dirección de Virgilio Ferrer Gutiérrez. Ocuparon la jefatura y secretaría de redacción, respectivamente, Félix Soloni y Armando Leyva. Asumió la dirección artística Mario Kuchilán. Señala entre sus propósitos que «no aspira, ni quiere ser barricada, púlpito o tribuna. Otros son sus propósitos. Pero, eso sí, de acuerdo con el apotegma martiano "a los pícaros les pondremos la lanza por delante, como el centurión en el cuadro de Jesús"». Publicó fundamentalmente los acontecimientos políticos más sobresalientes durante el período inmediatamente posterior a la caída del dictador Gerardo Machado. Divulgó la vida de muchos de los mártires de la lucha que se desarrolló en Cuba durante su gobierno. En general, reflejó el momento histórico dé su época. Además, aparecieron cuentos, artículos sobre la actualidad cubana y de interés general. Colaboraron en sus páginas Enrique Labrador Ruiz, Enrique Serpa, Federico de Ibarzábal, Luis Felipe Rodríguez, Carlos Robreño, Antonio Penichet, Rafael Suárez Solís, Federico Villoch, Augusto Martínez Pereira y otros. El último ejemplar encontrado (número 6) corresponde al 26 de octubre de 1933.

Noticioso y Lucero de La Habana (Véase **Lucero de La Habana**)

Novela La aparición de la narrativa en Cuba no viene a realizarse hasta bien entrado el siglo XIX. Surgida en 1837 con las obras de Cirilo Villaverde y Ramón de Palma, nuestra novela en sus comienzos está a caballo entre los dos movimientos literarios más importantes en la prosa del siglo: el romanticismo y el realismo crítico. Esto sitúa al historiador literario ante la tarea ineludible del estudio de la coexistencia, de normas que luchan enconadamente por prevalecer en este período.

En nuestro medio, ambos movimientos quedan condicionados por la coyuntura histórica especial que afrontaba el país y van a entregarnos un conjunto de obras de muy desigual valor estético, en cuya fisonomía, si bien podemos detectar algunos rasgos distintivos comunes a ambas corrientes literarias, es dable, también, encontrar perfiles bien individualizadores.

Con anterioridad a 1837 no cabe hablar de novela cubana. Cierta es la existencia de una incipiente narrativa, ya que José María Heredia había publicado en *La Miscelánea*, de Tlalpan (México), sus cuentos orientales en 1829; José Victoriano Betancourt, *El castillo de Kantin*, en 1831, *Cuadro Romántico*, en 1834, y *El frenologista romántico*, en 1838; Domingo del Monte, *Ramiro, Conde de Lucena*, *El caballero del cisne* y *Gómez Arias*, en 1832; Antonio Bachiller y Morales, *Las lágrimas* y *El gallo de Cañongo* en 1834, y en 1837 *Mi paseo y Matilde; o, Los bandidos en la Isla de Cuba*, Federico de Montalvo, *Cuadro romántico*, *Ernesto y Amelia*, *Un recuerdo y Fantasía*, todos en 1837 en el *Diario de La Habana*.

Asimismo existen referencias a una novela moral escrita en 1834, *Las vacaciones en la estancia*, destinada a insertarse en el *Repertorio*

cubano de ciencias, literatura y bellas artes, editado aquel año en La Habana por don Antonio Franchi Alfaro, su presunto autor, y que aún no ha podido ser hallado. Bachiller y Morales da como publicado en 1836, *Ricardo Leiva*, de Francisco de Paula Serrano, aunque no se editó realmente hasta 1849.

Más certeza tenemos de la publicación del esbozo novelesco *María; o, La hija del Norte*, de Manuel Garay, dominicano residente en Cuba, dada a conocer en el *Aguinaldo Habanero* en 1837, así como de *La heredera de Almazán; o, Los caballeros de la banda*, también de ese mismo año, de José María de Andueza, español radicado en Cuba.

En este año 1837 se publican los primeros esbozos de nuestra novelística. Cronológicamente, *Matanzas y Yumurí* (1837) —leyenda y no propiamente novela, como suele encasillársela en numerosos manuales de nuestra historia literaria— son anteriores a las cuatro primeras obras de Villaverde —*El ave muerta*, *La Peña Blanca*, *El perjurio* y *La Cueva de Taganana*—, aparecidas en la *Miscelánea de útil y agradable recreo* ese mismo año. El valor literario de aquella obrita, de Ramón de Palma, es casi nulo. Sin embargo, históricamente es importante dentro de nuestra literatura por ser la primera expresión de la tendencia indigenista en nuestra prosa, que se une así a la corriente indianista que en la literatura mundial puso de moda el romanticismo.

No mayor mérito literario muestran la čuatro novelitas de Villaverde ya mencionadas.

Corresponden al momento más marcadamente romántico de su autor. Junto a motivos de época (incestos, noches de Luna, muertes violentas, locura repentina, etc.) pueden apreciarse en Villaverde, aunque en germen, dotes de buen observador, que se desarrollarán más tarde en su obra definitoria: *Cecilia Valdés*.

En 1838 publicó Palma dos obras que constituyen un positivo paso de avance en nuestra novelística: *Una pascua en San Marcos* y *El cólera en La Habana*. Con todo, ambas son novelas mediocres y de valor más bien documental. *Una pascua en San Marcos* denota cierta agudeza por parte del autor en la captación de las costumbres de la época, pero la obra queda lastrada por el demasiado patente empeño moralizador del novelista. *El cólera en La Habana*, mala imitación de *Los novios*, de Manzoni, difícilmente logra interesar al lector moderno salvo en los momentos en que el autor, en forma realista, describe el cuadro de los aquejados por la enfermedad. Son éstas las páginas más interesantes de la novela. Años más tarde publicó Palma otra novelita, *El ermitaño del Niágara* (1845), de temática ajena a nuestro medio —la acción se desarrolla en Londres—, escrita con mayor cuidado que las anteriores, pero que nada añade a la gloria de su autor.

En 1838, al publicar Villaverde *El espetón de oro*, si bien continúa pagando tributo al efectismo romántico, muestra ya un marcado adelanto en el dominio de los medios expresivos, que le fue reconocido ya en su época por críticos como el propio Ramón de Palma.

Escrita en 1838, pero no publicada hasta 1925 en *Cuba Contemporánea* y gracias a la gestión de Carlos Trelles, *Petrona y Rosalía*, del colombiano Félix Tanco, es la primera novela de tema esclavista escrita en Cuba. Surgida al calor de la tertulia de Domingo del Monte, al igual que el *Francisco* (1880), de Anselmo Suárez y Romero, la novela, cuyo tratamiento del motivo del incesto tiene no pocos puntos de contacto con el de *Cecilia Valdés*, de Villaverde, presenta con tintes sombríos el tema de la esclavitud, tema que con mayor acierto desarrollarán con posterioridad Suárez y Romero, Villaverde y la Avellaneda.

Francisco es una muestra excelente de la conjunción de elementos románticos y realistas en la novela cubana de la época que nos ocupamos. La obra circuló entre los asistentes a la tertulia de Domingo del Monte y fue terminada en 1839, pero no se publicó hasta 1880, en Nueva York. Contrasta la idealización de los amores de Francisco y Dorotea con las escenas crudamente descriptas de la vida miserable de los esclavos en los barracones del ingenio y los castigos a que eran sometidos. No obstante el empeño de Domingo del Monte por frenar la violencia de la denuncia, en Francisco está implícita una tremenda acusación contra la esclavitud, pese a la actitud de cristiana conformidad con que el protagonista acepta su destino.

Años más tarde publicó Ramón Zambrana en Chile, inspirado en *Francisco*, su novela *El negro Francisco* (1873), en la que la postura del protagonista en lo tocante a rebeldía social no difiere de la del héroe de la obra de Suárez y Romero.

Sabor mucho más marcadamente romántico que estas tres últimas obras que hemos citado con anterioridad presenta *Antonelli*, la única novela de José Antonio Echeverría. Publicada en 1839, pero escrita ya desde 1837, *Antonelli* es el primer intento importante de novela histórica cubana. La novelita, plagada de efectismos románticos ideales para un libreto operático de la época, se salva a duras penas por la corrección del estilo y el acierto del autor en la recreación del ambiente de los hechos que le proporcionan su tema.

Con *Sab*, publicada en 1841, comienza el cielo novelístico de Gertrudis Gómez de Avellaneda, que se continúa con *Dos mujeres* (1842-1843), *Espatolino* (1844), *Guatimozín* (1846), *Dolores* (1851) y *El artista barquero* (1861). El éxito de su autora como dramaturga y poetisa ha hecho que su producción novelística haya sido tradicionalmente subvalorada. Sin embargo, es oportuno señalar que dentro del romanticismo español no hay ningún escritor que presente una obra como novelista capaz de superar a la de nuestra compatriota. Si bien atenida a los cánones románticos, en la obra de la Avellaneda se advierte una osadía temática insospechada en una mujer de su época (piénsese en la carta de Sab así como en la actitud de Teresa). Por otra parte, el mito del españolismo de la Avellaneda rueda por tierra con la lectura de *Guatimozín* (las simpatías de la autora están

en todo momento a favor de los aztecas frente a los conquistadores españoles), o con la de las constantes alusiones a nuestro suelo en *El artista barquero* y otras narraciones.

Pero, con todo, la obra más vasta e importante no solo de esta etapa, sino en general de todo el siglo XIX, pese a sus muchas limitaciones, es la de Cirilo Villaverde. La conjunción de elementos románticos y realistas en la novela cubana del siglo XIX, que hemos señalado con anterioridad, se mantiene siempre presente en sus obras, tanto en aquellas que tradicionalmente se han encasillado como novelas históricas como en las de costumbres: *La joven de la flecha de* oro (1841), *La peineta calada* (1843), *La tejedora de sombreros de yarey* (1843), *El penitente* (1844), y *Cecilia Valdés* (1882), vasto fresco de la vida cubana de los años treinta del pasado siglo. Aparecida primero como boceto en *La Siempreviva* (1839), la primera parte de la novela se publicó ese mismo año en La Habana, sin que le diera terminación su autor hasta pasados más de cuarenta años, en Nueva York. *Cecilia Valdés* es el centro de la obra literaria de Villaverde y en ella se adunan todas las virtudes y defectos observables en el resto de la producción novelística de su autor. Si hoy en día lastran su lectura el efectismo de los motivos románticos y la excesiva prolijidad de las descripciones, si desde la altura de nuestro desarrollo político y social el tratamiento del tema de la esclavitud resulta tímido, si desde el punto de vista técnico la composición de la obra puede parecer artísticamente no lograda, con todo, no cuenta nuestra novelística del siglo XIX con una obra del peso y la significación de esta ambiciosa novela de Cirilo Villaverde.

A medida que se agudizaban las contradicciones en el seno de nuestra sociedad hasta culminar con el estallido revolucionario de Yara (1868), la directriz histórica de la novela —la más netamente romántica— va cediendo paso a la novela de costumbres y, aún dentro de ésta, la vertiente antiesclavista va languideciendo, presionada como estaba por una censura que cada día se hacía más férrea. Ya hemos hecho mención a *El negro Francisco*, de Zambrana. *Romualdo o uno de tantos* (1881), de Francisco Calcagno, secuestrada por el gobierno español, y *La campana del ingenio* (1883-1884), de Julio Rosas (seudónimo de Francisco Puig y de la Puente), no hacen avanzar un paso la temática que con mayor fortuna tocaron Suárez y Romero, la Avellaneda y el propio Villaverde.

Por supuesto, el folletín romántico continuaba prodigándose interminablemente, y junto a una obra marcadamente romántica —poseedora a la vez de una carga de futuridad considerable—, como *Mozart ensayando su Requiem* (1881), de Tristán de Jesús Medina (justa y recientemente revalorada por el crítico Cintio Vitier), novelas del corte de las de Eugenio Sue no dejaron de seguir cultivándose. Así, en efecto, *Los misterios de París* tuvieron entre nosotros sus correspondientes «misterios de Cuba» y «misterios de La Habana». Valga como ejemplo la obra de Pedroso de Arriaga

Los misterios de La Habana (1879), con cerca de dos mil páginas de desatinos del peor romanticismo.

Pero, en cambio, el paulatino despertar de la conciencia nacional se traduce en una actitud cada vez más crítica hacia los males de nuestra sociedad por parte de los novelistas de mayor talento. Un eco de la tremenda repercusión que tuvo en la conciencia nacional la *Memoria sobre la vagancia* (1832), de José Antonio Saco, lo constituye la novela de José Ramón Betancourt, *Una feria de la Caridad en 18...* (1856), no exenta de aciertos en la descripción costumbrista de la sociedad camagüeyana de la época de *El Lugareño* (seudónimo de Gaspar Betancourt Cisneros), pero dañada por el desmedido empeño moralizante del autor. Ramón Piña es autor de dos novelas, si bien mediocres, importantes dentro de esta corriente que hemos señalado: *Gerónimo el Honrado* (1857) e *Historia de un bribón dichoso* (1860). En ambas se desarrolla en forma satírica un tema —el súbito encumbramiento de un personaje por vías inescrupulosas— que retomarían con mayor fortuna más adelante dos de los novelistas más importantes de nuestro siglo XIX: Ramón Meza y Nicolás Heredia.

Ramón Meza, con *Mi tío el empleado* (1887), es el que expresará el tema con mayor calidad literaria. Sumida en el olvido, esta obra de Meza ha sido objeto de una nueva valoración por parte de la crítica contemporánea tras ser publicada por la Dirección General de Cultura en 1960. La novela, menos ambiciosa que

Cecilia Valdés, está mejor estructurada y posee mayor calidad desde el punto de vista estrictamente literario que la obra de Villaverde; para el lector contemporáneo resulta la de mayor modernidad, la más fresca, la menos erosionada por el tiempo entre las novelas cubanas del siglo pasado.

El tema fue tocado también por Nicolás Heredia en su primera novela, *Un hombre de negocios* (1883), todavía ligada a los moldes románticos; pero la obra más significativa del autor y una de las más importantes de todo el siglo XIX en nuestra patria es *Leonela*. Comenzada en 1886 y no dada a las prensas hasta 1893, *Leonela* es también una muestra de la supervivencia de elementos románticos en nuestra novelística de finales del siglo. Novela de las costumbres de nuestra vida provinciana —y es aquí donde radican sus virtudes mayores— tiene momentos aislados de brillantez; pero su autor no sabe desembarazarse de toda una serie de motivos románticos, fosilizados ya para su época, que hacen parecer por momentos inverosímil el relato. Hasta aquí no podrían señalársele a Heredia más que defectos imputables a cualquiera de nuestros novelistas del siglo XIX; pero, ideológicamente, la obra es aún más vulnerable, y con ello se nos torna importante para nuestra época como vívido documento de la penetración del capital norteamericano en nuestra patria, incluso antes del comienzo de nuestras guerras de independencia, pues la acción se sitúa, precisamente, en vísperas del estallido revolucionario del 68.

Un caso aislado en nuestra novelística lo constituye *Amistad funesta* (1885), de José Martí. Publicada en 1885, tres años antes que *Azul*, de Rubén Darío, escrita por encargo y editada por Martí en Nueva York en el periódico *El Latino-Americano* con el seudónimo de *Adelaida Ral*, *Amistad funesta* es cronológicamente la primera novela modernista. No editada en Cuba hasta años más tarde gracias al esfuerzo de Gonzalo de Quesada, la obra, que estilísticamente representaba un paso de avance sin precedentes en nuestra narrativa y la hermanaba en cierto modo con el impresionismo literario que Loti y los Goncourt habían puesto de moda en Francia, no pudo modificar el desarrollo de la novela en Cuba en el siglo XIX.

No será hasta finales de siglo que hace su entrada en nuestra literatura el credo estético naturalista. Martín Morúa Delgado, con *Sofía* (1891) —y ya más ambiciosamente con *La familia Unzúazu* (1901)—, es el introductor y el cultivador más destacado de este movimiento en la etapa final del siglo. Con todo, ninguna de las dos novelas pasa más allá de la mediocridad.

El siglo termina, pues, con un franco retraso con respecto al desarrollo evolutivo del género en la literatura universal y sin poder mostrar obras de la calidad alcanzada en nuestra poesía, que con la figura gigantesca de Martí se adelanta a cuanto se hacía en España por aquella época. Con todo, esta posición jerárquicamente superior de la lírica con respecto a los restantes géneros, es característica bastante definida en las distintas literaturas hispanoamericanas hasta nuestros días, en que su narrativa —sin dejarnos deslumbrar demasiado por el tan polémico «boom»— ha alcanzado, incuestionablemente, una calidad estética sin precedentes. Además, pese a sus limitaciones, *Cecilia Valdés* y *Mi tío el empleado* son dos novelas atendibles dentro de la producción novelística hispanoamericana del siglo XIX, la cual, por otra parte, tampoco es pródiga en obras de verdadera trascendencia estética.

Podría pensarse que la gesta independentista recién terminada fuera el tema obligado para la novelística cubana de las primeras décadas del siglo. Pero aunque este tema fue tratado incluso por novelistas importantes como Jesús Castellanos —*La manigua sentimental* (1910)—, Emilio Bacardí —*Vía Crucis* (1910-1914)—, quien también hizo incursiones en la novela histórica (*Doña Guiomar*, 1916-1917), y Luis Rodríguez Embil —*La insurrección* (1910)—, el tema de la frustración de los anhelos revolucionarios ante el espectáculo deprimente de una República mediatizada se le impone como su quehacer generacional a la pléyade de jóvenes escritores surgidos con la República.

Literariamente, este tema encuentra su expresión idónea en el naturalismo, que tuvo en Zola su más destacado teórico y cultivador. Del crecido número de escritores que se expresaron a través de la novela, solo podemos entresacar cinco nombres verdaderamente importantes para el desarrollo de nuestra historia literaria: Miguel de Carrión, Jesús Castellanos,

Carlos Loveira, José Antonio Ramos y Luis Felipe Rodríguez. De ellos, cronológicamente, el mayor es Carrión, quien se dio a conocer en 1903 con su novela *El milagro*, fuertemente influida por Zola. Pero sus dos obras capitales no las publicaría hasta unos quince años más tarde: *Las honradas* (1917) y *Las impuras* (1919). En su tiempo se consideró que ser médico posibilitaba a Carrión una concepción científica de los temas que trataba. La lectura actual de sus obras nos muestra hasta qué punto su condición de médico realmente lastró su producción novelística. Con todo, estas dos novelas de madurez, especialmente *Las honradas*, permiten considerar a Carrión —junto a Loveira— como el más destacado de los novelistas cubanos de los primeros treinta años republicanos.

Otro es el caso de Jesús Castellanos. Su temprana muerte tronchó una carrera literaria altamente prometedora. Con él, en propiedad, comienza la cuentística moderna en Cuba. *La conjura* (1908), escrita antes de que el autor cumpliera los treinta años, es una novela amarga donde vivamente se describe la frustración de los ideales de un médico en una sociedad para la cual éstos nada significan. Aparte de *La manigua sentimental*, ya citada, Castellanos dejó inconclusa una novela de la que solo llegó a escribir unos cuantos capítulos —Los argonautas— que prometían una obra que habría de superar cuanto había logrado su autor con anterioridad.

Carlos Loveira es, pese a los numerosos defectos que puedan señalársele como escritor, el que posee la obra más vital de este grupo y el que mayor garra de novelista tenía. Descuidado en la forma, a veces incorrecto, poseedor de dudoso gusto —patente en la reiteración de motivos eróticos de descarnado naturalismo—, Loveira, sin embargo, sabía construir sus obras. *Generales y Doctores* (1920) y *Juan Criollo* (1927) han quedado como dos de las más importantes novelas escritas en Cuba en las tres primeras décadas del siglo.

Del grupo literario de Manzanillo surgió un prosista recio: Luis Felipe Rodríguez, que habría de destacarse fundamentalmente en el cultivo del cuento, género en el que inicia entre nosotros la tendencia «criollista», tan en boga en Latinoamérica en las tercera y cuarta décadas del siglo. Como novelista, Luis Felipe Rodríguez no pasa de mediocre. Su mejor obra, *La conjura de la ciénaga* (1923), reelaborada por su autor en 1937 con el título de *Ciénaga*, cuenta con aciertos aislados en la descripción colorista de escenas de la vida rural, pero lo ingenuo de su simbolismo y lo esquemático de los personajes la toman de penosa lectura para el lector actual.

La última figura de este grupo de cinco escritores que hemos apuntado es la de José Antonio Ramos, también de decidida filiación naturalista. Dejando a un lado su ensayo juvenil *Humberto Fabra* (1903), Ramos escribió una trilogía de novela importantes para su época en nuestro medio: *Coaybay* (1926), *Las impu-*

rezas de la realidad (1929) y *Caniquí* (1936). En ellas, desafortunadamente, el pensamiento progresista del autor no logra plasmarse en una forma estéticamente eficaz.

Fuera de estos cinco escritores, el saldo de la producción novelesca en los primeros treinta años es desalentador. El naturalismo fue el patrón estético predominante; pero es oportuno recordar que, en general, ni siquiera se trataba del naturalismo tal como lo entendía Zola —con pretensiones de objetividad científica en el examen de personajes y medios sociales determinados—, sino que fue un trasunto de su costado más endeble: el buceo en lo sexual y escatológico. De hecho, quizás no fuera Zola el que influyó directamente, sino que lo hizo a través de escritores españoles de escaso mérito literario, que cultivaron con gran sentido comercial la denominada novela «galante», tales como Felipe Trigo, Pedro Mata, José Francés, Rafael López de Haro, José María Carretero (*El Caballero Audaz*) y el cubano Eduardo Zamacois, quien desarrolló su carrera literaria en España.

Con todo, para el historiador literario de este período son interesantes las figuras de Emilio Bobadilla (*Fray Candil*), mucho más importante como crítico que como novelista (*A fuego lento*, 1903; *En la noche dormida*, 1913; *En pos de la paz*, 1917); Arturo Montori (*El tormento de vivir*, 1923); Jesús Masdeu (*La raza triste*, 1924); Juan Manuel Planas, cultivador de la novela «científica» a lo Julio Verne (*La corriente del Golfo*, 1920, *La cruz de Lieja*, 1923, *Flor de*

Manigua, 1926); Félix Soloni (*Mersé*, 1926; *Virulilla*, 1927), algunos de los cuales abordan temas de positivo interés que, lamentablemente, no supieron desarrollar artísticamente.

A partir de los años treinta se producen los primeros intentos de renovación en el campo de la novela. Los distintos «ismos» surgidos en torno a la Primera Guerra Mundial, agrupados bajo la denominación común de «vanguardia», van haciendo su aparición, si bien tímidamente, en las obras de los novelistas mas jóvenes. Con *Ecue-Yamba-O* (1933), del que llegaría a ser el más importante de nuestros novelistas, Alejo Carpentier, se estrena una nueva visión de nuestra realidad. Como novela es floja, su propio autor la había excluido de sus obras completas, pero para nuestra historia literaria tiene importancia, pues es el fruto más logrado en prosa del momento «negrista» de nuestras letras, que habría de encontrar en poesía —de modo especial en la obra de Nicolás Guillén— su más noble expresión.

No obstante, la norma estética naturalista pervive no solo en la gran masa de escritores que continuaron produciendo obras no sustancialmente diferentes a las de los novelistas anteriores al año treinta, sino, incluso, en autores importantes de la época como Enrique Serpa, quien igualmente naturalista se muestra en *Contrabando* (1938), una de las novelas más logradas de la época, como, ya tardíamente, en *La trampa* (1956). *Contrabando* es la mejor de las dos y por ciertas «audacias» técnicas se la cita a menudo como el primer ejemplo de novela cubana en que se empleó el monólogo interior. En rigor, no hay tal monólogo interior; la novela, aunque amena, se resiente en ocasiones de un lenguaje rezagadamente modernista y de un metaforismo ingenuo en que el plano comparativo está siempre asociado a la vida marítima.

El intento más serio por sacar a nuestra novelística del estancamiento del naturalismo lo realizó Enrique Labrador Ruiz con la trilogía de novelas que denominó «gaseiformes»: *El laberinto de sí mismo* (1933), *Cresival* (1936) y *Anteo* (1940), en las que se revela la impronta dejada por la lectura de los mas importantes narradores contemporáneos. Estas novelas, con todo, poseen básicamente importancia experimental. No será hasta 1950 que Labrador nos ofrezca su obra más lograda: *La sangre hambrienta*, que no es un retroceso al costumbrismo de antaño, sino una cala incisiva en la vida morosa de esos pueblos provincianos donde nunca pasaba nada y cuya vida incolora refleja atinadamente el autor.

Pero el creador que habría de elevar la novela cubana a categoría universal es Alejo Carpentier, quien con *El reino de este mundo* (1949), *Los pasos perdidos* (1953) y *El acoso* (1956) vertebró antes del triunfo de la Revolución, una obra narrativa sin par en nuestras letras y que lo situó, a la vez, entre los más destacados novelistas del continente.

El Grupo Orígenes, que tan alta calidad estética alcanzó en poesía, no produjo en la novela más que un título importante: *Paradiso* (1966), de José Lezama Lima, ya comenzada desde antes de 1959. Ligado al grupo, Virgilio Piñera publicó una sola novela antes del triunfo de la Revolución: *La carne de René* (1952), fuertemente influida por Kafka.

La producción novelística del período que va del año treinta a la Revolución, pese a que en su conjunto no podemos considerarla pródiga en verdaderas realizaciones en el orden estético, constituye un considerable paso de avance en el desarrollo histórico de nuestra novela. En lo formal se ensayaron las técnicas más novedosas, si bien con timidez. Con todo, es en el cuento donde la aplicación de estas nuevas técnicas —en especial la de los escritores norteamericanos de los años treinta— rendirá sus mejores frutos. No será hasta la Revolución, con la difusión masiva de obras de todas las tendencias estéticas, que los novelistas abandonen definitivamente los caducos cauces del naturalismo y se aventuren a expresar la nueva temática con formas en algunos casos nuevas —y en otros no tan nuevas— en un afán consciente por incorporar nuestra novelística al momento de esplendor por el que atraviesa la historia del género en la América Latina.

La ingente transformación que en todos los órganos de la vida nacional provocó la Revolución, no podía dejar de reflejarse también en nuestra novelística. Antes que todo es de destacar el esfuerzo encaminado a rescatar del olvido las obras más importantes de la narrativa a través de reediciones de miles de ejemplares. Nueva valoración han tenido Villaverde, Suárez y Romero, la Avellaneda, Tristán de Jesús Medina, Carrión, Loveira, Luis Felipe Rodríguez, José Antonio Ramos y otros autores; se ha recogido, además, la obra inédita de autores importantes, como Aristides Fernández y Carlos Enríquez. De otra parte, jóvenes narradores que habían mantenido inéditas sus primeras obras encontraron acceso para su publicación. Además, la creación de numerosos concursos y las publicaciones literarias que ininterrumpidamente han venido apareciendo desde hace más de una década, han contribuido a estimular la producción de los escritores, quienes por primera vez en nuestro medio hallan reconocimiento a su quehacer intelectual.

Ya en los propios albores de la Revolución surge una novela importante: *Bertillón 166*, que obtiene el premio de novela en el Concurso Casa de las Américas de 1960. La obra de José Soler Puig es un fiel trasunto de la atmósfera política del Santiago de Cuba de los últimos años bajo el batistato. Si desde un punto de vista estrictamente literario no es una gran novela como captación de un ambiente y adecuación entre el propósito del autor y su realización literaria, sigue siendo de lo mejor que pueda mostrar nuestra novelística postrevolucionaria.

Con la novela de Soler Puig se abre una temática común a las obras más importantes surgidas en los primeros años de la Revolución: aquella que narra primordialmente hechos acaecidos en la etapa de la tiranía batistiana. En mayor o menor medida desarrollan esta temática *Tierra inerme*, de Dora Alonso (Premio Casa de las Américas 1961); *No hay problemas* (1961), de Edmundo Desnoes; *La búsqueda* (1961), de Jaime Sarusky; *Los días de nuestra angustia* (1962), de Noel Navarro; *El descanso* (1962), de Abelardo Piñeyro; *La situación* (1963), de Lisandro Otero (Premio Casa de las Américas 1963); *Juan Quinquín en Pueblo Mocho* (1964), de Samuel Feijóo, y *Vivir en Candonga* (1966), de Ezequiel Vieta (Premio UNEAC 1965).

Paralelamente a esta directriz se inicia la temática despertada por la incidencia de la Revolución en los autores. La primera manifestación de importancia la tenemos en *Maestra voluntaria*, de Daura Olema (Premio Casa de las Américas 1962), continuada por Raúl González de Cascorro en *Concentración pública* (1964); pero sus frutos más logrados en la primera mitad de la década del sesenta son las obras de José Soler Puig (*En el año de enero*, 1963, y *El derrumbe*, 1964) y de Edmundo Desnoes (*Cataclismo*, 1965, y *Memorias del subdesarrollo*, 1965).

En lo formal, si bien en estas obras podemos encontrar ejemplos de pervivencia de recursos estilísticos anquilosados (*Tierra inerme*) o de escasa o ninguna complejidad estructural (*Maestra voluntaria*), se nota en estos autores una preocupación estilística mayor que en cualquier etapa anterior de nuestra narrativa, lo cual no implica necesariamente una mayor calidad estética en sus logros. En estos primeros años es evidente la huella de los escritores norteamericanos de los años treinta. La influencia de la nueva novela francesa y la de los escritores que hoy conforman el llamado «boom» de la novela latinoamericana comienza, en realidad, hacia 1966.

A partir de ese año, las dos directrices temáticas que hemos apuntado continuaron cultivándose, pero cada vez con mayor imbricación. *Los desnudos* (1967) y *La religión de los elefantes* (Premio UNEAC 1968), de David Buzzi; *Adire y el tiempo roto* (1967), de Manuel Granados; *Padres e hijos* (1967), de César Leante; *Viento de enero* (Premio UNEAC, 1967), de José Lorenzo Fuentes, y *Los niños se despiden* (Premio Casa de las Américas 1968), de Pablo Armando Fernández, son novelas que atestiguan esta etapa de transición a la que, por supuesto, no son ajenos los propios autores.

Escapan a estas dos directrices por su temática directamente ajena al proceso revolucionario, *La robla* (1967), de Gustavo Eguren; *Pasión de Urbino* (1967), de Lisandro Otero; *Los animales sagrados* (1967), de Humberto Arenal, y *Celestino antes del alba* (1967), de Reinaldo Arenas. Aparece también la novela de ficción científica, cuyo cultivador más destacado es Miguel Collazo (*El viaje*, 1968), y la humorística (*La Odilea*, 1968), de Francisco Chofre.

En la década del setenta, junto a autores de generaciones anteriores que continúan enriqueciendo su obra, como Alcides Iznaga (*Las cercas caminaban*, Premio UNEAC 1969); Lisandro Otero (*En ciudad semejante*, 1970); Noel Navarro (*Zona de silencio*, Premio

UNEAC 1971); Gustavo Eguren (*En la cal de las paredes*, 1972), y César Leante (*Muelle de caballería*, 1973), aparecen las primeras novelas de tres jóvenes narradores que con gran frescura dan el testimonio del compromiso de su generación con el proceso revolucionario. Son ellas *Saccbario* (Premio Casa de las Américas, 1971), de Miguel Cossío Woodward; *Para matar al lobo*, 1971, de Julio Travieso, y *La última mujer y el próximo combate* (Premio Casa de las Américas 1971), de Manuel Cofiño, quien recientemente publicó *Cuando la sangre se parece al fuego* (1975).

A la vez se abre una nueva temática en nuestra novelística, raramente cultivada, que en breve tiempo ha dado ya obras que reflejan fielmente la complejidad de nuestra vida inmersa en el quehacer revolucionario. Nos referimos a la novela policíaca que, a partir de *Enigma para un domingo* (1971), de Ignacio Cárdenas Acuña, y muy especialmente con la nueva concepción del género expresada por las obras triunfadoras en los distintos concursos convocados por el Ministerio del Interior, adquiere cada día mayor favor de los lectores. Premios o menciones en estos concursos del MININT han obtenido Armando Cristóbal Pérez (*La ronda de los rubíes*, 1973), José Lamadrid Vega (*La justicia por su mano*, 1973), Rodolfo Pérez Valero (*No es tiempo de ceremonias*, 1974) y Alberto Molina (*Los hombres color del silencio*, 1975).

Se incorpora también a las distintas temáticas abordadas en nuestra novelística tras el triunfo de la Revolución, la noble lucha del heroico pueblo vietnamita por su liberación definitiva, alcanzada en abril de 1975, presente en las novelas *Los negros ciegos* (1971) y *La brigada y el mutilado* (1974), del que fue nuestro primer embajador en las zonas liberadas del sur del país, Raúl Valdés Vivó.

Por último, no podemos dejar de señalar el gran acontecimiento que para las letras de habla hispana constituyó, tras el largo silencio mantenido después de la salida de *El siglo de las luces* en 1962, la publicación de *El recurso del método* y de *Concierto barroco* en 1974, las dos últimas obras de nuestro máximo novelista, Alejo Carpentier, quien ha dado muestras de que aún podemos esperar de su pluma infatigable obras maestras para orgullo de nuestra patria y nuestra América.

El balance que arroja el cultivo del género en estos quince años de Revolución es satisfactorio. La novela, cuyas, realizaciones quedaban muy a la zaga del desarrollo obtenido en Cuba por el cuento, el ensayo, y, sobre todo, la poesía, es comparativamente el género que más se ha desarrollado con posterioridad al triunfo revolucionario. El país que en 1961 contaba con tan elevado índice de analfabetismo, puede mostrar con satisfacción realizaciones de alto nivel estético en un género que supone gran complejidad artística. A los logros ya obtenidos habrá que sumar las obras que el ingente movimiento juvenil despertado por la Revolución ha de llevar a cabo sin duda en un futuro que se avizora halagüeño.

Bibliografía

Bueno, Salvador, «Temas y personajes de la novela cubana», en su *Temas y personajes de la literatura cubana*, La Habana, Ediciones Unión, 1964, págs. 277-289.

Carricarte, Arturo Ramón de, «La novela en Cuba I, Los orígenes», en *América*, La Habana, 1, 2, 42-53, febrero, 1907.

Eligio de la Puente, Antonio M., «Introducción», en Palma, Ramón de, *Cuentos cubanos*, La Habana, Cultural, 1928, págs. V-XLIV.

Fernández Cabrera, Carlos, «La novela y el cuento en Cuba», en *Álbum del cincuentenario de la Asociación de Reporters de La Habana, 1902-1952*, La Habana, Editorial Lex, 1953, págs. 217-222.

Fornet, Ambrosio, *En blanco y negro*, La Habana, Instituto Cubano del Libro, 1967.

Friol, Roberto, «La novela cubana en el siglo XIX», en *Unión*, La Habana, 7, 4, 178-207, 1968.

García Alzola, Ernesto, «La novela cubana en el siglo XX», en *Panorama de la literatura cubana*, conferencias, La Habana, Universidad de La Habana, Centro de Estudios Cubanos, 1970, págs. 183-207, Cuadernos cubanos, 12.

García Vega, Lorenzo, *Antología de la novela cubana*, La Habana, Dirección General de Cultura, 1960.

Montori, Arturo, «La novela», en *El libro de Cuba*, La Habana, Talleres del Sindicato de Artes Gráficas de La Habana, 1925, págs. 584-587.

Portuondo, José Antonio, «José Soler Puig y la novela de la revolución cubana», en su *Crítica de la época*, Santa Clara, Universidad Central de Las Villas, 1965, págs. 197-208.

«La novela policial revolucionaria», en su *Astrolabio*, La Habana, Editorial de Arte y literatura, 1973, págs. 125-133.

Remos y Rubio, Juan José, *Tendencias de la narración imaginativa en Cuba*, La Habana, La Casa Montalvo Cárdenas, 1935.

Rodríguez Feo, José, «Breve recuento de la narrativa cubana», en *Unión*, La Habana, 6, 4, 131-136, diciembre, 1967.

Salazar y Roig, Salvador, *La novela en Cuba, sus manifestaciones, ideales y posibilidades*, La Habana, Imprenta Molina, 1934.

Novela Cubana, La (La Habana, 1913-1916). Revista que comenzó a salir el 15 de septiembre en forma semanal, bajo la dirección de Salvador Salazar. Publicó según expresa la propia revista, cuentos, novelas cortas, comedias, versos, artículos de costumbres, estudios literarios, políticos y científicos «de los mejores escritores del país». No solamente aparecieron los nombres de figuras conocidas, sino también de otros escritores aún no reconocidos en su época. El número correspondiente al 4 de octubre de 1913 estuvo dedicado a Enrique José Varona. De la primera época solamente se ha revisado hasta el 2 de marzo de 1914. Comenzó la segunda época el 1.º de agosto de 1916 (último-número encontrado). Fueron sus colaboradores, además de su director, Enrique José Varona, Max Henríquez

Ureña, Emeterio Santovenia, Dulce María Borrero de Luján, Ricardo Montoro, Emilio Blanchet, Alfonso Hernández Catá, Joaquín Nicolás Aramburu, Juan J. Geada, Jesús J. López, Gustavo Sánchez Galarraga, Gonzalo de Quesada, Bernardo G. Barros, Ramón Ruilópez, M. Fernández Cabrera, Miguel de Marcos Suárez, Napoleón Gálvez y otros. Según parece su salida finalizó en 1916, pues León Primelles solo la menciona en dicho año en su *Crónica cubana. 1915-1918* (La Habana, Editorial Lex, 1955).

Bibliografía

El brujo bohemio, seudónimo de Carlos Primelles, «La Novela Cubana y Pedro José Cohucelo», en *El Fígaro*, La Habana, 38, 4, 63, febrero 13, 1921.

«La Novela Cubana», en *El Fígaro*, La Habana, 29, 41, 501, octubre 12, 1913.

Noverim (La Habana, 1955). «La Universidad de Villanueva ofrece la primera publicación de la revista *Noverim*, la cual será el órgano oficial de publicación científica y cultural de esta casa de estudios», se lee en el primer número (que no trae la fecha exacta de su publicación), dirigido por Herminio Rodríguez. En el mismo se expresa que «contendrá trabajos monográficos y otros estudios de profesores de la Universidad; pero también de profesionales nacionales o extranjeros que este centro estime conveniente. Contará además con notas bibliográficas y síntesis de las obras de

texto que los miembros de nuestras Facultades publiquen, así como también referencias a las mejores tesis doctorales presentadas por los estudiantes». En el segundo número (mayo de 1955) se aclara que la revista saldrá, en lo sucesivo, en los meses de noviembre y mayo. La dirige entonces José González. En noviembre de 1956 la propia publicación expresa que tendrá «dos grandes secciones: ciencias y letras». Añade, además, entre sus innovaciones, la de dar «al final de los escritos que publiquemos, resumen del contenido de cada trabajo, tanto en idioma inglés como en idioma francés». También aumentó el número de sus páginas. Desde este número asumió la dirección Edward L. Burns; entre sus consejeros apareció el nombre de Max Henríquez Ureña. El primer número de la publicación estuvo dedicado el décimosexto centenario de San Agustín. Publicó trabajos o estudios sobre psicología, economía, literatura cubana, hispanoamericana y universal. También publicó trabajos de crítica literaria. Colaboraron en ella Max Henríquez Ureña, José María Chacón y Calvo, José González Vega, Raúl del Valle, Marcelo Alonso, Oscar Fernández de la Vega, Manuel Pérez Cabrera, Rosaura García Tudurí y otros. El último número encontrado corresponde a noviembre de 1958.

Nuestro Tiempo (La Habana, 1954). Publicación bimensual. Órgano de la Sociedad Cultural Nuestro Tiempo. Revista que comenzó a salir en abril. Fueron su director y administrador, respectivamente, los músicos Harold Gramatges y Juan Blanco. En sus páginas aparecieron no solamente las actividades culturales de la institución a la cual representaba, sino también otros acontecimientos culturales de su época, tanto nacionales como del resto del continente. Comentó concursos plásticos y literarios, puestas en escena, exposiciones, libros o artículos publicados y actividades cinematográficas y musicales. En general, supo reflejar el momento cultural que le tocó vivir. A partir de mayo de 1955 comenzaron a aparecer cuentos y poesías de figuras como Onelio Jorge Cardoso, Nicolás Guillén, Manuel Navarro Luna, Regino Pedroso, Dora Alonso, Rosa Hilda Zell, Enrique Labrador Ruiz, Pablo Armando Fernández, Raúl Aparicio Nogales, Víctor Agostini, Rosario Antuña, Adolfo Martí y otros. Hizo énfasis en destacar la obra de muchos artistas plásticos cubanos, por lo que desde septiembre de 1956 comenzó a publicar apuntes biográficos sobre los mismos. En el ejemplar de la revista correspondiente a noviembre-diciembre de 1957 apareció un índice de todos los trabajos publicados en la misma desde su comienzo hasta el mes de octubre de dicho año 1957. Con frecuencia publicó la opinión de muchos intelectuales conocidos sobre la Sociedad Cultural Nuestro Tiempo y su revista. Agrupó a artistas y escritores revolucionarios de izquierda. Fueron sus colaboradores Fernando Ortiz, José Antonio Portuondo, Vicente Revuelta, Alfredo Guevara, Tomás Gutiérrez Alea, Juan Blanco,

Mario Rodríguez Alemán, José Massip, Rafael Marquina, Félix Pita Rodríguez, Natividad González Freire, Ricardo Porro, María Teresa Linares y otros. El último número encontrado corresponde a septiembre-diciembre de 1959.

Bibliografía

Gramtges, Harold, «Editorial», en *Nuestro Tiempo*, La Habana, 2, 8, 1, diciembre, 1955.

Mestas, María del Carmen, «Tres entrevistas en torno a *Nuestro Tiempo*», en *Romances*, La Habana, 37, 442, 12-14, septiembre, 1973.

«La revista *Nuestro Tiempo*», en *Orto*, Manzanillo, 44, 4, 1-2, abril, 1956.

Nueva Escuela, **La. Revista para el maestro de ahora** (La Habana, 1936). Publicación mensual pedagógica. Comenzó a salir a partir de mayo, bajo la dirección de Roberto Verdaguer y Rogelio. González Ricardo. Fundamentalmente reflejó el estado de la educación cubana de su época. Publicó artículos, conferencias de interés pedagógico y notas bibliográficas. Además, aparecieron en sus páginas piezas para piano, canciones infantiles y poesías. También publicó, bajo la firma de Néstor Carbonell, síntesis de la vida de distintos próceres cubanos. Fueron sus colaboradores, además de sus directores, José María Asanza, Manuel Isaías Mesa Rodríguez, Miguel Galliano Cancio, José F. Castellanos, Lisandro Otero Masdeu, Francisco Rodríguez Mojena, Elvira Deulofeu, Julio Girona y otros.

El último número encontrado corresponde a febrero de 1937.

Nueva Revista Cubana (La Habana, 1959-1962). Editada por la Dirección General de Cultura del Ministerio de Educación. Comenzó, en forma irregular, a partir del trimestre correspondiente a abril-junio, bajo la dirección de Cintio Vitier. Fueron sus consejeros Luis Aguilar León, Roberto Fernández Retamar, Adrián García Hernández, Graciella Pogolotti, José Antonio Portuondo, Sergio A. Rigol y Daniel Serra Badué. La revista aclara que tuvo su origen en la «Declaración de los intelectuales y artistas» (1959), donde se consignó «la necesidad de continuar publicando la *Revista Cubana* (originalmente fundada por Enrique José Varona en 1885, reanudada por la Dirección de Cultura en 1935) en forma regular y sometida a una completa renovación». Más adelante, expresa: «Damos inicio, pues, a esta *Nueva Revista Cubana* —nueva en el fervor y en el impulso— guiados por un propósito fundamental: servir de vehículo a las fuerzas expresivas de la Nación, cualesquiera que sean sus credos y sus orientaciones, siempre que, a nuestro falible pero honesto juicio, alcancen un grado de calidad suficiente». A partir del número correspondiente al último bimestre de 1959, asumió la dirección Roberto Fernández Retamar; Cintio Vitier, entonces, integró el grupo de los consejeros. La revista agrupó sus trabajos en secciones fijas: «Pensamiento y crítica», «Imaginación y Poesía», «Problemas cubanos» (hasta enero-marzo de 1960, en que se denominó «Realidades cubanas») y «Notas y comentarios». En la primera sección se publicaron artículos o trabajos sobre cuestiones científicas y culturales, especialmente sobre poesía cubana. La segunda presentó trabajos de creación literaria y fragmentos de conocidos escritores como Miguel Ángel Asturias y María Zambrano. En la tercera se tocaron aspectos económicos, políticos, sociales y educacionales de Cuba. La última, «Notas y comentarios», publicó notas de libros publicados recientemente y reseñó exposiciones u otros acontecimientos culturales de la época. El número correspondiente a julio-septiembre de 1959 fue dedicado al vigésimo aniversario de la muerte de Antonio Machado; el correspondiente a enero-marzo de 1960 se publicó en homenaje a la Revolución Cubana. Colaboraron en sus páginas, además de sus consejeros, Fernando Ortiz, Mirta Aguirre, José Lezama Lima, Alejo Carpentier, Oscar Pino Santos, Marcelo Pogolotti, Rosario Novos, Fina García Marruz, Ezequiel Martínez Estrada, Loló de la Torriente, Nicolás Guillén, Alcides Iznaga, Sergio Aguirre, Enrique Labrador Ruiz, Onelio Jorge Cardoso, Eliseo Diego, Alfredo Guevara, Jorge Mañach, Samuel Feijóo, Pedro de Oráa, Eugenio Florit, Gustavo Eguren, Fayad Jamis, Francisco Ayala, Virgilio Piñera, Ángel Huete, Natividad González Freire, Jorge Tallet, Roberto Branly y otros. El último ejemplar tiene fecha 1961-1962.

Nuevas Letras (La Habana, 1944). «Mensuario bibliográfico», se lee en el ejemplar más antiguo encontrado (número 2-3), correspondiente al bimestre julio-agosto de 1944. Salía irregularmente. Fue dirigida por R. Fernández. Era una publicación de la Editorial y Librería Páginas. Publicó fundamentalmente notas bibliográficas de libros cubanos y extranjeros. Anunciaba catálogos y colecciones de libros a la venta. Colaboraron en sus páginas, entre otros, Carlos Rafael Rodríguez, Ángel Augier, Emilio Roig de Leuchsenring, Mirta Aguirre, José Antonio Ramos, Jenaro Artiles, Antonio Martínez Bello. El último número encontrado corresponde a octubre de 1945.

Nuevo Liceo de La Habana Institución cultural surgida en 1882 al calor de la tertulia literaria que se celebraba en casa de Luis Alejandro Baralt. Alcanzó gran auge. Tuvo extensos salones y arrendó de manera permanente el Teatro Albisu para celebrar allí sus veladas y fiestas. Los dos actos literarios más importantes celebrados por la sociedad fueron las primeras presentaciones públicas de Julián del Casal y de José de Armas y Cárdenas. Ofreció también funciones de ópera. Nicolás Azcárate fue su presidente perpetuo. Esta institución desapareció poco antes de 1895, al abandonar Azcárate su dirección y a causa de la difícil situación económica que atravesaba el país.

Bibliografía

Azcárate Rosell, Rafael, «El Nuevo Liceo de La Habana», en su *Nicolás Azcárate, el reformista*, La Habana, Editorial Trópico, 1939, págs. 215-228.

R. E. Maz, seudónimo de Ramón Meza, «El Nuevo Liceo», y «A "El Nuevo Liceo"», en *La Lotería*, La Habana, 2, 16 y 17, 122 y 129-130, abril 19 y 26, 1885.

Nuevo Mundo, **El** (Véase **Suplementos literarios**)

Nuevo País, **El** (Véase **Triunfo**, **El**)

Nuevo Regañón de La Habana, **El** La Habana, 1830-1832). Periódico que comenzó a publicarse, semanalmente, a partir del 2 de noviembre. José María Labraña señala, en la página 671 de su trabajo «La prensa en Cuba» —aparecido en *Cuba en la mano. Enciclopedia popular ilustrada* (La Habana, Imprenta Úcar, García, 1940, págs. 649-786)—, que fue fundado por Antonio Carlos Ferrer y que, poco después de su inicio, asumió la dirección Buenaventura Pascual Ferrer, quien firmaba bajo el seudónimo *El anciano habanero*. Añade Labraña, en la página 673: «Les acompañó en la redacción Francisco X. Troncoso». En su prospecto se aclara su antecedente: «Al cabo de los años mil sale a la palestra un nuevo Regañón, a continuar las tareas de aquel periódico que con el mismo título principió a publicarse en esta ciudad cuando estaba dando cabalmente las últimas boqueadas el finado siglo diez y ocho de terrible recordación». Agrega, además, que «El nuevo Regañón, lo mismo que el antiguo, se presenta sin más armas que la razón, bien es verdad que no es esta muy pequeña, ni de corto alcance. Con su filo irán recortadas todas las producciones que se incluyan en su periódico, sin llevar más mira y objeto esta empresa que la de promover la afición a la literatura en todos los ramos, corregir los abusos que tan fácilmente se introducen en las grandes poblaciones, lo mismo que en las pequeñas, concurrir a la ilustración y fomento general que cada día va adquiriendo esta preciosa Isla, y no omitir nada que pueda servir a la consecución de los expresados fines». Al cumplir un año de fundado, el periódico declara: «Cumplido un año, carísimos lectores, que *El Nuevo Regañón de La Habana*, siguiendo las huellas que *treinta años* antes le había trazado su antecesor, principió la borrascosa carrera de combatir los abusos y preocupaciones que notara, tanto en la literatura como en las sanas costumbres, y luchar contra la ignorancia y la presunción, que tienen la parte principal en aquellos malos efectos». A partir del 3 de mayo de 1831 toma el título de *El Regañón*, con el subtítulo de «Semanario de La Habana», hasta el 1.º de noviembre de 1831, fecha en que varía su título por el de *El Regañón de La Habana*, sin subtítulo. El periódico cumplió sus objetivos trazados. Fue más científico que literario. Publicó además, anécdotas, epigramas,

máximas y críticas del teatro de la época. Colaboraron en sus páginas Buenaventura Pascual Ferrer, Antonio Bachiller y Morales, *Claro Veraz*, *Renato Nerfiro*, *Tío Tabares*, *El avizorador de Cuba*, *Justo Palo*, *El preguntón*, *Parcasio H. S.* y otros. El último ejemplar encontrado corresponde al 22 de noviembre de 1831. Carlos Manuel Trelles señala, en la página 62 del tomo 2 (1826-1840) de su *Bibliografía cubana del siglo XIX* (Matanzas, Imprenta de Quirós y Estrada, 1912), que terminó en febrero de 1832. Recopilada y prologada por José Lezama Lima se publicó una antología de artículos titulada *El Regañón y El Nuevo Regañón* (La Habana, Comisión Nacional Cubana de la UNESCO, 1965).

Bibliografía

«Cumpleaños en *El Regañón de La Habana*», en *El Regañón de La Habana*, La Habana, 53, 1, noviembre 1, 1831.

González, Josefina N., «La música en *El Nuevo Regañón de La Habana*», en *Revista de Música*, La Habana, 2, 1, 86-111, abril, 1961.

Lezama Lima, José, «Don Ventura Pascual Ferrer y *El Regañón*», en su *La cantidad hechizada*, La Habana, UNEAC, 1970, págs. 189-212.

Llaverías, Joaquín, «*El Nuevo Regañón de La Habana*», en su *Contribución a la historia de la prensa periódica*, tomo 2, prefacio de Elías Entralgo, La Habana, Talleres del Archivo Nacional de Cuba, 1959, págs. 243-247, 249 y 251, Publicaciones del Archivo Nacional de

Cuba, 48.

Los Redactores, «*El Regañón*», en *Lucero de La Habana*, La Habana, 1, 92, 2, octubre 31, 1831.

Sánchez Roig, Mario, «*El Nuevo Regañón de La Habana*» en *Revista de la Biblioteca Nacional*, La Habana, 2.ª serie, 8, 4, 133-147, 1957.

Nuevos Tiempos (La Habana, 1926). «Revista quincenal de intereses generales, educación, literatura, ciencias, artes, y política nacional», se lee como subtítulo. Comenzó a salir el 15 de marzo, bajo la dirección de Pedro Hernández Massi. La propia publicación presentó entre sus redactores a José M. Collazo, Gabriel García Galán, Luciano R. Martínez, Rafael Zayas Bazán, Rafael Guás, Diego Fernández, Amparo Zervigón. Publicó cuentos, poesías, leyendas cubanas, conferencias y artículos sobre literatura hispanoamericana y pedagogía. Hizo énfasis en destacar la labor de algunos educadores cubanos. En su sección «Cubanos ilustres» presentó biografías de muchos próceres cubanos. En general reflejó, en cierta medida, el panorama cultural de su época. Colaboraron en ella Emeterio Santiago Santovenia, Lisandro Otero Masdeu, José Manuel Carbonell, Heliodoro García Rojas, Isolina de Torres de Barthelemy, Manuel A. de Carrión, Rosalía Noriega, Oliva Pérez Mantilla, Luis René Allois y otros. El último número revisado corresponde al 30 de agosto y al 15 de septiembre de 1927.

Núñez, **Mercedes Serafina** (La Habana, 14 agosto 1913-14 junio 2006). En 1936 terminó sus estudios en la Escuela Normal de La Habana. Fue antologada en la colección *La poesía cubana en 1936*, con prólogo de Juan Ramón Jiménez. Desde 1945 trabajó como maestra de enseñanza primaria. Matriculó Pedagogía en la Universidad de La Habana en 1949, pero solo estudió durante tres años. En 1956 tomó cursos de verano en la Universidad de Las Villas. Ha visitado a México, Costa Rica y Estados Unidos. Colaboraciones suyas han aparecido en *Diario de la Marina*, *El Mundo*, *El País*, *Prensa Libre*, *Información*, *Avance*, *Alerta*, *Revolución*, *Islas*, *Carteles*, *Vanidades*, *Revista Bimestre Cubana*, *Selecta*, *Orto*, *Ellas*, *Ultra*; *Repertorio Americano* (Costa Rica); *Saeta*, *Sur*, *Hipocampo* (Argentina); *Tegucigalpa* (Honduras). Fue una de las fundadoras de la Unión Nacional de Mujeres, organización progresista. Ha dado conferencias y recitales en el Ateneo, el Lyceum, el Círculo de Bellas Artes, el Círculo de Amigos de la Cultura Francesa, la Sociedad de Torcedores y otras. Ha dado lecturas de sus versos y ha hecho críticas de libros en programas radiales. Algunos poemas suyos fueron traducidos al francés y publicados en *Cahiers du Sud* en 1948.

Bibliografía activa

Mar cautiva, poemas, La Habana, *s. i.*, 1937.

Isla en el sueño, poemas, La Habana, Editorial Hermes, 1938.

Vigilia y secreto, poemas, prólogo de Juan Ramón Jiménez, La Habana, Editorial Alfa, 1941.

Paisaje y elegía, prólogo de Luis Alberto Sánchez, La Habana, 1958.

Bibliografía pasiva

Arocena, Berta, «Una voz de mujer, *Vigilia y secreto* de Serafina Núñez», en *El Mundo*, La Habana, 39, 12 669, 3, marzo 23, 1941.

Carrera, Julieta, «Serafina Núñez», en *La mujer en América escribe... Semblanzas*, México, Ediciones Alonso, 1956, págs. 275-280.

Feijóo, Samuel, «Serafina Núñez», en su *Sonetos en Cuba*, La Habana, Universidad Central de Las Villas, Dirección de Publicaciones, 1964, págs. 350.

Gaínza, Ramón, «*Paisaje y elegía*, el clima alucinado de Serafina Nuñez», en *El Mundo Ilustrado*, suplemento del periódico *El Mundo*, La Habana, 6, febrero 8, 1959.

Jiménez, Juan Ramón, «La pluma de Serafina Núñez», en *Revista Universidad de La Habana*, La Habana, 36-37, 10, mayo-agosto, 1941.

«Serafina Núñez», en su *Españoles de tres mundos, Viejo mundo, nuevo mundo, otro mundo. Caricatura lírica, 1914-1940*, Buenos Aires, Editorial Losada, 1942, págs. 151-152.

Mistral, Gabriela, «La poesía de Serafina Núñez», en *Ellas*, La Habana, 6, 70, 4, octubre, 1939.

«La poesía fiel de Serafina Núñez», en *Bohemia*, La Habana, 51, 28, 48, julio, 1959.

«Serafina Núñez, *Isla en el sueño*» en *América*, La Habana, 28, 1, 95-96, enero, 1946.

«Serafina Núñez, *Vigilia y secreto*», en *América*, La Habana, 15, 1, 96, agosto, 1942.

Vitier, Cintio, «Serafina Nuñez», en su *Cincuenta años de poesía cubana, 1902-1952*, ordenación, antología y notas, La Habana, Ministerio de Educación, Dirección de Cultura, 1952, págs. 288.

Núñez Jiménez, Antonio (Alquízar, La Habana, 20 abril 1923-13 septiembre 1998). Obtuvo el título de Bachiller en Ciencias y Letras en el Instituto de La Habana. En 1940 fundó la Sociedad Espeleológica de Cuba, en la que ocupó los cargos de presidente y director de su museo. Se graduó de Doctor en Filosofía y Letras en la Universidad de La Habana en 1950. Dedicado a la espeleología y a la geografía, ha recorrido todo el país y estudiado sus rincones más apartados y menos conocidos. Fue profesor de Geografía y de historia en el Instituto de Segunda Enseñanza del Vedado, de geografía regional y de geomorfología en la Universidad Central de Las Villas y de carsología en la Universidad de La Habana. Su *Geografía de Cuba*, publicada en su primera edición en 1954, fue quemada por la tiranía batistiana por su contenido revolucionario. Combatió junto al Comandante Ernesto Guevara en la campaña de liberación de Las Villas. Alcanzó el grado de capitán del Ejército Rebelde. Después del triunfo de la Revolución fue jefe de la Artillería Antitanque. Dirigió el Instituto Nacional de Reforma Agraria y la revista *INRA*, su órgano de difusión. Desempeñó el cargo de presidente del

Banco Nacional de Cuba. En calidad de embajador extraordinario presidió la primera delegación oficial del Gobierno Revolucionario a la Unión Soviética, la República Democrática Alemana, Polonia y Checoslovaquia y firmó los primeros convenios culturales y comerciales con dichos países. Fue fundador de la Academia de Ciencias de Cuba y su presidente durante diez años. En 1972 ocupó el cargo, de embajador de Cuba en Perú. Es diputado a la Asamblea Nacional del Poder Popular, viceministro de Cultura y presidente de la Comisión Nacional de Monumentos. A todo lo largo de su fecunda vida de investigador y representante de Cuba en diferentes cargos y responsabilidades, colaboró en *Carteles*, *Bohemia*, *Revista de la Sociedad Geográfica de Cuba*, *Universidad de La Habana*, *Revista de la Junta Nacional de Arqueología*, *Boletín de la Sociedad de Historia Natural «Felipe Poey»*, *Revista de la Biblioteca Nacional José Martí*, *Noticias de Hoy*, *El País*, *Pueblo*, *Cuba*, *Casa de las Américas*, *Granma*, y ha viajado por México, Canadá, Colombia, Jamaica, Bahamas, Europa Occidental, República Popular China, India, Ceilán, Indonesia, Vietnam, Campuchea, Egipto, Siria, Jordania, etc. Viajó al Polo en la expedición soviética «Estación Polo Norte 19», como resultado de la cual publicó diversos artículos en *Granma*. Fue secretario de la Sociedad Geográfica de Cuba, miembro de la Junta Nacional de Arqueología y Etnología, de la Sociedad Cubana de Botánica, de la Sociedad de Historia Natural «Felipe Poey», de la Comisión Nacional Cubana de la UNESCO, de la National Speleological Society y socio correspondiente de la Sociedad Venezolana de Historia Natural. Es Doctor en Ciencias Geográficas de la Universidad Lomonosov, de Moscú, miembro de las academias de ciencias de Rumania y Checoslovaquia y Miembro de Honor del Instituto de Geografía de la Academia de Ciencias de la Unión Soviética. Fue condecorado con la Orden Premio Estatal de la Unión Soviética. Es miembro suplente del Comité Central del Partido Comunista de Cuba. Además de la *Geografía de Cuba* a que ya nos referimos —editada en varias ocasiones entre 1954 y 1972, esta última en cuatro tomos—, es autor de diversos libros de geografía y espeleología (*Exploración geográfica del Pan de Guajaibón*. La Habana, 1944; *El Pico Turquino. Exploración y estudio*. La Habana, 1945; *Explorando las cavernas de Cuba*. La Habana, 1945; *La cueva de Bella Mar*. La Habana, 1952; *Facativa, santuario de la rana. Andes orientales de Colombia*. La Habana, 1959; entre otros). Recopiló y prologó, tomadas de viva voz, las narraciones *La abuela* (Lima, Campadónico ediciones, 1973), en las que se relatan hechos de nuestro pasado. Su obra *Cuba: la naturaleza y el hombre*, en 17 tomos, se encuentra en proceso de elaboración. Algunas de sus obras han sido traducidas al ruso, chino, rumano, búlgaro, húngaro, checo, eslovaco, inglés.

Bibliografía activa

Desarrollo y auge de la espeleología en Cuba,

La Habana, Sociedad Espeleológica de Cuba, 1946.

Mayarí, *Descripción general*, La Habana, Sociedad Espeleológica de Cuba, 1948, Expedición geográfica de Oriente, 2.

Nuevos descubrimientos arqueológicos en Punta del Este, Isla de Pinos, Inicial por Juan M. García Espinosa, La Habana, Universidad de La Habana, 1948.

Curso de espeleología general, dictado bajo los auspicios de la Sociedad Espeleológica de Cuba, entre 1954 y 1955, Las Villas, Universidad Central, 1955.

Hacia la Reforma Agraria, La Habana, Editorial Tierra Nueva, 1959.

La ley de Reforma Agraria en su aplicación, Versión taquigráfica de la conferencia pronunciada en la octava sesión del Primer Forum Nacional sobre la Ley de Reforma Agraria, el 5 de julio de 1959, en el Capitolio Nacional, La Habana, Capitolio Nacional, Sección de Impresión, 1959.

La Liberación de las islas, La Habana, Editorial Lex, 1959.

Un año de liberación agraria, La Habana, INRA, 1960.

Humboldt, espeleólogo precursor, La Habana, reimpresión del INRA, 1960; 2.ª edición aumentada La Habana, Academia de Ciencias de Cuba, 1969, Serie histórica, 11.

La Reforma Agraria en la Revolución Cubana, La Habana, Ministerio de Relaciones Exteriores, Departamento de Relaciones Públicas, 1960.

Así es mi país, Geografía de Cuba para los niños, La Habana, Imprenta Nacional de Cuba, 1961; 2.ª edición, La Habana, Editora del Ministerio de Educación, 1964.

Informe al pueblo en el segundo aniversario de la Reforma Agraria, La Habana, Imprenta INRA, 1961.

Patria o muerte, La Habana, Imprenta del INRA, 1961.

Veinte años explorando a Cuba, Historia de la Sociedad Espeleológica de Cuba, La Habana, Imprenta del INRA, 1961.

Cuba con la mochila al hombro, La Habana, Ediciones Unión, 1963.

Inauguración del Museo de las Ciencias Felipe Poey, palabras del Discurso del Doctor Armando Hart Dávalos, La Habana, Academia de Ciencias de Cuba, 1964, Serie Actividades, 3.

Las Américas, Geografía para los niños, La Habana, Editora Pedagógica, 1965; 2.ª edición, La Habana, Instituto Cubano del Libro, 1968.

Cuevas y pictografías, estudios espeleológicos y arqueológicos, La Habana, Editorial Revolucionaria, 1967.

Piratería y colonización en Isla de Pinos, La Habana, Academia de Ciencias de Cuba, Instituto de Historia, 1967, Serie Isla de Pinos, 20.

Conmemoración del 26 de julio, asamblea general celebrada el día 19 de julio de 1968, discurso, La Habana, Academia de Ciencias de Cuba, 1968, Serie Actividades, 10.

La erosión desgasta a Cuba, La Habana, Instituto Cubano del Libro, 1968.

Expedición a la península de Guanahacabibes, notas de viaje, La Habana, Academia de Ciencias de Cuba, Instituto de Geografía, 1968, Serie Pinar del Río, 21.

Fragmentos de las palabras del compañero Antonio Núñez Jiménez en la Asamblea general de los trabajadores de la Academia de Ciencias en Oriente celebrada en el Museo Tomás Romay de Santiago de Cuba, el día 15 de diciembre de 1967, La Habana, Academia de Ciencias de Cuba, 1968, Serie Actividades, 7.

Informe sobre la visita de la delegación de la Academia de Ciencias de Cuba a la Royal Society of London, de Gran Bretaña, y el Centre National de la Recherche Scientifique, de Francia, La Habana, Academia de Ciencias de Cuba, 1969.

Lenin y la ciencia, La Habana, Academia de Ciencias de Cuba, 1969, Serie histórica, 11; La Habana, Academia de Ciencias de Cuba, Grupo de Filosofía, 1971, Serie filosófica, I.

Academia de Ciencias de Cuba, nacimiento y forja, La Habana, Ediciones de la Academia de Ciencias, 1972.

Inauguración del laboratorio de biología subterránea «Emil Racovitza», La Habana, Academia de Ciencias de Cuba, 1972, Serie actividades, 24.

Martí, la historia y la revolución, conferencia, La Habana, Academia de Ciencias, Instituto de Historia, 1972, Serie histórica, 23.

La primavera de la revolución socialista en América, estudio de La Historia me absolverá,

Lima, Embajada de Cuba en Perú, 1973.

El Segundo Frente Oriental «Frank País», Lima, 1974.

Cuba, dibujos rupestres, Lima, 1975.

Bibliografía pasiva

Álvarez Conde, José, «Antonio Núñez Jiménez», en su *Arqueología indocubana*, La Habana, Publicaciones de la Junta Nacional de Arqueología y Etnología, 1956, págs. 166.

«Antonio Núñez Jiménez», en su *Historia de la geología, mineralogía y paleontología en Cuba*, La Habana, Editorial Lex, 1957, págs. 248.

Febres Cordero G., Julio «Estudio espeleológico de la Cueva de Bellamar por Antonio Núñez Jiménez, tesis presentada para optar al título de Doctor en Filosofía y Letras, La Habana, 1951», en *Revista de la Biblioteca Nacional José Martí*, La Habana, 2.ª serie, 2, 3, 189-191, julio-septiembre, 1951.

Palenque y Saínz de la Peña, Amado, *«Geografía de Cuba* por Antonio Núñez Jiménez», en *Nuestro Tiempo*, La Habana, 2, 3, 9, enero, 1955.

Vieta, Ezequiel, «Con la patria al hombro», en *La Gaceta de Cuba*, La Habana, 3, 36, 22, mayo 5, 1964.

Núñez Machín, **Ana** (San Antonio de los Baños, La Habana, 7 enero 1933). Cursó la primaria en su pueblo natal. Graduada de la Escuela Normal para Maestros de La Habana, estudió luego en la Facultad de Educación de la Universidad. Trabajó como maestra rural durante nueve años. En 1961 ingresó en la redacción del periódico *Noticias de Hoy.* Integró la Comisión Nacional de Alfabetización como periodista. Ha trabajado en el Departamento de Prensa y en la Editora Pedagógica del Ministerio de Educación. Ha obtenido premios y menciones en diversos concursos. En 1970 recibió el premio de biografía del Concurso UNEAC con su libro *Rubén Martínez Villena.* Sus colaboraciones han aparecido en *Chic, Cine Gráfico, Romances, Mujeres, Verde Olivo, con la Guardia en Alto, Trabajo, Cuba, Bohemia, Islas, Revolución, Vanguardia Obrera, La Tarde, Granma, El Mundo* y *Neva* (Leningrado). Ha sido traducida al ruso, ucraniano, vietnamita, checo y alemán. Cultiva además el cuento.

Bibliografía activa

Raíces, poesía, Mariano, La Habana, Editorial El Sol, 1955.

Tiempo de sombra, poesía, La Habana, Imprenta del Instituto Nacional de Reforma Agraria, 1959.

Sangre resurrecta, La Habana, Imprenta CTC-R, 1961.

Metal *de auroras*, La Habana, Imprenta CTC-R, 1964.

Historia local de San Antonio de los Baños, La Habana, Imprenta UJC, 1965.

Braceros antillanos, La Habana, Ministerio del Trabajo, 1969; La Habana, Talleres del MINTRAB, 1970.

Para preservar la salud de los trabajadores, La Habana, Talleres del MINTRAB, 1971, II Encuentro Nacional de Protección e Higiene del Trabajo.

Rubén Martínez Villena, La Habana, UNEAC, 1971; La Habana, Instituto Cubano del Libro, 1975.

Rubén Martínez Villena, síntesis de su vida, La Habana, *s. i.*, 1972.

La otra María; o, La niña de Artemisa, testimonio sobre María Josefa Granados, precursora de la lucha por los derechos de la mujer en Cuba, La Habana, Instituto Cubano del Libro, Editorial Arte y Literatura, 1975.

Bibliografía pasiva

González, Odilio, «La poesía de Ana Núñez Machín», en *Diario de la Marina*, La Habana, 125, 195, 6-D, agosto 18, 1957.

García Carrera, Dino, «Sobre una biografía de Rubén Martínez Villena», en *La Gaceta de Cuba*, La Habana, 141, 31-32, diciembre, 1975.

Potts, René, «Cinco preguntas a Ana Núñez Machín», en *Romances*, La Habana, 35, 413, 17, febrero, 1971.

Núñez Miró, **Isidoro** (Matanza, 7 mayo 1933). Cursó la primaria en su ciudad natal. Se graduó de bachiller en 1950. En 1955 obtuvo el título de Doctor en Derecho en la Universidad de La Habana. Realizó estudios de estadística y programación Lineal. Ha trabajado como profesor en colegios, privados y en el Instituto de Estudios Financieros del

Ministerio de Hacienda (1962-1964), donde explicó Derecho Fiscal, Financiamiento y Planificación. Ha trabajado como abogado y como asesor técnico del Ministerio del Trabajo y de Hacienda. Colaboraciones suyas han aparecido en *Orígenes*, *Diario de la Marina*, *Casa de las Américas* y *La Gaceta de Cuba*. Ha traducido poemas de Mallarmé y de Rimbaud. Cultiva también el cuento. En ocasiones ha firmado con el seudónimo *Augusto Durán*.

Bibliografía activa

Se diría noche, 1953-1955, poesía, La Habana, Imprenta Úcar, García, 1956.

Bibliografía pasiva

Guevara, Alfredo, «Isidoro Núñez Miró, *Se diría noche*», en *Nuestro Tiempo*, La Habana, 4, 16, 8, marzo-abril, 1957.

Núñez Olano, **Andrés** (Unión de Reyes, Matanzas, 23 mayo 1900 La Habana, 21 diciembre 1968). Cursó la primaria y el bachillerato en la ciudad de Matanzas. Ingresó en la Facultad de Derecho en la Universidad de La Habana, pero abandonó los estudios para dedicarse al periodismo. Asistía asiduamente a la tertulia del Café Martí, en la que se reunían los jóvenes intelectuales de la época, entre ellos Regino Pedroso, Juan Marinello y Rubén Martínez Villena. Formó parte del Grupo Minorista. Fue jefe de redacción de *Ahora*, *La Discusión*, *Bohemia* y *Carteles*. Dirigió el semanario *Resumen* (1935). Trabajó como redactor y traductor en *El Fígaro*, *Social*, *El Sol*, *Chic*, *Revista de Avance* y *El Mundo*, entre otras muchas publicaciones periódicas. Fue director del rotograbado dominical de *El Mundo*. Trabajó como profesor en la Escuela Nacional de Periodismo «Manuel Márquez Sterling» y en la Escuela de Letras y de Arte de la Universidad de La Habana. Además de sus poemas, escribió crítica literaria, teatral y cinematográfica. Es autor del prólogo y de la selección de *Un nombre y otras prosas* (La Habana, 1940), de Rubén Martínez Villena.

Bibliografía pasiva

Carbonell y Rivero, José Manuel, «Andrés Núñez Olano», en su *La poesía lírica en Cuba*, recopilación dirigida, prologada y anotada, tomo 5, La Habana, Imprenta El Siglo XX, 1928, págs. 572, Evolución de la cultura cubana, 1608-1927, 5.

Lizaso, Félix y José Antonio Fernández de Castro, «Andrés Núñez Olano» en su *La poesía moderna en Cuba, 1882-1925*, antología crítica, ordenada y publicada, Madrid, Librería y Casa Editorial Hernando, 1926, págs. 370.

Vitier, Cintio, «Andrés Núñez Olano», en su *Cincuenta años de poesía cubana, 1902-1952*, ordenación, antología y notas, La Habana, Ministerio de Educación, Dirección de Cultura, 1952, págs. 137.

Núñez Rodríguez, **Enrique** (Quemado de Güines, Las Villas, 13 mayo 1923-28 noviembre 2002). Cursó la primaria en su pueblo natal y el bachillerato en el Instituto de Sagua la Grande (Las Villas). Se graduó de Doctor en Derecho en la Universidad de La Habana. En 1948 comenzó a escribir libretos satírico-políticos, humorísticos y de aventuras para la radio. Por esta labor recibió varios premios de la Asociación de Críticos de Radio y Televisión. En 1949 estrenó sus piezas *Cubanos en Miami* y *La chuchera respetuosa*, interpretada por Rita Montaner. Entre 1950 y 1959 formó parte de la redacción de *Carteles*. El Patronato del Teatro llevó a la Sala Talía, en 1959, su comedia *Gracias, Doctor*, merecedora ese mismo año de la primera mención en el Premio «Luis de Soto». Ha publicado cuentos, poemas, estampas costumbristas y humorísticas en *Bohemia*, *Zig-Zag*, *El Mundo*, *Siempre* y *El Sable*, suplemento de *Juventud Rebelde*. Ha estrenado varias obras de teatro: *El bravo* (1965) y *Voy abajo*, sainetes con música de Rodrigo Prats; la comedia *Dios te salve, comisario* (1967), que alcanzó ciento treinta y cuatro representaciones consecutivas, y *Sí, señor juez* y *La sirvienta*, comedias escritas especialmente para la televisión. Desempeñó la dirección artística del Grupo «Jorge Anckermann». Es autor de guiones de cortometraje.

Bibliografía pasiva

González Freire, Natividad, «Nueva en esta casa», en *Bohemia*, La Habana, 63, 13, 20-21, marzo 26, 1971.

Leal, Rine, «*Gracias Doctor*», en su *En primera persona, 1954-1966*, La Habana, Instituto Cubano del Libro, 1967, págs. 64-67.

Monsanto, Andrés M., «*Gracias Doctor*, eminentemente popular», en *El Mundo del Domingo*, suplemento del periódico *El Mundo*, La Habana, 12-13, marzo 6, 1966.

Parajón, Mario, «*Dios te salve, comisario*», en *El Mundo*, La Habana, 66, 22 036, 6, noviembre 1, 1967.

O

Observador Habanero, El (La Habana, 1820-1822). Periódico político, científico y literario. El primer número apareció el 15 de junio. Su periodicidad era quincenal. En la página 42 del *Catálogo de publicaciones periódicas cubanas de los siglos XVIII y XIX* (La Habana, Biblioteca Nacional José Martí. Departamento Colección Cubana, 1965), se señala que fue dirigido por José Agustín Govantes. Según afirman Domingo del Monte y Antonio Bachiller y Morales, el primero en su «Lista cronológica de los libros inéditos e impresos que se han escrito sobre la Isla de Cuba, y de lo que hablan de la misma desde su descubrimiento y conquista hasta nuestros días», tercera parte —aparecida en la *Revista de Cuba* (La Habana, 2: 545, junio, 1882)—, el segundo en el tomo 2 de su obra *Apuntes para la historia de las letras y de la instrucción pública en la isla de Cuba* (La Habana, Academia de Ciencias de Cuba. Instituto de Literatura y Lingüística, 1972, pág. 21), contó entre sus colaboradores a Félix Varela, José Agustín Caballero, Leonardo Santos Suárez, Nicolás M. de Escobedo y Felipe Poey. Cada número aparecía dividido en varias secciones: «Política»; «Ciencias y artes», que comprendía trabajos sobre mineralogía, meteorología, física, química; «Medicina» o «Fisiología»; «Literatura y variedades», donde apareció, en números sucesivos, un análisis sobre las *Lecciones de filosofía*, de Félix Varela; «Poesía», con compo-siciones de autores españoles y en otros casos sin firmas; «Obras nuevas», que comentaba las últimas publicaciones; «Religión», y «Economía Política». Publicó también trabajos sobre historia de Europa. Los diecisiete números que hemos consultado, pertenecientes a los fondos de la Biblioteca del Instituto de Literatura y Lingüística y recogidos en un solo volumen, carecen de portada, excepto el número 2, por lo que no podemos precisar exactamente cuál es la fecha del último revisado, a pesar de que en toda la Bibliografía consultada consta que terminó en 1822, pero sin precisar día ni mes. Su índice analítico, compilado por Araceli García Carranza, se encuentra a disposición del público en el departamento de Colección Cubana de la Biblioteca Nacional José Martí.

Océano (La Habana, 1941). Publicación mensual. Órgano oficial de la Asociación de Propietarios de la playa de Santa Fe. Revista. El primer número correspondió al mes de enero. Era dirigida por Arístides Sosa de Quesada. Su periodicidad varió a bimestral a partir del número 13 (enero-febrero de 1942), aunque con posterioridad a este número su salida fue muy irregular. En 1943 aparecieron dos números (17 y 18), correspondientes a enero-abril y a mayo-diciembre. De 1944 no se ha visto ningún ejemplar, pero todo hace suponer que durante ese año no se publicó, pues el próximo número localizado es el 19, de marzo de 1945, que a su vez es el último encontrado. Publicó poemas, cuentos, trabajos pedagógicos y sobre arte, crítica literaria y la crónica social y deportiva. Figuraron colaboraciones de Regino Pedroso, Federico de Ibarzábal, Guillermo Villarronda, Andrés de Piedra-Bueno, Eduardo Zamacois, Antonio Martínez Bello, Yolanda Lleonart y Evelio Sentmanat.

Oficina del Historiador de la Ciudad Fue inaugurada oficialmente el 11 de junio de 1938 en el entresuelo del antiguo Palacio Municipal. Funcionó como una dependencia autónoma del Municipio de La Habana, pero incorporada al Departamento de Cultura. La dirección recayó en Emilio Roig de Leuchsenring, quien desde el 1.º de julio de 1935 había sido nombrado Historiador de la Ciudad de La Habana. En 1947 la Oficina quedó incorporada al Departamento de Educación, pero casi de inmediato fue adscrita a la Alcaldía de La Habana, y así figuró durante muchos años. Ese año se trasladó al Palacio de Lombillo, en la Plaza de la Catedral, las funciones que tuvo esta Oficina fueron la custodia y publicación de las Actas Capitulares del Ayuntamiento de La Habana, la celebración de ciclos de conferencias, cursos de carácter histórico, organización de actos conmemorativos y de difusión cultural. Además, fue tarea suya fomentar la cultura habanera e impulsar y ayudar al aumento de la nacionalidad americana, dando a su actuación carácter y proyección eminentemente populares. También organizó, en unión de la Sociedad Cubana de Estudios Históricos e Internacionales —asimismo orga-

nizada por esta institución— los Congresos Nacionales de Historia. Contribuyó con todo ello al conocimiento y divulgación de la historia general de Cuba en todo el territorio nacional y en el continente. Contó con las secciones de Archivo Histórico Municipal, creado en agosto de 1937, que tuvo en depósito las Actas Capitulares del Ayuntamiento de La Habana; la Biblioteca Histórica Cubana y Americana «Francisca González del Valle», creada en 1938, formada por libros de las bibliotecas particulares del Doctor Roig Leuchsenring y de otros miembros de la Sociedad Cubana de Estudios Históricos e Internacionales; el Museo de la Ciudad de La Habana, que quedó inaugurado en 1942 y reunió valiosas reliquias históricas de la capital. Otra de las tareas importantes desarrolladas por la Oficina fue la de las publicaciones. Editó los *Cuadernos de Historia Habanera* y la *Colección Histórica Cubana y Americana*, ambas dirigidas por Roig de Leuchsenring. Esta colección publicó un *Curso de introducción a la historia de Cuba*, las *Poesías completas* de José María Heredia, y *Vida y pensamiento de Martí*, entre otros títulos, a pesar de que en muchos momentos careció de crédito para llevar a término sus trabajos. En 1961 la Oficina pasó al Consejo Nacional de Cultura, quien posteriormente la cedió a la Academia de Ciencias de Cuba. A la muerte de Roig de Leuchsenring en 1964, la institución prácticamente cesó sus actividades, hasta que en 1968 la Academia de Ciencias la traspasó a la Administración

Metropolitana de La Habana. El 23 de agosto de 1969, al cumplirse los ochenta años del nacimiento de Roig, se volvió a abrir la Oficina, instalada ahora en su primer local, hoy Museo de la Ciudad. Tal fecha ha quedado establecida como el día anual de la institución. El Museo, que constituye la sección principal de la Oficina, había sido inaugurado el 21 de octubre de 1968, bajo la dirección de Eusebio Leal, su actual director e Historiador de la Ciudad de La Habana. Otras de las secciones con que cuenta hoy la Oficina son el Archivo y Biblioteca «Francisco González del Valle» y la sección arqueológica, conservación y montaje y publicaciones. Es notable la obra de difusión cultural, y en particular histórica que hoy realiza la Oficina del Historiador de la Ciudad. Organiza charlas, ciclos de conferencias, montaje de exposiciones, actos artísticos, veladas conmemorativas, visitas dirigidas a las diferentes salas del museo, etc.

Bibliografía

González Manet, Enrique, «Una sala histórica en el Museo de la Ciudad», en *Granma*, La Habana, 3.ª edición, 7, 34, 5, febrero 9, 1971.

«Municipio de La Habana, Oficina del Historiador de la Ciudad», en *Anuario Cultural de Cuba, 1943*, La Habana, Imprenta Úcar, García, 1943, págs. 340-342.

Roig de Leuchsenring, Emilio, *Veinte años de actividades del Historiador de la Ciudad de La Habana*, La Habana, Oficina del Historiador
de la Ciudad, 1955, 5 V.

O'Gaban y Guerra, Juan Bernardo (Santiago de Cuba, 8 febrero 1782-La Habana, 7 diciembre 1838). Estudió en el Seminario San Basilio el Magno, de Santiago de Cuba. En 1802 y 1803 se graduó, respectivamente, de Bachiller en Sagrados Cánones y de Licenciado en Derecho Canónico en la Universidad de La Habana. En 1804 ingresó como individuo de la Real Sociedad Patriótica. Un año más tarde se graduó de Maestro en Artes en la Universidad, se ordenó de sacerdote, comenzó a impartir la cátedra de filosofía en el Seminario de San Carlos y ocupó el cargo de secretario interino de la Real Sociedad Patriótica. Visitó a Europa en 1807, enviado por la Real Sociedad, para estudiar el sistema pedagógico de Pestalozzi. Tras su regreso en 1808, informó en una *Memoria* leída en la Sociedad Económica y publicada en *El Aviso* y en *La Aurora* ese mismo año. Su *Memoria* fue desaprobada en 1809 por el Tribunal del Santo oficio de México. Fue nombrado provisor y vicario genera en 1810 y diputado a la Junta Provincial de Cádiz por Santiago de Cuba en 1811. En dicha junta ocupó los cargos de secretario y presidente. Tras su regreso de Cádiz en 1815 fue nombrado magistrado de la Real Audiencia y oidor honorario de Puerto Príncipe. Ocupó los cargos de censor (1818) y de presidente (1819) de la Sección de Instrucción Pública de la Real Sociedad Patriótica. En sus funciones de presidente de esa Sección formó las juntas locales de instrucción primaria de Puerto Príncipe y de Santiago de Cuba. Se trasladó de nuevo a España en 1820. Rechazó el cargo de obispo en 1822 y el de arzobispo de Cuba en 1823. Poco después de su regreso de España se vio obligado a volver a la Península bajo la acusación de deslealtad. Regresó a Cuba en 1827. En 1828 se graduó de Doctor en Derecho Canónico en la Universidad de La Habana. Fue nombrado decano de la catedral habanera en 1829. En 1834 llegó a ocupar la dirección de la Real Sociedad Patriótica. Ese mismo año, al crearse la Academia de Literatura, se opuso obstinadamente a ella por estimar que obstruccionaba las labores de la Sociedad. Por este motivo entabló una famosa polémica con José Antonio Saco, quien tuvo al fin que marcharse de Cuba en 1834 a causa del ostracismo a que fue condenado dentro del mismo país. Fue nombrado auditor de la Rota Romana en 1835. En espera del reconocimiento de Roma para ocupar el cargo, se trasladó a París. Regresó a La Habana en 1838.

Bibliografía activa

Ipso astante Macenate Illustrissimo D. D. Joanne Josepho Diaz de Espada et Landa Havanae Diocesis meritissimo episcopo, certamini Philosophico in regali sanceti Caroli Seminario die 21 julius anni 1806 habito Oratio in tanti Praesulis laudem et amoris monumentum a Joanne Bernardo O'Gavan, arbium catedrae moderatore, prolata, s. l., s. i., 1806.
Elogio del Excmo. e Illmo, señor don José Pablo Valiente y Bravo, La Habana, Oficina de Arazoza y Soler, 1818.
Observaciones sobre los negros del África, considerados en su propia patria y trasplantados a las Antillas españolas; y reclamación contra el tratado celebrado con los ingleses el año de 1817, Madrid, Imprenta de El Universal, 1821.
Carta circular que dirige el Excelentísimo señor Dr. don J. B. O'Gavan, provisor y vicario general y gobernador de este obispado, al Venerable Cabildo de esta Santa Iglesia Catedral, curas, párrocos, sus tenientes, beneficiados sacristanes mayores de almas, prelados regulares de los conventos y superioras de los monasterios de esta diócesis, sobre las rogativas públicas para que el Señor liberte a la nación española y sus dominios de la peste llamada cólera morbo, La Habana, Imprenta de don José Boloña, 1832.

Bibliografía pasiva

Pacheco, Joaquín Francisco, «Cubanos distinguidos, Don Juan Bernardo de O'Gavan y Guerra», en *Revista de Cuba*, La Habana, 5, 35-51 y 109-124, 1879.

Oliver Labra, **Carilda** (Matanzas, 1924-29 agosto 2018). Obtuvo el título de Doctora en Derecho Civil en la Universidad de La Habana. Trabajó como abogado en su ciudad natal. Ocupó un cargo en la biblioteca pública «Gener y del Monte», de Matanzas, y fue profesora de dibujo, pintura y escultura. En 1950 obtuvo tres premios literarios; Primer

Premio y Flor Natural en el Certamen Nacional por su «Canto a la bandera», Premio Nacional de Poesía del Ministerio de Educación por su libro *Al sur de mi garganta* y segunda mención de honor por su cuento «Deida» en el Concurso Internacional de Cuentos Hernández Catá. Ganó además el Premio Nacional en el Certamen Hispanoamericano organizado por el Ateneo Americano de Washington para conmemorar el tricentenario del nacimiento de Sor Juana Inés de la Cruz. Después del triunfo de la Revolución trabajó como profesora de secundaria básica en Matanzas. Obtuvo el Premio Nacional de Literatura en 1997.

Bibliografía activa

Preludio lírico, prólogo de Fernando Lles, Matanzas, Casas y Mercado 1943.

Al sur de mi garganta, Matanzas, edición del Gobierno Provincial de Matanzas, 1953.

Memoria de la fiebre, La Habana, Ediciones de la Organización Nacional de Bibliotecas Ambulantes y Populares, 1958.

Versos de amor, antología de todas sus obras, publicadas e inéditas, La Habana, *Revista Periódica Ilustrada*, 1963.

Bibliografía pasiva

Torriente, Loló de la, «El poeta debe responder a su momento histórico», en *Bohemia*, La Habana, 60, 27, 14-19, julio 5, 1968.

Vitier, Cintio, «Carilda Oliver Labra», en su *Cincuenta años de poesía cubana*, ordenación, antología y notas, La Habana, Dirección de Cultura del Ministerio de Educación, 1952, págs. 389.

Opinión Ilustrada, **La** (La Habana, 1912). Revista mensual de arte y literatura. Solo se han visto los números 1 y 2, correspondientes a marzo y abril. Fue dirigida por Pedro Aguirreurreta. Insertaba una lista de colaboradores (que no eran tales en realidad), en la que figuraban Guillermo de Montagú, Joaquín Aramburu, Rubén Darío, Miguel de Unamuno, Benito Pérez Galdós, Máximo Gorki, José Echegaray, Antonio Machado, Marcelino Menéndez y Pelayo, Leopoldo Lugones y la condesa de Pardo Bazán. En los dos ejemplares localizados hay dos poemas, uno de Salvador Rueda y otro de Amado Nervo, dedicados expresamente a esta revista. Publicó cuentos, prosa poética, trabajos feministas. Figuraron en sus páginas trabajos de Edelmira Pi, Félix Ferrari, Ubaldo R. Villar, Francisco Ballesteros, Fausto García Rivera, Onelio Miguel de Zamora y Francisco Robainas.

Oraá, **Francisco de** (La Habana, 4 julio 1929-27 febrero 2010). Cursó la primaria en Caibarién (Las Villas), donde vivió durante muchos años. Militó en el núcleo del Partido Socialista de Caibarién entre 1944 y 1950. Se graduó de Bachiller en Letras en el Instituto de Remedios (Las Villas) en 1959. Trabajó en la biblioteca de la Escuela de Instructores de Arte del Consejo Nacional de Cultura entre 1960 y 1966. Tomó parte en el Primer

Congreso Nacional de Escritores y Artistas de Cuba, celebrado en La Habana en 1961. Ha colaborado en *Hoy Domingo* (suplemento del periódico *Noticias de Hoy*), *El Mundo del Domingo* (suplemento del periódico *El Mundo*), *Juventud Rebelde*, en la sección «Novación literaria» del periódico *Prensa Libre*, en *Islas*, *La Gaceta de Cuba* y *Unión*, revista en la que desempeñó el cargo de secretario de redacción. Formó parte de la Comisión de Publicaciones de la UNEAC. Algunos poemas suyos han sido traducidos al búlgaro y al yugoslavo y publicados en *Literaturen Front*, de Sofía, y en *Ui Irás*, de Budapest. Obtuvo el Premio Nacional de Literatura en 1993.

Bibliografía activa

Es necesario, poemas, La Habana, Ediciones Belic, 1964, Cuadernos Girón, 3.

Por nefas, 1954-1960, La Habana, UNEAC, 1966.

Con figura de gente y en uso de razón, poesía, La Habana, UNEAC, 1969.

Bibliografía pasiva

Branly, Roberto, «Cuatro poemarios recientes» en *Unión*, La Habana, 3, 3, 152-159, julio-septiembre, 1964.

Orovio, Helio, «La justa poesía de Oraá», en *La Gaceta de Cuba*, La Habana, 5, 52, 8, agosto-septiembre, 1966.

Oraá, Pedro de (La Habana, 23 octubre 1931-25 agosto 2020). Cursó estudios en la Escuela Primaria Superior anexa a la Escuela Normal para Maestros de La Habana. Fue alumno de pintura y escultura en la Escuela de San Alejandro y de construcción civil en la Escuela de Artes y Oficios de La Habana. En 1949 publica por primera vez en un periódico de la capital, junto con otros poetas de Caibarién (Las Villas). En 1957 viajó a Venezuela, donde se vinculó a grupos de escritores y artistas. En 1960 contribuye a la organización de las actividades escénicas del Teatro Nacional y trabaja como responsable de diseño de propaganda hasta 1962. Ese año comenzó a trabajar como diseñador en el CNC. Fundó las Ediciones Pálpite en 1961. Es cofundador de la Editorial Belic (1964). Ese mismo año se trasladó a Bulgaria, donde residió dos años para iniciar parte de un plan de conocimiento de la lengua y la literatura búlgaras. Participó en el Encuentro de Verano de Poetas de Europa Oriental, celebrado en Varna (1965), y en el Homenaje internacional al poeta búlgaro Pencho Slaveikov, celebrado en Sofía y en Triavna en 1966. Ha colaborado en *Orígenes*, *Ciclón*, *Revolución*, *Lunes de Revolución*, *El Mundo*, *Hoy Domingo* (Suplemento del periódico *Noticias de Hoy*), *La Gaceta de Cuba*, *Casa de las Américas*, *Unión*, *Pájaro Cascabel* (México), *RDA* (República Democrática Alemana), *Inostrannaia Gazeta* (Unión Soviética); *Plamak*, *Bulgaria de Hoy*, *Frente literario*, *Cultura Nacional* (Bulgaria). Formó parte del grupo «10 pintores concretos cubanos». Ha expuesto en diversas muestras personales y colectivas en Estados Unidos, Venezuela, México, So Paulo, Praga, Sofía, Budapest, Moscú, Varsovia, Berlín, Bucarest, Belgrado. Expuso carteles en Londres y en París. Ha viajado además a Turquía y a Grecia. Ha trabajado en traducciones de Gueo Milef y Tristo Smirnenski para la Editorial de Lenguas Extranjeras de Sofía, así como en versiones de la obra de Vesna Parum, poetisa yugoslava. Es uno de los traductores de la antología *Poesía búlgara* (La Habana, Instituto Cubano del Libro, 1974). Para la revista *Unión* ha realizado traducciones de poesía. Poemas suyos han sido traducidos al inglés, francés, alemán, polaco, ruso, búlgaro y sueco.

Bibliografía activa

El instante cernido, *1952-1953*, La Habana, 1953.

Tiempo y poesía, Crítica narrativa, La Habana, Ediciones Pálpite, 1961.

La voz de la tierra, La Habana, Ediciones Unión, 1965.

Las destrucciones por el horizonte, 1966-1967, La Habana, UNEAC, 1968.

Apuntes para una mitología de La Habana, La Habana, Ediciones Unión, 1971.

Bibliografía pasiva

Alomá, Orlando, «*La voz de la tierra*» en *Unión*, La Habana, 5, 2, 171-172, abril-junio, 1966.

Branly, Roberto, «Pedro de Oraá, *Tiempo y poesía*» en *Casa de las Américas*, La Habana, 2, 9, 154-155, noviembre diciembre, 1961.

Díaz Martínez, Manuel, «Pedro de Oraá», en *La Gaceta de Cuba*, La Habana, 6, 54, 12, enero, 1967.

Nussa, *Ele*, seudónimo de Leonel López Nussa, «Oraá en extensión», en *Bohemia*, La Habana, 67, 1, 26, enero 3, 1975.

Rodríguez Rivera, Guillermo, «Dicen, buen Pedro», en *La Gaceta de Cuba*, La Habana, 6, 58, 4, mayo, 1967.

Selva, Mauricio de la, «Pedro de Oraá, *La voz a tierra*», en *Cuadernos Americanos*, México, 25, 144, 1, 270, enero-febrero, 1966.

«Pedro de Oraá, *Las destrucciones por el horizonte*», en *Cuadernos Americanos*, México, 28, 164, 3, 278-279, mayo-junio, 1969.

Orbe (La Habana, 1931-1933; 1941-1942). Semanario gráfico e informativo de actualidad mundial. El primer número correspondió al 13 de marzo. Fue dirigido por Ignacio Rivero Alonso. Su redactor jefe era José Antonio Fernández de Castro. Era publicado por la misma empresa que editaba el *Diario de la Marina*. En sus propósitos indicaban que informarían «gráfica y detalladamente a los lectores [...] de cuanto acontece en los días actuales, en Cuba, España y el resto del mundo». Pretendían también «Recoger en sus páginas, en informaciones plenas de interés humano, las palpitaciones más intensas de la vida nacional y extranjera. Ofrecer al Comercio y a la Industria un nuevo medio para el desarrollo de sus actividades. Exponer en sus columnas

—oportunamente—, problemas prácticos de carácter público y sus plausibles soluciones. Mantener a nuestros lectores informados de todas las novedades que ocurren en el mundo, de arte (cine, teatro, música, etc.), de la ciencia (mecánica, navegación, electricidad, radio), de deporte, de literatura, modas y humorismo. Realizar encuestas entre elementos caracterizados y competentes sobre cuestiones de interés general. Crear un lazo de solidaridad entre *Orbe* y sus lectores».

Desde el número 18 aumentó el número de páginas y ofreció nuevos servicios gráficos, informativos y literarios. Publicó cuentos, poemas, artículos sobre política contemporánea, arte, historia, literatura, notas sobre teatro y cine y comentarios sobre libros. Entre sus colaboradores figuraron Pablo de la Torriente Brau, Nicolás Guillén, Gerardo del Valle, Gonzalo de Quesada y Miranda, Emeterio Santiago Santovenia, Ramón Agapito Catalá, Rafael Esténger, Alfonso Hernández Catá y Mary Morandeyra. El último número publicado (107) correspondió al 26 de marzo de 1933. En la primera página del *Diario de la Marina* de esta fecha apareció una «Explicación al lector», en la que se expresaba: «Con motivo de los cambios y reparaciones que ha sido necesario efectuar en la planta de retograbado para dar a la publicidad el *Diario Gráfico*, nos vemos impedidos de repartir con este número, como de costumbre, la revista *Orbe*. A partir del próximo martes, día 28, daremos comienzo a lo que, sin duda, representa una excepcional innovación en el perio-dismo cubano, ofreciendo a nuestros lectores cuatro páginas diarias de información gráfica [...]. Creemos que, de este modo, quedará ampliamente compensada la supresión de la revista *Orbe*». Reapareció el 14 de septiembre de 1941, con numeración independiente, como «Suplemento literario ilustrado». Continuó siendo semanal. Era dirigido por José Ignacio Rivero. En dicho primer número manifestaba el director que «*Orbe* aparece como órgano de publicidad continental americana para satisfacer una necesidad urgente. Los periódicos o se gestan en las ansias populares o nacen muertos. Y *Orbe* germinó en la II Conferencia de Cancilleres celebrada en la capital de Cuba [...]. Por tanto, creemos haber hallado la hora en la que todo el continente demanda contactos y entendimientos, y de esa hora nace *Orbe* como cita del saber y del espíritu americanos».

Como puede observarse, no se relaciona este *Orbe* con el anterior, aunque el formato y las características generales de la revista eran las mismas. Entre otros colaboradores de esta etapa se encuentran Antonio Iraizoz, Felipe Pichardo Moya, Ramón Guirao, Federico Villoch, Ricardo Riaño Jauma, Ernesto Fernández Arrondo, Jorge Mañach, Juan José Remos, Renato Villaverde, Armando Maribona y Anita Arroyo. El último número localizado corresponde al 8 de marzo de 1942.

Orden, El (Santiago de Cuba, 1850-1854). Periódico. No se ha visto ningún ejemplar. Señala Emilio Bacardí, en la página 448 del tomo 2 de su obra *Crónicas de Santiago de Cuba* (Santiago de Cuba, Tipografía Arroyo, 1925), que comenzó a salir en agosto, que la dirigía el teniente coronel José María Gómez Colón y que eran sus redactores Manuel Blez y Anselmo Manuel de Meana. Hace referencia Bacardí, en la página 87 del tomo 3 de su ya mencionada obra, a que en enero de 1854 «Se fusionan los periódicos *El Orden* y *El Redactor*, tomando entonces el nombre de *El Diario Redactor* siendo el editor D. Miguel A. Martínez». Como colaboradores nombra Bacardí a José Pablo Garzón, Federico García Copley, Tristán de Jesús Medina, José María Villafañe, Luisa Pérez Montes de Oca y Margarita y Aleida del Mármol. José María Labraña afirma, en la página 673 de su trabajo «La prensa en Cuba» —aparecido en *Cuba en la mano. Enciclopedia popular ilustrada* (La Habana, Imprenta Úcar, García, 1940, págs. 649-786)—, que también colaboraron en el periódico los hermanos Cecilia y Pedro Santacilia.

Orgaz, **Francisco de Paula** (La Habana, 2 abril 1815, Madrid, 4 abril 1873). Abandonó sus estudios en el Seminario San Carlos para dedicarse a la literatura. Publicó en *Jardín Romántico* (1838), de Santiago Cancio Bello, Miguel Francisco Viondi y Andrés Avelino de Orihuela, y en *Flores de mayo* (1838), de Zambrana. Su poema «A Zorrilla», donde habla de las ansias de libertad de Cuba, circuló secretamente entre los cubanos. Su drama *El pescador*, basado en un episodio de la vida del marqués Pedro Calvo, aunque permaneció inédito, fue causa indirecta de su destierro. Se trasladó a España (1840). En Madrid trabajó como periodista y profesor de esgrima. Fue secretario del Gobierno Político de Salamanca (1843), catedrático de literatura en el Liceo de esa ciudad, ocupó cargos en Hacienda y llegó a ser jefe de Administración. Fue redactor de *El Pabellón Español* (1842), *El Clamor Público*, *El Boletín Oficial del Ministerio de Hacienda* y *El Esparterista* (1854). Colaboró en *El Espectador* y *El Contemporáneo*, desde donde combatió al gobierno del General Espartero. Colaboró además en diversas publicaciones cubanas, como *Cartera Cubana* (1840), *El Colibrí* (1847), *Revista de La Habana* (1853) y *Floresta Cubana* (1856). Fue corresponsal en Madrid del *Diario de la Marina*. Era miembro del Ateneo de dicha ciudad. Escribió el prólogo de la novela *Caramurú* (Madrid, 1850), de Magariños Cervantes. Dejó dos obras de teatro inéditas, una de ellas su comedia en verso *El pescador* (1839), a la que ya nos referimos. Tradujo la *Historia de la Revolución Francesa de 1848 y de la fundación de la República* (1850), de Lamartine.

Bibliografía activa

Preludios del arpa, Madrid, Boix Editor, 1841.
Poesías, Madrid, Imprenta Boix, Mayor, 1850.
Consecuencias de un disfraz, comedia, Madrid, Imprenta de V. Lalama, 1852.

Bibliografía pasiva

Cruz, Manuel de la, «Reseña histórica del movimiento literario en la isla de Cuba», en su *Literatura cubana*, Madrid, S. Calleja, 1924, págs. 45, Obra de Manuel de la Cruz, 3.

Lezama Lima, José, «Francisco Orgaz», en su *Antología de la poesía cubana*, tomo 2, La Habana, Consejo Nacional de Cultura, 1965, págs. 434-435.

López Prieto, Antonio, «Francisco de Orgaz», en su *Parnaso cubano*, Colección de poesías selectas de autores cubanos desde Zequeira a nuestros días, precedida de una introducción histórico-crítica sobre el desarrollo de la poesía en Cuba, con biografías y notas críticas y literarias de reputados literatos, La Habana, Editor Miguel de Villa, 1881, págs. 230-231.

Menéndez y Pelayo, Marcelino, *Historia de la poesía hispano-americana*, tomo 1, Madrid, Librería General de Victoriano Suárez, 1911, págs. 285.

«Orgaz, Francisco», en *América poética*, Colección escogida de composiciones en verso, escrita por americanos en el presente siglo, Valparaíso, Chile, Imprenta del Mercurio, 1846, págs. 651.

Orientación Social (La Habana, 1936-1942). «Revista mensual. Órgano oficial de la Unión de Dependientes del Ramo del Tabaco», se lee en el primer ejemplar visto (número 4) correspondiente al mes de noviembre. En él aparece como director Juan Sagardoy. En el siguiente número encontrado, correspondiente a marzo de 1939, funge como director Pedro Pérez Crespo, quien continúa con la dirección en los restantes ejemplares hallados. Publicación de carácter político y de orientación socialista, dio cabida en sus páginas a trabajos sobre la economía cubana, la vida en la Unión Soviética y a artículos sobre la Segunda Guerra Mundial. Ocasionalmente publicó poemas, algunos de ellos de Regino Pedroso. Fueron sus colaboradores Carlos Rafael Rodríguez, Juan Marinello, Blas Roca, Ángel Augier, Emilio Roig de Leuchsenring y Ramiro Guerra. El último ejemplar visto corresponde a los meses de abril-mayo de 1942.

·**Orientación Social** (Santiago de Cuba, 1950-1960). «Revista mensual ilustrada. Órgano oficial de la Federación de Sociedades Cubanas de Oriente», se lee en el primer ejemplar visto (número 5), correspondiente a enero de 1951. Era dirigida por J. G. Castellanos. La publicación dedicó gran parte de sus números a divulgar el pensamiento y la acción de José Martí, así como a editar trabajos relacionados con episodios de la guerra contra España. Tuvo varias secciones fijas, como «Grandes cubanas» y «Grandes patriotas». Publicó además cuentos, poemas, notas bibliográficas, de cine y de arte, y diversos comentarios sobre temas históricos cubanos. Entre los colaboradores se encuentran Manuel Navarro Luna, Emilio Roig de Leuchsenring, Emeterio Santiago Santovenia, José Antonio Portuondo,

Marcelino Arozarena, Leopoldo Horrego, Nicolás Guillén, Rafaela Chacón Nardi, Andrés de Piedra Bueno, Fernando Ortiz, Rafael G. Argilagos, José Cantón Navarro, Octavio R. Costa, Francisco Prat Puig, Jesús Sabourín, Manuel Márquez Sterling, Marcelo Salinas, Jorge Mañach, Lino Horruitiner, Ramón Loy, Vicentina E. Rodríguez y Juan Ortega Vega. El último número localizado corresponde a septiembre de 1960.

Oriente (Santiago de Cuba, 1916-1918). «Revista gráfica semanal», se lee en el primer número visto (7), correspondiente al 17 de septiembre. Era dirigida por Recaredo Répide. Publicó cuentos, poemas, notas sobre arte y teatro, trabajos de historia y crítica literaria. Colaboraron en sus páginas José Manuel Poveda, Regino Eladio Boti, Juan Jerez Villarreal, Rafael G. Argilagos, Luis Felipe Rodríguez, Enrique Gay Calbó, Manuel Sanguily, Leonardo Griñán Peralta, Higinio Medrano, Miguel de Marcos, *Conde Kostia* (seudónimo de Aniceto Valdivia), Miguel A. Escanaverino, Luis Aguiar Poveda, Max Henríquez Ureña, Alfonso Hernández Catá, Agustín Acosta, José de la Luz León y Manuel Navarro Luna. Aparecieron colaboraciones de Rubén Darío y Leopoldo Lugones. A partir del número 38 la revista comenzó a editarse con mayor lujo. Desde el número 69-70 se subtituló «Revista cubana ilustrada», y desde el número 82, en que pasó a ser dirigida por María Caro Más, «Revista quincenal de lujo».

En este último número se expresaba que «... las antiguas redactoras y colaboradoras de la revista *Selecta* [...] desde hoy reanudamos nuestras labores y nuestra comunicación con el público, mediante esta otra revista que ostenta el bello nombre de nuestra gloriosa región». Y más adelante señalan: «Por virtud de un convenio solemnemente estipulado [...] el fundador y propietario de la revista *Oriente*, señor Recaredo Répide, cede y traspasa este periódico, con arreglo a determinadas condiciones, a la empresa que desde ahora asume su administración y redacción, para laborar en sus páginas por la total redención intelectual de la mujer cubana y de nuestras hermanas del mundo civilizado...». La revista se hizo más frívola, con notas sociales, consejos domésticos, etc. Aparecieron algunas colaboraciones de Mariblanca Sabas Alomá. El último ejemplar visto (número 95) correspondió al 31 de noviembre de 1918. Según parece, su publicación cesó en ese año, pues León Primelles no la menciona en su *Crónica cubana. 1919-1922* (La Habana, Editorial Lex, 1957).

Oriente Literario (Santiago de Cuba, 1910-1913). «Revista semanal ilustrada», se lee como subtítulo en el ejemplar más antiguo revisado (número 6), correspondiente al 8 de mayo de 1910. Era dirigida por Pascasio Díaz del Gallego. Posteriormente fue su director Fernando Torralva. José María Labraña afirma, en la página 769 de su trabajo «La prensa en Cuba» —aparecido en *Cuba en la mano.*

Enciclopedia popular ilustrada (La Habana, Imprenta Úcar, García, 1940, págs. 649-786)—, que Enrique Gay Calbó fue jefe de redacción de esta revista. En sus páginas aparecieron poemas, cuentos, críticas literarias, trabajos de carácter histórico, notas sobre teatro y arte en general, así como noticias culturales de interés local. Contó con la colaboración de José Manuel Poveda, Regino Eladio Boti, Dulce María Borrero, Federico Uhrbach, Eulogio Horta, *Ducazcal* (seudónimo de Joaquín Navarro Riera), Emilio Blanchet, Marco Antonio Dolz, Juan Jerez Villarreal, Rafael G. Argilagos, Higinio Julio Medrano, Sócrates Nolasco, Pascual Guerrero, Miguel Ramos Carrión, Recaredo Répide, Rafael Pullés y Darío Suñol. El último ejemplar consultado corresponde al 17 de septiembre de 1911, pero se sabe que continuó saliendo hasta fines de año. En enero de 1912 se fundió con *Arte y Bohemia* y cambió entonces su título por el de *Oriente y Bohemia*, pero mantuvo su numeración original. El primer ejemplar revisado de esta etapa (año 3, número 99) presentaba el subtítulo «Revista semanal ilustrada» y era dirigido por Ángel Clarens. En los cuatro números revisados, todos ellos de 1912 (el último corresponde al 28 de abril de dicho año), aparecieron poemas, cuentos, prosa poética, trabajos de historia, notas sobre teatro y deportes y crónicas sociales. Entre los colaboradores figuraron *Demócrito* (seudónimo de José Fatjó), *Ducazcal*, Juan Jerez Villarreal, J. Martínez Bondill, F. Sabas Alomá,

José G. Villa, F. Restrepo Gómez, Guillermo de Montagú, *Pierrot* (seudónimo de Daniel Bertrán) y otros. Posteriormente, aunque no se han encontrado los datos que permitan precisar el momento, retornó a su título original, o sea, *Oriente Literario*. En el ejemplar del 5 de enero de 1913 (año 4, número 1), que ya presentaba dicho título, se señala que su director era Cristóbal B. Comos. El último ejemplar revisado corresponde al 12 de enero de 1913. En el epistolario de los poetas orientales José Manuel Poveda y Regino Eladio Boti, consta que desapareció en ese año, cuando la dirigía el ya mencionado Cristóbal B. Comos.

Oriente y Bohemia (Véase **Oriente Literario**)

Orígenes (La Habana, 1944-1956). Revista de arte y literatura. Apareció cada tres meses. Los números se identificaban con la estaciones del año. De esta manera, el primer ejemplar publicado corresponde a la primavera del año 1944, el siguiente al verano, el próximo al otoño y el último al invierno, y así sucesivamente. Algunos números tienen el mes al que pertenecían. A partir del número 25 comenzó a aparecer con el número y el año, sin señalar mes o estación. Fungían como sus editores José Lezama Lima, Mariano Rodríguez, Alfredo Lozano y José Rodríguez Feo. Entre los números 6 y 34 fueron sus editores José Lezama Lima y José Rodríguez Feo. Desde el número 34 se separa de la publicación este último. Aparecen entonces conjuntamente, pero con independencia, dos números 35 y dos números 36, dirigidos por Rodríguez Feo (quien intentó, de este modo, continuar solo la publicación de la revista) y por Lezama Lima, y un consejo de colaboración formado por Eliseo Diego, Fina García Marruz, Ángel Gaztelu, Julián Orbón, Octavio Smith y Cintio Vitier. Rodríguez Feo, después del número 36, cesó de publicar *Orígenes* y creó *Ciclón*. La primera continuó bajo la dirección de Lezama Lima. Publicación de reconocido mérito literario y artístico, *Orígenes* nucleó a su alrededor a un destacado grupo de intelectuales cubanos preocupados por inquietudes estéticas semejantes. Publicó solamente materiales inéditos, tanto colaboraciones como traducciones, en ambos casos de destacados autores cubanos y extranjeros. En sus páginas aparecieron cuentos, poemas, crítica teatral y literaria, trabajos sobre artes plásticas —en especial sobre pintura—, de estética, filosofía del arte y música. Dio a conocer las últimas corrientes literarias europeas. En su sección «Notas» se comentaban las últimas publicaciones y se reflejaba el movimiento cultural, tanto cubano como extranjero. Colaboraron en sus páginas, además de sus editores y el ya mencionado comité de colaboración, Alejo Carpentier, Roberto Fernández Retamar, Fayad Jamís, Samuel Feijóo, Eugenio Florit, Enrique Labrador Ruiz, Alcides Iznaga, Lydia Cabrera, Aldo Menéndez, Pedro de Oraá, Virgilio Piñera, Pablo Armando Fernández, Cleva

Solís, entre otros muchos. Entre los colaboradores extranjeros se destacan Juan Ramón Jiménez, Aimé Césaire, Paul Valéry, Vicente Aleixandre, Robert Altmann, Luis Aragón, José Bergamín, Albert Camus, Luis Cernuda, Paul Claudel, Macedonio Fernández, Paul Éluard, Carlos Fuentes, Jorge Guillén, Gabriela Mistral, Efraín Huerta, Octavio Paz, Alfonso Reyes y Theodore Spencer. Destacados pintores cubanos como Amelia Peláez, Wifredo Lam, René Portocarrero y Carmelo González colaboraron con sus grabados, cuadros, viñetas, etc. Paralelamente a esta publicación periódica aparecieron las Ediciones *Orígenes*, en las que se publicó gran parte de la obra literaria de los que se agruparon en torno a esta revista. El último número publicado (40) correspondió al año 1956, pero no trae mes de publicación. Su índice analítico, confeccionado por un equipo de investigadores ha sido publicado en *Índice de las revistas cubanas*. T. 1. Introducción de Graciella Pogolotti, La Habana, Biblioteca Nacional José Martí Departamento Hemeroteca e Información Humanística, 1969, págs. 101-235.

Bibliografía

Bueno, Salvador, «*Orígenes* cumple diez años», en *Carteles*, La Habana, 35, 21, 45, 88 y 98, mayo 23, 1954.

D'Ors, Eugenio, «Una revista cubana, *Orígenes*», en *Diario de la Marina*, La Habana, 121, 219, 4, septiembre 19, 1953.

«*Inventario* lo comenta, La revista *Orígenes*», en

Inventario, La Habana, 1, 2, *s. p.*, mayo 1948.

Tro Pérez, Rodolfo, «*Orígenes*, Revista de arte y literatura», en *Revista de la Biblioteca Nacional*, La Habana, 2.ª serie, 2, 4, 259, octubre-diciembre, 1951.

Orihuela, Andrés Avelino de (Islas Canarias, 10 noviembre 1818, Madrid, 1872). Residió mucho tiempo en Cuba. Fue editor y colaborador de *Jardín Romántico* (1838). Colaboró en otras publicaciones literarias. Fue miembro, por el año 1843, de la Sociedad Económica de Amigos del País. Editó en La Habana, con Teodoro Guerrero, el periódico jocoso *El Quita Pesares* (1870), de corta duración. En España escribió artículos sobre Cuba en la *Revista Hispano-Americana*. Es autor del *Curso de procedimientos civiles y criminales sobre negocios y causas pertenecientes a la Real Jurisdicción Ordinaria* (La Habana, 1845) y de la antología *Poetas españoles y americanos del siglo XIX* (París, 1851-1853).

Bibliografía activa

Lo que puede la ambición, en un acto, La Habana, 1839.

Ecos del Guadalquivir, escogida colección de los mejores cuentos andaluces que ha escrito, La Habana, 1846.

Ecos del Guadalquivir, poesías andaluzas, prólogo de don José María de Salas y Quiroga, La Habana, 1846.

Amarguras de la vida, drama, Barcelona, Imprenta y Librería de la Viuda de Mayol, 1848.

Dos palabras sobre el folleto, La situación política de Cuba y su remedio publicado en París por don José Antonio Saco, en octubre de 1851, París, Imprenta de Blondeau, 1852; Nueva York, Imprenta La Verdad, 1852.

El Sol de Jesús del Monte, novela de costumbres cubanas, París, J. Boix, 1852.

Perlas y lágrimas, novela, Cárdenas, Matanzas, 1868.

Memorias de la hija del Yumurí, contadas por ella misma y escritas, La Habana, Imprenta del Mencey, *s. a.*

Bibliografía pasiva

Mestre, José Manuel, «*El Sol de Jesús del Monte*, novela de costumbres cubanas, por A. A. de Orihuela», en *Revista de La Habana*, La Habana, 2, 281-282, 298-301, septiembre 15, 1853-marzo 1, 1854.

Orovio, Helio (Santiago de las Vegas, La Habana, 4 febrero 1938). Estudió comercio. En 1966 terminó la licenciatura en diplomacia en la Universidad de La Habana. Estudió además percusión y guitarra. Trabajó como músico en diversos grupos y orquestas populares. En 1959 viajó a Estados Unidos con el conjunto Jóvenes del Cayo. En el CNC desempeñó los cargos de coordinador regional de Santiago de las Vegas y de subdirector de literatura del provincial de La Habana. Trabajó como investigador en el Instituto de Etnología y Folklore de la Academia de Ciencias. Ha colaborado en *El*

Mundo, *Cuba Internacional*, *Unión*, *La Gaceta de Cuba*, *Revista de la Biblioteca Nacional*, *Bohemia*, *El Caimán Barbudo*, *Cultura '64*, *Juventud Rebelde*, *Boletín de Música de la Casa de las Américas*. Poemas y artículos suyos han aparecido en *Revista de la Universidad de San Salvador*, *Siempre* (México), *Cuadernos Hispanoamericanos* (España). Ha escrito libretos radiales y guiones —estos últimos en colaboración— para el ICAIC. Ha pronunciado conferencias en diversos centros culturales. Es autor de la selección y el prólogo de la *Órbita de José Zacarías Tallet* (La Habana, Ediciones Unión, 1969) y de un diccionario de la música cubana. Ha traducido poemas del Portugués. Sus poemas han sido antologados en varias colecciones nacionales y extranjeras y han sido traducidos al búlgaro, al polaco y al ruso.

Bibliografía activa

Este amor, poesía, Santiago de las Vegas, La Habana, Imprenta Balbi, 1964.

Contra la Luna, poesía, La Habana, Ediciones Unión, 1970.

Bibliografía pasiva

Melon, Alfred, «Poesía, lenguaje, función y problemas de la lengua», en *Unión*, La Habana, 10, 1-2, 56-57, marzo-junio, 1971.

Nadereau, Efraín, «El libro, un comentario, *Contra la Luna*», en *Boletín del Poeta*, Santiago de Cuba, 1, 5-6, 25-28, mayo-junio, 1971.

Yanes, José, «*Contra la Luna*», en *La Gaceta de Cuba*, La Habana, 85, 31-32, septiembre, 1970.

Orta Ruiz, **Jesús** (Guanabacoa, La Habana, 30 septiembre 1922-30 diciembre 2005). Desde niño realizó trabajos agrícolas con su padre. Cursó la primaria en la escuela pública. En 1946 fue galardonado en el Concurso Literario Nacional Homenaje a las Madres, de la Asociación de Periodistas y Escritores de Artemisa (Pinar del Río). En 1951 matriculó la carrera administrativa en la Universidad de La Habana, pero no llegó a graduarse. En la lucha contra la tiranía de Batista colaboró con el movimiento 26 de julio y con el Partido Socialista Popular. En 1959 asistió al VII Festival Internacional de la Juventud, celebrado en Viena. Ese mismo año y el siguiente fue premiado, respectivamente, por la Dirección General de Cultura del Ministerio de Educación y con el Premio Nacional Periodístico «Juan Gualberto Gómez». Obtuvo el título de periodista en la Escuela Profesional de Periodismo Manuel Márquez Sterling (1962). Cursó además estudios de filosofía y economía en la Escuela Nacional «Ñico López», del Partido Comunista de Cuba. Ha visitado a Austria, Hungría, Checoslovaquia, URSS, Francia, Italia, España, México, Canadá, Estados Unidos. Ha colaborado en *Mañana*, *Noticias de Hoy* —en éste tuvo a su cargo, entre 1960 y 1967, la sección «Al son de la historia», en la que comentaba la actualidad política en versos—, *Bohemia*, *Mujeres*, *Romances*, *Mella*, *Trabajo*, *Verde Olivo*, *El Mundo* y *Granma*. Ha escrito libretos para programas especiales del ICR. Es miembro de la Comisión de Historia del Partido Comunista. Es autor del prólogo y la recopilación del decimario criollo *Musa popular revolucionaria* (La Habana, Gobierno Provincial, 1960), del prólogo y la selección de *Poesía gauchesca* (La Habana, Casa de las Américas, 1974), y del prólogo de las obras de *El Cucalambé* (seudónimo de Juan Cristóbal Nápoles Fajardo), publicadas en 1974. Poemas suyos han sido traducidos al inglés, francés, italiano, checo, ruso, búlgaro, chino, vietnamita. Ha utilizado los seudónimos *Jesús Ribona*, *Juan Criollo*, *Martín de la Hoz* e *Indio Naborí*, por el que es tan conocido como por el nombre. Obtuvo el Premio Nacional de Literatura en 1995.

Bibliografía activa

Guardarraya sonora, La Habana, Imprenta Cooperación, 1946.

Bandurria y violín, La Habana, Imprenta Cooperación, 1948.

Estampas y elegías, versos, La Habana, Imprenta Tosco, 1955.

Boda profunda, La Habana, Ediciones de la Organización Nacional de Bibliotecas Ambulantes y Populares, 1957, Cuadernos Isla, 7.

Marcha triunfal del Ejército Rebelde y poemas clandestinos y audaces, La Habana, Publicaciones López Ortiz, 1959.

Cuatro cuerdas, Las mejores poesías del *Indio Naborí*, seudónimo, La Habana, Editorial Tierra Nueva, 1960.

De Hatuey a Fidel, por *El Indio Naborí*, La Habana, Delegación del Gobierno Revolucionario en el Capitolio Nacional, 1960.

Cartilla y farol, poemas militantes, La Habana, Ministerio de Educación, 1962.

Sueño reconstruido, poesía, por *Indio Naborí*, 2.ª edición, La Habana, Imprenta Tosco, 1962.

¿Quieres volver al pasado?, La Habana, Comisión de Orientación Revolucionaria de la Dirección Nacional del PURSC, 1963.

El pulso del tiempo, La Habana, Ediciones Granma, 1966.

Entre y perdone usted..., poesía, por *Indio Naborí*, La Habana, UNEAC, 1973.

Pase de lista en décimas a la medida de sus nombres, La Habana, Partido Comunista de Cuba, Departamento de Orientación Revolucionaria, 1973.

Bibliografía pasiva

Ardura, Ernesto, «El poeta de la fuga del ángel», en *El Mundo*, La Habana, 56, 18022, A-6, enero 19, 1958.

«Crítica, a *Pase de lista en décimas a la medida de sus nombres*», en *Revolución y Cultura*, La Habana, 20, 55, abril, 1974.

González, Omar, «*Entre y perdone usted...*», en *Araguaco*, La Habana, 1, 1, *s. p.*, julio, 1974.

Navarro Luna, Manuel, «Dos libros del *Indio Naborí*, *Sueño reconstruido* y *Cartilla y farol*», en *Hoy Domingo*, suplemento del periódico *Hoy*, La Habana, 7, enero 20, 1963.

«Otros cubanos premiados», en *La Gaceta de*

Cuba, La Habana, 3, 32, 16, enero 30, 1964.

Pita Rodríguez, Félix, «*Entre y perdone usted...*», en *Revolución y Cultura*, La Habana, 14, 64-65, julio, 1973.

Rego, Raúl, «Pase de lista necesario», en *Revolución y Cultura*, La Habana, 20, 54-55, abril, 1974.

«Una inspiración de *Naborí*», en *Bohemia*, La Habana, 52, 41, 36, octubre 9, 1960.

Ortega, **Gregorio** (La Habana, 23 marzo 1926-12 septiembre 2004). Cursó la primaria y el bachillerato en La Habana. Antes de terminar la segunda enseñanza ingresó en las filas juveniles del Partido Unión Revolucionaria Comunista. Se graduó de Derecho en la Universidad de La Habana en 1950. Ejerció la carrera en el Tribunal de Urgencia de La Habana, donde defendía las causas de los revolucionarios procesados. Fue secretario letrado de varias organizaciones campesinas. Se inició en el periodismo con sus colaboraciones en *Última Hora* (1952-1953), del Partido Socialista Popular. Colaboró más tarde en *Carteles* con reportajes y cuentos. Detenido en 1958 por la tiranía batistiana, logró exiliarse en Chile. En Santiago de Chile colaboró en *Vistazo*, órgano del Partido Comunista Chileno. Después del triunfo de la Revolución pasó por Buenos Aires y regresó a Cuba. En 1959 volvió de nuevo a Santiago de Chile, como reportero de *Revolución*, con la delegación cubana a la Conferencia Interamericana. Ese mismo año estuvo en Panamá durante los incidentes por la soberanía del Canal. En 1960 fue designado subdirector de *La Calle* y en 1961 director del Noticiero Nacional de T. V. Fue enviado especial de la revista *INRA* para informar sobre la Conferencia de Cancilleres de San José de Costa Rica, y sobre la de Punta del Este (Uruguay, 1962). Visitó a Budapest en 1962 como vicedirector del ICR a cargo de la TV. Fue viceministro en el Ministerio del Trabajo (1963-1965) y director de su órgano, la revista *Trabajo* (1964). Viajó a Ginebra con la delegación cubana que asistió a la Conferencia Internacional del Trabajo. Ha colaborado en *Bohemia*, *Nuestro Tiempo*, *Lunes de Revolución* y *Juventud Rebelde*. Ha visitado, además, Checoslovaquia, RDA, México, Venezuela, Brasil, Suecia, Japón. Como corresponsal de Prensa Latina ha trabajado en Roma y en Moscú. Actualmente es embajador de Cuba en Francia.

Bibliografía activa

Una de cal y otra de arena, novela, La Habana, Tipografía Ideas, 1957.

Panamá, La Habana, Imprenta Nacional de Cuba, 1961; La Habana, Ediciones Sociales, 1961; La Habana, Ediciones Venceremos, 1964.

Santo Domingo, 1965, La Habana, Ediciones Venceremos, 1965.

Reportaje de las vísperas, novela, La Habana, Ediciones Unión, 1967.

Bibliografía pasiva

Bueno, Salvador, «Un nuevo novelista cubano», en *Diario de la Marina*, La Habana, 125, 92, 4-A, abril 17, 1957.

Guerra, Ramiro, «Sobre *Una cal y otra de arena*, por el Doctor Gregorio Ortega», en *Diario de la Marina*, La Habana, 125, 52, 4-A, marzo 1, 1957.

Loredo, Adriana, «*Una de cal y otra de arena*, en *Bohemia*, La Habana, 49, 15, 126-128, abril 14, 1957.

«Capítulo primero sopa, café, cerveza», en *Bohemia*, La Habana, 49, 16, 126-128, abril 21, 1957.

Medina, Waldo, «*Una de cal y otra de arena*, en *El Mundo*, La Habana, 55, 17 678, A-6, marzo 23, 1957.

Núñez, Ana Rosa, «Ortega, *Una de cal y otra de arena*», en *Diario de la Marina*, La Habana, 125, 42, 13-D, febrero 17, 1957.

Osvaldo, Julio, «*Una de cal y otra de arena*», en *El Mundo Ilustrado*, suplemento del periódico *El Mundo*, La Habana, abril 7, 1957.

Otero, José Manuel y Anubis Galardy, «Conversación sobre *Reportaje de las vísperas*», en *Granma*, La Habana, 3, 284, 6, noviembre 18, 1967.

Pogolotti, Marcelo, «El gatillo alegre», en su *La República de Cuba al través de sus escritores*, La Habana, Editorial Lex, 1958, págs. 191-196.

Pou, Ángel N., «Sobre una novela reciente», en *Excelsior*, La Habana, 35, 73, 2, marzo 26, 1957.

Suárez Solís, Rafael, «Carta a un joven impaciente», en *Diario de la Marina*, La Habana, 125, 7, 4-A, marzo 23, 1957.

Velasco, Santiago, «Hablando de libros», en *Excelsior*, La Habana, 35, 279, 2, noviembre 23, 1957.

Ortiz, Fernando (La Habana, 16 julio 1881-Id., 10 abril 1969). En 1883 su madre lo llevó a vivir a Menorca (Baleares), donde cursó la primaria y se graduó de Bachiller en 1895. Estudiante aún, publicó un cuento en un periódico de Menorca.

En 1895, al comenzar la carrera de Derecho en la Universidad de La Habana, participó en la fundación de la publicación estudiantil *El Eco de la Cátedra*. En 1899 continúa sus estudios de Derecho en Barcelona y pronuncia su primer discurso público, de carácter político. En 1900 se graduó de Licenciado en Derecho en la Universidad de Barcelona. En la Universidad de Madrid estudió Filosofía del Derecho Jurídico, Legislación Comparada, Historia de la Literatura Jurídica e Historia del Derecho Internacional y se graduó de Doctor en Derecho (1901).

Regresó a La Habana en 1902. Entre 1903 y 1905 trabajó en el servicio consular de la República en La Coruña, Génova, Marsella y finalmente en París, donde desempeñó la secretaría de la Legación. En Italia cursó estudios de criminología e hizo amistad con César Lombroso y con Enrique Ferri. Colaboró en la revista del primero, *Archivio di Antropologia Criminale, Psichiatria e Medicina Legale*. En 1906 fue nombrado abogado fiscal de la Audiencia de La Habana. Al año siguiente ingresó en la Sociedad Económica de Amigos del País. Profesor por oposición de la Facultad de Derecho Público de la Universidad de La Habana, enseñó, a partir de 1909, Economía Política, Hacienda Pública y Derecho Constitucional. En 1910 asiste como delegado oficial de Cuba al Primer Congreso Internacional de Ciencias Administrativas, celebrado en Bruselas. Ese mismo año reanuda la publicación de la *Revista Bimestre Cubana*, órgano de la Sociedad Económica. Se mantiene como su director hasta 1959.

Fue designado, en 1911, para presidir la Sección de Educación de la Sociedad Económica. Editó la *Revista de administración teórica y práctica del Estado, la provincia y el municipio* (1912). Figuró entre los iniciadores de la Universidad Popular en 1914. Entre 1917 y 1927 fue representante a la Cámara. En 1919 trabajó en el Código Crowder. Redactó el «Manifiesto del 2 de abril de 1923 de la Junta Cubana de renovación cívica». En 1923 fue elegido presidente de la Sociedad Económica de Amigos del País. Con José María Chacón y Calvo fundó en 1924 la Sociedad del Folklore Cubano en la biblioteca de la Sociedad Económica. Ese mismo año funda la revista *Archivos del Folklore Cubano*, que dirigió durante los cinco años de su publicación. En 1925 se reformaron los estatutos de la Sociedad Económica a propuesta

de una comisión de la que Ortiz fue principal animador.

En 1926 tomó parte en la Tercera Conferencia Panamericana de Washington y fundó la Institución Hispano-Cubana de Cultura. Formó parte del Grupo Minorista. Representó a Cuba en el Congreso Internacional de Americanistas, celebrado en Roma. Participó como delegado en la Sexta Conferencia Internacional Panamericana que tuvo efecto en La Habana en 1928. Ese mismo año la Sociedad Económica de Madrid le otorgó la medalla de Socio de Mérito. En 1929 editó el *Boletín de Legislación*, de corta vida. En 1930 fundó y dirigió la revista *Surco* (1930-1931). Ese año, en la sesión anual de la American Historical Association y otras academias de Estados Unidos, intervino para exponer las razones de orden económico y político con que Estados Unidos habían perjudicado el desenvolvimiento de la nación cubana, trató el problema universitario y combatió al régimen del dictador Machado. Fue nombrado socio de mérito de la Sociedad Económica en 1931.

Vivió en Washington entre 1931 y 1933 y desplegó actividades contra el régimen de Machado, entonces imperante en Cuba. Fundó en 1936 la Institución Hispanoamericana de Cultura de la que fue presidente hasta su desaparición, y la revista *Ultra*, órgano de difusión cultural, de la que fue editor y director durante once años. En 1937 creó y fue el presidente de la Sociedad de Estudios Afrocubanos. Organizó en 1941, en la Hispanocubana, la Alianza Cubana por un Mundo Libre, como órgano de lucha contra el fascismo. En 1942 dio inicio a un Seminario de Etnografía Cubana en la Universidad de La Habana. En el Segundo Congreso Nacional de Historia, celebrado en Matanzas en 1943, presentó su libro *Las cuatro culturas indias de Cuba*. Asistió, como delegado oficial de Cuba, al Primer Congreso Demográfico Interamericano celebrado en México (1943). Fue fundador, ese mismo año, del Instituto Internacional de Estudios Afroamericanos. Fue presidente del Instituto Cultural Cubano-Soviético (1945). Representó a Cuba en el Congreso Internacional de Arqueólogos del Caribe, celebrado en Honduras (1945), y en el Congreso Indigenista Interamericano de Cuzco. Más tarde, en 1952, representó a Cuba en el Congreso Internacional de Americanistas celebrado en Oxford (Inglaterra), y en el de Antropología y Etnología, de Viena. Dos años más tarde participó en congresos americanistas, indigenistas y de folklore celebrados en São Paulo y en La Paz.

Recibió el título de Doctor Honoris Causa en Humanidades de la Universidad de Columbia, en Etnografía de la Universidad de Cuzco y en Derecho de la Universidad de Santa Clara. Además de en las revistas que fundó y dirigió colaboró en *Cuba y América*, *Cuba Contemporánea*, *Universidad de La Habana*, *Revista de Arqueología y Etnología*, *Azul y Rojo*, *Revista Científica Internacional*, *El Mundo Ilustrado*, *Derecho y Sociología*, *El Mundo*, *El Cubano Libre*, *El Fígaro*, *Remedios Ilustrado*, *Diario Español*, *Ilustración Cubana*, *El Comercio*, *Letras*, *Alma Cubana*, *La Discusión*, *Bohemia*, *El Triunfo*, *La Razón*, *Revista de Administración*, *Gráfico*, *La Reforma Social*, *El País*, *Revista de La Habana*, *La Revista*, *Heraldo de Cuba*, *La Nova Catalunya*, *Revista de Avance*, *Social*, *Polémica*, *Revista Tabaco*, *Minerva*, *Diario de la Marina*, *Islas*, *La Gaceta de Cuba*, *Casa de las Américas*; *Archivos Venezolanos de Folklore*; *Traducción* (Tampa, Florida); *El Diluvio* (Barcelona); *La Nueva Democracia* (Nueva York); *The Hispanic American Historical Review* (North Carolina). Pronunció numerosas conferencias. Era miembro, además, de la Academia de la Historia de Cuba. Dirigió la Colección de Libros Cubanos, que durante años editó los mejores libros de autores nacionales. Se destacó como figura de primera importancia en la investigación del folklore afrocubano. Escribió varios libros de Derecho, entre ellos *Base para un estudio sobre la llamada reparación civil* (1901), tesis para el doctorado en la Universidad, y el *Proyecto de código criminal cubano* (1926), traducido al francés. Es autor de la *Recopilación para la historia de la Sociedad Económica habanera* (1929-1938). Tomó parte en la traducción de *Introducción a la ciencia política*, de James Wilford Garner, y en la de *Cuba antes de Colón*, de Mark Raymond Harrington. Sus obras *La filosofía penal de los espiritistas* y *Contrapunteo cubano del tabaco y el azúcar* fueron traducidas al portugués y al inglés respectivamente.

Bibliografía activa

Principi y prostes, Folleto de artículos de costumbres en dialecto menorquín, Ciudadela, Islas Baleares, Imprenta Fábregas, 1895.

Las simpatías de Italia por los mambises cubanos, documentos para la historia de la independencia, Marsella, 1905.

Los negros brujos, apuntes para un estudio de etnología criminal, carta prólogo del Doctor C. Lombroso, Madrid, Librería de Fernando Fe, 1906; 2.ª edición, Madrid, Editorial América, 1917, Biblioteca de ciencias políticas y sociales, 13.

Para la agonografía española, estudio monográfico de las fiestas menorquinas, conferencias pronunciadas en el «Instituto Sociológico» de Madrid, en las sesiones del 23 de noviembre y 7 de diciembre de 1901, bajo la presidencia del Doctor Manuel Sales y Ferré, prólogo por Juan Benejam, La Habana, Imprenta «La Universal», 1908.

Los mambises italianos, apuntes para la historia cubana, La Habana, Imprenta Cuba y América, 1909; 2.ª edición, La Habana, s. i., 1917.

El caballero encantado y la moza esquiva, Versión libre y americana de una novela española de don Benito Pérez Galdós, La Habana, Imprenta La Universal, 1910.

Las rebeliones de los afrocubanos, La Habana, s. i., 1910.

La reconquista de América, Reflexiones sobre el panhispanismo, París, Librería P. Ollendorff, 1911.

Entre cubanos, Psicología tropical, París, Librería P. Ollendorff, 1913.

La identificación dactiloscópica, Informe de po-liciología y de derecho público, seguido de las instrucciones técnicas para la práctica de la identificación y del decreto orgánico n.º 1173 de 1911, La Habana, Imprenta La Universal, 1913; 2.ª edición, Madrid, D. Jorro, 1916.

Le origini antiche della dactiloscopia, Turín, Fratelli Bocca, 1914.

Seamos hoy como fueron ayer, discurso leído el día 9 de enero de 1914 en la Sociedad Económica de Amigos del País, La Habana, Imprenta La Universal, 1914.

La filosofía penal de los espiritistas, estudio de filosofía jurídica, 3.ª edición, La Habana, Imprenta La Universal, 1915; 4.ª edición, Madrid, Editorial Reus, 1924, Biblioteca jurídica de autores españoles y extranjeros, 66; Buenos Aires, Editorial Víctor Hugo, 1950, Biblioteca de filosofía y doctrina, 2.

Hampa afrocubana, Los negros esclavos, estudio sociológico y de derecho público, La Habana, *Revista Bimestre Cubana*, 1916.

Bases para la organización internacional de la solidaridad de los Estados ante la delincuencia, informe leído ante la Segunda Sesión del «Instituto Americano de Derecho Internacional», celebrado en La Habana, en enero de 1917, La Habana, Imprenta La Universal, 1917.

Italia y Cuba, publicada por acuerdo del «Comité Cubano Pro Italia», 1897-1917, La Habana, Imprenta «La Universal», 1917; publicada por acuerdo de la Asociación Italocubana Antifascista, 4.ª edición aumentada y corregida,

La Habana, Editorial Atalaya, 1944.

Discurso sobre el proyecto de ley acerca del Servicio Militar, sus aspectos político y diplomático, pronunciado en la sesión celebrada el 11 de julio de 1918, en la Cámara de Representantes, La Habana, Imprenta de Ruiz, 1918; 3.ª edición, La Habana, Imprenta La Universal, 1918.

Las actuales responsabilidades políticas y la «nota» americana, Carta del Ministro de los Estados Unidos, La Habana, Imprenta La Universal, 1919.

La crisis política cubana, sus causas y remedios, La Habana, Imprenta La Universal, 1919.

Las fases de la evolución religiosa, conferencia de vulgarización sociológica pronunciada en el teatro Payret de La Habana, el día 7 de abril de 1919, a petición de la «Sociedad Espiritista de Cuba», La Habana, Tip. Moderna, 1919.

Cuba en la Paz de Versalles, discurso pronunciado en la Cámara de Representantes en la sesión del 4 de febrero de 1920, La Habana, Imprenta La Universal, 1920.

Los cabildos afrocubanos, La Habana, Imprenta La Universal, 1921.

Historia de la arqueología indocubana, La Habana, Imprenta El Siglo XX, 1922.

Un catauro de cubanismos, Apuntes lexicográficos, extracto de la *Revista Bimestre Cubana*, La Habana, s. i., 1923, Colección cubana de libros y documentos inéditos o raros, 4.

En la tribuna; discursos cubanos, recopilación y prólogo por Rubén Martínez Villena, La Habana, Imprenta El Siglo XX, 1923.

La decadencia cubana, conferencia de propaganda renovadora pronunciada en la Sociedad Económica de Amigos del País, la noche del 23 de febrero de 1924, La Habana, Imprenta y Papelería La Universal, 1924.

Glosario de afronegrismos, prólogo por Juan Miguel Dihigo, La Habana, Imprenta El Siglo XX, 1924.

Personajes del folklore afrocubano, Quinmebo, s. i., 1924.

La fiesta afrocubana del «Día de Reyes», La Habana, Imprenta El Siglo XX, 1925; *La antigua fiesta afrocubana del «Día de Reyes»*, La Habana, Ministerio de Relaciones Exteriores, Departamento de Asuntos Culturales, 1960.

Las relaciones económicas entre Cuba y los Estados Unidos, discurso en Washington, La Habana, Imprenta La Universal, 1927.

La creación de colegios panamericanos, La Habana, Imprenta La Universal, 1928.

Pedro J., Guiteras y sus obras, La Habana, Imprenta El Universo, 1928.

Los afrocubanos dientimellados, La Habana, Cultural, 1929.

José Antonio Saco y sus ideas cubanas, La Habana, Imprenta El Universo, 1929, Colección cubana de libros y documentos inéditos o raros, 8.

Ni racismos ni xenofobias, discurso en la sesión solemne del 9 de enero de 1929, conmemorando el 136.º aniversario de la fundación de dicho patriótico instituto, La Habana, Imprenta El Universo, 1929.

El cocorícamo y otros conceptos teoplásmicos del folklore afrocubano, La Habana, Cultural, 1930.

American responsabilities for Cuba's Troubles, Nueva York, *s. i.*, 1931; La Habana, *s. i.*, 1931.

Lo que Cuba desea de los Estados Unidos, discurso pronunciado en Washington el 10 de diciembre de 1932, La Habana, 1932.

Las responsabilidades de los Estados Unidos en los males de Cuba, Washington D. C., Cuban information Bureau, 1932.

De la música afrocubana; un estímulo para su estudio, La Habana, Cultural, 1934.

Una nueva forma de gobierno para Cuba, Manera de terminar con la serie de dictaduras, conferencia que iniciando un ciclo de ellas acerca de las Orientaciones Nacionales y bajo los auspicios de la Institución, dio en el Colegio Provincial de Arquitectos de La Habana la tarde del 20 de junio de 1924, La Habana, Imprenta P. Fernández, 1934.

La clave xilofónica de la música cubana, ensayo etnográfico, La Habana, Imprenta Molina, 1935.

Contraste económico del azúcar y el tabaco, La Habana, Imprenta Molina, 1936.

Contrapunteo cubano del tabaco y el azúcar, advertencia de sus contrastes agrarios, económicos, históricos y sociales, su etnografía y su transculturación, prólogo de Herminio Portell Vilá, La Habana, Jesús Montero, 1940, Biblioteca de historia, filosofía y sociología, 8; La Habana, Universidad Central de Las Villas,

Dirección de Publicaciones, 1963; La Habana, Consejo Nacional de Cultura, 1963.

Los factores humanos de la cubanidad, La Habana, Imprenta Molina, 1940.

«*Alianza cubana por un mundo libre*», discurso..., en el Hotel Nacional, de La Habana, la noche del 16 de octubre de 1941, La Habana, 1941.

Por las libertades de Cataluña y de Cuba, por el triunfo de la democracia, discurso del insigne intelectual cubano en el Centre Català de La Habana, el 11 de septiembre de 1941, La Habana, Imprenta La Milagrosa, 1941.

Por una escuela cubana en Cuba libre, discurso pronunciado en el mitin del Teatro Nacional de La Habana el día 22 de junio de 1941, La Habana, 1941.

Martí y las razas, La Habana, Imprenta Molina, 1942; La Habana, Comisión Nacional organizadora de los Actos y Ediciones del Centenario, y del Monumento de Martí, 1953.

Las cuatro culturas indias de Cuba, La Habana, Arellano, 1943, Biblioteca de estudios cubanos, I.

Las culturas indias de Cuba, La Habana, Publicaciones del Instituto Interamericano de Historia Municipal e Institucional, 1943.

La hija cubana del Iluminismo, La Habana, Imprenta Molina, 1943, Recopilación para la historia de la Sociedad Económica habanera, 5.

On the relations between blacks and whites, Washington, Division of Intellectual Cooperation, Pan American Union, 1943, *Point of*

View, 7.

El engaño de las razas, La Habana, Editorial Páginas, 1946.

El huracán, su mitología y sus símbolos, México D. F., Fondo de Cultura Económica, 1947.

Momento actual de América, conferencia dictada en el Ateneo de Matanzas el Día de las Américas, Matanzas, *s. i.*, 1948.

La música y los areítos de los indios de Cuba, La Habana, Editorial Lex, 1948.

La africanía de la música folklórica de Cuba, La Habana, Ediciones Cárdenas, 1950; La Habana, Ministerio de Educación, Dirección de Cultura, 1950; 2.ª edición, La Habana, Editora Universitaria 1965.

El güiro de Moyubá o de Gobá, La Habana, 1950.

Paz y luz, La Habana, Imprenta P. Fernández, 1950.

La «tragedia» de los náñigos, México 1950.

Wifredo Lam y su obra vista a través de significados críticos, La Habana, Publicaciones del Ministerio de Educación, Dirección de Cultura, 1950, Cuadernos de arte, I.

Los bailes y el teatro de los negros en el folklore de Cuba, La Habana, Ediciones Cárdenas, 1951; La Habana, Ministerio de Educación, Dirección de Cultura, 1951.

Los instrumentos de la música afrocubana, La Habana, Ministerio de Educación, Dirección de Cultura, 1952-1955, 5 V.

Discurso, Velada solemne del 28 de enero de 1953, hemiciclo de la Cámara de Representantes del Capitolio Nacional, La Habana, Comisión Nacional Organizadora de los Actos y Ediciones del Centenario y del Monumento de Martí, 1953.

La transculturación blanca de los tambores negros, Caracas, Imprenta Nacional, 1953.

Los primeros técnicos azucareros de América, Disertación ante la Asociación de Técnicos Azucareros de Cuba, en la noche del 4 de noviembre de 1955, con motivo del Día de la caña de azúcar, La Habana, Imprenta Universitaria, 1955.

A la luz de nuestras estrellitas blancas; saludo inaugural, Puerto Rico, Departamento de Estado, 1956.

La secta conga de los «matiabos» de Cuba, México D. F., Universidad Nacional Autónoma de México, 1956.

La zambomba, su carácter social y su etimología, México D. F., *s. i.*, 1956.

El primer ingenio azucarero que hubo en América, tirada aparte del *Libro jubilar de Emeterio Santiago Santovenia en su cincuentenario de escritor*, La Habana, Imprenta Úcar, García, 1957.

Historia de una pelea cubana contra los demonios, relato documentado y glosa folklorista y casi teológica de la terrible contienda que, a fines del siglo XVII y junto a una boca de los infiernos, fue librada en la villa San Juan de los Remedios por un inquisidor codicioso, una negra esclava, un rey embrujado y gran copia de piratas, contrabandistas, mercaderes, bateros, alcaldes, capitanes, clérigos, energúmenos y miles de diablos al mando de Lucifer, La Habana, Universidad Central de Las Villas, Departamento de Relaciones Culturales, 1959.

Introducción bibliográfica al libro Ensayo político sobre la Isla de Cuba de Alejandro de Humboldt, prólogo de Julio Le Riverend, La Habana, Academia de Ciencias de Cuba, Museo Histórico de las Ciencias Médicas Carlos J. Finlay, 1969, Serie histórica 7.

Órbita de Fernando Ortiz, selección y prólogo de Julio Le Riverend, La Habana, UNEAC, 1973.

La fama póstuma de José Martí, La Habana, *s. i., s. a.*

De la música afrocubana; un estímulo para su estudio, La Habana, Cultural, 1934.

Bibliografía pasiva

Alonso, Dora, «El antirracismo de Fernando Ortiz», en *Lux*, La Habana, 3.ª época, 14, 2-4, agosto, 1942.

Barnet, Miguel, «Visión de Ortiz», en *La Gaceta de Cuba*, La Habana, 4, 42, 17-18, enero-febrero, 1965.

«La segunda africanía», en *Unión*, La Habana, 5, 3; 108-119, julio-septiembre, 1966.

«Don Fernando, no me trate de usted», en *Casa de las Américas*, La Habana, 10, 55, 10-11, julio-agosto, 1969.

«Fernando Ortiz, descubridor», es *Cuba Internacional*, La Habana, 39-41, agosto, 1969.

«Otro aniversario de Fernando Ortiz», en *Mensajes*, La Habana, 1, 9, 4-6, julio 16, 1970.

Becerra Bonet, Berta, «El Doctor Ortiz, periodista», en *Miscelánea de estudios dedicados a Fernando Ortiz por sus discípulos, colegas y amigos, con ocasión de cumplirse sesenta años de la publicación de su primer impreso en Menorca en 1895*, tomo 1, La Habana, *s. i.*, 1955 págs. 155-160.

«Bibliografía de Fernando Ortiz», en *Revista Bimestre Cubana*, La Habana, 74, 141-165, enero-junio, 1958.

Bio-Bibliografía de don Fernando Ortiz, compilada por Araceli García Carranza, La Habana, Biblioteca Nacional José Martí, Departamento Colección Cubana, 1970.

Bueno, Salvador, «Don Fernando Ortiz, Doctor "Honoris Causa" de la Universidad de Columbia», en *Carteles*, La Habana, 35, 48, 33 y 84, noviembre 28, 1954.

«Para un homenaje, El idearlo cubano de Fernando Ortiz», en *Carteles*, La Habana, 36, 48, 50 y 105, noviembre 27, 1955.

«Cuando los cubanos pelean contra los demonios», en *Carteles*, La Habana, 41, 8, 18 y 72, febrero 21, 1960.

«Idearío cubano, Don Fernando Ortiz, un hombre al servicio de la ciencia y de Cuba», en *Bohemia*, La Habana, 55, 18, 25-27, 75, mayo 3, 1963.

«Una pelea cubana contra los demonios», en *La Gaceta de Cuba*, La Habana, 4, 42, 15-16, enero-febrero, 1966.

«La muerte de Fernando Ortiz», en *Juventud Rebelde*, La Habana, 4, abril 14, 1969.

«La etapa formativa de don Fernando Ortiz», en *Mensajes*, La Habana, 1, 10, 7-9, julio 23,

1970.

González Campoamor, Fernando, «El maestro fuerte», en *Bohemia*, La Habana, 61, 16, 58, abril 18, 1969.

Carrión, Miguel de, «El Doctor Ortiz Fernández», en *Azul y Rojo*, La Habana, 2, 24, *s. p.*, junio, 14, 1903.

Castellanos, Carlos A., *«José Antonio Saco y sus ideas cubanas*, por Fernando Ortiz», en *Revista de Oriente*, Santiago de Cuba, 2, 16, 15, enero, 1930.

Castellanos, Israel, «Fernando Ortiz en las ciencias criminológicas», en *Miscelánea de estudios dedicados a Fernando Ortiz por sus discípulos, colegas y amigos, con ocasión de cumplirse sesenta años de la publicación de su primer impreso en Menorca en 1895*, tomo 1, La Habana, *s. i.*, 1955, págs. 298-332.

Comas, Juan, «La obra científica de Fernando Ortiz», en *Revista Bimestre Cubana*, La Habana, 70, 12-28, 1955.

La obra escrita de don Fernando Ortiz, separada de *Inter-American Review of Bibliography*, Washington D. C., V. 7, n.º 4, 1957, La Habana, 1957.

Conde Kostia, seudónimo de Aniceto Valdivia, «Elogios, Doctor Fernando Ortiz» en su *Mi linterna mágica*, La Habana, Ministerio de Educación, Instituto Nacional de Cultura, 1957, págs. 33-35.

«Cronología, sobre Fernando Ortiz», en *Granma*, La Habana, 5, 87, 5, abril 12, 1969.

El curioso parlanchín, seudónimo de Emilio Roig de Leuchsenring, «Habladurías, el Doctor Fernando Ortiz nos habla sobre la 3.ª Conferencia Comercial Panamericana», en *Carteles*, La Habana, 10, 26, 20, junio 26, 1927.

Darias, Agileo, «La voz de los otros, cComentarios a la prensa, Fernando Ortiz ofrece el remedio», en *Ahora*, La Habana, 2, 253, 4, junio 22, 1934.

Deschamps Chapeaux, Pedro, «Contrapunteo cubano del tabaco y el azúcar», en *La Gaceta de Cuba*, La Habana, 4, 42, 14-15, enero-febrero, 1965.

Dollero, Adolfo, «Las simpatías de Cuba por Italia, con motivo de la reimpresión al folleto del Doctor Fernando Ortiz *Los mambises italianos*», en *Revista Bimestre Cubana*, La Habana, 12, 5, 327-331, septiembre-octubre, 1917.

Echavarría, Luis, «Ni racismo ni xenofobias», en *Revista Bimestre Cubana*, La Habana, 24, 6, 571-575, julio-diciembre, 1919.

Entralgo, Elías José, «Fernando Ortiz, polígrafo y especialista», en *Carteles*, La Habana, 26, 30, 7, julio 26, 1936.

«Fernando Ortiz en su órbita cubana», en *La Gaceta de Cuba*, La Habana, 125, 29, julio, 1974.

Franco, José Luciano, «Mis recuerdos de don Fernando», en *Casa de las Américas*, La Habana, 10, 55, 6-8, julio agosto, 1969.

González Peraza, Carlos, «Fernando Ortiz, el investigador», en *Defectos y virtudes de hombres grandes de América*, La Habana, Cultural, 1942, págs. 147-154.

Guerra, Ramiro, «Educación e historia, Libros

del Doctor Fernando Ortiz», en *Diario de la Marina*, La Habana, 126, 119, 4-A, mayo 20, 1958.

Guillén, Nicolás, «Don Fernando», en *Juventud Rebelde*, La Habana, 4, abril 14, 1969.

«Ortiz, misión cumplida», en *Casa de las Américas*, La Habana, 10, 55, 5-6, julio-agosto, 1969.

Guiteras Holmes, Calixta, «Fernando Ortiz, parparlo todo, olerlo todo, saborearlo todo» en *La Gaceta de Cuba*, La Habana, 4, 42, 4-8, enero-febrero, 1965.

Hernández Travieso, Antonio, «Fernando Ortiz y la Hispanocubana de Cultura», en *Miscelánea de estudios dedicados a Fernando Ortiz por sus discípulos, colegas y amigos, con ocasión de cumplirse sesenta años de la publicación de su primer impreso en Menorca en 1895*, tomo 2, La Habana, *s. i.*, 1956, págs. 817-828.

«Homenaje nacional a Fernando Ortiz, nuestro director», en *Revista Bimestre Cubana*, La Habana, 70, 5-14, 1955.

Iduarte, Andrés, «Apreciación», en *Miscelánea de estudios dedicados a Fernando Ortiz por sus discípulos, colegas y amigos con ocasión de cumplirse sesenta años de la publicación de su primer impreso en Menorca en 1895*, tomo 2, La Habana, *s. i.*, 1956, págs. 851-857.

Insúa, Alberto, «Mis amistades cubanas, Fernando Ortiz», en *Diario de la Marina*, La Habana, 95, 100, 33, abril 10, 1927.

León, Argeliers, «El aporte de Fernando Ortiz a la etnomusicología en Cuba», en *La Gaceta de Cuba*, La Habana, 4, 42, 9-10, enero-febrero, 1965.

«Fernando Ortiz, humanista», en *Juventud Rebelde*, La Habana, 4, abril 14, 1969.

Le Riverend, Julio, «Nota sobre la obra de Fernando Ortiz», en *La Gaceta de Cuba*, La Habana, 1, 2, 7, mayo 1, 1962.

«El personaje de sus propios libros», en *Bohemia*, La Habana, 61, 16, 57, abril 18, 1969.

«Fernando Ortiz y su obra cubana», en *Unión*, La Habana, 9, 4, 119-147, diciembre, 1972.

Lizaso, Félix, «Fernando Ortiz», en su *Ensayistas contemporáneos, 1900-1920*, La Habana, Editorial Trópico, 1938, págs. 30-33 y 244-247, Antologías cubanas, 2.

Malinowski, Bronislaw, «La transculturación, su vocablo y su concepto», en *Revista Bimestre Cubana*, La Habana, 46, 2, 220-228, septiembre-octubre, 1940.

Marinello, Juan, «Don Fernando Ortiz, notas sobre nuestro tercer descubridor», en *Bohemia*, La Habana, 61, 16, 53-55, abril 18, 1969.

«Fernando Ortiz» en *Casa de las Américas*, La Habana, 10, 55, 4, julio-agosto, 1969.

Martínez Echemendía, Luciano R., «El Doctor Fernando Ortiz en la Sociedad Económica», en *Miscelánea de estudios dedicados a Fernando Ortiz por sus discípulos, colegas y amigos, con ocasión de cumplirse sesenta años de la publicación de su primer impreso en Menorca en 1895*, tomo 2, La Habana, *s. i.*, 1956, págs. 1007-1020.

Martínez Furé, Rogelio, «Don Fernando Ortiz, un maestro de la cubanía», en *Cuba Interna-*

cional, La Habana, 6, 54, 48-51, marzo, 1974.

Méndez Pereira, Octavio, «Medio siglo de vida fecunda», en *Miscelánea de estudios dedicados a Fernando Ortiz por sus discípulos, colegas y amigos, con ocasión de cumplirse sesenta años de la publicación de su primer impreso en Menorca en 1895*, tomo 2, La Habana, s. i., 1956, págs. 1089-1092.

Mintz, Sidney Wilfred, «La obra etnomusicológica de Fernando Ortiz», en *Revista Bimestre Cubana*, La Habana, 41, 282-284, julio-diciembre, 1956.

Miscelánea de estudios dedicados a Fernando Ortiz por sus discípulos, colegas y amigos, con ocasión de cumplirse sesenta años de la publicación de su primer impreso en Menorca en 1895, La Habana, s. i., 1955-1957, 3 T.

Morales y del Campo, Ofelia, «Una carta encomiástica, dirigida al señor Fernando Ortiz», en *Revista Bimestre Cubana*, La Habana, 22, 5, 178, septiembre-octubre, 1927.

«Murió don Fernando Ortiz», en *Granma*, La Habana, 5, 86, 1, abril 11, 1969.

Novás Calvo, Lino, «Cubano de tres mundos», en *Miscelánea de estudios dedicados a Fernando Ortiz por sus discípulos, colegas y amigos, con ocasión de cumplirse sesenta años de la publicación de su primer impreso en Menorca en 1895*, tomo 2, La Habana, s. i., 1956, págs. 1133-1141.

Núñez Jiménez, Antonio, «Don Fernando Ortiz, palabras pronunciadas en la despedida de duelo», en *Granma*, La Habana, 5, 87, 5, abril

12, 1969.

«Obra de Fernando Ortiz, Bibliografía», en *Bohemia*, La Habana, 61, 16, 60-61, abril 18, 1969.

Pogolotti, Marcelo, «Transculturación» y «Música mulata», en su *La República de Cuba al través de sus escritores*, La Habana, Editorial Lex, 1958, págs. 95-97 y 110-112.

Portuondo, José Antonio, «Fernando Ortiz, humanismo y racionalismo científico», en *Casa de las Américas*, La Habana, 10, 65, 8-10, julio-agosto, 1969.

Price-Mars, Jean, «Homenaje a Fernando Ortiz», en *La Gaceta de Cuba*, La Habana, 4, 42, 12-13, enero-febrero, 1965.

«Para él todos los hombres son el hombre», en *Cuba Internacional*, La Habana, 37, agosto, 1969.

Riaño Jauma, Ricardo, «Fernando Ortiz», en su *Hombre de tres mundos*, Buenos Aires, Editorial Raigal, 1955, págs. 126-128.

Romero, Fernando, «Los estudios afrocubanos y el negro en la patria de Martí», en *Revista Bimestre Cubana*, La Habana, 47, 3, 395-401, mayo-junio, 1941.

Selva, Juan B., «Plausible obra del Doctor Ortiz», en *Miscelánea de estudios dedicados a Fernando Ortiz por sus discípulos, colegas y amigos, con ocasión de cumplirse sesenta años de la publicación de su primer impreso en Menorca en 1895*, tomo 3, La Habana, s. i., 1957, págs. 1373-1380.

Stingi, Miloslav, «Los negros esclavos de Fernando Ortiz», en *La Gaceta de Cuba*, La Habana, 4, 42, 11, enero-febrero, 1965.

Vitier, Medardo, «El aliento cubano y el espíritu científico en la obra de Fernando Ortiz», en *Revista Bimestre Cubana*, La Habana, 70, 29-42, 1955.

Orto (Manzanillo, Oriente, 1912-1957). Revista semanal ilustrada. Ciencias, artes y letras. Su fundador y director propietario fue, tanto de la revista como de la imprenta donde se editaba, Juan Francisco Sariol, gran animador de la cultura manzanillera. En el primer número, que correspondió al 7 de enero, se expresaba: «...en nuestro mundo local [*Orto*] significa la aparición de un nuevo esfuerzo realizado por varios jóvenes que, amantes del prestigio de la ciudad que fue su cuna y que les ofrece el orgullo de ser manzanilleros, no han podido permanecer indiferentes y remisos ante la absoluta carencia de una revista literaria en este pueblo, donde, con legítima satisfacción, lo confesamos, la cultura no ha sido nunca un mito, y donde todos ansiamos sinceramente las caricias bienhechoras del Progreso y la Civilización en sus múltiples y diversas manifestaciones».

Y más adelante señalan: «Aquí está, pues, nuestra revista literaria. No será ella un conglomerado de páginas concentradoras de ridículos desahogos amorosos, ni vaciedades y futilezas soporíferas, si bien aceptará siempre lo que del Amor se manifieste en exquisitas bellezas, lo que tenga del Amor toda su alma. Pretendemos que sea *Orto*, fiel exponente, porta-voz y órgano de la cultura y riqueza de este nuestro querido pueblo; por lo que solicitamos también el valioso concurso de todos aquellos que quieran ayudarnos con su colaboración, exponiendo en estas páginas sus ideas en pro de todas las bellas artes, la ciencia, la industria, la agricultura, el comercio, en fin, cuanto tienda o se encamine a difundir las luces de la civilización y del progreso, cuya noble y elevada finalidad perseguimos».

No siempre, apareció el machón de la revista. Así, por ejemplo, a partir del número correspondiente al 1.º de diciembre de 1912, figura como director Rafael de la Guardia, y en el número del 22 de diciembre de igual año se lee: «Director literario: Rafael de la Guardia. Director artístico: Luis Maceo. Jefe de redacción: Miguel Galliano Cancio. Redactores: Luis Felipe Rodríguez, Ángel Cañete Vivó, Manuel Villamar, Juan Jerez Villarreal y América Betancourt. Cronista de salón: Julio Girona Pacheco». A partir de este último número, además del subtítulo inicial que aparecía en la portada, se leía «Revista universal ilustrada» en una especie de segunda portada. «Revista literaria» y a continuación «Revista semanal ilustrada. Ciencias, artes y letras», fue el subtítulo adoptado desde el 2 de marzo de 1913. A partir de los números correspondientes al 4 de mayo y al 15 de junio de 1913, se hizo cargo de la crónica social José de la Luz León y de la dirección y administración de la revista Filiberto Guerra, respectivamente. Desde el número correspondiente al 17 de mayo de 1914 se unió a este último, para dirigir la revista, Eladio Ramírez León. En el número fechado el 22 de noviembre de este último año, aparece como editor propietario Juan Francisco Sariol, S. en C., y como director el Doctor Mario León M. Aparece como «Revista de ciencias, artes, letras, sport, crónicas» desde el número correspondiente al 20 de diciembre de 1914. Desde el número fechado el 10 de enero de 1915, funge como director Rogelio González R. y como administrador Juan Francisco Sariol. Se lee en el machón del número correspondiente al 11 de abril del último año mencionado, lo siguiente: «Editor: Juan Francisco Sariol. Redactores: Miguel Galliano Cancio, Pedro Alejandro López, América Betancourt, Buenaventura Tamayo, Julio Girona, Ángel Cañete Vivó, Epi. Sánchez Quesada, J. N. Estrada Pantoja, Rogelio González R., Arturo Pacheco, Francisco Escobar, Francisco Cerdán, Julio Fernández, Daniel Otero y Manuel Navarro». Como colaboradores: José Manuel Poveda, José Manuel Carbonell, Armando Leyva, Elpidio Estrada, Joaquín Navarro, Higinio Medrano, Rafael Argilagos, Enrique Gay Calbó, Enrique Cazade, M. G. Gutiérrez Hidalgo, Rafael de la Guardia y Juan Jerez Villarreal. Posteriormente solo aparecía en el machón: Editor propietario: Juan Francisco Sariol. «Revista de literatura y arte» y «Revista semanal», se lee en la portada y el machón, respectivamente, a partir del número correspondiente al 14 de abril de 1918; desde el número fechado el 1.º de noviembre, de 1919, aparece como subtítulo de la publicación el de «Revista

semanal ilustrada. Ciencias, artes y letras». Fue desde el número fechado el 15 de septiembre de 1921, que *Orto* comenzó a ver la luz quincenalmente; su subtítulo fue, a partir del número de fecha 30 de septiembre de igual año, el de «Revista quincenal ilustrada». En el número correspondiente al 15 de enero de 1922, aparece una nota que dice: «El propietario de *Orto* se retira, provisionalmente, a descansar un poco. El señor Nemesio Lavié, desde hoy tiene a su cargo la parte administrativa y el señor Luis E. Santiesteban la parte literaria como Jefe de Redacción». A pesar de esta nota, continuó apareciendo como director propietario Juan Francisco Sariol. No se han localizado ejemplares de los años 1924 y 1925. En el primero visto del año 1926, correspondiente al 15 de enero, se lee como subtítulo: «Revista quincenal ilustrada. Ciencias, artes y letras», y en el siguiente número decía. «Revista universal ilustrada. Literatura y arte»; en el machón de este ejemplar aparece «Revista de literatura y arte fundada en 1911». Figuran como directores Juan Francisco Sariol y Ángel Cañete. «Revista de difusión cultural» figura como subtítulo del primer número aparecido en el año 1929, correspondiente al mes de marzo. En igual mes, pero del año siguiente, apareció en *Orto* una nota que decía: «Desde este número entra a compartir la responsabilidad literaria de *Orto*, un Comité, de dirección formado con elementos que nunca fueron ajenos a nuestros empeños y que siempre estuvieron junto a nosotros laborando por el auge cultural cubano y por el prestigio intelectual de Manzanillo». Se referían estas palabras a Cañete, Galliano, Lavié, Agüero y al resto de los que habían colaborado en la revista. Desde el número correspondiente a abril de 1931, se lee como subtítulo: «Mensuario de difusión cultural». En números posteriores, de salida irregular, se leía: «Revista de difusión cultural». Desde el número correspondiente a enero de 1950, solo apareció como director Juan Francisco Sariol. Revista específicamente literaria, reflejó con acierto la vida cultural de Manzanillo, de la provincia de Oriente y en general de toda Cuba. Notables escritores latinoamericanos colaboraron en sus páginas. Alrededor de *Orto*, tomando como lugar de reunión casi siempre la propia redacción de la revista, fue nucleándose un grupo de jóvenes con inquietudes intelectuales y artísticas en general (véase grupo literario de Manzanillo), que con su aliento y afán de lucha dieron cuerpo definitivo a esta publicación. La revista tuvo muchas secciones fijas, que fueron renovándose y cambiando de títulos con el transcurrir de los años. Así, «Bibliografía», «Gaceta bibliográfica», «Meseta de libros», «Revista de revistas», «Letras extranjeras». Todas ellas, en sus distintas épocas, se dedicaron al comentario de libros y de publicaciones periódicas recibidas. Contó además con las secciones «El cuento semanal», donde aparecían cuentos de autores cubanos y extranjeros; «Alrededor del mundo», con comentarios acerca de los últimos acontecimientos ocurridos, de cualquier índole; «Hombres y lugares históricos cubanos»; «Revista de la semana», con noticias culturales cubanas y extranjeras, y «Vida literaria» y «Almanaque», también con noticias del mundo cultural. Publicó cuentos, poemas, fragmentos de novelas, artículos sobre filosofía, historia, educación, música, arte, teatro, crítica literaria. Dedicó números especiales a figuras como José Martí, Rubén Darío, Juan Gualberto Gómez, José Manuel Poveda, Luis Felipe Rodríguez, José Enrique Rodó y la malograda poetisa bayamesa María Luisa Milanés. Muchos escritores del movimiento modernista hispanoamericano colaboraron en esta revista, que indiscutiblemente constituyó un nexo fraterno entre la cultura cubana y la del resto del continente. Otros colaboradores de *Orto* fueron Dulce María Borrero, Manuel Serafín Pichardo, Max y Pedro Henríquez Ureña, Néstor Carbonell, Héctor Poveda, Fernando Lles, *Ducazcal* (seudónimo de Joaquín Navarro Riera), Regino Eladio Boti, Agustín Acosta, *Fray Candil* (seudónimo de Emilio Bobadilla), Bonifacio Byrne, Hilarión Cabrisas, Enrique José Varona, Pedro López Dorticós, *Conde Kostia* (seudónimo de Aniceto Valdivia), Medardo Vitier, Alfonso Hernández Catá, Manuel Sanguily, Jorge Mañach, Rafael Esténger, Gustavo Sánchez Galarraga, Mariblanca Sabas Alomá, Nicolás Guillén, Andrés Núñez-Olano, Lino Horruitiner, Ciana Valdés Roig, Raúl Roa, Félix Pita Rodríguez, José Antonio Foncueva, Eugenio Florit, Ángel Augier, Alejo Carpentier, Ramón Rubiera, Juan Marinello, Pablo de la Torriente Brau, José Antonio Portuondo, Carlos

Rafael Rodríguez, Fernando González Campoamor, Emilio Ballagas, Loló de la Torriente y Mirta Aguirre. Poco a poco fueron separándose los que habían dado forma a esta, más que revista, verdadera institución cultural, bien por la muerte de algunos o el alejamiento de otros hacia la capital. Además, los recursos económicos, tan duramente obtenidos, escasearon cada vez más. Esto, unido a la difícil situación política por la que atravesaba el país, hizo que la revista desapareciera, tras cuarenta y cinco años de vida. El último número aparecido correspondió a diciembre de 1957.

Bibliografía

«En la ruta», en *Orto*, Manzanillo, 3, 16, 1, mayo 17, 1914.

Gay Calbó, Enrique, «*Orto* en sus treinta años», en *Revista Bimestre Cubana*, La Habana, 48, 306-307, 2.º semestre, 1948.

López, Pedro Alejandro, «La revista *Orto*», en *El Mundo*, La Habana, 40, 12 797, 10, agosto 20, 1941.

Marquina, Rafael, «*Orto* en ocaso», en *Información*, La Habana, 21, 75, B-2, marzo 28, 1957.

Medrano, Higinio, «Sariol, *Orto* y Manzanillo», en *Orto*, Manzanillo, 37, 3-4, 6-7, marzo-abril, 1949.

Pogolotti, Marcelo, «*Orto*», en su *La República de Cuba al través de sus escritores*, La Habana, Editorial Lex, 1958, págs. 47-48.

«Una revista en la provincia», en *Acento*, Bayamo, 21, primavera, 1947.

Torriente, Loló de la, «Prioridad para *Orto*», en *El Mundo*, La Habana, 65, 21 804, 4, febrero 3, 1967.

Vasconcelos, Ramón, «Hay que salvar a *Orto*», en *Alerta*, La Habana, 23, 54, 1, marzo 5, 1957.

«Veinticuatro años», en *Orto*, Manzanillo, 24, 1, 8, enero, 1935.

«La vida de *Orto*, 1912-1948», en *Orto*, Manzanillo, 36, 5-6, *s. p.*, mayo-junio, 1948.

Villarronda, Guillermo, «Elogio y censura, *Orto*, 34 años de cultura», en *Cuba Nueva en Acción*, La Habana, 2.ª época, 6, 131, 2, junio 6, 1945.

Osa, **Enrique de la** (Alquízar, La Habana, 22 febrero 1909-14 junio 1997). Cursó la primera enseñanza en su pueblo natal y el bachillerato en La Habana. Comenzó a publicar poemas en el suplemento literario del *Diario de la Marina* en 1927, dentro del movimiento vanguardista. Ese mismo año fundó y dirigió, hasta su desaparición en 1928, la revista *Atuei*. Durante su estancia en Nueva York se vio obligado a desempeñar los más diversos oficios. Fue fundador del Partido Aprista de Cuba, que más tarde se fusionó con el Partido Revolucionario Cubano (Auténtico). En 1935 fue profesor de historia en la Universidad Popular «José Martí» y dirigió el semanario *Futuro*. Más tarde, en 1938, dirigió *Patria*. En 1940 obtuvo un premio periodístico en ocasión del centenario del Archivo Nacional. Ha colaborado en *América Libre*, *Orto*, *El Estudiante*, *Aurora*, *Unión Nacionalista*, *El Mundo*, *La Prensa*, *Luz*, *Amauta* (Perú) y *Claridad* (Argentina). Ha viajado por Venezuela, México, Canadá, Estados Unidos y la Unión Soviética. Después del triunfo de la Revolución trabajó como profesor de redacción en la Escuela Profesional de Periodismo Manuel Márquez Sterling (1960), dirigió la revista *Bohemia* (1960-1971) —en ella había sido, durante varios años, redactor-jefe de la sección «En Cuba», creada por iniciativa suya— y el periódico *Revolución* (1963-1965). Ha participado en diversos encuentros, congresos y seminarios nacionales e internacionales y ha pronunciado conferencias. Desde sus primeras colaboraciones en la prensa firmó con el seudónimo *Enrique Delahoza*.

Bibliografía pasiva

Toledo, *Pedro de*, seudónimo de José Antonio Fernández de Castro, «*Delahoza*», en *Diario de la Marina*, La Habana, 96, 99, 2, 3.ª secc., abril 8, 1928.

Otero, **José Manuel** (Rodas, Las Villas, 30 noviembre 1922). Estudió la primaria en su pueblo natal y parte del bachillerato en el Instituto de Cienfuegos (Las Villas). Se trasladó a La Habana en 1941. Ha desempeñado diversas labores. En 1950 ingresó en el Partido Socialista Popular. Desde sus filas participó en la lucha clandestina contra la tiranía de Batista. Asistió al Primer Congreso Nacional de Escritores, celebrado en La Habana en 1961, y al Congreso Cultural de La Habana (1968). Ha viajado por la Unión Soviética, Checoslovaquia y Polonia. Colaborador en *Noticias de Hoy*,

Revolución, *Lunes de Revolución*, *Vanguardia Obrera*, *Verde Olivo*, *Bohemia*, *La Gaceta de Cuba*, y *Casa de las Américas*. Fue responsable de la página cultural de *Granma*, donde actualmente trabaja como periodista. Es miembro del Partido Comunista de Cuba. Sus relatos han sido traducidos al ruso, ucraniano, búlgaro, rumano, vietnamita, etc.

Bibliografía activa

El paisaje nunca es el mismo, 10 cuentos, La Habana, Ediciones Unión, 1963.

4 cuentos, La Habana, Ediciones Belic, 1965, Cuadernos Girón, 7.

Bibliografía pasiva

Santana, Joaquín G., «El cuento como quehacer social», en *La Gaceta de Cuba*, La Habana, 3, 38, 22, junio 15, 1964.

Otero, **Lisandro** (La Habana, 4 junio 1932-3 enero 2008). Hijo del periodista Lisandro Otero Masdeu. Cursó la primera y segunda enseñanza en la capital. Fue alumno de la Escuela de Periodismo (1950-1954) y de la de Filosofía y Letras (1950-1953) de la Universidad de La Habana. Estudió en La Sorbona (1954-1956). Participó en la lucha clandestina contra el régimen de Batista. Después del triunfo de la Revolución fue nombrado director general de la municipalidad de La Habana (1959). Fue jefe de redacción del periódico *Revolución* (1960-1961) Tomó parte de la Conferencia por la Soberanía Nacional, la Emancipación

Económica y la Paz, celebrada en México en 1961. Ocupó el cargo de secretario de la Unión de Escritores y Artistas de Cuba (1961-1963), para el que fue elegido en su Primer Congreso en 1961. Fue director de la revista *Cuba* (1963-1968). Ganó el premio de novela en el Concurso Casa de las Américas de 1963 con *La situación*. En 1965 ganó mención en el Concurso Biblioteca Breve de la Editorial Seix Barral, de Barcelona, con su novela *Pasión de Urbino*. En 1966 ocupó la vicepresidencia del Consejo Nacional de Cultura. Desde el año siguiente y hasta 1968 dirigió *Revolución y Cultura*, su órgano de difusión. En 1967 asistió al Segundo Congreso Latinoamericano, de Escritores, celebrado en México. Ha visitado además a Estados Unidos, Inglaterra, España, Italia, Dinamarca, Suecia, Bélgica, Holanda, República Federal Alemana, Suiza, Unión Soviética, Hungría, Polonia. Fue consejero cultural de la Embajada de Cuba en Chile y actualmente lo es de la Embajada de Cuba en Gran Bretaña. Ha colaborado en *Bohemia, Carteles, Granma, Juventud Rebelde, El Mundo, Casa de las Américas, Unión, La Gaceta de Cuba, Partisans* y *Europe*, ambas de Francia. Es autor del libreto de la comedia musical *El solar*, llevada al cine y al ballet. Sus obras han sido traducidas al alemán, italiano, francés, inglés, ruso, rumano, búlgaro, húngaro, checo. Obtuvo el Premio Nacional de Literatura en 2002.

Bibliografía activa

Tabaco para un Jueves Santo y otros cuentos cubanos, París, L'Imprimerie Tari, 1955.

Cuba, Z. D A., La Habana, Ediciones R, 1960; 2.ª edición.

Hemingway, La Habana, Editorial Nacional de Cuba, 1963, Cuadernos Casa de las Américas, 2.

La situación, novela, La Habana, Ediciones Casa de las Américas, 1963; 2.ª edición, Santiago de Chile, Editora Santiago, 1967; La Habana, Instituto Cubano del Libro, Ediciones Huracán, 1975.

Pasión de Urbino, novela, Buenos Aires, Editorial Jorge Álvarez, 1966; La Habana, Instituto Cubano del Libro, 1967.

En busca de Vietnam, ensayos, La Habana, Instituto Cubano del Libro, Editorial de Ciencias Sociales, 1970.

En ciudad semejante, novela, La Habana, Ediciones Unión, 1970.

Bibliografía pasiva

«Algunas claves estructurales de *Pasión de Urbino*», en *Revista del Granma*, suplemento del periódico *Granma*, La Habana, 10-11, julio 15, 1967.

Álvarez, Federico, «Lisandro Otero, *La situación*», en *La Gaceta de Cuba*, La Habana, 3, 39, 2, julio 5, 1964.

Arrufat, Antón, «¿Qué es *Cuba, Z. D. A.*», en *Lunes de Revolución*, suplemento del periódico *Revolución*, La Habana, 61, 7-8, mayo

30, 1960.

«La burguesía en busca de la seguridad perdida», en *La Gaceta de Cuba*, La Habana, 2, 29, 2-3, noviembre 5, 1963.

Baeza P., Francisco, «*Cuba Z. D. A.*», en *Boletín Cultural*, La Habana, 1, 11-12, 13, octubre-noviembre, 1960.

Benítez Rojo, Antonio, «*En ciudad semejante*», en *Casa de las Américas*, La Habana, 11, 65-66, 160-163, marzo-abril, 1971.

Bravet, Rogelio Luis, «Derrotado pero no vencido», en *Bohemia*, La Habana, 55, 24, 59, junio 14, 1963.

Bueno, Salvador, «*La situación*», en *Rotograbado de Revolución*, suplemento del periódico *Revolución*, La Habana, 11, noviembre 4, 1963.

«*En ciudad semejante*», en *Unión*, La Habana, 10, 1-2, 152-154, marzo-junio, 1971.

Carballo, Emmanuel, «Hemingway de cuerpo entero», en *Siempre*, México, 516, 18-19, mayo 15, 1963.

«La novela cubana», en *Bohemia*, La Habana, 56, 34, 22-23, agosto 21, 1964.

Carpentier, Alejo, «Un jurado opina», en *La Gaceta de Cuba*, La Habana 2, 14, 3, marzo 15, 1963.

Constenla, Julia, «Lisandro Otero», en su *Crónicas de la violencia*, Buenos Aires, Jorge Álvarez Editor, 1965, págs. 75-89.

Dalton, Roque, «*La situación*, un ejemplo de literatura revolucionaria», en *Bohemia*, La Habana, 55, 44, 10, noviembre 1, 1963.

Délano, Poli, «Lisandro Otero, *La situación*», en *Anales de la Universidad de Chile*, Santiago de Chile, 123, 136, 205-207, octubre-diciembre, 1965.

Depestre, René, «*La situación*, una novela revolucionaria», en *La Gaceta de Cuba*, La Habana, 2, 29, 4, noviembre 5, 1963.

Desnoes, Edmundo, «*La situación*, de Lisandro Otero», en *Casa de las Américas*, La Habana 3, 20-21, 77-80, septiembre-diciembre 1963.

El escriba, seudónimo, «Un escritor de su tiempo», en *Rotograbado de Revolución*, suplemento del periódico *Revolución*, La Habana, 10, octubre 7, 1963.

Fornaris, Fornarina, «Lisandro Otero González, *Tabaco para un Jueves Santo y otros cuentos cubanos*», en *Nuestro Tiempo*, La Habana, 2, 8, 26, diciembre, 1955.

Gera, Jorge, «Klim Samgin en La Habana», en *La Gaceta de Cuba*, La Habana, 14, 47, 32, octubre-noviembre, 1965.

Herrera, Mariano, «Con Lisandro Otero», entrevista, en *Bohemia*, La Habana, 55, 28, 72-74, julio 12, 1963.

«Lisandro Otero», en *Europe*, París, 41, 409-410, 121, mayo-junio, 1963.

«Lisandro Otero, director de la *Revista Cuba*», en *La Gaceta de Cuba*, La Habana, 3, 32, 16, enero 30, 1964.

«Lo que ha dicho la crítica», en *La Gaceta de Cuba*, La Habana, 2, 29, 5, noviembre 5, 1963.

López, César, «Un libro del pueblo y para el pueblo», en *Lunes de Revolución*, suplemento del periódico *Revolución*, La Habana, 73, 31, agosto 22, 1960.

Martínez Bello, Antonio, «*Tabaco para un jueves santo y otros cuentos cubanos* de Lisandro Otero», en *Revista de la Biblioteca Nacional José Martí*, La Habana, 2.ª serie, 6, 4, 177-178, octubre-diciembre, 1955.

Nadereau Maceo, Efraín, «*En ciudad semejante*», en *Revolución y Cultura*, La Habana, 2.ª época, 67-69, marzo, 1972.

Rodríguez, A., «*Pasión de Urbino* de Lisandro Otero», en *El Mundo*, La Habana, 66, 22 008, 4, septiembre 29, 1967.

«*La situación* en ocho idiomas», en *La Gaceta de Cuba*, La Habana, 4, 47, 32, octubre-noviembre, 1965.

Torriente, Loló de la, «La novela plena», en *El Mundo*, La Habana, 62, 20 783, 4, octubre 16, 1963.

«*La situación* de Lisandro Otero» en *El Mundo*, La Habana, 62, 20786, 4, octubre 19, 1963.

«Supervivencia, *El solar*, estampa cubana», en *El Mundo del Domingo*, suplemento del periódico *El Mundo*, La Habana, 4-5, marzo 6, 1966.

«Tres preguntas a Lisandro Otero», en *Revolución y Cultura*, La Habana, 1, 2, 94-96, octubre, 1967.

Otero, Rafael (La Habana, septiembre 1827-Matanzas, 2 junio 1876). Adolescente aún comenzó a escribir sus primeros poemas. Por estos años escribió además la comedia *Mi hijo el francés*. Se destacó por sus artículos en el periódico *Prensa*, publicados bajo el título «Observatorio habanero». Fue fundador y redactor de *El Iris*, *Flores de las Antillas* y *La Danza*. Fue además cofundador y corredactor de *El Duende*. En Matanzas fue redactor de *La Aurora*, director de *El Yumurí* y más tarde redactor de *Aurora del Yumurí* (1858-1861), desempeñó un cargo en la Real Hacienda y fue secretario de Ayuntamiento. Colaboró además en *Cuba Literaria* y en *La Idea*. Es autor de numerosas comedias que se representaron en La Habana y en Matanzas. Escribió poesías jocosas (*Risas y sarcasmos*) y relatos costumbristas, como «Cuentecillos de mi tierra» (1859). *Su Sátira en defensa de la danza cubana* fue premiada con medalla de oro en los Juegos Florales del Liceo de Matanzas en 1865.

Bibliografía activa

Un novio para la isleña, comedia original en un acto, La Habana, Imprenta de M. Soler, 1847.

Un bobo del día, comedia, La Habana, Imprenta de Torres; 1848; 3.ª edición, Cárdenas, Imprenta del Gobierno por S. M., 1857.

El muerto manda, comedia original en dos actos, La Habana, Imprenta de Barcina, 1850.

Quien tiene tienda que la atienda, comedia original en tres actos y en verso, La Habana, Imprenta de Barcina, 1851.

Un coburgo, juguete cómico de costumbres, Matanzas, Imprenta Aurora del Yumurí, 1857; Comedia en un acto y en verso, Cárdenas, 1857.

Cecilia la matancera, novela cubana, tomo 1,

Matanzas, Imprenta Aurora del Yumurí, 1861.

¡Cuatro a una! Juguete cómico original en dos actos y en verso, Matanzas, Imprenta El Ferrocarril, 1865.

Cantos sociales, La Habana, Imprenta El Iris, 1866.

María, la perla de la Diaria, cuento cubano, Matanzas, Imprenta Aurora del Yumurí, 1866.

Del agua mansa nos libre Dios, proverbio dramático en un acto y en verso, Matanzas, Imprenta La Aurora del Yumurí, 1868.

P

Padilla, **Heberto** (Puerta de Golpe, Pinar del Río, 20 enero 1932-Auburn, 25 septiembre 2000). Cursó parte de la primaria en Pinar del Río. En Artemisa (Pinar del Río) terminó la enseñanza elemental y estudió el bachillerato. Dirigió dos revistas estudiantiles, *Paladín Colegial* (1945) y *Repórter* (1946). Cursó tres años de la carrera de Derecho en la Universidad de La Habana. Visitó a Estados Unidos entre 1949 y 1952 y entre 1956 y 1959. En Nueva York trabajó como profesor de español del Berlitz School of Languages, de 1957 a 1959. En 1961 ganó mención en el Concurso Casa de las Américas por su libro de poemas *El justo tiempo humano*. Fue redactor y corresponsal, en Londres, de la agenda informativa Prensa Latina, redactor y corresponsal del Periódico *Revolución*, redactor de la revista *Novedades de Moscú*, director-gerente de CUBARTIMPEX (1964-1965) y representante en Europa del Ministerio de Comercio Exterior. Trabajó como investigador en el Centro de Investigaciones Literarias de la Casa de las Américas. Ha viajado además por México, Venezuela, los países centroamericanos, parte de África y de Asia. Ha colaborado en *Lunes de Revolución*, *Granma*, *El Mundo*, *Cuba*, *La Gaceta de Cuba*, *Unión*, *Casa de las Américas*, *El Corno Emplumado*, *Pájaro Cascabel* (México); *Cormorán y Delfín* (Argentina); *Ínsula*, *Índice* (España); *Europe*, *Les Lettres Nouvelles*, *L'Arc*, *Les Temps Modernes* (Francia); *Literatura Extranjera* (Unión Soviética). En 1968 fue premiado su libro de poemas *Fuera del juego* en el Concurso UNEAC. Al editarse el libro se hizo constar, en un prólogo de la institución, el carácter contrarrevolucionario de algunos poemas. Ha hecho traducciones o versiones poéticas de autores ingleses, franceses, alemanes, rusos, rumanos, suecos. Sus poemas han sido traducidos al inglés, al francés, al italiano, al alemán, al polaco, al ruso, al sueco, al danés, al chino, etc. Trabajó en el Instituto Cubano del Libro. Después de abandonar el país, ha mantenido una actitud hostil hacia la Revolución.

Bibliografía activa

Las rosas audaces, poesía, La Habana, Ediciones Los Nuevos, 1948.

El justo tiempo humano, poesía, La Habana, Ediciones Unión, 1962; 2.ª edición.

La hora, poesía, La Habana, Ediciones La Tertulia, 1964; 1965, Cuadernos de poesía, 10.

Fuera del juego, poesía, La Habana, UNEAC, 1968.

Bibliografía pasiva

Dalton, Roque, «*El justo tiempo humano*», en *Casa de las Américas*, La Habana, 2, 13-14, 56-58, julio-octubre, 1962.

García Hernández, Adrián, «El justo tiempo humano», en *Pueblo y Cultura*, La Habana, 8, 29, 1962.

Piñera, Virgilio, «Apuntes sobre la poesía de Heberto», en *La Gaceta de Cuba*, La Habana,

1, 6-7, 14, julio, 1962.

Simo, Ana María, «*El justo tiempo humano*», en *Unión*, La Habana, 4, 1, 143-148, enero-marzo, 1965.

Páginas (La Habana, 1937-1938). Revista mensual de cultura moderna. Todos los números vistos corresponden a su segunda época, pues de la primera no se ha localizado ninguno. Se sabe, por testimonio personal de Ángel Augier, que de esta primera época aparecieron pocos ejemplares. La segunda época comenzó en octubre de 1937. Su consejo de dirección estaba integrado por Manuel García Mayo, Ángel Augier, Mirta Aguirre, Julio Le Riverend, Justo Albert Luaces, D. González Martín y Guillermo Estrada. La revista circuló con el lema de Fernando Ortiz «Fe viva en la Cultura; energía incansable en la Acción, y disciplina cívica en la Conducta». En el editorial titulado «Ideario» se expresaba: «Surge de nuevo a la vida y a la lucha —la revista *Páginas*. Aspira con entusiasmo de neófita, pero también con recta dirección ideológica de sus redactores, a no ser una revista más, sino a convertirse, modestamente, en unas cuantas páginas de firme orientación, donde se recoja la tradición histórica y cultural de Cuba, desde un ángulo visual contemporáneo, sin falseamientos sectarios, sin capillitas de "élites", sino como expresión vibrátil de un grupo de hombres jóvenes de espíritu, que sienten como propios los males colectivos».

Y más adelante señalan que «nuestra Revista *Páginas* reproducirá, en la medida de lo posible, artículos, párrafos y extractos de libros, etc., de escritores cubanos del pasado, y cuya lectura será a modo de un material de documentación que ponemos al alcance de las nuevas generaciones que, habiendo recogido el legado heroico, tratan de mantener y de llevar a su meta esta tradición histórica y cultural». Anunciaban que también publicarían «artículos contemporáneos, tanto de escritores ya conocidos como de los nuevos que integran la revista, y en los cuales, unos y otros, que nos honran con su apoyo intelectual, que nos ayudan en la ardua tarea de sostenerla y difundirla, plantearán ante nuestros lectores aquellos temas que, a su entender, tengan significación cultural, ya sean económicos, históricos y literarios».

Aparecieron en sus páginas poemas, cuentos, trabajos de diversa índole y de crítica literaria, estos últimos en su sección «Sobre libros». Entre sus colaboradores figuran Fernando Ortiz, Nicolás Guillén, Luis Felipe Rodríguez, Adrián del Valle y Salvador García Agüero. En el último número publicado (6), correspondiente al mes de marzo, se anunciaba la formación de la Editorial Páginas, que estaría dirigida por un consejo de dirección formado por Juan Marinello, Ángel Augier y Carlos Rafael Rodríguez.

Páginas de Rosa (La Habana, 1894-Id.). «Periódico de modas, literatura y crónica de salones», se lee en el primer ejemplar visto, correspondiente al 30 de enero de 1894. Fue dirigida por *Dolores* (seudónimo de Fermina de Cárdenas viuda de Armas). Su administrador propietario fue justo José de Cárdenas. Aparecía tres veces al mes. Los ejemplares localizados son pocos y están en muy mal estado. Publicó poesías, traducciones de noveletas inglesas y francesas, pequeñas biografías y noticias sociales y de modas. Entre sus colaboradores figuraban Aurelia Castillo de González, Juana Borrero, Pedro Santacilia, Rafael Montoro, Luisa Pérez de Zambrana, José de Atinas y Céspedes, Raimundo, Cabrera, Pablo Hernández y Lola Rodríguez de Tió. El último ejemplar visto (número 15) corresponde al 15 de junio de 1894.

Páginas literarias. Desde los mismos inicios de la prensa periódica en Cuba, la literatura hizo su aparición en las publicaciones periódicas y ocupó un lugar importante. Así, son conocidas las numerosas producciones poéticas y de otras manifestaciones literarios que vieron la luz en la que puede considerarse —pues las anteriores no fueron más que esbozos— la primera publicación periódica del país, el *Papel Periódico de La Habana*. Toda la prensa cubana del siglo XIX dedicó espacio más que considerable a las diversas manifestaciones literarias de autores nacionales, e incluso de extranjeros, muchos de ellos traducidos, fundamentalmente, del francés. Abundaron en los periódicos cubanos de dicho siglo las secciones poéticas, de folletín y las críticas literarias, estas últimas, por lo general, en las secciones de comunicados durante la primera mitad del siglo y en la mayor parte de los casos firmadas con seudónimos. Pero no es hasta el siglo XX que nuestros periódicos dedican páginas enteras a cuestiones literarias, dándoles a las mismas títulos que hacían referencia, casi siempre, al día de la semana en que aparecían y al título de la publicación que las prohijaba. Estas páginas jugaron, junto a los suplementos literarios que también editaban algunos de los más importantes diarios cubanos, un importante papel en la divulgación de las creaciones literarias de los autores nuevos, por hacer llegar a más amplios círculos de lectores dichas creaciones, debido a la mayor circulación de la prensa diaria. Estas notas que presentamos solo pretenden ser un intento de aproximación al tema —virgen hasta el momento—, no una relación exhaustiva en lo cuantitativo ni crítica en lo cualitativo.

A mediados de la primera década del siglo XX, escasos años después de la instauración de nuestro primer gobierno pseudorrepublicano tras casi tres años de intervención norteamericana, encontramos las primeras páginas literarias en la prensa habanera, a la que en buena medida nos hemos circunscrito. A fines de agosto de 1907 el *Diario de la Familia* —que en ese momento se encontraba en su segunda época y era dirigido por José Curbelo— comienza a publicar los sábados su «Página literaria». Todo parece indicar que al frente de la misma se hallaba el escritor Ramiro Hernández Portela. Poemas, cuentos, crónicas, artículos sobre literatura y arte, notas bibliográficas, abundan en esta página que salió hasta finales del año mencionado. Sus colaboradores más frecuentes fueron Arturo Ramón de Carricarte, Manuel Serafín Pichardo, M. Lozano Casado, Ramiro Hernández Portela, Fernando de Zayas, Alfonso Hernández Catá, L. Frau Marsal, José Manuel Carbonell, entre otros. También mantuvo este diario, como casi todos los de su época, su «Página para las damas», en la que además de secciones y materiales especialmente dedicados a la mujer, veían la luz producciones de índole literaria. En el mismo año de 1907 apareció «Los lunes de *El Triunfo*», de más larga vida y regularidad que la anterior, en la cual se publicaban, como en aquélla, poemas, cuentos, crónicas, artículos de contenido literario e histórico y notas sobre cine y teatro. Entre sus colaboradores se contaron *Conde Kostia* (seudónimo de Aniceto Valdivia), *Roger de Lauria* (seudónimo de Ramón Rivera Gollury), Bonifacio Byrne, Arturo Ramón de Carricarte, Francisco Caamaño de Cárdenas, Salvador Quesada Torres y otros. Hacia 1913 se intentó dar en esta página «...una idea del estado de las letras en los países de Hispanoamérica [...]», con lo cual dejaron de verse en sus trabajos, casi por completo, las firmas de autores nacionales, y abundaron las de escritores representativos de las letras de esos países. Aunque no era literaria, pues el periódico tenía por estos años un importante suplemento literario se-

manal, la página «Lecturas del hogar», de *El Mundo* —la cual era dirigida por Carmela Nieto de Herrera—, insertaba a menudo trabajos de carácter literario y contó ocasionalmente con la colaboración de escritores tan prestigiosos como Enrique José Varona, Rafael Montoro, Juan Gualberto Gómez, Alfredo Martín Morales, Jesús Castellanos, Fernando Ortiz, Mario Muñoz Bustamante, Manuel Serafín Pichardo, Fernando de Zayas y otros.

Con una regularidad notable apareció por varios años, desde los inicios de la segunda década, la página «Los domingos de *El Cubano Libre*», de la ciudad de Santiago de Cuba. De contenido similar a las antes mencionadas, esta página resulta de vital importancia para el conocimiento de las tendencias poéticas nacionales durante el período. En la misma vieron la luz los manifiestos modernistas redactados por el destacado poeta oriental José Manuel Poveda —renovador de nuestra poesía conjuntamente con el también oriental Regino Eladio Boti y el matancero Agustín Acosta—. Los colaboradores de la página fueron fundamentalmente escritores de la Propia Provincia o ligados culturalmente a ella, entre los que cabe mencionar a Poveda y a Boti, así como a Luis Felipe Rodríguez, Armando Leyva, Marco Antonio Dolz, *Ducazcal* (seudónimo de Joaquín Navarro Riera), Miguel Galliano Cancio, Rafael G. Argilagos, Arturo Clavijo Tisseur, Enrique Cazade, Pedro Alejandro López, Higinio Julio Medrano, Francisco H. Lorié Bertot, Pedro Yodú Griñán. Otros colaboradores conocidos fueron Agustín Acosta, José G. Villa, Bonifacio Byrne, Enrique Gay Calbó, Sergio Cuevas Zequeira, Max Henríquez Ureña, José Antonio Rodríguez García y Juan. J. Geada. Hacia mediados de 1916, el dejar de publicarse *El Cubano Libre* los domingos, su página literaria dejó de aparecer y comenzó entonces la «Sabatina literaria», sección que no llegaba a tomar la página completa y que mantenía contenido casi idéntico a «Los domingos...», pero con menor calidad: El veterano diario *La Lucha* publicaba en 1910 la página «Lecturas del domingo», dedicada fundamentalmente al teatro extranjero y en la que colaboraba asiduamente Max Henríquez con ensayos y artículos de crítica literaria y artística. Además se incluían en esta página poemas en verso y en prosa, cuentos, textos de conferencias y artículos sobre música. Sus colaboradores fueron, entre otros, José Manuel Poveda, Bernardo G. Barros, José A. González Lanuza, José G. Villa, Ramiro Hernández Portela. Esta que comentamos fue una página de importancia, pero no gozó de una regular y larga vida. «Los sábados de *La Prensa*» —después «Los domingos de *La Prensa*»—, tampoco alcanzó prolongada existencia durante la segunda década del siglo, pero contó con la colaboración de José Antonio Ramos y Arturo Ramón de Carricarte —quienes firmaban, respectivamente, las secciones «Desde la Puerta del Sol» y «Cartas del domingo»—, así como de Pedro Alejandro López, Luis Rodríguez Embil, Carlos Prats y Jesús J. López, entre otros. Esta página insertaba la

sección «Los que empiezan» —dedicada a dar a conocer autores noveles, entre los que se destacaban, por la frecuencia de su colaboración, Raoul Alpízar y Rafael Vignier—, la cual incluía a su vez la subsección «Ahorrando papel y sobre, en la que se orientaba críticamente a los jóvenes que enviaban sus trabajos a la sección. La «Página literaria de *La Noche*» —posteriormente denominada «Los domingos literarios de *La Noche*»— comenzó en mayo de 1913, bajo la dirección de Bernardo J. Jambrina, escritor y actor español, y tuvo una regularidad notable, a la vez que alcanzaba una trayectoria bastante prolongada, pues aún en la década de los años veinte veía la luz. Colaboraciones de Regino Eladio Boti, Medardo Vitier, Bonifacio Byrne, José Manuel Poveda, René Lufríu, Agustín Acosta, Alfonso Camín, Pedro Alejandro López, Armando Leyva, Héctor A. Poveda, Emilia Bernal, Paulino G. Báez, Miguel Ángel Macau, Higinio Julio Medrano, Luis Rodríguez Embil, Mariano Albaladejo, Manuel Rodríguez Rendueles, aparecieron en esta página. El diario habanero *Heraldo de Cuba*, que dirigía Manuel Márquez Sterling, tuvo casi desde sus inicios la página «Heraldo literario», que aparecía en la edición dominical del periódico y que después pasó a la de los lunes. Entre sus colaboradores se contaron José Manuel Poveda, Federico Uhrbach, Miguel de Marcos, Enrique José Varona, Diwaldo Salom, Manuel Fernández Cabrera, Salvador Salazar, José Manuel Carbonell, Mariano Albaladejo, Berta Arocena y otros. «De la cantera intelectual: Literatura y arte» se titulaba en sus primeros tiempos la página literaria de *El Imparcial*, en la cual se publicaban fragmentos de novelas, cuentos, poemas, notas bibliográficas y otros trabajos de interés literario. Entre 1917 y 1918 apareció regularmente esta página —cuyo título cambió después por el de «Domingos literarios» y que, según parece, fue dirigida por José de la Luz León—, con colaboraciones de José de la Luz León, José Manuel Poveda, Armando Leyva, Pedro Alejandro López, Higinio Julio Medrano, José Fatjó Specht (seudónimo *Demócrito*).

En octubre de 1924, al entrar a trabajar Rubén Martínez Villena en el periódico *El Heraldo*, que dirigía Gustavo Gutiérrez, se le encomienda la responsabilidad de la página literaria del mismo —«Los lunes de *El Heraldo*»—, que venía saliendo desde junio de dicho año. En el artículo que, bajo el título de «Propósito», firmaba Martínez Villena en la primera página bajo su dirección, expresaba que la misma «...no será una página de literatura solo para literatos. Para ellos procuraré tener el manjar exquisito para los no preparados pretende hacer obra de preparación. Será, pues, selecta sin pedantería; educacional, sin que aparezca pedagógica; y por orden de grados, cubana, latinoamericana y cosmopolita. Y juvenil y libre, sobre todo». Solo tres semanas estuvo al frente de la página, pues problemas surgidos con la dirección del periódico a raíz de los editoriales que también escribía, le hicieron renunciar. Se ocupó entonces de la misma Mariblanca Sabas Alomá, quien introdujo la sección «Contestan-do al lector». Colaboradores de esta página fueron muchos de los compañeros minoristas de Villena, entre ellos Andrés Núñez Olano, Regino Pedroso, Enrique Serpa, María Villar Buceta, Juan Marinello, Ramón Rubiera, así como Eduardo Avilés Ramírez, Ciana Valdés Roig, Gonzalo Mazas Garbayo, Gustavo Sánchez Galarraga y otros. Bajo la responsabilidad de Andrés Núñez Olano aparecía también desde mediados de 1924 la página «La vida literaria», publicada por el periódico *El Sol* y en la que escribían Rubén Martínez Villena, Armando Leyva, Regino Pedroso, Enrique Serpa, Guillermo Martínez Márquez, Alberto Lamar, Ramón Rubiera, Eduardo Avilés Ramírez, María Villar Buceta, Juan Marinello, Francisco José Castellanos, Arturo Alfonso Roselló, Felipe Pichardo Moya, José Zacarías Tallet, Federico de Ibarzábal y numerosos escritores extranjeros, fundamentalmente de Latinoamérica.

Una de las más importantes páginas literarias de esta década fue la publicada en *El Diario de Cuba*, periódico de Santiago de Cuba que dirigía Eduardo Abril Amores. Bajo la dirección de Juan Ramón Breá, quien contaba con la ayuda de Julián Mateo y Francisco Palacios Estrada, esta página —cuyo título era «Página literaria del Grupo H»— apareció regularmente los lunes durante los meses de junio a septiembre de 1928 y fue el vehículo de expresión del grupo de escritores de vanguardia de la ciudad, entre los que se encontraban Alberto Santa Cruz Pacheco, Manuel Palacios Estrada, Lino Hourruitiner y el dominicano Lucas Pichardo.

Otros colaboradores y contertulios esporádicos fueron Max Henríquez Ureña, Rafael Esténger y Leonardo Griñán Peralta. De carácter más o menos literario fue también la página «Ideales de una raza», cuyo responsable era Gustavo E. Urrutia y que alcanzó notoriedad histórica por haberse publicado en ella, en 1930, los hoy famosos *Motivos de son* de nuestro poeta nacional Nicolás Guillén. Respecto a esta página no ofrecemos más detalles, ya que ha sido tratada en la parte correspondiente a los *Suplementos literarios* de esta obra, pues se incluía en el llamado *Suplemento literario del Diario de la Marina*, que a fines de la década del veinte dirigía el escritor de izquierda José Antonio Fernández de Castro.

Efímera vida tuvo, en 1934, la página «Lecturas del lunes» —después titulada «Lecturas del domingo»—, que publicaba el periódico *Acción. Por la renovación integral de Cuba*, el cual era órgano del partido político ABC y estaba dirigido por Jorge Mañach. Al cabo de varias semanas fue suspendida su publicación por comenzar a editar el periódico un suplemento dominical. En su segunda época (que se inició en 1939) el periódico no tuvo página o suplemento literarios, sino secciones fijas que trataban estas cuestiones. Esto mismo, o la dedicación de suplementos semanales a los temas literarios y culturales, es lo normal hacia las décadas del cuarenta y del cincuenta. En los más importantes diarios pueden encontrarse páginas en las que las cuestiones literarias, históricas y culturales ocupan todo el espacio;

sin embargo, a las mismas no se las denomina de manera especial, como ocurre con las que hasta aquí se han mencionado.

Varios días después de comenzar a publicarse el periódico *Revolución* —tras el triunfo revolucionario del 1.º de enero de 1959—, destina una página, que no siempre era la misma, a cuestiones literarias y artísticas. La misma aparecía bajo el título «Nueva generación» y con el lema «Generación va / y generación viene, / mas la tierra / siempre permanece». Según se explicaba en la nota introductoria del primer, día en que salió, era continuación de la revista de igual título luego de nueve años de la aparición de su último número y once de su fundación. Y en otra nota publicada en dicha ocasión se señalaba: «Esta página de *Revolución* —periódico revolucionario y de la Revolución— está dedicada a la nueva generación. Aquella que se ha forjado en la lucha y que contempla la paz con el espíritu de combate y el sentido deportivo que solamente procura la guerra». Poemas, cuentos, pequeñas obras teatrales, artículos de contenido político, entrevistas, notas sobre pintura, teatro y literatura veían la luz en esta página que llegó a salir diariamente y que después pasó a ser semanal y alternó con otra titulada «*Revolución* en el arte / en la literatura», hasta la desaparición de ambas en marzo de ese mismo año al iniciar el periódico la edición de su suplemento semanal *Lunes de Revolución*. Colaboradores de esta página que venimos comentando fueron Sergio A. Rigol, Roberto Branly, Manuel Díaz Martínez, Roberto Fernández Retamar, Ángel Arango, Georgina Herrera, Humberto Arenal, Matías Montes Huidobro, Rine Leal, Frank Rivera, Serafina Núñez, Alcibíades Poveda, Santiago Cardosa Arias, Fausto Masó, Alcides Iznaga, Fornarina Fornaris, entre otros. Otra página literario-cultural publicó el periódico *Revolución*, ésta desde mediados de 1964. Se titulaba «Página 3» y aparecía tres veces a la semana. Tenía como objetivo, según se expresaba en la primera que vio la luz (el 21 de agosto del año citado), «...dar a conocer a los lectores de *Revolución* la creación de los escritores e informar de los más importantes acontecimientos culturales. Por consiguiente daremos a la publicidad artículos, críticas sobre teatro, cine, danza, música, libros, comentarios, crónicas, cuentos cortos y poesías que ya estamos solicitando». Entre los colaboradores de la página se contaron David Camps, *María Luz de Nora* (seudónimo de Loló de la Torriente), Salvador Bueno, César Leante, Ana Núñez Machín, José Forné Farreres, Fernando González Campoamor, Oscar Hurtado, Gloria Parrado, César López, Natividad González Freire, Rogelio Llopis, Rogelio Luis Bravet, entre otros muchos. Además se publicaban en esta página, que aun aparecía, ahora irregularmente, cuando el periódico *Revolución* dejó de editarse —al refundirse con *Hoy* para dar lugar a *Granma*, órgano oficial del Comité Central del Partido Comunista de Cuba, en octubre del 1965—, textos de conocidos autores extranjeros, generalmente en páginas dedicadas especialmente a tratar las literaturas y otros problemas de sus países respectivos.

Una página literaria interesante fue también, con posterioridad al triunfo de la Revolución en enero de 1959, la publicada por el periódico *Prensa Libre* a partir del 6 de diciembre de 1960. «Página 2...» era el título de la misma, y fue órgano de expresión del grupo «Novación literaria», formado por escritores de la provincia de Camagüey. La página, sin embargo, no limitaba su espacio a los trabajos de los integrantes del grupo, sino que daba cabida a todo tipo de colaboraciones siempre que las mismas reunieran «las exigencias mínimas en forma y contenido» y llevaran «un mensaje de solidaridad revolucionaria». Diariamente aparecía esta página, en la que se publicaban poemas, cuentos, artículos sobre cuestiones literarias, políticas, cinematográficas, teatrales y sobre otros temas de carácter cultural. Entre sus colaboradores figuraron Luis Suardíaz, David Fernández, Noel Navarro, Francisco de Oraá, Samuel Feijóo, Aldo Menéndez, Manuel Navarro Luna, Joaquín G. Santana, Belkis Cuza Malé, Orlando Alomá y otros.

País, **El** (La Habana, 1868). «Periódico político, literario, económico, agrícola y mercantil», se lee en el primer ejemplar revisado (número 2), correspondiente al 19 de abril. Era dirigido por Francisco Javier Cisneros. Su periodicidad fue diaria. En la página 161 del *Catálogo de publicaciones periódicas cubanas de los siglos XVIII y XIX* (La Habana, Biblioteca Nacional

José Martí, Departamento Colección Cubana, 1965) se expresa que sucedió a *La Opinión*. Fue un periódico de contenido variado: noticias nacionales y extranjeras, asuntos mercantiles, tráfico portuario, religión; también publicó folletines, crítica literaria, poemas, traducciones y discursos de destacados literatos cubanos y españoles residentes en la isla. Entre sus colaboradores figuran Rafael María Merchán, Luis Victoriano Betancourt, Luisa Pérez de Zambrana, Antonio López Prieto, Francisco, Antonio y Manuel Sellén, Julia Pérez y Montes de Oca, Mercedes Matamoros, Úrsula Céspedes de Escanaverino, José Fornaris, José Joaquín Govantes, Domitila García, Antonio Enrique de Zafra, José Joaquín Palma, Leopoldo Turla, Ramona Pizarro y *El hijo del Damují* (seudónimo de Antonio Hurtado del Valle). Se insertaron en sus páginas trabajos, en especial poemas, de conocidos escritores latinoamericanos como Ricardo Palma, Alberto Blest Gana y Rafael Pombo. El último número publicado (217) correspondió al 22 de diciembre de 1868. En él se insertaba una nota «Al público» en la que se expresaba: «Circunstancias de todos conocidas, causas enteramente ajenas a nuestra voluntad, nos ponen en la necesidad de suspender por ahora la publicación de este periódico. No siéndonos aún permitido tratar, con amplia libertad las cuestiones que consideramos más importantes y vitales para el país, estando aun indefinida según noticias positivas que hemos recibido por el último correo la época en que

podamos hacerlo, y obligados nosotros por otra parte cuando se nos ataca a renunciar por completo a toda defensa o a reducirnos a dar contestaciones inconexas y truncas, mutiladas por mano extraña, siempre hostil a nuestros principios, a pesar de ser estos los mismos que hoy rigen en la Península, nuestra posición ha llegado a hacerse insostenible. Esperando, pues, mejores tiempos ponemos hoy término a nuestras tareas, dando gracias a nuestros constantes favorecedores por su eficaz y entusiasta apoyo, sin el cual hace argo tiempo hubiéramos arrojado de las manos la pluma, arma inútil en circunstancias como las nuestras, pues solo pudiéramos hoy emplearla sin obstáculo, haciendo un papel a que no se prestan nuestra dignidad ni nuestras convicciones. A vegetar en la impotencia a que se nos ha reducido, preferimos guardar el más absoluto silencio».

País, **El** (Véase **Triunfo**, **El**)

Paisaje, **El** (Véase **Triunfo**, **El**)

Palabra, **La** (La Habana, 1935). «Diario del Pueblo por el Pueblo y para el pueblo» se lee en el primer ejemplar localizado (número 2), correspondiente al 22 de enero. de 1935. Ángel Augier refiere en su conferencia «Los trabajos y los días» —publicada en la Revista *de la Biblioteca Nacional «José Martí»* (La Habana, 61, 3.ª época, 12, 2, 86, mayo-agosto, 1970)—, que el primer número correspondió al

1.º de enero. Fue dirigido por Juan Marinello. Formaron parte de su redacción, entre otros, Salvador García Agüero, José Manuel Valdés Rodríguez, Ángel Augier y Regino Pedroso, éste último como corrector de pruebas. En el número 33, fechado el 27 de febrero de 1935, apareció una nota titulada «¡Primera mujer que dirige un diario en nuestro país!», en la que se refería: «Reunido el Consejo de Redacción de *La Palabra*, acordó, en vista de la prisión de nuestro director, Doctor Juan Marinello, designar para que lo sustituya, mientras dure su prisión, a la Doctora Ofelia Domínguez Navarro, conocida ampliamente por las masas de Cuba, por cuya liberación se ha distinguido. Así mismo queremos aclarar, que con motivo de los trastornos ocasionados por la prisión de varios de nuestros redactores, nos hemos visto impedidos de dar a la publicidad los artículos, URSS de que [es] autor, nuestro compañero Valdés Rodríguez, que también fue condenado por Urgencia. El Problema Agrario en Cataluña a cargo de [Joaquín] Cardoso —condenado también— y 8 de marzo, artículos que daremos en nuestra edición de mañana».

El encarcelamiento a que fueron sometidos el director y algunos otros miembros del consejo de redacción está relacionado con la supresión de la revista *Masas* (véase), acusada de realizar «propaganda sediciosa». *La Palabra* fue —como señala Ángel Augier en su artículo «Evocación necesaria»— el «primer diario de los comunistas cubanos»; afirma además que «fue también el primer periódico cubano que situó en plano principal informativo las actividades sindicales y las cuestiones obreras». Luchó contra la discriminación racial. Ayudó a divulgar los éxitos de la Revolución de octubre. Publicó los domingos, el *Magazine semanal* de La Palabra, de carácter cultural y de entretenimiento, a cargo de Ángel Augier, en el que publicaron poemas, notas teatrales y cinematográficas, materiales históricos y filosóficos.

Colaboraron, tanto en el periódico como en el magazine, Carlos Rafael Rodríguez, Mirta Aguirre, Marcelino Arozarena, Aurora Villar Buceta, José Chelala Aguilera, Carlos Montenegro, Martín Castellanos y Ladislao González Carbajal. Figuraron trabajos de algunos intelectuales extranjeros como Rafael Alberti, Miguel Otero Silva, y H. G. Wells. El último número revisado (39) correspondió al 6 de marzo de 1935. Refiere Augier en su artículo citado que la clausura de *La Palabra* impuso «la creación de un nuevo órgano periodístico, el semanario *Resumen*, en el que se volcó la redacción del diario».

Bibliografía

Augier, Ángel, «Evocación necesaria», en *El Mundo*, La Habana, 65, 21 821, 4, febrero 23, 1967.

«Ordenada la detención del Doctor Marinello y registrada la redacción de *La Palabra*», en *Ahora*, La Habana 3, 431, 1, 2, enero 12, 1935.

«Socialistas criollos y *La Palabra*», en *La Palabra*, La Habana, 1, 5, 1, enero 25, 1935.

Palenque Literario, El (Véase **Mundo Literario, El**)

Palenque Universitario, El (La Habana, 1887-1888). Periódico ilustrado de ciencias, artes, literatura, política, sport y actualidades, órgano de los estudiantes de la isla de Cuba. El primer número correspondió al 7 de octubre. Se editaba los días 7, 17 y 27 de cada mes. Fungía como director Pedro N. Castro y como redactores Manuel E. Catalán, Ramón Álvarez, Carlos Caballero, Gerónimo Rodríguez, Florentino Argudín y Enrique José Fontanills. Desde el número 6 cesó en la dirección Pedro N. Castro. Aparecía entonces solo la lista de redactores. Anunciaban en el primero y segundo números una lista de colaboradores, entre los que se destacan Pablo Hernández, José González Lanuza, José Antonio Frías, Antonio Govín, Enrique Hernández Miyares, Fermín Valdés Domínguez, José María Carbonell, Pablo Desvernine, Rafael Montoro, Antonio Sánchez de Bustamante, Carlos de la Torre y Huerta y Rafael Fernández de Castro. En el «Prospecto» publicado en el primer número expresaba el director, además de otras observaciones, lo siguiente: «Procuraremos armonizar en cuanto sea posible la ciencia, las artes y la literatura, no descuidando ni un momento todo aquello que se relacione con los intereses de la juventud estudiosa a la que tendremos el corriente de todo el progreso que en la Metrópoli y en el Extranjero se realice, bien por la clase docente, bien por la discente...

Daremos cabida en nuestras columnas, sintetizando lo suficiente para darlos a conocer sin que ocupen mucha extensión, los Decretos y Leyes que a la enseñanza se contraigan [...]».

Prometían además a los suscriptores que no eran estudiantes, «...obsequiarles con colecciones escogidas de poesía, con artículos críticos por algún conocido literato, o con cuadros cromo-litográficos [...]». En efecto, publicaron trabajos de diversa índole: química, derecho mercantil, educación, medicina, lecciones de metafísica, crítica a libros de diversas materias, y también poesías, noticias teatrales y cuentos.

Colaboraron en la revista, además de los ya mencionados, Enrique José Varona, Alejandro M. López, Leopoldo Cancio, Herminio C. Leyva, Aniceto Valdivia, Ramón Mayorga, *Ginés de Parapapilla* y Eduardo de Palacio. El último número encontrado (23) corresponde al 17 de mayo de 1888.

Palma, José Joaquín (Bayamo, Oriente, 11 septiembre 1844-Guatemala, 2 agosto 1911). Cursó la enseñanza primaria en las escuelas de los conventos de San Francisco y de Santo Domingo. En el Colegio San José, dirigido por José María Izaguirre, estudió la segunda enseñanza. Poco después de termina sus estudios secundarios fundó, con Francisco Maceo Osorio, el periódico *La Regeneración*, donde publicó sus primeros poemas. Se incorporó a la revolución de 1868 desde sus inicios y trabajó, en la zona de Bayamo, en el reclutamiento de hombres. Fue designado entre los regidores del Ayuntamiento libre de la ciudad por las fuerzas cubanas que tomaron la villa. Presentó una moción a favor de la abolición de la esclavitud con Ramón Céspedes Borrero. Fue ayudante y hombre de confianza de Carlos Manuel de Céspedes. Fue uno de los principales redactores de *El Cubano Libre*, editado primeramente en Bayamo y más tarde en la manigua. En 1873 se trasladó a Jamaica con la misión de allegar fondos para la causa cubana. Pasó más tarde a Nueva York, al Perú y a otros países de Suramérica. Residió alternativamente en Guatemala y en Honduras. En este país desempeñó labores educacionales y trabajó como secretario del presidente de la República, Marco Aurelio Soto. Ayudó a los cubanos dispersos por el extranjero, entre ellos a Máximo Gómez. Recibió diversos homenajes, como el premio por su oda «A Honduras, en su Primera Exposición Nacional» y la medalla de oro que le entregó el presidente de la nación en 1879, por sus virtudes como patriota y como poeta. Adquirió la ciudadanía hondureña. Viajó por Europa con Marco Aurelio Soto y con Ramón Rosa después que aquél cesó en la presidencia. Un año después regresó a Guatemala. Se vio precisado a trabajar en la construcción del canal de Panamá. De nuevo en Guatemala, se trasladó a Jamaica, de donde había recibido la noticia de la enfermedad de su esposa. Durante esta última etapa de su estancia en Guatemala, fue director de la Biblioteca Nacional y catedrático de literatura española en la Facultad de Derecho. Se hizo ciudadano guatemalteco. Escribió su himno nacional.

Retornó a Cuba al instaurarse la República en 1902. Rechazó el nombramiento para un alto cargo y aceptó la representación de Cuba en Guatemala. Durante su estancia en Centroamérica fue un gran animador de la cultura. Volvió a Cuba en 1906. Murió en el desempeño de su cargo.

Bibliografía activa

Carta a Hilario Cisneros, octubre 9, *s. l.*, 1870.

Carta a Hilario Cisneros, diciembre 24, Kingston, 1870.

Carta a Hilario Cisneros, junio 5, Kingston, 1971.

Poesías, precedidas de un prólogo de Ramón Rosa, de una alocución de Marco Aurelio Soto y de varias cartas, de Adolfo Zúñiga, Antonio Zambrana y José Martí, Tegucigalpa, Tipografía Nacional, 1882.

«José Joaquín Palma», por Rafael Spínola, prólogo de Ramón Rosa, alocución de Marco Aurelio Soto, cartas de Adolfo de Zúñiga, Antonio Zambrana y José Martí, «José Joaquín Palma», por Manuel de la Cruz, «Fotograbado», por Rubén Darío, Guatemala, Tipografía Nacional, 1901; Santiago de Cuba, Imprenta Arroyo, 1936, Biblioteca popular de cultura cubana, 2; 3.ª edición.

Cartas de Rubén Darío, Ramón Rosa, José Martí, Manuel de la Cruz, y Lisandro Sandoval, Guatemala, Ediciones El Librero de Guatemala, 1950; Guatemala, Editorial del Ministerio de Educación Pública, 1951.

Antología, introducción y notas de José María Chacón y Calvo, La Habana, Ministerio de Educación, Dirección de Cultura, 1951, Dirección de Cultura, Cuadernos de cultura, 9.ª serie 3.

Patria y Mujer, poesía, La Habana, Imprenta La Prueba, 1916, Biblioteca Cuba, 10.

Bibliografía pasiva

Alcover, Antonio Miguel, «*Poesías* de José Joaquín Palma», en *Cuba y América*, La Habana, 7, 5, 105, 524-525, octubre, 1901.

Ardura, Ernesto, «Los restos de Palma», en *Revista Cubana*, La Habana, 28, 258-259, enero-junio, 1951.

Augier, Ángel, «Presencia de Palma», en su *Cuba y Rubén Darío*, con el ensayo de una Bibliografía cubana de y sobre Rubén Darío por Francisco Mote, La Habana, Academia de Ciencias, Instituto de Literatura y Lingüística, 1968, págs. 17-30.

Azcuy Alón, Fanny, *José Joaquín Palma, toda una vida*, trabajo leído por el académico correspondiente en Bejucal, La Habana, Imprenta El Siglo XX, 1948.

Carbonell, José Manuel, «José Joaquín Palma, 1844-1911», en su *La poesía lírica en Cuba*, recopilación dirigida, prologada y anotada, tomo 4, La Habana, Imprenta El Siglo XX, 1928, págs. 91-94, Evolución de la cultura cubana, 1608-1927, 4.

Cruz, Manuel de la, «José Joaquín Palma», en su *Cromitos cubanos*, Bocetos de autores hispanoamericanos, La Habana, Establecimiento Tipográfico La Lucha, 1892, págs. 257-255.

Chacón y Calvo, José María, «José Joaquín Palma», en *Las cien mejores poesías cubanas*, Madrid, Editorial Reus, 1922, págs. 225, 227, Biblioteca literaria de autores españoles y extranjeros, 1.

«Un hombre del 68, José Joaquín Palma», en *Revista Cubana*, La Habana, 8, 127-143, enero-diciembre, 1944.

«Palma y Darío», en *Orto*, Manzanillo, 39, 4 mayo 6, 33, abril junio, 1951.

Enríquez, Hernán de, «El poeta Palma», en *El Fígaro*, La Habana, 27, 33, 494, agosto 13, 1911.

Guerra Salas, Juan, «José Joaquín Palma», en *Orto*, Manzanillo, 39, 4 mayo 6, 34-35, abril junio, 1951.

«José Joaquín Palma», en *Revista de la Biblioteca Nacional José Martí*, La Habana, 3, 5, 1-6, 107-116, julio-diciembre, 1911.

Lezama Lima, José, «José Joaquín Palma», en su *Antología de la poesía cubana*, tomo 2, La Habana, Consejo Nacional de Cultura, 1965, págs. 551-552.

Martí, José, «José Joaquín Palma», en *su Obras completas*, tomo 5, La Habana, Editorial Nacional de Cuba, 1963, págs. 160-161.

Roa, Raúl, «El poeta de Bayamo» y «Retorno de José Joaquín Palma», en su *Viento sur*, La Habana, Editorial Selecta, 1953, págs. 286-299 y 310-319.

Sabas Alomá, Mariblanca, «El poeta y el hombre», en Romances, La Habana, 37, 441, 32-

33, agosto, 1973.

Santovenia y Echaide, Emeterio Santiago, «José Joaquín Palma», en su *Vidas humanas*, La Habana, Editorial Librería Martí, 1956, págs. 516-520.

Sincero, Juan, «José Joaquín Palma, Boceto», en *Revista Habanera*, La Habana, 1, 9, 65-66, marzo 18, 1883.

Trujillo, Enrique, «José Joaquín Palma», en su *Álbum de El Porvenir*, Nueva York, 3, 105-108, 1892.

Vázquez Rodríguez, Benigno, «José Joaquín Palma», en su *Precursores y fundadores*, prólogo de Néstor Carbonell, La Habana, Editorial Lex, 1958, págs. 186-187.

Vela, David, *Evocación de Palma*, plática sustentada en la Universidad Nacional, con motivo del primer centenario del nacimiento del ilustre autor de la letra del himno de Guatemala, Guatemala, Tipografía Nacional, 1945.

«José Joaquín Palma», en *Martí en Guatemala*, Guatemala, Editorial del Ministerio de Educación Pública, 1954, págs. 309-314, Colección Contemporáneos, 41.

Velázquez, Alberto, *Adiós a Palma*, Guatemala, Publicaciones de la Universidad de San Carlos, 1951.

Palma y Romay, **Ramón de** (La Habana, 3 enero 18124-Id., 21 junio 1860). Desde muy joven comenzó a escribir y trabajó en el magisterio. Cursó latín, filosofía y jurisprudencia en el Seminario San Carlos. En Matanzas dirigió el Colegio La Empresa entre 1837 y 1841. En 1837 publicó, con José Antonio Echeverría, el *Aguinaldo Habanero*, donde dio a conocer algunas de sus composiciones. En 1838 fundó, con el mismo Echeverría, el periódico *El Plantel*. Al año siguiente comenzó a trabajar en la redacción de *El Álbum*. Asistía a la tertulias literarias de Domingo del Monte. Sé graduó de abogado en la Universidad de La Habana en 1842. En el *Diario de la Marina* publicó su novela *El ermitaño del Niágara*, de 1845.

Colaboró en *Rimas Americanas*, *Diario de La Habana*, *El Artista*, *Diario de Avisos*, *Diario de la Marina*, y *Revista de La Habana*. En esta última dio a conocer su trabajo «Cantares de Cuba» (1854), en el que esboza el estudio de la poesía popular cubana. En 1855 sufrió prisión por sus ideas anexionistas. Más tarde, y hasta su muerte, desempeñó el cargo de secretario del Camino de Hierro de Villanueva. Utilizó el seudónimo *Bachiller Alfonso de Maldonado*.

Bibliografía activa

Atributos a la hermosura, octavas, La Habana, Imprenta del Gobierno, 1833.

Poesías del Bachiller Alfonso de Maldonado, seudónimo, La Habana, Imprenta del Gobierno, 1834.

La prueba; o, *La vuelta del cruzado*, drama en un acto, La Habana, Imprenta Palmer, 1937.

La peña de los enamorados, leyenda dramática en tres cuadros, La Habana, Imprenta Literaria, 1839.

Aves de paso, poesía, La Habana, Imprenta Literaria, 1841.

Melodías poéticas, La Habana, Imprenta del Gobierno y Capitanía General, 1843.

Hojas caídas, poesía, La Habana, Imprenta del *Diario de Avisos*, 1844.

Una escena del descubrimiento del Nuevo Mundo por Colón, oda sinfónica, letra, música del señor Giovanni Bottesini, La Habana, Imprenta del *Faro Industrial*, 1848.

Obras de Ramón de Palma, tomo 1.

Poesías líricas, prólogo de Anselmo Suárez y Romero, La Habana, Imprenta del Tiempo, *1861*.

Cuentos cubanos, introducción de Antonio María Eligio de la Puente, La Habana, Cultural, 1928, Colección de libros cubanos, 4.

Alegoría de Ramón de Palma sobre la polémica entre Luz y don J. J. Reyes, 1834 y 1835, s. l., s. a.

Bibliografía pasiva

Carbonell, José Manuel, «Ramón de Palma y Romay, 1812-1860», en su *La poesía lírica en Cuba*, recopilación dirigida, prologada y anotada, tomo 2, La Habana, Imprenta El Siglo XX, 1928, págs. 229-231, Evolución de la cultura cubana, 1608-1927, 2.

«Ramón de Palma y Romay», en *su La poesía revolucionaria en Cuba*, recopilación dirigida, prologada y anotada, tomo único, La Habana, Imprenta El Siglo XX, 1928, págs. 59, Evolución de la cultura cubana, 1608-1927, 6.

«Ramón de Palma y Romay», en su *La prosa en Cuba*, recopilación dirigida, prologada y ano-

tada, tomo 2, La Habana, Imprenta Montalvo y Cárdenas, 1928, págs. 3-15, Evolución de la cultura cubana, 1608-1927, 13.

El compadre, seudónimo, «*Aves de paso*, por Ramón de Palma», en *Noticioso y Lucero de La Habana*, La Habana, 9, 324, 3, *noviembre* 21, 1841.

Echeverría, José Antonio, «Una pascua en San Marcos», en *Diario de La Habana*, La Habana, 192-194, 2, julio 12 y 13, 1838.

Esténger, Rafael, «Ramón de Palma, en su *Cien de las mejores poesías cubanas*, 3.ª edición aumentada con un ensayo preliminar y la inclusión de poetas actuales, La Habana, Ediciones Mirador, 1950, págs. 111.

Fornaris, José y Joaquín Lorenzo Luaces, «Ramón de Palma», en su *Cuba poética*, Colección escogida de las composiciones en verso de los poetas cubanos desde Zequeira hasta nuestros días, La Habana, Imprenta de la Viuda de Barcina, 1861, págs. 76.

González del Valle, Martín, «Ramón de Palma», en su *La poesía lírica en Cuba*, apuntes para un libro de biografía y de crítica, Barcelona, Tipolitografía de Tasso, 1900, págs. 137-142.

Guiteras, Pedro José, «Estudios de literatura cubana, Ramón de Palma», en *El Nuevo Mundo, América Ilustrada*, Nueva York, 6, 102 y 103, 108 y 129, 132, marzo 15 y abril 1, 1875.

Lezama Lima, José, «Ramón de Palma y Romay», en su *Antología de la poesía cubana*, tomo 2, La Habana, Consejo Nacional de Cultura, 1965, págs. 516-517.

López Prieto, Antonio, «Ramón de Palma y Romay», en su *Parnaso cubano*, Colección de poesías selectas de autores cubanos desde Zequeira a nuestros días, precedida de una introducción histórico-crítica sobre el desarrollo de la poesía en Cuba, con biografías y notas críticas y literarias de reputados literatos, tomo 1, La Habana, Miguel de Villa, 1881, págs. 203-206.

Suárez Romero, Anselmo, «*Tropicales*, por don José Z. G. del Valle, *Aves de* paso, por don Ramón de Palma», en su *Colección de artículos*, La Habana, Consejo Nacional de Cultura, 1963, págs. 123-130.

Valle, Adrián del, «Ramón de Palma», en su *Parnaso cubano*, selectas composiciones poéticas, Barcelona, Casa Editorial Maucci, 1920, págs. 188-189.

Zambrana, Ramón, «Diferentes épocas de la poesía en Cuba», en *Revista de La Habana*, La Habana, 3, *251-255, marzo* 15-septiembre 1, 1874.

Papagayo, **El** (Nueva York, 1855-Id.). Periódico de pequeño tamaño. Cada número presentaba como epígrafe las palabras de Narciso López, «Adiós Cuba: mi muerte no cambiará tus destinos». El primer número correspondió al 15 de febrero. Era dirigido y redactado por Miguel Teurbe Tolón. En un anuncio se expresaba que «*El Papagayo* saldría dos veces al mes». Afirmaba Teurbe Tolón, en el primer número, lo siguiente: «Publico este papel para cumplir con un deber (decir la verdad) y gozar de un derecho (decir mi opinión), con respecto a la causa política de Cuba».

Y más adelante añadía: «Exatitud en los hechos, buena fe en las deducciones, sinceridad en los sentimientos he aquí los cinco frenillos de mi *Papagayo*. En el centro, un mote de tres palabras: Cuba libre y republicana».

Fue un periódico dedicado casi exclusivamente a la publicación de artículos relativos a la independencia de Cuba; en ocasiones divulgó trabajos sobre la educación pública en Estados Unidos. En algunas oportunidades aparecieron en sus páginas poemas de Teurbe Tolón. Publicó además, también de manera ocasional, composiciones poéticas firmadas con los seudónimos *Anacaona*, *Caonabo* y *Eldifonso Jubilao*. El último número revisado (5) corresponde al 6 de abril de 1855.

Juan José Expósito Casasús expresa en la página 458 de su obra *La emigración cubana y la independencia de la patria* (La Habana, Editorial Lex, 1955), que a este periódico le siguió otro, también dirigido por Teurbe Tolón, denominado *El Cometa*, cuyo primer número correspondió al 16 de abril de 1855.

Papel Periódico de la Habana (La Habana, 1790-1864). Fue fundado a iniciativa del gobernante español don Luis de las Casas, quien fue uno de sus redactores principales, junto con Diego de la Barrera, Tomás Romay y José Agustín Caballero. El primer número correspondió al 24 de octubre, y en él se insertaba un «Prospecto» en el que se decía: «En las ciudades populosas son de muy grande utilidad los papeles públicos en que se anuncia a los vecinos cuanto ha de hacerse en la semana referente a sus intereses o a sus diversiones. La Habana cuya población es ya tan considerable echa menos uno de estos papeles que dé al Público noticias del precio de los efectos comerciables y de los bastimentos, de las cosas que algunas personas quieren vender o comprar, de los espectáculos, de las obras nuevas de toda clase, de las embarcaciones que han entrado o han de salir, en una palabra de todo aquello que puede contribuir a las comodidades de la vida. El deseo de que nuestros compatriotas disfruten cuantas puedan proporcionarse nos mueve a tomarnos el trabajo de escribir todas las semanas medio pliego de papel en que se recojan las explicadas noticias. A imitación de otros que se publican en la Europa comenzarán también nuestros papeles con algunos retazos de literatura, que procuraremos escoger con el mayor esmero. Así declaramos desde ahora que a excepción de las equivocaciones y errores, que tal vez se encontrarán en nuestra obrilla, todo lo demás es ajeno, todo copiado. Los aficionados que quisieren adornarla con sus producciones se servirán ponerlas en la Librería de don Francisco Seguí que ofrece imprimirlas, cuando para ello hubiere lugar y no se tocaren inconvenientes, conservando oculto o publicando el nombre del autor según éste lo previniere. Todo el que desease vender o comprar alguna casa, estancia, esclavos,

hacienda, o cualquier otra cosa, avíselo en la mencionada Librería de don Francisco Seguí, y sin que le cueste cosa ninguna se participará al público en uno de estos papeles. Sentiríamos sobre manera que alguno se figurase que nos dedicamos a escribirlos tan solo con la mira de evitar los fastidios de la ociosidad. No carecemos de ocupaciones capaces de llenar la mayor parte del tiempo. Aquellos ratos de descanso que es preciso sucedan a las tareas del estudio son los que sacrificamos gustosamente a nuestra Patria, como sacrificó los suyos el elocuente Tulio a su amigo Tito Pomponio Ático. Prefiera el amor de nuestra Patria a nuestro reposo: Habana tú eres nuestro amor, tú eres nuestro Ático: esto te escribimos no por sobra de ocio, mas por un exceso de patriotismo. *Haec scripsi non oii abundantia, sed amoris ergate*».

Los diez números que vieron la luz en 1790 tuvieron una periodicidad semanal. A partir del año siguiente salió dos veces a la semana, los jueves y los domingos. En el número correspondiente al 5 de febrero de 1792 el «Redactor» ofrece el público un «Discurso sobre el Periódico», en el que amplía los objetivos de la publicación: «Sería superfluo que yo dijese cuál debe ser el principal objeto del Periódico o Papel público. Creo que, fuera de lo que es vulgo, nadie lo ignora; y si hemos visto que en algunos se ha gastado lastimosamente el tiempo con meras puerilidades, esto no nace de ignorarse el fin de su instituto. A mi ver consiste en que hasta ahora no ha habido quien quiera dedicarse a introducir en ellos, a más de las noticias útiles, alguna materia continuada de las que ilustran el entendimiento o de algunas bellas invenciones honrosas a la Patria, e interesantes a los deberes de la Sociedad. Así se practica con el Periódico de Madrid y de otros pueblos civilizados. Atacar los usos y costumbres que son perjudiciales en común, y en particular corregir los vicios, pintándolos con sus propios colores, para que mirados con horror se detesten; y retratar en contraposición el apreciable atractivo de las virtudes, serían en mi concepto unos asuntos muy adecuados al objeto del Periódico. El Gobierno, que conociendo toda su importancia lo ha establecido y sostiene con laudable celo; presenta un poderoso estímulo, y abre puerta bastante a los literatos para que introduzcan en él algunas útiles producciones, y las continúen. En este pueblo no faltan hombres de esta clase, cuya fortuna o bienes, y su vida privada les proporciona tiempo para dedicarse a esta tarea literaria. Sería pues de desear que algunos de estos individuos se uniesen a trabajar por semanas alternativamente, o según quisiesen acordarlo. Con el tiempo tendrían sin duda la satisfacción de ver alguna enmienda en las costumbres y vicios contra que declamasen, o la de entretener con utilidad, instruir o adelantar en otras materias de carácter estimable que quisiesen tomar por asunto. Siempre se sacaría alguna ganancia, y cuando menos obtendrían justamente el aprecio y gratitud del Público unos ciudadanos cuyos discursos conspiraban al común beneficio».

Del año 1793 se han localizado solamente siete ejemplares. En ese año, al constituirse la Sociedad Patriótica de La Habana, Las Casas le cedió a dicha institución la dirección y administración del periódico. Se nombró una diputación integrada por Agustín de Ibarra, Joaquín Santa Cruz, Antonio Robredo y Tomás Romay, quienes, tuvieron a su cargo lo relacionado con la publicación; contó además con el aporte de José Agustín Caballero, que colaboró en la redacción del *Papel* desde su fundación.

No se han visto números de los años 1794 y 1795. En el primero visto del año 1796, correspondiente al 3 de enero, aparece inmediatamente después del título de la publicación y de la fecha, el nombre de D. R. González, quien fue, según suponemos, el redactor en aquellos momentos. Varios autores coinciden en señalar que en el número 31 de 1797 (de este año no se ha visto ningún ejemplar) se insertó un nuevo plan de redacción, mediante el cual se dividía el trabajo entre un mayor número de socios y se encargaba a doce de ellos, que entraban por turno mensual, su realización. Para conocimiento del público se ponía en el encabezamiento del periódico el nombre del diputado redactor, aunque de esta forma ya aparecía, como lo hemos indicado, desde 1796, o quizás desde antes de ese año. Así, los individuos que compusieron la diputación del periódico en el año 1797 fueron: en enero, don Alonso Benigno Muñoz; en febrero, don

Tomás Romay; en marzo, don Juan González; en abril, don Antonio Robredo; en mayo, don José Agustín Caballero; en junio, don Domingo Mendoza; en julio, don José Antonio González; en agosto, don Agustín de Ibarra; en septiembre, don Nicolás Calvo; en octubre, don Juan Manuel O'Farrill; en noviembre, don Francisco de Arango y Parreño, y en diciembre, don José Arango.

En el número correspondiente al 13 de junio de 1799 se publicó en forma de suplemento una comunicación firmada por el secretario de la Real Sociedad Patriótica, Alfonso de Viana, en la que se explica que, después de emplear varios sistemas para asegurar la mejor organización del *Papel Periódico*, se habían tomado medidas. Dice textualmente lo siguiente: «La última [medida] fue encargar su redacción al cuidado de dos de sus socios de conocida literatura, que la han desempeñado por espacio de un año. Pero hallándose dichos señores [quizás se refiera a Romay, Caballero o Félix Varela] muy ocupados para seguir cumpliendo con tal obligación, la Sociedad Patriótica pedía que le presentasen, por memorial, solicitudes para la plaza fija de redactor, que tendría a su exclusivo cargo todo lo relacionado con la preparación de los números del *Papel*». Obtuvo la plaza Manuel de Zequeira y Arango, quien comenzó sus labores el 14 de agosto de 1800. Diversos temas se abordaron en el *Papel Periódico:* morales y sociales, sobre educación, urbanismo, modas, cultura, espectáculos públicos, crítica social. Publicó poemas, discursos

sobre diferentes materias, decretos oficiales, noticias del interior de la isla y de Europa, trabajos sobre ciencias físicas y naturales, nuevos descubrimientos científicos, observaciones meteorológicas. Colaboraron en sus páginas José María Peñalver, José Anselmo de la Luz, M. García, Juan B. Galainena, y Manuel de Zequeira, quien firmó con los seudónimos *El redactor, Armenan Queizel, Ezequiel Armuna, Anselmo Erquea y Gravina, Raquel Yum Zenea, Izmael Raquenue, El observador de La Habana* y *Z. M. Z.* También aparecieron trabajos firmados con los seudónimos *El amigo de los esclavos* (seudónimo de José Agustín Caballero), *Lisarda, El Forastero, El amigo del duende* y *Zamacola*.

El último número visto corresponde al 25 de abril de 1805. Al final de los volúmenes que contienen los números publicados en 1790, 1791 y 1792, aparecen los índices respectivos. Preparado por Fermín Peraza y Sarauza fue publicado un «*Índice del Papel Periódico de La Habana*», que apareció en la *Revista Bimestre Cubana* (La Habana, 51-67, 1943-1951). Compilado por Cintio Vitier, Fina García Marruz, Feliciana Menocal y Araceli García Carranza, miembros del Departamento de la Colección Cubana de la Biblioteca Nacional José Martí, se ha confeccionado también su índice, el cual se encuentra a disposición del público en dicho departamento.

Continuación del *Papel Periódico de La Habana* fue *El Aviso. Papel Periódico de La Habana*, cuyo primer número vio la luz el 2 de junio de

1805. Era redactado por Tomás Agustín Cervantes. Su periodicidad era trisemanal. En él aparecieron artículos costumbristas y sobre moral. Algunos trabajos sobre música, educación, teatros, también hallaron cabida en sus páginas, así como letrillas, fábulas, noticias de Cuba y de Europa, estadísticas, movimiento portuario, adelantos agrícolas y notas sobre ciencias e historia. Entre sus colaboradores figuran J. Hernández, *Ramiro Nazito* (seudónimo de Mario Ortiz), *Patán Marrajo* (seudónimo de José B. de Arazoza), Manuel Zequeira, quien publicó unas décimas con su seudónimo *El Marquez* [sic] *Nueyas*, Ciriaco Arango, Miguel de Arriaga, el guatemalteco Simón Bergaño y Villegas, Juan Bernardo O'Gavan, Joseph Antonio de la Ossa y Tomás Romayo. Su publicación se extendió hasta el 29 de diciembre de 1808. Fermín Peraza Sarauza preparó y publicó el *Índice de* El Aviso (1805-1808) (La Habana, Ediciones Anuario Bibliográfico Cubano, 1944), correspondiente al tomo 5 de la colección Biblioteca del Bibliotecario, que él mismo dirigía.

Sucesor de este periódico fue *El aviso de La Habana. Papel Periódico literario-económico*, que comenzó el 1.º de enero de 1809, con la misma periodicidad que el anterior y dirigido, igualmente, por Tomás Agustín Cervantes, quien firmaba sus trabajos con el seudónimo *El redactor*. Publicó los mismos materiales que su antecesor y los colaboradores fueron también los mismos. A ellos hay que agregar *El reparón* y *Un patriota*. Publicó algunas composiciones de los poetas españoles Juan Nicasio Gallego

y Juan Bautista de Arriaza. En agosto de 1810 dejó de publicarse. El último ejemplar visto correspondió al día 19 de mes citado. Fermín Peraza Sarauza preparó y publicó el Índice del Aviso de La Habana (1809-1810) (La Habana, Ediciones Anuario Bibliográfico Cubano, 1944), correspondiente al tomo 7 de la ya mencionada colección Biblioteca del Bibliotecario. Continuación de este periódico fue el *Diario de La Habana*, cuyo primer número salió el 1.º de septiembre de 1810. A lo largo de su existencia el título de esta publicación sufrió algunos cambios. Mantuvo el ya mencionado hasta el 22 de julio de 1812, año en que también amplió su formato. Se leía debajo del título: «Este periódico de la Real Sociedad Patriótica está destinado para la publicación de asuntos de oficio». Fue *Diario del Gobierno de La Habana* desde el 23 de julio de 1812, con la siguiente caracterización: «Por la Real Sociedad Patriótica, en que se publican todas las noticias y asuntos de oficio y otras materias literarias con arreglo, a su prospecto».

En 1820, alrededor del mes de abril, el título del periódico era *Diario Constitucional de La Habana*. Se lee *Diario del Gobierno de La Habana* en el número correspondiente al 10 de diciembre de 1823, aunque no puede precisarse si ésta es la fecha en que comienza con tal título, ya que se han visto números sueltos. Desde este fecha el formato se hace más pequeño. Entre el 1.º de febrero de 1825 y el 3 de febrero de 1848 se publicó con su título original de *Diario de La Habana*. Fue dirigido, de 1810 a 1816, por Tomás Agustín Cervantes; de 1816 a 1824 por José de Arazoza; de 1824 a 1831 por Antonia de la Cámara, viuda de Arazoza, y desde 1831 por José Toribio de Arazoza. Divididas las páginas del periódico en «Parte Oficial» y «Parte no oficial», además de algunas otras secciones, trató en la primera sobre comercio, política europea, movimiento del puerto, decretos, tribunales, asuntos económicos; en la no oficial aparecieron poemas, folletines, «Ramilletes habaneros» —especie de crónicas sobre la sociedad capitalina—, acontecimientos teatrales, noticias culturales de Europa, discursos, crítica literaria, artículos geográficos, históricos, científicos, de costumbres, sobre las sociedades de instrucción y recreo. Desde el año 1836 dio a conocer en el número primero de cada año un resumen de los acontecimientos más notables del año anterior.

A partir de 1840 aumentaron lo noticias de los pueblos del interior del país, que se detallaban en la sección «Boletín cubano», más tarde denominada «Correo de la Isla». Figuraron en sus páginas, además, comentarios sobre las literaturas europeas, biografías de hombres notables y un sin número de trabajos sobre vías de comunicación; guerras; piratería marítima; terremotos; huracanes; incendios; explosiones; grandes acontecimientos históricos, como las guerras napoleónicas, de independencia de América y la denominada guerra «carlista» de España. Colaboraron en sus páginas, además de otros muchos escritores, Ramón Vélez Herrera, J. F. Fresneda, Tomás Romay, Ildefonso

Estrada y Zenea, Ramón de Palma, Manuel Orgallez, Narciso Foxá, Rafael de Cárdenas, Miguel Teurbe Tolón, *El Lugareño* (seudónimo de Gaspar Betancourt Cisneros), Gertrudis Gómez de Avellaneda, Felipe Poey, José Güell y Renté, Miguel de Cárdenas y Herrera (M. de C. y H.), *Felicia* (Virginia Felicia Auber). El último número publicado correspondió al 2 de febrero de 1848. José Andrés Martínez Fortún y Foyo ha publicado, en una edición mimeografiada, *Diario de La Habana en la mano; índice y sumarios (años de 1812 a 1848)* (La Habana, 1955).

Sucedió a este periódico el titulado *Gaceta de La Habana*, cuyo primer número apareció el 3 de febrero de 1848. José Toribio de Arazoza, que fue su director, publicó en dicho número un artículo titulado «Al público», en el cual expresaba entre otras observaciones lo siguiente: «La munificencia de la excelsa Reina que rige hoy los destinos de nuestra magnánima Nación se ha dignado concederme la publicación de este periódico en los términos en que tengo el honor de ofrecerle al público de La Habana, con cuyo amparo comienza en este día, bajo el gobierno del ilustre general [se refiere a Leopoldo O'Donell], a quien tanto debe el país y a quien tanto tienen que agradecer cuantos por el orden legal se acogen a su protectora autoridad y benevolencia. Mi difunto padre don José de Arazoza, cuya memoria es para mí tan honrosa, dedicó sus servicios a este público en la redacción del *Diario de La Habana*, y mientras estuvo a su frente mereció siempre la protección de las autoridades y la distinción general. Desde 1831 se sirvió mi señora madre encargarme la dirección de dicho periódico, y para desempeñarla no he hecho más que seguir la senda trazada por mi señor padre, cabiéndome por ello la honra de que tanto el Gobierno como el público me hayan dispensado las más altas consideraciones y otorgado el más cordial beneplácito. Y al ofrecer ahora mis servicios a este mismo público en la nueva empresa que tomo sobre mis hombros, a cuyo frente me ha colocado la inmensa bondad de nuestra augusta Reina, solo me alienta la esperanza de que continuará dispensándome la misma protección que hasta aquí».

Y más adelante añade: «Nada me toca decir tampoco sobre la marcha del periódico. El mismo sistema de circunspección que ha observado el que hasta ahora he dirigido, será el que ha de seguir la *Gaceta*: y los colaboradores con que cuenta la Redacción me hacen esperar desde luego que en manera alguna se apartará el periódico de esta senda». Hasta alrededor de mediados de 1864 el periódico, que continuó apareciendo diariamente, mantuvo la mismas características del *Diario de La Habana*. Siguieron las mismas secciones, los folletines y «Ramilletes», la «Parte oficial», la «Parte judicial», la «Parte económica», y continuó publicando poesías y discursos. Se creó una nueva sección, «Ciencia, literatura y amenidades» que trataba sobre diferentes asuntos culturales y de actualidad. También apareció «Gacetín local», «Gacetín religioso» y «Variedades». Los colaboradores fueron, en general, los mismos,

aunque a sus nombres hay que agregar los de Antonio Enrique de Zafra y Wenceslao de Sotolongo, entre otros. A mediados de 1864, como ya hemos señalado, fueron escaseando las colaboraciones literarias, hasta convertirse la *Gaceta* en un diario puramente de información oficial, circunscrito a las diferentes actividades de gobierno. Entre 1898 y 1902 salió el periódico con texto en inglés y en francés; ese último año su título varió a *Gaceta oficial de la República de Cuba*, con el subtítulo de «periódico oficial del Gobierno de la República de Cuba». En ese mismo año asumió su dirección Rafael de Arazoza y Verdugo. Continuó apareciendo ininterrumpidamente hasta 1968. Con posterioridad ha visto la luz con una frecuencia irregular. Mantiene su característica de publicación dedicada a dar a conocer las leyes, disposiciones, acuerdos, etc., del gobierno de la República de Cuba.

Bibliografía

Chacón y Calvo, José María, «Los orígenes de la poesía en Cuba», en sus *Ensayos de literatura cubana*, Madrid, Editorial Saturnino Calleja, 1922, págs. 13-82.

«La Poesía funciona en el *Papel Perió*dico», en *El periodismo en Cuba*, libro conmemorativo del Día del Periodista, La Habana, Imprenta Pérez Sierra, 1941, págs. 59-63.

Gay Calbó, Enrique, «Los redactores del *Papel Periódico*» en *El Nuevo Mundo*, suplemento del periódico *El Mundo*, La Habana, 2, 52, 2, noviembre 24, 1940.

Lazo, Raimundo, «El sesquicentenario del *Papel Periódico* de La Habana», en *Revista Iberoamericana*, México, 3, 5, 117-121, febrero, 1941.

Le Riverend, Julio, «La economía de transición en el *Papel Periódico*», en *El Nuevo Mundo*, suplemento del periódico *El Mundo*, La Habana, 2, 52, 2, noviembre 24, 1940.

Llaverías, Joaquín, «La fundación del *Papel Periódico*», en *El Nuevo Mundo*, suplemento del periódico *El Mundo*, La Habana, 2, 52, 2, noviembre 24, 1940.

Peraza, Fermín, «El *Papel Periódico de la Havana*», en *Bibliography*, Washington, 2.ª época, 8, 4, 368-378, octubre-diciembre, 1958.

Portuondo, José Antonio, «La crítica literaria en el *Papel Periódico de la Havana*», en *El Nuevo Mundo*, suplemento del periódico *El Mundo*, La Habana, 2, 52, 2, noviembre 24, 1940.

Roig de Leuchsenring, Emilio, *La literatura costumbrista cubana de los siglos XVIII y XIX*, tomo 1, *Los periódicos*, el Papel Periódico de la Havana, tomo 2, *Los Periódicos, los continuadores del* Papel Periódico, La Habana, Oficina del Historiador de la Ciudad de La Habana, 1962, Colección histórica cubana y americana, 23 y 24.

Roig de Leuchsenring, Emilio, y otros, *El sesquicentenario del* Papel Periódico de La Habana, La Habana, Municipio de La Habana, 1941, Cuadernos de historia habanera, 20.

Parrado, Gloria (Cascorro, Camagüey, 17 enero 1927). En 1941 comenzó a escribir poemas y cuentos. Terminó sus estudios en la Escuela Profesional de Comercio en 1946. Viajó a los Estados Unidos (1951-1952). En 1954 escribe su primera obra de teatro. Formó parte de un círculo teatral de *Nuestro Tiempo*. Sus piezas *Juicio de Aníbal* (1958), *La espera* (1959), *La brújula* (1959 y 1961), *Arriba, arriba* (1961), etc., fueron representadas en teatros de La Habana. Obtuvo mención en el Concurso Casa de las Américas de 1961 por su obra *La paz en el sombrero*. Publicó cuentos y artículos en *Revolución*. Ha tomado cursos sobre dirección teatral y actuación. Trabajó en el Teatro Nacional y en el Departamento de Asesoría Literaria del CNC. Desempeñó el cargo de dramatista en la Dirección de Teatro del CNC. Es autora del guión cinematográfico *Papeles son papeles* (1966).

Bibliografía activa

Teatro, La Habana, Ediciones Unión, 1966.

Bibliografía pasiva

Estorino, Abelardo, «Teatro de Gloria Parrado», en *Unión*, La Habana, 5, 3, 168-170, julio-septiembre, 1966.

Leal, Rine, «*La brújula*» y «Dos estrenos en la Sala Arlequín», en su *En primera persona*, 1954-1966, La Habana, Instituto Cubano del Libro, 1967, págs. 117-119 y 128-130.

Parreño, **José Julián** (La Habana, 11 diciembre 1728-Roma, 1 noviembre 1785). Tío de Francisco de Arango y Parreño. En 1743 se trasladó a México e ingresó en la Compañía de Jesús. Fue profesor en el Instituto San Ignacio de Loyola (1745). Fue profesor de retórica en 1754. Enseñó filosofía en el Colegio máximo de San Pedro y San Pablo (1756) y teología en el Colegio de San Ildefonso de Puebla. Se fue a Italia en 1767 y continuó estudios en Roma. Se destacó en la oratoria sagrada, de la que se le considera reformador. Falleció en el convento Val-humbrosa.

Bibliografía activa

Funerales de la ciudad de México a la señora Reina doña María Amalia, México, 1761.

El ilustre y Real Colegio de Abogados, patrón de las causas y derechos de Nuestra Señora de Guadalupe, Sermón que en la primera fiesta a su Titular dijo el día 3 de diciembre de 1761, México, Real Colegio de San Ildefonso, 1762.

Panegírico de Nuestra Señora de Guadalupe de México, en la primera tiesta que celebraron los abogados como a su especial patrona, México, 1762.

Eloquientiae praecepta, Romae, 1778.

Novena en honra de Nuestra Señora de los Dolores, que con el renombre de las Aguas, venera el religiosísimo Convento Real de Jesús María de esta Ciudad de México, en donde un singular milagro dio motivo a esta advocación, México, Herederos de Felipe de Zúñiga y Ontiveros, 1794.

Anales de cuatro años desde 1782 hasta 1785, s. l., s. a.

Carta a los señores habaneros, sobre el buen trato de los negros esclavos, Roma, s. a.

Certamen poético para noche de Navidad de 1754, proponiendo al niño jesús bajo la alegoría de cometa, México, s. a.

De scribendi cacohete, Romae, s. a.

Expositio librorum Melchioris Cani de locis theologicis, s. l., s. a.

Historia Concilii Chalcedomencis, s. i., s. a.

Bibliografía pasiva

Cavo, Andrés, *De vita Josephi Juliani Parreuni Havanensis*, Romae, Ex officina Salomoniana, 1792.

Decorme, Gerard, *La obra de los jesuitas mexicanos durante la época colonial, 1572-1767*, compendio histórico, tomo I, Funciones y obras, México D. F., Antigua Librería Robredo de José Porrúa, 1941.

Pimentel, Francisco, «Padre José Julián Parreño», en *su Obras completas, tomo 5*, México D. F., Tipografía Económica, 1904, págs. 392-393.

Pasatiempo, **El** (Matanzas, 1833-1834). Revista. El Primer número correspondió al 7 de diciembre. Afirma Israel M. Moliner en la página 6 de su *Índice cronológico de la prensa en Matanzas* (Matanzas, Imprenta García, 1955) que su director fue Antonio C. Ferrer y que se imprimía en la imprenta de Tiburcio

Campe. En la revista no hemos encontrado el nombre de Ferrer en ningún sitio. El de Campe sí figura, además de como impresor, como editor de la publicación e incluso todas las notas que aparecen dirigidas «al público» están firmadas por él. Cada número expresaba: «Este periódico se publica todos los sábados, y se reparte *gratis* a los señores que están abonados en Matanzas al *Diario de La Habana*». Posteriormente su periodicidad fue bisemanal. Se señalaba en el primer ejemplar: «A la parte política seguirán variedades, anécdotas y artículos de literatura. En esta última clase daremos lo nuevo y mejor que llegue a nuestra manos; y en las otras traduciremos de los impresos extranjeros lo que más puede excitar el interés de los lectores».

Y más adelante se exponía: «Para llenar el lugar destinado a la poesía, hemos rogado a *Desval*, *Dorilo* y *Delio*, nuestros amigos, se encarguen de llenar los deseos del público que aplaude sus trabajos felices [...]. Daremos también las noticias que convengan al comercio: anunciaremos la salida y entrada de buques, los sobordos de éstos y los precios corrientes de la plaza. En noticias políticas todos los sábados haremos un resumen de las que se hayan recibido en la semana. En todo prometemos exactitud y veracidad; y cuando se agoten nuestros materiales o nos falten las fuerzas para seguir en la obra, con franqueza y respeto lo diremos así a nuestro juez, que es el público».

Publicó traducciones, anécdotas de carácter histórico, poemas, máximas y pensamientos, trabajos que reflejaban la situación política de España, cuentos, narraciones, crítica y teoría literaria y modas. La mayoría de las colaboraciones están firmadas con seudónimos: *Delio* (seudónimo de Francisco Iturrondo), *Desval* (seudónimo de Ignacio Valdés Machuca), *Dorilo* (seudónimo de Manuel González del Valle), *Dulcidio*, *Dalmiro*, *Plácido* (seudónimo de Gabriel de la concepción Valdés), de quien señala Moliner en su ya mencionado trabajo que fue precisamente en esta revista donde publicó sus primeros poemas, *Fileno* (seudónimo de Anacleto Bermúdez), *Antriso* (seudónimo de Diego Fernández Herrera), *Ben-Alí*, *Coridon y Floralbo*. Se hacen constar las colaboraciones de José Victoriano Betancourt y Ramón Vélez Herrera.

En el número 54, correspondiente al 31 de julio de 1834, aparece una nota de Tiburcio Campe en la que señala que dejaría la dirección del periódico, por motivos de enfermedad, en manos de «varios señores que se han prestado a mis súplicas». Añade también que los nuevos redactores editarán próximamente *El Pasatiempo* en La Habana, «...sin que por ello deje de seguir repartiéndose en Matanzas [...]». Anunciaba un amplio plan de mejoras y modificaciones. Todo parece indicar que Campe no abandonó la dirección del periódico, pues en el último número Publicado (72), correspondiente al 30 de septiembre de 1834, señala en una nota «Al Público» lo siguiente: «Desde hoy suspendo la publicación de este periódico, porque no puedo consagrarme a él, a causa de que mis enfermedades continúan [...]».

Señala que «Los individuos que tomaron parte en la empresa desde el mes anterior, tienen hoy atenciones de importancia más grave, y ya no les es posible seguir honrándome con su poderosa ayuda». Aclara además que no ha tenido ningún problema con el gobierno, tal y como algunos comentaron, y que la única razón de suspender la publicación es por sufrir «padecimientos tan agudos como prolongados». Al final de la nota afirma que una vez mejorada su salud dará «principio a otro periódico que, con la aprobación del excelentísimo señor capitán general, y con el título de *Diario de Avisos*, saldrá en La Habana desde el 1.º de noviembre próximo [...]».

Antonio Bachiller y Morales anota en la página 233 del tomo 2 de su obra *Apuntes para la historia de las letras y de la instrucción pública en la isla de Cuba* (La Habana, Academia de Ciencias de Cuba. Instituto de Literatura y Lingüística. 1971) que «Fue el primer periódico que se ocupó de las cuestiones políticas a que daba lugar la guerra civil y tuvo una extensa suscripción en la capital». Entre los números 38 y 39 la revista publicó una hoja impresa que contiene un índice de los trabajos aparecidos en los primeros treinta y ocho números publicados.

Patria (Nueva York, 1892-1898). Periódico fundado y dirigido por José Martí. El primer número correspondió al 14 de marzo, y en él se insertó un artículo-programa debido al propio Martí y titulado «Nuestras ideas», en el que se expresaba, entre otras consideraciones: «Nace este periódico por la voluntad y con los recursos de los cubanos y puertorriqueños independientes de Nueva York, para contribuir, sin premura y sin descanso, a la organización de los hombres libres de Cuba y Puerto Rico, en acuerdo con las condiciones y necesidades actuales de las Islas, y su constitución republicana venidera; para mantener la amistad entrañable que une, y debe unir, a las agrupaciones independientes entre sí, y a los hombres buenos y útiles de todas las procedencias, que persistan en el sacrificio de la emancipación, o se inicien sinceramente en él, para explicar y fijar las fuerzas vivas y reales del país, y sus gérmenes de composición y descomposición, a fin de que el conocimiento de nuestras deficiencias y errores, y de nuestros peligros, asegure la obra que no bastaría la fe romántica y desordenada de nuestro patriotismo; y para fomentar y proclamar la virtud, dondequiera que se le encuentre. Para juntar y amar, y para vivir en la pasión de la verdad, nace este periódico».

Más adelante explica que «La guerra es un procedimiento político, y que este procedimiento de la guerra es conveniente en Cuba, porque con ella se resolverá definitivamente una situación que mantiene y continuará manteniendo perturbada el temor en ella, porque por la guerra, en el conflicto de los propietarios del país, ya pobres y desacreditados entre los suyos, con los hijos del país, amigos naturales de la libertad, triunfará la libertad indispensable al logro y disfrute del bienestar legítimo». También señala que «...este periódico viene a mantener la guerra que anhelan juntos los héroes de mañana, que sacaron ilesa de la lección de los diez años su fe en el triunfo; la guerra única que el cubano, libre y reflexivo por naturaleza, pide y apoya, y es la que, en acuerdo con la voluntad y necesidad del país, y con las enseñanzas de los esfuerzos anteriores, junte en sí, en la proporción natural, los factores todos, deseables o irremediables de la lucha inminente [...]».

En un suelto aparecido en el propio número, y en el que se advierte asimismo el estilo de Martí, se expresa que *Patria* «...Es un soldado. Para el adversario mismo será parco de respuestas y en vano se le querrá atraer a escaramuzas inútiles, porque cada línea de los periódicos de la libertad es indispensable para fundarla: aun el adversario hallará en nosotros más bálsamo que acero. El arma es para herir, y la palabra para curar las heridas. Pero en nuestro campo no reconocemos adversario: Nuestra virtud nos escucha, y nos envolvemos en ella». Y resalta que «Con cariño de hermano, y con el respeto con que se han de mover en esta hora solemne de creación las cosas públicas, nos ponemos el lado de los periódicos que mantienen con tesón indómito, y con sacrificio y desinterés, la independencia de la patria».

En otra parte de dicho primer número aparece un artículo en el que se explica el lema del periódico y el carácter que tendrían los trabajos que en él se insertarían. Se expresa lo siguiente, entre otras ideas: «Ni los tiempos nos han cansado, ni las equivocaciones, y en cuanto en estas columnas aparezca se habrá de ver el sosiego de quienes no tienen más consejero que la devoción al país, ni más premio que el que ordena, en horas difíciles, la indispensable vigilancia. Todo lo vemos, y a todo estamos. Reunidos en un mismo espíritu los batalladores de siempre, los de la guerra y los de la emigración, los recién llegados y los infatigables, los de una y otra comarca, los de una y otra edad, los de una ocupación y otra, buscamos lema para este periódico de todos y le llamamos *Patria*».

Se destaca además que en él escribirán «... el magistrado glorioso de ayer y los jóvenes pujantes de hoy, el taller y el bufete, el comerciante y el historiador, el que prevé los peligros de la república y el que enseña a fabricar las armas con que hemos de ganarla. En *Patria* publicaremos "La situación política" que refleje, de adentro y de afuera, cuanto cubanos y puertorriqueños necesitan saber del país; los "Héroes" que nos pintarán los que no se han cansado aún de serlo; los "Caracteres" de nuestro pueblo, de lo más pobre como de lo más dichoso de la vida, para que no caiga la fe de los olvidadizos; la "Guerra", o crónica de ella, en relación unas veces, en anécdotas otras, por donde a chispazos se vea nuestro poder en la dificultad y nuestra firmeza en la desdicha; la "Cartilla Revolucionaria", donde se enseñará, desde el zapato hasta el caer muerto, el arte de pelear por la independencia del país: a vestirse, a calzarse, a curarse, a fabricar cápsulas y pólvora, a remendar las armas. Contará *Patria* los trabajos y méritos de los puertorriqueños y cubanos, y la vida social de los ricos y de los pobres. Se verá la fuerza entera del país en sus páginas. Y cuanto en *Patria* se escriba ha de nacer del deseo de aprovechar, con el don inevitable de la palabra, la acción rápida en que será posible y necesario el silencio, no del prurito femenil que en la ocasión gloriosa no ve más que la tribuna floreada o las palmas envanecedoras. En la fundición habla el obrero sobre el mejor modo de fundir la espada».

Patria, además de incluir muchas noticias procedentes de los clubes revolucionarios en la emigración, contó con los artículos de fondo redactados por Martí, aunque la mayoría no aparecían firmados. En ellos está presente la lucha desplegada por los cubanos a favor de la causa independentista, la postura clara y enérgica de Martí contra el autonomismo y el anexionismo y su preocupación por unir a los revolucionarios. Junto con Martí figuraron además como redactores del periódico, Tomás Estrada Palma, Benjamín Guerra, Manuel Sanguily, Gonzalo de Quesada y Aróstegui, el puertorriqueño Sotero Figueroa, Manuel de la Cruz, Francisco de Paula Coronado y Manuel Moré. También fueron redactores Juan Fraga, Emilio Leal, Abelardo Agramonte, Federico Sánchez,

Rafael Serra y Ramón Luis Miranda. En cuanto a su periodicidad, primero fue semanal, y desde el 5 de octubre de 1895 (número 183) hasta su desaparición, bisemanal. La administración de *Patria* fue ocupada, sucesivamente, por J. A. Agramonte, F. L. Peña, D. Rosell, Gonzalo de Quesada, Sotero Figueroa, Enrique José Varona, Enrique Hernández Miyares, Luis Garzón Duany y Manuel Moré.

En el ejemplar de *Patria* correspondiente al 17 de junio de 1895 (número 166) apareció una nota de última hora que en forma lacónica expresaba: «Al entrar en prensa el presente número recibimos la cruel certidumbre de que ya no existe el Apóstol ejemplar, el maestro querido, el abnegado José Martí. *Patria*, reverente y atribulada, dedicará todo su número próximo a glorificar al patriota, a enaltecer al inmortal». Ocupó entonces la dirección del periódico Enrique José Varona, quien apareció como tal a partir del número 189, correspondiente al 23 de octubre de 1895. Se mantuvo en el cargo hasta la primera quincena de agosto de 1897, pues en el número 318 de fecha 25 de agosto de dicho año, aparece como editor responsable Eduardo Yero Buduén. Varona quedó formando parte principal de la redacción casi hasta el final del periódico.

En el número 495 (28 de septiembre de 1898) apareció una nota en la que se informaba que «Por tener que ausentarse para Santiago de Cuba el señor Eduardo Yero Buduén, cesa desde hoy en su cargo de Editor de *Patria*». No hay constancia de quién sustituyó a Yero en la dirección del periódico, aunque Tomás Estrada Palma, en su carácter de delegado del Partido Revolucionario Cubano, había asumido la dirección y administración del periódico desde tiempo antes. Al ausentarse Enrique José Varona de los Estados Unidos, en septiembre de 1898, su función en Patria, que consistía en redactar los editoriales, pasó a ser ocupada por Nicolás Heredia, quien se mantuvo con tal responsabilidad —y no con la de director, como se ha dicho en algunas oportunidades—, hasta el fin de la publicación.

A partir del número 168 (2 de julio de 1895) se expresaba, en la parte inferior del título, «Periódico fundado por José Martí», y desde el número 176 (24 de agosto de 1895) en adelante: «Órgano oficial de la Delegación del Partido Revolucionario Cubano. Periódico fundado por José Martí».

Como ya se ha expresado, Patria tuvo varias secciones fijas. Una de ellas estaba dedicada, permanentemente, a publicar las Bases del Partido Revolucionario Cubano y los miembros de su Directorio. En otra se insertaban comunicados de interés general, relacionados con las asociaciones del Partido Revolucionario Cubano. También mantuvo las secciones «Algo de todo», «Las noticias», «Pinchazos», «Tiquis miquis». «Fuego graneado» y «Notas de la colonia». Patria publicó también suplementos en hojas sueltas con discursos de Martí, Carlos Roloff, Carlos Baliño, trabajos de Rafael María Merchán, Fidel G. Pierra, partes de operaciones militares, caricaturas de Ricardo de la Torrien-

te, etc. Aparecieron, en varias oportunidades, folletines que divulgaron las constituciones de Estados Unidos y Centro y Sudamérica. Otros colaboradores de Patria fueron Fermín Valdés Domínguez, Enrique Loynaz del Castro, Francisco Javier Cisneros, Augusto de Armas, José de Armas y Cárdenas, Carlos Alberto Boissier, Carlos Baliño, Francisco Javier Balmaseda, Luis Alejandro Baralt, Juan Bellido de Luna, Bonifacio Byrne, Esteban Borrero Echeverría, Néstor Leonelo Carbonell, Carlos de la Torre, Antonio y Francisco Sellén, Lola Rodríguez de Tió, Martín Morúa Delgado, Domingo Méndez Capote, Enrique Villuendas, Diwaldo Salom, Ramón Meza, Perfecto Lacoste y Alfredo Zayas. Muchas colaboraciones aparecieron firmadas con los seudónimos Yucayo, Turquino, Uno que ve claro, Nemo (seudónimo de Alfredo Zayas), Jiquí, Justus, El corresponsal, Un expedicionario Jicarita, Cacarajícara (seudónimo de Enrique Hernández Miyares) y Un autonomista desencantado.

El último número publicado fue el 522, y correspondió al 31 de diciembre de 1898. Se despidió del público con un artículo de Nicolás Heredia titulado «Obra terminada», en el que se decía, entre otras cosas: «La notable circular publicada no hace muchos días en este sitio por el ministro plenipotenciario de la República y delegado del Partido Revolucionario Cubano, ha sido la señal para la disolución de todos los organismos que en los países extranjeros han venido trabajando con armoniosa actividad y desinterés nunca excedido en la obra titánica de la independencia de la patria. Vértebra importantísima de esos organismos, esta publicación iniciada el 14 de marzo de 1892, sigue la ley común y en el presente número, último de su colección, dirige un adiós expresivo y cariñoso a sus lectores. Mas no es, por cierto, la amarga despedida de los que, al dejar de vivir, se llevan al sepulcro la sombra melancólica de un ensueño evaporado o de alguna ilusión desvanecida, completando con la muerte moral el forzoso de su existencia material. *Patria* no concluye de ese modo. Fundada por el inmortal *José Martí* como instrumento de una aspiración acariciada por la inmensa mayoría de los cubanos, al verla convertida en realidad —y precisamente en el momento en que se baja de la fortalezas de *La Habana* la bandera de Castilla— pone fin a sus tareas como el guerrero pone el hierro en la vaina al ver a su enemigo derribado».

Joaquín Llaverías incluye, en las páginas 104 y 112 de su trabajo «Los periódicos de Martí», aparecido en *Boletín del Archivo Naciond* (La Habana, 27 1-6, enero-diciembre, 1928), un índice que contiene las firmas, seudónimos y anagramas de todos los que colaboraron en esta publicación. Incuestionablemente, la labor desarrollada por el periódico *Patria* en el seno de la emigración cubana en los Estados Unidos y en gran parte del Caribe y del continente suramericano, su decidida orientación latinoamericanista de alcance continental, la unidad inquebrantable con que nucleó a las filas revolucionarias y su demostrada intransigencia ante el problema de la libertad de Cuba, constituyeron factores fundamentales de la Revolución organizada por Martí y el Partido Revolucionario Cubano.

Bibliografía

«Cómo nació el periódico *Patria*», en *Bohemia*, La Habana, 61, 6, 4-9, febrero 7, 1969.

Leygonier, José, «A setenta y cinco años de distancia, *Patria*, el último periódico que fundó el apóstol Martí», en *El Mundo del Domingo*, suplemento del periódico *El Mundo*, La Habana, 10-11, marzo 12, 1967.

Llanes Miqueli, Rita, *El periódico* Patria *como expresión del programa y las doctrinas del Partido Revolucionario Cubano*, La Habana, Consejo Nacional de Cultura, Centro de Documentación, 1975, Monotemática, 8.

Llaverías, Joaquín, *Los periódicos de Martí*, con una carta de los doctores Francisco de Paula Coronado y Emeterio Santiago Santovenia, de la Academia de la Historia de Cuba, La Habana, Imprenta Pérez Sierra, 1929, págs. 71-125.

Quesada y Miranda, Gonzalo de, «*Patria* de New York», en *Universidad de La Habana*, La Habana, 30, 177, 115-133, enero-febrero, 1966.

Ripoll, Carlos, Patria, *El periódico de José Martí; registro general*, 1892-1895, Nueva York, Eliseo Torres & Sons, 1971.

Vignier, Enrique, «*Patria,* una trinchera de ideas», en *Revolución y Cultura*, La Habana,

29, *s. p.*, enero, 1975.

Patria (Véase **Boletín de la Asociación de Antiguos Alumnos del Seminario Martiano**)

Patria Libre, **La** (La Habana, 1869). Semanario democrático-cosmopolita. El primero y único ejemplar publicado correspondió al 23 de enero. Las investigaciones realizadas en torno a este periódico han permitido concluir que el mismo fue dirigido por José Martí y que éste no es el autor del artículo de fondo con que se inicia la publicación, el cual apareció sin firma. En dicho artículo se expresa, entre otros comentarios: «No haya temor de que pensemos como vulgarmente se cree, que el pedazo de tierra en que hemos nacido constituya para nosotros la patria. Educados en la regeneradora escuela del Salvador, la palabra patria pierde para nosotros toda significación desde el momento en que no encontramos en ella amor, libertad, fraternidad. En la esfera de los principios, la tolerancia nos lleva hasta la abnegación, y poco importa que el que estreche nuestra mano haya nacido aquende o allende los mares. Podremos no convenir alguna vez en la forma que se dé al desenvolvimiento en la vida práctica a cualquiera de los principios que forman el símbolo de un pueblo libre, y por lo tanto progresista; pero de seguro que para resistir a la oposición que se nos haga, no habremos de apelar ni a la violencia ni a la injuria, pues antes que caer en ese delito de lesa libertad preferiremos siempre guardar el más profundo silencio».

Y señalan: «Firmes en nuestras creencias, ni habremos de volver la espalda como el soldado que cobardemente abandona su puesto en la hora del peligro, ni habremos de renegar de la razón, aceptándola humildemente siempre que no sea la fuerza, ni la violencia las que nos la impongan. Queremos la razón con la razón, y a ella habremos de apelar hasta que, agotada nuestra paciencia la pasión sea el árbitro supremo de nuestras acciones». Y termina el artículo con esta exhortación: «Trabajemos todos como hermanos sin rivalidad y sin odios por convertir en verdad eterna lo que hoy parece mentira efímera. Unamos nuestros brazos y corazones para ser más fuertes; porque aunque la tierra de Promisión está muy cerca el camino es escabroso y, podemos no llegar si la tea de la discordia y no la de la fe es la que guía nuestros pasos. El amor, la libertad, la fraternidad, esa es la Patria».

Entre otros trabajos que aparecen figuran «La última razón». «¿Por qué la revolución tiene derecho al orden?» —ambos de contenido patriótico— y «Lógica marinera», que refuta un editorial del *Diario de la Marina*. Las dos últimas páginas del periódico están destinadas a reproducir el poema dramático *Abdala*, de José Martí.

Bibliografía

Giralt, José A., «Martí *y La Patria Libre*», en *Bohemia*, La Habana, 22, 22, 4, 17 y 62, enero

26, 1930.

Llaverías, Joaquín, *Los periódicos de Martí*, con una carta de los doctores Francisco de Paula Coronado y Emeterio Santiago Santovenia, de la Academia de la historia de Cuba, La Habana, Imprenta Pérez Sierra, 1929.

Roig de Leuchsenring, Emilio, «Los dos primeros periódicos de Martí y los únicos publicados en La Habana», en *Bohemia*, La Habana, 60, 36, 8-10, septiembre 6, 1968.

Patriota Americano, **El** (La Habana, 1811-1812). Obra periódica por tres amigos, amantes del hombre, la patria y la verdad. El primer número correspondió al mes de enero. Fue redactado por Simón Bergaño (*Veristasphilo* y *Philalethes*), José del Castillo (*Patriophilo* y *Philopatris*) y Nicolás Ruiz (*Philantropo* y *Homophilo*), según aparece en las notas manuscritas insertadas en el primero y el segundo tomo de la colección consultada, que perteneció a la biblioteca de Vidal Morales.

La primera nota hace referencia a los seudónimos *Philalethes*, *Philopatris* y *Philantropo*, pero la segunda —firmada por J. G. C., quien, según afirma Llaverías en la página 51 del tomo 2 de su obra *Contribución a la historia de la prensa periódica* (La Habana, Talleres del Archivo Nacional de Cuba, 1959), era José Gabriel del Castillo— señala a cada redactor con los dos seudónimos respectivos arriba señalados.

Afirma Jacobo de la Pezuela, en la página 34 del tomo 1 de su *Diccionario geográfico, esta-dístico, histórico de la isla de Cuba* (Madrid, Imprenta del Establecimiento de Mellado, 1863), que en la redacción de la publicación tomaron parte también Francisco de Arango y Parreño y su primo José Arango. Se publicaron dos tomos. El primero constó de 24 números y el segundo de 32. Según Pezuela en su citada obra, veía la luz una vez a la semana, aunque una nota aparecida al final del tomo primero anunciaba que en el tomo 2 saldrían «dos notas de a pliego cada semana». En la «Advertencia» aparecida en el primer ejemplar se lee, entre otras cosas, lo siguiente: «Las materias serán varias, pero siempre relativas a la reforma general del estado, y en particular de esta preciosa isla, de cuya historia política y natural, presentaremos algunos ensayos útiles a la prosperidad».

En la «Advertencia» insertada a comienzos del segundo tomo se expone: «Tres son los objetos principales que nos proponemos en la publicación de esta obra, a saber: 1.º presentar todos los materiales útiles y curiosos que encontremos y que se nos remitan, para formar con ellos una historia completa de esta isla. 2.º dar lo más selecto de cuanto llegue a nuestras manos sobre moral, política y literatura. 3.º que el mérito de las materias que insertamos, no dependa solo de las circunstancias». Esta pequeña publicación editada durante uno de los periodos en que España dio a Cuba libertad de imprenta, resulta de gran valor. En ella aparecieron, por primera vez, datos estadísticos referentes a Cuba, además de artículos sobre leyes, política, economía, moral, historia, comercio, filosofía y legislación. Reprodujo varios capítulos de la historia de Cuba de José Martín Félix de Arrate. En la página 200 del tomo 2 de su *Apuntes para la historia de las letras y de la instrucción pública en la isla de Cuba* (La Habana, Instituto de Literatura y Lingüística. Academia de Ciencias de Cuba, 1971), Antonio Bachiller y Morales señala: «Es sin duda el mejor periódico de su especie publicado hasta entonces en La Habana».

Comenta Pezuela, en la misma página de su ya citado libro, lo siguiente: «Los vicios de la legislación y la administración de las posesiones ultramarinas, se vieron combatidos con tanto vigor como decoro en muchos artículos notables, y en otros, hasta la historia de la isla empezó a desentrañarse con excelentes glosas y deducciones de las viejas crónicas de Arrate y de Urrutia. Pero aun no estaba preparada la masa del público habanero para esas lecturas serias y juiciosas».

En el último número publicado, correspondiente al mes de diciembre, aparece una «Advertencia» en la que se señala: «Con este número concluimos el 29 tomo del *Patriota Americano*. Intentábamos continuar esta obra, a lo menos hasta acabar de publicar las noticias y memorias que tenemos sobre la isla de Cuba, que seguramente agradarían. Pero el corto número de los que nos han favorecido, aunque por una pone lisonjea nuestro amor propio por ser casi todos de las personas más conocidas en esta ciudad por su buen gusto, instrucción y talento, sin embargo no es suficiente a cubrir

los costos de imprenta &c. Esta circunstancia nos prueba que aún no ha llegado época propia para esta clase de obras».

Y más adelante: «Con todo el deseo de servir a la patria, y nuestro agradecimiento a los señores suscriptores por la liberalidad con que nos han favorecido, nos obliga a dejar la suscripción abierta, resueltos a volver a la empresa por difícil y penosa que sea, siempre que haya un número de suscriptores suficiente».

Carlos Manuel Trelles inserta, en la página 75 del tomo 1 de su *Bibliografía Cubana del Siglo XIX* (Matanzas, Imprenta de Quirós y Estrada, 1911), una relación de los capítulos publicados. Bajo la responsabilidad de Araceli García Carranza se ha confeccionado su índice, que puede ser consultado en las gavetas de la hemeroteca del Departamento de Colección Cubana de la Biblioteca Nacional José Martí.

Patronato del Teatro Fue fundado en La Habana en mayo de 1941. Según expresa Natividad González Freire en la página 27 de su *Teatro cubano (1927-1961)* (La Habana, Ministerio de Relaciones Exteriores, 1961). «Surgió esta institución con el deliberado propósito de propiciar el teatro moderno, escogiendo los mejores autores —de reconocido valor mundial y contemporáneo para sus representaciones.» Se representaron también piezas de autores cubanos no comprometidos con el teatro comercial. Entre sus fundadores figuraron Luis Alejandro Baralt, Rafael Suárez Solís, Francisco Ichaso, y José Manuel Valdés

Rodríguez. Organizó también concursos anuales como estímulo a los autores nacionales. En sus inicios, las representaciones teatrales eran exclusivas para los socios de la institución y se efectuaban primero en el teatro América y luego en el Auditórium (hoy «Amadeo Roldán»). Posteriormente se representaron las obras para el público en general. En la Sala Talía comenzaron a representar funciones diarias, que se caracterizaron por sus buenos montajes y recursos escenográficos notables, ya que contaron con ciertas posibilidades económicas que les facilitaron la contratación de un equipo de técnicos competentes. Crearon desde 1946 el Premio Talía, que era entregado a las más notables actuaciones del año. Como expresa Max Henríquez Ureña en la página 391 del tomo 2 de su *Panorama histórico de la literatura cubana* (La Habana, Editorial Revolucionaria, 1967), «Esta institución es la que alcanza más larga vida entre todas las que fueron creadas con el mismo propósito». Hacia 1957 comenzó a decaer. Al triunfo de la Revolución sus actividades fueron transferidas al Consejo Nacional de Cultura.

Bibliografía

Ramírez, Arturo, «El Patronato del Teatro en el cuarto aniversario de su fundación», en *Carteles*, La Habana, 27, 6, 30-31, junio 6, 1946.

Varona, E. A. de, «Un aniversario», en *Artes*, La Habana, 1, 2, 8, julio, 1944.

Pavón Tamayo, **Luis** (Holguín, Oriente, 31 marzo 1930-25 mayo 2013). Cursó la primaria y el bachillerato en su pueblo natal. Desempeñó diversos trabajos, entre ellos el de profesor de literatura. Se graduó de abogado en la Universidad de La Habana en 1955. Tomó parte activa en movimientos estudiantiles y juveniles. Participó en la lucha contra la tiranía de Batista como militante de la Juventud Socialista. Publicó poemas y diversos trabajos en publicaciones clandestinas. Fue detenido en varias ocasiones por sus actividades revolucionarias. Al triunfo de la Revolución, en 1959, desempeñó funciones en los Tribunales Revolucionarlos. Fue jefe de redacción. y más tarde director de la revista *Verde Olivo*, de la Dirección Política de las FAR. Ha colaborado en *Unión*, *Mujeres* y *Cuadernos Hispanoamericanos*. En 1966 ganó el Premio Granma con su libro de poemas *Descubrimientos*. Entre 1967 y 1969 fue profesor de la Escuela de Periodismo de las FAR. Ostentó el grado de capitán de las FAR. Ha viajado a la Unión Soviética, República Popular China, Bulgaria, Canadá, Checoslovaquia y Alemania. Director del Consejo Nacional de Cultura. Algunos de sus artículos han sido traducidos al ruso, al inglés y al italiano, y sus poemas al inglés y al francés.

Bibliografía

Selección de poesías, prólogo del Doctor Francisco García Benítez, Holguín, Gobierno Municipal Revolucionario, Dirección de Cultura

1960.

Descubrimientos, La Habana, Ediciones Granma, 1967.

Pay-Pay (La Habana, 1913). Revista gráfica semanal. El primer número publicado correspondió el 24 de julio. Era dirigida por R. Lillo, A. G. Otero y L. Frau Marsal. Su subtítulo varió posteriormente a «Semanario artístico y de información gráfica». A partir del número 21, correspondiente al 18 de diciembre de 1913, se amplió su formato. El título de la publicación proviene del japonés antiguo, y su significado es victoria. En sus páginas aparecieron cuentos, poemas, trabajos literarios, notas de arte, música, teatro y deportes, además de un rico material fotográfico. Mantuvo las secciones «Cuentos Cubanos» y «Nuestros Profesores». En la primera de ellas colaboraron destacados escritores cubanos de este género, y en la segunda se biografiaba a destacados profesores e intelectuales nacionales. Entre sus colaboradores figuran Miguel de Carrión, Alfonso Hernández Catá, Arturo Ramón de Carricarte, Manuel Sanguily, Luis Rodríguez Embil, Manuel Márquez Sterling, Emilio Bobadilla, Raimundo Cabrera, Max Henríquez Ureña, Agustín Acosta, Enrique Hernández Miyares, Néstor Carbonell, Enrique José Varona, Alfredo Zayas, Enrique Fontanills, Fernando Ortiz, Rafael Suárez Solís, Luis Felipe Rodríguez, Álvaro de la Iglesia, Aurelia Castillo de González, Salvador Salazar, José A. González Lanuza, Antonio Iraizoz, Juan José Remos, Sergio Cuevas Zequeira, M. Lozano Casado, Orestes Ferrera, M. Fernández Cabrera y José María Collantes. El último número revisado (40) corresponde al 8 de mayo de 1914.

Paz, **Albio** (Finca El Naranjito, Zulueta, Las Villas, 8 mayo 1937-La Habana, mayo 2005). Dejó inconclusos los estudios primarios y muy joven comenzó a trabajar en la agricultura, la construcción, fábricas y comercios. En 1960 ingresó en la Escuela Provincial de Teatro de La Habana, en la que se graduó en 1964. Después ha trabajado como actor en el Conjunto Dramático Nacional, Taller Dramático Nacional, Taller Dramático y Teatro Escambray. Han sido estrenadas, por el grupo Teatro Escambray, sus obras *La vitrina* (1971), *El paraíso recobrado* (1973), *Tres historias del paraíso* (1974) y *El rentista* (1975), las dos primeras bajo la dirección del propio autor. Ha viajado a México. En 1975 obtuvo, por su obra *La vitrina*, el premio especial al mejor texto cubano representado en el Panorama de Teatro Cubano.

Bibliografía pasiva

«Premios del Panorama», en *Juventud Rebelde*, La Habana, 2, septiembre 22, 1975.

Vázquez, Omar, «Clausurado anoche el Panorama de Teatro», en *Granma*, La Habana, 11, 224, 4, septiembre 22, 1975.

Pedroso, Regino (Unión de Reyes, Matanzas, 5 abril 1896). Cursó la primera enseñanza en diversas escuelas públicas. Abandonó los estudios a los trece años de edad. Trabajó como aprendiz de carpintería, en diversas labores agrícolas, en una constructora de acero y en un taller ferroviario. Como tal fue afiliado de la Hermandad Ferroviaria de Cuba, y dentro de ella, del sector Pro Unidad, el de militancia más radical. Publicó sus primeros poemas en *El Fígaro*, *Castalia y Chic* en 1919 o 1920. En 1927 publicó, en el suplemento literario del *Diario de la Marina*, su poema «Salutación fraterna al taller mecánico», con el que se inicia en Cuba la poesía social de orientación clasista. En 1930, después de haber quedado cesante ese mismo año en el taller ferroviario, comenzó a trabajar en la redacción del periódico *La Prensa*. Fue redactor y corrector de pruebas en *Ahora*. En *La Palabra* fue también corrector de pruebas. Colaboró además en *Bohemia*, *Social*, *Revista de Avance*, *Carteles*, *El Mundo*, *El País*; *New Masses*, *The Survey Graphic*, *Opportunity*, *The West Indian Review*, *Poetry Quarterly* (norteamericanas) y *Le Journal des Poètes* (belga). Formó parte del consejo de dirección de la revista *Masas*, órgano de la Liga Antiimperialista de Cuba. En 1935 es condenado a seis meses de prisión, conjuntamente con los demás integrantes de la dirección de Masas, por sus actividades antiimperialistas. Militó en Defensa Obrera Internacional. Obtuvo el premio nacional de poesía en 1939 por su libro *Más allá canta*

el marzo Trabajó hasta 1959 en la Dirección de Cultura del Ministerio de Educación. Fue consejero cultural de Cuba en la República Popular China y en México. Ha viajado por Europa y el norte de África. Recientemente colaboró en *Unión* y en *Anuario L/L*. Es autor de cuentos y del ensayo «Rubén Martínez Villena: el poeta y el hombre». Sus poemas han sido traducidos al inglés, francés, portugués, ruso, chino, checo, italiano, alemán, búlgaro, rumano, yidish.

Bibliografía activa

Nosotros, poemas, La Habana, Editorial Trópico, 1933.

Antología poética, 1918-1938, La Habana, Imprenta Molina, 1939.

Más allá canta el marzo, poema, La Habana, Editorial La Verónica, 1939.

Bolívar, sinfonía de libertad, poema, La Habana, Imprenta P. Fernández, 1945.

El ciruelo de Yuan Pei Fu, poemas chinos, La Habana, Imprenta P. Fernández, 1955.

Poemas, prólogo de Nicolás Guillén, antología, La Habana, Ediciones Unión, 1966.

Obra poética, «Regino Pedroso y la nueva poesía cubana», por Félix Pita Rodríguez, La Habana, Editorial Arte y Literatura, 1975.

Bibliografía pasiva

Arozarena, Marcelino, «Regino Pedroso», en *Revista de la Biblioteca Nacional*, La Habana, 63, 3.ª época, 14, 3, 38-39, septiembre-diciembre, 1972.

Augier, Ángel, «Regino Pedroso», en *Revista de la Biblioteca Nacional*, La Habana, 63, 3.ª época, 14, 3, 47-48, septiembre-diciembre, 1972.

Aza Montero, Alberto, «Poesía revolucionaria cubana, El libro de Pedroso» en *Orto*, Manzanillo, 22, 2 y 3, 22, febrero-marzo, 1933.

Ballagas, Emilio, «Nota sobre Regino Pedroso», en *Revista Cubana*, La Habana, 31, 1, 83-85, enero-marzo, 1957.

Bianchi Ross, Ciro, «Regino Pedroso, el poeta proletario», entrevista, en Cuba Internacional, La Habana, 7, 70, 50-53, junio, 1975.

Bueno, Salvador, «Regino Pedroso y los comienzos de la poesía social en Cuba», en *El Mundo del Domingo*, suplemento del periódico *El Mundo*, La Habana, 65, 21 854, 6, abril 2, 1967.

«Regino Pedroso», en *Bohemia*, La Habana, 62, 32, 4-10, agosto 7, 1970.

«En la Presentación de Regino Pedroso», en *Revista de la Biblioteca Nacional*, La Habana, 63, 3.ª época, 14, 3, 33-36, septiembre-diciembre, 1972.

Caillet Bois, Julio, «Regino Pedroso, 1896» en su *Antología de la Poesía hispanoamericana*, 2.ª edición, Madrid, Aguilar, 1965, págs. 1276.

Casáus Víctor, «Regino Pedroso, tirar la primera piedra», en *Unión*, La Habana, 5, 2, 188-191, abril-junio, 1966.

Díaz Martínez, Manuel, «Regino Pedroso», en *La Gaceta de Cuba*, La Habana, 6, 57, 12, abril 1967.

«En este número», en *Revista de Avance* La Habana, 3, 4, 35, 187, junio, 1929.

Esténger, Rafael, «El ciruelo *de Yuan-Pei-Fu*» en *Diario de La Marina*, La Habana, 123, 163, 4-A, julio 12, 1955.

Fernández de Castro, José Antonio, «Regino Pedroso», en *Social*, La Habana, 15, 10, 51, octubre, 1930.

Fernández Retamar, Roberto, «Poesía social que proviene directamente del vanguardismo, Regino Pedroso, 1896», en su *La Poesía contemporánea en Cuba*, 1927-1953, La Habana, Orígenes, 1954, págs. 65-67.

«Regino Pedroso», en *Revista de la Biblioteca Nacional José Martí*, La Habana, 63, 3.ª época, 14, 3, 47, septiembre-diciembre, 1972.

Florit, Eugenio, Regino Pedroso, poeta cubano», en *Revista Bimestre Cubana*, La Habana, 71, 251-254, 2.º semestre, 1956.

González L., Waldo, «Regino Pedroso, poeta militante», en *Bohemia*, La Habana, 67, 28, 25, julio 11, 1975.

Guerra Flores, José, «Los poemas chinos de Regino Pedroso, *El ciruelo de Yuan-Pei-Fu*», en *El Mundo Ilustrado*, suplemento del periódico *El Mundo*, La Habana, 56, 17 795, 11, agosto, 1957.

Guillén, Nicolás, «Regino», en *Revista de la Biblioteca Nacional José Martí*, La Habana, 63, 3.ª época, 14, 3, 50-53, septiembre-diciembre, 1972.

Lazo, Raimundo, «En el homenaje al poeta Regino Pedroso» en *Revista de la Biblioteca Na-*

cional *José Martí*, La Habana, 63, 3.ª época, 14, 3, 39-41, septiembre-diciembre, 1972.

Lizaso, Félix y José Antonio Femández de Castro, «Regino Pedroso», en su *La poesía moderna en Cuba*, *1882-1925*, antología crítica, ordenada y publicada, Madrid, Editorial Hernando, 1926, págs. 380.

Mañach, Jorge, «Glosas, Regino Pedroso, *Nosotros*» y «Algo más sobre *Nosotros*», en *El País*, La Habana, 11, 34 y 36, 2 y 2, febrero 3 y 5, 1933.

Martínez Villena, Rubén, «Semblanza crítica», en *Diario de la Marina*, La Habana, 95, 34, octubre 30, 1927.

Marré, Luis, «Regino Pedroso», en *Revista de la Biblioteca Nacional José Martí*, La Habana, 63, 3.ª época, 14, 3, 46, septiembre-diciembre, 1972.

Novás, Benito, «*Nosotros*, un poeta proletario», en *El Mundo*, La Habana, Sección dominical, 22, 2, febrero 19, 1933.

Pita Rodríguez, Félix, «Gente de hoy, "Regino Pedroso"», en *Revista de la Biblioteca Nacional José Martí*, La Habana, 63, 3.ª época, 1-4, 3, 41-43, septiembre-diciembre, 1972.

«Regino Pedroso, pionero de una nueva poesía», en *Revolución y Cultura*, La Habana, 17, 3-8, enero, 1974.

Portuondo, José Antonio, «Influencia de la Revolución de octubre en el desarrollo literario de Cuba», en *La Gaceta de Cuba*, La Habana, 82, 6-8, abril-mayo, 1970.

«Regino Pedroso y el estridentismo» en *Revista de la Biblioteca Nacional José Martí*, La Habana, 63, 3.ª época, 14, 3, 48-50, septiembre-diciembre, 1971.

Roa, Raúl, «A Regino», en *Revista de la Biblioteca Nacional José Martí*, La Habana, 63, 3.ª época, 14, 3, 36-38, septiembre-diciembre, 1972.

Sabas Alomá, Mariblanca, «Regino Pedroso, poeta proletario», en *Carteles*, La Habana, 19, 15, 40, abril 9, 1933.

Selva, Mauricio de la, «Regino Pedroso, *poemas*», en *Cuadernos Americanos*, México D. F., 27, 5, 278-280, septiembre-octubre, 1968.

Torriente, Loló de la, «Regino Pedroso, sutil y malicioso», en *Alerta*, La Habana, 20, 135, 4, junio 9, 1955.

«Regino en el tiempo», en *El Mundo del Domingo*, suplemento del periódico *El Mundo*, La Habana, 65, 21 575, 5, mayo 8, 1966.

«Memoranda nostálgica a Regino Pedroso», en *Revista de la Biblioteca Nacional José Martí*, La Habana, 63, 3.ª época, 14, 3, 43-46, septiembre-diciembre, 1972.

Valdés Rodríguez, José Manuel, «Regino Pedroso, el primer poeta proletario cubano», en *El Mundo*, Sección dominical, La Habana, 32, 10 766, 2, marzo 12, 1933.

Vitier, Cintio, «Regino Pedroso», en su *Cincuenta años de poesía cubana*, 1902-1952, ordenación, antología y notas, La Habana, Ministerio de Educación, Dirección de Cultura, 1952, págs. 180-181.

Pensamiento, **El** (Matanzas, 1879-1880). Revista quincenal de ciencias, literatura, bellas artes, crítica seria e intereses generales. El primer número correspondió al 15 de agosto. Fue dirigida por Nicanor A. González En el «Introito» aparecido en el primer número expresaba el director, entre otras observaciones en torno a la publicación, lo siguiente: «Las bellas artes, la literatura y la crítica razonada tienen en nuestra lista de colaboradores paladines que han hecho ya sus pruebas, por las que han merecido aplausos de propios y extraños. Muchos y muy buenos trabajos tenemos en nuestro poder para dar vida a *El Pensamiento* [...]».

Y más adelante añadía: «...tenemos algunas reliquias literarias salvadas del oleaje del tiempo, que daremos a nuestros lectores en prueba del aprecio que nos merece el apoyo con que garantizan la existencia de nuestra publicación. Entre esos tesoros figura una serie de cartas del primer poeta cubano, del inmortal Heredia; que reproduciremos de un periódico que se publicaba en La Habana hace medio siglo [...]. Reproduciremos además otros muchos trabajos en prosa y en verso, con cuya inserción en *El Pensamiento* queremos tributar público testimonio de admiración a sus autores, y refrescar su memoria en los corazones de todos los que amen las glorias patrias».

Publicó poemas, narraciones, trabajos sobre arte, historia, crítica literaria. Los adelantos científicos del mundo fueron reflejados en sus páginas. Dieron a conocer artículos sobre meteorología, geografía, educación, ciencias naturales, y extractos de trabajos publicados en revistas extranjeras. Afirma Carlos Manuel Trelles en la página 41 del tomo 6 de su *Bibliografía cubana del siglo XIX* (Matanzas, Imprenta de Quirós y Estrada, 1914), que «Es una de las mejores revistas que se han publicado en Matanzas».

Destacados intelectuales cubanos colaboraron en sus páginas, entre ellos, Enrique José Varona, Rafael María de Mendive, Antonio Bachiller y Morales, Esteban Borrero Eche. verrfa, Antonio Zambrana, Emilio Blanchet, Federico Milanés, Nicolás Heredia, Enrique Piñeyro, Vidal Morales y Morales, José Varela Zequeira, Bernardo Costales y Sotolongo, Francisco y Antonio Sellén, Mercedes Matamoros, Bonifacio Byrne, Eusebio Guiteras, Luis Victoriam Betancourt, Benjamín y Octavio Giberga, Sebastián Alfredo de Morales. Antonio Govín, Augusto E. Madara y Catalina Rodríguez de Morales. El último ejemplar revisado (número 16) correspondió al 31 de marzo de 1880. Trelles afirma en su ya mencionada obra que la publicación duró huta septiembre de 1880.

Bibliografía

«El Pensamiento» en *Diario de la Marina*, La Habana, 40, 83, 2, agosto 23, 1879.

«El Pensamiento», en *El Triunfo*, La Habana, 2.ª época, 2(201, 2, agosto 24, 1879.

Pensamiento Crítico (La Habana, 1967-1971). Revista. Comenzó a publicarse en febrero. Su periodicidad, salvo algunas excepciones, fue mensual. Fue dirigida por Fernando Martínez.

Contó con un consejo de dirección integrado por Aurelio Alonso, José Bell Lara, Jesús Díaz, Thalía Fung y Ricardo J. Machado. Posteriormente, estos dos últimos cesaron en sus funciones. A partir del número 44, correspondiente a septiembre de 1970, se incorporó al consejo Mireya Crespo. En el machón de la revista aparecía siempre una nota que decía, entre otras cosas, lo siguiente: «*Pensamiento Crítico* responde a la necesidad de información que sobre el desarrollo del pensamiento político y social del tiempo presente tiene hoy la Cuba revolucionaria». En efecto, fue una publicación dedicada al análisis de variados fenómenos sociales, vistos éstos desde diferentes ángulos: filosóficos, políticos, económicos. Publicó, en su generalidad, artículos y ensayos inéditos o trabajos aparecidos en diferentes publicaciones extranjeras, así como también capítulos o fragmentos de libros y discursos, casi siempre de nuestros dirigentes revolucionarios. Publicó también trabajos de crítica literaria, dirigida siempre hacia libros de autores cubanos. Se reseñaron libros de contenido político e histórico. Esta sección apareció a veces con el nombre de «Notas de lecturas». Muchos números se publicaron con la sección «Documentos», creada desde el número 7 «para el lector interesado en conocer y valorar desde la Revolución, materiales de importancia histórica». Publicó notas sobre cine cubano y teatro. Varios números, de carácter monográfico, fueron dedicados al estudio de algunos continentes, otros a aspectos teóricos

del marxismo, y uno a Ernesto «Che» Guevara, como homenaje. Entre los que hicieron crítica literaria o reseñas sobre libros históricos figuran Víctor Casáus, Eduardo López Morales, Julio Travieso, Guillermo Rodríguez Rivera, Eduardo Castañeda, Juan Pérez de la Riva y José A. Tabares. El último número aparecido (53) correspondió a junio de 1971.

Bibliografía

Campuzano Luisa, «¿Un nuevo estilo? Una nueva revista, *Pensamiento Crítico*» en *Revista de la Biblioteca Nacional José Martí*, La Habana, 58, 3.ª época, 9, 2, 103-105, abril-junio, 1967.

Meza, Josefina, «¿Qué es *Pensamiento Crítico*», en *Juventud Rebelde*, La Habana, 2, marzo 9, 1967.

«El primer número de *Pensamiento Crítico*», en *El Mundo*, La Habana, 65, 21 851, 4, marzo 30, 1967.

«Ya está en la librerías *Pensamiento Crítico*», en *Granma*, La Habana, 3, 80, 2, marzo 27, 1967.

Pensil, El (Santiago de Cuba, 1907-1908; 1909-1910). «Revista quincenal ilustrada. Ciencias, artes y letras», se lee en el primer ejemplar revisado (número 6), correspondiente al 30 de noviembre de 1907. Era dirigida y administrada por Juan Francisco Sariol. Del año antes citado solo se han visto dos números, el ya mencionado y el 7, del 15 de diciembre. De 1908 se ha visto solo el número 9, del 15 de enero. No se ha localizado otro hasta el

15 de septiembre de 1909, con numeración independiente y ahora en su segunda época. Se expresaba en dicho ejemplar: «Después de un largo espacio de tiempo, vuelve *El Pensil* a las arduas luchas del arte y de la idea; y vuelve con el mismo programa y con las mismas pretensiones; pero con más energías y fe inquebrantable para sostener la lucha, que, como la anterior, será cruenta y penosa». Seguía siendo dirigida por Sariol. Su formato se amplió. El subtítulo varió: primero era «Revista ilustrada», más tarde fue «Revista ilustrada. Ciencias, artes y letras»; nuevamente fue «Revista ilustrada» y por último «Revista ilustrada de literatura y arte». Su periodicidad fue quincenal y durante varios números decenal. Aparecieron en sus páginas cuentos, poemas, prosa poética, crítica literario, traducciones de poetas y prosistas extranjeros, noticias teatrales y notas de arte. Tuvo varias secciones fijas, como «Vida literaria», que reflejaba el movimiento Intelectual cubano e internacional, y «Página extranjera», dedicada a publicar composiciones en prosa y verso de destacados escritores europeos y latinoamericanos. Colaboraron en sus páginas José Manuel Poveda, Regino Eladio Boti, Enrique Gray Calbó, Max Henríquez Ureña, José Manuel Carbonell, Armando Leyva, Miguel Macau, Recaredo Répide, Pedro Alejandro López, José G. Villa, Ubaldo R. Villar, Eulogio Horta, Rafael G. Argilagos, Manuel Isidro Méndez, M. Lozano Casado, *Ducazcal* (seudónimo de Joaquín Navarro Riera), Juan Jerez Villarreal,

Héctor A. Poveda, Ernesto L. Giraudy, Fabio Fiallo, Arturo Aguiar Castro, Fernando Torralva y Lino Dou. Desde el número 21, correspondiente al 31 de octubre de 1910, la revista cambia su nombre por *Renacimiento*, con el subtítulo de «Revista de arte». En dicho número se expresaba: «Nos guía un programa literario y artístico por cuya realización luchamos hoy y lucharemos cada vez más briosamente. Se ha agrupado en derredor nuestro, como en derredor de una bandera, toda la legión joven y valiosa que hoy anhela hacer vibrar y hacer oír la robusta voz lírica de Oriente. Significamos el primer esfuerzo encaminado a despertar, en la primera provincia cubana, la conciencia de su personalidad». Y añadían: «Conserva su mismo formato, y, desde luego, la misma Redacción, el mismo Consejo Directivo». En efecto, la revista continuó apareciendo con la mismas características e igual periodicidad. Entre otros colaboradores se destaca Agustín Acosta. El último número revisado (25) corresponde al 31 de diciembre de 1910.

Peregrino, El (Madrid, 1912-Id.). Revista quincenal. Arte. Historia. Literatura. Fue su único redactor José de Armas (*Justo de Lara*). El primer número apareció el 15 marzo, y en él se expresa: «Su redactor la escribe, ante todo, para su solaz y entretenimiento, sin grandes ambiciones, pero sí animado de buenas ideas para la propaganda del arte, principalmente español, y de la literatura española y extranjera». En efecto, fue una publicación dedicada casi en su totalidad a divulgar cuestiona referentes al arte, sobre todo a la pintura. En cada, número aparecían reproducidos varios cuadros del pintor español a que se hiciera referencia en sus páginas. También publicó crítica literaria, tanto de libros editados en España como en Cuba, así como noticias culturales curiosas o de actualidad. Algún espacio fue dedicado a tratar cuestiones musicales, teatrales, políticas e históricas. El último ejemplar encontrado (número 4) corresponde al 1.º de mayo de 1912.

Pérez Cabrera, **José Manuel** (La Habana, 9 septiembre 1901-Id., 28 agosto 1969). Se graduó de Doctor en Derecho Civil (1922) y en Filosofía y Letras (1924) en la Universidad de La Habana. Fue profesor titular de geografía e historia universales en los institutos de segunda enseñanza de La Habana y del Vedado entre 1925 y 1959.

Fue profesor fundador y decano de la Facultad de Filosofía y Letras de la Universidad Católica de Santo Tomás de Villanueva. Ocupó la Dirección de Enseñanza de la Secretaría de Educación y fundó y dirigió su órgano oficial, la *Revista de Educación*. Ha colaborado en *Revista de la Facultad de Letras y Ciencias de la Universidad de La Habana*, *Diario de la Marina*, *La Lucha*, *América*, *Revista de Historia de América* (México), *Missionalia Hispánica* (Madrid), *Hispanic American Historicd Review* (Estados Unidos). Fue director de publicaciones y secretario de la Academia de la Historia de Cuba,

presidente del Instituto Cubano Costarricense de Cultura y miembro correspondiente de la Sociedad Mexicana de Geografía y Estadística. Es autor del ensayo «Los orígenes del teatro inglés». En colaboración con José I. Rasco Bermúdez escribió *Los grandes creadores de la nacionalidad cubana*.

Bibliografía activa

Don Luis de las Casas, conferencia leída en el Ateneo de La Habana el día 6 de abril de 1924, La Habana, Imprenta Cuba Intelectual, 1927.

Las costas de Cuba, contribución al estudio de la geografía física de Cuba, La Habana, Cultural, 1929.

Lecciones de geografía de Cuba, La Habana, Editorial Minerva, 1930.

Estudios y conferencias, La Habana, Imprenta El Siglo XX, 1934.

Un emisario del Rey José, La Habana, Imprenta El Siglo XX, 1935.

Estudios históricos, La Habana, 1935-1943.

El maestro Fray Genónimo de Valdés, *Obispo de Cuba*, La Habana, *s. i.*, 1935.

Discursos leídos en la recepción pública del Doctor José Manuel Pérez Cabrera la noche del 6 de febrero de 1936, contesta en nombre de la corporación el Doctor Tomás de Jústiz y del Valle, La Habana, Imprenta El Siglo XX, 1936.

Vida y martirio de Luis de Ayestarán y Moliner, 1846-1870, discurso leído en la sesión solemne celebrada el 10 de octubre de 1936, La

Habana, Imprenta El Siglo XX, 1936.

El texto de lectura de Luz y Caballero, La Habana, Biblioteca de Autores Cubanos, 1937.

El capitán Hernando de Soto, gobernador de la isla Fernandina de Cuba, adelantado de la Florida, discurso leído en la sesión solemne celebrada el 30 de mayo de 1931, en conmemoración del IV centenario del inicio de la jornada de la Florida, La Habana, Imprenta El Siglo XX, 1939.

Francisco de Poda Santander, discurso leído en la sesión solemne celebrada el 6 de mayo de 1940, en conmemoración del primer centenario de la muerte del ilustre libertador y estadista colombiano, La Habana, Imprenta El Siglo XX, 1940.

En torno al bojeo de Cuba, La Habana, Imprenta Cárdenas, 1941.

Calixto García, discurso leído en la sesión solemne celebrada la noche del día 11 de diciembre de 1942, cuadragésimo cuarto aniversarlo de la muerte del ilustre mayor general del Ejército Libertador, La Habana, Imprenta El Siglo XX, 1942.

El cincuentenario del Partido Revolucionario Cubano, discurso leído en la sesión solemne celebrada el 10 de abril de 1942, en conmemoración del 509 aniversario de la Proclamación del Partido Revolucionario Cubano, La Habana, Imprenta El Siglo XX, 1943.

José María Aguirre, discurso leído en la sesión solemne celebrada el 21 de agosto de 1943, en conmemoración del primer centenario del nacimiento del ilustre mayor general, jefe del Quinto Cuerpo del Ejército Libertador, La Habana, Imprenta El Siglo XX, 1943.

Plácido y la conspiración de 1844, La Habana, Revista de La Habana, 1944.

Una cubana ejemplar, Marta Abreu de Estévez, discurso leído en la sesión solemne celebrada el 13 de noviembre de 1945, en conmemoración del Primer centenario del nacimiento de la ilustre benefactora y patriota cubana, La Habana, Imprenta El Siglo XX, 1945.

La juventud de Juan Gualberto Gómez, discurso leído en la sesión solemne celebrada el 10 de octubre de 1945, La Habana, Imprenta El Siglo XX, 1945.

Evocación y elogio de Juan Clemente Zamora, La Habana, Imprenta Ramiro F. Moría, 1947.

Los primeros esbozos biográficos de Céspedes, discurso leído en la sesión solemne celebrada el 10 de octubre de 1947, La Habana, Imprenta El Siglo XX, 1947.

Diego Vicente Tejera, escritor y patriota, discurso leído en la sesión solemne celebrada el 30 de noviembre de 1948, conmemorativa del primer centenario del nacimiento del ilustre poeta cubano, La Habana, Imprenta El Siglo XX, 1948.

Miranda en Cuba, 1780-1783, discurso leído en la sesión solemne celebrada el 28 de marzo de 1950, en conmemoración del segundo centenario del nacimiento del ilustre precursor de la independencia hispanoamericana, La Habana, Imprenta El Siglo XX, 1950.

Hombres y glorias del 51, discurso leído en la sesión solemne celebrada el día 31 de agosto de 1951, conmemorativa del primer centenario de los trágicos sucesos de 1851, La Habana, Imprenta El Siglo XX, 1951.

Dos José Toribio Medina, ciudadano y gloria de América, discurso leído en la sesión solemne celebrada, el día 21 de octubre de 1952, en conmemoración del centenario del nacimiento del gran erudito e historiador chileno, La Habana, Imprenta El Siglo XX, 1952.

La Academia de la Historia y el centenario de Martí, discurso leído en la sesión celebrada de clausura del centenario de José Martí, celebrada el día 27 de enero de 1954, La Habana, Imprenta El Siglo XX, 1954.

Martí y el «Proyecto Ruz», discurso leído en la sesión celebrada el día 27 de enero de 1955, conmemorativa del natalicio de José Martí, La Habana, Imprenta El Siglo XX, 1955.

Un libelo anticespedista, discurso leído en la sesión solemne de apertura del año académico 1956-1957, celebrada el 9 de octubre de 1956, La Habana, Imprenta El Siglo XX, 1956, Academia de la Historia de Cuba.

Un héroe del 24 de febrero, el General Saturnino Lora y Torres, discurso leído en 12 sesión solemne celebrada el 25 de noviembre de 1958, conmemorativa del primer centenario del nacimiento del ilustre patriota cubano, La Habana, Imprenta El Siglo XX, 1958.

Fundamentos de una historia de la historiografía cubana, La Habana, Academia de la Historia de Cuba, 1959, Informes y dictámenes, 1.

Historiografía de Cuba, México D. F., Instituto Panamericano de Geografía e Historia, 1962.

Un gran editor del siglo XVIII, *El capitán don Diego de Barrera y Navarro*, sobretiro de la *Revista de Historia de América*, La Habana, 1965.

Bibliografía pasiva

Chacón y Calvo, José María, «La historiografía de Cuba del Doctor José Manuel Pérez Cabrera», en *Boletín de la Academia Cubana de la Lengua*, La Habana, segunda época, 11, 1, 224-228, enero-diciembre, 1964.

Hatuey, seudónimo de Max Henríquez Ureña, «Historiografía de América», en *Listín Diario*, Santo Domingo, mayo 21, 1964.

Ponce de León, Néstor, «Historiografía de la Isla de Cuba, prólogo», en *Revista de la Biblioteca Nacional*, La Habana, 3, 5, 1-6, 99-102, julio 31-diciembre 31, 1911.

Remos y Rubio, Juan José, «Los historiadores cubanos.» en *Diario de las Américas*, Miami, julio 1.º, 1963.

Pérez Cisneros, **Guy** (París, 7 junio 1915-La Habana, 2 septiembre 1953). Se educó en Burdeos. Adolescente aún se trasladó a Cuba. Cursó estudios de filosofía y letras en la Universidad de La Habana. En 1934 ingresó en el servicio diplomático. Ocupó cargos en el Ministerio de Estado, en la Unión Interamericana del Caribe, en la Comisión Cubana de Cooperación Intelectual y en la Comisión Cubana de la UNESCO. Participó, como representante cubano, en conferencias y asambleas de la ONU y de otros organismos internacionales. Fue miembro del Colegio Nacional de Periodistas y de la Sociedad Cubana de Derecho Internacional. Fue codirector, con José Lezama Lima, de *Espuela de Plata*. Ocupó la jefatura de redacción de *Grafos Havanity*. Colaboró en *Grafos*, *Social*, *Información*, *Verbum* y *Orígenes*, así como en otras publicaciones nacionales y extranjeras. Fue un importante y activo promotor del movimiento plástico cubano. Publicó trabajos de crítica de arte, sobre política y sobre literatura.

Bibliografía activa

La obra del pintor Ravenet, La Habana, 1944.

Pintura y escultura en 1943, La Habana, Imprenta Úcar, García, 1944.

Presencia de seis escultores, Exposición, La Habana, 1944.

Características de la evolución de la pintura en Cuba, Siglos XVI, XVII, XVIII, y primera mitad del XIX, La Habana, Ministerio de Educación, Dirección de Cultura, 1959.

Bibliografía pasiva

Díaz Martínez, Manuel «*Característica de la evolución de la pintura en Cuba*, de Guy Pérez Cisneros», en *Nuestro Tiempo*, La Habana, 5, 30, 13-14, julio-agosto, 1959.

Juan, Adelaida de, «*Características de la evolución de la pintura en Cuba* de Guy Pérez Cisneros, en *Revista de la Biblioteca Nacional José Martí*, La Habana, 3.ª época, 1, 1-4, 98-101, enero-diciembre, 1959.

Labrador Ruiz, Enrique, «Pérez Cisneros», en su *El pan de los muertos*, La Habana, Universidad Central de Las Villas, Departamento de Relaciones Culturales, 1958, págs. 85-89.

Riaño Jauma, Ricardo, «Guy Pérez Cisneros», en *Revista de la Biblioteca Nacional José Martí*, La Habana, 2.ª serie, 4, 4, 95-99, octubre-diciembre, 1953.

Pérez de Zambrana, Luisa (Finca «Melgarejo», El Cobre, Oriente, 25 agosto, 1835-Regla, La Habana, 25 mayo 1922). Estudió las primeras letras con sus padres. Su primer poema impreso, «Amor materno», escrito a los catorce años de edad, fue publicado en el periódico *El Orden* en 1852, conjuntamente con unos versos de Manuel Borges Navarro dirigidos a la poetisa, en los que se hacía resaltar sus posibilidades como escritora. A su alrededor se formó una tertulia de escritores orientales, atraídos por su personalidad. Tras la muerte de su padre (1852), su familia se trasladó a Santiago de Cuba. Allí amplió sus relaciones intelectuales y colaboró con alguna frecuencia en *El Orden*, *El Diario*, *El Redactor y Semanario Cubano* (1855). En *Brisas de Cuba* (La Habana, 1855) y en *La Abeja* (Trinidad, Las Villas, 1856) aparecieron también sus colaboraciones. Su casa volvió a ser en Santiago centro de reuniones y veladas artísticas. Por esos días fue declarada socia de mérito de la Sección de Literatura de la Sociedad Filarmónica. Su primer libro fue enviado a los más importantes intelectuales del país. Leído por Ramón Zambrana y tras una carta que éste envió a la poetisa a propósito del libro, comenzó una correspondencia que culminó en matrimonio. Se trasladó con su esposo a La Habana. Su nombre ganó popularidad. Colaboró en *Kaleidoscopio* —revista fundada y dirigida por Zambrana—, *La Habana*, *Cuba Poética*, *Álbum Cubano de lo Bueno y lo Bello*, *La Verdad Católica*, etc. En 1860, en el acto de homenaje del Liceo de La Habana a la Avellaneda, le tocó el honor de ceñir la frente de la poetisa con la corona de laurel. Publicó algunos capítulos de su novela «Angélica y Estrella» en los folletines de *El Siglo* (1864) y de *El Mercurio* (1876). Su episodio histórico «La hija del verdugo» apareció en *Revista del Pueblo* (1865). En *Diario de la Marina* publicó la primera parte de la novela «Los Gracos». Colaboró además en *Cuba literaria*, *La Reforma* (Guanabacoa, La Habana) y *Ofrenda al Bazar de la Real Casa de Beneficencia* (1864). Frecuentaba las tertulias celebradas en la casa de Nicolás Azcárate. Tras la muerte de su esposo (1866), quedó en una precaria situación económica con sus cinco hijos. Entre 1866 y 1899 fallecieron éstos. En 1908 el Ayuntamiento de La Habana le concedió una pensión que alivió insuficientemente sus necesidades materiales. Ya casi olvidada, el Ateneo de La Habana le ofreció un homenaje en 1918 con la participación de Enrique José Varona y José María Chacón y Calvo.

Bibliografía activa

Poesías de la señorita doña Luisa Pérez y Montes de Oca, prólogo de Federico García Copley, Santiago de Cuba, Imprenta de Miguel A. Martínez, 1856, *y. e.* 1857.

Poesías, prólogo de Gertrudis Gómez de Avellaneda, La Habana, Imprenta El Iris, 1860.

Poesías, publicadas e inéditas, «Al lector, por Enrique José Varona, La Habana, Imprenta El Siglo XX, 1920.

Brisas de Senserenico, poesía, Santiago de Cuba, publicación hebdomadaria, 1936, Biblioteca popular de cultura cubana, 8.

Elegías familiares, «Luisa Pérez», por José Martí, «La más insigne elegíaca de nuestra lírica», por Enrique José Varona.

«Luisa Pérez de Zambrana, semblanza», por José María Chacón y Calvo, La Habana, Secretaría de Educación, Dirección de Cultura, 1937, Cuadernos de cultura, 3.ª serie, 6.

Angélica y Estrella, novela, La Habana, Imprenta P. Fernández, 1957, Colección los Zambrana, 13.

Poesías completas, 1953-1918, ensayo preliminar, compilación, ordenación, tabla de variantes y notas de Ángel Huete, La Habana, Imprenta P. Fernández, 1957, Colección los Zambrana, 11.

Prólogo al libro Anatomía del corazón *por Teodoro Guerrero*, La Habana, *1867*, La Habana, Imprenta P. Fernández, 1957.

Bibliografía pasiva

Becali, Ramón, «Muere olvidada la poetisa»,

en *La Noche*, La Habana, 9, 146, 2, mayo 26, 1922.

Bueno, Salvador, «Luisa Pérez», en *El Mundo*, La Habana, 66, 22 133, 2, febrero 23, 1968.

Cabrera, Raimundo, «Luisa Pérez», en su *Cuba y sus jueces, rectificaciones oportunas*, Filadelfia, Levy-type, 1891, págs. 334.

Caillet Bois, Julio, «Luisa Pérez de Zambrana, 1837-1922», en su *Antología de la poesía hispanoamericana*, 2.ª edición, Madrid, Aguilar, 1965, págs. 505.

Camps, Francisco, «Luisa Pérez de Zambrana», en *Información*, La Habana, 17, 143, 22, junio 19, 1953.

Carbonell, José Manuel, «Luisa Pérez de Zambrana, 1835-1922», en su *La poesía lírica en Cuba*, recopilación dirigida, prologada y anotada, tomo 3, La Habana, Imprenta El Siglo XX, 1928, págs. 338-340, Evolución de la cultura cubana, 1608-1927, 3.

Castellanos, Carlos A., «El homenaje a Luisa Pérez de Zambrana», en *Revista de Oriente*, Santiago de Cuba, 2, 10, 15-16, 38, junio, 1929.

Cortés, José Domingo, «Luisa Pérez de Montes de Oca», en su *Poesías selectas americanas*, con noticias biográficas de los autores, París, A. Bouret, 1875, págs. 293.

Cruz, Manuel de la, «Reseña histórica del movimiento literario de la Isla de Cuba, 1790-1890, III. Poesía», en *Revista Cubana*, La Habana, 14, 424, 1891.

Chacón y Calvo, José María, «Los poetas de Cuba, la muerte de Luisa Pérez de Zambrana», en *El Fígaro*, La Habana, 29, 20-32, 350, mayo 28, 1922.

«Centenario de Luisa Pérez de Zambrana», en *Revista Cubana*, La Habana, 9, 26, 247-248, agosto, 1937.

«Luisa Pérez de Zambrana», en *Diario de la Marina*, La Habana, 117, 177, 4, julio 26, 1949.

«Los últimos días de Luisa Pérez Zambrana», en *Diario de la Marina*, La Habana, 117, 280, 4, noviembre 25, 1949.

«Una carta inédita de Luisa Pérez de Zambrana», en *Diario de la Marina*, La Habana, 123, 60, 4-A, marzo 11, 1955.

«Doña Luisa Pérez de Zambrana ha fallecido», en *Diario de la Marina*, La Habana, 90, 133, 1, mayo 26, 1922.

Entralgo, Elías José, *Luisa Pérez de Zambrana*, conferencia pronunciada en el Liceo Artístico y Literario de Guanabacoa el día 31 de julio de 1921, La Habana, Editorial Hermes, 1921.

Esténger, Rafael, «Luisa Pérez de Zambrana», en su *Cien de las mejores poesías cubanas*, 3.ª edición, con un ensayo preliminar y la inclusión de poetas actuales, La Habana, edición Mirador, 1950, págs. 191.

Feijóo, Samuel, «Nuevo azar de lecturas, Espigas de Luisa Pérez de Zambrana», en *Revista Cubana*, La Habana, 28, 75-77, enero-junio, 1951.

Fernández de la Vega, Óscar y Juan F. Carvajal Bello, «Estudio de "La vuelta al bosque" de Luisa Pérez de Zambrana», en su *Español cuarto curso*, 4.ª edición corregida y mejorada, tomo 2, La Habana, Editorial Librería Selecta, 1952, págs. 293-299.

Fornaris, José y Joaquín Lorenzo Luaces, «Luisa Pérez Montes de Oca», en *Cuba Poética*, Colección escogida de composiciones en verso de los poetas cubanos desde Zequeira hasta nuestros días, 2.ª edición, La Habana, Imprenta de la Viuda de Barcina, 1861, págs. 118.

Fuentes y Betancourt, Emilio de los Santos, *Luisa Pérez de Zambrana*, estudio crítico-literario, lectura dada por su autor en la Sociedad Filarmónica de Santiago de Cuba y dedicada a los miembros de este benemérito instituto, Santiago de Cuba, Tipografía Ravelo, 1879.

García de Coronado, Domitila, «Luisa Pérez de Zambrana», en su *Álbum poético, fotográfico de escritoras y poetisas cubanas*, escrito en 1868 para la señora doña Gertrudis Gómez de Avellaneda, reproducción de la 3.ª edición, dedicada a la Academia de Ciencias Médicas, Físicas y Naturales, y la Sociedad Económica de Amigos del País, comenzada en 1914, La Habana, Imprenta de El Fígaro, 1926, págs. 87-95.

González Curquejo, Antonio, «Luisa Pérez de Zambrana», en su *Florilegio de escritoras cubanas*, recopilación, prólogo del señor Raimundo Cabrera, tomo 1, La Habana, Imprenta La Moderna Poesía, 1910, págs. 261-262.

González del Valle, Martín, *La poesía lírica en Cuba*, apuntes para un libro de biografía y de crítica, Barcelona, Tipolitografía de Tasso,

1900, págs. 335.

Guerra López, José, «Hermoso homenaje a la poetisa L. P. de Zambrana», en *Diario de la Marina*, La Habana, 121, 123, 12, mayo 27, 1953.

Guiral Moreno, Mario, «Luisa Pérez de Zambrana», en *Cuba Contemporánea*, La Habana, 10, 29, 114, 192-193, junio, 1922.

Henríquez Ureña, Max, «Crónica artística, Luisa Pérez de Zambrana», en *La Discusión*, La Habana, 17, 77, 11, marzo, 18, 1906.

Herman, seudónimo de Emilio Roig de Leuchsenring, «Las *Poesías* de Luisa Pérez de Zambrana», en *Social*, La Habana, 6, 4, 79, abril, 1921.

Hurtado de Mendoza, Benjamín, «Luisa Pérez de Zambrana», en *Los Zambrana*, 2.ª edición corregida y aumentada, tomo 1, La Habana, Imprenta P. Fernández, 1953, págs. 169-173.

Jaume, Adela, «Una conferencia de Ángel Huete acerca de Luisa Pérez de Zambrana», en *Diario de la Marina*, La Habana, 121, 279, 2, noviembre 28, 1953.

Lauria, Roger de, seudónimo de Ramón R. Gollury, «Poesías de Luisa Pérez de Zambrana», en *Bohemia*, 12, 8, 6, febrero 20, 1921.

Lezama Lima, José, «Luisa Pérez de Zambrana», en su *Antología de la poesía cubana*, tomo 2, La Habana, Consejo Nacional de Cultura, 1965, págs. 181-186.

López Hernando, Elena, *Luisa Pérez de Zambrana*, conferencia leída por su autora en el Lyceum, septiembre 21 de 1937, La Habana,

1937.

Márquez Sterling, Manuel, «Luisa Pérez de Zambrana», en *El Fígaro*, La Habana, 17, 19, 215, mayo 19, 1901.

«Luisa Pérez de Zambrana», en *La Nación*, La Habana, 1, 72, 6, junio 15, 1916.

Marquina, Rafael, «Luisa Pérez de Zambrana», en *Información*, La Habana, 17, 122, 18 mayo 26, 1953.

«Los Zambrana», en *Información*, La Habana, 17, 276, C-4, noviembre 29, 1953.

Martínez Bello, Antonio, «Nuestra primera elegíaca, Luisa Pérez de Zambrana», en *Carteles*, La Habana, 30, 38, 17, septiembre 18, 1949.

«Los esposos Zambrana» en *Revista de la Biblioteca Nacional José Martí*, La Habana, 2.ª serie, 2, 3, 34-44, julio-septiembre, 1951.

«Conferencia del poeta Ángel Huete sobre Luisa Pérez, de Zambrana», en *Prensa Libre*, La Habana, 13, 3 y 30, 6, diciembre 4, 1953.

Dos musas cubanas; *Gertrudis Gómez de Avellaneda, Luisa Pérez de Zambrana*, La Habana, Imprenta P. Fernández, 1954.

Mestre y Tolón, Ángel, «Luisa Pérez de Zambrana», en *Camafeos*, La Habana, entrega 6, 33-35, 1865.

Morillo de Govantes, Consuelo, «La elegida de las musas», en *Diario de la Marina*, La Habana, 90, 137, 13, mayo 30, 1922.

Muller, Armando, «In memorian, A la que fue mi bisabuela idolatrada Luisa Pérez de Zambrana, que ya descansa», en *El Fígaro*, La Habana, 39, 23, 365, junio 4, 1922.

Nuiry Sánchez, Nuria, *La poesía de Luisa Pérez de Zambrana*, tesis de grado, La Habana, Universidad de La Habana, Escuela de Filosofía y Letras, 1956.

Peraza, Fermín, «Luisa Pérez», en *El Mundo*, La Habana, 54, 17 083, A-4, mayo 25, 1955.

Planas de Garrido, Herminia, «Cascabeles y flores», en *Diario de la Marina*, La Habana, 90, 137, 13, mayo 30, 1922.

Pou, Ángel N., «Redescubrimiento de Luisa Pérez de Zambrana», en *El Mundo*, La Habana, 56, 17 824, A-4, septiembre 14, 1957.

Rodríguez Morejón, Gerardo, «Luisa Pérez de Zambrana», en *Los Zambrana*, *tríptico biográfico*, prólogo de Antonio Sánchez de Bustamante y Sirvén, La Habana, Imprenta P. Fernández, 1947, págs. 101-127.

Rosell Planas, Rebeca, *Luisa Pérez de Zambrana*; *su producción poética*, conferencia pronunciada en la inauguración de la Escuela «Luisa Pérez de Zambrana», en Santiago de Cuba el 26 de marzo de 1943, Santiago de Cuba, Imprenta Arroyo, 1943.

Smith, Octavio, «Luisa Pérez de Zambrana», en *Revista Lumen*, La Habana, 4, 1, 37-45, febrero, 1947.

Tejera y Horta, María Luisa de la, *Bibliografía de Luisa Pérez de Zambrana*, tesis de grado para optar por el título de Técnica Bibliotecaria, La Habana, Imprenta P. Fernández, 1958.

Varona y Pera, Enrique José, «La mujer insigne elegíaca de nuestra lírica», en *Los Zambrana*, prólogo Luis Pérez Espinós, tomo 3, La

Habana, Imprenta P. Fernández, 1949, págs. 140-146.

Villergas, Juan M., «Doble y sencillo», en *El Moro Muza*, La Habana, 2, 22, 22 y 23, 161-162, 169-170 y 177-178, enero 20, 27 y febrero 3, 1861.

Vitier, Cintio, «Recuento de la poesía lírica de Heredia a nuestros días», en *Revista Cubana*, La Habana, 30, 65-66, octubre-diciembre, 1956.

Lo cubano en la poesía, La Habana, Universidad Central de Las Villas, Departamento de Relaciones Culturales, 1958, págs. 177-186.

«La obediente», en su *Poetas cubanos del siglo XIX*, La Habana, Ediciones Unión, 1969, págs. 44-46.

Pérez Rodríguez, **Luis Marino** (Kingston, 12 julio 1882). Cursó estudios en el Alma College, de Michigan, entre 1889 y 1901. En la Universidad de Michigan obtuvo los títulos de Bachelor of Arts (1903) y de Master of Arts (1904). Trabajó en el Departamento de Historia de la Carnegie Institution (1905) y en la Biblioteca del Congreso (1906), ambas de Washington. Realizó investigaciones en los antiguos archivos de la Secretaría de Estado (Washington) y en el Archivo Nacional de Cuba. Trabajó como traductor en la Oficina del Gobernador durante la segunda intervención norteamericana en Cuba. Su trabajo *Estudio sobre las ideas políticas de José Antonio* Saco ganó el premio de los Juegos Florales del Ateneo y Círculo de La Habana en 1908. Con Orestes Ferrara *y* otros publicó el *Anuario Estadístico de la República de Cuba* (1914). Fue fundador de la *Revista de Historia Cubana y Americana*. Colaboró en *The Cuban Interpreter*, *La Opinión Cubana*, *Publicaciones of the Southern History Association*, *La Reforma Social*, *Cuba Contemporánea*. *El Fígaro*. Trabajó en diversas comisiones económicas y fue representante en Londres del Comité Cubano de Estabilización del Azúcar. Perteneció a diversas instituciones. Es autor del catálogo de la biblioteca del Doctor Antonio Govín y Torres, publicado en 1924, y de *Fuentes de información sobre los mercados azucareros* (1960).

Bibliografía activa

Apuntes de libros y folletos impresos en España y en el extranjero que tratan expresamente de Cuba, desde principios del siglo XVII hasta 1812 y las disposiciones de gobierno impresas en La Habana desde 1753 hasta 1800, La Habana, Tipografía de C. Martínez, 1907.

Guide to the Materials for American History in Cuban Archives, Washington D. C., Carnegie Institution, 1907.

Bibliografía de la Revolución de Yara, Folletos y libros impresos de 1868 a 1908, Historia y política, biografías, masonería, asuntos eclesiástico-políticos, esclavitud, asuntos económicos, asuntos administrativos, literatura patriótica, La Habana, Imprenta Avisador Comercial, 1908.

Estudio sobre las ideas políticas de José Antonio Saco, La Habana, Imprenta Avisador Comercial, 1908.

Biografía de Miguel Jerónimo Gutiérrez, revolucionario y poeta cubano, precedida de un escrito por el coronel Fernando Figueredo Socarrás, La Habana, Imprenta El Siglo XX, 1912.

La soberanía de Cuba, trabajo leído en la sesión de la Sociedad Cubana de Derecho Internacional el 26 de enero, 1917, La Habana, *s. i.*, 1917.

Miguel Jerónimo Gutiérrez, 1822 1871, La Habana, Imprenta El Siglo XX, 1919; 2.ª edición, con una colección de poesías, precedida de un escrito por Fernando Figueredo Socarrás, La Habana, Editorial Hércules, 1957.

The United Nations-What Kind of Partnership, Washington, 1946.

La situación del mercado azucarero mundial en los años 1953 a 1957, La Habana, Editorial Cénit, 1957.

Consumo y producción mundiales de azúcar en los últimos años, La Habana, Imprenta Úcar, García, 1958.

El convenio internacional del azúcar, 1954 a 1959, La Habana, Imprenta Cárdenas, 1959.

Fuentes de información sobre los mercados azucareros, La Habana, Imprenta Cárdenas, 1960.

British Book Plates, Description of a Collection of over 11.000 Examples with 41 Illustrations, Havana, Imprenta Nacional, 1962.

Pérez Sarduy, **Pedro** (Santa Clara, 13 mayo 1943). Cursó la primaria y cuatro años de bachillerato en su ciudad natal. Por esa época desempeñó diversos oficios. Estudió agrimensura (1957-1960) y un año de mecánica automotriz. En La Habana, en 1962, tomó un curso de asesor literario. Entre 1962 y 1963 trabajó como tal en el Consejo Provincial de Cultura de Santa Clara. Ingresó en la Escuela de Letras de la Universidad de Las Villas en 1962. Al año siguiente, en la de La Habana, recomenzó sus estudios. Tres años más tarde los abandonó. Ha trabajado como traductor de francés en el CNC, en la Casa de las Américas y en la Embajada de Guinea. Ganó mención en el Concurso Casa de las Américas 1966 con su libro de poemas *Surrealidad*, y en el de la UNEAC, en 1967, con su poemario inédito *Como una piedra que rueda*. Ha colaborado en *Unión*, *Bohemia*, *RC*, *Casa de las Américas*, *Cultura '64*, *La Gaceta de Cuba*, *El Caimán Barbudo* y *Juventud Rebelde*. Poemas suyos han sido traducidos al francés.

Bibliografía activa

Surrealidad, La Habana, UNEAC, 1967.

Bibliografía pasiva

B. C. M., «*Como una piedra que rueda*, Mención poesía», en *La Gaceta de Cuba*, La Habana, 6, 62, 5, diciembre, 1967-enero, 1968.

Pérez Valero, **Rodolfo** (Guanabacoa, La Habana, 3 mayo 1947). Cursó estudios y desempeñó diversas labores en Guanabacoa. Fue alumno de la Escuela Nacional de Arte, de Cubanacán. En 1970 se integró al Grupo Teatral «Rita Montaner», en el que ha trabajado como actor y como asistente de dirección. Con su novela *No es tiempo de ceremonias* ganó el premio del concurso de novela policíaca XV Aniversario del Triunfo de la Revolución, de 1974, convocado por la Dirección Política del Ministerio del Interior. Es autor de una obra de teatro sobre los hechos de Playa Girón.

Bibliografía activa

No es tiempo de ceremonias, prólogo de José Martínez Matos, La Habana, Editorial Arte y Literatura, 1974.

Bibliografía pasiva

Barbán, José H, «*No es tiempo de ceremonias*», en *El Caimán Barbudo*, La Habana, 2.ª época, 86, 20-21, enero, 1975.

Garzón Céspedes, Francisco, «Enfrentamiento con un enigma, Rodolfo Pérez Valero define la novela policíaca», en *El Caimán Barbudo*, La Habana, 2.ª época, 86, 20-21, enero, 1975.

Marques, Bernardo, «Del género policíaco, El premio opina», en *Bohemia*, La Habana, 66, 10, 29, marzo 8, 1974.

Rodríguez Sosa, Fernando, «Sí es tiempo de novelar», en *Bohemia*, La Habana, 67, 2, 29, enero 10, 1975.

Román, Enrique «Nuevos tiempos para la novela policíaca, *No es tiempo de ceremonias*, de Rodolfo Pérez Valero», en *Moncada*, La Habana, 9, 6, 41-42, octubre 1974.

Pérez y Montes de Oca, **Julia** (Finca «Melgarejo», El Cobre, 11 abril 1839-Artemisa, Pinar del Río, 25 septiembre 1875). Vivió algunos años en el lugar de su nacimiento. Muy joven aún colaboró en *El Redactor*, de Santiago de Cuba. En 1858 pasó a La Habana con su hermana Luisa, al casarse ésta con Ramón Zambrana. Colaboró en *El Kaleidoscopio* (1859) y en *Álbum Cubano de lo Bueno y lo Bello* (1860), donde se publicaron tres poemas que no fueron incluidos en la edición de sus poesías. El conde de Pozos Dulces publicó poemas suyos en *El Siglo*. En La *Moda Ilustrada*, de Cádiz, también aparecieron sus poemas. En 1863 fue leída, en el Liceo de Guanabacoa, su composición «El arroyo seco». Frecuentó las tertulias de Azcárate y tomó parte en algunas de sus representaciones teatrales como actriz. Uno de sus papeles lo representó en el proverbio dramático *Antes que te cases mira lo que* haces, de Navarrete y Romayo Era aficionada a la astronomía. Cultivó la pintura.

Bibliografía activa

Poesías, Barcelona, Gorgas, 1875.

Poesías completas, La Habana, Imprenta P. Fernández, 1957.

Bibliografía pasiva

Araña, *Bertoldo*, seudónimo de José Fornaris, «Julia Pérez de Montes de Oca», en *Camafeos*, La Habana, ent, 18, 136-138, 1865.

Carbonell y Rivero, José Manuel, «Julia Pérez y

Montes de Oca, 1839-1875, en su *La poesía lírica en Cuba*, recopilación dirigida, prologada y anotada, tomo 3, La Habana, Imprenta El Siglo XX, 1928, págs. 402-403, Evolución de la cultura cubana, 1608-1927, 3.

Feijóo, Samuel, «Joya del campo», en su *Azar de lecturas*, crítica, La Habana, Universidad Central de Las Villas, 1961, págs. 52-56.

Lezama Lima, José, «Julia Pérez y Montes de Oca», en su *Antología de la poesía cubana*, tomo 2, La Habana, Consejo Nacional de Cultura, 1965, págs. 208-209.

Vitier, Cintio, *Lo cubano en la poesía*, La Habana, Universidad Central de La Villas, 1958, págs. 215-222.

Zambrana, Ramón, *Soliloquios*, La Habana, Imprenta La Intrépida, 1865, págs. 103-104.

Zambrana de Fernández, Malleen, «Acerca de las poesías de Julia Pérez y Montes de Oca», en *Colección Los Zambrana*, tomo 14, La Habana, Imprenta P. Fernández, 1958, págs. 111-114.

Pérez y Ramírez, Manuel María (Santiago de Cuba, 11 enero 1772-Id., 16 diciembre 1852). Fue educado en el Seminario de San Basilio el Magno, de Santiago de Cuba. Perteneció al Regimiento de Infantería. Con el grado de subteniente se trasladó a la Florida y a Santo Domingo, donde participó en varias acciones de guerra. Se retiró cm el grado de capitán en 1796. A partir de ese año residió un tiempo en La Habana, donde trabó amistad con el poeta Manuel de Zequeira. Ejerció gran influencia en Félix Varela. En Santiago de Cuba fundó *El Canastillo* (1810), *El Eco Cubensi* (1811), *El Ramillete de Cuba* (1812), *Actas Capitulares de Cuba* (1813), *Miscelánea Liberal de Santiago de Cuba* (1821), *Periódico Nacional de Santiago de Cuba* (1822), *El Redactor Liberal Cubano* (1823), *El Dominguillo* (1824) —semanario de crítica que consagró al género festivo—, *Diario de Santiago de Cuba*, *El Látigo de Cuba* y *El Cubano Oriental*, los tres en 1836. Fue redactor de *El Noticioso* y colaboró en *La Minerva de Cuba*, *Miscelánea de Cuba* y *El Observador de Cuba*. En todas las publicaciones que fundó, especialmente en las tres últimas, defendió tendencias liberales y progresistas. Envió correspondencias al *Faro Industrial de La Habana* (1849) y colaboró además en *El Redactor*, de Santiago, en el que era responsable de la sección «Efemérides», y en *El Pasatiempo*. Dirigió la *Memorias de la Sociedad Económica de Amigos del País*, de Santiago. Compuso autos sacramentales, a los que puso música Esteban Salas. Su drama *Marco Curcio* —como la casi totalidad de sus trabajos y poemas— se ha perdido.

Bibliografía pasiva

Carbonell, José Manuel, «Manuel María Pérez y Ramírez, 1781-1853», en su *La poesía lírica en Cuba*, recopilación dirigida, prologada y anotada, tomo 1, La Habana, Imprenta El Siglo XX, 1928, págs. 219-220, Evolución de la cultura cubana, 1608-1927, I.

Lezama Lima, José, «Manuel María Pérez y Ramírez», en su *Antología de la poesía cubana*, tomo 1, La Habana, Consejo Nacional de Cultura, 1965, págs. 353-354.

López Prieto, Antonio, «Manuel María Pérez y Ramírez», en su *Parnaso Cubano*, Colección de poesías selectas de autores cubanos desde Zequeira a nuestros días precedida de una introducción histórico-crítica sobre el desarrollo de la poesía en Cuba, con biografías y notas críticas y literarias de reputados literarios, tomo 1, La Habana, Editor Miguel de Villa, 1881, págs. 150-151.

Martínez Arango, Felipe, «Pérez y Ramírez, Manuel María, 1781-1852», en su *Próceres de Santiago de Cuba*, índice biográfico alfabético, trabajo presentado al IV Congreso Nacional de Historia, prólogo de Leonardo Griñán Peralta, La Habana, Imprenta de la Universidad de La Habana, 1946, págs. 141.

Soto Paz, Rafael, «Manuel Pérez Ramírez», en su *Antología de periodistas cubanos*, 35 biografías, 35 artículos, La Habana, Editora de Publicaciones, 1943, págs. 27-28.

«Un siglo justo de su muerte», en *Bohemia*, La Habana, 45, 2, 123, 127, enero 11, 1953.

Perinola, **La** (La Habana, 1812). Según consta en el tomo 2 de la obra de Joaquín Llaverías *Contribución a la historia de la prensa periódica* (La Habana, Talleres del Archivo Nacional de Cuba, 1959) —de donde hemos tomado los datos que exponemos a continuación por no haber podido consultar ningún ejemplar del periódico—, el primer número apareció el 25 de febrero, como podemos ver en el facsímil que se reproduce en la página 2.

Antonio Bachiller y Morales, por su parte, señala en la página 201 del tomo 2 de su obra *Apuntes para la historia de las letras y de la instrucción pública en la isla de Cuba* (La Habana, Academia de Ciencias de Cuba. Instituto de Literatura y Lingüística, 1971), que el primer número vio la luz el 2 de febrero de 1812. Fue dirigido por José de Arazoza, quien firmó sus artículos con su conocido seudónimo *El patán marrajo*. En el programa aparecido en el primer número se proponía el editor lo siguiente: «En un tiempo en que después de tanto silencio se ha desatado la lengua para hablar a banderas desplegadas de lo que se piensa, de lo que se ve y se oye; en un tiempo en que tantos escritores buenos o malos, pigmeos o gigantes han cortado sus plumas para llenar el papel y fatigar las prensas con discursos de toda especie; en un tiempo, digo, en que deben brillar los buenos ingenios en beneficio de sus conciudadanos, ¿no parecerá atrevimiento que un patán abandonando la soledad y el cultivo de su hacienda, se Introduzca *de hoz y coz* en esta ciudad, nada menos que a escribir sobre materias muy ajenas del que no sabe otra cosa que coger el arado y formar cuatro surcos? Mi objeto no es otro que el de hablar con la debida moderación de cuanto se me antoje en los días que me parezca, una o dos veces a la semana, tres o cuatro veces al mes [...]». Y más adelante expresa: «Mi ánimo es el de ridiculizar el vicio con los más negros colores. En el retrato que de él se haga no faltará tal vez algún vicioso que se apropie la pintura, y creyendo mala fe y malignidad en el autor, prorrumpa en quejas que no deben producir otro efecto que el de su delación y hacerse reo sin ser llamado a juicio». También señala: «Mi estilo ya se sabe que es ramplón, machucho, y de siete suelas sin andar con frases lampiñas, no rodeos que solo se usan en la gente culta y en las oraciones inaugurales; y como yo no entiendo de letras, para mí son muy gordas todas aquellas figuras retóricas. Se ha titulado este papel *La Perinola* para traber [*sic*] al retortero a los viciosos y hacerles dar más vueltas que las que se dan en el juego del cinco por uno».

Manifiesta Llaverías, en la página 5 de su mencionada obra, que fue «un semanario liberal, satírico, con una literatura de mal gusto, dedicada principal mente a denunciar los vicios». La colección tiene en total nueve números, el último de los cuales corresponde al 23 de abril de 1812. Llaverías inserta en las páginas 5 y 7 de su ya citada obra un índice de los números publicados.

Bibliografía

Llaverías, Joaquín, «*La Perinola*», en su *Contribución a la historia de la prensa periódica*, tomo 2, prefacio de Elías Entralgo, La Habana, Talleres del Archivo Nacional de Cuba, 1959, págs. 3, 5 y 9, Publicaciones del Archivo Nacional de Cuba, 48.

Periodismo La introducción de la prensa periódica en Cuba se atribuye el conde de Ricla, bajo cuyo gobierno comenzó a editarse —según refiere el historiador español Jacobo de la Pezuela en el tomo tercero de su *Historia de la isla de Cuba* (Madrid, Imprenta de Bailly-Baillière, 1878) y en el también tercer tomo de su *Diccionario geográfico, estadístico, histórico, de la isla de Cuba* (Madrid, Imprenta del Establecimiento de Mellado, 1863)— una *Gazeta* hacia mayo de 1764. Expresa Pezuela, único investigador que asegura haber visto algún ejemplar de esta publicación, que la misma salía los lunes, que se editaba en la imprenta de Blas de los Olivos, llamada entonces de la Capitanía General, y que publicaba noticias políticas y comerciales, así como disposiciones de gobierno y anuncios sobre las entradas y salidas de los buques que fondeaban en el puerto de La Habana. También afirma Pezuela que su publicación debió cesar a los dos años, pues en los documentos de los dos gobiernos posteriores al de Ricla no se encuentran rastros de la misma. De la existencia de otra publicación periódica en este mismo año da noticias el propio Pezuela, aunque dice que no ha visto ningún ejemplar de la misma. Se trata de *El Pensador* con un contenido similar al de la anterior, que salía los miércoles y era redactada por los abogados Santa Cruz y Urrutia, a quienes José Augusto Escoto identifica —en su trabajo «*El*

Pensador (1764) primer periódico habido en Cuba», incluido en la obra de Rafael Soto Paz, *Antología de periodistas cubanos*. 35 biografías, 35 artículos (La Habana, Empresa Editora de Publicaciones, 1943, págs. 211-218)— como Gabriel Beltrán de Santa Cruz e Ignacio José de Urrutia y Montoya.

Hecha la referencia a las dos primeras publicaciones periódicas —que, enmarcadas en los años inmediatamente posteriores a la dominación inglesa en La Habana, tenían contenido y objetivos eminentemente mercantiles, condicionados por la vida económica de la colonia y menos por completo a las inquietudes culturales de la Isla, inquietudes aún imprecisas—, podemos continuar estas notas sobre el periodismo cubano haciendo mención de la *Gaceta de La Habana* (1782-1783), de cuyo primer número tenemos noticias a través del tomo 7 del *Archivo del General Miranda* (Caracas, Editorial Sur-América, 1930). En las páginas 188-190 de dicho tomo, Francisco Miranda no solo comenta el contenido de este primer número de la *Gaceta de La Habana* —que vio la luz el 8 de noviembre del año citado—, sino que se extiende en consideraciones críticas sobre el mismo y sobre el ordenamiento un tanto caprichoso y poco lógico de las noticias aportadas.

No será hasta 1790 que se abran nuevos rumbos para el periodismo cubano. En efecto, el 24 de octubre de dicho año, a instancias del Gobernador General de la Isla, don Luis de las Casas, aparece el primer número del *Papel Periódico de La Habana*, cuya publicación quedó el cabo del tiempo bajo la responsabilidad de la Sociedad Económica de Amigos del País de La Habana. En el *Papel Periódico* no solo queda reflejada la economía de la época, cuestión estudiada por Julio Le Riverend, sino también el ambiente cultural que comenzaba a florecer en la capital de la isla como consecuencia de la política de Carlos III. La literatura aflora en sus diversas manifestaciones, incluida la crítica literaria. Sus redactores, que dedicaban al periódico sus horas de descanso, fueron todos figuras prominentes de la época, es decir, representantes de la burguesía criolla en ascenso. Posteriormente sufriría diferentes cambios de título, formato y contenido, hasta que en 1848, al tomar el título de *Gaceta de La Habana*, fue perdiendo su carácter comercial y literario y quedó como órgano del gobierno, antecesor de nuestra actual *Gaceta oficial*.

La etapa de inicios del periodismo en Cuba, que comienza precisamente con el *Papel Periódico de La Habana* —pues los anteriores ni tuvieron larga vida ni real importancia, además de que apenas se conservan ejemplares que permitan determinar su contenido—, se extiende hasta alrededor de 1828. Esta etapa pudiera estar caracterizada por las grandes figuras que en ella y por ella trabajan hasta hacer de la prensa expresión real de los intereses de la burguesía criolla, detentadora del poder económico, así como por actuar como medio de ética y de cultura, de difusión mercantil, de desarrollo agrícola y de propaganda política abierta o disfrazada, pues todos los escritos, antes de su publicación, debían pasar bajo una rígida censura eclesiástica.

Pocas fueron las publicaciones editadas antes de 1812, año en que se decreta la libertad de imprenta. Entre ellas se destacan *El Regañón de La Habana*, *El Criticón de La Habana*, *El mensajero político-económico literario de La Habana* y *El Patriota Americano*. Todas ellas participan de las características antes mencionadas de esta etapa inicial. Hay que mencionar también el primer periódico de Santiago de Cuba —donde había sido introducida la imprenta en 1792 por Matías Alqueza—, titulado *El Amigo de los cubanos* (1805) y fundado por la Sociedad Económica de Amigos del País de la ciudad. A éste siguieron otros como *El Canastillo* (1814), del destacado poeta oriental Manuel María Pérez y Ramírez. En este período aparece también el primer periódico técnico editado en Cuba, *El Filarmónico Mensual de La Habana* (1812-Id.), bajo la dirección de Francisco Frías, quien inicia así la larga y fructífera trayectoria de nuestra prensa musical.

Los diversos movimientos liberales ocurridos en España durante el primer cuarto del siglo XIX posibilitaron que la libre expresión del pensamiento fuera una realidad al ponerse en vigencia la constitución liberal y decretarse la libertad de imprenta. El año 1812, en que esta medida se adopta en Cuba, marca la eclosión en nuestra arena periodística de una serie de publicaciones de tipo político, en las que la crítica alcanza caracteres violentos, desde una óptica satírica las más de las veces. Si se revisa la importante obra de Antonio Bachiller y Morales, *Apuntes para la historia de las letras y de la instrucción pública en la isla de Cuba*, se notará lo que afirmamos: frente a algo más de veinte publicaciones entre 1781 y 1811, Bachiller anota más de veinte también, pero solo en 1812, a las que hay que añadir las que continuaron del año anterior. Entre esas publicaciones cabe mencionar *La Perinola*, fundada y dirigida por el impresor José de Arazoza, quien firmaba los trabajos con el seudónimo *El patán marrajo*; *La Cena*, *Diario Cívico*, *Mercurio Habanero* y *El lince*, que según Llaverías fue la primera que se publicó después de conocerse en Cuba el decreto sobre libertad de imprenta y sin que éste rigiera aún oficialmente. Al año siguiente, y todavía bajo la libertad de imprenta, continuó este tendencia político-satírica con *El Filósofo Verdadero* y *El Esquife*. La mayoría de los trabajos aparecidos en estas publicaciones eran firmados con seudónimos, muchos de los cuales permanecen aún sin identificar. En 1820, después de varios años en que la prensa languidece, hay un resurgimiento. Son numerosos los periódicos liberales y constitucionalistas hasta 1823, aunque siempre el número será menor que en el anterior período liberal de 1812. Ya de antes venían publicándose las *Memorias de la Real Sociedad Económica de La Habana* —que aparecieron con diferentes títulos hasta finales del siglo—, y se había publicado también (en 1812) el primer periódico de Puerto Príncipe (Camagüey), fundado y editado por Mariano Seguí, introductor de la imprenta en la ciudad.

Respecto al título original de este periódico, que salió hasta 1816, no están de acuerdo los investigadores de nuestra prensa; sí es incuestionable que el 1.º de junio de 1813, fecha en que se publicó el número cinco de su tercer tomo, llevaba el título de *Espejo de Puerto Príncipe*, según el facsímil que reproduce Llaverías en la página 39 del tomo 1 de su *Contribución a la historia de la prensa periódica*. Se afirma que en 1810 ya salía el *Espejo* en forma manuscrita, y que había sido fundado por Antonio Guerra y Gordo. En la propia ciudad comenzó a editarse en 1819 la *Gaceta de Puerto Príncipe*, órgano oficial del gobierno militar, donde publica su primer artículo Gaspar Betancourt Cisneros, más conocido por su seudónimo *El Lugareño*. Este periódico, bajo diferentes títulos y con varios cambios en su periodicidad, continuó saliendo hasta 1848, en que se fusionó con *El Fanal*. Entre las publicaciones que ven la luz en 1820 se destacan *El Argos*, de carácter político y literario, que escribían José Fernández Madrid y José Antonio Miralla, de nacionalidad colombiana y argentina, respectivamente; *La Lira de Apolo*, primer periódico escrito enteramente en verso en nuestro país, según Llaverías; *Diario liberal y de variedades de La Habana; El Mosquito*, de carácter burlesco y censurador, y *Corbeta Vigilancia*, primer periódico de Trinidad (Las Villas), que, según parece, fue fundado por Cristóbal Murtra, introductor de la imprenta en la ciudad, quien solicitó y obtuvo permiso para publicarlo. Bachiller y Morales, por su parte, afirma que el

primer periódico de esta ciudad fue *El Correo Semanal*, publicado ese mismo año por Julián Castiñeira, quien, según el propio Bachiller, introdujo el folletín en la publicaciones del país. Todo parece indicar que estas dos últimas publicaciones son realmente una, que, bajo diferentes títulos, formatos y variada periodicidad (hasta convertirse en diario), continuó saliendo hasta después de comenzada la Guerra de los Diez Años el 10 de octubre de 1868.

Otras publicaciones importantes de la tercera década de este siglo XIX fueron *La Minerva*, considerada una de la mejores de la época por su contenido y formas elegantes; *Biblioteca de Damas*, redactada por José María Heredia; *El Observador Habanero*, de carácter político, científico y literario, con conocidos colaboradores; *El Americano Libre*, de contenido fundamentalmente político, aunque dio cabida a poesías; *El Revisor Político y Literario*, sustituta de la anterior; *Andes de ciencia, agricultura, comercio y artes*, desde cuyas páginas sostuvo su redactor, el español Ramón de la Sagra, una encendida polémica con José Antonio Saco en torno a las poesía de Heredia.

El más importante de los periódicos de esta etapa es, posiblemente, *El Habanero*, de Félix Varela, a pesar de que solo vieron la luz siete números, publicados entre 1824 y 1826 en Filadelfia y Nueva York. Varela inicia así no solamente la tradición de nuestra prensa editada por los emigrados en el extranjero, y fundamentalmente en los Estados Unidos —que alcanzaría su máxima expresión con el periódico

Patria, fundado por José Martí en 1892 para coadyuvar a la preparación de la «guerra justa y necesaria»—, sino que nos ofrece, desde sus páginas, la primera manifestación revolucionaria de carácter periodístico entre nosotros, a través de los numerosos trabajos políticos que tienden a lograr la separación definitiva de nuestra isla del coloniaje español. Su circulación, como es obvio, era no solo prohibida, sino perseguida ferozmente por las autoridades españolas.

Las publicaciones de esta primera etapa del periodismo cubano tuvieron, por lo general, poca duración. Su formato era pequeño, sin que pueda definirse claramente la separación entre lo que hoy llamamos periódico y lo que conocemos por revista, pues ni siquiera la periodicidad, bastante irregular —aunque frecuentemente era semanal—, permite esta separación. Tipográficamente reflejan el estado de atraso en que se encontraba la imprenta en nuestra isla a comienzos del siglo XIX, aunque en algunas —hay aciertos apreciables en cuanto a la composición.

En un trabajo publicado en 1846 en el periódico matancero *La Aurora* —y que se reprodujo en las páginas 147-153 de la edición de *El periodismo en Cuba* correspondiente a 1944— el destacado novelista cubano Cirilo Villaverde señalaba que el año 1830 marcaba para Cuba el advenimiento de la «memorable era periodística», que él entendía había sido una «era de oro para la juventud que comenzaba a saludar la literatura, y que acabó a fines de 1839», en que llegó la era de los periódicos. Según Villaverde, toda esta labor fue desastrosa para la literatura cubana, pues la facilidad que existía para publicar en estos periódicos y obras por entregas llevaba al facilismo, al exceso de producción, a la cantidad en detrimento de la calidad. Sin embargo, al pasar los años, no podemos dejar de señalar que este período fue fundamental en el desarrollo de nuestra literatura. A través de las publicaciones del mismo logra cohesión el movimiento romántico. Se dan a conocer nuestros autores fundamentales de la época: Milanés, *Plácido*, Manzano, Suárez y Romero, Echeverría, Del Monte, los González del Valle, Palma y el propio Villaverde, entre otros. Hace su aparición la música y las publicaciones comienzan a verse ornadas por figurines y litografías, a la vez que el arte tipográfico alcanza un mayor desarrollo. Es cierto que las publicaciones tenían vida efímera, que eran empeños superiores a las fuerzas de los individuos que las emprendían y al medio en que se desarrollaban, pero no es menos cierto que hoy asombra la constancia de muchos, el afán por convertir a nuestra capital en un centro irradiador de cultura, tanto hacia el interior del país —donde la situación era, como es de esperarse, mucho peor— como hacia el extranjero, con lo que se pretendía demostrar el grado de cultura que alcanzaba el país frente a aquellos que lo mantenían como colonia. O sea, que las publicaciones de este período, desde sus posibilidades, que se limitaban al marco de las bellas artes, realizaron una importante labor de afirmación de los valores nacionales criollos.

Contradiciendo a Villaverde, marcamos 1828 como el año en que se inicia una nueva etapa del periodismo cubano, por considerar que con la aparición de la *Aurora de Matanzas*, en dicho año, se produce un cambio importante en nuestra prensa periódica de la época. Este periódico, que contó en sus páginas con las firmas renombradas de la literatura cubana hasta el momento y que extendió su publicación hasta 1857 —año en que, después de refundirse con otro periódico matancero, *El Yumurí*, salió como *Aurora del Yumurí*—, era en sus inicios órgano de la Diputación Patriótica y fue el primer periódico cubano que publicó crónicas de guerras extranjeras; según Bachiller, contribuyó notablemente al avance del periodismo cubano, tanto por su contenido como por la belleza de las formas.

En 1829 se publicaron *La Moda; o, Recreo semanal del bello sexo* y *El Nuevo Regañón de La Habana*, dedicado a la crítica de costumbres y en el que hizo sus primeras incursiones en la literatura el bibliógrafo cubano Antonio Bachiller y Morales. Al año siguiente vio la luz la primera publicación de carácter netamente romántico: *El Puntero Literario.* 1831 marca la aparición de tres publicaciones de enorme trascendencia: la *Revista y Repertorio Bimestre de la Isla de Cuba*, el *Lucero de La Habana* y *El Eco*, primer periódico de Villa Clara (Santa Clara). La primera (que a partir de su segundo número tomó el título con que es conocida, *Re-*

vista Bimestre Cubana, al incorporarse a la Comisión de Literatura de la Sociedad Económica de Amigos del País) estuvo, al poco tiempo de iniciada su salida, bajo la dirección de José Antonio Saco. Presentó en sus páginas materiales de la más diversa índole. Por la calidad de sus colaboradores, así como por la de los trabajos incluidos, esta revista quedó inscrita en la historia de nuestro periodismo como uno de los más exitosos esfuerzos editoriales del pasado siglo, no solo en Cuba, sino también en todo el mundo de habla hispano. *El Lucero de La Habana*, que introdujo notables mejoras, se refundió con el *Noticioso Mercantil* —que venía saliendo desde 1813 con diferentes títulos—, y salió como *El Noticioso y Lucero de La Habana*, del cual se afirma que fue la primera empresa periodística. Tuvo diversos cambios en su formato, tamaño, título y viñeta. Este periódico —que se publicó hasta 1844— ofrecía información bastante detallada sobre diversos aspectos de interés para la época, tanto en lo económico, político e histórico, como en lo cultural. *El Eco* fue fundado por Manuel de Sed y José Manuel de la Torre, y contó con la colaboración de destacados escritores de la ciudad y del resto del país. En 1834 se introdujo la imprenta en Sancti Spíritus (Las Villas) y comenzó a publicarse —por iniciativa de la Diputación Patriótica de la Sociedad Económica de Amigos del País de La Habana, el primer periódico de la ciudad, *El Fénix*, que con una interrupción en 1840, continuó saliendo hasta después de comenzada la Guerra de los Diez Años.

Con la llegada a Cuba del general Tacón y la puesta en práctica de la política de mano dura a través de las «facultades omnímodas», los periódicos se apartan del tratamiento de los temas políticos y abordan la literatura, ya que se implanta la censura previa y solo se autorizan periódicos que no toquen los temas políticos, filosóficos, religiosos y sociales, siempre contando con la previa autorización soberana. Podían conseguirse licencias para imprimir obras por entregas. El primero en entrever y aprovechar esta solución fue Mariano Torrente, quien en 1836 publicó su *Biblioteca Selecta de Amena Instrucción*, en la que incluyó trabajos de la más diversa índole, pero ninguno que se relacionase directamente con Cuba. Esta solución adoptada por Torrente tuvo inmediatamente numerosos adeptos y comenzaron a proliferar las obras de «amena literatura» por entregas, generalmente dedicadas a las damas, de las cuales Villaverde, en el artículo suyo a que antes aludimos, solo salva *El Álbum*, *La Siempreviva* y las primeras entregas de *El Plantel*. La primera, que tuvo su antecedente en la *Miscelánea de útil y agradable recreo*, tiene la importancia de haber publicado las primeras novelas cubanas, debidas a Ramón de Palma —uno de sus editores— y a Villaverde. *La Siempreviva*, «dedicada a la juventud habanera», tiene el extraordinario mérito —aparte de los que le otorgan la calidad de los autores y los trabajos presentes en sus páginas—, de haber publicado la primera versión de la conocida novela cubana *Cecilia Valdés*. Las entregas

iniciales de *El Plantel*, que aparecieron bajo la dirección de Ramón de Palma y José Antonio Echeverría, contaron con una nutrida y selecta colaboración criolla, la cual desapareció a partir de la cuarta entrega, cuando, por problemas con el editor, los ya mencionados directores dejaron la publicación. Los españoles José María Andueza y Mariano Torrente se hicieron cargo entonces de dirigirla. A pesar de que los escritores cubanos cesaron en su colaboración, esta segunda etapa de *El Plantel* tiene enorme importancia por haber sido en sus páginas donde se empleó por primera vez, según se afirma, la técnica litográfica en nuestro país. Otras publicaciones literarias de esta etapa fueron *Recreo literario*, *La Mariposa*, *La Cartera Cubana* —a la que se unieron Palma y Echeverría cuando se separaron de *El Plantel*—, *La Guirnalda* (Matanzas), *Ensayos Literarios* (Santiago de Cuba), *El Colibrí*, *El Álbum Cubano* y *El Artista*. Importante fue también la aparición del *Repertorio Médico Habanero* (1840-1845), fundado por Nicolás J. Gutiérrez y redactado por Ramón Zambrana y Luis Costales, con el cual se inicia la prensa médica en el país.

Al comenzar a publicarse en 1841 el *Faro Industrial de La Habana*, reaparece el tema político en la prensa cubana. De este periódico —que además de los trabajos y secciones propias de un diario de la época incluía bastante material sobre el movimiento cultural de la capital, contemplado su aspecto literario— se ha dicho que fue el primer defensor de los intereses netamente cubanos, por lo cual en 1851 fue suspendido por el gobierno. En 1841 surge también *La Prensa*, que, a pesar de las numerosas colaboraciones de escritores cubanos que vieron la luz en sus páginas, era defensor de los intereses españoles.

No puede estudiarse esta etapa del periodismo cubano sin mencionar siquiera al *Diario de la Marina*, surgido en 1844 como un desprendimiento de *El Noticioso y Lucero*. A través de toda su larga trayectoria, el *Diario de la Marina* se destacó siempre por su tenaz defensa de los intereses anticubanos, por el espíritu reaccionario de su orientación y por el combate, abierto o solapado, a toda noble idea surgida del pueblo o con vistas a la mejoría de su situación. Otros importantes periódicos de esta etapa fueron el *Diario de Avisos* (1844-1845), de contenido mercantil, económico y literario, y del que se afirma que fueron sus directores Narciso Foxá y José M. Zayas; *El Fanal* (1844), que era órgano oficial del cabildo de Puerto Príncipe y defensor de los intereses españoles; *El Orden* (Santiago de Cuba), que después se fusionó con *El Redactor*, de la propia ciudad, y salió como *El Diario Redactor*. A fines de 1845 comienza a publicarse en Cienfuegos (Las Villas) —donde Francisco Murtra había introducido la imprenta en dicho, año— la *Hoja Económica*, único periódico de la ciudad hasta 1855.

La tercera etapa del periodismo cubano se inicia a partir de 1851, marcada por la profundización de las divergencias político-ideológicas entre cubanos y españoles; divergencias que se manifiestan tanto en la prensa nacional como en la que publican los cubanos en el extranjero, fundamentalmente en Estados Unidos. Las distintas vertientes del pensamiento cubano de la época, que tampoco respondía a un fin único, varían desde las posiciones reformistas, que querían conservar la subordinación a España bajo condiciones más favorables para el desarrollo económico de la isla, hasta las radicalmente independentistas, pasando por las abolicionistas y las que propugnaban la anexión al vecino del norte.

La prensa independentista está representada en principio por *La Voz del Pueblo Cubano*, del que solo llegaron a salir tres números que bastaron para desconcertar a las autoridades españolas y para poner de manifiesto el patriotismo y la valentía de su editor, Eduardo Facciolo, quien, sorprendido en la imprenta clandestina en que se editaba el periódico en los momentos en que se preparaba su cuarto número, fue apresado y posteriormente condenado a la pena de muerte, en garrote vil. Con su muerte nace el primer mártir del periodismo cubano y se inicia la mejor tradición de nuestra prensa clandestina revolucionaria.

La prensa cubana en el extranjero es, en esta etapa, numerosa. Se destacan periódicos como *La Verdad*, de tendencia anexionista, redactado por Miguel Teurbe Tolón, a quien se debe también la edición de otras importantes publicaciones como *El Cubano* y *El Cometa*, ambas de Nueva York. En ellos, al igual que en todos los periódicos de índole política publicados por cubanos en el extranjero por estos años, la literatura se presenta, con una regularidad notable, como arma política y como medio de satirizar a los colonialistas españoles. También de carácter político se publicaron en Nueva York *El Filibustero* y *El Eco de Cuba*. Importantes desde el punto de vista literario fueron *La América*, que después cambió su título por el de *América Ilustrada* y posteriormente se refundió con *El Mundo Nuevo*, y *El Correo de Nueva York*. No faltaron también las publicaciones españolas cuyo objetivo era contrarrestar los propósitos de la prensa cubana en la emigración. Tenían un mayor radio de acción, pues a ellas sí les estaba permitido entrar y circular libremente por el país. Se destaca, por su constancia y rudeza en los ataques, *La Crónica*, de Nueva York.

La prensa española en Cuba está representada en esta etapa por los ya mencionados *Diario de la Marina* y *La Prensa*, que sale hasta mediados de 1870, en que se fusiona con *La Voz de Cuba*, periódico que había fundado en 1868 el periodista español Gonzalo Castañón y que fue órgano del más reaccionario e intransigente integrismo español. No puede dejar de mencionarse *El Moro Muza* (1859), fundado y dirigido en sus comienzos por Juan Martínez Villergas, y que tiene la importancia, a pesar de lo reaccionario de sus planteamientos y la dureza de sus ataques a la idea de la separación de Cuba de España, de haber popularizado al personaje *Liborio*, del dibujante Víctor Patricio de Landaluze, que posteriormente se convertiría en la más cabal expresión gráfica de nuestro pueblo.

El año 1862 marca la aparición en la palestra pública de *El Siglo*, que al año siguiente se convirtió casi oficialmente en órgano de los reformistas cubanos de la última etapa anterior al 68. Fue un periódico político, partidista, que tenía como objetivo formar la opinión pública para convencer al gobierno colonial de la necesidad y conveniencia de un cambio de régimen. Poco tiempo después de iniciada la guerra en octubre del 68 y luego de cambiar su título en varias ocasiones, desapareció esta importante publicación de la que se ha dicho que fue el mejor periódico político de Cuba y que propugnó y defendió las reformas político-sociales y económico-administrativas con tal fuerza de razones que habría de servir, al finalizar la guerra, como escuela y modelo a la prensa autonomista. En el interior del país se destacan, además de algunos de los ya mencionados, que continuaron su salida adaptándose a los nuevos requerimientos y definiendo su posición política a favor o en contra de la independencia, según los intereses a que respondían, *La Alborada*, segundo periódico de la ciudad de Santa Clara; *El Alba de Villa Clara*, de la misma ciudad; *Álbum Güinero*, de la villa de Güines, en la provincia habanera; *El Duende*, de Matanzas; *La Esperanza* y *La Fe*, de Guanabacoa y Regla, respectivamente, poblaciones ambas de La Habana.

Desde el punto de vista literario, las numerosas publicaciones que surgen en este período están marcadas aún por el romanticismo, pero hay un afán por superar el mal tono, los excesos y los artificios propios de esta escuela en la época, que lastraban en ese momento nuestra literatura. La etapa se inicia en este sentido con *Las Flores de las Antillas*, de 1852. Tanto por su expreso afán de encauzar adecuadamente la creación y el gusto literarios de sus contemporáneos como por la introducción de novedosos y excelentes medios de impresión —factores que le permitieron hacer veladas críticas al régimen imperante y que han hecho a su vez que se le considere «el monstruo editorial del siglo XIX»—, sobresalió la *Revista de La Habana*, que inició su publicación en 1853, tuvo entre sus directores a Rafael María de Mendive y salió hasta 1857, en que desapareció ahogada por las condiciones políticas y la crisis económica de dicho año. También en 1853 aparece *El Almendares*, que tiene la importancia de presentar en sus páginas trabajos inéditos de autores cubanos, así como el haber eliminado las malas traducciones románticas que tanto abundan en otras publicaciones de la época. Otras destacadas revistas de la década del cincuenta del pasado siglo fueron *La Guirnalda Cubana*, *Brisas de Cuba*, *Floresta Cubana*, que después cambió su título por el de *La Piragua*, donde se publicaron los trabajos de los cultivadores de la poesía siboneyista; *El Cesto de Flores*, *La Civilización*, *El Liceo de La Habana*, órgano de la institución de su nombre, y *La Habana*, a la cual se unió posteriormente *El Kaleidoscopio*. La década siguiente se

inicia con el *Álbum Cubano de lo Bueno y lo Bello*, importante revista dirigida por Gertrudis Gómez de Avellaneda durante su estancia en Cuba y en la que colaboraron las más afamadas plumas cubanas del momento. En esta década sobresalen publicaciones como *Cuba Literaria*, *Ensayos Literarios*, *El Correo Habanero*, *Camafeos*, *El Ateneo*, *La Infancia*, esta última dedicada a los niños. A todas ellas hay que añadir las publicadas en el interior del país, entre las que cabe mencionar *La Abeja* (Trinidad), *Murmurios del Cauto* (Santiago de Cuba), *El Céfiro* (Camagüey) y *El Liceo de Santa Clara*, órgano oficial del instituto de su nombre. Ninguna de las anteriores publicaciones de la década del sesenta, sin embargo, alcanza el relieve de la *Revista Habanera*, que dirigieron Juan Clemente Zenea y Enrique Piñeyro y que salió entre 1861 y 1863. Publicación para minorías, se ubicó preferentemente en el terreno de la crítica, dio a conocer en nuestro medio las hasta entonces casi desconocidas literaturas nórdicas y comentó ampliamente, con criterios francos y exentos de paternalismo, las obras cubanas de la época, acentuando así una cubanía que le costó ser suspendida por el gobierno colonial.

Un dato de la prensa de esta etapa, que no puede soslayarse por la trascendencia que conlleva, es el surgimiento de la prensa obrera. En 1865 comienza a publicarse el semanario *La Aurora*, «dedicado a los artesanos», que trataba los problemas del naciente proletariado, fundamentalmente de los tabaqueros, desde una óptica reformista, a la vez que daba cabida en sus páginas a numerosas producciones literarias.

Con el inicio de la revolución el 10 de octubre de 1868 principia la prensa de la manigua, de la que son máximos exponentes en esta etapa *El Cubano Libre*, fundado por Carlos Manuel de Céspedes al tomar Bayamo el 18 de octubre de 1868 y que fue dirigido en su primera etapa por el poeta José Joaquín Palma; *La Estrella Solitaria*, fundado, dirigido y redactado por Rafael Morales, más conocido por *Moralitos*, quien en medio de precarias condiciones imprimía su periódico, en el que se exponían criterios políticos que enjuiciaban la labor de quienes dirigían la revolución; *El Boletín de la Guerra*, impreso en Camagüey, que después cambió su título por el de *La República* y fue órgano oficial del gobierno. La prensa mambisa, cuya vida estuvo siempre en peligro por los azares de la guerra y por la escasez de recursos con que se contaba para sostenerla, rindió una heroica faena durante la Guerra de los Diez Años y mantuvo informados a los integrantes del Ejército Libertador acerca del desarrollo de las hostilidades, de los acuerdos del gobierno y de otras cuestiones de interés para ellos, a la vez que inflamaba los ánimos de los combatientes con las estrofas patrióticas y los discursos de los dirigentes de la revolución. Desde las mismas ciudades pudo también la juventud manifestarse libremente después que el general Dulce decretó la libertad de imprenta en enero de 1869.

Surgen entonces multitud de periodiquillos de vida efímera —en la mayor parte de los casos no pasaron del primer número—, entre los que cabe destacar *La Patria Libre* y *El Diablo Cojuelo*, en los cuales participa el joven José Martí, ya como colaborador, ya como director. Con esta labor inicia Martí su entrega total al periodismo como vía para hacer llegar sus nobles ideales al resto de sus conciudadanos. El período de libertad de imprenta levantó los ánimos de los capitalinos. Finalmente, los intereses reaccionarios terminaron por imponerse y Dulce no tuvo más remedio que anular la medida dictada.

Con la aparición de *El Triunfo* —fundado a raíz del Pacto del Zanjón por el abogado y escritor andaluz Manuel Pérez de Molina— se inicia la prensa autonomista, que caracteriza en gran medida a todo el período que se extiende desde 1878 hasta fines de siglo y que reviste importancia fundamental para el periodismo cubano, no por su orientación político-ideológica, sino por las grandes figuras que aporta a nuestra prensa. El periodismo adquiere un desarrollo notable, que beneficia, a su vez, al desarrollo del ensayo y la crítica literaria. Las campañas autonomistas, por otra parte, mantienen en constante actividad al periodismo político. Son numerosas y violentas las polémicas entre los autonomistas —que se escudan en *El Triunfo*— y los integristas, que se defendían y atacaban desde *La Voz de Cuba* y posteriormente desde las columnas de *La Unión Constitucional*, órgano del partido del mismo nombre. *El Triunfo*, que bajo varios títulos salió hasta el 31 de diciembre de 1898, fecha en que cesó la dominación española en Cuba, tuvo como director, al poco tiempo de iniciar su salida, al gran escritor y periodista Ricardo del Monte, y contó entre sus redactores y colaboradores a las más renombradas plumas del momento. Al igual que *El Triunfo*, *La Discusión* —fundado por Adolfo Márquez Sterling— necesitó adoptar diferentes títulos para evadir las condenas del tribunal de imprenta, hasta que tomó el definitivo de *La Lucha*, con el cual salió hasta alrededor del año 1930.

Aunque se afirma que no hizo nunca declaraciones concretas de fe autonomista, se le señala como uno de los periódicos seguidores de esta tendencia política, no obstante haber aparecido en sus páginas numerosos trabajos de conocidos separatistas. Otra importante publicación autonomista fue *La Comedia Política*, semanario de corte satírico. En el resto de la isla también se publicaron, en casi todas las poblaciones importantes, periódicos autonomistas. Frente a ellos continuó la labor de la prensa española, intransigente y reaccionaria, desde diversos periódicos (ya mencionados) y sobre todo desde el *Diario de la Marina* y *Don Circunstancias*, semanario satírico fundado por el vallisoletano Juan Martínez Villergas —conocido ya por publicaciones anteriores de idéntico carácter— después de la creación del Partido Autonomista y desde cuyas páginas este escritor —el que un coterráneo suyo consideraba el «satírico más agresivo de su época»—

combatía tanto las aspiraciones reformistas como las separatistas. Frente a ambas tendencias —la autonomista y la integrista— se ubicaba la prensa revolucionaria, ya desde la misma isla, ya desde el extranjero, en este último caso con la novedad de que su radio de acción se ha ampliado mucho más que en períodos anteriores, abarcando ahora numerosas regiones de Estados Unidos, así como otros varios países de América Latina y de Europa. Dondequiera que hubo colonias de emigrados cubanos, éstos dieron a la luz publicaciones para expresar sus anhelos y propagar sus ideales independentistas.

Entre todas se destaca, en primer término, *Patria* (1892-1898), periódico editado en Nueva York por José Martí, quien lo fundó y dirigió hasta su heroica muerte en los campos de Oriente, con el fin de coadyuvar a través de sus páginas a la magna tarea que se había impuesto el Partido Revolucionario Cubano, también fundado por él en 1892, de alcanzar mediante la lucha armada la total independencia de Cuba y Puerto Rico del coloniaje español. Ya antes había fundado Martí publicaciones como la *Revista Venezolana*, de la que solo aparecieron dos números, editados en Caracas, y *La Edad de Oro*, que fue editada en Nueva York y «dedicada a los niños de América», y es ejemplo poco común de lo que debe ser la literatura infantil. También era ya Martí, en el momento en que funda *Patria*, uno de los más conocidos periodistas de América, gracias a sus trabajos en importantes publicaciones de Norteamérica —*The Sun* y *The Hour*—, en publicaciones en lengua española que en este país veían la luz —*El Economista Americano*, *El Avisador Hispanoamericano* y *La América*, todas de Nueva York— y en algunas de las más conocidas de América Latina, tales como la *Revista Universal* y *El Partido Liberal* (México), *La Nación* (Buenos Aires) y *La Opinión Nacional* (Caracas), en todas las cuales dejó una copiosa, instructiva y alertadora colaboración. Así, con esta larga experiencia en las lides periodísticas y con un espíritu y fuerza de voluntad enormes, se entregó Martí a la ardua tarea que significaba la edición de un periódico como *Patria*, de profundas raíces antimperialistas, en los propios Estados Unidos. Además de todas las informaciones relacionadas con los clubes revolucionarios cubanos en Estados Unidos, así como posteriormente con las noticias sobre la guerra en Cuba, en las páginas de *Patria* se publicaron importantes trabajos de diversa índole debidos a la pluma de Martí —muchos de ellos en forma anónima—, así como colaboraciones de numerosos escritores revolucionarios cubanos. Otras importantes publicaciones cubanas en el extranjero fueron *El Yara*, que editaba José Dolores Poyo en Cayo Hueso; *La Ilustración Cubana*, de corte literario, que se redactaba en La Habana y se editaba en Barcelona (España); *América en París*, como la anterior, revista de índole literaria con colaboración excelente; *El Porvenir* (Nueva York), *El Expedicionario* (Tampa), que dedicaba bastante espacio a la literatura además de ofrecer informaciones sobre la revolución en Cuba y sobre las actividades de los emigrados y del club de que era órgano oficial; *La Doctrina de Martí* (Nueva York), *El Intransigente* (Key West) y la *Revista de Cayo Hueso*.

En Cuba, la prensa revolucionaria de esta etapa está representada dignamente, con anterioridad al Grito de Baire, por la figura de Juan Gualberto Gómez. En su periódico *La Fraternidad* publicó su trabajo «Por qué somos separatistas», que lo llevó de nuevo a la cárcel y significó un gran beneficio para la causa independentista al anular la sentencia el Tribunal Supremo de España y declarar, asimismo, totalmente lícita la propaganda separatista siempre que no incitara a la rebelión. Al dejar de publicarse *La Fraternidad* a comienzos de la década del noventa, Juan Gualberto Gómez sacó *La Igualdad* (1892-1895), considerado el más célebre de sus periódicos. La encendida pluma de este patriota cubano no descansó en la divulgación de la tesis separatista, en la preparación y organización de la llamada «raza de color», en la lucha contra el integrismo y el autonomismo. Poco después de comenzada la revolución que organizara y dirigiera Martí a través del Partido Revolucionario Cubano, surge nuevamente la prensa mambisa. Reaparece *El Cubano Libre*, gracias a la gestión de Antonio Maceo y bajo la dirección de Mariano Corona Ferrer, quien al finalizar la guerra continuó editándolo en Santiago de Cuba. Otros importantes periódicos de esta etapa insurreccional fueron *Las Villas*, que se editaba en la zona de

Sancti Spíritus; *La Independencia*, editado en Manzanillo, y en cuyas páginas colaboraron, entre otros, Manuel de la Cruz y Enrique Loynaz del Castillo; *Patria y Libertad*, y otro *Boletín de la Guerra*, que fundó en Camagüey Salvador Cisneros Betancourt y al que sucedió *La Verdad*. Como se ha afirmado, la prensa en la manigua respondió plenamente a los intereses revolucionarios de la época y se convirtió en una importante trinchera de ideas que contribuyó en enorme medida a la consecución de la independencia.

La prensa de carácter literario alcanza, en esta etapa que reseñamos, logros notables, ya en el aspecto de su contenido, ya en lo relacionado con su formato, presentación y demás elementos técnicos. En torno a publicaciones tan valiosas como la *Revista de Cuba* y su sucesora la *Revista Cubana*, dirigidas, respectivamente, por José Antonio Cortina y Enrique José Varona, se nucleó toda una generación de críticos y ensayistas de diversas tendencias, que tenían como objetivo fundamental la investigación de los orígenes del desajuste nacional, tanto en el plano político como en el cultural, desde los presupuestos del positivismo. A las tertulias y reuniones celebradas en torno a la *Revista de Cuba* acudían las más renombradas figuras del ambiente cultural cubano del momento, las cuales prestaban también su colaboración a la revista. Importante fue asimismo la revista *Hojas Literarias*, personal esfuerzo de Manuel Sanguily, quien la redactaba íntegramente, aunque por excepción dio cabida en

ella a algunos trabajos de Enrique Piñeyro. *El Fígaro*, que inició su salida en 1885 como «Semanario de sports y de literatura. Órgano del base-ball», devino prontamente —al quedar bajo la dirección de Rafael Bárzaga y Manuel Serafín Pichardo, a quienes auxiliaba, desde su puesto de administrador, Ramón Agapito Catalá, posteriormente máximo responsable de su publicación y sostenimiento hasta bien entrado el siglo siguiente—, en una importante revista literaria que se adscribió, junto a *La Habana Elegante* —fundada dos años antes, dirigida primeramente por Antonio del Monte y después por Enrique Hernández Miyares—, al movimiento literario más avanzado de su época: el modernismo. En las páginas de ambas revistas quedó recogida la producción, tanto en prosa como en verso, de los más connotados representantes de este movimiento, tanto cubanos —Casal, Juana Borrero y los hermanos Uhrbach, entre otros— como del resto de Latinoamérica —Darío, Gutiérrez Nájera, Díaz Mirón, Icaza, Santos Chocano, Nervo y otros—. Junto a ellos estuvieron los críticos y ensayistas como Varona, Sanguily, Montoro, Nicolás Heredia, Ricardo del Monte, *Justo de Lara*, *Conde Kostia*, *Fray Candil*. Son importantes también, en esta etapa, *La Habana literaria*; *La Familia*, de matiz españolizante, pero con la colaboración de conocidos escritores cubanos; *En el hogar*; *El Mundo Literario*, después titulada *El Palenque Literario*; *El Almendares*, diario fundado por Diego Vicente Tejera y dirigido por Pablo Hernández y que dedicaba dos de sus cuatro páginas a trabajos sobre arte, literatura y otras cuestiones de interés para la mujer, a la que iba dedicado, y que contó con una excelente colaboración, incluida la de José Martí; *El Museo*, de variado contenido cultural, con amplio material literario y notables reproducciones de cuadros famosos; *La Lotería*, después titulada *El Hogar*, que salió hasta 1926; *Cuba Intelectual*, casi toda redactada por su director José Antonio Rodríguez García; *El Eco de Cuba; El Eco de las Damas; La Ilustración de Cuba; El Curioso Americano*, de carácter histórico, dirigida por Manuel Pérez Beato, quien en el siglo XX volvió a publicarla irregularmente hasta finales de la cuarta década; *Las Avispas*, fundada, dirigida y redactada por *Justo de Lara; La Joven Cuba*, en cuyas páginas comenzó su labor periodística Jesús Castellanos.

El siglo XIX cierra, desde el punto de vista literario, con la publicación de *Cuba y América* y *Cuba Libre*. La primera, editada en Nueva York por Raimundo Cabrera, fue vocero de la causa independentista; al cesar la dominación española en Cuba pasó a imprimirse en La Habana, donde continuó publicándose hasta 1917.

La segunda, que comenzó en 1899 y salió hasta 1910, estuvo dirigida siempre por Rosario Sigarroa.

En esta etapa que analizamos es evidente el auge de la prensa obrera, que no siempre sigue el camino adecuado. Revisando el trabajo de José Rivero Muñiz, «Los orígenes de la prensa obrera en Cuba» —que fue publicado en 1960 en la *Revista de la Biblioteca Nacional José Martí*—, anotamos la existencia de más de veinte publicaciones obreras entre el Zanjón y el final del siglo.

De todas ellas —la mayor parte de las cuales corresponde a la capital y en segundo término a la provincia de Las Villas— la más importante es, sin dudas, *El Productor*, periódico «consagrado a la defensa de los intereses económico-sociales de la clase obrera», del que fue director Enrique Roig San Martín, destacado líder obrero de idea marxista bien definida. *El Productor* fue una de las primeras publicaciones si no la primera proletaria como vehículo de difusión de las nuevas ideas sociales y de lucha por las mejoras que la clase obrera reclamaba. Fue también, según se afirma, la primera publicación obrera que abogó por la independencia de Cuba.

Es imposible terminar esta etapa sin referirse a *La Política Cómica*, que aunque alcanzó su mayor popularidad en el siglo XX, comenzó a publicarse en 1894.

Es importante, a pesar de que se considera el suyo un humorismo fácil y de escaso valor artístico, por haber prohijado el tipo de *Liborio* —creado por el dibujante español Landaluze— y haberlo convertido en expresión característica del campesinado cubano. Esta labor se debió a su dibujante Ricardo de la Torriente, uno de sus fundadores. Se dice que *La Política Cómica* llegó a ser, ya en el siglo XX, el órgano humorístico de mayor circulación en la América Latina.

Con el advenimiento del siglo XX comienza una nueva etapa dentro de la evolución de nuestra prensa periódica. Dicha etapa, que se extenderá hasta 1958, se inicia bajo la ocupación del país por las tropas yanquis, y transcurre, a partir de 1902, en las condiciones impuestas por la penetración en la economía cubana del capital norteamericano, con todas las implicaciones de diversa índole que este colonialismo de nuevo cuño trae aparejadas, incluida, por supuesto, la penetración en el ámbito ideológico-cultural. Pueden determinarse varios caminos tomados por nuestra prensa periódica durante esta etapa, pero lo más generalizado es que los periódicos, luego de alcanzar una adecuada presentación gracias a los avances tecnológicos y a la mejor utilización de los recursos artísticos y gráficos, aumenten el número de sus páginas de forma considerable, a la vez que la información suministrada presenta mayor variedad temática, más amplio radio de acción y más rapidez en la difusión de las noticias sobre acontecimientos de toda clase ocurridos en cualquier lugar del mundo.

El periodismo adquiere cada vez más un carácter informativo, pero la ideología dominante —que es la que posee los recursos económicos y técnicos—, lo utiliza como medio de desinformación, o sea, que adultera la verdad en aras de su mantenimiento en el poder. Se evidencia también en esta etapa la transición del periódico de ideas —expresión personal de figuras notables— al periódico de empresa, a la vez que la diferencia entre columnistas y editorialistas se hace más patente, según avanza el siglo, y la noticia se reelabora, en muchas ocasiones, con

un sentido creativo. Abundan los periódicos ocasionales, generalmente de base política, fruto de intereses personales, de agrupaciones o de partidos, que fenecen apenas transcurre la motivación que los hizo nacer. El sensacionalismo, la crónica roja y la social caracterizan en buena medida a la prensa seudorrepublicana. A todo esto debemos añadir, a partir del triunfo de la Revolución de octubre en Rusia, una señalada tendencia al anticomunismo, solapado o abierto, según las condiciones en que se produce la publicación que lo expresa. Frente a esta tendencia se situaron siempre publicaciones de izquierda, tanto obreras como estudiantiles e intelectuales, que aún cuando en la gran mayoría de las ocasiones disponían de escasos recursos financieros y tipográficamente no eran siempre de la mejor clase, jugaron un papel fundamental en el desenmascaramiento de las falsedades de la prensa burguesa, en la defensa de los intereses del proletariado y del campesinado, en la orientación más certera de las luchas por reivindicaciones sociales y en la solidaridad con otros pueblos del mundo.

Siete periódicos que se publicaban desde antes de la instauración de la seudorrepública continuaron su trayectoria durante la misma hasta por lo menos la década del cincuenta. *Diario de la Marina*, «decano de la prensa cubana», comenzó el siglo bajo la dirección de Nicolás Rivero; desde 1919 fue dirigido por su hijo, José Ignacio Rivero y más tarde, hasta su desaparición, por el hijo de éste último. En esta etapa continuó siendo órgano de la reacción, defensor de los intereses españoles —secundado en los comienzos del siglo por *La Unión Española*, *El Comercio* y *El Avisador Comercial*, fundados en buena medida por capital hispano— y fue también vocero principal del anticomunismo, aunque hacia finales de la tercera década prohijó un importante suplemento literario que dirigió José Antonio Fernández de Castro y en el que aparecieron las más conocidas firmas de la vanguardia literaria, artística y política de Cuba y de Latinoamérica, entre estas últimas la de José Carlos Mariátegui. *The Havana Post*, fundado en 1899 por el norteamericano George Brandt, era órgano de la colonia norteamericana, y hacia 1907 publicaba una edición en español que estaba bajo la responsabilidad de Arturo Ramón de Carricarte. *El Mundo*, cuyo primer número apareció el 11 de abril de 1901, fue fundado, y dirigido en sus inicios, por Rafael Govín, a quien sucedió prontamente José Manuel Govín. Con *El Mundo* —primer periódico de empresa de tipo moderno— se inicia la era del periodismo moderno en Cuba. Introdujo el grabado y la crónica social diarios, y fue el primero que presentó tricomías y anuncios a colores en la prensa diaria. También fue el primer periódico a ocho columnas y el iniciador de la impresión mecánica en nuestro país. Hacia 1904 comenzó a publicar un importante suplemento dominical de carácter literario-cultural titulado *El Mundo Ilustrado*. Posteriormente editaría, con diversos títulos, varios suplementos de idéntica índole a través de su larga vida.

En el interior del país abarcaron el período seudorrepublicano, después de haber comenzado a publicarse antes del 20 de mayo de 1902, los siguientes periódicos: *El Fénix* (Sancti Spíritus, Las Villas), que comenzó en 1894, fundado por Evaristo Taboada, quien por la defensa de las ideas liberales fue deportado a África, lo que motivó el receso de la publicación hasta fines de 1897, en que reapareció al regresar Taboada al país; *La Correspondencia* (Cienfuegos, Las Villas), fundado a finales de 1898 por León Ichaso, Cándido Díaz y Florencio R. Velis con el fin de defender el ideario español; *La Voz del Pueblo* (Guantánamo, Oriente), fundado en 1899 por José Vázquez Savón, y El *Camagüeyano*, fundado en 1900 por Walfredo Rodríguez Blanca, quien lo dirigió hasta su muerte en 1935, año en que pasó a dirigirlo su hijo.

Continuaron su salida durante la seudorrepública, pero sin avanzar tanto en ella como los anteriormente mencionados, periódicos tan importantes como *La Discusión*, que reapareció en 1898 y estuvo bajo la dirección de Manuel María Coronado; *El Nuevo País*, título adoptado por *El País*, de Ricardo del Monte, al cese de la dominación española; *La Lucha*, el veterano periódico de Antonio San Miguel, que salió hasta 1931 y que en 1919 tuvo a Miguel de Carrión como subdirector, y que se prestigió siempre con los trabajos de *Conde Kostia*, a la vez que contó durante varios años con los editoriales de Juan Gualberto Gómez.

Surgidos ya en plena seudorrepública, otros periódicos importantes fueron *Cuba* y *El Triun-*

fo, ambos aparecidos en 1907 bajo las direcciones respectivas de Ricardo del Monte y Modesto Morales Díaz; *La Prensa*, que se inició en 1909 y era dirigido por Carlos E. Garrido; *El Día*, fundado en 1911 por varios periodistas que se separaron de *Cuba; La Noche*, que comenzó en 1912 bajo la dirección de Marco Antonio Dolz, a quien le sucedió en 1913 Antonio Iraizoz; *Heraldo de Cuba*, que inició su publicación en 1913 y fue dirigido por Manuel Márquez Sterling, quien en 1915 lo cedió a Orestes Ferrara y fundó entonces *La Nación; El País*, fundado en 1922 por Alfredo Hornedo para la defensa de sus intereses; *El Heraldo*, que comenzó a aparecer en 1923 y de cuya página literaria fue responsable Rubén Martínez Villena, quien también redactó sus editoriales por corto tiempo; *Ahora* —que después de haber publicado diez números en 1931, reapareció a fines de 1933 y duró hasta comienzos de 1935—, siempre bajo la dirección de Guillermo Martínez Márquez, se subtituló durante un período «El Periódico de la Revolución» y presentó en sus páginas, además de todas las secciones propias de un diario de información general, numerosos artículos de contenido político, económico, histórico y social, así como trabajos de crítica e historia literarias, cuentos y poesías —muchos de los cuales veían la luz en su suplemento dominical—, con colaboradores tan renombrados como Pablo de la Torriente Brau, Juan Marinello, Raúl Roa, Emilio Roig de Leuchsenring, Regino Pedroso, Ofelia Domínguez Navarro, José Manuel Valdés Rodríguez, Rafael Suárez Solís, Andrés Núñez Olano y otros.

Información, fundado por Santiago Claret en 1931 y más tarde dirigido por L. Frau Marsal, salió hasta después del triunfo de la Revolución el 1.º de enero de 1959, al igual que *El Crisol* —que inició su publicación en 1934— y *Prensa Libre* —que comenzó en 1941 y fue fundado y dirigido por Sergio Carbó—. *Alerta*, que apareció a partir de 1935, desapareció junto con la tiranía batistiana en enero de 1959, al igual que *Tiempo* —del asesino Rolando Masferrer—, cuyos talleres fueron asaltados e incendiados por el pueblo por sus campañas difamatorias y demagógicas durante la dictadura de Batista. Frente a esta prensa burguesa —cuya única excepción sería *Ahora*— hay que situar la preocupada por la defensa de los intereses del proletariado, por la unificación de sus fuerzas y por la orientación clasista de las luchas emprendidas. Hay que mencionar los diferentes periódicos publicados por las organizaciones de izquierda, entre ellos *Justicia* y *Bandera Roja*, órganos del Partido Comunista, con etapas clandestinas e innumerables dificultades para su edición y circulación; *La Palabra*, «Diario del pueblo, por el pueblo y para el pueblo», que comenzó a publicarse en enero de 1935 y tuvo corta vida, pero tiene la importancia de haber sido el primer diario de los comunistas cubanos; *Línea*, órgano de la organización de abierto carácter antimperialista Ala Izquierda Estudiantil (AIE), que salió irregularmente entre 1931 y 1937.

La más importante de estas publicaciones, por su regularidad y larga duración, resulta el periódico *Noticias de Hoy*, que, como órgano primero del Partido Unión Revolucionaria Comunista y luego del Partido Socialista Popular —nombres que adoptó por esta época nuestro Partido Comunista—, comenzó a publicarse el 16 de mayo de 1938, bajo la dirección de Augusto Miranda. Una prueba de la importancia que el proletariado daba a su periódico la tenemos en el hecho de que mediante suscripción popular pudo *Noticias de Hoy* tener sus talleres propios, los cuales fueron asaltados en varias ocasiones por las fuerzas represivas de los regímenes de turno hasta que finalmente el periódico fue clausurado durante la dictadura de Batista.

Fuera del ámbito capitalino la situación de la prensa seudorrepublicana fue, por lo general, precaria. Los periódicos tenían una vida corta, preñada de dificultades de todo tipo, que hacían su salida irregular. Solo en las capitales de provincia y en otras ciudades importantes, con una vida cultural más o menos intensa, lograron sobrevivir durante largo tiempo algunos periódicos como los que ya mencionamos, a los que habría que añadir otros como *El Cubano Libre*, que continuó publicando en Santiago de Cuba, apenas terminada la dominación española, el mismo director que lo había mantenido en circulación durante toda la guerra del 95, o sea, Mariano Corona Ferrer.

Desde 1905 *El Cubano Libre* tuvo como jefe de redacción a Joaquín Navarro Riera, más conocido por su seudónimo *Ducazcal*, y varios años después incluía, en su edición dominical, una importante página literaria en que publicaban los escritores más notables de la ciudad y del resto de la provincia. Del *Diario de Cuba*, cuya publicación comenzó en 1917, en Santiago de Cuba y bajo la dirección del periodista oriental Eduardo Abril Amores, se afirma que fue el primer periódico de provincias que rompió los viejos moldes del periódico de pueblo para hacerse gran periódico de intereses generales. En 1928 el *Diario de Cuba* destinó una página de su edición dominical a la publicación de los trabajos de los integrantes del grupo de escritores vanguardistas de la ciudad, conocido como Grupo H. Otros periódicos del interior del país, de extensa trayectoria durante la seudorrepública, los cuales hacia mediados de siglo tenían ya más de veinticinco años de existencia, fueron *El Sol* (Marianao); *El Imparcial*, del que era director en 1915 el destacado ensayista Fernando Lles, y *El Republicano*, ambos de la ciudad de Matanzas; *El Comercio*, de Cienfuegos, *El Pueblo*, de Ciego de Ávila, provincia de Camagüey, y *El Eso de Tunas* (Victoria de las Tunas), *El Tanameño* (Sagua de Tánamo), *El Pueblo* (Banes) y *Orientaciones* (Manzanillo), todos ellos de la provincia de Oriente.

Al nacer la seudorrepública, solamente *El Fígaro* —y tal vez *Cuba y América*, el tenaz esfuerzo personal de Raimundo Cabrera, que logró mantener su revista hasta 1917— podía considerarse una revista como las conocemos hoy. Bajo la égida de Pichardo y Catalá —pero fundamentalmente gracias a este último— *El Fígaro* continuó saliendo hasta comienzos de la cuarta década del siglo, los últimos años con una irregularidad que era índice de su languidecimiento, a pesar de que, sabiamente, Catalá fue adaptándolo a los nuevos tiempos y abrió sus puertas a los escritores integrantes de las nuevas promociones surgidas durante la etapa. Pocas publicaciones estrictamente literarias tuvieron a mano los escritores cubanos de la primera década del siglo para dar a conocer sus producciones. Cabe mencionar, en primer término, a *Azul y Rojo*. También es destacable *Letras*, que presentó en sus primeros números un formato novedoso para la época. Continuó la publicación de *Cuba Libre* el ya mencionado semanario de Rosario Sigarroa. También reapareció, en su segunda época, *Cuba Intelectual*, de nuevo bajo la dirección de José Antonio Rodríguez García. Del interior del país merecen citarse *El Pensil*, de Santiago de Cuba, que dirigía Juan Francisco Sariol; *Hero*, de Sancti Spíritus (Las Villas), que aunque reflejó poco la vida cultural cubana y de la ciudad en que se editaba, resultó un serio esfuerzo editorial que aún en 1944 se mantenía; *Iris*, de Pinar del Río, de carácter más local y vida irregular. También son de destacar otras revistas editadas por estudiantes de la segunda enseñanza, en las cuales la literatura ocupaba lugar preferente y en las que se dieron a conocer al público futuros escritores de renombre en las letras nacionales. Puede citarse por su importancia *El Estímulo*, que fundó en Santiago de Cuba José Manuel Poveda, a quien se debe también la fundación de otra revista de igual título al trasladarse a La Habana. En esta primera década es justo reconocer el valor de revistas como *Cuba Pedagógica*, que incluía materiales literarios, el *Boletín de los Archivos de la Isla de Cuba* —posteriormente titulado *Boletín del Archivo Nacional*—, que ha vuelto a publicarse después de varios años sin aparecer, y la *Revista de la Biblioteca Nacional*, cuya primera época se extendió entre 1909 y 1912 y estuvo bajo la dirección de Domingo Figarola Caneda.

En el aspecto literario, la segunda década del siglo está marcada en gran medida por dos grandes publicaciones: *Revista Bimestre Cubana* y *Cuba Contemporánea*, ambas con colaboración de primera línea y dedicadas a cuestiones histórico-literarias, que en la segunda se orientan más al estudio profundo de los problemas nacionales en sus diversas facetas, aunque sin plantear posibles soluciones ni tomar una actitud política militante, lo que no obsta para que los treinta y nueve volúmenes que completó puedan ser considerados un esfuerzo provechoso y el más alto exponente de la labor de la primera generación republicana. También se destaca, aunque en una medida mucho menor dada la importancia de las anteriores, *Arte. Revista universal*, dedicada en sus inicios a cuestiones artísticas, pero que después amplió el espacio a las manifestaciones literarias. En esta década, en la que surgen instituciones oficiales de carácter cultural que se proyectan a través de todo el período que abarca la seudorrepública, comienzan también las publicaciones oficiales de dichas instituciones, entre las que cabe destacar los *Anales de la Academia Nacional de Artes y Letras* y los *Anales de la Academia de la Historia*, ambas dedicadas a la publicación de los discursos, conferencias, actas de sesiones y demás documentos oficiales de sus respectivas entidades. La década que reseñamos también se ve invadida por un nuevo tipo de revista que va apropiándose de los más recientes adelantos técnicos en la tipografía, la ilustración y la composición, a la vez que va tomando características de lo que desde entonces se conoce como *magazine*. Se recoge en estas publicaciones, de manera bastante completa, la actualidad cultural, se reproducen gráficamente aquellos acontecimientos más relevantes y se ofrece una información variada y amena, que abarca los más disímiles aspectos de la vida moderna, incluida la inevitable crónica social; todo ello como reflejo del afán de la seudoburguesía de verse retratada en los momentos en que alcanzaba mayor auge económico y entregaba cada vez más el país a la codicia del imperialismo yanqui. El propio año 1910 comienza *Bohemia*, que aunque nunca reunió del todo las características de *magazine*, puede considerarse dentro de esta línea, sobre todo en sus inicios, cuando era una revista eminentemente literaria que aún no podía competir con *El Fígaro*, ni en calidad ni en aceptación. Pero poco a poco fue ganando terreno y, cuando a raíz de la muerte de su fundador le sucedió su hijo en la direc-

ción, logró convertirse en una importante revista gráfica de actualidad, más bien dirigida a sectores populares, de la que nunca ha estado ausente por completo la literatura y en la que han colaborado los más importantes escritores nacionales. Pero las verdaderas revistas tipo *magazine*, las que resumen en sí las características propias de este tipo de publicación, comienzan en 1913 con *Gráfico*, que dirigió en sus inicios Conrado Walter Massaguer y que estaba dedicada fundamentalmente a la información mundial a través de la fotografía, aunque dio cabida a trabajos de diversa índole relacionados con la literatura y la historia. *Social*, también dirigida durante toda su trayectoria por Massaguer, comenzó en 1916 y ha sido considerada como el más grande alarde que se ha hecho en Cuba de revista de alto tono, tanto en el campo literario como en el gráfico. La presencia de Emilio Roig de Leuchsenring en la dirección literaria de la misma posibilitó la aparición en sus páginas de los trabajos de los más jóvenes escritores de la época, agrupados a partir de 1923 en torno al Grupo Minorista que encabezaba Rubén Martínez Villena. Todas las actividades y manifiestos de los minoristas vieron la luz en *Social*, donde paradójicamente podía encontrarse la reseña gráfica de una fiesta de la alta sociedad frente a un texto de José Carlos Mariátegui, índice revelador de que la burguesía que pagaba la revista solo se preocupaba por buscarse en sus páginas, sin importarle el resto.

Chic. La Revista de lujo, que comenzó en 1917 y, con alguna interrupción, salió hasta 1959. También intentaba recoger en sus páginas los acontecimientos más destacados de la sociedad habanera de la época y, como *Social*, dedicó espacio considerable a las manifestaciones artísticas y literarias, para lo cual contó con una excelente colaboración. Otra revista importante surgida en esta década, con características similares a las anteriores y como ellas de larga vida, fue *Carteles*, fundada en 1919 por Óscar H. Massaguer. Como *Bohemia*, cuya compañía editora pasó a ser también propietaria de *Carteles* en 1954, esta publicación describe una trayectoria que va desde una revista fundamentalmente artístico-literaria hasta ser una de las más leídas revistas de actualidad del país. Su tónica siguió siendo más cultural que la de *Bohemia;* se destaca en este sentido su interés por la publicación de los mejores cuentistas cubanos y norteamericanos.

En el interior del país hay, en esta época, un auge cultural de enorme trascendencia que se manifiesta en el surgimiento de numerosas publicaciones, a través de las cuales un grupo de escritores —encabezados por figuras de primer orden en nuestra lírica, como los poeta orientales José Manuel Poveda y Regino Eladio Boti y el matancero Agustín Acosta— intenta renovar nuestra poesía. Entre otras publicaciones que no tuvieron larga vida, merecen mención revistas como *Oriente Literario*, de Santiago de Cuba, que además de reflejar la actualidad cultural de la ciudad incluía material literario de los escritores de la provincia y del resto del país; *El Estudiante*, de Santa Clara, que al igual que la de idéntico título que se publicó por estos años en Pinar del Río, era de carácter literario y presentaba entre sus colaboradores a escritores jóvenes de la ciudad y del resto del país. No tan destacada como las anteriores, pero también literaria, fue *Brisas del Yayabo*, «consagrada a la ciudad de Sancti Spíritus» y editada en La Habana. Sobre todas estas publicaciones resalta *Orto*, de Manzanillo. Fundada y dirigida por su propietario, Juan Francisco Sariol, gran animador de la cultura, comenzó a salir en 1912; frente a todo tipo de adversidades y contratiempos propios de empresa de esta índole, mantuvo su salida hasta 1957, con cambios de periodicidad, de subtítulos, de directores y redactores. Alrededor de esta revista se nucleó un grupo de jóvenes con inquietudes intelectuales y artísticas que se conoce como Grupo Literario de Manzanillo, el cual, con su aliento y afán de lucha, dio cuerpo definitivo a *Orto*.

Las revistas dedicadas a la defensa de los intereses de la raza negra así como a la lucha por la igualdad racial —aunque desde una posición que, vista con la perspectiva actual, no resulta la más adecuada—, también proliferan desde esta década. Se reflejan en las mismas las actividades de las llamadas sociedades de color, y se destacan aquellas figuras de la raza negra que alcanzaron posiciones relevantes en nuestra historia y en nuestra cultura. Entre estas revistas merece citarse *Minerva*, que comenzó en 1910 y era considerada sucesora de otra publicación de igual título, «dedicada a la mujer de color», que había aparecido en La Habana entre los años 1888 y 1889.

Otro tipo importante de publicación es la que recoge las actividades de la masonería en el país a la vez que brinda variada información cultural y social, fundamentalmente de los propios integrantes de las logias que las publicaban. Por encima de la mayoría de las publicaciones de esta clase se destaca *Evolución*, que se publicó quincenalmente entre 1914 y 1921 en La Habana. No puede darse por concluida la reseña de esta década sin hacer referencia a la revista *Arquitectura*, que inició su salida en 1917 y que, después de varios períodos de interrupción y de haber variado su título y formato más de una vez, tomó el definitivo título de *Arquitectura. Cuba*, con el que aún aparece. Aunque ha centrado su atención durante toda su existencia en cuestiones relacionadas con la arquitectura y las artes que le son afines, ha incluido también en sus páginas materiales de tipo literario e histórico y ha contado con la colaboración de destacados escritores, artistas, historiadores y críticos de arte cubanos.

Motivados por el período de «vacas flacas», por la desmoralización creciente de los gobiernos de turno, por el entronizamiento del robo y el pillaje como bases del sistema, por la penetración cada vez mayor del capital norteamericano —lo que va unido a una persistente intromisión en los asuntos internos del país— y por las precarias condiciones sociales de las masas trabajadoras a comienzos de la década del veinte, a las que se suman trascendentales acontecimientos como la Revolución de octubre en Rusia y otros movimientos nacionalistas y antimperialistas en el resto del mundo, los trabajadores determinan agruparse en organizaciones sindicales y partidistas que, aunque de variadas tendencias, coinciden en la búsqueda de soluciones efectivas a sus problemas, lo que finalmente los lleva a tratar de buscar solución al problema nacional y de ahí al señalamiento y enfrentamiento del principal causante de los mismos: el imperialismo yanqui. Esta labor tiene que apoyarse necesariamente en medios de difusión de las nuevas ideas, por lo que la prensa juega un papel importante en este sentido. De ahí que abunden las publicaciones obreras que defienden intereses de los sectores específicos que las editan, pero que a la vez se solidarizan con el resto de los trabajadores del país y del extranjero, todo ello con marcada tendencia de izquierda, aunque con matices que revelan el estado de confusión que reinaba en la época. Así, son de destacar, entre otras, revistas como *Espartaco*, de Carlos Basilio, y *Aurora*, que comenzó en 1921, tuvo larga vida y era publicada por el sector gastronómico, con la colaboración de destacados intelectuales de izquierda. También los estudiantes y los intelectuales jóvenes jugaron un papel importante en las luchas sociales de la década del veinte. Entre las publicaciones de estos sectores es necesario mencionar *Alma Mater*, de la que fue administrador en sus primeros tiempos Julio Antonio Mella y que se convirtió posteriormente en órgano de la Federación Estudiantil Universitaria (FEU), a la vez que contó siempre con la presencia de relevantes figuras de izquierda de nuestra literatura; *Juventud*, que fue fundada por Julio Antonio Mella en 1923 y que aparecía como «Revista de los estudiantes renovadores de la Universidad de La Habana»; *Venezuela Libre*, que comenzó a publicarse en 1925 y que, aunque tenía un consejo de dirección, era dirigida realmente por Rubén Martínez Villena, quien también dirigió *América Libre*, continuación de la anterior; *Atuei* —de tendencia aprista y de carácter más literario que las dos anteriormente mencionadas—, que fue como ellas sobresaliente por la dureza de sus ataques al dictador Machado, lo que motivó su clausura y la persecución de quienes la editaban.

Desde el punto de vista literario, tanto las nuevas publicaciones que surgen a comienzos de la tercera década como algunas de las ya citadas que continuaron su exitosa publicación —fundamentalmente *Social*, que ya por esta época había desplazado a *El Fígaro* por completo—, abren sus páginas a la nueva promoción de escritores que más tarde se agrupará en torno al minorismo y a la *Revista de Avance*. Son muestras de ello publicaciones como *Castalia. Antología de poetas* y *Smart*, en las que colaboran escritores que comenzaban a sobresalir en las letras nacionales, como Martínez Villena, Serpa, Núñez Olano y otros. En la *Gaceta de Bellas Artes*, que publicaba el Club Cubano de Bellas Artes, se daba cabida a trabajos que recogían el acontecer cultural de la nación en sus variadas manifestaciones. Publicada por la Sociedad del Folklore Cubano —y bajo la dirección de Fernando Ortiz, a quien auxiliaba un nutrido y selecto grupo de redactores—, comenzó en 1924 la importante revista *Archivos del Folklore Cubano*, pionera del estudio sistemático y profundo de este campo de nuestra cultura. También como revista especializada de gran trascendencia y larga duración pudiera citarse *Cervantes*, editada por Ricardo Veloso en su Librería Cervantes —después Cultura, S. A.— y dedicada a la reseña bibliográfica y a la divulgación de la literatura española.

Especializada en el estudio de la vida y la obra de José Martí, la *Revista Martiniana*, que dirigió Arturo Ramón de Carricarte, comenzó en 1921 y publicó abundante material inédito de nuestro Apóstol. Bajo el título de *Martí*, y dirigida por Gabriel García Galán, se inició en 1929 una revista infantil de extensa trayectoria. Del interior del país hay que mencionar *Lis*, que dirigió en Camagüey nuestro poeta nacional Nicolás Guillén; *Fraternidad y Amor* (Guanabacoa, La Habana), con trabajos sobre problemas sociales, de tendencia socialista, además de abundante material literario; *El Chofer de Cuba*, editada en la capital oriental y que, aunque aparecía como «Órgano de la Asociación de Conductores de Automóviles», dedicaba espacio considerable a trabajos literarios de escritores de Cuba y del resto de la América hispana; *Antenas*, de corte vanguardista, publicada en Camagüey; *Revista de Oriente*, de Santiago de Cuba, casi exclusivamente dedicada a la literatura y que, como indicaba ella misma, estaba «Abierta a toda noble manifestación del espíritu»; *Archipiélago*, también de la capital oriental, que dirigía Max Henríquez Ureña y que era órgano de la Institución Hispano-Cubana de Cultura de la provincia. Entre todas las revistas literarias surgidas en la década, la más importante resulta, sin lugar a dudas, la conocida como *Revista de Avance*, a cuyo alrededor se nuclearon casi todos los escritores cubanos jóvenes de la época, lo que hace que sus páginas aparezcan hoy un tanto desiguales en su contenido ideológico y estético, en su explicación de la problemática cubana. Recoge trabajos literarios de la más alta calidad, tanto de escritores ya consagrados como de algunos que recientemente se iniciaban en las tareas literario-culturales. De contenido político, con una marcada tendencia humorística, fue *Crítica*, semanario surgido al calor de la lucha contra Machado en 1929, así como *La Semana*, de Sergio Carbó.

La agudización de la lucha contra la dictadura machadista a comienzos de la década del treinta impone la supremacía de la publicación política, generalmente de corta vida y en mucha ocasiones editada clandestinamente, pues la rígida censura de prensa, unida a la persecución constante y al asesinato, impiden la libre circulación de las publicaciones que se oponen al régimen dictatorial. Son abundantes, además, las revistas obreras y estudiantiles,

opuestas al régimen y con un evidente matiz antimperialista. Es de destacar, junto a otras ya mencionado con anterioridad —tales como *Alma Mater*, *Línea*, etc.—, *Juventud*, de Cienfuegos (Las Villas), que dirigían Carlos Rafael Rodríguez y Jorge A. González. Como órganos literarios continúan publicaciones de gran envergadura, como *Social*, a la vez que surgen otras de pequeño formato, tímida presentación y efímera existencia, como *Aventura en Mal Tiempo*, de Santiago de Cuba —cuyo título es en sí ya una denuncia de la situación del país y de lo que significaba su aparición—, y *Hélice. Hojas de arte nuevo*, ambas iniciadas en 1932.

A raíz de la caída de Machado se inicia una época feliz para las publicaciones literarias y sociales de izquierda, que aumentan considerablemente su número, aunque no alcanzan a estabilizarse por completo, ya por falta de recursos, ya porque en muchas ocasiones las persecuciones y los atropellos a sus editores continuaron, con igual o mayor fuerza que durante el machadato, después de las maniobras contrarrevolucionarias de la reacción, encabezada por Batista en contubernio con los amos imperialistas y la burguesía nacional. Se llegó incluso al encarcelamiento de editores y redactores de algunas publicaciones, entre ellas *Masas*, que se editaba en 1934 como órgano de la Liga Antimperialista de Cuba. Varios de los responsables de su publicación —Juan Marinello, Regino Pedroso y José Manuel Valdés Rodríguez, entre otros— fueron acusados de hacer «propaganda sediciosa» y condenados a seis meses de prisión. Otras revistas importantes, aparecidas con posterioridad a la caída de Machado en agosto de 1933, fueron *Atalaya*, que editaban en Remedios (Las Villas) los hermanos Alejandro y Othón García Caturla; *Índice*, que dirigía Alfredo del Valle y que presentaba colaboración de calidad; *Grafos*, lujosamente impresa, de carácter gráfico, que se sale de las antes mencionadas, pues estaba dedicada a la alta sociedad habanera, aunque contó con la colaboración de conocidas figuras de las letras nacionales; *Polémica*, cuyo cuerpo de redacción integraban, entre otros, Raúl Roa y Pablo de la Torriente Brau y que destinaba sus páginas a la literatura y a trabajos que abordaban la problemática universitaria; *Claxon*, de carácter obrero y literario; *Síntesis*, (editada en Güines, La Habana) y con abundante material literario de autores locales; *Adelante*, divulgadora de las creaciones artísticas y literarias del negro, aunque no limitó a éste su radio de acción; *Horizontes*, de Sancti Spíritus (Las Villas), dedicada a la literatura, el arte y la historia locales; *Proa*, de Artemisa (Pinar del Río), órgano del grupo de igual nombre, que dirigía Fernando González Campoamor; *El Porvenir*, de índole obrera, pero con bastante espacio consagrado a la literatura; *Mediodía*, cuyo comité editor integraban, entre otros, Nicolás Guillén, Aurora Villar Buceta, Carlos Rafael Rodríguez, Ángel Augier y José Antonio Portuondo, y que posteriormente salió en forma semanal y cambió su tónica de literaria a política, sin abandonar rasgos de su primeros números; *Baraguá*, dirigida por José Antonio Portuondo, de contenido político, cultural y literario; *Cúspide*, de carácter literario, con excelente colaboración y que se editaba en el central Mercedita, de La Habana; *Páginas*, que en su primera etapa presentaba un consejo de dirección integrado por Ángel Augier, Mirta Aguirre y Julio Le Riverend, y que se dedicaba a los problemas culturales y constituyó después la editorial del mismo nombre; *Futuro Social*, publicación obrera del sector gastronómico, con trabajos sobre la Guerra Civil Española, a la que también dedicaba el grueso de sus páginas *Facetas de Actualidad Española*, con nutrida colaboración nacional; *El Comunista*, dirigida por Blas Roca y órgano del Partido Unión Revolucionaria Comunista, después Partido Socialista Popular, más tarde llamada *Fundamentos*, título con el que salió hasta 1953, con excelente colaboración de escritores de izquierda y enfoque marxista en el estudio de nuestras realidades. Antes de cerrar esta década hay que referirse a otras publicaciones como *Universidad de La Habana*, que inició en 1934 su extensa y continuada trayectoria, en la que presentó notables trabajos sobre disciplinas diversas, firmados por autores conocidos, pero que, durante su etapa seudorrepublicana, evidenció una frialdad académica que tendía a alejarla de la realidad nacional; *Revista Cubana*, que, fundada en 1935 por José María Chacón y Calvo, y editada por la Dirección de Cultura de la Secretaría de Educación, tuvo larga vida y dedicó sus páginas preferentemente al ensayo y la crítica, para lo cual contó con una nutrida y selecta colaboración nacional y extranjera; *Lyceum*, cuya primera etapa comienza en 1936 y que se dedicaba a reseñar las actividades de la Sociedad Lyceum y a reproducir conferencias auspiciadas por la misma, pronunciadas por destacadas personalidades de nuestro ámbito cultural, así como por distinguidos intelectuales que visitaban el país: *Revista Bibliográfica Cubana*, que, dedicada a cuestiones relativas a la disciplina que le daba título, publicó interesantes trabajos de reconocidos especialistas cubanos en la materia; *América*, publicada por la Asociación de Escritores y Artistas Americanos, con demasiado material reproducido de publicaciones extranjeras y abundante en firmas de menor importancia junto a las de conocidas figuras del campo cultural cubano y latinoamericano. También hay que destacar la aparición en esta década de dos importantes publicaciones anuales: *El periodismo en Cuba. Libro conmemorativo del Día del Periodista*, cuyo primer volumen vio la luz en 1935, reapareció en 1938 y salió ininterrumpidamente hasta la década del cincuenta, editada por el Directorio del Retiro Periodista, con trabajos sobre historia de la prensa cubana, sobre el estado de la misma y sobre las actividades del sector y de las organizaciones que agrupaban a sus integrantes, y *Anuario Bibliográfico Cubano*, redactado, editado y distribuido por su director, Fermín Peraza, en el que se incluía toda la labor editorial del año en Cuba y que después cambió su título por el de *Bibliografía Cubana*.

Por último hay que referirse a una publicación surgida en 1939, con la cual se inicia un nuevo camino dentro de las publicaciones literarias cubanas. Se trata de *Espuela de Plata*, cuyos directores fueron José Lezama Lima, Guy Pérez de Cisneros y Mariano Rodríguez. Alrededor de esta revista, dedicada especialmente a la poesía, se aglutinó un grupo de escritores con inquietudes literarias afines y que alcanzaría coherencia definitiva en torno a la figura del propio Lezama Lima y su revista *Orígenes*.

A *Espuela de Plata* siguieron, ya en la década del cuarenta, publicaciones que continuaron, desarrollándola cada vez más, la tendencia de extrañamiento de la realidad circundante, a la vez que iniciaban la búsqueda, en el pasado, de los orígenes de nuestra problemática, no con el afán de enfrascarse en la solución práctica de la misma, sino con el objetivo de analizarla y asumirla estéticamente. Son muestras de esta línea, revistas como *Poeta*, dirigida por Virgilio Piñera; *Clavileño*, cuyos editores eran, entre otros, Cintio Vitier, Eliseo Diego y Fina García Marruz, hoy alejados de aquellas preocupaciones juveniles; *Nadie Parecía. Cuaderno de lo bello con Dios*, codirigida por Ángel Gastelu y Lezama Lima; *Fray Junípero. Cuadernos de la vida espiritual*, al cuidado de Emilio Ballagas y «más dedicada a la vida contemplativa que a la activa». En todas, la poesía ocupa la mayor atención, debido a que sus editores y colaboradores más asiduos eran fundamentalmente poetas. También es destacable en las mismas la presencia de numerosos artistas plásticos cubanos, cuyos dibujos y viñetas ornan portadas y páginas interiores. Las traducciones y colaboraciones eran, por lo general, inéditas. La calidad de los escritores cubanos que aparecían en sus páginas y la presentación sobria y artística de sus ejemplares —en los que era de notar la ausencia de anuncios comerciales, tan frecuentes en las publicaciones cubanas de toda índole, anteriores y posteriores—, dan a todas estas revistas calidades innegables dentro de nuestras publicaciones literarias.

Los tanteos que las revistas anteriores emprenden culminan con *Orígenes*, cuyos editores iniciales fueron Lezama Lima, Mariano Rodríguez, Alfredo Lozano y José Rodríguez Feo. En sus páginas, que asimilan todos los rasgos positivos de las revistas ya citadas que la precedieron, se dan a conocer en Cuba las últimas corrientes literarias y artísticas europeas. En esta publicación, el grupo de escritores y artistas plásticos que seguían sus lineamientos estéticos, tenía una fuerte y poderosa tribuna desde donde mantener y defender sus posiciones.

En un sentido completamente opuesto al seguido por todas estas revistas de comienzos de la década del cuarenta, se manifestaron publicaciones de izquierda como *Dialéctica*, «Revista continental de teoría y estudios marxistas» que, bajo la dirección de Carlos Rafael Rodríguez, salió desde mediados de 1942 hasta 1945 y que contó con la colaboración de escritores como Juan Marinello, José Antonio Portuondo, Emilio Roig de Leuchsenring,

Luis Felipe Rodríguez y Ángel Augier, y *Gaceta del Caribe*, que inició su salida en 1944 «con el afán de servir a la cultura en esta parte del mapa con un limpio espíritu solidario hacia los pueblos con los que estamos hermanados en el Caribe». Integraban su comité editor figuras destacadas de a intelectualidad cubana de izquierda, como Nicolás Guillén, José Antonio Portuondo, Ángel Augier y Mirta Aguirre. En su corta trayectoria esta revista publicó importantes trabajos críticos, históricos y literarios de escritores cubanos, en los que éstos ahondaron en la interpretación de nuestras realidades con una certera visión. En el mismo sentido que la *Gaceta del Caribe* se orientaron publicaciones obreras como *Liberación Social. Por la cultura de los trabajadores*, que dio atención preferente a los problemas culturales, para lo cual contó con la colaboración de renombrados escritores cubanos, y la revista *Cuba y la URSS*, órgano del Instituto de Intercambio Cultural Cubano-Soviético, que divulgaba noticias sobre diversos aspectos de la vida en la Unión Soviética, a la vez que constituía un puente solidario entre los trabajadores e intelectuales cubanos y sus iguales soviéticos, empeñados en la reconstrucción del país después de la cruenta y victoriosa guerra contra el fascismo.

Revistas literarias importantes de la década que nos ocupa fueron, entre otras, *Archivo José Martí*, «consagrada exclusivamente a la divulgación de la vida y de la obra de José Martí», que desde el segundo número fue editada por la Dirección de Cultura del Ministerio de

Educación y estuvo al cuidado de Félix Lizaso; *Libros Cubanos*, dedicada a cuestiones de Bibliografía cubana, bajo la dirección de Ángel Augier y con colaboración de especialistas en la materia; *Archipiélago. Una voz de tierra adentro para el continente*, que se editaba en Caibarién (Las Villas) y publicaba fundamentalmente poesía; *Cooperación*, de orientación izquierdista, que se publicaba en Guanabacoa e incluía trabajos de escritores de la villa, preferentemente; *Acento. En la provincia con la cultura*, de Bayamo, no admitía anuncios comerciales y contaba con una buena colaboración nacional; *Germinal*, patrocinada por el Círculo de Amigos de la Cultura y luego órgano de la Asociación de Grabadores de Cuba, que se dedicaba a la divulgación de las actividades artísticas, incluidas entre éstas las literarias; *Prometeo*, de divulgación teatral, con colaboración de primera y que realizaba un concurso teatral anual; *Inventario*, polémica revista de carácter artístico y literario; *Mensuario de arte, literatura, historia y crítica*, bajo la dirección de Raúl Roa y auspiciada por la Dirección de Cultura del Ministerio de Educación, con renombrados colaboradores nacionales; *Lyceum*, que reapareció en su segunda época en 1949 y continuó idéntica línea que en la primera etapa, ahora dando mayor importancia a las cuestiones relativas a la mujer y de interés para ellas.

También son de destacar en esta década publicaciones de índole cultural como el *Boletín de la Asociación de Antiguos Alumnos del Seminario Martiano* —que más tarde tomó el título de *Patria*, con el que aún continúa editándose—, en la que se publicaban trabajos sobre diversas facetas de la vida y la obra martianos y notas sobre las actividades de la asociación que la publicaba; *Premio Varona*, publicación anual del Ministerio de Defensa Nacional, que salió durante los años 1945 y 1947, y en la que aparecían los trabajos ganadores del concurso que le daba título; *Boletín de la Asociación Cubana de Bibliotecarios*, que reseñaba las actividades de la entidad que la editaba a la vez que informaba sobre cuestiones de bibliotecología y literatura; *Revista de la Biblioteca Nacional*, cuya segunda época se inició en 1949, ahora bajo la dirección de Lilia Castro de Morales.

En la década del cincuenta son destacables publicaciones literarias y culturales como *Estudios*, dirigida por Marcelo Salinas, en cuyas páginas, de tendencia anarquista, se refleja la confusión ideológica, política y estética de la época; *Galería*, boletín de la Galería de Artes Plásticas de Santiago de Cuba, que se dedicaba casi exclusivamente a esta manifestación artística, con especial atención a las actividades que, relacionadas con la misma, tenían lugar en la ciudad; *Noticias de Arte*, que ofrecía una panorámica de las manifestaciones culturales de su momento, tanto nacionales como extranjeras; *Atenea*, órgano oficial del Ateneo de Cienfuegos; *Boletín de la Comisión Nacional Cubana de la UNESCO*, que intentaba recoger las múltiples actividades en los campos de la ciencia, la educación y la cultura en Cuba; *Boletín de la Academia Cubana de la Lengua*, en cuyas páginas se recogían los discursos de las sesiones de la entidad, noticias sobre las actividades de la misma y otros trabajos y notas bibliográficas; *Memoria de Alfonso Hernández Catá*, dirigida por Antonio Barreras y dedicada exclusivamente a la publicación de trabajos de y sobre Hernández Catá; *Cuba Bibliotecológica*, órgano oficial de la Asociación Nacional de Profesionales de Biblioteca, con trabajos sobre la especialidad y actividades y problemas del grupo que la editaba; *Signo*, de Cienfuegos (Las Villas) que dirigían Alcides Iznaga y Aldo Menéndez, con excelentes colaboraciones inéditas de autores nacionales; *Noverim*, de la Universidad de Villanueva, de carácter variado, con colaboración de profesores de la institución; *Ciclón* —fundada y dirigida por José Rodríguez Feo a raíz de su rompimiento con Lezama Lima y con la línea esteticista de *Orígenes*—, de carácter polemizante y crítico, con colaboración de escritores extranjeros y nacionales jóvenes; *Presencia* de contenido literario-cultural; *Islas* que comenzó en 1958, publicada por la Universidad Central de Las Villas y bajo la dirección de Samuel Feijóo.

También continuaron, durante la década que nos referimos, las publicaciones obreras e intelectuales de izquierda, entre las que cabe mencionar *La Última Hora* —inició su salida como diario a fines de 1950, se convirtió en «Un semanario cubano independiente» a comienzos de 1952 y pasó a editarse mensualmente a mediados de 1953—, que criticaba en sus páginas al régimen capitalista y reflejaba los más sobre-

salientes acontecimientos de la lucha del proletariado en la época, a la vez que destacaba fechas y personalidades históricas socialistas —cubanas y extranjeras—, ofrecía una visión de la actualidad cultural cubana y daba a conocer poemas, cuentos y otros artículos sobre literatura y asuntos de interés general, firmados todos estos trabajos por figuras como Juan Marinello, Mirta Aguirre —quien fue su subdirectora y jefe de redacción—, Gaspar Jorge García Galló, Alfredo Guevara, Sergio Aguirre, Félix Pita Rodríguez, Raúl Valdés Vivó, Jacinto y Pelegrín Torras; *Orientación Social*, de Santiago de Cuba, que divulgaba el pensamiento y la acción de José Martí; *Nuestro Tiempo*, que comenzó en 1954 como órgano de la sociedad cultural del mismo nombre y a cuyo alrededor se agruparon escritores y artistas revolucionarios, quienes desarrollaron una importante labor en la divulgación de nuestro más genuino patrimonio cultural; *Mensajes Marxistas*, publicación mimeografiada, «órgano de los intelectuales y artistas que tienen al marxismo como ideología», que trataba sobre temas políticos, artísticos y literarios.

Por último, no puede terminar esta reseña de las publicaciones periódicas en el período seudorrepublicano sin hacer referencia a los numerosos periódicos de sencilla factura que circulaban clandestinamente durante la última etapa de este período, o sea, durante los siete años de la dictadura de Batista. Publicaciones como *Son los mismos*, *El Acusador* y *El Aldabonazo*, fueron antecedentes directos de

Revolución, órgano nacional del Movimiento 26 de julio. Como órgano provincial del mismo aparecía, en cada provincia, *Sierra Maestra*. También es destacable *Vanguardia Obrera*, de Oriente, dirigido a los obreros y con un profundo contenido ideológico. Se desarrolló además una nueva etapa de *Alma Mater*, iniciada a los pocos días del golpe de estado del 10 de marzo de 1952.

Mella, que aparecía desde 1944 como órgano de la Juventud Socialista, fue suspendido en 1953 y desde el año siguiente salió clandestinamente hasta el triunfo de la Revolución. También a raíz de la suspensión de *Hoy* después de los sucesos del Moncada (1953), reapareció *Carta Semanal*, órgano informativo de los militantes del Partido Socialista Popular, que ya había visto la luz durante los años 1950-1951, cuando también fue clausurado *Hoy*. El más importante de estos periódicos fue, sin duda, por su trascendencia histórica, *El Cubano Libre*, fundado a instancias del *Che* en la Sierra Maestra como una continuación de los periódicos de igual título fundados por Céspedes y Maceo, respectivamente, durante las dos guerras de liberación nacional del pasado siglo en Cuba. Desde sus páginas se informaba de las victorias del Ejército Rebelde, se desenmascaraba a los asesinos y servidores del tirano y se reproducían discursos y orientaciones de la Comandancia General de la Revolución. El propio Che Guevara firmaba la sección «Sin balas en el directo», con el seudónimo *Franco Tirador*. Hubo también periódicos de los demás frentes de lucha y organizaciones revolucionarias empeñadas en la batalla común contra la tiranía de Batista.

El triunfo de la Revolución el 1.º de enero de 1959, marca la fecha en que se inicia la declinación de la prensa burguesa. Ante los ataques abiertos o solapados de la misma a los planteamientos y orientaciones de los máximos dirigentes revolucionarios, así como ante la desinformación y la tergiversación intencionada de la problemática cubana de la época, en una evidente actitud contrarrevolucionaria, los trabajadores de algunos periódicos responden con la inserción de pequeñas notas —conocidas como *coletillas*— en las que expresan su desacuerdo con lo que los cables de las agencias noticiosas imperialistas manifiestan —con el fin de desacreditar la obra de la Revolución en el exterior— y los directores de los periódicos permiten publicar. En 1960 desaparece definitivamente el *Diario de la Marina*. Ya con el fin de la tiranía habían cesado su publicación periódicos como *Alerta* y *Tiempo*. En los años siguientes irán desapareciendo otros diarios, como *Información*, *El Crisol* y *Prensa Libre*. A los pocos días del triunfo revolucionario comienza a editarse en La Habana el periódico *Revolución*, «órgano del Movimiento Revolucionario "26 de julio"», que venía saliendo clandestinamente desde la etapa insurreccional. También en ese año reaparece *Hoy*, el diario de los comunistas cubanos, cuya salida había sido prohibida a raíz de los Sucesos del Moncada en 1953, ocasión en la que, además, sus talleres fueron asaltados por las fuerzas represivas del régimen dictatorial. El ya veterano periódico *El Mundo* continuó ininterrumpidamente su publicación hasta que, en 1968, un incendio destruyó sus talleres. Estos tres periódicos, a través de sus suplementos *Lunes de Revolución*, *Hoy Domingo* y *El Mundo del Domingo*, brindarían una importante colaboración en la divulgación de las creaciones literarias y de las actividades culturales, educativas, sociales y de otro tipo en nuestro país. *Revolución* y *Hoy* se fundieron en 1965 bajo el título de *Granma*, a raíz de la Constitución del Primer Comité Central del Partido Comunista de Cuba y como órgano del mismo. El objetivo era concentrar los recursos humanos y materiales de los dos periódicos de orientación política que se editaban entonces. En este mismo año, apenas tres semanas después de la antes mencionada fusión, se produce la salida de *Juventud Rebelde*, que aparece por las tardes, orientado por la Unión de Jóvenes Comunistas (UJC) y dedicado fundamentalmente a la juventud. De carácter nacional, se ha venido publicando *Los Trabajadores*, órgano oficial de la Central de Trabajadores de Cuba (CTC). En el interior del país fueron desapareciendo también los escasos periódicos que se publicaban. En la actualidad salen diariamente *El Guerrillero* (Pinar del Río), *Girón* (Matanzas), *Vanguardia* (Santa Clara), *Adelante* (Camagüey), *Ahora* (Holguín, Oriente) y *Sierra Maestra* (Santiago de Cuba). Además se editan, por los burós regionales de prensa, publicaciones que recogen las actividades más destacadas de la región durante un período.

El triunfo de la Revolución no solo determinó la desaparición paulatina de los órganos de expresión de la burguesía, sino que significó la irrupción de nuevas formas de encarar las tareas periodísticas y, por ende, eliminó de la prensa revolucionaria —expresión de los intereses de la clase proletaria en el poder— los falsos, insidiosos y desinformadores comentarios de las agencias de prensa del mundo capitalista, así como las crónicas rojas y sociales, los artículos y comentarios insulsos, las abundantes páginas destinadas a anuncios clasificados y comerciales, típicos de la sociedad de consumo y, lo que es más importante, el anticomunismo y las falacias de la llamada «libertad de expresión», proclamada como una de las bases de la democracia representativa.

A la vez, la Revolución facilitó el surgimiento de una nueva tónica en la información, que ahora se basa en las cuestiones de más interés para nuestro pueblo, en las cuestiones que reflejen los avances y logros en los diversos campos del quehacer revolucionario: la defensa, la producción, la educación, los deportes, la cultura, las artes y todo tipo de nuevas tareas que la construcción del socialismo reclama de las masas trabajadoras. La difusión de las actividades del Partido —como guía del camino a seguir—, de la lucha ideológica, de las ideas marxista-leninistas, así como la contribución al rescate de nuestros valores nacionales en las diversas esferas y la divulgación de los éxitos alcanzados por nuestra Revolución, tanto interna como externamente, han sido también logros fundamentales de la prensa en el período revolucionario.

Las revistas de carácter general están representadas hoy por la ya veterana *Bohemia*, la publicación de más continuada trayectoria en la prensa cubana en la actualidad. Después que Miguel Ángel Quevedo, su director, abandonó el país a principios de la década del sesenta, *Bohemia* fue incorporando a sus páginas, paulatinamente, el nuevo estilo periodístico propio de la prensa revolucionaria, y es ahora una revista de información variada que recoge el acontecer nacional en sus diferentes manifestaciones, pero que también profundiza en el conocimiento de las realidades de otros pueblos y regiones del mundo y que presta valiosos servicios en la difusión de materiales docentes. Además, la literatura ha continuado como una constante en sus páginas, unida a las demás artes.

Verde Olivo, órgano de las Fuerzas Armadas Revolucionarias, aparece también semanalmente desde 1959, editada por la Dirección Política de las FAR. Aunque es una revista dedicada a cuestiones relativas a la vida militar en sus diferentes facetas, ha presentado siempre trabajos de índole literario-cultural, como poesías, cuentos, críticas teatrales, artículos de carácter histórico y literario. Dedicadas a la mujer —con informaciones sobre modas, recetas culinarias, consejos de belleza, etc., pero también con cuentos, novelas, poesías,

artículos de interés cultural y otros sobre las nuevas tareas que la Revolución ha encomendado a las mujeres para lograr su incorporación masiva al proceso creador que vive hoy nuestro pueblo—, se publican *Mujeres*, orientada y distribuida por la Federación de Mujeres Cubanas, y *Romances*, que venía editándose desde 1936 y que, poco a poco, fue cambiando su tónica de revista de frivolidades femeninas.

Otras publicaciones que ya alcanzan más de diez años y son editadas por organizaciones políticas, de masas, laborales o culturales, son *Con la Guardia en Alto*, de los Comités de Defensa de la Revolución; *Cuba Internacional*, editada por la Agencia Prensa Latina, sucesora de *Cuba* —que a la vez sustituyó a *INRA*, que dirigía Antonio Núñez Jiménez y era publicada por el Instituto Nacional de la Reforma Agraria—, que bajo sus diferentes títulos ha publicado siempre reportajes de índole variada sobre aspectos diversos de nuestra economía, historia, cultura, etc.; *Cine Cubano*, que es publicada por el Instituto Cubano del Arte e Industria Cinematográfica y se ha especializado en cuestiones relativas a los diferentes aspectos del quehacer cinematográfico, preferentemente cubano y latinoamericano, aunque también ha dado cabida en sus páginas; a artículos en que escritores cubanos y extranjeros abordan el tema de las relaciones entre el cine, la cultura y la literatura; *Boletín informativo de la Comisión Nacional Cubana de la UNESCO*, que recoge en sus páginas todas las actividades que se realizan en el país relacionadas con los campos que la organización, abarca y cuantos avances se producen en los mismos en Cuba y en el extranjero; *Alma Mater*, que con diferentes formatos ha continuado publicándose desde su reaparición en 1959, y que recoge las actividades de los estudiantes universitarios.

Aunque ya desaparecidas, pero con importancia literaria o cultural, merecen mencionarse *Lunes de Revolución*, importante suplemento literario publicado por el periódico *Revolución* entre 1959 y 1961, en el cual se recogió gran parte de la producción literaria de los primeros momentos de la Revolución y se dieron a conocer numerosos autores noveles; *Edita*, boletín mensual de la Editorial Nacional de Cuba, que reseñaba las publicaciones nacionales y publicaba fragmentos de obras; *Artes Plásticas*, publicada por la Dirección General de Cultura del Ministerio de Educación, con artículos críticos e informativos sobre las materias que su título indica, fundamentalmente en Cuba; *Actas del Folklore*, boletín del Centro de Estudios del Folklore del Teatro Nacional de Cuba, con trabajos relativos a este aspecto de nuestra cultura; *Cuba en la UNESCO*, que publicaba textos de carácter literario e histórico y dedicó números especiales a figuras intelectuales sobresalientes del país; *Cuba Socialista*, importante revista teórica, que, aunque destinada a difundir las experiencias de la Revolución Cubana entre cuadros y militantes revolucionarios, también dio cabida en sus páginas a trabajos de interpretación marxista de nuestra historia, discursos, comentarios y reseñas

de libros y publicaciones, y tuvo como miembros integrantes de su consejo de dirección a nuestro comandante en jefe, Fidel Castro, y al presidente de la República, Doctor Osvaldo Dorticós; *Nueva Revista Cubana*, editada por la Dirección General de Cultura del Ministerio de Educación, con trabajos de carácter científico, cultural, económico, político, social, educativo, creaciones literarias y reseñas de libros, todos ellos firmados por conocidos escritores cubanos y algunos extranjeros; *Pueblo y Cultura*, publicada por el Consejo Nacional de Cultura y dedicada a cuestiones artísticas y literarias y a la divulgación de las actividades desarrolladas por el organismo que la editaba; *Mensajes*, boletín mimeografiado de la Unión de Escritores y Artistas de Cuba, que divulgaba en su primera etapa textos marxistas sobre estética y en la segunda publicaba trabajos literarios y sobre otras manifestaciones artísticas y notas acerca del movimiento cultural nacional e internacional; *Cultura '64*, publicada por la delegación provincial de Oriente del Consejo Nacional de Cultura y con información sobre el quehacer cultural, presente y pasado, de Santiago de Cuba, y con colaboración abundante de escritores de la provincia; *Vida Universitaria*, revista editada por la Comisión de Extensión Universitaria de la Universidad de La Habana, que ya venía publicándose desde 1950 y que recoge en sus páginas las diversas labores de la Universidad, cuestiones políticas nacionales y numerosos trabajos literarios de profesores y alumnos del alto centro docente; *Pensamiento*

Crítico, que, según expresión propia, respondía «a la necesidad de información que sobre el desarrollo del pensamiento político y social del tiempo presente tiene hoy la Cuba revolucionaria», y que dedicó sus páginas a la publicación de artículos y ensayos de contenido polémico, muchos de ellos reproducidos de publicaciones extranjeras, así como discursos, fragmentos de obras y reseñas de libros de contenido político o histórico.

Desde hace años vienen apareciendo, con regularidad y calidad notables, publicaciones como *El Caimán Barbudo* —que inició su salida en 1966 como suplemento cultural del periódico *Juventud Rebelde* y que después ha quedado como publicación independiente—, con formato de tabloide y contenido variado, pero preferentemente literario, orientado en especial hacia la juventud, tanto por las materias de que trata como por el peso fundamental que a las colaboraciones de escritores jóvenes se da en sus páginas; *Casa de las Américas* —que aparece bimestralmente bajo la dirección de Roberto Fernández Retamar y editada por la institución cultural del mismo nombre—, dedicada a la publicación de ensayos de interpretación histórica y literaria de la problemática latinoamericana, a dar a conocer poemas, cuentos, fragmentos de novelas, críticas literarias y otros trabajos de interés literario y cultural de escritores cubanos, latinoamericanos y europeos, y a la función de estrechar las relaciones culturales entre Cuba y los demás países de América Latina; *La Gaceta de Cuba*, que, con formato de tabloide y publicada por la Unión de Escritores y Artistas de Cuba desde 1962 —editada ahora mensualmente bajo la dirección de Nicolás Guillén—, ha presentado durante su trayectoria, al igual que la anteriormente mencionadas, varios consejos de reacción y comités de colaboración integrados por destacados escritores cubanos y ha publicado todo tipo de información cultural y abundante material de índole literaria y sobre las actividades de la Unión de Escritores; *Islas*, que hasta mediados de 1968 tuvo como responsable de edición a Samuel Feijóo, publicada por la Universidad Central de Las Villas desde 1958 y que ha dedicado sus páginas a la divulgación del folklore de la provincia y a la publicación de tesis de grado, trabajos de investigación de profesores y alumnos de la Universidad y obras de la literatura cubana poco conocidas o inéditas; *Revista de la Biblioteca Nacional José Martí*, desde 1959 en su tercera época, una de las revistas cubanas con más años de fundada en la actualidad (se inició en 1909) —aunque su publicación estuvo suspendida entre 1912 y 1949—, que publica trabajos de interés literario, histórico, artístico y bibliográfico —preferentemente sobre temas cubanos—, a la vez que da a conocer las actividades de la Biblioteca; *Unión*, revista de la Unión de Escritores y Artistas de Cuba, bajo la dirección de Otto Fernández, que da cabida en sus páginas a trabajos literarios de autores nacionales, aunque también publica numerosos textos de escritores extranjeros, fundamentalmente de países socialistas;

Universidad de La Habana, que ha continuado su salida y, con varios cambios de formato en el período, se ha dedicado a la publicación de trabajos de diverso carácter, preferentemente relacionados con las disciplinas humanísticas, a la vez que se ha vinculado de manera estrecha a la problemática nacional de la época.

De aparición más reciente que todas las anteriores y también de importancia, son *Anuario Martiano*, publicado por la Sala Martí de la Biblioteca Nacional José Martí, en cuyas páginas se han incluido importantes colaboraciones que aclaran facetas de la vida y la obra de nuestro Apóstol, y se han publicado trabajos inéditos suyos y una Bibliografía de todo lo que de él o sobre él se publica en el año, tanto en Cuba como en el extranjero; *Catálogo*, boletín mimeografiado de la Biblioteca Elvira Cape, de Santiago de Cuba, que trata sobre aspectos de la historia, la literatura y las artes, fundamentalmente de la propia ciudad, y que incluye además secciones de Bibliografía técnica y científica; *Conjunto*, publicada por la Casa de las Américas y dedicada al teatro latinoamericano, que incluye en sus páginas obras inéditas de autores dramáticos del continente y ofrece además panoramas informativos sobre el desarrollo de la actividades teatrales en América Latina; *Revolución y Cultura*, que en su segundo etapa, como órgano del Consejo Nacional de Cultura —en la primera (1967-1970) intentaba ser vehículo de las tendencias actuales del arte y la literatura dentro y fuera de Cuba, así como analizar el papel del inte-

lectual en la sociedad del presente—, recoge trabajos de creación literaria y otros dedicados a la divulgación de las diversas actividades de nuestro mundo cultural; *Santiago*, editada por la Universidad de Oriente, que incluye en sus páginas ensayos, poemas, cuentos, entrevistas y otros trabajos de interés literario, histórico y artístico; *Signos*, que aunque impresa en La Habana, es órgano del Departamento de Investigaciones de la Expresión de los Pueblos, radicado en la provincia de Las Villas, en cuyas páginas se publican trabajos sobre las manifestaciones del folklore cubano y extranjero; *Taller* —antes *Taller Literario*—, publicado por los estudiantes de la Escuela de Letras de la Universidad de Oriente, que ha tenido una periodicidad irregular y ha presentado en sus páginas, por lo general, creaciones y otros trabajos literarios de alumnos de la propia escuela, así como notas sobre la vida cultural de la Universidad.

A todas estas publicaciones habría que añadir la innumerable cantidad de boletines, generalmente de modesto formato y en muchos casos mimeografiados, que recogen las actividades de los Talleres Literarios de las distintas regiones del país, así como las creaciones de diverso tipo de los escritores agrupados en los mismos.

Bibliografía

Abril Amores, Eduardo, «El periodismo en Oriente», en *Álbum del cincuentenario de la Asociación de Repórters de La Habana, 1902-*

1952, La Habana, Editorial Lex, 1952, págs. 78-80.

Alcover, Antonio Miguel, *El periodismo en Sagua, sus manifestaciones, apuntes para la historia del periodismo cubano*, La Habana, Tipografía La Australia, 1901.

Aragonés y Machado, Alberto, El *periodismo en las Villas*, Cienfuegos, Imprenta Casas, 1953.

Arango, Rodolfo, «Periodismo humorístico», en *El periodismo en Cuba*, La Habana, 59-61, 1935.

Arocena, Berta, «Mujeres en el periodismo cubano», en *Álbum del cincuentenario de la Asociación de Repórters de La Habana, 1902-1952*, La Habana, Editorial Lex, 1952, págs. 114-116.

Bachiller y Morales, Antonio, «Publicaciones periódicas, catálogo razonado, y cronológico hasta 1840 inclusive», en su *Apuntes para la historia de las letras y de la instrucción pública en la isla de Cuba*, tomo 2, La Habana, Academia de Ciencias de Cuba, Instituto de Literatura y Lingüística, 1971, págs. 193-239.

Batista Moreno, René, *Principio y desarrollo del periodismo en Camajuaní*, «Microprólogo», por Antonio Díaz Abreu, Caibarién, Las Villas, 1967.

Batista Villarreal, Teresita, Josefina García Carranza y Miguelina Ponte, *Catálogo de publicaciones periódicas cubanas de los Siglos XVIII y XIX*, La Habana, Biblioteca Nacional José Martí, Departamento Colección Cubana, 1965.

Becali, Ramón, «Martí y la prensa en los campos de Cuba Libre», en *Bohemia*, La Habana, 63, 5, 28-31, enero 29, 1971.

Becerra de León, Berta, «La imprenta en Cuba en el siglo XVIII», en *Boletín de la Asociación Cubana de Bibliotecarios*, La Habana, 3, 3, 79-87, septiembre, 1951.

«Las revistas cubanas más importantes en los últimos cincuenta años», en *Álbum del cincuentenario de la Asociación de Repórters de La Habana, 1902-1952*, La Habana, Editorial Lex, 1952, págs. 233-236.

Benítez, José A., «Matanzas, medios de difusión, siglo XIX», en *Granma*, La Habana, 11, 206, 3, septiembre 1, 1975.

Benítez y Domínguez, J., «El primer periódico aéreo del mundo nació en Cuba», en *Álbum del cincuentenario de la Asociación de Repórters de La Habana, 1902-1952*, La Habana, Editorial Lex, 1952, págs. 60-61.

Bueno, Salvador, «El periodismo literario en Cuba, de *El Fígaro* a *Social*», en *Crónica*, La Habana, 1, 2, 17-22, 38, abril-junio, 1960.

Bustamante, Luis J., *Periódicos y revistas de Cienfuegos*, 1845-1940, Cienfuegos, Ateneo de Cienfuegos, 1940, Cuadernos de cultura popular, I.

Carricarte, Arturo Ramón de, «Sobre "el periódico local"», en *El periodismo en Cuba*, La Habana, 76-88, 1941.

Castellanos, Gerardo G., «La prensa de ayer y de hoy, literatos y periodistas», en su *Relicario histórico, frutos coloniales y de la vieja*

Guanabacoa, La Habana, Editorial Librería Selecta, 1948, págs. 601-645.

Castro de Morales, Lilia, «La prensa cubana en Estados Unidos durante el siglo XIX», en *Revista de la Biblioteca Nacional*, La Habana, 2.ª serie, 1, 2, 37-50, febrero, 1950.

Céspedes, Julio de, «Los cronistas sociales en cincuenta años», en *Álbum del cincuentenario de la Asociación de Repórters de La Habana, 1902-1952*, La Habana, Editorial Lex, 1952, págs. 117-119.

Conangla Fontanilles, José, «Panorama columnista del periodismo cubano», en *Álbum del cincuentenario de la Asociación de Repórters de La Habana, 1902-1952*, La Habana, Editorial Lex, 1952, págs. 306-313.

Conde Kostia, seudónimo de Aniceto Valdivia, «La prensa autonomista, apuntes para su historia», en *El Fígaro*, La Habana, 14, 1, 40-42, enero 2, 1898.

Cosculluela, José R., «Historia de la prensa musical en Cuba», en *El periodismo en Cuba*, La Habana, 45-51, 1945.

Cotta Benítez, Ramón, «La caricatura en el periodismo cubano», en *Álbum del cincuentenario de la Asociación de Repórters de La Habana*, 1902-1952, La Habana, Editorial Lex, 1952, pág. 332.

Cuesta Jiménez, Valentín, *Evolución del Papel Periódico en Güines*, historia de la imprenta y del periodismo desde 1862 a 1899, prólogo de Ángel Salerno, Guanabacoa, La Habana, Editora Matices, 1956.

Chaurrondo C. M., Rvdo. P. Hilario, «La prensa católica en Cuba», en *El periodismo en Cuba*, La Habana, 183-185, 1935.

Deschamps Chapeaux, Pedro, *El negro en el periodismo cubano en el siglo XIX*, La Habana, Ediciones R, 1963.

Díaz Martínez, Manuel, «Primeras, publicaciones periódicas cubanas», en *La Gaceta de Cuba*, La Habana, 72, 8-9, abril, 1969.

Dollero, Adolfo, «Apuntes sobre la introducción de la imprenta, orígenes de la prensa cubana y su desarrollo, bosquejo», en su *Cultura Cubana, Cuban Culture*, La Habana, Imprenta El Siglo XX, 1916, págs. 82-97.

«La prensa matancera y su evolución desde 1913» y «La prensa de Cárdenas y su evolución, bosquejo», en su *Cultura cubana, la provincia de Matanzas y su evolución*, obra histórica ricamente ilustrada, La Habana, Imprenta Seoane y Fernández, 1919, págs. 30-37 y 323-325.

«Algunas notas para la historia de la prensa de Vuelta Abajo», en su *Cultura cubana, la provincia de Pinar del Río y su evolución*, obra histórico-cultural ilustrada, La Habana, Imprenta Seoane y Fernández, 1921, págs. 290-300.

Ducazcal, seudónimo de Joaquín Navarro Riera, «Figuras del periodismo cubano en la época colonial, notas al vuelo», en *El periodismo en Cuba*, La Habana, 133-139, 1941.

Escala Milián, Luis, «Congresos nacionales de periodistas», en *Álbum del cincuentenario de la Asociación de Repórters de La Habana, 1902-1952*, La Habana, Editorial Lex, 1952, págs. 49-51.

Expósito Casasús, Juan José, «La prensa en la emigración», en su *La emigración cubana y la independencia de la patria*, La Habana, Editorial Lex, 1953, págs. 455-464.

Figueredo, Mario, «Periodismo y ajedrez», en *Álbum del cincuentenario de la asociación de Repórters de La Habana*, 1902-1952, La Habana, Editorial Lex, 1952, págs. 135-136.

Figueroa, Esperanza, «Inicios del periodismo en Cuba, en el 150.º aniversario del *Papel Periódico*», en *Revista Bimestre Cubana*, La Habana, 49, 39-68, 1er. semestre, 1942.

Fina García, Francisco, «El periodismo en el término municipal de Santiago de las Vegas», en *El periodismo en Cuba*, La Habana, 55-64, 1947.

La prensa en Santiago de las Vegas, Santiago de las Vegas, La Habana, Editorial Antena, 1961.

Gálvez, Napoleón, «La prensa autonomista», en *El periodismo en Cuba*, La Habana, 31-35, 1935.

Gallego García, Tesifonte, «La prensa cubana», en su *Cuba por fuera, apuntes del natural*, La Habana, La Propaganda Literaria, 1890, págs. 49-83.

García Galán, Gabriel, «Maestros de instrucción primaria en el periodismo», en *Álbum del cincuentenario de la Asociación de Repórters de La Habana, 1902-1952*, La Habana, Editorial Lex, 1952, págs. 225-227.

García Garófalo Mesa, Manuel, «Periodismo villaclareño prerevolucionario, es decir, anterior al año en que se efectuó la independencia», en *Anales de la Academia de la Historia de Cuba*, La Habana, 8 125-151, enero-diciembre, 1926.

Gómez Wangüemert, Luis, «La evolución contemporánea de la revista en Cuba», en *El periodismo en Cuba*, La Habana, 149-151, 1935.

González Curquejo, Antonio, «La prensa médica en relación con los farmacéuticos, trabajo leído en el Primer Congreso de la Prensa Médica, celebrado en La Habana en los días 22 y 23 de febrero de 1911» en *Revista Bimestre Cubana*, La Habana, 7, 2, 207-220, marzo-abril, 1912.

González Rodríguez, Tomás, *La prensa en Cuba*, obra histórica conmemorativa, con datos biográficos, y bibliográficos de periodistas y periódicos de Cuba, La Habana, Lapido-Iglesias, 1932.

Guerra, Armando, *El periodismo en Artemisa, contribución histórica*, Artemisa, Imprenta Robainas, 1923.

Illán, Rafael, *Papel de envolver*, Barcelona, Tipografía El Anuario de la Exportación, 1909.

Iraeta Lecuona, Corpus, «El periodismo en Matanzas, recuerdos del tiempo viejo», en *El periodismo en Cuba*, La Habana, 113-118, 1946.

Jiménez Perdomo, B., «La crónica deportiva en el periodismo cubano», en *Álbum del cincuentenario de la Asociación de Repórters de La Habana, 1902-1952*, La Habana, Editorial Lex, 1952, págs. 383-386.

Labraña. José María, «La prensa en Cuba», en *Cuba en la mano*, enciclopedia popular ilustrada, La Habana, Imprenta Úcar, García, 1940, págs. 649-786.

Lapique Becali, Zoila, «La música en la revistas cubanas del siglo XIX, 1822-1868», en *Revista de la Biblioteca Nacional José Martí*, La Habana, 59, 3.ª época, 10, 3, 89, 104, septiembre-diciembre, 1968.

Lapique Becali, Zoila, Juana Zurbarán y Guillermo Sánchez, «La primera imprenta litográfica en Cuba», en *Revista de la Biblioteca Nacional José Martí*, La Habana, 61, 3.ª época, 12, 3, 35-47, septiembre-diciembre, 1970.

León Enrique, Roberto, *Última edición*, bosquejo histórico de la prensa cubana en la lucha de clases, La Habana, Instituto Cubano del Libro, 1975.

Le Riverend, Julio, «La imprenta y las primeras gacetas, en torno a la cultura cubana durante el siglo XVIII», en *Boletín de la Asociación Cubana de Bibliotecarios*, La Habana, 9, 4, 117-131, diciembre, 1957.

López, Ruy, seudónimo, «Ajedrez, libros y revistas cubanas», en *Carteles*, La Habana, 32, 32, 14, agosto 12, 1951.

Loy, Ramón, «Los dibujantes en el periodismo cubano en los cincuenta años de república», en *Álbum del cincuentenario de Asociación de Repórters de La Habana, 1902-1952*, La Habana, Editorial Lex, 1952, págs. 333-335.

Llaverías, Joaquín, *Los periódicos de Martí*, La Habana, Imprenta Pérez Sierra, 1930.

«La prensa revolucionaria», en González Rodríguez, Tomás, *La prensa en Cuba*, obra histórica conmemorativa, con datos biográficos y bibliográficos de periodistas y periódicos de Cuba, La Habana, Lapido-Iglesias, 1932, *s. p.*

Contribución a la historia de la prensa periódica, prefacio de Emeterio Santiago Santovenia, tomo 2. Prefacio de Elías Entralgo, La Habana, Talleres del Archivo Nacional de Cuba, 1957-1959, 2 T., Publicaciones del Archivo Nacional de Cuba, 47 y 48.

Malcas, Antonio M., «El periodismo en Matanzas», en *Álbum del cincuentenario de la Asociación de Repórters de La Habana, 1902-1952*, La Habana, Editorial Lex, 1952, págs. 67-69.

Márquez, José de Jesús, «El periodismo en Cuba», en *La Aurora*, La Habana, 1, 60, 2-3, mayo 13, 1866.

Marsán, Gloria, «Ayer, hoy y mañana, presencia femenina en el periodismo cubano», en UPEC, La Habana, 5, 19, 36-40, 1973.

Martínez Fortún y Foyo, José A., *La prensa en Remedios y su jurisdicción*, apuntes históricos, Remedios, Imprenta La Tribuna, 1925.

Martínez-Moles, Manuel, *Periodismo y periódicos espirituanos*, trabajo de ingreso presentado por el académico correspondiente, La Habana, Imprenta El Siglo XX, 1930.

Maspons Franco, Juan, «La prensa en la manigua heroica», en González Rodríguez, Tomás, *La prensa en Cuba*, obra histórica conmemorativa, con datos biográficos, y bibliográficos de periodistas y periódicos de Cuba, La Habana, Lapido-Iglesias, 1932, *s. p.*

Molina, Antonio J., *La prensa periódica de Sancti Spíritus, 1834-1960*, La Habana, 1960, edición mecanografiada.

Molina, Israel M., *Índice cronológico de la prensa en Matanzas*, Matanzas, Imprenta García, 1955.

Montoro, Octavio, «Los médicos y el periodismo», en *Álbum del cincuentenario de la Asociación de Repórters de La Habana, 1902-1952*, La Habana, Editorial Lex, 1952, págs. 97-99.

Moreno, Enrique H., «Las empresas periodísticas», en *El periodismo en Cuba*, La Habana, págs. 105-110, 1935.

«Breve historia del Retiro de Periodista», en *El periodismo en Cuba*, La Habana, 117-151, 1942.

«La prensa», en *Facetas de la vida de Cuba republicana, 1902-1952*, publicado en conmemoración del cincuentenario de la República, La Habana, Municipio de La Habana, Oficina del Historiador de la Ciudad, 1954, págs. 267-290, Colección histórica cubana y americana, 13.

Padilla, Bartolomé S., «La prensa técnica de Cuba, Razón de ser, utilidad y función de la prensa técnica», en *Álbum del cincuentenario de la Asociación de Repórters de La Habana, 1902-1952*, La Habana, Editorial Lex, 1952, págs. 54-56.

Pardo Pimentel, Nicolás, «Estado de la prensa periódica y de la literatura en La Habana, en *Noticioso y lucero*», La Habana, 6, 19, 2-3, enero 19, 1939.

Pegudo, Rafael, «Cincuenta años de periodismo gráfico», en *Álbum del cincuentenario de la Asociación de Repórters de La Habana, 1902-1952*, La Habana, Editorial Lex, 314-322.

Peláez, Yolanda, «Junto al machete libertador, la prensa mambisa», en *Granma*, La Habana, 10, 149, 2, junio 26, 1974.

Penichet, Antonio, «Evolución mecánica del periodismo en Cuba», en *El periodismo en Cuba*, La Habana, 143-147, 1935.

Peraza, Fermín, «Importancia de las publicaciones periódicas en la Bibliografía cubana» en *El periodismo en Cuba*, La Habana, 83-89, 1949.

Perdomo, José E., «El tabaco y la prensa técnica de Cuba», en *El periodismo en Cuba*, La Habana, 114-119, 1945.

Pérez, José, «Datos sobre el periodismo en Sagua la Grande», en *El periodismo en Cuba*, La Habana, 123-126, 1941.

Pérez de Acevedo, Mariano, «La Asociación de la Prensa y el periodismo cubano», en *El periodismo en Cuba*, La Habana, 11-13, 1935.

«Prensa "separatista" antes del 95», en *El periodismo en Cuba*, La Habana, 89-91, 1948.

Pérez de la Riva y Pons, Francisco, «El periódico en Cuba, desde 1764 hasta 1902», en *Revista del Instituto Nacional de Cultura*, La Habana, 1, 1, 1, 24-28, diciembre, 1955.

Portuondo, José Antonio, *La Aurora y los comienzos de la prensa y de la organización obrera en Cuba*, La Habana, Imprenta Nacional de Cuba, 1961.

Pruneda, Isidro, *Los periódicos de Pinar del Río*, estudio bibliográfico, 1852-1952, Cien años, Pinar del Río, Talleres Heraldo Pinareño, 1952.

Remos y Rubio, Juan José, «Las revistas más representativas del siglo XIX», en su *Micrófono*, La Habana, Imprenta Molina, 1937, págs. 221-227.

Rivera Álvarez, Alberto, «Apuntes sobre el periodismo es Camagüey», en *El periodismo en Cuba*, La Habana, 147-154, 1941.

Rivero Muñiz, José, «Los orígenes de la prensa obrera en Cuba», en *Revista de la Biblioteca Nacional José Martí*, La Habana, 3.ª época, 2, 1-4, 67-89, enero-diciembre, 1960.

Rodríguez, Walfredo J., «El periodismo en Camagüey», en *Álbum del cincuentenario de la Asociación de Repórters de La Habana, 1902-1952*, La Habana, Editorial Lex, 1952, págs. 75-77.

Rodríguez Altunaga, Rafael, «De la cultura intelectual, periódicos», en su *Las Villas, biografía de una provincia*, La Habana, Imprenta El Siglo XX, 1955, págs. 250, 265.

Roig de Leuchsenring, Emilio, «Los orígenes de la prensa periódica de Cuba», en *El periodismo en Cuba*, La Habana, 19-29, 1935.

La literatura costumbrista cubana de los siglos XVIII y XIX, La Habana, Oficina del Historiador de la Ciudad de La Habana, 1962, 4 T., Colección histórica cubana y americana, 23-26.

Serpa, Enrique, «Los poetas periodistas», en *El periodismo en Cuba*, La Habana, 111-112, 1935.

Serra, Mariana, «La mujer y su emancipación social en la prensa de los trabajadores del siglo XIX», en *Santiago*, Santiago de Cuba, 20, 139 153, diciembre, 1975.

Shearer, James F., «Periódicos españoles en los Estados Unidos», en *Revista Hispánica Moderna*, Nueva York, 20, 1-2, 45-57, enero-abril, 1954.

Soto Acosta, Jesús, *Bibliografía de la prensa clandestina revolucionaria, 1952-1958*, prólogo de María Teresa Freyre de Andrade, La Habana, Biblioteca Nacional José Martí, 1965, Papeles de la Revolución.

Soto Paz, Rafael, *Antología de periodistas cubanos, 35 biografías, 35 artículos*, La Habana, Empresa Editora de Publicaciones, 1943.

«Un documento sensacional, una junta de periodistas del año 1812», en *Álbum del cincuentenario de la Asociación de Repórters de La Habana, 1902-1952*, La Habana, Editorial Lex, 1952, págs. 159.

Souza, Benigno, «La prensa revolucionaria y la guerra del 95», en *Álbum del cincuentenario de la Asociación de Repórters de La Habana, 1902-1952*, La Habana, Editorial Lex, 1952, págs. 92-96.

Subirats, Pedro G., «Historia del periodismo en Morón», en *El periodismo en Cuba*, La Habana, 93-111, 1941.

Tellería Toca, Evelio, «Prensa obrera de Cuba, capítulo especial en la historia de la prensa cubana», en *Granma*, La Habana, 10, 144, 2, junio 29, 1974.

Toro, Carlos del, «La prensa clandestina y guerrillera en la guerra revolucionaria», en *Gran-*

ma, La Habana, 10, 151, 2, junio 28, 1974.

Trelles, Carlos Manuel, «Bibliografía de la prensa cubana (de 1764 a 1900) y de los periódicos publicados por cubanos en el extranjero», en *Revista Bibliográfica Cubana*, La Habana, 2 y 3, 7-40, 81-114, 145-168, 209-268 y 5-34, 67-100, 155-172, 191-196, 1938 y 1939.

Vázquez, Adelina, y otros, *Apuntes de la prensa clandestina y guerrillera del período 1952-1958*, La Habana, Instituto Cubano del Libro, 1970.

Vera, Ernesto, «Algunos aspectos de la lucha ideológica y la prensa en Cuba», en *Verde Olivo*, La Habana, 16, 28, 8-11, junio 30, 1974.

Vérez de Peraza, Elena Luisa, *publicaciones de las instituciones culturales cubanas*, La Habana, Ediciones Anuario Bibliográfico Cubano, 1949.

Zaldívar, Carmen, «Cuba 1865. Inicio de la prensa obrera», en *UPEC*, La Habana, 5, 20, 4-7, 1973.

Zayas, Alfredo, «La libertad de imprenta en La Habana, 1869», en *La Habana Literaria*, La Habana, abril-junio, agosto, octubre-diciembre y febrero, abril, 1892 y 1893.

Periodismo en Cuba, El. Libro conmemorativo del Día del Periodista (La Habana, 1935; 1938-1957). Publicación anual editada por el Retiro de Periodistas. El primer número correspondió al año 1935. Después de este número no se publicó más hasta el de 1938, año en que comenzó a salir con regularidad. La finalidad de este anuario era sintetizar la vida del periodismo cubano durante el año precedente, pero además dio a conocer trabajos relacionados con los orígenes y desarrollo de la prensa cubana, publicó biografías, reseñas, anécdotas, trabajos históricos y literarios y algunos cuentos y poemas. Colaboraron en sus páginas Emilio Roig de Leuchsenring, Joaquín Llaverías, Nicolás Guillén, Gustavo Robreño, Andrés Núñez Olano, E. González Manet, Arturo Alfonso Roselló, Enrique Serpa, Armando Leyva, Rafael García Bárcena, Arturo Ramón de Carricarte, César Rodríguez Expósito, Antonio Penichet, Joaquín Navarro Riera (*Ducazcal*), Julio Le Riverend, Rafael Esténger, Emeterio Santiago Santovenia, José María Chacón y Calvo, Enrique Gay Calbó, Gonzalo de Quesada y Miranda, Antonio Iraizoz, Fernando Llés, José Conangla Fontanills, Jorge Mañach y Rafael Suárez Solís. En el volumen correspondiente al año 1952, entre la páginas 101 y 122, apareció un trabajo firmado por Enrique H. Moreno titulado «Nuestro índice», que recoge «el índice alfabético de los ciento cincuenta autores que han colaborado, con la cronología de su labor de cada uno». El último volumen encontrado corresponde al año 1957.

Periodista, El (La Habana, 1948; 1950). Tabloide. Vocero del Colegio Provincial de Periodistas de La Habana. El primer número correspondió al mes de mayo. Fue dirigido en sus inicios por Guillermo Rubiera Rodríguez, después por Jorge Quintana y posteriormente por José A. Barbeito Precede. En el ejemplar inicial aparecía un «Saludo» en el que se expresaba, entre otras cosas, lo siguiente: «Surge a la circulación *El Periodista*, no tan solo como una necesidad imperativa de divulgar las tareas que se realizan por nuestra Junta de Gobierno Provincial, o las actividades personales de colegiados, que se distinguen en las batallas del saber humano, sino como consecuencia directa e indubitable de la experiencia obtenida en recientes luchas. Era imprescindible que la Junta de Gobierno Provincial tuviera su órgano de publicidad. Su trinchera modesta, pero tan irreductible como justas fueran sus razones de existencia. Para que nuestro grito fuera más nuestro, pero a la vez más grito también, estamos hoy en la calle». Se ha revisado en forma consecutiva hasta el número 5, correspondiente a septiembre de 1948.

El siguiente número encontrado (9), que corresponde a julio de 1950, trae como subtítulo «Órgano oficial del Colegio Provincial de Periodistas de La Habana» y presenta un formato menor. En una nota titulada «Reaparece *El Periodista*», se lee: «Para cumplir un acuerdo de la Junta de Gobierno del Colegio Provincial de La Habana que había dado vida a *El Periodista*, esta publicación vuelve a salir. Las razones por las que dejó de publicarse no son del caso comentar. Lo importante es que *El Periodista* está de nuevo en la calle [...]». En los primeros cinco números editados en esta etapa aparecen, además de informaciones a los periodistas colegiados, cuentos, poemas y trabajos sobre

arte. Se encuentran colaboraciones de Emilio Ballagas, Enrique Serpa, Gustavo Robreño, Félix Pita Rodríguez, Rafael Suárez Solís, Félix Soloni, Andrés Núñez Olano, Rafael Marquina, Manuel Márquez Sterling, Regino Pedroso, Nicolás Guillén, Juan Luis Martín, Manuel Millares Vázquez y Lino Novás Calvo. Se advierte en los números de 1950 en adelante que el tabloide se convierte, exclusivamente, en portavoz de los problemas internos del Colegio Provincial de Periodistas, así como también que empieza a publicar textos sobre cuestiones de carácter político. El último ejemplar localizado corresponde al 10 de abril de 1952.

Periquito, El (Matanzas, 1868). «Periódico de los niños cuya lectura puede ser útil a muchos que ya han dejado de serlo», dice en el primer número encontrado (17), correspondiente al 20 de diciembre de 1868. Tenía una periodicidad semanal. Era dirigido por Ildefonso Estrada y Zenea. Solamente se han localizado siete números, en los que aparecen cuentos, poemas, adivinanzas literarias y trabajos sobre ciencias, historia, filosofía y teología. Mantuvo la sección «Diccionario de los niños», dedicada a la divulgación de preceptos morales, religiosos y sociales, así como instrucciones y máximas para desarrollar una buena educación. Figuraron en sus páginas colaboraciones del director, firmadas con las iniciales I. de E. y Z., de Antonio López Prieto y de Cecilia del Castillo y León. El último número localizado (26) corresponde al 21 de febrero de 1869.

Se ha hallado otro ejemplar, de formato similar e igual director y subtítulo, correspondiente a la época 7, número 9, del 1.º de marzo de 1874.

Perojo, José del (Santiago de Cuba, 1853-Madrid, 17 octubre 1908). Estudió el bachillerato en Santander, España. Amplió sus estudios de filosofía y jurisprudencia en Francia, Inglaterra y Alemania. Obtuvo el doctorado en Filosofía en la Universidad de Heidelberg. Se especializó en la obra de Kant. Fue uno de los promotores del neokantismo en España. En 1880 fundó en Madrid la *Revista Contemporánea*, de orientación científica. Entre 1886 y 1905 fue cuatro veces diputado a Cortes, a las que asistió como representante del Partido Autonomista Cubano. Fundó y dirigió además *La Opinión* (1886), *Nuevo Mundo* (1894), *El Teatro* (1900). Fue redactor de *El Progreso*. Colaboró en *El País*, *Revista Europea* y *Revista de España*. Un trabajo suyo sobre Schopenhauer fue publicado en el periódico alemán *Philosophishe Monatshefte*, que dio a conocer además una biografía suya. Se destacó como conferenciante. Fue el primer traductor al castellano del texto completo de la *Crítica de la razón pura*, de Kant, publicada en Madrid en 1883.

Tradujo, además, en colaboración con Enrique Camps, *La descendencia del hombre y la selección en relación al sexo*, de Darwin. Falleció cuando hacía uso de la palabra en las Cortes, de las que a la sazón era diputado por Islas Canarias.

Bibliografía activa

Ensayos sobre el movimiento intelectual en Alemania, Madrid, Imprenta de Medina y Navarro, 1875.

La colonization espagnole, conférence de 10 septembre 1883, Exposition internationale d'Amsterdam, Amsterdam, Schroeder, 1883.

Cuestiones coloniales, I. España como nación colonizadora, II. Relaciones políticas entre las colonias y la Madre Patria, discurso, Madrid, Imprenta de M. G. Hernández, 1883.

Ensayos de política colonial, Madrid, Imprenta de M. Ginesta, 1885.

La cuestión de Cuba, discursos parlamentarios en las sesiones del 9 y 14 de mayo de 1887, Madrid, Imprenta de los hijos de J. A. García, 1887.

Comercio de España con las repúblicas hispano-americanas, Lo que es, Lo que debía ser, Ponencia en la sesión cuarta del Congreso Geográfico Hispano-portugués-americano, Madrid, Tipografía Franco-española, 1892.

Ensayos sobre educación, Madrid, Imprenta Nuevo Mundo, 1907.

La educación española, discursos pronunciados en el Congreso de los Diputados los días 18 y 19 de diciembre de 1904.

La pedagogía y la política, Madrid, Imprenta de Nuevo Mundo, 1908.

Bibliografía pasiva

Hernández Catá, Alfonso, «José del Perojo», en *El Fígaro*, La Habana, 23, 48, 585, diciembre 18, 1907.

Martínez Arango, Felipe, «Perojo y Figueras, José del, 1852-1908», en su *Próceres de Santiago de Cuba*, *Índice biográfico alfabético*, trabajo presentado al IV Congreso Nacional de Historia, prólogo de Leonardo Griñán Peralta, La Habana, Imprenta de la Universidad de La Habana, 1946, págs. 141-142.

Vitier, Medardo, «José del Perojo», en su *La filosofía en Cuba*, México D. F., Fondo de Cultura Económica, 1948, págs. 169-180.

Pétalos (Guantánamo, Oriente, 1912-1913). «Revista decenal ilustrada. Ciencias, artes y letras», se lee en el primer ejemplar visto (número 2), correspondiente al 20 de octubre de 1912.

Fue dirigida y administrada por Angelina Castellanos Díaz. Durante varios números Sara Isalgué fue su redactora. Publicó poemas, cuentos, prosa poética, crítica literaria y trabajos sobre educación femenina y música. Aparecieron también en sus páginas noticias teatrales de la ciudad. Entre sus colaboradores figuraron Fernando Torralva, Higinio Julio Medrano, Pedro A. López, Rafael G. Argilagos, Daniel N. Bertrán (*Pierrot*), Rafael y Eduardo Pullés y Luis M. Catalá. Reprodujo composiciones de varios poetas latinoamericanos, como Julio Flores, Salvador Rueda, José Santos Chocano y Rubén Darío. Algunas colaboraciones fueron firmadas bajo los seudónimos *Bravonel* (seudónimo de Manuel Lozano Casado) y *Dr. Oka*. El último número visto corresponde al 30 de marzo de 1913.

Pezuela, **Jacobo de la** (Cádiz, España, 24 julio 1811-La Habana, 3 octubre 1882). Cursó estudios en el Colegio de San Mateo, de Madrid y el Colegio de Escoceses, de Valladolid, estudió dos años de latinidad y de lengua inglesa entre 1823 y 1825. Se trasladó a Burdeos. Fue alumno del Colegio Real de Angulema y se graduó de Bachiller en Letras en Montpellier (1828). Regresó a España con su padre en 1829. Ingresó en las armas en 1833.

Como ayudante de campo del teniente general don Gerónimo Valdés y con el grado de teniente coronel, llegó a La Habana en 1841. Fue nombrado socio de número de la Real Sociedad Económica de La Habana en 1842 por su *Ensayo histórico de la Isla de Cuba*. Desempeñó el cargo de coronel del regimiento de Matanzas y ocupó las tenencias de gobierno de Sagua la Grande y de San Julián de Güines, en Las Villas y La Habana respectivamente. En 1847 se trasladó a Europa. Se dedicó a buscar datos sobre Cuba en España, Francia e Inglaterra. Tras su regreso a Cuba tuvo que marcharse de nuevo, en 1850, al ser destituido de sus cargos por el nuevo gobernador, Gutiérrez de la Concha. Regresó en 1852 al ser relevado el gobernador.

Entre 1853 y 1856 dirigió el periódico semanal *Anales y Memorias de la Real Junta de*

Fomento y Real Sociedad Económica de La Habana, donde publicó sus trabajos «Estado actual de la esclavitud en los Estados Unidos» y «Situación actual de la Turquía», entre otros. Se retiró del ejército en 1854. Ese mismo año, al ser nombrado nuevamente Gutiérrez de la Concha, se marchó a España. Ingresó en la Real Academia de la Historia en 1865. Era miembro de la Sociedad Universal de Ciencias de París, de la Sociedad Geográfica de Madrid y de la de Londres. Como colaboración a la *Crónica general de España* escribió su *Crónica de las Antillas* (1871). En la *Revista de España* (1872) publicó su monografía «El conde de Aranda», parte integrante de su inédita *Historia de todos los capitanes generales de Cuba, desde la creación de este cargo.*

Bibliografía activa

Ensayo histórico de la Isla de Cuba, Nueva York, Imprenta Española de R. Rafael, 1842.

Sitio y rendición de La Habana en 1762, con un plano de la plaza de La Habana, Madrid, Imprenta de Manuel Rivadeneyra, 1859.

Diccionario geográfico, estadístico, histórico de la Isla de Cuba, Madrid, Imprenta del Establecimiento de Mellado-Imprenta del Banco Industrial y Mercantil, 1863-1866, 4 T.

Necesidades de Cuba, Madrid, Imprenta Banco Industrial y Mercantil, 1865.

Historia de la Isla de Cuba, Madrid, Carlos Bailly-Baillière, 1868-1878, 4 T.

Cómo vio Jacobo de la Pezuela la toma de La Habana por los ingleses, Cuatro capítulos de su *Historia de la Isla de Cuba* y un fragmento de su *Diccionario geográfico, estadístico, histórico de la isla de Cuba*, nota preliminar por Emilio Roig de Leuchsenring, La Habana, Oficina del Historiador de la Ciudad, 1962, Colección del bicentenario de 1762, 4.

Bibliografía pasiva

Bachiller y Morales, Antonio, «Bibliografía, *Diccionario geográfico, estadístico, histórico de la isla de Cuba* por don Jacobo Pezuela, tomo 1», en *El Siglo*, La Habana, 2, 193, 2-3, agosto 13, 1863.

Funtanellas, Carlos, «Don Jacobo de la Pezuela historiador de Cuba, 1812-1882», en *Estudios de la historiografía americana*, México D. F., El Colegio de México, 1948, págs. 433-478.

Montoro Valdés, Rafael, *trabajos históricos, jurídicos y económicos*, La Habana, Cultural, 1930, págs. 29-35, Obras, 3.

Pérez Cabrera, José Manuel, «Los clásicos de la historia de Cuba, II. Jacobo de la Pezuela», en su *Historiografía de Cuba*, México D. F., Instituto Panamericano de Geografía e Historia, 1962, págs. 203-225 y 242-246, Publicaciones, 262.

Remos y Rubio, Juan José, «La obra histórica de Pezuela», en *Revista de la Biblioteca Nacional*, La Habana, segunda serie, 6, 1, 59-62, enero-marzo, 1955.

Pichardo, Esteban (Santiago de los Caballeros, Santo Domingo, 26 diciembre 1799-La Habana, 1879). Su familia se trasladó a Cuba en 1801 a causa de la cesión que España hizo a Francia de su isla de origen. Después de una breve estancia en Baracoa se trasladaron a Puerto Príncipe (Camagüey). En la Audiencia Pretorial de Santo Domingo, en esta ciudad, su padre desempeñó un cargo. Inició sus estudios en esta misma villa. Se graduó de bachiller en el Seminario San Carlos, en La Habana, en 1815. En Camagüey se graduó de derecho en 1821.

En su juventud viajó por Estados Unidos, las Antillas y Europa. Envuelto en un proceso judicial por un equívoco surgido en la aduana española en 1825, huyó a Francia. Ejerció su profesión en Guanajay (Pinar del Río), La Habana, Matanzas, Puerto Príncipe, Santa Clara y Santiago de Cuba. Fue secretario de la Comisión Territorial y de la Comisión Provincial del Censo. Fue premiado por la Academia de Ciencias de La Habana, de la que fue académico de mérito. Era socio de la Real Sociedad Económica de Amigos del País. Dejó sin concluir una serie de trabajos iniciados y otros en proyecto.

Bibliografía activa

Notas cronológicas sobre la Isla, La Habana, 1822.

Miscelánea poética, poemas, La Habana, Imprenta de Díaz de Castro, 1822; La Habana, Imprenta de la Universidad de Antonio M. Valdés, 1928.

Itinerario general de los caminos principales de la Isla de Cuba, La Habana, Imprenta de Pedro Nolasco Palmer, 1828.

Diccionario provincial de voces cubanas, Matanzas, Imprenta de la Real Marina, 1836.

Diccionario provincial casi razonado de voces cubanas, 2.ª edición, notablemente aumentada y corregida, La Habana, Imprenta de M. Soler, 1849; 3.ª edición, notablemente aumentada, y corregida, La Habana, Imprenta La Antillana, 1862; 4.ª edición corregida y aumentada, La Habana, Imprenta El Trabajo, 1875.

Pichardo novísimo; o, Diccionario provincial casi razonado de voces y frases cubanas, Novísima edición corregida y ampliamente anotada por Esteban Rodríguez Herrera, La Habana, Editorial Librería Selecta, 1953.

Estadística y geografía judicial de Matanzas, Matanzas, Imprenta de Gobierno y Real Marina, 1838.

Geografía de la Isla de Cuba, La Habana, Establecimiento Tipográfico de M. Soler, 1854-1855, 4 T.

Caminos de la isla de Cuba, Itinerarios, La Habana, Imprenta Militar de M. Soler, 1865, 3 T.

El fatalista, novela cubana, La Habana, Imprenta Militar de M. Soler, 1866.

Nueva Carta geotopográfica de la Isla de Cuba, La Habana, Imprenta Militar, 1870.

Gran carta geo-corotopográfica de la Isla de Cuba, 1849 a 1862, s. l., s. a.

Bibliografía pasiva

Cárdenas Rodríguez, José María, «Breves reparos al diccionario de Pichardo», en *Revista*

Cubana, La Habana, 6, 393-404, 1887.

«Entierro de don Esteban Pichardo», en *Revista de Cuba*, La Habana, 6, 100, 1879.

«Esteban Pichardo», en *Revista de Cuba*, La Habana, 6, 90-92, 1879.

Massip, Salvador, *Esteban Pichardo, 1799-1879*, La Habana, Editora de Libros y Folletos, 1941.

Valdivia, Humberto, *El geógrafo cubano, estudio biográfico y crítico sobre Esteban Pichardo Tapia*, La Habana, Editorial Alberto Soto, *s. a.*, 2 T.

Varona, Enrique José, «Diccionario provincial de voces y frases cubanas, 4.ª edición», en *La Enseñanza*, La Habana, 1, 3, 29-333, noviembre 1, 1875.

Pichardo, **Francisco Javier** (Puerto Príncipe, 13 marzo 1873-La Habana, 1941). Se educó en el colegio de los Padres Escolapios de su ciudad natal. Entre 1891 y 1898 publicó diversas narraciones en publicaciones periódicas de Camagüey. Se graduó de bachiller en 1894.

Viajó a México en 1896. Tras su permanencia de más de un año en territorio mexicano, regresó a Cuba para incorporarse a las filas insurrectas cubanas, a las que se sumó en 1898 junto con dos hermanos. Terminada la contienda, recibió su licenciamiento en 1899. Trabajó en el primer censo de la República y en las oficinas de un central azucarero de su provincia natal. Colaboró en *Letras, La Discusión, Azul y Rojo, Bohemia, El Fígaro*. Escribió

piezas teatrales breves. Su labor pública en la Administración de Hacienda lo apartó de la literatura. Sus últimas producciones, dispersas en publicaciones periódicas, datan probablemente de los primeros años de la década de 1820. Hizo traducciones al español de poemas de *Les trophées*, de José María Heredia, en cuyas versiones trabajó durante algún tiempo. Utilizó los seudónimos *Kaolino*, *Tarás*, *Pacarchio* y las iniciales F. P.

Bibliografía activa

Voces nómadas, poesía, La Habana, Imprenta La Universal, 1908.

Bibliografía pasiva

Carbonell, José Manuel, «Francisco de Jesús Pichardo», en su *La poesía lírica en Cuba*, recopilación dirigida, prologada y anotada, tomo 5, La Habana, Imprenta El Siglo XX, 1928, págs. 7-8, Evolución de la cultura cubana, 1608-1927, 5.

Lizaso, Félix y José Antonio Fernández de Castro, «Francisco J., Pichardo», en su *La poesía moderna en Cuba, 1882-1925*, antología crítica, ordenada y publicada, Madrid, Editorial Hernando, 1926, págs. 169-170.

Suardíaz, Luis, «Francisco Javier Pichardo cien años después», en *Revolución y Cultura*, La Habana, 13, 3-10, agosto, 1973.

Vitier, Cintio, «Francisco Javier Pichardo», en su *Cincuenta años de poesía cubana, 1902-1952*, ordenación, antología y notas, La Habana, Ministerio de Educación, Dirección de

Cultura, 1952, págs. 34.

Pichardo Moya, **Felipe** (Camagüey, 18 octubre 1892-La Habana, 30 marzo 1957). Durante sus años de estudiante en el Instituto de La Habana publicó sus primeros poemas en la página literaria de *Cuba* y fundó, con José María Chacón y Calvo, Mariano Brull, Gustavo Sánchez Galarraga y otros, la Sociedad Filomática. Con su poema «Visión del istmo» obtuvo un accésit en los Juegos Florales Hispano-cubanos de 1915. Se graduó de abogado en la Universidad de La Habana. Poco después, en 1917, se trasladó a su ciudad natal y comenzó a ejercer su profesión en el bufete de su hermano mayor. Fue profesor de literatura y director del Instituto de Camagüey. Fue jefe de redacción de *Gráfico* y redactor de *Heraldo de Cuba*. Colaboró en *Letras*, *Actualidades*, *Cuba Contemporánea*, *Revista Cubana*, *Social*, *El Fígaro*. Trabajó como periodista en *Avance*. Fue miembro de la Academia Cubana de la Lengua. Obtuvo por oposición un alto cargo en el Tribunal de Cuentas.

Es autor de las obras de teatro «Alas que nacen; farsa que quiere ser trágica» (*Cuba Contemporánea*. La Habana, 32: 50-65, 1923), «Agüeibaná», tragedia del tiempo de los indios taínos de Cuba (*Revista de Arqueología*, La Habana, 3, 5, 26-66, 1941) y «La oración», farsa de los viejos tiempos (*Revista Cubana*, La Habana, 15: 108-136, 1941). Es autor, además, de la edición y el estudio crítico de *Espejo de paciencia* (1942), de Silvestre de Balboa, y del ensayo «La cubanidad en nuestra poesía anterior a Heredia», publicado en *Memoria del Cuarto Congreso del Instituto Internacional de Literatura* (1949). Es considerado uno de los precursores de la poesía negrista en Cuba por sus poemas «La comparsa» y «Filosofía del bronce».

Bibliografía activa

La ciudad de los espejos y otros poemas, Camagüey, Imprenta Gutenberg, 1925.

La oración; farsa de los viejos tiempos..., separata de *Revista Cubana*, La Habana, 1941.

Canto de isla, poema, La Habana, Imprenta Úcar, García, 1942.

Caverna, costa y meseta, interpretaciones de arqueología indocubana, La Habana, Editor Jesús Montero, 1945, Biblioteca de historia, filosofía y sociología, 17.

Los indios de Cuba en su tiempos históricos, trabajo leído en recepción pública la noche del 28 de septiembre de 1945, La Habana, Imprenta El Siglo XX, 1945.

Cuba precolombina, un texto para maestros y alumnos, La Habana, Editorial Librería Selecta, 1949.

Los aborígenes de las Antillas, México D. F., Fondo de Cultura Económica, 1956.

El primer caney explorado en Cuba, tirada aparte de la *Miscelánea de estudios dedicados a Fernando Ortiz por sus discípulos, colegas y amigos*, La Habana, 1956.

Poesías, «En memoria de Felipe Pichardo Moya», por José María Chacón y Calvo, «Elogio de Felipe Pichardo Moya», por Juan Fonseca y Martínez, «Recuerdo de Felipe Pichardo Moya», por Agustín Acosta, La Habana, Academia Cubana de la Lengua, 1959.

Bibliografía pasiva

Álvarez Conde, José, «Felipe Pichardo Moya, su vida y su obra», en *Revista de la Junta Nacional de Arqueología y Etnología*, La Habana, época 5.ª, número único, 83-93, diciembre, 1961.

Carbonell, José Manuel, «Felipe Pichardo Moya, 1892», en su *La poesía lírica en Cuba*, recopilación, dirigida, y prologada y anotada, tomo 5, La Habana, Imprenta El Siglo XX, 1928, págs. 348, Evolución de la cultura cubana, 1608-1927, 5.

Chacón y Calvo, José María, «Hechos y comentarios, Felipe Pichardo Moya», en *Diario de la Marina*, La Habana, 125, 79, 4-A, abril 2, 1957.

«Felipe Pichardo Moya» en *El Mundo*, La Habana, 66, 21 866, 1, 2, abril 16, 1967.

González Freire, Natividad, «Teatro histórico-social, Felipe Pichardo Moya», en su *Teatro cubano contemporáneo, 1928-1957*, La Habana, Talleres Tipográficos Sociedad Colombista Panamericana, 1958, págs. 69-76.

Lizaso, Félix y José Antonio Fernández de Castro, «Felipe Pichardo Moya», en su *La poesía moderna en Cuba, 1882-1925*, antología crítica, ordenada y publicada, Madrid, Editorial Hernando, 1926, págs. 281-282.

Roa, Raúl, «Felipe Pichardo Moya», en su *15 años después*, La Habana, Editorial Librería Selecta, 1950, págs. 553.

Vitier, Cintio, «Felipe Pichardo Moya», en su *Cincuenta años de poesía cubana, 1902-1952*, ordenación, antología y notas, La Habana, Ministerio de Educación, Dirección de Cultura, 1952, págs. 92.

Pichardo Viñals, Hortensia (La Habana, 22 enero 1904). Se graduó en la Escuela Normal para Maestros de La Habana en 1921 y se doctoró en Pedagogía en 1924. También se doctoró, en 1934, en la Facultad de Filosofía y Letras, en la que realizó estudios de la especialidad Geográfico-Histórica. Llevó a cabo trabajos de investigación sobre temas cubanos en mapotecas y archivos de Estados Unidos, en el Archivo Nacional, en la Biblioteca de la Sociedad Económica de Amigos del País, en el Archivo Municipal y el Museo de Santiago de Cuba. De 1944 a 1962 fue profesora de historia en el Instituto de Segunda Enseñanza de La Víbora (La Habana). En este centro dirigió el Museo de Historia y Geografía y ofreció charlas y conferencias sobre temas históricos nacionales y sobre medios técnicos para la enseñanza de la historia. Concurrió a todos los congresos nacionales de historia como miembro titular de la Sociedad Cubano de Estudios Históricos Nacionales e Internacionales. Asistió además a los congresos nacionales de la Federación y el Colegio de Doctores en Ciencias y en Filosofía y Letras. En 1961 pasó a la Universidad de La Habana, donde ha ocupado las cátedras de Técnica de la Investigación Histórica e Historiografía de Cuba. Formó parte de la primera delegación de profesores universitarios que visitó los países socialistas (1961-1962). Participó en el Seminario para conmemorar el IV centenario de la muerte de fray Bartolomé de las Casas (1966). Ha colaborado en *Alma Cubana, Revista Bimestre Cubana, Instituto de la Víbora, Revista Lyceum, Islas, Revista de la Biblioteca Nacional José Martí, Bohemia, Santiago, Anuario Martiano* y otras publicaciones periódicas. En colaboración con su esposo, Fernando Portuondo, publicó *En torno a la conquista de Cuba* y compiló los *Escritos* (1974) de Carlos Manuel de Céspedes. Ha prologado o anotado la *Carta de relación de la conquista de Cuba* (19), de Diego Velázquez; *Diario del primer viaje; parte referente a Cuba* (19), de Cristobal Colón; *Descripción de la Isla de Cuba* (1973), de Nicolás Joseph de Ribera; la *Constitución de Jimaguayú* (19). Ha compilado y anotado *Lecturas para jóvenes* (1960), *Lecturas para niños* (1962) y *Naturaleza, agricultura, trabajo* (1968), de José Martí; *Cartas a Francisco Carrillo* (1971), de Máximo Gómez y *Documentos para la Historia de Cuba* (1965-1973), en varios volúmenes.

Bibliografía activa

Mercedes Matamoros, su vida y su obra, La Habana, 1952.

Bibliografía pasiva

Méndez, Manuel Isidro, «*Mercedes Matamo-ros, su vida y su obra*, de Hortensia Pichardo», en *Revista de la Biblioteca Nacional*, La Habana, 2.ª serie, 7, 3, 185-186, julio-septiembre, 1956.

Rodríguez, Pedro Pablo, «Cartas de Máximo Gómez a Francisco Carrillo», en *Universidad de La Habana*, La Habana, 196-197, 365-368, 1972.

Pichardo y Arredondo, **Próspero** (Santa Clara, 25 junio 1874-La Habana). Se graduó de Bachiller en Artes en su ciudad natal. Muy joven aún se inició en la literatura y el periodismo. Radicado en La Habana, comenzó a publicar en la revista *El Hogar*. Fue redactor del *Diario de la Familia, El Fígaro, La Discusión*, etc. Fue cronista social en el periódico *El Mundo* desde su fundación en 1901. Alejado del periodismo desde 1908, ingresó en el cuerpo consular como vicecónsul adscrito al Consulado General en Rotterdam (Holanda). Ocupó cargos en Saint-Nazaire (Francia, 1911-1912), Vigo (España, 1912-1915), Jamaica (1915-1918), Japón (1918-1920 y 1921-1923) y Checoslovaquia. A principios de 1935 cesó en sus funciones de diplomático. Usó el seudónimo *Florimel*.

Bibliografía activa

Párrafos y estrofas, prólogo de Manuel Márquez Sterling, La Habana, Imprenta La Musical, 1904.

Arte y vida, Álbum de la sociedad habanera, Colección de sonetos, crónicas sociales, prólogo de *Conde Kostia*, seudónimo de Aniceto Valdivia, La Habana, Imprenta Mercantil, 1907.

Bibliografía pasiva

Collantes, José, «Gente nueva, Próspero Pichardo Arredondo», en *El Fígaro*, La Habana, 15, 41, 417, noviembre 5, 1899.

García Garófalo Mesa, Manuel, «Próspero Pichardo y Arredondo», en su *Los poetas villaclareños*, La Habana, Imprenta J. Arroyo, 1927, págs. 203-205.

Pichardo y Peralta, **Manuel Serafín** (Santa Clara, 12 octubre 1863-Madrid, 13 marzo 1937). Cursó la primaria en su ciudad natal. Se doctoró en Leyes en la Universidad de La Habana. Fue fundador, con Ramón Agapito Catalá, de *El Fígaro* (1885). Colaboró desde muy joven en diversas publicaciones periódicas, entre ellas *La Lucha*. Actuó como miembro sustituto de la Convención Constituyente y fue secretario de la Sala de Gobierno de la Audiencia de La Habana. En 1909 ingresó en el cuerpo diplomático como secretario de la Legación de Cuba en Madrid, donde residió desde entonces. Creó y presidió la Asociación de la Prensa de Cuba. Era miembro de la Academia Nacional de Artes y Letras, la Academia Cubana de la Lengua —creada por iniciativa suya—, la Real Academia Hispanoamericana de Cádiz, etc. Trabajó como secretario general de la Comisión Internacional de Tecnología y Bibliografía, de Madrid. Obtuvo condecoraciones de Francia e Italia. Al morir ocupaba el cargo de consejero-ministro de la Embajada de Cuba en Madrid. Utilizó el seudónimo *El conde Fabián*.

Bibliografía activa

La ciudad blanca, crónicas de la Exposición Colombiana de Chicago, prefacio de Enrique José Varona, La Habana, Imprenta La Propaganda Literaria, 1894; La Habana, Imprenta La Moderna, *s. a.*, Biblioteca de El Fígaro, 5.

Cuba a la República, poemas en dos cantos, con una carta de Diego Vicente Tejera, La Habana, Tipografía El Fígaro, 1902.

Canto a Villa Clara, La Habana, Imprenta de Ruiz, 1907.

Bibliografía pasiva

Carbonell, José Manuel, «Manuel Serafín Pichardo y Peralta, 1863», en su *La poesía lírica en Cuba*, recopilación dirigida, prologada y anotada, tomo 4, La Habana, Imprenta El Siglo XX, 1928, págs. 351-353, Evolución de la cultura cubana, 1608-1927, 4.

Carducci Teisser, P., «Galería biográfica internacional, Manuel Serafín Pichardo, poeta cubano», en *El Fígaro*, La Habana, 23, 20, 233, mayo, 1907.

Catalá, Raquel, «Honores al director de *El Fígaro*, homenaje de Villa Clara a Pichardo», en *El Fígaro*, La Habana, 23, 16, 184, abril, 1907.

Chacón y Calvo, José María, *Evocación de Pichardo* La Habana, Imprenta Molina, 1938.

Darío, Rubén, «Manuel Serafín Pichardo», en

El Fígaro, La Habana, 35, 20-21, 586, mayo 26-junio 2, 1918.

Esténger, Rafael, «Manuel Serafín Pichardo», en su *Cien de las mejores poesías cubanas*, 2.ª edición, aumentada con un ensayo preliminar y la inclusión de poetas actuales, La Habana, Ediciones Mirador, 1948, págs. 282.

González, Joaquín, «Pichardo en Villa Clara, honores resonantes a nuestro director Pichardo, en su pueblo natal» y «Grandes fiestas en Villa Clara en honor de Pichardo», en *El Fígaro*, La Habana, 30, 15 y 16, 178-179 y 187, abril, 1914.

Henríquez Ureña, Pedro, «El modernismo en la poesía cubana», en su *Selección de ensayos*, selección y prólogo de José Rodríguez Feo, La Habana, Casa de la Américas, 1965, págs. 9-10, Colección literaria latinoamericana, 20.

Lezama Lima, José, «Manuel Serafín Pichardo», en su *Antología de la poesía cubana*, tomo 3, La Habana, Consejo Nacional de Cultura, 1965, págs. 430-431.

Lizaso, Félix y José Antonio Fernández de Castro, «Manuel Serafín Pichardo», en su *La poesía moderna en Cuba*, 1882-1925, antología crítica, ordenada y publicada, Madrid, Editorial Hernando, 1926, págs. 138-139.

Magariños, Santiago, «Poetas americanos, Manuel Serafín Pichardo», en *Diario de la Marina*, La Habana, 96, 242, 18, agosto 30, 1938.

Morales, Alfredo Martín, «Manuel Serafín Pichardo», en *El Fígaro*, La Habana, 19, 26, 320-321, junio, 1903.

Montesino, Francisco, «Leyendo a Pichardo», en *Diario de la Marina*, La Habana, 69, 61, 6, marzo 11, 1908.

Trelles, Carlos Manuel, «Un Poeta cubano en Chicago», en *Revista Cubana*, La Habana, 19, 289-305, 1894.

Vitier, Cintio, «Manuel Serafín Pichardo», en su, *Cincuenta años de poesía cubana*, *1902-1952*, ordenación, antología y notas, La Habana, Ministerio de Educación, Dirección de Cultura, 1952, págs. 23.

Piedra-Bueno, **Andrés de** (Unión de Reyes, Matanzas, 3 abril 1903-La Habana, 19 septiembre 1958). Cursó el bachillerato en el Colegio de Belén. Se graduó de abogado en la Universidad de La Habana en 1924. Obtuvo diversos premios y galardones literarios, entre ellos el de la Academia Nacional de Artes y Letras y el de la Secretaría de Instrucción Pública y Bellas Artes, en el concurso de las Bodas de Plata de la República (1927), por su poema *Lápida heroica*. Fue empleado del Consejo Corporativo creado por el régimen de Batista. Asistió, en representación suya, al Primer Congreso de Arte, celebrado en Santiago de Cuba en 1939, y a la II Reunión Interamericana del Caribe, en Ciudad Trujillo (República Dominicana). Representó al Ministerio de Defensa en el Primer Congreso de Archiveros, Bibliotecarios y Conservadores de Museo del Caribe, así como en el Primer Congreso Histórico Municipal Interamericano, ambos en 1942. Era miembro de la Academia Nacional de Artes y Letras y del Instituto de Previsión y Reformas Sociales. Recopiló y prologó la antología *Pasión de Cuba* (La Habana, Ministerio de Educación. Dirección de Cultura, 1947). Con Yolanda Lleonart es coautor de *Artigas* (La Habana, Sociedad Colombista Panamericana, 1945). Es autor de una versión al español del poema *Martí*, de Eliezer Aronowsky, escrito en yidisch y traducido literalmente por A. Marcus Matterin. Poemas suyos han sido traducidos al yidisch por Aronowsky.

Bibliografía activa

Vas spirituale, s. l., 1924.

Lápida heroica, poema premiado por la Academia Nacional de Artes y Letras en su certamen poético de asunto patriótico, correspondiente al curso académico 1925-1926, La Habana, Imprenta El Siglo XX, 1927; 3.ª edición, La Habana, Imprenta Avisador Comercial, 1929.

En el camino, poemas, La Habana, Editorial Hermes, 1926.

Pascualita, versos a una niña que nació poeta, La Habana, Imprenta Carasa, 1933.

Blanca Nieves, poema, La Habana, s. i., 1938.

Del niño al libro, La Habana, Imprenta P. Fernández, 1939; Santiago de Cuba, 1939.

Martí, mensaje biográfico, La Habana, Ediciones del Instituto Cívico Militar, 1939; 2.ª edición, Id., 1953; Id., 1955; 4.ª edición, Id., 1956.

Matanzas y sus poetas, conferencia, La Habana, Imprenta P. Fernández, 1939.

Obras completas, La Habana, Imprenta P. Fernández, 1939, 2 V., *versos*, La Habana, Imprenta P. Fernández, 1939.

Yolandia, poemas, La Habana, Imprenta P. Fernández, 1939.

Don Bosco, poema, La Habana, Talleres de la Institución Inclán P.P. Salesianos, 1941; Buenos Aires, Sociedad Editora Internacional, 1941.

Evocación de Byrne y Martí americanista, La Habana, Tipografía de la Institución Inclán, 1942.

Canto de fe, patria y amor, La Habana, Editorial La Verónica, 1943.

Oriente, poema, La Habana, Imprenta P. Fernández, 1943.

Tabaco, poema, La Habana, Imprenta P. Fernández, 1944.

América y la post-guerra, ensayo, La Habana, W. M. Jackson, 1945.

Literatura cubana; síntesis histórica, La Habana, Editorial América, 1945.

Maceo, Síntesis biográfica, La Habana, edición del Instituto Cívico Militar de Ceiba del Agua, 1945.

López del Valle, pincelada biográfica, La Habana, 1946.

El epigrama en Cuba, La Habana, Tipografía Villegas, 1947.

Medalla del centenario; las hermanas de la Caridad de la Casa de Beneficencia y Maternidad de La Habana, La Habana, Tipografía Villegas, 1947.

América en Martí, Montevideo, Editorial Florensa C. Lafon, 1949.

La poesía, umbral y dosel de la historia, trabajo leído en recepción pública el día 22 de diciembre de 1949, La Habana, Imprenta El Siglo XX, 1949, Academia de la Historia de Cuba.

Cuba en la bandera, La Habana, Tipografía La Universal, 1950.

Mayía La Habana, *s. i.*, 1950; La Habana, Centro Superior Tecnológico del Instituto Cívico Militar, 1957.

Camino de gloria, La Habana, Sociedad Colombista Panamericana, 1951.

Marta Abreu, Marta de Cuba, La Habana, Imprenta El Sol, 1951.

Lanuza, proemio por Miguel Ángel Céspedes, La Habana, Editor Juan González, 1953.

Semblanza de Ignacio Agramonte, La Habana, Ediciones del Instituto Cívico-Militar, 1953; 2.ª edición, Id.

Siempre Martí, La Habana, Publicaciones de la Biblioteca Nacional, 1953.

La virgen María en la literatura cubana, edición del *Boletín de las Provincias Eclesiásticas de Cuba*, La Habana Imprenta Albino Rodríguez, 1955.

Horizontes de la Isla, La Habana, Artes Gráficas del Instituto Cívico Militar, 1958.

Antología poética, 1903-1958, selección y ordenamiento de Yolanda Lleonart y Oscar Fernández de la Vega, La Habana, Talleres Tipográficos Alfa, 1960.

Bibliografía pasiva

Álbum recuerdo a Andrés de Piedra Bueno, Matanzas, *s. i.*, 1934.

Andrade Coello, Alejandro, «El Martí de Piedra Bueno», en *Hero*, Sancti Spíritus, 35, 9, 3-4, septiembre, 1942.

«Andrés de Piedra-Bueno, *Martí*», en *América*, La Habana, 40, 2 y 3, 95, agosto-septiembre, 1953.

Carbonell, José Manuel, «Andrés de Piedra Bueno, 1903», en su *La Poesía lírica en Cuba*, recopilación dirigida, prologada y anotada, tomo 5, La Habana, Imprenta El Siglo XX, 1928, págs. 532-533, Evolución de la cultura cubana, 1608-1927, 5.

Martínez Bello, Antonio, «*Tabaco, de Piedra-Bueno*», en *El Fígaro*, La Habana, 2, 5, 12, mayo, 1944.

Parrabere, Arnaldo Pedro, *Cuba y Uruguay estrechados por dos poetas, Doctor Andrés de Piedra Bueno*, y *Yolanda Lleonart*, Montevideo, *s. i.*, 1943.

Piedra Díaz, Francisco Sixto (Cercanías de Cárdenas, Matanzas, 5 septiembre 1861-Cárdenas, 3 mayo 1918). Obligado por la necesidad de trabajar, dejó inconclusos sus estudios primarios. A los dieciséis años de edad vio publicado su primer poema en el *Boletín Mercantil*, de Cárdenas. Trabajó como tabaquero en Jovellanos y Colón, en la provincia de Matanzas, y en Tampa. Desde Estados Unidos colaboró con los insurrectos cubanos. Regresó a Cuba después de terminada la guerra en 1898. Fue premiado en los juegos florales de la Asociación de la Prensa de Oriente, en Santiago de Cuba (1914).

Bibliografía activa

Crepusculares, décimas, Cárdenas, M. Aragón, 1904.

Quejumbrosas, poemas, La Habana, Imprenta y Papelería de Rambla y Bouza, 1919.

Bibliografía pasiva

Carbonell, José Manuel, «Francisco Sixto Piedra, 1861-1918», en su *La poesía lírica en Cuba*, recopilación dirigida, prologada y anotada, tomo 4, La Habana, Imprenta El Siglo XX, 1928, págs. 307, Evolución de la cultura cubana, 1608-1927, 4.

«Francisco Sixto Piedra, 1861-1918», en su *La poesía revolucionaria en Cuba*, recopilación dirigida, prologada y anotada, tomo único, La Habana, Imprenta El Siglo XX, 1928, págs. 362, Evolución de la cultura cubana, 1608-1927, 6.

Dollero, Adolfo, «Piedra y Díaz, Francisco S.», en su *Cultura cubana, la provincia de Matanzas y su evolución*, La Habana, Imprenta Seoane y Fernández, 1919, págs. 163-164.

Piedra Martel, **Manuel** (Cifuentes, Las Villas, 25 septiembre 1868-La Habana, 7 agosto 1954). Cursó estudios de arte. Abandonó su educación y su trabajo y se incorporó a la guerra libertadora de 1895. Al terminar la guerra había alcanzado el grado de coronel del Ejército Libertador. En la República Dominicana ocupó el cargo de coronel del Estado Mayor del Cuartel General del Ejército. Tras su regreso a Cuba, trabajó en la aduana y en la Cámara de Representantes. Sufrió prisión en 1905 por asuntos políticos. Volvió a República Dominicana como cónsul y encargado de negocios de Cuba. Más tarde, ya en Cuba y bajo el gobierno de José Miguel Gómez, ocupó la jefatura de la policía de La Habana con el grado de brigadier. Fue director del censo. Representó a Cuba en Guatemala como cónsul y encargado de negocios. Bajo el régimen de Machado fue designado ministro plenipotenciario de Cuba en América Central. Más tarde ocupó el mismo cargo en China. Era miembro de la Academia de la Historia de Cuba.

Bibliografía activa

Mis primeros treinta años; memorias, infancia y adolescencia, la Guerra de independencia, La Habana, Editorial Minerva, 1943; 2.ª edición, Id., 1944; 3.ª edición, Id., 1945.

Juan Rius Rivera y la independencia de Cuba, trabajo leído por el académico correspondiente en Marianao, provincia de La Habana, en recepción pública, la noche del 10 de abril de 1945, La Habana, Imprenta El Siglo XX, 1945.

Campañas de Maceo en la última Guerra de Independencia, La Habana, Editorial Lex, 1946.

Memorias de un mambí, La Habana, Editora del Consejo Nacional de Cultura, 1966; 2.ª edición, La Habana, Instituto Cubano del Libro, 1968.

Bibliografía pasiva

Carbonell, José Manuel, «Manuel Piedra y Martell, 1868», en su *La prosa en Cuba*, recopilación dirigida, prologada y anotada, tomo 3, La Habana, Imprenta Montalvo y Cárdenas, 1928, págs. 511-512, Evolución de la cultura cubana, 1608-1927, 14.

Costa, Octavio Ramón, «Memorias de un héroe, Manuel Piedra», en su *Suma del tiempo*, Artículos, ensayos, discursos, conferencias, La Habana, Imprenta Úcar, García, 1951, págs. 17-21.

Otero, José Manuel, «Libros, *Memorias de un mambí*», en *Granma*, La Habana, 3, 64, 8, marzo 8, 1967.

Pierra de Poo, **Martina** (Camagüey, 8 febrero 1833-La Habana, 31 mayo 1900). Comenzó a escribir desde muy joven. A los quince años publicó un poema en *El Fanal*. En 1851 fue sancionada a permanecer fuera de su provincia por considerársela implicada en el levantamiento encabezado por su pariente inmediato, Joaquín de Agüero, a quien hizo llegar un soneto patriótico como adhesión a la causa de la independencia. Su poema «A la muerte de Joaquín de Agüero» alcanzó gran popularidad entre los cubanos independentistas. Confiscados todos los bienes a su familia, se trasladó a La Habana en 1859.

Actuó como protagonista en los dramas *La trenza de sus cabellos* y *Borrascas del corazón*, de Rodríguez Rubí, representados en el Liceo de La Habana. En el Liceo de Guanabacoa y en la Sociedad del Pilar trabajó también como actriz y como declamadora. Colaboró en *Brisas de Cuba*, *El Fígaro*, *La Familia*, *La Ilustración Cubana*, *Álbum Cubano de lo Bueno y lo Bello*, *El Hogar*, *Cuba y América*, etc.

Bibliografía pasiva

Blas, *Gil*, seudónimo de José Socorro León, «Martina Pierra de Poo», en *Camafeos*, La Habana, 49-53, junio 25, 1865.

García de Coronado, Domitila, «Martina Pierra de Poo», en su *Álbum poético fotográfico de escritoras y poetisas cubanas*, escrito en 1868 para la señora doña Gertrudis Gómez de Avellaneda, reproducción de la 3.ª edición, dedicada a la Academia de Ciencias Médicas, Físicas y Naturales, y a la Sociedad Económica de Amigos del País, comenzada en 1914, La Habana, Imprenta de *El Fígaro*, 1926, págs. 76-86.

González Curquejo, Antonio, «Martina Pierra de Poo», en su *Florilegio de escritoras cubanas*, recopilación, prólogo de Raimundo Cabrera, tomo 2, La Habana, Imprenta La Moderna Poesía, 1913, págs. 11.

Pinar del Río (Pinar del Río, 1947). Revista. Órgano oficial del Comité «Todo por Pinar del Río». El primer número correspondió al mes de mayo. Su periodicidad fue mensual. Fue dirigida hasta el número 5, correspondiente al mes de septiembre de 1947 por Efraín Martínez Andreu, a quien sucedió Simón Padrino. Fungía entonces como subdirector Abel Prieto Morales. Después apareció dirigida por «Todos los miembros del Comité». A partir del número 13 (septiembre de 1948) varió en su formato. Publicó poemas, cuentos, crítica literaria y trabajos de historia, música y arte. Tuvo varias secciones fijas: «Divulgaciones médicas», «Literatura», «Educación», «Bocetos históricos» y «Ribetes del terruño». Figuraron entre sus colaboradores Enrique Labrador Ruiz, Armando Maribona, Salvador Bueno, Gustavo Eguren, Armando Álvarez Bravo, Heberto Padilla, Manuel Isidro Méndez, Armando Guerra y Eugenio Florit. El último número revisado (39) corresponde a noviembre de 1950.

Pincel Habanero, El (La Habana-Guanabacoa, 1863-1868; 1878-1881). Periódico quincenal, científico y literario. El primer número correspondió al 15 de octubre. Su director fue Miguel Wenceslao Enamorado. La mayoría de los ejemplares aparecieron con el epígrafe «Nada hay de otro autor, amigo mío: todo es original, y todo es mío». Se han visto, ininterrumpidamente, los ejemplares correspondientes a los años comprendidos entre 1863 y 1868. De 1878 se ha visto un número (157), correspondiente a una «Nueva Serie», con el subtítulo de «Periódico literario y científico»; de 1879 se han visto cinco ejemplares (163, 171, 173, 174 y 175). Excepto el primero,

el resto está editado en Guanabacoa. De 1880 a 1881 se han localizado dos ejemplares (190 y 203, respectivamente), ambos editados de nuevo en La Habana. Al parecer fue siempre quincenal. No fue una revista propiamente literaria, pues publicó trabajos sobre jurisprudencia, economía política, moral y agricultura. Pero también dio a conocer poesías, novelas por capítulos, piezas teatrales y trabajos sobre gramática. A pesar de que, según el epígrafe, la revista fue escrita por su director, y así se advierte al leerla, aparecieron colaboraciones de varios autores, hoy desconocidos. Algunos trabajos fueron firmados con los seudónimos *El guajiro de Almendares* y *El localista matraca*. El último número revisado (203) corresponde al 1.º de marzo de 1881.

Pineda Barnet, Enrique (La Habana, 28 octubre 1933-12 enero 2021). Cursó la primaria y el bachillerato en La Habana. Fue cantante de radio, actor de teatro y libretista de televisión. Obtuvo el premio nacional en el Concurso «Hernández Catá» de 1953 por su cuento «Y más allá la brisa». Fue alumno del grupo Teatro Estudio (1958-1959), profesor de arte dramático en el Departamento de Cultura del Ejército Rebelde (1959) y maestro voluntario en la Sierra Maestra (1959-1960). Jurado en el Primer Concurso de Obras Teatrales del Ejército Rebelde (1960). Formó parte de la delegación cubana a la Conferencia de Punta del Este (Uruguay, 1962). Trabajó como profesor del Seminario de Dramaturgia del CNC.

Fue funcionario del Ministerio de Relaciones Exteriores. Su obra teatral *El juicio de la quimbumbia* recibió mención en el Concurso Casa de las Américas 1964. Ha viajado a Chile, Argentina, Brasil, Antillas Menores, España, Unión Soviética. Sus colaboraciones han aparecido en *El País Gráfico*, *Talía*, *Nuestro Tiempo*, *Ciclón*, *El Mundo*, *Noticias de Hoy*, *Sierra Maestra*, *Trabajo*, *Revolución*, *Cine Cubano*, *Granma*, *El Orientador Revolucionario*, *Bohemia*, *El Caimán Barbudo*, *Unión*, *Casa de las Américas*, *Cuba*, *La Gaceta de Cuba*, todas de La Habana, así como en *El Konsomol de Moscú*, *Tiempos Nuevos*, *Gaceta Literaria*, *Literatura y Vida*, *Pantalla Soviética*, *Izvestia*, *Pravda* (Unión Soviética) y *L'Unita* (Italia). Ha participado en diversos encuentros y festivales cinematográficos, como el de *Pesaro* (Italia, 1968) y el de *Karlovy Vary* (Checoslovaquia, 1968). Dirigió los filmes *Giselle* (1965), *David* (1967), *Cosmorama*, *La Gran Piedra*, *Aire Frío*, *Fuenteovejuna*, *Che* y *Guairas*. Es coguionista de *Soy Cuba* y de *Crónica cubana*. Director de cine y profesor de actuación en el ICAIC. Ejerce la crítica cinematográfica. Poemas y relatos suyos han sido traducidos al inglés, francés, italiano, portugués, ruso, checo y ucraniano.

Bibliografía activa

Pineda Barnet, Enrique, *7 cuentos para antes de un suicidio*, La Habana, Imprenta Arroyo, 1953.

Bibliografía pasiva

Bueno, Salvador, «David», en *El Mundo*, La Habana, 66, 21 961, 4, agosto 5, 1967.

Maestri, José Aníbal, «Un libro de cuentos y un suicidio frustrado, obra del señor E. Barnet», en *El Avance*, La Habana, 19, 74, 8, marzo 28, 1953.

Piña, **Ramón** (La Habana, 1819-Madrid, 1861). Comenzó a escribir desde muy joven. En 1845 publicó diversos artículos de costumbres. Colaboró en *Revista de La Habana* con sus comentarios titulados «Leyes atenienses» (1857) y con su novela *Gerónimo el honrado*. Trelles la atribuye también la novela *El Doctor Lañuela* (1860). Fue jurisconsulto y auditor honorario. Colaboró en *Anales de la Isla de Cuba*. *Diccionario administrativo, económico, estadístico y legislativo*, de Félix Erenchun. Tradujo del francés *El Doctor Herbau*, de Julio Sandeau, y del inglés *Frank Mildmay; o, El oficial de marina*, de Federico Marryat, y *Cartas al presidente sobre la política exterior o interior de la Unión y efectos que causa en la condición del pueblo y del Estado*, de Henry C. Carey.

Bibliografía activa

No quiero ser conde, comedia en dos actos y en prosa, La Habana, Imprenta de J. Palmer, 1838.

Una sobrina en España, comedia en tres actos, La Habana, 1838.

Dios los cría y ellos se estorban, comedia, La

Habana, 1848.

Las equivocaciones, comedia en tres actos y en verso, La Habana, Imprenta de Torres, 1848.

Gerónimo el honrado, novela, prólogo de M. Cañete, Madrid, 1857; 2.ª edición, Id., 1859.

Historia de un bribón dichoso, novela, prólogo de Francisco Cutanda, Madrid, Imprenta M. Tello, 1860; 2.ª edición, La Habana, Imprenta El Siglo XX, 1863.

Bibliografía pasiva

«Las equivocaciones», en *El Artista*, La Habana, 1, 2, 26, agosto 20, 1848.

Guiteras, Eusebio, «*Historia de un bribón dichoso*, novela original de don Ramón Piña», en *Revista Habanera*, La Habana, 1, 27-39, 1861.

Piñeyro, Enrique, «*Historia de un bribón dichoso*, novela por don Ramón Piña», en *Revista del Pueblo*, La Habana, segunda época, 5, 36-38, diciembre 15, 1865.

Piñeyro Serra, Abelardo (La Habana, 26 noviembre 1926). En 1945 matriculó derecho en la Universidad de La Habana. Antes de terminar el segundo año abandonó los estudios y se marchó a Estados Unidos. Más tarde, tras su regreso a Cuba, se graduó de abogado. Trabajó en el Tribunal de Urgencia. Vivió cuatro años en Europa. A fines de 1961 regresó a Cuba y comenzó a trabajar en la Imprenta Nacional. Su novela *El descanso* mereció voto particular en el Concurso Casa de las Américas de 1962. Ha colaborado en *Lunes de Revolución*, *La Gaceta de Cuba*, *Unión*, *Casa de las Américas*. Cultiva también el teatro. Actualmente reside en la República Democrática Alemana.

Bibliografía activa

En mi barrio, La Habana, Ediciones La Tertulia, 1961, Colección Cuadernos de poesía, 2.

El descanso, novela, La Habana, Ediciones Unión, 1962.

Cartas tunecinas, La Habana, El Barco Negro, 1963.

Bibliografía pasiva

Branet, Rogelio Luis, «Lo que Cuba lee, *El descanso*, novela de guagüeros», en *Bohemia*, La Habana, 55, 11, 19, marzo 15, 1963.

Cirilo, seudónimo, «Un choque con la realidad, Abelardo Piñeyro, *El descanso*», en *Rotograbado de Revolución*, suplemento del periódico *Revolución*, La Habana, 10, junio 17, 1963.

Martínez Herrera, Alberto, «El descanso..., Retribuido», en *La Gaceta de Cuba*, La Habana, 2, 20, 15, junio 18, 1963.

Piñera, Virgilio (Cárdenas, Matanzas, 4 agosto 1912-La Habana, 18 octubre 1979). Estudió la primaria en Cárdenas. En 1925 pasó con su familia a Camagüey, donde cursó el bachillerato. Se estableció en La Habana en 1938. En 1940 obtuvo el título de Doctor en Filosofía y Letras en la Universidad. Fundó y dirigió la revista *Poeta* (1942). En Buenos Aires, donde vivió durante catorce años, trabajó como funcionario del consulado cubano, como corrector de pruebas y más tarde como traductor de la editorial Argos. Ha viajado por toda América Latina, Estados Unidos y Europa. Colaborador en *Espuela de Plata*, *Grafos*, *Clavileño*, *Ultra*, *Orígenes*, *Gaceta del Caribe*, *Lyceum*, *Universidad de La Habana*, *Lunes de Revolución*, *La Gaceta de Cuba*, *Unión*. En Buenos Aires colaboró, en *Sur*, *Hoy*, *Realidad*, *Mundo Argentino* y *Anales de Buenos Aires*. Ha colaborado además en *Lettres Nouvelles* y en *Les Temps Modernes*, de París. Con José Rodríguez Feo fundó *Ciclón* en 1955. Fue director de Ediciones R (1960-1964). Obtuvo el premio de teatro del Concurso Casa de las Américas de 1968 por su obra *Dos viejos pánicos*. Es autor de la selección y las notas de *Teatro del absurdo*, antología en la que se recogen piezas de Ionesco, Beckett, Pinter, Mrozek. Ha traducido *Juan Azul*, de Jean Giono; *Así habló el tío*, de Jean Price Mars, y *Tribálicas*, de Henri Lopes, entre otras obras. Tomó parte en la traducción de *Ferdydurke*, del polaco Witold Gombrowicz. Algunos de sus cuentos y de sus poemas han sido traducidos al inglés, italiano, alemán, ruso, húngaro, polaco, etc. *Cuentos fríos* fue traducido al francés.

Bibliografía activa

Las furias, poesía, La Habana, Cuadernos Espuela de Plata, 1941.

El conflicto, un cuento, La Habana, Cuadernos Espuela de Plata, 1942.

La isla en peso, poesía, La Habana, Tipografía García, 1943.

Poesía y prosa, La Habana, edición Serafín García, 1944.

La carne de René, novela, Buenos Aires, Ediciones Siglo XX, 1952.

Cuentos fríos, Buenos Aires, Editorial Losada, 1956.

Aire frío, tres actos, Edición Inaugural Extraordinaria, La Habana, Editorial La Milagrosa, 1959, Escena cubana, 3.

Teatro completo, La Habana, Ediciones R, 1960.

Pequeñas maniobras, novela, La Habana, Ediciones R, 1963.

Cuentos, La Habana, Ediciones Unión, 1964.

Presiones y diamantes, novela, La Habana, Ediciones Unión, 1967.

Dos viejos pánicos, teatro, La Habana, Ediciones Casa de las Américas, 1968.

La vida entera, poesía, La Habana, Ediciones Unión, 1969.

Bibliografía pasiva

Agüero, Luis, «Libros, diálogo con Virgilio Piñera», en *Bohemia*, La Habana, 56, 35, 23, agosto 28, 1964.

Aguirre, Mirta, «Virgilio Piñera, *La isla en peso*, un poema», en *Gaceta del Caribe*, La Habana, 1, 3, 30, mayo, 1944.

Bianco, José, «Piñera narrador...», en *Casa de las Américas*, La Habana, 10, 59, 211, marzo-abril, 1970.

Bueno, Salvador, «Virgilio Piñera, 1-914», en su *Antología del cuento en Cuba*, *1902-1952*, La Habana, Ministerio de Educación, Dirección de Cultura, 1953, págs. 245.

Camps, David, «*Dos viejos pánicos* produce pánico», en *La Gaceta de Cuba*, La Habana, 6, 64, 13, abril-mayo, 1968.

Casey, Calvert, «Una segunda mirado a *Aire frío*», en *La Gaceta de Cuba*, La Habana, 2, 16, 14, abril, 1963.

Claro, Elsa, «Un festival y el otro», en *La Gaceta de Cuba*, La Habana, 5, 53, 9, octubre-noviembre, 1966.

Fernández Retamar, Roberto, «Generaciones van generaciones vienen...», en *La Gaceta de Cuba*, La Habana, 1, 3, 4-5, mayo, 1962.

González Freire, Natividad, «Virgilio Piñera, 1914», en su *Teatro cubano contemporáneo, 1928-1957*, La Habana, Sociedad Colombista Panamericana, 1958, págs. 178-182.

Leal, Rine, «Dos farsas cubanas del absurdo», en *Ciclón*, La Habana, 3, 2, 65-67, abril-junio, 1957.

«Electra Garrigó», en *Lunes de Revolución*, Suplemento, La Habana, n.º extra, 24, marzo 20, 1960.

«Virgilio Piñera», en su *Teatro cubano en un acto*, antología, La Habana, Ediciones R, 1963, págs. 243-248.

«V. P. o el teatro como ejercicio mental», en *La Gaceta de Cuba*, La Habana, 3, 34, 2-3, abril 5, 1964.

López, César, «El aire en el remolino», en *La Gaceta de Cuba*, La Habana, 6, 58, 11, 15, mayo, 1967.

«Chiclets, canasta, presiones y diamantes», en *Unión*, La Habana, 6, 3, 131-134, julio-septiembre, 1967.

Llopis, Rogelio, «*Pequeñas maniobras*, de Virgilio Piñera», en *Casa de las Américas*, La Habana, 4, 24, 106-107, mayo-junio, 1964.

«Recuento fantástico», en *Casa de las Américas*, La Habana, 7, 42, 148-155, mayo-junio, 1967.

Nalaret, Niso, «*Cuentos fríos*, de Virgilio Piñera», en *Ciclón*, La Habana, 3, 1, 62-65, enero-marzo, 1957.

Montes Huidobro, Matías, «Virgilio Piñera, *Teatro completo*», en *Casa de las Américas*, La Habana, 1, 5, 88-90, marzo-abril, 1961.

Moro, Lilliam, «Los cuentos de Virgillo», en *Unión*, La Habana, 4, 1, 148-152, enero-marzo, 1965.

«Otra vez *Electra Garrigó*», en *La Gaceta de Cuba*, La Habana, 3, 33, 24, marzo 20, 1964.

Plazuelos, Raúl, «*Presiones y diamantes*», en *El Mundo*, La Habana, 66, 21 951, 4, julio 25, 1967.

Pérez Sarduy, Pedro, «Virgilio Piñera y los dos viejos», en *La Gaceta de Cuba*, La Habana, 6, 63, 3, febrero-marzo, 1968.

Rodríguez Feo, José, «Una alegoría de la carne», en *Ciclón*, La Habana, 1, 1, 43, enero, 1955.

«Hablando de Piñera», en *Lunes de Revolución*, Suplemento, La Habana, 45, 4-6, febrero 1, 1960.

Vitier, Cintio, «Virgilio Piñera, *Poesía y prosa*», en *Orígenes*, La Habana, 2, 5, 47-50, primavera, 1945.

«Virgilio Piñera», en su *Diez poetas cubanos*,

1937-1947.

Antología y notas, La Habana, Ediciones Orígenes, 1948, págs. 79-80.

«Virgilio Piñera», en su *Cincuenta años de poesía cubana, 1902-1952*, ordenación, antología
y notas, La Habana, Ministerio de Educación,
Dirección de Cultura, 1952, págs. 334.

Piñeyro, **Enrique** (La Habana, 19 diciembre
1839-París, 11 abril 1911). Cursó estudios en
diversas escuelas públicas y en el Colegio El
Salvador (1850-1856). En 1855 fue nombrado
profesor de Geografía y de Latinidad en el
mismo colegio. Comenzó sus estudios de
jurisprudencia en la Universidad de La Habana
en 1856. Se graduó de bachiller y más tarde,
en 1859, de Licenciado en Filosofía. En El
Salvador ocupó las cátedras de Historia y de
Literatura hasta 1869. Concluyó sus estudios
de derecho en la Universidad Central de
Madrid entre 1861 y 1862. Fue vicedirector
del colegio entre 1862 y 1867. Por esos años
se destacó como orador. En 1863 se graduó
de Licenciado en Jurisprudencia. Ejerció como
abogado, juez de paz y alcalde mayor. Dirigió
la *Revista del Pueblo* (1865-1866). Abandonó
el país a principios de 1869 a causa de la
guerra de independencia, que había esta-
llado pocos meses antes. En Nueva York fue
secretario de la Legación de Morales Lemus,
agente general y ministro de Cuba en Armas
en Estados Unidos. Dejó de ocuparse de este
cargo, aunque sin abandonarlo, al comenzar a
dirigir el periódico *La Revolución* (1869 1870),
órgano de la Junta Cubana en Nueva York.
Fundó y dirigió *El Mundo Nuevo* (1872), que
más tarde se unió a *La América Ilustrada*. A
fines de 1874 visitó diversos países de América
del Sur para obtener ayuda en dinero y armas
para la revolución cubana. Fue nombrado
socio correspondiente de la Academia de
Bellas Letras de Santiago de Chile en 1875.
Se trasladó más tarde a Portugal y luego a
Francia. Regresó a Nueva York a fines de
1875. Durante su ausencia del país fue juzgado
por las autoridades españolas y condenado a
muerte. Después de un viaje por Italia, regresó
a Cuba en 1879 acogido a la amnistía de la Paz
del Zanjón. Su estancia en Cuba por esos años
se vio perturbada por la falta de garantías y
de libertad, por lo que se marchó de nuevo
a Estados Unidos. Pasó a Europa en 1881.
En 1882, tras una breve estancia en Cuba de
quince días, se radicó definitivamente en París.
Colaboró en *Brisas de Cuba*, *El Regañón*, *Liceo
de La Habana*, *Prensa de La Habana*, *Álbum
Cubano de lo Bueno y lo Bello*, *El Porvenir del
Carmelo*, *Diario de la Marina*, *Revista Habanera*,
Cuba Literaria, *Revista de conocimientos útiles
y amenos*, *El Siglo*, *Revista crítica de ciencias,
literatura y artes*, *El Ateneo*, *El Triunfo*, *El
Pensamiento*, *La Habana Elegante*, *Revista de
Cuba*, *Revista Económica*, *El Almendares*, *El
Argumento*, *El Fígaro*, *Hojas Literarias*, *Cuba y
América*, *La Discusión*, *El Mundo*, *Revista de
la Facultad de Letras y Ciencias*; *El Ferrocarril*
(Chile); *El Telegrama* y *El Periódico Nuevo*
(Bogotá); *Cuba en Europa* (Barcelona); *La*

Verdad, *La América* y *Patria* (Nueva York) y *Annales de La Faculté de Lettres de Bordeaux et des Universités du Midi. Bulletin Hispanique.* En París, después del establecimiento de la República en 1902, fue consultor de la Legación Cubana. Realizó una importantísima labor como crítico literario. Su libro *El romanticismo en España* fue traducido el inglés con el título *The Romantics of Spain* (Liverpool, Institute of Hispanic Studies, 1934). Utilizó los seudónimos *Gargantúa, P. Niño* y *Atta Troll.* Firmaba además con sus iniciales E. P.

Bibliografía activa

Biografía del General San Martín, Nueva York, Imprenta La Revolución, 1870.

Morales Lemus y la Revolución de Cuba, Nueva York, M. M. Zarzamendi, Impresor, 1871; 2.ª edición, con un estudio preliminar por Enrique Gay Calbó, homenaje de la ciudad de La Habana a Enrique Piñeyro en el centenario de su nacimiento, 1839-1939, La Habana, Municipio de La Habana, 1939, Cuadernos de historia habanera, 18; La Habana, Universidad de La Habana, 1969.

Estudios y conferencias de historia y literatura, Nueva York, Imprenta de Thompson y Moreau, 1880.

Poetas famosos del siglo XIX, Sus vidas y sus obras, Madrid, Librería Gutenberg, 1883.

Manuel José Quintana, 1772-1857, ensayo crítico y biográfico, París, A. Briquet, 1892.

Vida y escritos de Juan Clemente Zenea, París, Garnier, 1901; La Habana, Editorial del Consejo Nacional de Cultura, 1964.

Hombres y glorias de América, París, Garnier, 1903.

Gertrudis Gómez de Avellaneda, sobretiro de *Bulletin Hispanique,* París, 1904.

El romanticismo en España, París, Garnier, 1904.

Biografías americanas, Simón Bolívar, el general S. Martín, José Morales Lemus, José Joaquín de Olmedo, Daniel Webster, José Francisco Heredia, Gabriel de la Concepción Valdés, París, Garnier, 1906.

Gabriel de la Concepción Valdés, Plácido, La Habana, Imprenta de El Fígaro, 1906.

José María Heredia, París, Albert Fontemoing, 1907.

Cómo acabó la dominación de España en América, París, Garnier, 1908.

Cienfuegos, separata de *Bulletin Hispanique,* París, Albert Fontemoing, 1909.

Blanco White, Extrait du *Bulletin Hispanique* de Janvier-Mars et Avril-Juin 1910, París, Albert Fontemoing, 1910.

Notas críticas, recopilación y prólogo de Antonio Iraizoz, La Habana, Ministerio de Educación, Dirección de Cultura, 1947, Dirección de Cultura, Cuadernos de cultura, 7.ª serie, 5.

Ayacucho y Santiago de Cuba, parte histórica de un discurso-conferencia, pronunciado en París, el 20 de mayo de 1905, *s. l., s. a.;* La Habana, 1945.

Bosquejos, retratos, recuerdos, obra póstuma, París, Editorial Garnier, *s. a.;* Id, 1911, La Habana, Editorial del Consejo Nacional de Cultura, 1964.

Bibliografía pasiva

Bueno, Salvador, «Los grandes críticos, Piñeyro, Merchán, *Justo de Lara*», seguido de una discusión sobre el tema, en *Cuadernos de la Universidad del Aire del Circuito CMQ*, La Habana, 4, 48, 383-391, marzo 2, 1953.

Enrique Piñeyro y la crítica literaria, La Habana, Ministerio de Educación, Instituto Nacional de Cultura, 1957.

Cabrera, Raimundo, «Enrique Piñeyro, *Vida y escritos de Juan Clemente Zenea*», en *Cuba y América*, La Habana, 5, 97, 370, febrero, 1901.

Carbonell, José Manuel, «Enrique Piñeyro, 1839-1911», en su *La oratoria de Cuba*, recopilación dirigida, prologada y anotada, tomo 1, La Habana, Imprenta Montalvo y Cárdenas, 1928, págs. 205-207, Evolución de la cultura cubana, 1608-1927, 7.

«Enrique Piñeyro y Barry, 1839-1911», en su *La prosa en Cuba*, recopilación dirigida, prologada y anotada, tomo 3, La Habana, Imprenta Montalvo y Cárdenas, 1928, págs. 69-70, Evolución de la cultura cubana, 1608-1927, 14.

Carrera, Rafael Ramón de, «*Estudios y conferencias* por Enrique Piñeyro I, y II», en *El Repertorio*, La Habana, 1, 6 y 7, 65-69 y 79-81, enero 8 y 16, 1881.

Castellanos, Jesús, «Piñeyro en su casa», en *El Fígaro*, La Habana, 25, 50, 620, diciembre 12, 1909.

«El compañero de Zenea», en *Revista Habanera*, La Habana, 2, 21, 181-182, agosto 30, 1914.

Córdoba y de Quesada, Federico de, *Enrique Piñeyro, historiador*, discurso leído en la Academia de la Historia de Cuba, en la sesión solemne celebrada el 3 de agosto de 1944, La Habana, Imprenta El Siglo XX, 1944.

Cruz, Manuel de la, «Enrique Piñeyro», en su *Cromitos cubanos*, bocetos de autores hispanoamericanos, La Habana, Establecimiento Tipográfico La Lucha, 1892, págs. 163-190.

«*Manuel José Quintana, 1772-1857*, ensayo crítico y biográfico por Enrique Piñeyro», en su *Estudios literarios*, Madrid, Editorial Saturnino Calleja, 1924, págs. 233-249, Obras de Manuel de la Cruz, 1.

Chacón y Calvo, José María, «El centenario del nacimiento de Enrique Piñeyro», en *Revista Cubana*, La Habana, 14, 226-227, julio-diciembre, 1940.

«Enrique Piñeyro», en *Revista de la Biblioteca Nacional José Martí*, La Habana, 3, 5, 1-6, 107-116, julio-diciembre, 1911.

Figarola Caneda, Domingo, *Bibliografía de Enrique Piñeyro*, con una introducción, notas y un complemento, 2.ª edición, La Habana, Imprenta El Siglo XX, 1924.

Heredia, Nicolás, «Zenea según Piñeyro», en *El Fígaro*, La Habana, 17, 14, 150, abril 14, 1901.

Iraizoz y del Villar, Antonio, *Enrique Piñeyro; su vida y sus obras*, La Habana, Imprenta El Siglo

XX, 1922.

Enrique Piñeyro, Notas críticas, La Habana, Ministerio de Educación, Dirección de Cultura, 1947, Cuadernos de cultura, 7.ª serie, 5.

Lara, *Justo de*, seudónimo de José de Armas y Cárdenas, «Enrique Piñeyro», en *El Fígaro*, La Habana, 24, 44, 560, noviembre 1.º, 1908.

Martín Morales, Alfredo, «Piñeyro y su último libro» en *Letras*, La Habana, 2.ª época, 4, 16, 186-187, octubre 25, 1908.

Montoro, Rafael, «La poesía lírica en Cuba en el siglo XIX, *poetas famosos del siglo XX, sus vidas y sus obras*, por Enrique Piñeyro», en su *Obras*, tomo 2, V. 1, La Habana, Cultural, 1930, págs. 285-315.

Morel-Fatio, Alfred, «Morel-Fatio y el libro del señor Piñeyro», sobre el libro *Manuel José Quintana, 1772-1857*, en *Revista Cubana*, La Habana, 14, 568-571, diciembre, 1891.

«Piñeyro», en *La Discusión*, La Habana, 2, 274, 2, noviembre 29, 1880.

Rodríguez Alemán, Mario A., «Enrique Piñeyro», en *Revista Cubana*, La Habana, 24, 375-398, enero-junio, 1949.

Rodríguez Embil, Luis, «El señor Piñeyro y su último libro, *Impresiones*», en *Letras*, La Habana, 1, 12-13, noviembre, 1905.

Rodríguez García, José Antonio, «Revista de impresos, *El romanticismo en España* por Enrique Piñeyro» en *Cuba y América*, La Habana, 8, 16, 4, 102-103, julio 24, 1904.

Sanguily, Manuel, «Quintana», en *Revista Cubana*, La Habana, 14, 451-482, noviembre, 1891.

Enrique Piñeyro, La Habana, Tipografía Moderna de Alfredo Dorrbecker, 1927.

Obras de Manuel Sanguily, 4.

Suárez Ruiz, Emilio, «Enrique Piñeyro», en *Aurora*, Cárdenas, 1, 1, 2, abril 30, 1911.

Trujillo, Enrique, «Enrique Piñeyro», en su *Álbum de El Porvenir*, Nueva York, 3, 109-112, 1892.

Varona, Enrique José, «*Estudios y conferencias de historia y literatura* por Enrique Piñeyro», en *Revista de Cuba*, La Habana, 8, 562-565, diciembre, 1880.

«*Hombres y glorias de América*», en *El Fígaro*, La Habana, 19, 5, 54, febrero 1.º, 1903.

«Leyendo a Piñeyro, *El romanticismo en España*», en *El Fígaro*, La Habana, 20, 36, 462, septiembre 4, 1904.

Velasco, Carlos, «Piñeyro, su obra póstuma», en *La Discusión*, La Habana, 24, 210, 2, julio 28, 1912.

Piragua, La (La Habana, 1856-1857). Periódico de literatura, dedicado a la juventud cubana. El primer número apareció el 1.º de julio. Fue dirigido por José Fornaris y Joaquín Lorenzo Luaces. Su periodicidad fue semanal. En un prospecto aparecido en las últimas páginas del último número de *La Floresta Cubana* (véase), revista que fue antecedente de *La Piragua*, se consigna que ésta sería un «Periódico de literatura, con retratos, danzas y figurines», y además, formulaban sus editores lo que se proponían con la nueva revista. Al respecto consignaban: «...[La piragua] es una embarcación indígena: los naturales la ceñían con palmas y flores para atravesar, ya las riberas del Yumurí, ya las ondas del Cauto: esto quiere decir que nos ocuparemos con preferencia de la literatura cubana. La piragua es formada de una sola pieza del corazón de los árboles; esto indica que nosotros solo tendremos una idea, sin variar jamás. En la piragua llevaba el hombre primitivo el alimento de su existencia, y nosotros llevamos el sustento de los corazones sensibles y de las imaginaciones ardientes. En la piragua, en fin, bogaban las vírgenes de ojos negros y piel tostada, coronadas de lirios blancos. Venid, pues, hijas de la Cuba actual, venid a cruzar con nosotros el lago encantado de la Poesía erótica, el sombrío golfo de la elegía, el inmenso océano de la novela, el saltador arroyo de las anacreónticas, la corriente de lágrimas de los areítos del Siboney... *La Piragua*, en una crónica, llevará a nuestras lectoras, anécdotas, noticias, modas, versos, flores, Sc. La adornarán danzas, figurines y retratos». Fue en esta revista, cuyas entregas periódicas constituyeron un tomo, donde la corriente siboneyista tuvo sus expresiones mayores, a pesar de que no toda la publicación estuvo dedicada a dar cabida a las manifestaciones en prosa y verso de esta corriente literaria, pues también publicó composiciones románticas que caen fuera de los moldes siboneyistas. Hay, como en todas las publicaciones de la época, trabajos sobre ciencias naturales, de asuntos gramaticales e idiomáticos, que eran continuación de trabajos aparecidos en la revista *La Floresta Cubana*.

Como ejemplo de estos trabajos se encuentran los de Felipe Poey. Además, publicaba noticias culturales, breves reseñas de libros y publicaciones periódicas, etc. Colaboraron en sus páginas, además de sus directores, Pedro Santacilia, Antonio Bachiller y Morales, Manuel Costales y Govantes, Pedro («Perucho») Figueredo, Francisco Iturrondo, José Socorro de León, Tristán de Jesús Medina, Rafael María de Mendive, Federico Milanés, Juan Cristóbal Nápoles Fajardo (*El Cucalambé*), Ramón Zambrana, Juan Clemente Zenea (*Adolfo de la Azucena*), Ramón Vélez Herrera, Felipe López de Briñas, Francisco Javier Angulo y Guridi, Emilio Blanchet, Miguel de Cárdenas y Chávez e Ignacio María de Acosta. Al final del volumen consultado aparece un índice de las materias publicadas, así como el nombre de sus autores. Preparado por Feliciana Menocal, con la colaboración de Araceli García Carranza, se ha publicado su índice analítico, aparecido en *Índices analíticos*, La Habana, Biblioteca Nacional José Martí. Departamento Colección Cubana, 1964, págs. 101-107.

Bibliografía

Menocal, Feliciana, «*La Piragua*», en *Índices analíticos*, La Habana, Biblioteca Nacional José Martí, Departamento Colección Cubana, 1964, págs. 87-90, 92-94, 96-99.

«*La Piragua* y el siboneyismo», en *Revista de la Biblioteca Nacional José Martí*, La Habana, 3.ª serie, 4, 2, 5-13, abril-junio, 1964.

Pita, Santiago (La Habana, 1693-1694-Id., 1755). Pertenecía a las familias Pita de Figueroa y Pérez Borroto y Recio, de las más antiguas y destacadas de la ciudad. No hay datos acerca de su infancia y primera juventud. En mayo de 1719 en la Parroquial Mayor de La Habana, contrajo matrimonio con Catalina María de Hoces y Córdoba. Era capitán de una de las compañías del Batallón de Milicias de La Habana, probablemente desde antes de la fecha de su boda. Se sabe asimismo, por documentos legales, que en 1731 y en 1735, mantenía su residencia habanera. Formó parte de la expedición que salió de La Habana a fines de mayo o principios de junio de 1742 contra las posesiones inglesas de Nueva Georgia (San Agustín de la Florida), en cuyas acciones se destacó notablemente. Regresó a la isla en agosto de ese mismo año. En enero de 1743 es elegido segundo alcalde ordinario de La Habana. En 1744 es electo procurador de pobres. Su comedia —única obra suya de que se tiene noticia y que fue atribuida durante años al fraile José Rodríguez Ucres, Ucares o Uscarés (conocido como Capacho y al que se atribuyeron también obras escritas por Gregorio Uscarrel)— fue representada por compañías de cómicos en España y América.

Bibliografía activa

El príncipe jardinero, y fingido Cloridano, comedia sin fama, del, Sevilla, Imprenta Real, Casa del Correo Viejo, 173-; *Comedia famosa, El príncipe jardinero, fingido Cloridano*, Valencia, Imprenta de la Viuda de Joseph de Orga, Calle de la Cruz Nueva, junto al Real Colegio del Señor Patriarca, 1761; Madrid, Imprenta y Librería de Andrés de Sotos, Calle de Bordadores, frente de San Ginés, 17-; Valencia, Imprenta de José Ferrer de Orga, 1813.

El príncipe jardinero, y fingido Cloridano, comedia en tres actos, Id., 1820.

El príncipe jardinero y fingido Cloridano, comedia en tres jornadas y en verso, Madrid-Barcelona, Librería de la Viuda Razola-Librería de Saurí, 1840; Comedia en tres actos, de un ingenio de La Habana, Valencia, José Ferrer de Orga, 1840; Comedia en tres jornadas y en verso, La Habana, Imprenta Cubana, 1842; Comedia en tres actos de un ingenio de La Habana, edición revisada por Juan José Remos y Enrique Larrondo, con una introducción del primero, La Habana, Ediciones de la revista *Ideas*, 1929; Comedia sin fama del estudio preliminar, edición y notas de José Juan Arrom, Sociedad Económica de Amigos del País, La Habana, Imprenta de Úcar García, 1951; Id, La Habana, Consejo Nacional de Cultura, 1963.

Bibliografía pasiva

Arrom, José Juan, «Consideraciones sobre *El príncipe jardinero y fingido Cloridano*», en su *Estudios de literatura hispanoamericana*, La Habana, Imprenta Úcar, García, 1950, págs. 33-70; *El teatro de Hispanoamérica en la época colonial* La Habana, Anuario Bibliográfico

Cubano, 1956, págs. 160-162.

Chacón y Calvo, José María, *Los orígenes de la poesía en Cuba*, La Habana, Imprenta El Siglo XX, 1913, págs. 33-35.

González Freire, Natividad, «*El príncipe jardinero* a través de la crítica», en *Islas*, La Habana, 3, 2, 247-254, enero-abril, 1961.

Menéndez y Pelayo, Marcelino, *Historia de la poesía hispano-americana*, tomo 1, Madrid, Librería General de Victoriano, 1911, págs. 217.

Smith, Octavio, «Para una vida de Santiago Pita», «Santiago Pita, el guerrero, la expedición de 1742», «Algo más sobre Cicognini», «De si hizo o no vida de metrópoli el primer dramaturgo cubano» y «Paisaje con un alcalde al fondo», en *Revista de la Biblioteca Nacional José Martí*, La Habana, 60, 64, 65, 65 y 66, 3.ª época, 11, 15, 16, 16 y 17, 3, 2, 1, 2, y 1, 147-160, 159-169, 69-76, 161-170 y 97-123, septiembre-diciembre, 1969, mayo-agosto, 1973, enero-abril, 1974, mayo-agosto, 1974 y enero-abril, 1975.

Viajero, el, seudónimo, «Señor Redactor», en *Papel Periódico de La Habana*, La Habana, 54, 214-216, julio 7, 1791.

Pita Rodríguez, **Félix** (Bejucal, La Habana, 18 febrero 1909-19 octubre 1990). Hizo los estudios primarios en la escuela pública de su pueblo natal. Entre 1926 y 1927 viajó por México y Guatemala, donde trabajó como ayudante de un vendedor de bisuterías y tónicos milagrosos. Colaboró en el suplemento literario del *Diario de la Marina*. Publicó poemas («Romance de la muerte del As de Bastos», «Penumbra») en *Revista de Avance*. Durante estos años de vida bohemia y aventurera visitó a París (1929), Italia (1930), España (1931) y Marruecos (1932). Durante su visita a Francia estuvo en contacto directo con el surrealismo. Fue miembro de la delegación cubana al II Congreso de Intelectuales para la Defensa de la Cultura, celebrado en 1937, durante la guerra civil española, en Valencia, Madrid, Barcelona y París. Viajó a Bélgica en 1938. De regreso en París, fue nombrado jefe de redacción de *La Voz de Madrid* (1938-1939). Regresó a Cuba a principios de 1940. Entre 1940 y 1943 fue director del magazine dominical del periódico *Noticias de Hoy*, órgano oficial del Partido Socialista Popular. La Asociación de la Crónica Radial e Impresa lo eligió el mejor autor dramático del año 1943. En 1944 fue puesta en escena, en el Teatro Principal de la Comedia —y poco después en el Teatro Nacional— y bajo la dirección de Paco Alfonso, su obra *El relevo*, estampa dramática en un acto, dividida en cinco cuadros, sobre la resistencia china antijaponesa. Obtuvo el premio internacional «Hernández Catá», en 1946, por su cuento «Cosme y Damián». Escritor de radio y televisión, trabajó para la radio de Buenos Aires (1949) y para la radio y la televisión de Caracas (1958-1959). Ha viajado por la Unión Soviética, la República Popular China, la República Popular Democrática de Vietnam. Ha colaborado en

Social, Orto, Revista de Oriente, Grafos, Noticias de Hoy, Carteles, Bohemia, El Mundo, Casa de las Américas, La Gaceta de Cuba, Unión y El Nacional (Caracas). Ha sido jurado en los concursos Casa de las Américas, UNEAC, 26 de julio, David —de la Unión de Escritores y Artistas— y MININT. Fue presidente de la Sección de Literatura de la UNEAC. Su cuento «San Abul de Montecallado» fue llevado al cine en México. Ha traducido, del francés, diversos textos de literatura vietnamita. Sus cuentos, ensayos y trabajos críticos han sido traducidos al inglés, francés, italiano, alemán, polaco, vietnamita, checo, albanés, chino, ruso, búlgaro y húngaro. Obtuvo el Premio Nacional de Literatura en 1985.

Bibliografía activa

Joaquín Ordoqui, Biografía de una voluntad, La Habana, Tipografía Flecha, 1943.

Romance de América la bien guardada, La Habana, Talleres Tipográficos Mirador Literario, 1943.

San Abul de Montecallado, Cuento, México, Colección Lunes, 1945.

Corcel de fuego, poesía, prólogo de Ángel Augier, La Habana, F. Ayón, 1948.

Tobías, Cuento, La Habana, Editorial Lex, 1955.

Literatura comprometida, detritus y buenos sentimientos, conferencia dictada en la Sociedad Lyceum de La Habana el 27 de junio de 1956, La Habana, Empresa Editora de Publicaciones, 1956.

Carlos Enríquez, La Habana, Editorial Lex, 1957.

Cuentos, Godfrey, Illinois, Monticelle College Edition, 1960.

Esta larga tarea de aprender a morir y otros cuentos, Illinois, Monticelle College Edition, 1960.

Las crónicas, poesía bajo consigna, prólogo de Heberto Padilla, La Habana, Ediciones La Tertulia, 1961; La Habana, Ediciones Nuevo Mundo, 1961; 3.ª edición, La Habana, Empresa Consolidada de Artes Gráficas, 1963.

Cuentos completos, La Habana, Ediciones Unión, 1963.

Las noches, La Habana, La Tertulia, 1964, Cuadernos de poesía, 9.

Poemas y cuentos, prólogo de Ángel Augier, La Habana, Ediciones Unión, 1965.

La poesía en Vietnam, saludando la Jornada Internacional de Solidaridad con Vietnam, Matanzas, CNC, Delegación Provincial, 1966.

Niños de Vietnam, relatos, La Habana, Instituto Cubano del Libro, 1968.

Vietnam; notas de un diario, La Habana, Ediciones Unión, 1968.

Historia tan natural, poesía, La Habana, Ediciones Unión, 1971.

Elogio de Marco Polo, La Habana, Instituto Cubano del Libro, 1974.

Bibliografía pasiva

Agostini, Victor, «Félix Pita Rodríguez, escritor y trotamundos», en El Bancario, La Habana, 4,

1, 28-29, septiembre, 1947.

Álvarez Bravo, Armando, «*Poemas y cuentos*», en *Unión*, La Habana, 4, 4, 169-171, octubre-diciembre, 1965.

Baeza, Francisco, «Elogio de un elogio apasionado» en *Unión*, La Habana, 14, 1, 149-152, marzo, 1975.

Bianchi Ross, Ciro, «*Elogio de Marco Polo*», en *Cuba Internacional*, La Habana, 6, 61, 68, septiembre, 1974.

Bueno, Salvador, «Félix Pita Rodríguez», en su *Antología del cuento en Cuba*, 1902-1952, La Habana, Ministerio de Educación, Dirección de Cultura, 1953, págs. 273.

Díaz Martínez, Manuel, «*Las crónicas*», en *Unión*, La Habana, 1, 1, 136-137, mayo-junio, 1962.

Escobar Linares, Rafael, «Un narrador antológico, Félix Pita Rodríguez», en *Cuba*, La Habana, 2, 17, 36-39, 1963.

«Félix Pita Rodríguez», en *Gaceta del Caribe*, La Habana, 1, 3, 31, mayo, 1944.

Garcini, María del Carmen y Eugenio Matus, «Félix Pita Rodríguez», en su *Antología del cuento hispanoamericano*, La Habana, Editorial Nacional de Cuba, 1963, págs. 167.

Garzón Céspedes, Francisco, «Lo que va más allá de todos los sueños, entrevista a Félix Pita Rodríguez», en *Islas*, La Habana, 38, 47-57, enero-abril, 1971.

González Bolaños, Aimée, «Los cuentos de Montecallado», en *Islas*, La Habana, 50, 107-152, enero-abril, 1975.

González Freire, Natividad, «Félix Pita Rodrí-guez, 1909», en su *Teatro cubano contemporáneo*, 1928-1957, La Habana, Talleres Tipográficos Sociedad Colombista Panamericana, 1958, págs. 99-101.

González Jiménez, Omar, «Una manera de mirar el mundo, entrevista», en *El Caimán Barbudo*, La Habana, 2.ª época, 16-18, diciembre, 1974.

Gorrín, José, «Esbozo biográfico y artístico de la obra de Félix Pita Rodríguez», en *Islas*, La Habana, 45, 3-56, mayo-agosto, 1973.

Guirao, Ramón, «Gente de hoy, Pita Rodríguez, film biográfico en 4 episodios», en *Diario de la Marina*, La Habana, 96, 231, 2, 3.ª sección, agosto 19, 1928.

Ibarzábal, Federico de, «Félix Pita Rodríguez, 1900» en sus *Cuentos contemporáneos*, La Habana, Editorial Trópico, 1937, págs. 97, Antologías cubanas, I.

Iznaga, Alcides, «Importante ensayo», en *Islas*, La Habana, 4, 2, 337-338, enero-junio, 1962.

Literatura comprometida, detritus y buenos sentimientos, por Félix Pita Rodríguez», en *Revista Cubana*, La Habana, 31, 1, 124, enero-marzo, 1957.

López, César, «Trinchera de Poemas», en *Lunes de Revolución*, suplemento del periódico *Revolución*, La Habana, 102, 20-21, abril 10, 1961.

Lorenzo Fuentes, José, «Pita Rodríguez, poeta y narrador», en *El Mundo del Domingo*, suplemento del periódico *El Mundo*, La Habana, 3, octubre 30, 1966.

Martínez Herrera, Alberto, «*Las crónicas, poesía bajo consigna*», en *Lunes de Revolución*, suplemento del periódico *Revolución*, La Habana, 113, 18-19, julio 3, 1961.

Navarro, Desiderio, «Quiere decir olvido» en *La Gaceta de Cuba*, La Habana, 94, 31, julio, 1971.

«Un poeta de espaldas a la evasión», en *Vida Universitaria*, La Habana, 21, 219, 52-53, mayo junio, 1970.

Valle, Gerardo del, «Pita Rodríguez y yo», en *Revista de Oriente*, Santiago de Cuba, 3, 26, 7, 9, 1931.

Vitier, Cintio, «Félix Pita Rodríguez», en su *Cincuenta años de poesía cubana, 1902-1952*, ordenación, antología y notas, La Habana, Ministerio de Educación, Dirección de Cultura, 1952, págs. 268.

Plácido (Véase **Valdés**, **Gabriel de la Concepción**)

Planas y Saínz, **Juan Manuel** (Cienfuegos, Las Villas, 24 noviembre 1877-La Habana, 13 julio 1963). Se graduó de bachiller en el Instituto de Santa Clara en 1895. Colaboró en *La República Cubana* (París, 1896) y fue corresponsal en Europa, entre 1897 y 1906, de *Cuba y América* (Nueva York). En la Universidad de Lieja obtuvo el título de Ingeniero Electricista (1906). En 1907 revalidó el título en la Universidad de La Habana. Fue profesor de francés en el Instituto de Pinar del Río (1910-1914), en el que se graduó de agrimensor en 1913. Fue fundador de la Sociedad Geográfica de Cuba, la que presidió entre 1928 y 1936, y de la Sociedad de Oceanografía de Cuba (1943). Perteneció a la Academia de Ciencias Médicas, Físicas y Naturales y al Ateneo, de La Habana, así como a la Academia Nacional de Ciencias de México, a la Sociedad Mexicana de Geografía y Estadística, a la Association des Ingenieurs sortis de l'Ecole de Liege, etc. En 1945 obtuvo el título de la Escuela Profesional de Periodismo Manuel Márquez Sterling. Fundó *Cathedra*, *Boletín de la Sociedad Cubana de Ingenieros*, *Revista de la Sociedad Geográfica de Cuba*. Colaboró en *Cuba y América* (1907), *El Fígaro* (1917-1919), *Havana Yacht Club* (1925), *L'Illustration* (París, 1928-1939), *Revista Bimestre Cubana*, *Bohemia*, *Carteles*. Viajó por Estados Unidos, España, Francia, Inglaterra, Holanda, Suiza, Alemania occidental. Es autor de trabajos científicos (*Determinación del rendimiento de las máquinas electrodinámicas de corriente continua*, 1907; *Introducción a la oceanografía*, 1943) y de la primera novela de ficción científica escrita en Cuba, titulada *La corriente del golfo*.

Bibliografía activa

Decadencia de Cienfuegos como plaza mercantil, causas que la originan y medios para combatirla, La Habana, Imprenta Imprenta P. Fernández, 1919.

La corriente del golfo, novela, La Habana, Imprenta El Fígaro, 1920.

Rompiendo lanzas, versos, La Habana, Imprenta Gastón Burgay, 1920.

La cruz de Lieja, novela, La Habana, A. Serrano, 1923.

El estudio del marzo, La Habana, A. Serrano, 1923.

Juramento a la bandera, La Habana, Imprenta de Rambla y Bouza, 1926.

Flor de manigua, novela, La Habana, Imprenta y Papelería de Rambla y Bouza, 1926.

El sargazo del oro, novela cubana, La Habana, Ediciones Avance, 1938; 2.ª edición, La Habana, Editora de Libros y Folletos, 1959.

Accidentes de aviación y algunas de sus causas ignoradas, conferencia dictada en la Academia de Ciencias Médicas, Físicas y Naturales de La Habana, el 13 de febrero de 1948, La Habana, Editora de Libros y Folletos, 1948.

Consideraciones sobre los atributos de la soberanía cubana, la bandera, el escudo, el himno y la moneda, La Habana, s. i., 1951.

Donación del diario íntimo de la Dra. María Luisa Dolz y Arango, a la Biblioteca Nacional el 28 de junio de 1954, La Habana, Cárdenas, 1954.

La fuerza del marzo, trabajo presentado en la Academia de Ciencias Médicas, Físicas y Naturales de La Habana, el 8 de junio de 1956, La Habana, 1956.

La ciencia y el arte, los factores del éxito, discurso leído en la sesión solemne de la Academia de Ciencias Médicas, Físicas y Naturales de La Habana, con motivo de celebrarse el 94 aniversario de su fundación, el 19 de mayo de 1955, La Habana, Imprenta Universidad de La Habana, 1957.

Los horizontes de Julio Verne, conferencia leída en el «Círculo de Amigos de la Cultura Francesa», el 19 de noviembre de 1955 con motivo de cumplirse ese año el cincuentenario de la muerte del gran novelista francés, La Habana, s. i., 1957.

Bibliografía pasiva

El caballero bobemio, seudónimo, «Juan Manuel Planas», en *Bohemia*, La Habana, 12, 8, 12, 21, febrero 20, 1921.

Cancio, César, «Juan Manuel Planas», en *El Fígaro*, La Habana, 30, 19-20, 546, mayo-junio, 1919.

Carbonell, José Manuel, «Juan Manuel Planas y Saínz, 1877», en su *La prosa en Cuba*, recopilación dirigida, prologada y anotada, tomo 2, La Habana, Imprenta Montalvo y Cárdenas, 1928, págs. 149-150, Evolución de la cultura cubana, 1608-1927, 13.

Hermann, seudónimo de Emilio Roig de Leuchsenring, «*Rompiendo lanzas*, versos por Juan Manuel Planas», en *Social*, La Habana, 6, 5, 73, mayo, 1921.

Lauria, *Roger de*, seudónimo de Ramón Gollury, «*La corriente del golfo*, novela por Juan Manuel Planas», en *Bohemia*, La Habana, 11, 45, 5, noviembre 7, 1920.

Moya, Rogerio, «La primera novela cubana de ficción científica», en *Granma*, La Habana, 5, 104, 5, mayo 2, 1969.

Plantel, **El** (La Habana, 1838-1839). Con el subtítulo «Ciencias. Literatura. Artes», esta importante revista fue dirigida en lo que puede considerarse su primera etapa (hasta la tercera entrega), por Ramón de Palma y José Antonio Echeverría. La primera entrega se repartió en septiembre; su periodicidad fue irregular. En el prospecto aparecido en la edición del *Diario de La Habana* correspondiente al 22 de agosto de 1838, sus directores expresaban que difundirían «conocimientos útiles en todas las clases de la sociedad, haciendo aplicación de las ciencias y las artes a nuestra industria y nuestras necesidades. Dar a conocer curiosidades naturales, científicas, artísticas e históricas, con preferencia de la América, y en particular de la isla de Cuba. Publicar artículos biográficos de las personas que más se hayan distinguido en nuestro suelo desde su descubrimiento, y dar noticias de hombres célebres de los demás países. Generalizar principios de moral, de educación y de derecho civil, haciendo conocer, a los que no estén al cabo de ellos, los deberes del hombre; sin excluir la religión como espinosa y delicada, pues nuestro objeto no es promover dudas ni controversias, sino apoyar la fe y las doctrinas del Evangelio. Facilitar el conocimiento de los negocios comunes de la vida, enseñando sus trámites y diligencias, y la intervención en ellos de los ministerios y tribunales. Todo será redactado en lenguaje claro y sencillo, y los artículos irán ilustrados con láminas, siempre que lo exija la materia, sin señalar coto al número y tamaño de ellas, aunque nunca serán menos de cuatro en cada entrega. Como nuestro objeto es interesar a toda clase de lectores, se dedicará una parte de la obra a literatura y amenidades, comprendiendo en éstas la música y la moda; y para más captarnos la protección y benevolencia de las damas, incluiremos cada dos entregas un figurín, copiado del periódico más reciente de París, y grabado por el mejor artista que se encuentre». Estos fines fueron cumplidos en lo que ya denominamos primera etapa de la revista. Aparecieron trabajos originales sobre educación primaria, estudios literarios, temas sobre arquitectura, industria, historia, comercio, ciencias naturales y filosofía. También publicaron poemas, cuentos, pequeñas piezas teatrales y noticias culturales. Fueron sus colaboradores habituales en esta etapa, Domingo del Monte, Felipe Poey, Pedro Alejandro Auber, José Jacinto Milanés, Manuel José Carrera, Pedro Morilla, Nicolás José Gutiérrez y el *Curioso Parlante* (seudónimo del costumbrista español Ramón de Mesonero Romanos), cuyas colaboraciones aparecieron a partir de la quinta entrega, cuando ya Palma y Echeverría se habían separado de la publicación, después de haber salido la tercera entrega, por problemas con Ramón Oliva, editor de la publicación. Éste se asoció entonces con los españoles José María de Andueza y Mariano Torrente, quienes fueron sus directores, aunque este cambio en la dirección no se manifestó en las entregas siguientes. Comienza entonces, a partir de la cuarta entrega, lo que llamaríamos segunda etapa de *El Plantel*. La totalidad de los cubanos que habían colaborado en sus páginas cesaron de hacerlo, pasando a escribir en ellas colaboradores españoles, la mayoría de los cuales firmaba con seudónimos. Los suscriptores, que habían rebasado el número de mil, suma considerable para la época, fueron dándose de baja paulatinamente. La publicación fue decayendo. Su última entrega, la décima, correspondió a agosto de 1839. Es necesario destacar que fue *El Plantel* la primera revista en Cuba que utilizó la litografía. Su técnica comenzó a utilizarse en la segunda etapa de la revista. En la primera se utilizó solamente el grabado en madera o xilografía. Bajo la responsabilidad de Feliciana Menocal se confeccionó el «Índice general de *El Plantel*», publicado en la *Revista de la Biblioteca Nacional José Martí* (La Habana, 3.ª época, 3, 1-4, 165-172, enero-diciembre, 1961).

Bibliografía

Echeverría, José Antonio, «Cartas que tratan sobre *El Plantel*», en *Centón epistolario de Domingo del Monte*, tomo 3, 1836-1838, con un prefacio, anotaciones y una tabla alfabética por Domingo Figarola Caneda, La Habana, Imprenta El Siglo XX, 1926, págs. 251-252, 256-258.

Llaverías, Joaquín, «*El Plantel*», en su *Contribución a la historia de la prensa periódica*, tomo 2, prefacio de Elías Entralgo, La Habana, Talleres del Archivo Nacional de Cuba, 1959, págs. 53, 55, 57, 59-68, Publicaciones del Archivo Nacional de Cuba, 48.

Menocal, Feliciana, «Índice general de *El Plantel*», en *Revista de la Biblioteca Nacional José Martí*, La Habana, 3.ª época, 3, 1-4, 160-161 y 163, enero-diciembre, 1961.

Palma, Ramón de y José Antonio Echeverría, «Manifestaciones que hacen al público los directores de *El Plantel*», en *Diario de La Habana*, La Habana, 361, 2, diciembre 28, 1838.

Pluma, **La** (La Habana, 1876-1877; 1883). Periódico semanal dirigido y redactado por varios jóvenes entusiastas, de buen humor y sin pretensiones. El número prospecto apareció el 26 de marzo y el primer ejemplar vio la luz el 7 de mayo. El último ejemplar revisado del año 1876 (33) corresponde al 17 de diciembre. El 11 de febrero de 1877 la publicación «reaparece», ahora en su segundo año, con un formato mayor e igual subtítulo. El último ejemplar consultado de este período (número 13) es de fecha 13 de mayo de 1877. En el primer número de su segunda época, que apareció el 17 de junio de 1877, se anota: «Al aparecer nuevamente en la arena periodística, después de una no corta ausencia [...]». De esta época, el último ejemplar revisado (número 9) corresponde al 12 de agosto de 1877. Después de esta fecha hay otro número localizado, que a su vez es el último consultado, correspondiente a la «Época II» (año 1, número 5), del 18 de febrero de 1883, y que lleva como subtítulo «Semanario humorístico». A lo largo de esta accidentada trayectoria, publicó cuentos, poemas, crítica literaria, notas sobre aspectos teóricos del arte, traducciones, artículos sobre religión y folletines novelescos. Entre sus colaboradores figuran Ramón Vélez Herrera, Rafael María de Mendive, Eusebio Valdés Domínguez, Ramón Codina, Julia Pérez y Montes de Oca, *Julio Rosas* (seudónimo de Francisco Puig y de la Puente), *A. Nónimo*, *Otelo*, *Torcuato D. Artola* y *Odracir*.

Poveda y Armenteros, Francisco (Véase **Poveda y Armenteros, Francisco**)

Poesía Pese a la pretendida existencia de una lírica precolombina, los orígenes de la poesía en Cuba es preciso situarlos hacia principios del siglo XVII, en que, si aceptamos su antenticidad, fue compuesto el poema épico *Espejo de paciencia* (1608), del escritor canario radicado en Cuba, Silvestre de Balboa Troya y Quesada. Ningún testimonio de la primitiva poesía de la isla nos ha quedado y solo podemos conjeturar que ésta debió haber sido similar a la de los areítos de los indios de la Española, sin influencia alguna en el desarrollo de la lírica en los países antillanos de habla hispana.

El poema de Balboa sigue las huellas de la épica italianizante de Ercilla y sus continuadores —en especial las de Luis Barahona de Soto, autor de «Las lágrimas de Angélica»—, tal como ha señalado Felipe Pichardo Moya, y si bien su valor poético es escaso, no deja de tener interés para nosotros, tanto por razones literarias como extraliterarias. Bajo la tramoya mitológica renacentista subyace en el poema la expresión de una incipiente cubanía, presente en los motivos de la naturaleza tropical enumerados en forma ingenuamente encantadora. Por otra parte, la obra refleja con fidelidad especular aspectos de la vida cotidiana y la composición social de la época, de ahí que su valor documental y sociológico trascienda el meramente literario.

Especial interés para el estudio de los orígenes de nuestra poesía reviste la presencia de los seis sonetos laudatorios que sirven de pórtico al poema de Balboa, pues denotan la existencia en el país, en época tan temprana, de una vida literaria insospechable en las condiciones de desarrollo social imperantes en la isla. Los sonetos, el poema de Balboa y el motete supuestamente cantado en 1604 en la iglesia de Bayamo —que sería entonces la primera manifestación poética escrita en Cuba que nos haya llegado— fueron incluidos por el obispo Pedro Agustín Morell de Santa Cruz en su Historia de la Isla y Catedral de Cuba y copiados con posterioridad por el novelista e historiador José Antonio Echeverría en 1837, gracias al cual nos ha sido dado conocer el poema.

Más de siglo y medio median entre el *Espejo de paciencia* y la aparición de las verdaderas primeras voces de la lírica cubana. Las expresiones poéticas escritas a lo largo del siglo XVIII, que nos han llegado provenientes de versificadores como Juan Miguel Castro Palomino, José Rodríguez Ucres (conocido como *Capacho*), Félix Veranés, José Surí y Águila, Mariano José de Alva y Monteagudo, Lorenzo Martínez de Avilera y José del Socorro Rodríguez, entre otros, son de escaso valor artístico y su importancia histórica es también relativa. A fines del siglo XVIII, sin embargo, la isla entra en un período de ingentes transformaciones económicas y sociales que van a influir poderosamente sobre el desarrollo cultural del país, hasta entonces prácticamente nulo. En 1790, por iniciativa del nuevo capitán general de la isla, don Luis de las Casas, comienza a publicarse el *Papel Periódico de La Habana;* en 1793 es fundada la Sociedad Económica de Amigos del País, que tan importante papel desempeñó en el desarrollo de nuestra cultura en el siglo XIX. En este ambiente propicio producen sus obras los tres primeros poetas de verdadera importancia entre nosotros. Son ellos Manuel de Zequeira, Manuel Justo Rubalcava y Manuel María Pérez y Ramírez, los tres Manueles de nuestra lírica.

Manuel María Pérez y Ramírez, cuya producción poética prácticamente se ha perdido, ha quedado en la poesía cubana por su soneto «El amigo reconciliado», curioso precedente del famoso poema de Sully Proudhome, «Le vase brisé». Zequeira y Rubalcava, pese al retoricismo que lastra la mayor parte de su producción poética, ocupan un sitial destacado dentro de la lírica isleña por ser los primeros que logran plasmar poéticamente con acierto un incipiente sentimiento de cubanía, expresado en el orgullo con que celebran la naturaleza cubana, en especial su flora. La «Oda a la piña», de Zequeira, y la «Silva cubana» —donde el poeta hace salir airosas a las frutas cubanas en su confrontación con las europeas—, atribuida a Rubalcava, son las dos composiciones más importantes del período neoclásico (véase **Neoclasicismo**), movimiento al que se adscriben los tres poetas mencionados y que va a prolongarse aproximadamente hasta la tercera década del siglo XIX, década en la que, con José María Heredia, hace su entrada el romanticismo en la lírica de habla hispana. Fuera de «Los tres Manueles», la figura más representativa del neoclasicismo entre nosotros es la de Ignacio Valdés Machuca (seudónimo *Desval*), quien en 1819 publicó el primer tomo de poesía impreso en Cuba: *Ocios poéticos*. La poesía de *Desval*, artificiosa y carente de emotividad, poco o nada puede emocionar al lector contemporáneo. En cambio, debe agradecérsele su labor como animador de la cultura y el mecenazgo ejercido sobre la juventud aficionada a las letras de la época.

José María Heredia no solo será la primera figura de gran importancia en la lírica cubana, sino además una de las más destacadas del romanticismo de lengua hispana, que inicia con él su expresión poética (véase **Romanticismo**). Pero a esta condición de iniciador, que por sí sola bastaría para consagrarlo, añade Heredia la gloria de haber sido el primer cantor de la libertad de la patria y el primer poeta en sufrir destierro por su causa. Con él nace la poesía civil en Cuba, que será una de las directrices más importantes de la lírica cubana en el siglo XIX hasta culminar en la obra poética impar de José Martí. Poeta desigual, lastrada su obra en gran parte todavía por el influjo retoricista del neoclasicismo, dejó Heredia, sin embargo, poemas tan notables como «En el teocalli de Cholula» «Niágara», el «Himno del desterrado», «La estrella de Cuba» y «A Emilia», que por encarnar los anhelos de libertad de todo un pueblo trascendieron las propias limitaciones políticas de Heredia e hicieron alcanzar a su figura categoría de símbolo patriótico para los cubanos del siglo XIX.

En el proceso evolutivo de la lírica del romanticismo en Cuba es posible distinguir dos momentos. Uno inicial —que marca el comienzo y el auge del movimiento—, cuyos representantes más destacados resultan Heredia, *Plácido* (seudónimo de Gabriel de la Concepción Valdés), José Jacinto Milanés y Gertrudis Gómez de Avellaneda, y un segundo momento en el que Rafael María de Mendive, Joaquín Lorenzo Luaces, Juan Clemente Zenea y Luisa Pérez de Zambrana representan, a la vez, la plenitud del movimiento y una apertura hacia nuevos derroteros poéticos más avanzados. Por supuesto, esta división tiene mayormente una importancia metodológica, pues el estudio detenido de la producción de estos autores nos demuestra que regresiones y anticipaciones de la norma estética es posible detectarlas en cualquiera de ellos.

Gabriel de la Concepción Valdés es, pese a las numerosas influencias neoclásicas en su obra, un verdadero temperamento romántico. Su defectuosa formación cultural y las dificultades económicas por las que atravesó, que lo obligaron a prodigar su talento en poemas de ocasión, imposibilitaron que su pluma nos diera las producciones de alto valor literario que, dado su talento, hubieran brotado de seguro en condiciones materiales más favorables. Con todo, *Plácido* es autor de un romance antológico dentro del romanticismo de habla hispana —«Jicotencalt»—, justamente alabado por Marcelino, Menéndez y Pelayo, y de varias letrillas («La flor de la caña», «La flor del café») en las que logra, con gran frescura, cubanizar esta forma de la poesía tradicional española. Estos poemas, su «Plegaria a Dios» —compuesta poco antes de su trágica ejecución— y alguno que otro soneto es lo que realmente perdura de la producción poética de *Plácido*, pero bastan para hacerlo ocupar un sitial de primer orden entre los poetas románticos cubanos.

Como *Plácido*, José Jacinto Milanés procede de la pequeña burguesía, por lo que su formación resulta igualmente autodidacta (aunque el nivel cultural de Milanés, quien llegó a dominar el francés y el italiano, era indudablemente superior al del autor de «Jicotencalt»). Injustamente subvalorada la importancia de su obra durante años, la figura de Milanés ha ido ganando el interés de los críticos, que en los últimos años han vuelto sus ojos al estudio directo de su obra sin dejarse influir por juicios que en su momento respondieron a criterios retóricos decimonónicos, hoy de relativa importancia, y que continuaron repitiéndose por comodidad. Lo cierto es que, en la actualidad, si bien no puede rechazarse el calificativo de «desigual» aplicado a su poesía, podemos pensar que son pocos los poemas de nuestro romanticismo que hayan aportado notas tan personales a la lírica cubana como Milanés, quien en sus mejores momentos es el autor más cercano a la sensibilidad contemporánea de todos los románticos de la primera generación. Poemas como «La madrugada», «De codos en el puente», «El mendigo», «El beso», «Después del festín» o la «Epístola a Ignacio Rodríguez Galván», podrán presentar lamentables caídas, pero permiten, a la vez, darnos cuenta de cuán indudablemente poeta fue este desdichado hombre de trágico destino personal, autor de uno de los más bellos poemas cubanos del siglo XIX: «La fuga de la tórtola».

Gertrudis Gómez de Avellaneda sirve de puente entre la primera y la segunda generación románticas, especialmente en lo tocante al cuidado de la forma, que hizo de ella una verdadera orfebre del verso anticipadora de muchas de las conquistas métricas del modernismo, como brillantemente hizo resaltar en su artículo «La Avellaneda como metrificadora» ese otro noble maestro de la forma que fue Regino Eladio Boti. Con todo, pese a ser mujer, la ausencia de ternura en su poesía contrasta con la casi femenina sensibilidad de un Milanés; el grueso de su poesía se resiente de una gelidez

y falta de espontaneidad no conocidas por *Plácido*. No tuvo, tampoco, la elevada inspiración de Heredia ni su sentido de identificación con la naturaleza, sin que, por otra parte, llevara a su verso las hondas preocupaciones patrióticas del cantor del Niágara, que han hecho tan trascendental su poesía. Vista desde nuestra altura, su producción poética rara vez logra emocionarnos y nos parece incuestionable que sus méritos son mayores como dramaturga, novelista o corresponsal (su extraordinario epistolario amoroso posee latente una gran intensidad poética, ajena a la mayor parte de sus versos). Mas, con todo, seríamos injustos si al establecer nuestra valoración dejáramos de considerar el contexto histórico-literario en que se movió y el peso considerable de la influencia en él de esa fascinante personalidad femenina que fue Gertrudis Gómez de Avellaneda.

Paralelamente a la obra de estos primeros poetas románticos, una serie de líricos menores dejan en sus obras el testimonio de que una poesía nacional va afirmando cada vez más su personalidad. Francisco Iturrondo, autor de la importante silva «Rasgos descriptivos de la naturaleza cubana» (1831) —todavía de filiación neoclásica, pero ya presentes en ella numerosos elementos románticos—, profundiza la directriz del conocimiento insular a través de la plasmación poética de su naturaleza, iniciada por Zequeira y Rubalcava. En la misma dirección de Iturrondo, Francisco Poveda Armenteros logra verdadera intensidad poética cuando describe en forma inusitada en nuestra lírica los árboles cubanos. Poveda y Armenteros fue el primero en tomar el campesino como tema poético, con lo que inaugura una corriente nativista que tendrá en *El Cucalambé* (seudónimo de Juan Cristóbal Nápoles Fajardo) su mas alto representante.

En estas circunstancias históricas en que comienza a cristalizar el sentimiento de nacionalidad, Domingo del Monte, una de las personalidades más influyentes de la época, escribe con propósito populista sus *Romances cubanos*, entre los que sobresalen «El desterrado del hato» y «El montero de la sabana». Pero Del Monte, a diferencia de Poveda y Armenteros — quien, pese a su deficiente formación cultural, poseía una innegable sensibilidad poética—, carecía de dotes líricas para fecundar el género, y la propia elección del romance como forma métrica evidencia su miopía artística y su acercamiento externo a una poesía popular que ya había hecho de la espinela renacentista su vehículo expresivo idóneo.

Esta indagación en temas vernáculos va a cristalizar poéticamente en dos directrices fundamentales que a menudo se imbrican: criollismo y siboneyismo (véanse **Criollismo** y **Siboneyismo**). Criollistas se muestran Ramón Vélez Herrera, quien dejó dos hermosos ejemplos en esta dirección: «La pelea de gallos» y «La flor de la pitahaya»; Ramón de Palma, Miguel Teurbe Tolón y, en algunas zonas de su poesía, poetas importantes como *Plácido*, Milanés, Luaces y la propia cabeza del movimiento siboneyista, José Fornaris. El siboneyismo encuentra precedentes en el neoclásico *Desval*, pero como movimiento no alcanza verdadera coherencia hasta la publicación en 1855 de los *Cantos del siboney*, de Fornaris, libro que conoció ediciones y popularidad sin precedentes en nuestra poesía. *La piragua*, revista fundada y dirigida por Fornaris y Luaces, devino órgano de expresión del movimiento.

Pese a la superficialidad de las composiciones y a la carencia de sustentación histórica del movimiento, éste no deja de tener interés como forma encontrada por los poetas para expresar su repulsa al régimen español y afirmar nuestra nacionalidad veladamente a través de la poesía, de donde resulta, entre otras razones, la inmensa popularidad que gozó en su momento.

La síntesis poética de ambas corrientes la logró con gran frescura y originalidad Juan Cristóbal Nápoles Fajardo (seudónimo *El Cucalambé*), quien en su único libro, *Rumores del Hórmigo* (1856), que ha conocido hasta el presente numerosísimas ediciones, supo expresar como nadie los anhelos de nuestro campesinado al no haber cantado *para* el guajiro, sino *desde él*, como en frase afortunada afirma Cintio Vitier en *Lo cubano en la poesía*. Sus versos acompañaron fielmente al mambí en sus guerras de independencia, y hoy su gloria mayor estriba en que sus décimas se hayan fundido con los cantares anónimos de su pueblo y continúen siendo entonadas por éste como cosa suya más de un siglo después de su muerte.

Un caso excepcional en la lírica cubana resulta el de Juan Francisco Manzano, el poeta esclavo autor de unos apuntes autobiográficos que constituyen uno de los documentos más estremecedores contra la esclavitud escritos en el siglo XIX. La obra poética de Manzano, que como es sabido obtuvo la libertad mediante el rescate pagado por los concurrentes a la tertulia de Domingo del Monte, es sumamente breve y en ella descuellan dos hermosos sonetos: «A la ciudad de Matanzas después de una larga ausencia» y «Mis treinta años», de contenido autobiográfico este último, conocedor de varias traducciones. Probablemente aterrado por la brutal represión a sus hermanos de raza con motivo de la llamada Conspiración de la Escalera, Manzano dejó de escribir tras ser liberado y nos dejó sin la posibilidad de conocer qué derroteros seguiría su poesía futura.

Hacia mediados de siglo se torna ostensible que el énfasis en lo declamatorio, el efectismo y la sensiblería a que se entregaron numerosos poetas románticos, conducían a nuestra poesía a un peligroso estancamiento. Versificadores como Francisco Orgaz, Narciso Foxá, José Gonzalo Roldán, Felipe López de Briñas, Francisco Javier Blanchié, Antonio Vinajeras y otros, provocaron con sus excesos e incorrecciones una saludable salida al paso, conocida en nuestra lírica como la reacción del «buen gusto», por parte de los poetas que van a formar el núcleo de avanzada de la segunda generación romántica: Mendive, Luaces, Zenea y Luisa Pérez de Zambrana. La personalidad rectora de esta reacción fue Rafael María de Mendive, quien a través de sus orientaciones en la tertulia de su casa, en las revistas que dirigió, y de modo especial con su obra lírica, influyó poderosamente sobre el movimiento poético de su época. En compañía de Ramón Zambrana, José Gonzalo Roldán y Felipe López de Briñas, publicó Mendive en 1853 la colección *Cuatro laúdes*, y en 1860 y 1883 sendas ediciones de sus poesías. Sin llegar a ser un gran poeta, Mendive es un hábil artesano del verso que sobresale en el plano de composición de sus poemas y anticipa ya en ellos los nuevos modos poéticos de expresión que estarían llamados a ser inaugurados en lengua española por su más preclaro discípulo: José Martí.

Un lustro más joven que Mendive, Joaquín Lorenzo Luaces es uno de los más interesantes poetas de su generación. Su inquietud como creador lo hizo incursionar en las más disímiles temáticas (intentó cubanizar la anacreóntica, cultivó la poesía filosófica, la moral y la criollista, se unió a Fornaris en la aventura siboneyista e hizo aproximaciones a la poesía proletaria). Su búsqueda incesante de la perfección y su incontrolada tendencia a la ampulosidad restan emoción a sus poemas y convierten algunas de sus odas en verdaderos discursos rimados quintanescos. De su obra mantienen vigencia dos odas de oculta inspiración patriótica —«La caída de Misolonghi» y la «Oración de Matatías»— y algunos de los mejores sonetos escritos en Cuba —«La salida del cafetal», «La muerte de la bacante»—, en los que se encuentran ya elementos francamente parnasianos, prefiguradores de esta directriz tan importante en la poesía de Julián del Casal.

Sensibilidad poética excepcional poseyó Juan Clemente Zenea, el más notable de los poetas de la segunda generación romántica y uno de los líricos cubanos más destacados. Zenea, excelente conocedor del francés, acusa en sus versos la benéfica influencia de Musset y otros autores franceses. En su relativamente breve obra hay no pocas composiciones mediocres y otras con caídas lamentables, pero en sus mejores momentos (véase la bellísima antología de poemas y fragmentos de algunos de ellos realizada por Mariano Brull) ninguno de nuestros románticos lo supera en intensidad poética. Salvo por la de Bécquer, su poesía amorosa no se ve superada en la lírica romántica de habla hispana. Como poeta civil aportó los más nobles acentos a esta directriz con posterioridad a Heredia, lo que nos haría lamentar aún más su deleznable postura política en caso de esclarecerse de modo afirmativo su traición a la patria, tal como de modo amargo parece desprenderse de la lectura del proceso judicial que culminó con el fusilamiento en el Foso de los Laureles del autor de «Fidelia», «Nocturno», «Recuerdo», «En días de esclavitud» y otros poemas que lo sitúan entre los líricos más importantes del romanticismo de habla hispana.

Luisa Pérez de Zambrana será la de mayor longevidad tanto biológica como literaria de estas cuatro figuras que conforman el núcleo de avanzada dentro de la lírica de nuestra segunda generación romántica. Sesenta y seis años de producción poética, en los que su trágico destino personal (muerte de su esposo y de sus cinco hijos) hizo evolucionar aquella poesía inicial de rara sencillez y ternura hasta hacerla alcanzar los más sobrecogedores acentos elegíacos de la literatura cubana. Las llamadas «Elegías familiares», por la hondura de su contenido patetismo, por la pureza del lenguaje, por los hallazgos poéticos encerrados en ellas, escapan a las normas de su época y atestiguan cuán grande fue la sensibilidad atesorada por esta noble mujer abiertamente admirada por Martí, quien vio en ella la más alta poetisa de la América de su tiempo.

Colaboran también en forma destacada a la revitalización de nuestra poesía, Julia Pérez y Montes de Oca —hermana menor de Luisa Pérez de Zambrana— quien nos dejó en «Abril», «Al campo» y otras composiciones, muestras de su delicada sensibilidad; los hermanos Francisco y Antonio Sellén, quienes desarrollaron una valiosísima labor como traductores (Heine, Mickiewicz, Byron, Isaías Tegner, Wilkie Collins, Nathaniel Hawthorne, Stevenson, Musset, son algunos de los autores vertidos al español por ellos); Issac Carrillo y O'Farril, autor del nostálgico poema «Connais-tu le pays...», frecuentemente antologado, y Alfredo Torroella, elogiado por Martí y Luisa Pérez de Zambrana.

La nota patriótica no dejó de estar presente en la producción de nuestros poetas románticos. En 1858, por iniciativa de Pedro Santacilia, un grupo de autores publicó en Estados Unidos un volumen en el que recogieron diversas composiciones bajo el título de *El laúd del desterrado*. Integraban esta antología los ya fallecidos Heredia y Teurbe Tolón; José Agustín Quintero, buen traductor de Longfellow y Friedrich Rückert; Pedro Santacilia, quien, como Luaces, expresó veladamente las ansias de libertad de nuestro pueblo en su «Salmo»; Pedro Ángel Castellón, Leopoldo Turla y Juan Clemente Zenea. Años más tarde, prologó Martí un breve volumen, *Los poetas de la guerra* (1893), formado con composiciones escritas durante la Guerra de los Diez Años por un grupo de poetas menores, entre los cuales sobresalía José Joaquín Palma, poeta zorrillesco apegado extemporáneamente a los moldes románticos, que después de la guerra del 68 residió la mayor parte de su vida en Centroamérica.

Tras la Guerra de los Diez Años y hasta la aparición del modernismo en Cuba con Martí y Casal, se abre un período de transición en el que no descuellan figuras poéticas de primera magnitud. En 1879 aparece *Arpas amigas*, selección de poemas de diversos autores que incluía a poetas de la generación anterior, como los hermanos Sellén y Luis Victoriano Betancourt, antologado por Martí en *Los poetas de la guerra*. A ellos se unían los más jóvenes Enrique José Varona y Esteban Borrero Echeverría, quienes se destacaron más por su labor humanística y filosófica que como líricos;

José Varela Zequeira y Diego Vicente Tejera, excelente traductor de Petöfi, Heine y Leopardi y el de mayor calidad poética del grupo. A esta etapa de transición pertenecen también Enrique Hernández Miyares, gran animador de la cultura, que ha quedado en la poesía cubana fundamentalmente por su hermoso y polémico soneto «La más fermosa», que le valió una acusación de plagio; Manuel Serafín Pichardo, sonetista de calidad («El gallo»), y las poetisas Aurelia Castillo de González, quien se distinguió como traductora de D'Annunzio y Carducci, entre otros poetas, Nieves Xenes, la puertorriqueña Lola Rodríguez de Tió y Mercedes Matamoros, la de mayor temperamento poético entre ellas, excelente sonetista que, en *El último amor de Safo*, colección de veinte sonetos eróticos, desafió la moral de su época y se convirtió en una precursora de la poesía de este tipo, cultivada en nuestro siglo por Juana de Ibarbouru, Gabriela Mistral, Alfonsina Storni y Delmira Agustini.

Cabe a Cuba el orgullo de haber aportado al movimiento modernista (véase **Modernismo**) dos de sus figuras más preclaras: José Martí y Julián del Casal. Hoy se encuentra ya fuera de toda duda que el iniciador del movimiento, tanto en prosa como en verso, lo fue José Martí, quien inaugura los nuevos modos de expresión en la lírica de habla hispana con *Ismaelillo* en 1882. Su genio político, que lo llevó a ser el alma de una guerra libertadora y a formular el pensamiento político más avanzado entre todos los americanos de su tiempo, hizo culminar en su poesía la directriz patriótica iniciada por Heredia. Su genio poético extraordinario plasmó en sus *Versos libres* una poesía totalmente inusitada para su época —con resonancia en personalidades poéticas tan auténticas como Miguel de Unamuno y César Vallejo— y cuya vigencia perdura hasta nuestros días. Su identificación absoluta con el pueblo, por último, lo hizo crear, haciendo suyo el puro caudal de la poesía popular española, sus *Versos sencillos* (1891), el punto más. alto de la poesía popularista en la lírica hispana del siglo XIX. Hoy su obra poética, la más trascendente producida entre nosotros, atrae sobre sí como ninguna otra el estudio de todos los hispanistas del orbe para gloria de nuestra patria.

Si Martí encarna como nadie el ideal del artista comprometido con su pueblo, Julián del Casal resulta el arquetipo del creador que encuentra en el arte el modo de evadirse del medio social que lo enajena. Si el optimismo revolucionario preside vida y obra de Martí, el pesimismo y la melancolía presidirán las de Casal. Gran amante de la belleza baudeleriana, abrevó en las fuentes de simbolistas y parnasianos, y pese a lo temprano de su muerte, dejó una obra de renombre continental. Baudelaire, Leconte de Lisle, José María de Heredia —el autor de *Los trofeos*—, son las influencias predominantes en su poesía, en la cual pueden encontrarse las principales características tanto formales como temáticas del modernismo.

En los veinte años que median entre la muerte de Casal y la aparición de *Arabescos menta-les* (1913), de Regino Eladio Boti, la poesía cubana, pese a ser éste el momento de esplendor del modernismo, va sumiéndose gradualmente en una honda crisis. Muertos prematuramente los dos discípulos más talentosos de Casal —el poeta cubano de expresión francesa Augusto de Armas y la adolescente de extraordinaria sensibilidad poética que fue Juana Borrero— el modernismo en Cuba se ensaya tan tímida y mediocremente con relación a otras literaturas de Hispanoamérica, que llegó a ser cuestionada su verdadera existencia.

Carlos Pío Uhrbach, discípulo sin altos vuelos de Casal y novio de Juana Borrero, murió en combate en nuestra guerra de independencia. Su hermano Federico, mejor dotado para la poesía que Carlos Pío, no viene a producir una obra importante hasta 1916, en que publicó *Resurrección*, uno de los mejores libros de poesía publicados en las dos primeras décadas de nuestro siglo. De los poetas de la primera generación republicana recogidos en voluminosa —y concebida con escaso rigor selectivo— antología *Arpas cubanas* (1904), fruto de los esfuerzos de Enrique Hernández Miyares, Francisco Díaz Silveira y el mediocre José Manuel Carbonell, solo se salvan René López, cuya vida desordenada y muerte prematura no le permitieron legarnos la obra madura a la que por su talento parecía llamado, y Dulce María Borrero, cuya poesía —al igual que la de su hermana Juana— cuenta con valiosos aciertos descriptivos. Figura también en la antología Bonifado Byrne, puente entre esta generación y la anterior, quien pese a poemas de delicada factura como «Los muebles» o «Cual sería», será siempre para nuestro pueblo el poeta de «Mi bandera», por haber sabido expresar en él el sentimiento de rebeldía popular contra la ingerencia del imperialismo norteamericano en nuestro destino. No incluyó esta antología, sin embargo, a Francisco Javier Pichardo, cuya poesía mejor contiene notas de diluida protesta social que desarrollarán con mayor aliento autores de generaciones futuras.

La renovación poética, curiosamente, no se produjo en la capital. En las primeras décadas del siglo, una intensa vida cultural —si bien dada nuestra condición de país subdesarrollado se trató siempre de una porción minoritaria de intelectuales— fue desarrollándose en las provincias. Matanza y Oriente fueron aquellas en que el movimiento literario produjo sus mejores frutos, aunque en Las Villas no dejó de ser intensa la actividad cultural y numerosas publicaciones periódicas locales dieron cabida a la producción de los jóvenes creadores. En Matanzas, el movimiento se centró en la revista *El Estudiante*, dirigida por Plácido Martínez; entre los poetas de aquel momento merecen ser mencionados los hermanos Fernando y Francisco Lles, Mariano Albaladejo, Hilarión Cabrisas y sobre todo Agustín Acosta, quien con *Ala* (1915) dio al movimiento modernista en Cuba uno de sus libros fundamentales.

En Oriente fue donde el modernismo alcanzó mayor coherencia estética, gracias en especial a la extraordinaria labor renovadora de los dos más altos poetas del primer cuarto de siglo: Regino Eladio Boti y José Manuel Poveda. Los jóvenes poetas, entre los que se contaban, entre otros, Ángel Alberto Giraudy, Fernando Torralva, Luis Vázquez de Cuberos, Juan Jerez Villarreal, Héctor Poveda, el dominicano Sócrates Nolasco, Luis Felipe Rodríguez, Julio Girona y Pedro Alejandro López, tuvieron en revistas como *El pensil*, *Renacimiento*, *Orto*, *Oriente Literario*, *Oriente* y *Bohemia* y la página dominical de *El Cubano Libre* sus principales órganos de expresión. En 1913 dos acontecimientos contribuyeron a darle unidad y difusión a las ideas estéticas del grupo: el homenaje a Julián del Casal, con motivo del cual José Manuel Poveda redactó los primeros manifiestos del modernismo en Cuba, y la aparición de *Arabescos mentales*, de Regino Eladio Boti, libro que marca un hito dentro de la poesía cubana. Desde su «aldea» guantanamera, Boti talló en silencio el diamante de su poesía. Su obra lírica publicada, desde *Arabescos mentales* hasta *Kindergarten* (1930), evidencia una acendrada voluntad de estilo que lo llevó a renovarse incesantemente desde su inicial etapa modernista hasta *Kodak-Ensueño* (1928) y *Kindergarten*, libros de corte vanguardista en los que pueden rastrearse anticipaciones de la antipoesía contemporánea. *El mar y la montaña* (1921) representa su plenitud poética y constituye uno de los más hermosos libros de poesía publicados en Cuba. Hastiado del medio social que lo circundaba, Regino Eladio Boti dejó de publicar en 1930 y mantuvo inédita su cuantiosa producción lírica escrita hasta su muerte, en 1958.

Un solo libro bastó para consagrar a José Manuel Poveda como maestro de la poesía en Cuba. En *Versos precursores*, que apareció en 1917 y constituye el fruto más logrado de nuestro postmodernismo, se encuentran en germen las distintas directrices por las que discurrirá en el futuro nuestra lírica. Al igual que en Boti, a quien lo unió en un tiempo una entrañable amistad, de la cual queda como fruto el extraordinario epistolario cruzado entre ambos, la altiva y exquisita sensibilidad poética de Poveda chocaba con el chato y mezquino medio social en que históricamente quedaron enmarcados. Decepcionado, abandonado por los que un día lo llamaron amigo, replegado en sí mismo, murió José Manuel Poveda sin haber alcanzado aún su madurez como hombre y sin poder coronar su existencia con la obra del «mañana» que anunció en el proemio de su libro ejemplar.

En la década del veinte, los distintos «ismos» agrupados bajo el término común de vanguardismo (véase **Vanguardismo**) hacen irrupción en nuestra poesía, pero circunstancias históricas tan determinantes como la tremenda agudización de las contradicciones en el seno de la sociedad tras la gran crisis capitalista posterior a la Primera Guerra Mundial, hacen que la poesía cultivada en Cuba durante esa década, si bien por parte de los más jóvenes se pronunció «por el arte nuevo en sus distintas manifestaciones», se detenga poco en la pura experimentación a la que en otras literaturas se entregaron creacionistas, dadaístas, ultraístas, etc. La honda crisis sufrida en el país tras el período de la llamada «danza de los millones» provocó una viva reacción en nuestros intelectuales, cuya expresión más significativa fue el surgimiento del Grupo Minorista (véase). Una amarga repulsa de lo cotidiano encuentra distintas vías de expresión estética —en ocasiones tangenciales, en otras antagónicas—, que tornan sumamente complejo el establecimiento de directrices generales en el período. Una de ellas será la corriente intimista iniciada en la década anterior por Mariano Brull en *La casa del silencio* (1916), y que encuentra en Juan Marinello (*Liberación*, 1927) y en los hermanos Dulce María y Enrique Loynaz a sus más destacados cultivadores. Otra, representada fundamentalmente por Ramón Rubiera, Andrés Núñez Olano, Enrique Serpa y Rafael Esténger, paga deuda aún al modernismo y muestra marcada impronta simbolista. En algunos, la repulsa al medio adquiere una acentuada nota irónica, a veces sentimental, que en María Villar Buceta (*Unanimismo*, 1927), en cierta zona de la poesía de Rubén Martínez Villena («Canción del sainete póstumo») y en especial en la obra de José Zacarías Tallet (*La semilla estéril*, 1951) encuentra su más feliz expresión.

Pero el despertar del movimiento obrero, al cual se vincula la juventud universitaria capitaneada por el líder extraordinario que fue Julio Antonio Mella; la fundación del Partido Comunista de Cuba por el propio Mella y Carlos Baliño; la influencia decisiva de la Revolución de octubre en este proceso de concientización política de las masas; el comienzo de la lucha contra la tiranía de Machado; la ardiente prédica de Rubén Martínez Villena, y la gran crisis mundial capitalista de finales de la década del veinte, son factores que condicionan el impetuoso surgimiento de una poesía social de nuevo tipo, con una clara proyección antimperialista. El «Poema de los cañaverales», de Felipe Pichardo Moya, y sobre todo *La Zafra*, de Agustín Acosta, publicados ambos en 1926, sirven de precedente a esta corriente poética que inicia en realidad Regino Pedroso con la publicación, un año más tarde, en la *Revista de Avance*, de su «Salutación fraterna al taller mecánico». Desde su inicio hasta el triunfo de la Revolución cubana, se vio enriquecida la poesía social con los aportes de poetas vinculados a la causa del proletariado, como Nicolás Guillén, Manuel Navarro Luna, Ángel Augier, Mirta Aguirre y Félix Pita Rodríguez, entre otros.

A Nicolás Guillén correspondería la gloria de sacar la temática de la corriente de poesía negra (véase **Afrocubana**, **Literatura**), comenzada en 1928 por Ramón Guirao («Bailadora de rumba») y José Zacarías Tallet («La rumba»), cultivada también por Emilio Ballagas en una zona de su poesía («Elegía de María Belén Chacón», «Para dormir un negrito») y llevada a su más afortunada expresión estética dentro de esta línea de poesía negra, aún sin mayor trascendencia social, por el propio Guillén (*Mo-*

tivos de son, 1930; *Sóngoro cosongo*, 1931), de su etapa inicial externa y pintoresquista y dotarla de un contenido social que aseguró su trascendencia. Esta preocupación social se acentuó cada vez más en sus libros posteriores hasta hacerse expresión consustancial de su poesía, admirada hoy universalmente.

Coincidente con el inicio de esta directriz social, a fines de la década del veinte comienza el cultivo de la llamada «poesía pura», en el sentido de la tesis propuesta por el abate Bremond. Mariano Brull, Eugenio Florit y Emilio Ballagas, en la zona más importante de su poesía, son las figuras representativas de esta directriz, que dejó libros de alta calidad estética como *Poemas en menguante* (1928) y *Solo de rosa* (1941), de Brull; *Trópico* (1930) y *Doble acento* (1937), de Florit, y *Júbilo y fuga* (1931) y *Sabor eterno* (1939), de Ballagas.

Esta directriz esteticista alcanzará su mayor esplendor durante las dos décadas siguientes. La frustración del proceso revolucionario de 1933; la toma artera del poder por el fascismo en España; el terrible impacto de la Segunda Guerra Mundial; la corrupción de los gobiernos «auténticos» y el clima asfixiante para la poesía vivido bajo la tiranía batistiana, inciden en que una gran parte de los poetas surgidos en esta etapa opten por el hermetismo y la evasión como forma de expresar su repudio al medio social en que se hallaban inmersos. Esta generación —llamada «trascendentalista» por Roberto Fernández Retamar— tuvo su guía en José Lezama Lima —cuyo libro *Enemigo ru-*

mor (1937) fue quizás la más importante obra de esta tendencia— y su órgano de expresión en la revista *Orígenes* (1944-1956), dirigida al igual que *Verbum* (1937), *Espuela de Plata* (1939) y *Nadie Parecía* (1942) por el propio Lezama. Son sus figuras más destacadas Ángel Gastelu, Virgilio Piñera, Cintio Vitier, Fina García Marruz, Eliseo Diego, Octavio Smith y Lorenzo García Vega. En lo teórico, el aporte más valioso de esta generación lo constituye *Lo cubano en la poesía* (1958), obra de Cintio Vitier, el más brillante crítico de este grupo generacional. En sus páginas expresa su amorosa visión de nuestra poesía, presidida por la concepción idealista común al grupo.

Merece destacarse también la labor desarrollada en estas dos décadas anteriores a la Revolución por poetas como Samuel Feijóo, quien en unión de Aldo Menéndez y Alcides Iznaga, se esforzó en dignificar el cultivo de la poesía en Las Villas; Ernesto García Alzola, también cuentista destacado; Rafaela Chacón Nardi y los más jóvenes poetas vinculados a *Orígenes*, Roberto Fernández Retamar y Fayad Jamís, quienes pese a su juventud contaban ya con una obra de apreciable calidad estética en vísperas del proceso revolucionario.

El triunfo de la Revolución cancela esta etapa de auge formalista en nuestra lírica, que ya había comenzado a perder terreno en la obra de los más jóvenes poetas surgidos en la década del cincuenta, quienes encuentran en el proceso revolucionario la fuente de inspiración temática para expresar la nueva circunstancia social que los conmueve. Las páginas de *Lunes de Revolución*, suplemento literario semanal del periódico *Revolución*, *La Gaceta de Cuba* y las revistas *Casa de las Américas* y *Unión*, comienzan a llenarse de colaboraciones de una nueva promoción de poetas que en número ingente dan a conocer sus obras. A autores de reputación establecida, como los mencionados Roberto Fernández Retamar y Fayad Jamís, se unen en estos primeros años de la Revolución; entre otros, Rolando Escardó y José Álvarez Baragaño, muertos ambos prematuramente, Roberto Branly, Pablo Armando Fernández, Luis Suardíaz, Heberto Padilla, Raúl Luis, José Martínez Matos, Adolfo Menéndez Alberdi, César López, Luis Marré, Francisco y Pedro de Oraá, Luis Pavón, Manuel Díaz Martínez.

Hacia la segunda mitad de la década del sesenta irán dándose a conocer —fundamentalmente a través de los concursos UNEAC, David, «26 de julio» y «13 de marzo», que se unen, entre otros muchos convocados anualmente, al de la Casa de las Américas, creado en los albores de la Revolución— nuevas promociones de poetas, entre los cuales se cuentan Alberto Rocasolano, Domingo Alfonso, Tania Díaz Castro, Georgina Herrera, Adolfo Suárez, Rolando López del Amo y Efraín Nadereau, entre los de mayor edad, y Guillermo Rodríguez Rivera, Nancy Morejón, Víctor Casáus, Eduardo López Morales, Sigifredo Álvarez Conesa, Luis Rogelio Nogueras, Lina de Feria, Belkis Cuza, Miguel Barnet, David Fernández, Helio Orovio, Raúl Rivero, Pedro Pérez Sarduy, Jesús

Cos Causse, Héctor de Arturo, Rafael Hernández, Roberto Díaz, Excilia Saldaña, Francisco Garzón Céspedes y Osvaldo Navarro, entre los más jóvenes, así como un número ingente de autores, en aumento constante, que cada día se dan a conocer.

Paralelamente a la labor de estos jóvenes poetas, autores de generaciones anteriores han continuado enriqueciendo su obra con ejemplar espíritu de renovación, como prueba la valiosa obra producida a partir del triunfo de la Revolución por Nicolás Guillén, Ángel Augier, Félix Pita Rodríguez, Samuel Feijóo, Mirta Aguirre y algunos de los poetas más importantes de *Orígenes*, como Cintio Vitier, Fina García Marruz y Eliseo Diego, quienes han logrado expresar con gran calidad literaria sus vivencias dentro del proceso revolucionario.

Bibliografía

Arias, Salvador, «La poesía en la neocolonia, Visión de la Isla», en *Bohemia*, La Habana, 57, 36, 26-27, septiembre 3, 1965.

Bueno, Salvador, *Contorno del modernismo en Cuba*, conferencia pronunciada en la Universidad del Aire el día 3 de septiembre de 1950, La Habana, 1950.

Campuzano, Luisa, «Visión de la isla, la poesía cubana en el siglo XIX», en *Bohemia*, La Habana, 57, 27, 26-27, julio 2, 1965.

Carbonell, José Manuel, «Breve reseña de la poesía lírica en Cuba, desde 1608 hasta nuestros días», en su *La poesía lírica en Cuba*, recopilación dirigida, prologada y anotada, tomo 1, La Habana, Imprenta El Siglo XX, 1928, págs. 7-146, Evolución de la cultura cubana, 1608-1927, I.

Chacón y Calvo, José María, *Los orígenes de la poesía en Cuba*, La Habana, Imprenta El Siglo XX, 1913.

Esténger, Rafael, «Trayecto de la poesía cubana», en su *Cien de las mejores poesías cubanas*, 3.ª edición, aumentada con un ensayo preliminar y la inclusión de poetas actuales, La Habana, Ediciones Mirador, 1948, págs. 7-59.

«Breve esbozo revisionista de la poesía en Cuba», en *Libro de Cuba*, La Habana, Publicaciones Unidas, 1954, págs. 589-594.

Feijóo, Samuel, *Sobre los movimientos por una poesía cubana hasta 1856*, 1947-49, La Habana, Universidad Central de las Villas, Dirección de Publicaciones, 1961.

Fernández Retamar, Roberto, *La poesía contemporánea en Cuba*, *1927-1953*, La Habana, Orígenes, 1954.

González del Valle, Martín, *La poesía lírica en Cuba*, Apuntes para un libro de biografía y de crítica, 5.ª edición, Barcelona, Tipografía de Luis Tasso, 1900.

Lezama Lima, José, «Prólogo», en su *Antología de la poesía cubana*, tomo 1, La Habana, Consejo Nacional de Cultura, 1965, págs. 7-46.

López Prieto, Antonio, «La poesía en Cuba», en su *Parnaso Cubano*, Colección de poesías selectas de autores cubanos desde Zequeira a nuestros días precedida de una introducción histórico-crítica sobre el desarrollo de la poesía en Cuba, con biografía y notas críticas y literarias de reputados literatos, tomo 1, La Habana, Editor Miguel de Villa, 1881, págs. 5-81.

Marinello, Juan, «Sobre el vanguardismo en Cuba y en la América Latina», en *Los vanguardismos en la América Latina*, La Habana, Casa de las Américas, Centro de Investigaciones Literarias, 1970, págs. 329-339.

Núñez Olano, Andrés, «Esquema de la poesía contemporánea», en *Carteles*, La Habana, 26, 21, 58, 59, 95, 98 y 114, mayo 21, 1936.

Piedra-Bueno, Andrés de, *El epigrama en Cuba*, La Habana, Tipografía Villegas, 1947.

Remos y Rubio, Juan José, *Los poetas de Arpas amigas*, cursillo de seis disertaciones, palabras iniciales de José María Chacón y Calvo, La Habana, Publicaciones del Ateneo de La Habana, 1943.

Salazar, Salvador, *Literatura cubana, el clasicismo en Cuba*, La Habana, 1913; *El dolor en la lírica cubana*, La Habana, 1925.

Saldaña, Excilia, «Vanguardia y vanguardismo I, II y III», en *El Caimán Barbudo*, La Habana, 2.ª época, 47, 48 y 50, 6-9, 4-9 y 9-11, junio, julio y octubre, 1971.

Vitier, Cintio, «Introducción», en su *Cincuenta años de poesía cubana, 1902-1952*, ordenación, antología y notas, La Habana, Ministerio de Educación, Dirección de Cultura, 1952, págs. 1-7.

Lo cubano en la poesía, La Habana, Universidad de Las Villas, Departamento de Relaciones Culturales, 1958.

Poesía (La Habana, 1942). Revista mensual de los poetas. Su primero y único número aparecido, según testimonio de Ángel Augier, correspondió al mes de junio. Era dirigida por Agustín Guerra de la Piedra y Guillermo Villarronda. Publicó solamente poemas. Figuraron colaboraciones de Nicolás Guillén, Ángel Augier, Rafael Enrique Marrero, Andrés de Piedra Bueno, Dulce María Loynaz, Esteban Foncueva, Juan Herbello y Yolanda Lleonart.

Poeta (La Habana, 1942-1943). Cuaderno trimestral de poesía. Aparecieron solo dos números, correspondientes a noviembre de 1942 y mayo de 1943. Fue dirigida por Virgilio Piñera. Revista puramente literaria, sostiene, en líneas generales, los planteamientos teóricos de las revistas *Espuela de Plata* (1939-1941), *Clavileño* (1942-1943) y *Nadie Parecía* (1942-1944). Aparecieron en sus páginas poemas, trabajos teóricos sobre la poesía y traducciones. Fueron sus colaboradores María Zambrano, Gastón Baquero, Ángel Gaztelu, José Lezama Lima y Cintio Vitier. Publicó poemas de Paul Valery y del martiniqués Aimé Césaire. Su índice analítico, confeccionado por un equipo de investigadores, ha sido publicado en el tomo 1 de su *Índice de las revistas cubanas*, La Habana, Biblioteca Nacional José Martí. Departamento de Hemeroteca e Información de Humanidades, 1969, págs. 93-100.

Poey, **Felipe** (La Habana, 26 mayo 1799-Id., 28 enero 1891). Hijo de francés, pasó parte de su infancia en Pau, Francia (entre 1804 y los ocho años de edad), donde cursó tres años de estudio. Tras su regreso a La Habana después de la muerte de su padre, ingresó en el Real Seminario de San Carlos, en el que fue alumno de Félix Varela. Allí se graduó de Bachiller en Derecho en 1820. Poco después, en Madrid, recibió la investidura de abogado y trabajó como profesor en la Academia Nacional de Jurisprudencia. Perseguido por su participación en las juntas patrióticas, regresó a Cuba en 1823. A partir de este fecha se dedicó por entero al estudio de las ciencias naturales. En 1825 emprendió un viaje a Francia acompañado de su esposa. Durante el tiempo que permaneció en París perfeccionó sus conocimientos de latín, comenzó a publicar su obra *Centurie de lepidopteres de l'ile de Cuba* —que dejó inconclusa—, adquirió la formación científica necesaria para emprender su posterior trabajo sobre los peces y fue uno de los fundadores, en 1832, de la Sociedad Entomológica de Francia.

Regresó a La Habana en 1833. Fundó el Museo de Historia Natural en 1839. En 1842 ocupó la cátedra de Zoología y Anatomía Comparada en la Universidad de La Habana. Fue decano de la Facultad de Ciencias y vicerrector de la Universidad. Fundó su biblioteca de ictiología y de ciencias naturales. Fue miembro fundador de la Academia de Ciencias Médicas, Físicas y Naturales y presidente de la Sociedad Antropológica, ambas de La Habana; socio de mérito de la Sociedad Económica de Amigos del País; corresponsal de la Academia de Ciencia Exactas, Físicas y Naturales de Madrid, de la Sociedad Numismática Matritense, de la Academia Nacional de Ciencias y Artes de Barcelona y de la Academia de Ciencias de Berlín; individuo de la Sociedad Zoológica de Londres y de las academias de ciencias naturales de Filadelfia, Boston y Buffalo. Colaboró en *El Plantel*, *Memorias de la Sociedad Económica de Amigos del País*, *Revista de La Habana*, *La Luz*, *Revista Habanera*, *Ateneo*, *La Piragua*, *Floresta Cubana*, *El Liceo*, *Revista de Cuba*, *Revista Bimestre Cubana*, *El Fígaro*; *Anales del Liceo de Historia Natural* (Nueva York) y *Anales de la Sociedad Española de Historia Natural*. Fue director —y colaborador— de *Repertorio físico natural de la isla de Cuba*. Mantuvo relaciones de colaboración con los más eminentes naturalistas de su época. Es autor de un *Compendio de geografía de la isla de Cuba* (1836), que vio múltiples ediciones; de un *Curso de zoología* de 1843; de unas *Memorias sobre la Historia Natural de la isla de Cuba* (1851 y 1856-1858), con sumarios latinos y extractos en francés, en dos volúmenes; de un *Curso elemental de mineralogía* (1872); de *Poissons de l'ile de Cuba* (1874), y del tratado *Ictiología cubana* (1955 y 1962) —en el que trabajó durante más de cincuenta años—, entre otros. Cultivó la literatura. Tradujo y compendió la *Historia de los imperios de Asiria* publicada en La Habana en 1847. Tradujo, además, con

Rafael Navarro, las *Nociones elementales de Historia Natural* (1844 y 1862), de G. Delafosse.

Bibliografía activa

Discurso, pronunciado en la sociedad habanera Instituto Científico Artístico Literario, el 26 de agosto de 1848, La Habana, Imprenta El Artista, 1848.

Oración inaugural sobre la composición y elocución, pronunciada en la apertura del año académico de 1864-65, en la Real Universidad de La Habana, La Habana, Imprenta del Gobierno y Capitanía General, 1864.

Discurso, pronunciado en el acto solemne universitario en la investidura del Licenciado don Antonio de Gordon y de Acosta para el grado de Doctor en Ciencias Físicas, La Habana, Imprenta El Cosmopolita, 1880.

Obras literarias, La Habana, La Propaganda Literaria, 1888.

Bibliografía pasiva

Álvarez Conde, José, «Felipe Poey y Aloy, 1799-1891», en su *Historia de la zoología en Cuba*, La Habana, Publicaciones de la Junta Nacional de Arqueología y Etnología, 1958, págs. 213-248.

«Bibliografía, obras literarias de Felipe Poey», en *El País*, La Habana, 11, 228, 2, septiembre 26, 1888.

Bueno, Salvador, «Figuras cubanas, don Felipe Poey, hombre de ciencia», en *Bohemia*, La Habana, 55, 23, 67-69, 79, junio 7, 1963.

Carbonell, José Manuel, «Felipe Poey Aloy, 1799-1891», en su *La ciencia en Cuba*, recopilación dirigida, prologada y anotada, tomo único, La Habana, Imprenta Montalvo y Cárdenas, 1928, págs. 7-9, Evolución de la cultura cubana, 1608-1927, 17.

«Compendio de la geografía de la Isla de Cuba», en *El Noticioso y Lucero*, La Habana, 4, 206, 3, julio 25, 1836.

Costales, M., «Reflexiones sobre la égloga a Silvia de don Felipe Poey», en *Floresta Cubana*, La Habana, 246-249, 1856.

Dihigo y Mestre, Juan M., «Poey en su aspecto literario y lingüístico», en *Revista de la Facultad de Letras y Ciencias*, La Habana, 21, 1, 1-20, julio, 1915.

«Don Felipe Poey», en *El País*, La Habana, 14, 25, 2, enero 29, 1891.

«Don Felipe Poey, la conferencia del Doctor Arístides Mestre», en *El País*, La Habana, 14, 173, 2, julio 25, 1891.

«Errónea interpretación de un texto de Poey», en *Revista de la Biblioteca Nacional José Martí*, La Habana, 3, 5, 1-6, 20-22, julio-diciembre, 1911.

«Felipe Poey», en *Camafeos*, La Habana, entrega 6, 38-40, 1865.

«Felipe Poey, el padre de las ciencias en Cuba», en *Juventud Rebelde*, La Habana, 2, mayo 26, 1975.

Homenaje a la memoria de don Felipe Poey, La Habana, Academia de la Historia, 1926.

Le Roy y Gálvez, Luis F., «En el sexagésimo tercer aniversario de la muerte de Felipe Poey», en *Vida Universitaria*, La Habana, 5, 45, 3-4,

18, abril, 1954.

«Don Felipe Poey y Aloy», en *Vida Universitaria*, La Habana, 7, 66-67, 11, 27, enero-febrero, 1956.

Lezama Lima, José, «Felipe Poey», en su *Antología de la poesía cubana*, tomo 2, La Habana, Consejo Nacional de Cultura, 1965, págs. 524-526.

López Prieto, Antonio, «Felipe Poey», en su *Parnaso cubano*, Colección de poesías selectas de autores cubanos desde Zequeira a nuestros días precedida de una introducción histórico-crítica sobre el desarrollo de la poesía en Cuba, con biografías notas críticas y literarias de reputados literatos, La Habana, Editor Miguel de Villa, 1881, págs. 116-119.

LL.EE., «Compendio de la geografía de la isla de Cuba», en *El Noticioso y Lucero*, La Habana, 4, 206, 3, julio 25, 1836.

Mestre, Arístides, *Elogio del señor don Felipe Poey*, en sesión pública del 27 de junio de 1891, La Habana, Tip. de A. Álvarez, 1892.

Poey en la historia de la antropología cubana, discurso leído en la sesión solemne del 26 de mayo de 1921, La Habana, Imprenta El Siglo XX, 1921.

Evocación de la memoria de Felipe Poey, La Habana, Imprenta La Propagandista, 1926.

Montané, Luis, *Alrededor de la Psicología de Poey*, leído en la sesión solemne conmemorativa de la fundación de la «Sociedad Cubana de Historia Natural Felipe Poey», la cual tuvo lugar el 26 de mayo de 1917, en el salón de conferencias de la Universidad de La Habana, La Habana, Imprenta El Siglo XX, 1917.

Roig de Leuchsenring, Emilio, «Felipe Poey», en *La literatura costumbrista cubana de los siglos XVIII y XIX*, T 4.

Los escritores, La Habana, Oficina del Historiador de la Ciudad de La Habana, 1962, págs. 132-139, Colección histórica cubana y americana, 26.

Sánchez Roig, Mario, *Felipe Poey, el máximo naturalista de Hispanoamérica*, conferencia leída el 20 de enero de 1937 en el Palacio Municipal, correspondiente a la serie sobre Habaneros ilustres y publicada en el número 11 de los Cuadernos de historia habanera, La Habana, Imprenta Molina, 1937.

Torre y Huerta, Carlos de la, «Don Felipe Poey», en su *Figuras cubanas de la investigación científica*, La Habana, Publicaciones del Ateneo de La Habana, 1942, págs. 313-345.

Trujillo, Enrique, «Felipe Poey», en su *Álbum de El Porvenir*, Nueva York, 4, 11-14, 1894.

Varona, Enrique José, «Notas editoriales, Ciencia y literatura», en *Revista Cubana*, La Habana, 7, 470-471, 1888.

Vilaró, Juan, «Felipe Poey, apuntes para su biografía», en *Revista Cubana*, La Habana, 2, 481-490, diciembre, 1885.

Vinageras, Antonio, *Elogio de Poey*, París, Imprenta de D'Aubusson y Kugelmann, 1858.

Vivanco, Julián, *Don Felipe, su vida y su obra*, trabajo presentado por el académico correspondiente en San Antonio de los Baños, leído y aprobado en la sesión ordinaria de 21 de abril de 1949, La Habana, Imprenta El Siglo

XX, 1951.

Zambrana, Ramón, «Discurso pronunciado por su autor en una de las sesiones del Liceo de Guanabacoa», sobre investigaciones ontológicas de Felipe Poey, en *Revista del Pueblo*, La Habana, 6-8 y 9-12, marzo 12 y 19, 1865.

Zayas, Alfredo, «Contribución a la biografía de don Felipe Poey», en *El País*, La Habana, 14, 59, 2, marzo 10, 1891.

Pogolotti, Graziella (París, 24 enero 1932). Hija de Marcelo Pogolotti. Vino a Cuba en 1939. Cursó la primaria y el bachillerato en la capital. Estudió filosofía y letras en la Universidad de La Habana (1948-1952) y literatura francesa contemporánea en La Sorbonne (1952-1953). Se graduó con una tesis sobre *Les Thibault*, de Roger Martin Du Gard. Trabajó como instructora en la Universidad de La Habana. Es graduada de la Escuela Profesional de Periodismo Manuel Márquez Sterling (1959). Ha colaborado en *Nueva Revista Cubana*, *El Mundo*, *Revolución*, *Granma*, *Casa de las Américas*, *Unión*, *La Gaceta de Cuba*. Ha viajado por México, Italia y los países socialistas. Ejerce la crítica de arte. Es profesora de la Escuela de Letras y de Arte de la Universidad de La Habana. Dirige trabajos de investigación social de la Universidad en la Sierra del Escambray, en la provincia de Las Villas. Obtuvo el Premio Nacional de Literatura en 2005.

Bibliografía activa

Examen de conciencia, ensayos, La Habana,

Ediciones Unión, 1965.

Bibliografía pasiva

Augier, Ángel, «Conciencia y sensibilidad», en *Unión*, La Habana, 4, 4, 175-177, octubre-diciembre, 1965.

Cuza Malé, Belkis, «Crítica impresionista acerca del libro *Examen de conciencia*», en *Granma*, La Habana, 2, 79, 7, marzo 21, 1966.

Román, Enrique, «*Examen de conciencia* de Graziella Pogolotti», en *Casa de las Américas*, La Habana, 5, 33, 145-147, noviembre-diciembre, 1965.

Pogolotti, Marcelo (La Habana, 12 julio 1902-25 agosto 1988). Cursó la primaria en La Habana y en Italia y la segunda enseñanza en Estados Unidos. Estudió ingeniería mecánica en el Reansealer Polytechnic Institute de Troy, Nueva York, entre 1919 y 1923. En 1923 ingresó en Art Student's League (Nueva York), donde cursó durante casi dos años estudios de pintura con Du Monde, Von Schlegel y otros. Visitó a Rotterdam, París y Madrid en 1924. Se trasladó a Cuba y más tarde a Estados Unidos. Poco después volvió de nuevo a Cuba. Trabajó como mecanógrafo y como vendedor y secretario de una compañía de seguros. En 1928 se marchó a Europa. Se vinculó con el movimiento futurista en Italia en 1930 y formó parte de la Asociación de Escritores y Artistas Revolucionarios (AEAR), de Francia. Colaboró en la revista *Commune*, participó en exposiciones colectivas de pintura en varias ciudades italianas y expuso óleos y dibujos en la Galería Carrefour (París, 1938). Cursó estudios de filosofía, arqueología, literatura e historia de arte en La Sorbonne. Regresó a Cuba en 1939. Privado de la vista desde ese año, comenzó a expresarse a través de la literatura. Colaboró asiduamente en *El Mundo* y publicó algunos trabajos en la revista argentina *Educación*. Es autor de diversos trabajos sobre arte y de la selección y el prólogo de *La clase media en México* (México, Editorial Diógenes, 1972). Desde hace algunos años reside en México por razones de salud.

Bibliografía activa

La ventana de mármol, La Habana, Editorial La Verónica, 1943.

De lo social en el arte, La Habana, Imprenta Cuba Intelectual, 1944.

La pintura de dos siglos, el siglo de oro español y el gran siglo francés, presentación de Luis de Soto y Sagarra, publicación separada de Universidad de La Habana, La Habana, 1944.

Estrella Molina, prólogo de Guy Pérez de Cisneros, La Habana, Imprenta Concepción, 1946.

Segundo remanso, novela seguida de tres cuentos, La Habana, Imprenta Concepción, 1948.

Los apuntes de Juan Pinto, seguido de diez cuentos y una comedia, La Habana, s. i., 1951.

Puntos en el espacio, ensayos de arte y estética, La Habana, Editorial Lex, 1955.

La República de Cuba al través de sus escritores, La Habana, Editorial Lex, 1958.

Víctor Manuel, La Habana, Ministerio de Educación, Dirección General de Cultural, 1959.

Artistas cubanos, I, El caserón del Cerro, La Habana, Universidad Central de Las Villas, Dirección de Publicaciones, 1961.

El camino del arte, La Habana, Consejo Nacional de Cultura, 1962.

Detrás del muro, cuentos-novela, México D. F., Editorial Costa-Amic, 1963.

Del barro y las voces, La Habana, Ediciones UNEAC, 1968.

La clase media y la cultura, México D. F., Editorial Costa-Amic, 1970.

Bibliografía pasiva

Arroyo, Anita, «*Puntos en el espacio*», en *Diario de la Marina*, La Habana, 123, 205, A-4, agosto 30, 1955.

Augier, Ángel, «Noveleta cubana, *Segundo remanso*, novela seguida de tres cuentos», en *Magazine de Hoy*, La Habana, 5, junio 19, 1949.

«Lección y ejemplo de Marcelo Pogolotti», en *Unión*, La Habana, 1, 1, 75-96, mayo-junio, 1962.

«El maquinismo de Pogolotti», en *La Gaceta de Cuba*, La Habana, 123, 15, mayo, 1974.

Avilés Ramírez, Eduardo, «Obras pictóricas de Marcelo Pogolotti, o la tragedia del artista», en *Diario de la Marina*, La Habana, 105, 236, 6, 3.ª sección octubre 3, 1937.

Bueno, Salvador, «Marcelo Pogolotti, 1902», en su *Antología del cuento en Cuba*, 1902-1952,

La Habana, Ministerio de Educación, Dirección de Cultura, 1953, págs. 163.

Carpentier, Alejo, «Un pintor cubano con los futuristas italianos, Marcelo Pogolotti», en *Social*, La Habana, 16, 11, 12, 68, noviembre, 1931.

Cepero Bonilla, Raúl, «Crítico a la fuerza», en *Prensa Libre*, La Habana, 10, 2 676, 1, 5, julio 6, 1950.

Cossío del Pomar, Felipe, *Marcelo Pogolotti*, La Habana, Dirección de Cultura, 1961, Colección artistas cubanos, 2.

Dibujos y publicaciones de Marcelo Pogolotti desde octubre de 1964, introducción de Roberto Fernández Retamar, La Habana, Consejo Nacional de Cultura, Biblioteca Nacional, 1964.

«Exposición Marcelo Pogolotti», en *Verde Olivo*, La Habana, 16, 19, 58-59, mayo 12, 1974.

Heras, Eduardo, «Las voces de Marcelo Pogolotti, a propósito del libro *Del barro y las voces*», en *El Mundo*, La Habana, 68, 22 338, 2, noviembre 13, 1968.

Hurtado, Oscar, «Respuesta de Hurtado, Carta abierta a Marcelo Pogolotti», en *La Gaceta de Cuba*, La Habana, 5, 51, 2, junio-julio, 1966.

Iglesias Guerra, Julián, «La República y sus escritores», en *El Mundo Ilustrado*, suplemento del periódico *El Mundo*, La Habana, 12, diciembre 14, 1958.

Marinello, Juan, «Voz del tiempo, Las memorias de Marcelo Pogolotti», en *Granma*, La Habana, 5, 210, 5, septiembre 2, 1969.

«Muerte y resurrección de Marcelo Pogolotti», en *La Gaceta de Cuba*, La Habana, 123, 12-14 mayo, 1974.

«Pogolotti revisitado...», en *Casa de las Américas*, La Habana, 15, 85, 183-185, julio-agosto, 1974.

Palenque, Amado, «*La República de Cuba al través de sus escritores*», *en Nuestro Tiempo*, La Habana, 5, 26, *s. p.*, noviembre-diciembre, 1958.

Palenque, Amado, «Marcelo Pogolotti, puntos en el espacio», *en Nuestro Tiempo*, La Habana, 2, 7, 15, septiembre, 1955.

Pérez Cisneros, Guy, «Pintura de dos siglos, el siglo de oro español y el gran siglo francés, por Marcelo Pogolotti», en *Información*, La Habana, 9, 14, 2, enero 18, 1945.

«Pogolotti», en *Gaceta del Caribe*, La Habana, 1, 4, 28, junio, 1944.

Portal, Herminia del, «Pogolotti», en *Bohemia*, La Habana, 32, 32, 9, 23, 54, marzo 3, 1940.

R. P., «Marcelo Pogolotti, *La ventana de mármol*», en *Artes*, La Habana, 1, 2, 47, julio, 1944.

Sánchez Roca, Mariano, «*La República de Cuba al través de sus escritores* por Marcelo Pogolotti», *en Diario de la Marina*, La Habana, 126, 263, 7-D, noviembre 9, 1958.

Polémica (La Habana, 1934-Id. 1936-1937). Revista quincenal. En su portada se leía el lema «Lucha de ideas por la confraternidad estudiantil». El primer número correspondió al 1.º de mayo. Era dirigida y administrada por Luis Torra Cabarrocas. El cuerpo de redacción lo formaban Raúl Roa, Teresa Casuso de

Torriente, Pablo de la Torriente Brau, Felipe Pazos, Zoila Mulet, Manuel Lozano, Ramiro Valdés Daussá, Pedro Saavedra Alemán, Lorenzo Rodríguez Fuentes y Heraclio Lorenzo. A nombre del consejo de redacción firmaba Felipe Pazos un artículo, aparecido en el primer número, en el que se decía: «*Polémica* será una revista de cultura y de lucha; hondamente enraizada al medio trágico en que surge, éste será su preocupación primordial. El caos moral y material en que se encuentra el mundo, agudizado en Cuba hasta límites apocalípticos; los horrores del hambre y de la guerra —política y social—, imponen a todo hombre honrado el imperativo ineludible de actuar; el naufragio obliga al hombre más apático a luchar desesperadamente por su vida. La ineficacia de las soluciones hasta ahora intentadas y la esterilidad de tantos sacrificios, hacen pensar en causas más profundas. Y este es el motivo de *Polémica*: el estudio y debate —de aquí su nombre— desde todos los puntos ideológicos, de las causas de nuestra realidad económica, política y social [...]. *Polémica* será una revista de juventud. El "Alma Mater" —en especial y la vida académica en general— será la otra gran preocupación de *Polémica*; de ella surge, su redacción es genuinamente universitaria [...]. A todo lo que el estudiantado se refiere, dedicará *Polémica* sus mejores esfuerzos [...]». El último ejemplar revisado (número 4) de este primer año, corresponde al mes de septiembre de 1934. En sus páginas aparecieron algunos cuentos, poemas, crítica literaria, planes de estudios, demandas y manifiestos estudiantiles y, en general, aspectos de la candente vida universitaria. Tuvo varias secciones fijas, entre ellas «Bibliografía», que comentaba las últimas publicaciones, y «Revista estudiantil internacional», dedicada a reflejar el movimiento juvenil revolucionario extranjero. Figuraron en sus páginas colaboraciones de Agustín Guitart, Celso Enríquez, Marcelino Arozarena, y José Francisco Bolet. La revista reapareció en marzo de 1936, ahora en su segundo año. Se comentaba en el editorial: «Después de largo silencio de meses, en que la pasión política y su entrega a las luchas de esta índole restaron al estudiante tiempo y humor para las cosas del espíritu, reaparece hoy *Polémica*. Y tan remozada y crecida que más que reaparición, parece renacimiento. Renace nuestra revista en tiempos que si aún no están libres de militancia y de ardor combativo, de lucha, en fin, exigen también, en cambio, que se comience a esbozar en el campo estudiantil y al margen de sus batallas ciudadanas, una actitud más serena y ponderada en lo que respecta a lo puramente intelectual y académico, una consideración detenida de los problemas culturales que han de planteársele, sin duda, al joven estudioso, al final, ya presentido, de esta larga crisis de la docencia. Es preciso que el estudiante sepa, desde hoy, cómo ha de abordar las cuestiones ineludibles, indispensables de la reforma y la conozca en su entraña, para que no ocurra una vez más el burdo escamoteo de sus propósitos mejores, como hubo de acontecer lamentablemente, a la caída de Machado... A servir a este propósito sale *Polémica* ahora, y lo proclama en estas sus palabras iniciales: "hay que estar en forma para la reforma"». Y más adelante señalan que *Polémica* «aspira a realizar la unión de todos los estudiantes y refundir los más dispares caminos en un solo esfuerzo por levantar el nivel cultural del estudiantado y, en general, de lo académico, en Cuba». La revista, cuya periodicidad pasó a ser mensual, era dirigida por un consejo de dirección formado por Luis Torra Cabarrocas, Celso Enríquez, José Antonio Portuondo, Salvador Vilaseca, Julio C. Torra y Felipe Pazos. Contaba además con un amplio grupo de colaboradores integrado, entre otros, por Carlos Rafael Rodríguez, Juan Marinello, Nicolás Guillén, Rómulo Lachataignerais, Manuel Bisbé, Raimundo Lazo, Jorge Rigol y Eduardo Chibás. En el número 2, correspondiente al mes de abril, comentaban: «Nuestra publicación necesita, para llenar cumplidamente sus propios fines, simultanear rítmicamente, en el espacio libre de la Cultura, una fuerza centrípeta que cohesione en sus páginas las más responsables y entendidas plumas nacionales y una fuerza centrífuga que difunda vigorosamente esta cultura condensada por los ámbitos de la sociedad. Sus páginas no pueden llevar la sola inquietud de los estudiantes que van a los centros de enseñanza y se matriculan y se examinan en tiempos de teórica normalidad, sino también la de los profesores que, por estar más penetrados en la Cultura y ser conscientes de que más se ignora cuanto más se sabe, menos que nadie renuncian a la denominación de estudiantes, de estudiantes eternos en la infinita universidad del conocer. Nuestra publicación será, por eso, un órgano también de la Cultura Nacional, un índice y propulsor de la misma. Un órgano de estudiantes y para estudiantes. Un órgano de la Cultura y para la Cultura». A partir del número 8-9, correspondiente a los meses de octubre-noviembre, *Polémica* fue «órgano oficial del Comité Pro-Confederación de Estudiantes». De esta forma la revista se daba «...con plena responsabilidad ya, oficialmente, a la noble tarea de unir las hasta ahora dispersas porciones del estudiantado cubano». Aparecieron en sus páginas trabajos literarios, de ciencias, artes, historia, economía. También publicó cuentos, poemas, crítica literaria y numerosas colaboraciones que trataban sobre la reforma universitaria y la luchas estudiantiles. Entre la firmas más destacadas se encuentran las de Fernando Ortiz, José Luciano Franco, Ángel Augier, Emilio Ballagas, José Lezama Lima, José Ángel Buesa, Aurora Villar Buceta, Guillermo Villarronda y Fernando González Campoamor. El último número revisado (10) corresponde a diciembre de 1936-enero de 1937.

Ponce de León, **Néstor** (Cárdenas, Matanzas, 26 febrero 1837-La Habana, 17 diciembre 1899). Cursó estudios en el Real Colegio de Humanidades de Jesús (1848). Con

Valdés Aguirre y Santiago de la Huerta fundó el periódico *Brisas de Cuba*. Se graduó de Licenciado en jurisprudencia en la Universidad de La Habana en 1858. Fundó la *Revista crítica de ciencias, literatura y artes* (1868). Fue redactor de *La Verdad* (1869) y colaborador en *El Ateneo*.

Emigró a Estados Unidos en 1869. Perdió todos sus bienes en el embargo decretado contra él por el gobierno español. En Nueva York desplegó una gran actividad, durante muchos años, a través de sus libros, mediante la edición de libros cubanos y como redactor de *El Educador Popular*, fundado por J. A. Márquez. Fundó, con Valdés Aguirre, *Joyas del Parnaso Cubano* (1875). Regresó a Cuba al finalizar la dominación española. Fue nombrado director y conservador de los Archivos Nacionales. Presentó un informe para la creación del Museo Histórico Cubano y de la Biblioteca Nacional. Es autor de una *Historia de la isla de Cuba*, de la que se publicaron solo el prólogo y el primer capítulo en la *Revista de la Biblioteca Nacional* (La Habana, 3, 5, 1-6, 97-106, 1911). Tradujo del alemán *El intermezzo* (París, Hoffman, 1866), de Heine; del inglés, el *Manual de enseñanza objetiva o instrucción elemental para padres y maestros* (Nueva York, D. Appleton, 1899), de Norman Allison Calkins. Su libro *The Book of Blood* apareció en español con el título *Libro de sangre. Martirologio cubano de la guerra de los diez años*, La Habana, Librería Minerva, 1926.

Bibliografía activa

Información sobre reformas en Cuba y Puerto Rico, Nueva York, Imprenta de Haller y Breen, 1867; 2.ª edición, Id., 1877.

Book of Blood, An Authentic Record of the Policy Adopted by Modern Spain to Put an End to the War of Independence of Cuba, octubre, 1868 a diciembre, 1870, Nueva York, M. M. Larzamendi, 1871; Nueva York, Imprenta de Néstor Ponce de León, 1873.

Catálogo de libros en lengua española existentes en su librería, Nueva York, 1871.

Apuntes históricos sobre la representación de Cuba en España y la Junta de Información celebrada en Madrid en 1866 y 67, por los Representantes de Cuba y Puerto Rico, Nueva York, Imprenta de Hallet y Breen, 1877.

Diccionario tecnológico inglés-español, y español-inglés de los términos y frases usados en las ciencias aplicadas, artes industriales, bellas artes, mecánica, maquinaria, minas, metalurgia, agricultura, Nueva York, Imprenta de Néstor Ponce de León, 1883-1893, 2 V.

Los precursores de Colón, Nueva York, 1888.

The Caravels ot Columbus, Compiled from original documents, traducción revisada por Frank L. Pavey, Nueva York, Imprenta de Néstor Ponce de León, Publisher, 1893.

The Columbus Gallery, The discoverer of the new world, as represented in portraits, monuments, statues, medals and paintings, Historical description, Nueva York, Imprenta de Néstor Ponce de León, Publisher, 1893.

Elementos de la lengua inglesa para el uso de

los niños, La Habana, Imprenta La Propaganda Literaria

Bibliografía pasiva

Álvarez Conde, José, *Néstor Ponce de León*, trabajo leído en la sesión pública celebrada el día 4 de diciembre de 1952, La Habana, Imprenta El Siglo XX, 1952.

Martí, José, «El prólogo de Ponce de León a su *Historia de la isla de Cuba*» y «*Galería de Colón*, libro nuevo de Néstor Ponce de León», en su *Obras completas*, tomo 5, La Habana, Editorial Nacional de Cuba, 1963, págs. 129-130 y 203-208.

«Néstor Ponce de León», en *Revista de la Biblioteca Nacional José Martí*, La Habana, 2.ª serie, 1, 1, 11, abril, 1949.

Sanguily, Manuel, «Dos obras de Néstor Ponce de León», en *Hojas literarias*, La Habana, 1, 4, 437-446, junio 30, 1893.

Poncet, Carolina (Guanabacoa, La Habana, 13 agosto 1879-La Habana, 27 noviembre 1969). Obtuvo el título de maestra en 1897. Desde ese año y hasta 1914 trabajó como maestra de instrucción primaria. En 1900 asistió a los cursos de verano para los maestros cubanos organizados por la Universidad de Harvard. Su libro *Lecciones de lenguaje* ganó medalla de plata en la Exposición de Saint Louis, Missouri, en 1904. En 1909 obtuvo el título de Doctora en Pedagogía en la Universidad de La Habana. El Círculo de Abogados de La Habana le premió, en 1910,

su libro *Biografía de Joaquín Lorenzo Luaces y estudio crítico de sus obras*. En 1913 se graduó de Doctora en Filosofía y Letras con la tesis *El romance en Cuba*, que mereció el premio en el certamen literario de la Academia Nacional de Artes y Letras (1913). En 1915 ganó, por oposición, las cátedras de Lengua y Literatura Españolas y de Metodología del Español en la Escuela Normal para Maestros de La Habana. Estuvo en el desempeño de esta labor hasta 1960 —con excepción de los años 1930-1933 y 1935-1937, en los que la institución permaneció clausurada—. Entre 1920 y 1921 viajó como profesora becada de la Escuela Normal para realizar estudios en el extranjero; visitó entonces la Universidad de Columbia, las escuelas normales de París, Madrid y Lausanne, y las escuelas públicas de Ginebra. Entre 1925 y 1926 formó parte del cuerpo de redactores de la *Revista de Instrucción Pública*. Dirigió la revista *Lyceum* de 1934 a 1937. Colaboró en *Social, Revista de la Facultad de Letras y Ciencias de la Universidad de La Habana, Cuba Contemporánea, Ultra, La Nota Rotaria, La Escuela Activa, Revista de la Biblioteca Nacional, Revista Bimestre Cubana, Revue Hispanique*. Tomó cursos con Ramón Menéndez Pidal y con Federico de Onís. Formó parte de diversas comisiones de carácter cultural y docente. Perteneció al Lyceum y Lawn Tennis Club, en cuyos salones pronunció conferencias, y —desde su fundación— a la asociación Amigos de la Biblioteca Nacional. Ocupó distintos cargos en la Asociación Hispano Cubana de Cultura y fue académico de número de la Academia Cubana de la Lengua desde 1960. Ese año se retiró de sus labores docentes. Es autora, entre otros trabajos, de *Educación por la corrección y precisión del lenguaje*, que presentó en la II Fiesta Intelectual de la Mujer en 1938, y de una notable conferencia sobre la condesa de Merlin. Recogió y anotó el *Romancerillo de Entrepeñas y Villar de los Pisones* (Nueva York, 1923). Sus estudios sobre los romances en Cuba constituyen el primer aporte formal a ese campo de la investigación en nuestro país.

Bibliografía activa

Lecciones de lenguaje, obra de texto aprobada por la junta de Superintendentes de Escuelas de Cuba en 9 de octubre de 1905, La Habana, Cultural, 1905; Id., 1907; La Habana, Imprenta La Moderna Poesía, 1922; Id., 1923; 3.ª edición, Id., 1925; La Habana, Cultural, 1947.

El romance en Cuba, estudio leído en la Universidad de La Habana, en los ejercicios del grado de Doctor en Filosofía y Letras y premiado en el Concurso de la Academia Nacional de Artes y Letras en 1913, La Habana, Imprenta El Siglo XX, 1914; La Habana, Instituto Cubano del Libro, 1972.

Memoria presentada al secretario de Instrucción Pública y Bellas Artes, relativa a la marcha de la Escuela Normal para maestros, de La Habana, durante el año académico 1915 a 1916, La Habana, 1916.

José Jacinto Milanés y su obra poética, conferencia dada en el Liceo de Matanzas el 27 de diciembre de 1922, La Habana, Imprenta El Siglo XX, 1923.

Romances de pasión, contribución al estudio del romancero, La Habana, Cultural, 1930.

Cuaderno de trabajo correspondiente al libro Lecciones de Lenguaje, La Habana, Cultural, 1939.

Consideraciones sobre el episodio de Belardo en la tragicomedia Peribáñez, La Habana, Ministerio de Educación, Dirección de Cultura, 1941.

Algunos aspectos de la poesía de Joaquín Lorenzo Luaces, tirada aparte de la *Miscelánea de estudios dedicados al Doctor Fernando Ortiz por sus discípulos, colegas y amigos*, La Habana, 1956.

Bibliografía pasiva

«Carolina Poncet y de Cárdenas, *El romance en Cuba*, 1914», en *Revista Bimestre Cubana*, La Habana, 10, 2, 155, marzo-abril, 1915.

González Curquejo, Antonio, «Carolina Poncet y de Cárdenas», en su *Florilegio de escritoras cubanas*, tomo 3, La Habana, Imprenta La Moderna Poesía, 1919, págs. 375-376, 5.

Marquina, Rafael, «Canciones y romances de navidad, sobre una conferencia de Carolina Poncet», en *Información*, La Habana, 10, 299, 9, diciembre 19, 1946.

Méndez Rubi, Ovidio, «El libro de lenguaje de la Srta. Poncet», en *La Escuela Cubana*, La

Habana, 2, 12, 6-7, enero 30, 1914.

Velasco, Carlos de, «*El romance en Cuba* por Carolina Poncet y de Cárdenas, estudio», en *Cuba Contemporánea*, La Habana, 2, 6, 3, 300-301, nov 1914.

Vitier, Medardo, «Valoraciones, Carolina Poncet», en *Diario de la Marina*, La Habana, 118, 110, 4, mayo 10, 1950.

Ponte Domínguez, Francisco José (Matanzas, 2 noviembre 1906). Se graduó de bachiller en el Instituto de Matanzas. En la Universidad de La Habana se doctoró en Derecho Civil, en Derecho Público y en Filosofía y Letras. Obtuvo el primer premio en el Concurso de la Sociedad Económica de Amigos del País (1928-1929) por su trabajo *La personalidad política de José Antonio Saco* (1931). Ocupó los cargos de juez municipal de Matanzas (1931) y de abogado de la Audiencia de Matanzas (1933) y de La Habana (1934). En 1937 fue premiado nuevamente por la Sociedad Económica, esta vez por su libro *Arango y Parreño, estadista colonial cubano* (1937). Desde 1938 desempeñó el cargo de secretario general del Consejo Superior de Defensa Social. Realizó viajes por Europa y América. Era miembro de la Sociedad Económica de Amigos del País, de la Sociedad Geográfica de Cuba, del Instituto de Previsión y Reformas Sociales, de la Academia de la Historia de Cuba. Es autor de *Elementos de Derecho Político* (La Habana, Carasa, 1926) y de *El recurso de inconstitucionalidad por acción*

pública (La Habana, Ciudad Escolar de Ceiba del Agua, 1958). Compiló los textos de José Antonio Miralla en el libro *José Antonio Miralla y sus trabajos* (La Habana, Archivo, Nacional de Cuba, 1960). Vinculado oficialmente a la dictadura de Batista, abandonó el país poco después del triunfo de la Revolución.

Bibliografía activa

Derecho al sufragio político de la mujer cubana, conferencia pronunciada en 11 de marzo de 1928 en Matanzas, bajo los auspicios del Grupo Minorista local, La Habana, Imprenta y Librería El Universo, 1928.

En pro del sufragio femenino, La Habana, Imprenta y Librería El Universo, 1930.

La idea invasora y su desarrollo histórico, introducción por el Doctor Ramiro Guerra, La Habana, Cultural, 1930.

La personalidad política de José Antonio Saco, La Habana, Imprenta Molina, 1931; 2.ª edición, prólogo del Doctor Rafael Montoro, Id., 1932.

La mujer en la revolución de Cuba, conferencia dada en la sociedad femenina Lyceum de La Habana el 8 de febrero de 1932 y publicada en la *Revista Bimestre Cubana* La Habana, Imprenta Molina, 1933.

Estudio sintético de la constitución política de los Estados Unidos Mexicanos, La Habana, Imprenta Molina, 1935.

Función social del trabajo, La Habana, Talleres Tipográficos de Carasa, 1936.

Arango y Parreño, estadista colonial cubano, La

Habana, Imprenta Molina, 1937; 2.ª edición, La Habana, Editorial Trópico, 1937, Biografías cubanas, 4, 11.

Don Francisco de Arango y Parreño, el estadista precursor de Cuba, La Habana, Cultural, 1941.

Etopeya de un libertador cubano, Ignacio Agramante Laínez, La Habana, Imprenta Molina, 1942.

Historia de la guerra de los diez años; desde su origen hasta la asamblea de Guáimaro, 2.ª edición, La Habana, Imprenta El Siglo XX, 1944.

La masonería en la independencia de Cuba, 1809-1869, conferencia dictada en la Gran Logia de la Isla de Cuba, La Habana, el 11 de abril de 1944, en conmemoración del 759 aniversario de la Asamblea Nacional Constituyente de Guáimaro y leída, además en la respetable Logia Libertad de Matanzas, el día 13 siguiente, La Habana, *s. i.*, 1944; Obra laureada con el Primer Premio Aurelio Miranda Álvarez en el X Congreso Nacional de Historia año 1952, La Habana, Editorial Modas Magazine, 1954.

José Andrés Puente, Mártir masón, La Habana, edición Guerrero, 1945.

La Junta de La Habana en 1808, antecedentes para la historia de la autonomía colonia en Cuba, tesis para el doctorado en Filosofía y Letras, La Habana, 1947; La Habana, Editorial Guerrero, 1947.

La huella francesa en la historia política de Cuba, trabajo leído en recepción pública, el día 18 de junio de 1948, La Habana, Imprenta El Siglo XX, 1948.

Simbolismo masónico en las banderas de Cuba *Libre*, conferencia dictada en el Salón Benito Juárez de la Gran Logia de Cuba de AL y A. M. la noche del 24 de agosto de 1948, La Habana, Editorial Hércules, 1948.

Génesis, simbolismo y significación histórica de la bandera cubana, ensayo laureado por unanimidad con el Primer Premio en el Certamen Público convocado por la Gran Logia de Cuba de AL y A. M. para conmemora el primer centenario de la creación de la bandera cubana, La Habana, Editorial Hércules, 1949.

Don Francisco de Arango y Parreño, artífice del progreso colonial de Cuba, conferencia dictada en la Sociedad Económica de Amigos del País de La Habana, la noche del 9 de febrero de 1949, en el ciclo sobre «La Ilustración cuba...» La Habana, Imprenta P. Fernández, 1950.

El delito de francmasonería en Cuba; estudio histórico acerca de la alianza del altar y el trono, en persecución de la francmasonería de Cuba, México, Editorial Humanidad, 1951.

Persecución de la francmasonería en Chile por el *clero* católico, ensayo leído en la reunión de la «Orden de los Constructores Masones» celebrada en la R. I. Salomón de La Habana, el 26 de septiembre de 1952, y publicada en el *Boletín de* la Oficina de Información de Supremos Consejos, noviembre de 1952, La Habana, Imprenta Modas Magazine, 1952.

Washington masón, conferencia dictada en la Respetable Logia Amor Fraternal de La Habana, el 4 de noviembre de 1952, La Habana, Imprenta Modas Magazine, 1953.

Pensamiento laico de José Martí, prólogo de Isidro Méndez, La Habana, edición Modas Magazines, 1956.

El Cubano Libre, una conferencia universitaria y un estudio adicional, La Habana, edición Modas Magazine, 1957.

Historia de la guerra de los diez años; desde la asamblea de Guáimaro hasta la destitución de Céspedes, La Habana, Imprenta El Siglo XX, 1938.

Matanzas; biografía de una provincia, La Habana, El Siglo XX, 1959.

José Antonio Miralla y Cuba, ensayo de biografía política, La Habana, 1960.

Matanzas, la ciudad cubana de los sobrenombres, Matanzas, Publicaciones de la Oficina del Historiador de la Ciudad y del Museo Municipal, 1961, Cuadernos de historia matancera, 4.

Bibliografía pasiva

Jústiz, Tomás de, «Sesión en la que el Doctor Francisco José Ponte Domínguez, académico correspondiente en Matanzas, leyó su trabajo de ingreso, 18 de junio», en *Anales de la Academia de la Historia de Cuba*, La Habana, 30, 91-93, enero diciembre, 1948.

Méndez, Manuel Isidro, «*El delito de francmasonería es Cuba* por Francisco José Ponte Domínguez», en *Revista de la Biblioteca Nacional José Martí*, La Habana, 2.ª serie, 2, 4,

267, octubre-diciembre, 1951.

Suvillaga, Lázaro, seudónimo de Gilberto González y Contreras, «Francisco José Ponte Domínguez y Domínguez», en *Mañana*, La Habana, 5, 383, 2, octubre 6, 1943.

Poo, **José** (La Habana, 21 mayo 1831-Id., 23 febrero 1898). Se interesó por la literatura desde muy joven. En 1847 fue nombrado secretario de la Sección de Declamación de la Sociedad del Pilar. A los dieciocho años escribió el drama *El huérfano de Lucca*. Perteneció a la redacción de *La Aurora*, de Matanzas, y colaboró en diversos periódicos de la época. Fue teniente del cuarto batallón de Voluntarios. Después del Pacto del Zanjón fue, con Nicolás Azcárate, Cortina y otros, uno de los animadores del Ateneo de La Habana y más tarde del Nuevo Liceo. Era miembro de la Real Sociedad Económica. Es autor de *Sistema métrico nacional, provincial y decimal* (La Habana, Imprenta de Ferrer, 1858) y de las piezas de teatro *La daga del rey, Dios lo ha querido y En nombre del rey*, entre otras. Utilizó los seudónimos *Naituno de Almendar, Asmodeo III* y *Don Rígido Látigo*. Falleció de las heridas recibidas por la explosión de una bomba en el Teatro Irijoa, más tarde Teatro Martí.

Bibliografía activa

El huérfano de Lucca, drama en tres actos y en verso, s. l., 1855.

Luchas del corazón, drama en tres actos y en

verso, La Habana, 1856.

Casarse con la familia, comedia en tres actos en verso, La Habana, Imprenta de Villa, 1864.

Bibliografía pasiva

Blas, *Gil*, seudónimo de José Socorro León, «José de Poo», en *Camafeos*, La Habana, entrega 17, 127-129, 1865.

«Licenciado José Poo y Álvarez», en *El Fígaro*, La Habana, 14, 9, 118, marzo *6*, 1898.

Portada (Banes, Oriente, 1953). «Semanario independiente de información y cultura», se lee en el primer ejemplar visto (número 6) correspondiente al 26 de abril de 1953. Fue dirigido por Rolando Gómeo de Cárdenas. No fue precisamente una revista literaria, pero el solo hecho de sostenerse durante un período de más de dos años, saliendo cada semana y en un pueblo bastante pequeño, hace que se destaque. Sus temas fueron variados: históricos, políticos, sociales, de actualidad nacional e internacional y literarios. En este último sentido publicó solamente poemas, sobre todo de autores, locales, pero también de Agustín Acosta, Manuel Navarro Luna, Andrés Núñez Olano, Carilda Oliver Labra, Ernesto García Alzola y Lino Horruitiner. Publicó trabajos de Loló de la Torriente y Rafael G. Argilagos. Entre los poetas locales que colaboraron en ella se destacan, por su más constante presencia, Luis Augusto Méndez, Hildegardis Goyenechea, Raúl Fernández Rivero y Arturo Clavijo Tisseur. El último ejemplar revisado (número 139) corresponde al 23 de diciembre de 1955.

Portuondo, **José Antonio** (Santiago de Cuba, 10 noviembre 1911-La Habana, 18 marzo 1999). Cursó la primaria y el bachillerato en el Colegio Dolores, de Santiago de Cuba. En 1936 fue coeditor de la revista *Mediodía*. Dirigió el semanario *Baraguá* (1938). En 1941 se doctoró en Filosofía y Letras en la Universidad de La Habana. En 1944 es uno de los editores de la revista *Gaceta del Caribe*. Desde ese mismo año, becado Por el Colegio de México, realizó estudios e investigaciones de teoría literaria bajo la dirección de Alfonso Reyes hasta 1946. Fue profesor de la Universidad de Nuevo México (1946-1947) y de la Universidad de Wisconsin (Estados Unidos, 1947-1949). Fue becado por la Fundación Guggenheim entre 1949 y 1950. Ejerció como Profesor, además, en la Columbia University, de Nueva York (1950-1952), en Pennsylvania State University (1952-1953), en la Universidad de Oriente (Santiago de Cuba, 1953-1958) y en la Universidad de los Andes (Venezuela, 1958-1959). Ha viajado por Holanda, Francia, Bélgica, Italia, Chile, Perú y Costa Rica. Entre 1960 y 1962 fue embajador de Cuba en México y formó parte de las delegaciones cubanas a la VI y VII Reuniones de Consulta de Ministros de Relaciones Exteriores de la Organización de Estados Americanos (San José Costa Rica, 1961) y a la Conferencia de Países no Alineados (Belgrado, 1961). Fue rector de la Universidad de Oriente (Santiago de Cuba, 1962-1965). Entre 1949 y 1969 asistió a varios congresos del Instituto Internacional de Literatura Iberoamericana (1949, 1951, 1953 y 1969), al III Congreso Internacional de Estética (Venecia, 1956), al XIII Congreso Internacional de Filosofía (México D. F., 1963), al IV Centenario de la Universidad de Cracovia (Polonia, 1964), a la conferencia científica sobre el vigésimo aniversario de la victoria sobre la Alemania fascista, celebrada en Moscú (1965), a la Conferencia de Escritores Afroasiáticos en Defensa de Vietnam (Bakú, Unión Soviética, 1966), al jubileo dedicado al octavo centenario del poeta georgiano Shota Rustaveli (Tbilisi, Unión Soviética, 1966), al encuentro sobre la Revolución de octubre y la literatura de los países socialistas, en el Instituto Gorki, de Moscú (1967). Asistió, con otros intelectuales cubanos, al Coloquio de Burdeos (1973), encuentro de martianos de diferentes partes del mundo. A lo largo de toda su trayectoria intelectual ha colaborado en *Orto*, *Diario de Cuba*, *Revista Bimestre Cubana*, *Universidad de La Habana*, *Nuestro Tiempo*, *Galería*, *Hoy Domingo* (suplemento de *Noticias de Hoy*), *Cuba Socialista*, *Cultura '64*, *la Gaceta de Cuba*, *Unión*, *Casa de las Américas*, *Anuario L/L*, *Cuadernos Americanos* (*México*), *Revista Iberoamericana*, *Books Abroad*, *Revista Hispánica Moderna*, *Revista Interamericana de Bibliografía*, de Estados Unidos. Ha sido jurado en los concursos Casa de las Américas, UNEAC, 26 de julio, David y

MININT. Desde 1965 es profesor de estética, de teoría literaria y más tarde de literatura cubana en la Escuela de Letras y de Arte de la Universidad de La Habana. Dirigió, desde ese mismo año y hasta 1975, en que ha sido nombrado embajador de Cuba ante la Santa Sede, el Instituto de Literatura y Lingüística de la Academia de Ciencias. Cultivó la poesía negra. Ha Pronunciado numerosas conferencias en diversos centros culturales del país y del extranjero. Fue vicepresidente de la Unión de Escritores y Artistas de Cuba y miembro de la Comisión Nacional Cubana de la UNESCO y de la Sociedad Cubano Mexicana de Relaciones Culturales, de la que fue además presidente. Es autor de la antología, el Prólogo y las notas de *Cuentos cubanos contemporáneos* (México D. F., Editorial Leyenda, 1947) y del prólogo y la recopilación de *El pensamiento, vivo de Maceo* (La Habana, s. a.). Su *Bosquejo histórico de las letras cubanas*, así como otros ensayos y trabajos críticos, han sido vertidos a diversos idiomas, entre ellos el francés, el inglés, el ruso, el chino y el alemán. Obtuvo el Premio Nacional de Literatura en 1986.

Bibliografía activa

Angustia y evasión de Julián del Casal, conferencia leída el 10 de febrero de 1937 en el Palacio Municipal correspondiente a la serie sobre Habaneros Ilustres, y publicada en el número 13 de los Cuadernos de Historia Habanera, La Habana, Imprenta Molina, 1937.
Proceso de la cultura cubana, esquema para

un ensayo de interpretación, La Habana, Imprenta Molina, 1938.

«Notas sobre el problema epistemológico en la filosofía de Maimónides», La Habana, Publicaciones de la *Revista de los Estudiantes de Filosofía*, 1939.

Pasión y muerte del hombre, La Habana, Publicaciones de la *Revista Universidad de La Habana*, 1939.

El contenido social de la literatura cubana, México, El Colegio de México, Centro de Estudios Sociales, 1944.

Jornadas 21, *La expresión poética*, México, 1944.

Concepto de la poesía, y otros ensayos, México D. F., El Colegio de México, 1945, Centro de Estudios literarios de El Colegio de México, 7; Nueva edición aumentada, La Habana, Instituto Cubano del Libro, 1972, prólogo de Roberto Fernández Retamar, México D. F., Editorial Grijalbo, 1974.

En torno a la novela detectivesca, La Habana, Editorial Página, 1947, Colección sijú, 1.

«*Períodos*» y «Generaciones» en la historiografía literaria hispanoamericana, sobretiro de *Cuadernos Americanos*, México D. F., 1948.

Situación actual de la crítica literaria hispanoamericana, sobretiro de *Cuadernos Americanos*, México D. F., 1949.

Crisis de la crítica literaria hispanoamericana, sobretiro de *Cuadernos Americanos*, México D. F., 1952.

Apuntes sobre los Uhrbach, separata de la revista *Universidad de La Habana*, La Habana,

Imprenta Universitaria, 1953.

José Martí, crítico literario, Washington, Unión Panamericana, 1953, Pensamiento de América.

La voluntad de estilo en José Martí, separata del volumen *Pensamiento y acción de José Martí*, Santiago de Cuba Universidad de Oriente, 1953.

El heroísmo intelectual, México D. F., Tezontle, 1955.

Alcance a las relaciones, tirada aparte de la *Miscelánea de estudios dedicados al Doctor Fernando Ortiz por sus discípulos, colegas y amigos*, La Habana, 1956.

Implicaciones estéticas de la teoría leninista del reflejo, La Habana, 1956.

La historia y las generaciones, Santiago de Cuba, Tipografía San Román, 1958, Colección Manigua, 6.

Tres temas de la Reforma Universitaria, Santiago de Cuba, Universidad de Oriente, Departamento de Extensión y Relaciones Culturales, 1955, Publicaciones, 51.

Bosquejo histórico de las letras cubanas, La Habana, Ministerio de Educación, Dirección General de Cultura, 1960, Colección Pueblo, I; edición aumentada, La Habana, Editora del Ministerio de Educación, 1962.

La Aurora *y los comienzos de la prensa y de la organización obrera en Cuba*, La Habana, Imprenta Nacional, 1961.

Estética y revolución, La Habana, Ediciones Unión, 1963.

Crítica de la época y otros ensayos, La Habana,

Universidad Central de Las Villas, Editora del Consejo Nacional de Universidades, 1965.

La ciencia literaria en Cuba, 1869, 1968, La Habana, Academia de Ciencias de Cuba, 1968, Cien años de lucha, Cien años de ciencia, 5.

Retratos infieles de José Martí, separata de la *Revista de la Biblioteca Nacional José Martí*, La Habana, Biblioteca Nacional José Martí, 1968.

El contenido político de las obras de José Antonio Ramos, separata de la *Revista de la Biblioteca Nacional José Martí*, La Habana, Biblioteca Nacional, 1969.

Acto en honor al día de la cultura búlgara en el Hemiciclo «Camilo Cienfuegos, de la Academias de Ciencias de Cuba, La Habana, Academia de Ciencias de Cuba, Instituto de Literatura y Lingüística, 1970, Actividades, 16.

Palabras del Doctor José A. Portuondo en el acto celebrado en el Instituto de Literatura y Lingüística el día 25 de diciembre de 1970, en homenaje al gran filósofo búlgaro Todor Pavlov, La Habana, 1970.

Critique marxiste de l'esthétique bourgeoise cotemporaine, Separata de *Cahiers d'histoire mondiale*, Newchatel, Suiza, Ediciones de la Baconniére, 1970.

Lenin y los problemas de la cultura, La Habana, 1970.

El maestro, formador e informador del hombre nuevo, intervención del Doctor José Antonio Portuondo en el aniversario de la muerte de Frank País el día 30 de julio de 1970, en el teatro de la CTC, Nacional, La Habana, 1970.

Landaluze y el costumbrismo en Cuba, separata de la *Revista de la Biblioteca Nacional José Martí*, La Habana, 1972.

Astrolabio, La Habana, Editorial de Arte y Literatura, 1973.

Encuentro cubano con Heine, conferencia leída en el acto, de Conmemoración del 175 aniversario del nacimiento de Enrique Heine, 1797-1856, discurso pronunciado por el excelentísimo señor embajador de la República Democrática Alemana, señor Joachim Naumann, en el acto conmemorativo del 175 aniversario del nacimiento del poeta Enrique Heine, el 16 de enero de 1973, en el Instituto de Literatura y Lingüística de la Academia de Ciencias de Cuba, La Habana, Academia de Ciencias de Cuba, Instituto de Literatura y Lingüística, 1973.

Polonia en la cultura cubana del siglo XIX, La Habana, Academia de Ciencias de Cuba, 1973.

Martí y el diversionismo ideológico, La Habana, Comité Cubano de Solidaridad con Vietnam, Cambodia y Laos, 1973.

La emancipación literaria de Hispanoamérica, La Habana, Casa de las Américas, 1975, Cuadernos Casa, 15.

Sobre el concepto marxista del héroe, a propósito de Camilo y el Che, conferencia académica ofrecida en la velada solemne celebrada por la Academia de Ciencias de Cuba con motivo de la clausura de la Jornada Ideológica de Camilo y el Che, el día 28 de octubre de 1974 en el Hemiciclo Camilo Cienfuegos, La Habana, Academia de Ciencias de Cuba, 1975.

Pedro Henríquez Ureña, el orientador, sobretiro de *Revista Iberoamericana*, s. l., s. a.

Bibliografía pasiva

Aguilera-Malta, Demetrio, «La rosa de los vientos, crítica de la época», en *El Gallo Ilustrado*, suplemento dominical de *El Día*, México D. F., 342, enero 13, 1969.

Aguirre, Mirta, «*Concepto de la poesía*», en *Hoy*, La Habana, 8, 206, 6, agosto 30, 1945.

Amaral, Esperanza F., «José Antonio Portuondo, *El heroísmo intelectual*», en *Revista Hispánica Moderna*, Nueva York, 22, 34, 322-323, julio-octubre, 1956.

Arrom, José Juan, «José Antonio Portuondo, *Bosquejo histórico de* las *letras cubanas*», en *Revista Interamericana de Bibliografía*, Washington D. C., 11, 171-172, 1961.

Augier, Ángel, «*Estética y revolución*, por José Antonio Portuondo», en *Universidad de La Habana*, La Habana, 27, 164, 194-195, noviembre-diciembre, 1963.

«Definición de una época crítica», en *Unión*, La Habana, 5, 2, 183-185, abril-junio, 1966.

Bueno, Salvador, «La heroicidad del escritor», en *El Mundo*, La Habana, 53, 17 034, C-9, marzo 27, 1955.

«*Crítica de la época*», en *Universidad de La Habana*, La Habana, 30, 177, 243-244, enero-febrero, 1966.

Cardona Peña, Alfredo, «*Concepto de poesía*»

en *Recreo sobre las letras*, San Salvador, Ministerio de Educación, 1961, págs. 133-136, Colección Contemporáneos, 14.

F. de Amoral, Esperanza, «José Antonio Portuondo, *El heroísmo intelectual*», en *Revista Hispánica Moderna*, Nueva York, 12, 34, 322-323, julio-octubre, 1956.

Fernández, Olga, «José Antonio Portuondo», entrevista, en *Cuba Internacional*, La Habana, 7, 8, 24-25, abril, 1975.

Fernández Retamar, Roberto, «Lecciones de Portuondo», en *Casa de las Américas*, La Habana, 13, 75, 1-56-159, 11-12, 1972.

Ferrer Canales, José, «Portuondo, José Antonio, *El heroísmo intelectual*», *en Asomante*, San Juan, Puerto Rico, 3, 73-78, julio-septiembre, 1955.

Guirao, Ramón, «José Antonio Portuondo», en su *Órbita de la poesía afrocubana*, 1928-1937, selección, notas bibliográficas y vocabulario, La Habana, Imprenta Úcar, García, 1938, págs. 134.

Gutiérrez Giraldot, Rafael, «El testimonio de la literatura americana», en *Cuadernos Hispanoamericanos*, Madrid, 13, 35, 103-105, noviembre 1952.

Noble, Enrique, «José Antonio Portuondo, *El heroísmo intelectual*», *en Revista Interamericana de Bibliografía*, Washington D. C., 6, 1, 51-52, enero-marzo, 1956.

Novás Calvo, Lino, «Teoría de la literatura», en *Información*, La Habana, 9, 217, 36, septiembre 9, 1945.

Pogolotti, Marcelo, «Actualidad literaria», en *El*

Mundo, La Habana, 53, 17 043, A-6, abril 7, 1955.

«Otro libro sobre las generaciones», en *El Mundo*, La Habana, 57, 18 119, A-4, mayo 14, 1958.

«Más sobre las generaciones», en *El Mundo*, La Habana, 57, 18 125, A-4, mayo 22, 1958.

Rodríguez Feo, José, «Los afanes escolares de José Antonio Portuondo», en *Orígenes*, La Habana, 2, 7, 38-39, otoño, 1945.

«La dialéctica de José Antonio Portuondo», en *Ciclón*, La Habana, 1, 3, 51-53, mayo, 1955.

«Estética y revolución», en *Unión*, La Habana, 3, 1, 159-161, enero-marzo, 14.

Rojas, Ariel, «Ofrecen conferencia por el centenario de la estancia de José Martí en México», en *Granma*, La Habana, 11, 23, 5, febrero 8, 1975.

Schulman, Ivan, «*José Martí, crítico literario*, José Antonio Portuondo», en *Humanismo*, México D. F., 3, 26, 130-132, diciembre, 1954.

Torriente, Loló de la, «El *heroísmo intelectual*», en *Alerta*, La Habana, 20, 91, 26, abril 18, 1955.

Portuondo del Prado, **Fernando** (Santiago de Cuba, 24 noviembre 1903-La Habana, 27 junio 1975). Se graduó de maestro normalista y de bachiller. Trabajó como maestro de enseñanza primaria entre 1921 y 1924. Este último año se doctoró en Pedagogía en la Universidad de La Habana. Fue inspector de escuelas en Oriente (1924-1926) y en La Habana (1926-1928). Asistió a los cursos libres de la Escuela de Derecho Público de la Universidad (1927-1928). Ocupó por oposición una cátedra de historia en la Escuela Normal para Maestros de La Habana (1928-1933), de la que fue además director entre 1929 y 1933. Trabajó, durante un año, como instructor de la cátedra de Historia de Cuba y de la de Introducción a la Colonización de España en América en la Universidad. Entre 1934 y 1938 fue nuevamente inspector de escuelas urbanas y rurales. Obtuvo el título de Doctor en Filosofía y Letras en 1938. Tomó cursos libres de historia medieval con Claudio Sánchez Albornoz y de materias afines con Ramón Menéndez Pidal. Asistió a cursos de verano sobre pedagogía e historia en Columbia University. De 1939 a 1963 fue profesor titular de historia en el Instituto de la Víbora (La Habana). Fue presidente del Colegio Nacional de Doctores en Ciencias y en Filosofía y Letras, miembro de la Sociedad Económica de Amigos del País y de la Junta Nacional de Arqueología y académico de número de la Academia de la Historia de Cuba. Desde 1955 trabajó como profesor de historia de Cuba en la Universidad, en la que además ocupó los cargos de vicedirector de su Escuela de Historia (1962-1966), director de la Sección de Humanidades de su Instituto Pedagógico (1966-1967) y responsable de las ediciones de los Cuadernos Cubanos. Fue director del Instituto de Superación Educacional del MINED. Colaboró en *El Sol* —que dirigía Max Henríquez Ureña—, *Bohemia*, *Cuba*, *Granma*, *Universidad de La Habana*,

Journal of Inter-American Studies. Viajó por los países socialistas de Europa. En colaboración con su esposa, Hortensia Pichardo, esctibió *En torno a la conquista de Cuba* (La Habana, Editorial Selecta, 1947), entre otros trabajos.

Bibliografía activa

Datos sobre historia y riqueza de Cuba, apéndice al Portafolio Geográfico Cubano, La Habana, Imprenta P. Fernández, 1937.

Curso de historia de Cuba de acuerdo con el nuevo programa oficial de la materia en los institutos, La Habana, Editorial Minerva, 1941; 2.ª edición, Id., 1945; 3.ª edición, Id.; 4.ª edición, Id., 1950; 5.ª edición, Id., 1953; 6.ª edición, Id., 1957; La Habana, Editora del Consejo Nacional de Universidades, 1965; La Habana, Editorial Pueblo y Educación, 1974.

De la colonia a la colonia, la gran recurva de nuestra historia, La Habana, Ministerio de Educación, Departamento de Relaciones Públicas, 1960.

En torno al 10 de octubre de 1868, ensayo, La Habana, Editorial E. I. R., 1966, Asuntos históricos, 8.

Estudios de historia de Cuba, La Habana, Instituto Cubano del Libro, Editorial de Ciencias Sociales, 1973.

Bibliografía pasiva

«Falleció el destacado historiador Fernando Portuondo», en *Granma*, La Habana, 11, 152, 3, junio 28, 1975.

«Fernando Portuondo del Prado, pedagogo e historiador», en *Verde Olivo*, La Habana, 17, 27, 61, julio 6, 1975.

Martínez Bello, Antonio, «*Historia de Cuba* de Fernando Portuondo», en *Revista de la Biblioteca Nacional José Martí*, La Habana, 2.ª serie, 8, 2, 230-232, abril-julio, 1957.

Méndez, Manuel Isidro, ««Educación», Colección del Centenario de Martí, por Fernando Portuondo», en *Revista de la Biblioteca Nacional José Martí*, La Habana, 2.ª serie, 7, 3, 186-187, julio-septiembre, 1956.

Porvenir (La Habana, 1936). «Revista mensual. Órgano oficial de los sindicatos de obreros licoreros, neveros y refresco de La Habana y sindicato de obreros galleteros, dulces y conservas de La Habana», se lee en el primer ejemplar revisado, correspondiente al 6 de junio de 1937. José María Labraña en la página 771 de su trabajo «La prensa en Cuba» —aparecido en *Cuba en la mano. Enciclopedia popular ilustrada*. La Habana, Imprenta Úcar, García, 1940, págs. 649-786—, la señala como aparecida en 1936 y menciona como director a Mario Zarragoitia, quien desempeña tal función en el citado número visto. Posteriormente ocupó tal cargo Rigoberto, Aguirre; más adelante Benito Martínez y Guillermo Estrada. Fue una publicación defensora de los intereses proletarios, pero además insertaba en sus páginas cuentos, poemas, crítica literaria, estudios sobre marxismo, trabajos de historia y de economía política y, en general, noticias del mundo obrero. Entre sus colaboradores figuran Blas Roca, Juan Marinello, Nicolás Guillén, Lázaro Peña, Julio y Pablo Le Riverend, Regino Pedroso, Severo Aguirre, Rafael Enrique Marrero, Loló Soldevilla, Manuel Navarro Luna, Carlos Montenegro y Aurora Villar Buceta. El último número consultado (35) corresponde a agosto de 1940.

Bibliografía

Aguirre, Rigoberto, «Segundo aniversario de la revista *Porvenir*, Imperando en todo la línea» en *Porvenir*, La Habana, 3, 19, 2-3 y 33, enero, 1939.

Porvenir, **El** (Nueva York, 1890-1898; Santiago de Cuba, 1898). Semanario político, literario, de noticias y anuncios. El primer número correspondió al 12 de marzo. Fue dirigido y redactado por Enrique Trujillo. En un artículo inicial titulado «En nuestro puesto», se exponía, entre otras observaciones, lo siguiente: «Seremos breves en nuestra profesión de fe. *El Porvenir* defenderá para la Isla de Cuba, desgraciada colonia española, la absoluta independencia, y como la revolución es el único medio de conseguirla, la aceptamos con todos sus desastres y con todas sus consecuencias, porque si las revoluciones desvastan también fundan y civilizan». Y más adelante añadían: «Este modesto periódico, que comienza hoy sus tareas hace la causa de Cuba causa de la América latina, porque de ella es, por razones naturales, de donde han de venirle simpatías [...]. Nos ocuparemos de todos los pueblos latinos de América, acariciando en la práctica la idea que ya está germinando en las orillas del Plata: Unión estrecha desde México y las Antillas a los confines de la Patagonia, contra todas las intrigas de colonización, absorción de territorios o predominio de raza. Si Cuba, en nuestros trabajos, ocupa más nuestra atención, en este caso se impone; por una parte somos cubanos, y por la otra, Cuba es la tierra triste de la América libre y feliz. Tendremos respeto para todos las opiniones, que tengan, pues, respeto a las nuestras. Antes que prevaricar, antes que convertir este papel en palenque de odios y pasiones personales, antes de servirnos de la intriga y la calumnia, arrojaremos nuestra modesta pluma, que escribe solo a impulsos de una conciencia que se inspira en la sinceridad y en la justicia». Dedicado casi por entero a servir de portavoz a la causa de la libertad de Cuba, aparecieron en sus páginas, fundamentalmente, trabajos de carácter político y de propaganda revolucionaria; pero también publicó poemas, sobre todo en su «Sección literaria»; críticas a libros de reciente aparición y discursos de José Martí, que fue uno de sus colaboradores. Otros fueron Julián del Casal, Enrique Hernández Miyares, Mercedes Matamoros, Francisco Sellén, Benjamín Giberga, Enrique José Varona, Diego Vicente Tejera, Néstor Leonelo Carbonell, Gonzalo de Quesada y Aróstegui, Nieves Xenes, Esteban Borrero Echeverría, Francisco de Paula Coronado, Luis Alejandro Baralt, Bonifacio Byrne y *Fray*

Candil (seudónimo de Emilio Bobadilla). Sirvió como órgano de propaganda y difusión de la sociedad Literaria Hispano-Americana, uno de cuyos promotores fue José Martí. Algunos escritores latinoamericanos, como Manuel Gutiérrez Nájera y Juan de Dios Peza colaboraron en sus páginas. El último número revisado de esta primera época, el 437, correspondió al 18 de julio de 1898. Reapareció en Santiago de Cuba, con un formato mayor, ahora en su segunda época, con igual director y subtítulo, el 10 de agosto de 1898. En un artículo titulado «Decimos hoy», afirmaban: «*El Porvenir* comienza a publicarse en la patria cubana, amparado mientras lo cobije su bandera, por el estandarte más glorioso y libre, que existe en la faz del planeta, y puede decir con satisfacción que ha vencido». Y añadían: «Y *El Porvenir* se presenta con visera levantada, no con odios, porque estos son de sabor amargo, y nuestro pueblo está cansado de ver odios e infamias; no con pasiones, que engendran los errores, no con venganzas, que producen sangre. Aquí hay una sociedad desquiciada, por el despotismo y la maldad, y tenemos que levantar esta sociedad; y al tender la vista no queremos encontrar ni autonomistas ni conservadores, ni blancos ni negros, ni ricos ni pobres, ni aristocráticos ni gente de pueblo, sino que teniendo por Escudo el derecho, por base la justicia, por égida la moral, y por lema la independencia absoluta de esta tierra que tanto amamos, seamos todos factores de su progreso y de su bienestar». De esta segunda época, que se corresponde históricamente con la intervención norteamericana en la guerra cubano-española, se han visto veintinueve números, en los que aparecen solamente comunicados, noticias de la guerra y otras cuestiones de similar índole. El último número visto corresponde al 3 de noviembre de 1898.

Porvenir, El (La Habana, 1913). Revista infantil quincenal ilustrada y de sports. El primer número correspondió al 15 de febrero. Era dirigida por Carlos M. Peláez y Emilio Núñez Portuondo. Los redactores eran Rafael Jústiz y Jorge de Zaldo. Aparecieron en sus páginas cuentos, poemas, pequeñas piezas teatrales, biografías de hombres célebres, trabajos sobre historia y arte y conocimientos generales útiles a los niños. El último ejemplar revisado (12) corresponde al 15 de agosto de 1913. Se ha localizado un ejemplar con el subtítulo «Revista ilustrada juvenil», en su año 4, con fecha 30 de noviembre de 1916. El formato es igual al de la anterior revista. No constan sus directores, pero León Primelles señala, en la página 173 de su obra *Crónica cubana, 1915-1918* (La Habana, Editorial Lex, 1955), que en dicho año, único en que la cita, eran sus directores los mencionados anteriormente, más Luis S. Varona. En el ejemplar de referencia figura una crítica literaria a la obra de Jesús Castellanos y un poema de Federico de Ibarzábal.

Porvenir del Carmelo, El (La Habana, 1860-1861). Periódico industrial, económico, de literatura y bellas artes. En el primer número, correspondiente al 8 de enero, se expresaba: «Solicitada la Redacción del *Correo del Barrio* por personas respetables, para dedicar su periódico a promover los intereses del Carmelo y del Ferrocarril Urbano, y deseosa al mismo tiempo de corresponder a la protección que le dispensan sus numerosos favorecedores, ha creído necesario variar el nombre de su publicación para llenar mejor el nuevo compromiso que ha contraído, y dar otra forma a sus trabajos para satisfacer más cumplidamente las exigencias de todos sus lectores». Salía semanalmente. No es hasta el número 22 que aparece en el machón de la publicación el nombre del director y redactor único, José de Frías; y además consta como colaborador Anselmo Suárez y Romero y como corresponsales en Europa el conde de Pozos Dulces y Domingo G. de Arozarena. A partir de dicho número el formato es menor. Desde el número 35 comenzó a titularse solamente *El Porvenir.* Al entrar la publicación en su segundo año (6 de enero de 1861) el subtítulo varió a «Periódico principalmente consagrado a promover la reforma agrícola en la isla de Cuba, como base indispensable de sus progresos en el orden material, intelectual y moral, y repertorio de ciencias, industria y literatura». Fungió como colaborador, además de Suárez Romero, Carlos Moisant. Más adelante el conde de Pozos Dulces también fue su colaborador. Respecto a su contenido, en el primer número habían expresado que «...todo lo que la industria y economía de nuestra sociedad sea digno de estudiarse, hallará cómoda cabida en las columnas de *El Porvenir.* Pero como al mismo tiempo aspiramos a conquistar el favor del sexo encantador, la dulce poesía, la dramática e interesante novela, los cuadros de costumbres y la sabrosa e inocente murmuración ocuparán un lugar apropiado en nuestra publicación». En efecto, este semanario dedicó gran espacio a reflejar cuestiones relacionadas con las ciencias y sus adelantos, con la agricultura, la economía doméstica y la industria. También publicó cuentos, poemas, folletines novelescos, cuadros costumbristas, traducciones y ocasionales críticas literarias. Otros colaboradores de esta publicación fueron Felipe López de Briñas, Antonio Sellén, Juan Clemente Zenea, Fernando Pié y Faura, Rafael María de Mendive, José Güell y Renté, Antonio Enrique de Zafra, Carlos Estrada y Zenea y Ricardo Zenoz. Algunos trabajos aparecieron firmados con los seudónimos *Atta Troll* (Enrique Piñeyro) y *Un guajiro progresista* y con las iniciales V. de L., P. L. y F. B.

Posmodernismo Para algunos críticos, el modernismo «se liquidó» en 1910. En realidad, a partir de este año se advierte un nuevo desenvolvimiento de las esencias de la orientación. El fenómeno se pone de manifiesto tanto en Hispanomérica como en España. La acción fecundante del modernismo se diversifica y da lugar a una corriente literaria —lo suficientemente diferenciada— que hoy denominamos posmodernismo. Debe señalarse que algunos prefieren llamarlo neomodernismo. En Cuba, tras el árido y mediocre período que sucede a la muerte de José Martí y Julián del Casal, aparecen sus primeras señales de importancia en el citado año. Bastaría revisar las revistas santiagueras *El Pensil* (II época, 1909-1910) y *Renacimiento* (1910-1911) para comprobarlo. En sus páginas son las firmas de Regino Eladio Boti, José Manuel Poveda, Luis Felipe Rodríguez y Armando Leyva las que dan la tónica. Ya por esa época existía en los dos primeros un afán consciente de renovación, pero faltaba aún ampliar el movimiento y proclamar públicamente sus propósitos estéticos. Sin embargo, como es lógico suponer, la fraternidad literaria de éstos y otros escritores orientales había surgido en años anteriores a 1910. Fue un factor propicio para el intercambio y el acercamiento la existencia en la provincia de varias publicaciones literarias, tales como la *Revista de Santiago* (1907) y *Chic* (1907-1908), de Guantánamo esta última, para solo citar dos de los comienzos. Además hay que tener en cuenta las reuniones celebradas algo después en la casa del escritor dominicano Sócrates Nolasco, situada en Calvario 18 y conocida humorísticamente por el nombre del Palo Hueco. «Este núcleo significó por entonces —al decir de José Manuel Poveda— una acción que tendía "a la revuelta": de aquellas "lecturas" partieron planes demoledores, acuerdos contra la mediocracia misoneísta, actitudes para el porvenir en defensa de los nuevos cánones.»

Como puede advertirse, contrario a lo que había ocurrido hasta ese momento, las inquietudes renovadoras se registraban esta vez en provincias. Su epicentro se detectaba en Oriente, pero con muy intensas vibraciones en Matanzas y, en menor grado, en Las Villas. El más antiguo documento que conocemos, donde se habla de la necesidad de crear un núcleo de escritores en Oriente que se hiciera oír de La Habana y más tarde de la América y del mundo, es una carta de José Manuel Poveda a Regino Eladio Boti fechada en la capital de la República el 28 de noviembre de 1909.

Por otra parte, un grupo de escritores matanceros se reunía alrededor de la revista *El Estudiante* a fines, poco más o menos, de la primera década republicana. De ese grupo, que insinuó varias promesas, solo alcanzaron relieve el poeta Agustín Acosta y el ensayista Medardo Vitier; tal vez sería injusto dejar de mencionar a Hilarión Cabrisas. Conviene aclarar que otros escritores, como los hermanos Fernando y Francisco Lles, por ejemplo, alternaron con dicho grupo, aurque su labor literaria se enmarca mejor en las zonas indecisas que se desarrollaron simultáneamente con el modernismo.

En 1909 y bajo la dirección de Ramón de la Paz aparece en Santa Clara, Las Villas, la revista *Luz*, cuyas páginas dan cabida no solo a los escritores del patio, sino también a los orientales y matanceros anteriormente citados. Quiere decir esto que las inquietudes renovadoras iban ganando coherencia y amplitud en tanto la mayor parte de los capitalinos permanecían fieles a los viejos cánones. Las Villas no aportó figuras estimibles al movimiento renovador.

Así las cosas, transcurrieron unos dos años de acercamientos y divulgación carentes de un espíritu doctrinal de grupo. José Manuel Poveda, con su artículo «Palabras a los efusivos», publicado en *Orto* el 3 de marzo de 1912, dio un texto con las características de un manifiesto, pero de un manifiesto que comporta una posición personal —acaso compartida con entusiasmo por Regino Eladio Boti— y no un modo de sentir generacional. El 25 de agosto del citado año publica *El Cubano Libre*, diario santiaguero, bajo el título genérico de «Crónica-Crítica», otro artículo, de Poveda que dejaba entrever las inquietudes en gestación y sus posibles obstáculos. «Las figuras principales de la juventud intelectual de Cuba —nos dice allí— se preparan a luchar con empuje en una nueva era literaria que ya se inicia. Es preciso un renacimiento de las artes en nuestro país, y el renacimiento vendrá. Se trata, no de improvisar artistas y comenzar a crear arte nuevo *porque es preciso crearlo*, sino dar a conocer talentos que ya han probado su fuerza, altas labores ya realizadas, poner cátedras de crítica moderna, multiplicar las tribunas desde las que se diserte sobre los problemas de la estética contemporánea. Es este gran sueño, una hermosa quimera hacia la que marcha la juventud, insegura de vencer, pero segura de que no

vacilará en la porfía. Las voces liminares serán dadas por un libro cuya publicación ha de ser un acontecimienro: "Arabescos mentales", de Regino Eladio Boti».

A principios de 1913 la Asociación de la Prensa de Oriente convoca a unos juegos florales con el fin de erigirle una estatua en Santiago de Cuba al poeta José María Heredia, momento que aprovecha la renovación para arreciar su propaganda. Así vemos que el 30 de marzo de ese año Poveda inserta en *El Cubano Libre* un artículo donde anunciaba la inminente aparición de un manifiesto que suscribían los «modernistas» orientales, cosa esta última que ocurrió el 3 de junio del propio año. Sin embargo, por su riqueza programática, el artículo publicado el 30 de marzo debe tenerse hoy como el primer manifiesto de los «modernistas», ya que en él se recogen los principales postulados estéticos de lo mejor de la renovación. Veamos un fragmento:

Atravesamos un momento trascendental en nuestra vida literaria. Después de un largo estancamiento artístico, de una absoluta esterilidad nacional, nuevos ímpulsos han surgido del seno de la juventud, nueva labor comienza a realizar la generación presente. Siguiendo las grandes rutas señaladas por los maestros contemporáneos, rutas por las cuales la América Latina marcha desde hace varios lustros, Cuba empieza a laborar seriamente hacia un poderoso renacimiento. Han sido proscritos todos los viejos modelos, ha sido exaltado el Yo, proclamado el culto de la Forma dogmatizados el sensualismo y el cerebralismo, sobre el símbolo de Dionysos. Y esa labor de los modernistas, que liberta a Cuba de las últimas trabas coloniales, tiene la hostilidad pública. Incapaz nuestro ambiente de comprender las enormes conquistas por el siglo XIX, ahogadas prematuramente las voces de Martí y Casal, que pregonaban entre nosotros esas conquistas, la juventud lucha sola, bien cierta de su victoria, pero no menos segura de que está completamente aislada.

El 18 de mayo de 1913 se hace público el fallo del jurado calificador de los «Juegos Florales pro-Heredia»: Agustín Acosta resulta galardonado con la flor natural. Poveda, desde el mismo instante en que conoció la convocatoria librada por la Asociación de la Prensa, combatió encarnizadamente el certamen. Ninguno de los principales escritores orientales envió trabajos al concurso, con excepción de dos o tres figuras menores que luego aparecen entre los firmantes del manifiesto «modernista» del 3 de junio. Al ser premiado Acosta queda en evidencia que no existía una sólida unidad entre los tres núcleos fundamentales de la renovación.

El documento del 3 de junio, titulado «Llamamiento a la juventud», no añadía nuevos postulados teóricos de consideración. Sin embargo, ponía en evidencia las simpatías del grupo por Julián del Casal, a quien situaban —tal vez sin marcadas intenciones— como contrapartida de Heredia. Se advierte, pues, que la labor renovadora de los «modernistas» orientales se inicia bajo la advocación del poeta de *Nieve*. En el referido escrito hacen públicas sus intenciones de erigirle un busto a Casal en Santiago de Cuba, honor fundamentado en la valoración siguiente:

Casi olvidado, incomprendido todavía, está uno de los más altos entre nuestros poetas muertos, el divino Julián del Casal. Ante nuestros altares de hoy, él celebró un día los magnos y severos oficios, solitariamente. Nadie comprendió los ritos, todos tuvieron miedo a aquel sacerdote extraño, y cuando él desapareciera, pareció desaparecer con él su mito poético. Queremos hoy, los que le amamos, los que de nosotros le han continuado, los que, aún siguiendo caminos distintos de los suyos, le veneran, honrar la memoria del poeta prodigioso de *Nieve* y de *Rimas*.

Si bien es verdad que el manifiesto del 3 de junio de 1913 registra un buen número de firmantes, once en total, dichas adhesiones deben tomarse hoy con reservas ante la certidumbre de que faltaba —en la mayor parte de quienes lo suscribían— una verdadera identificación estética ideológica. Ya el 3 de julio se tenían noticias de que había llegado en el vapor Balmes, procedente de Barcelona, el libro *Arabescos mentales*, de Regino Eladio Boti. Los «modernistas» destacaron el suceso como el primer paso en firme de la nueva poesía. Todas las inquietudes de años anteriores comenzaban a cohesionarse, a depurarse, a ser algo más que textos literarios dispersos en distintas publicaciones.

El 22 de julio Poveda parte para La Habana con el fin de reanudar sus estudios de Derecho. Está en su ánimo, y así se lo hace saber a Boti, conocer en la capital el impacto que pudiera causar *Arabescos mentales*. Aunque fue Boti el que dio la primera obra de la renovación «modernista», es José Manuel Poveda —como se ha visto— el que advierte la necesidad de darle coherencia a aquellas inquietudes. Fue Poveda, pues, el ideólogo y la sensibilidad más incisiva de aquel movimiento, y el hombre que preparó el terreno a la renovación mediante polémicas, artículos divulgativos, manifiestos y conferencias. Incluso llegando a crear un personaje apócrifo, Alma Rubens, aquella supuesta poetisa cubana en lengua francesa llamada a escandalizar con su arte a nuestras dormidas letras. Los sustentadores de los viejos cánones no se resignaban a perder la supremacía en el campo de la cultura, y ante la salida de *Arabescos mentales* adoptan dos tácticas para combatirlo: la negación absoluta y el silencio. Emilio Bobadilla (*Fray Candil*), desde el extranjero, prefiere la primera. *Conde Kostia* (seudónimo de Aniceto Valdivia) y Arturo Ramón de Carricarte, entre otros, la segunda. En tanto Poveda por sí solo se bastaba para seguir adelante su campaña renovadora. Ya el 27 de mayo de 1914 se halla trabajando en el diario *Heraldo de Cuba*, en cuyas páginas deja lo mejor de su prosa. Los «modemistas», sobre todo los de Oriente y Matanzas, tienen acceso ya a las principales publicaciones del momento en la capital. En 1915 sale el libro *Ala*,

de Agustín Acosta; poemario que viene a intercalar matices y apuntalar la futura culminación del movimiento, No obstante, Acosta no tiene una verdadera afinidad estética con Boti y Poveda. Otros son sus gustos y otras sus influencias. Fenómeno que se advierte casi de manera generalizada entre las figuras menores, o de trasfondo, del «modernismo». En realidad el movimiento logra su coherencia ideológica con Boti y Poveda, pues Acosta no encontró una orientación precisa y el resto de sus posibles integrantes, con la excepción de Luis Felipe Rodríguez y Armando Leyva, no llegan a alcanzar verdadera jerarquía artística. El posmodernismo cubano tuvo en Max Henríquez Ureña a un compañero de viaje de los mejores informados como crítico. Otras figuras que cronológicamente corresponden al período son las de Miguel de Carrión y Carlos Loveira, los mejores novelistas cubanos del momento. Importante labor que no se afilia a los afanes esteticistas de lo mejor del posmodernismo.

El 31 de octubre de 1917 sale a la venta el libro *Versos precursores*, de José Manuel Poveda. Su aparición ocurre en un momento sombrío: prácticamente acababa de ser sofocada una insurrección promovida por el Partido Liberal, la cual se vio reducida por la presión de un desembarco yanqui que vino a asegurar en el poder a Mario García Menocal. No obstante aquel confuso panorama, *Versos precursores* obtuvo un resonante éxito de crítica. Era la culminación del «modernismo». Pero a partir de la salida de dicho libro, el ímpetu de los renovadores comienza a decrecer; y ya hacia 1920 la total dispersión estética e ideológica —y hasta de las relaciones personales— es un hecho innegable. No obstante, de muy diversas maneras la influencia del modernismo y el posmodernismo cubano se mantienen aquí y allá hasta la aparición de las corrientes de vanguardia. Entre los nombres que mantienen esta vigencia podemos citar los de Rubén Martínez Villena y Regino Pedroso.

En resumen, al posmodernismo cubano le corresponde desenvolverse en un período de frustración política. La inconformidad generacional ante tal situación es evidente, pero no siempre se escogen las mejores armas para contrarrestarla. Podría servir como ejemplo irrefutable la «Elegía del retorno», de José Manuel Poveda, pero su reproducción aquí resulta imposible. Fueron pues, los posmodernistas —para decirlo con palabras de Poveda— los productores de belleza de una edad vacilante que, harta del pasado y distante del futuro, no hace sino insinuar los reflejos de una aurora lejana, mientras copia las sombras de una edad ya perdida.

Potts, **Renée** (La Habana, 19 febrero 1908-31 diciembre 1999). Graduada de la Escuela Normal para Maestros (1927). Cursó dos años de Derecho Diplomático y Consular en la Universidad de La Habana (1932-1935). Por esta época comienza a colaborar en publicaciones periódicas y escribe sus obras teatrales *El amor del Diablo* (1933) y *Habrá guerra mañana* (1935). En 1936 obtuvo el Premio Lyceum de Literatura por su libro de poesía *Romancero de la maestrilla*. Se graduó en la Escuela Profesional de Periodismo Manuel Márquez Sterling en 1948. Era miembro del Círculo de Bellas Artes y de la Asociación de Repórters. En 1955 ganó el Premio «Hernández Catá» con su cuento «Camino de herradura». Fue directora de la revista para niños *Mundo Infantil* y de *Viernes*. Ha colaborado en *El Mundo*, *Avance*, *Grafos*, *El País*, *Vanidades*, *Ellas*, *Social*, etc. Entre 1961 y 1962 viajó por diversos países socialistas. Su obra de teatro infantil *Las babuchas de Abú Casim* (1963) ha tenido varias representaciones. Ha escrito teatro de títeres para la televisión (*La carreta*, *El abuelito Andrés y su caja de maravillas*). Es coautora de textos de lectura para el Ministerio de Educación. Actualmente es redactora de la revista *Romances*.

Bibliografía activa

Romancero de la maestrilla, La Habana, Sociedad Lyceum, 1936.

Fiesta mayor, poemas, La Habana, Imprenta Alfa, 1938.

Recuerdo de un maestro, La Habana, Ministerio de Educación, 1949.

Bibliografía pasiva

«Fiesta mayor por Renée Potts», en *Revista de Cuba*, Santiago de Cuba, 1, 3, 29, abril, 1938.

González Freire, Natividad, «Renée Potte, 1908», en su *Teatro cubano*, *1927-1961*, La

Habana, Ministerio de Relaciones Exteriores, 1961, págs. 59-61.

González Ricardo, Rogelio, «Romancero de la maestrilla», en *Revista de Educación*, La Habana, 1, 34, 57-58, marzo-abril, 1937.

Mejía, Abigail, «Tres poetas de Cuba», en *América*, La Habana, 6, 1 y 2, 47-48, abril-mayo, 1940.

Pou, **Ángel N.** (Santa Cruz del Norte, La Habana, 2 agosto 1928). Cursó la primaria en una escuela pública de su pueblo natal. Desde 1952 ha desempeñado diversas labores. Perteneció a la Juventud Ortodoxa y, durante la lucha insurreccional, al Movimiento 26 de julio. Fue uno de los principales animadores del grupo Renuevo. En 1959 obtuvo el Premio Íbero-Americano de Poesía, de México, por su libro *Agua ausente*. Sus narraciones han recibido premios nacionales en diversas ocasiones (1966, 1967 y 1969). Miembro de la Société des Poètes et Artistes de France y de la Unidad Mexicana de Escritores. Ha colaborado en *Diario de la Marina*, *Diario Nacional*, *Romances*, *La Gaceta de Cuba*, *Unión*, *Revista de la Biblioteca Nacional* y *Humanismo* (México). Es autor de la antología *Cuba: su joven poesía* (Caracas, 1957).

Bibliografía activa

Cantos de Sol y salitre, versos, «Disonancias de un prefacio» por Valentín Cuesta Jiménez, Guanabacoa, La Habana, Impresora Matices, 1954.

Poema nuevo para un hombre viejo, La Habana, 1955.

Una brizna en el oleaje, 50 sonetos, Guanabacoa, Editorial Fuga, 1956.

Presencia de una nueva generación literaria, tres artículos periodísticos, una del Doctor Raimundo Lazo, decálogo del «Movimiento Renuevo», La Habana, Ediciones Renuevo, 1957.

El agua ausente, 2.ª edición, La Habana, Modas Magazine, 1959.

Entre sangre y esperanzas, acentos de queja y rebeldía bajo la dictadura, homenaje a Juan Óscar Alvarado, La Habana, Imprenta Vique-Ram, 1960.

Juan Óscar Alvarado y la conciencia intelectual, La Habana, INRA, 1960.

Sonetos amatorios, La Habana, 1964.

Bibliografía pasiva

Díaz Martínez, Manuel, «Versos nuevos de un poeta nuevo» en *El Sol*, Marianao, La Habana, 43, 10, 2, noviembre 6, 1954.

Fernández de la Vega, Óscar, «*Una brizna en el oleaje* de Ángel N. Pou», en *Revista de la Biblioteca Nacional José Martí*, La Habana, 2.ª serie, 7, 2, 181-184, abril-junio, 1956.

Guerra Flores, José, «Ángel N. Pou, poeta de la luz», en *El Mundo*, La Habana, 55, 17 394, C7, abril 22, 1956.

Marquina, Rafael, «*Cantos de Sol y salitre*», en *Información*, La Habana, 18, 174, B-2, julio 27,

1954.

Poveda, **Héctor** (Santiago de Cuba, 17 julio 1890-Id., 28 agosto 1968). Cursó la primaria y el bachillerato en su ciudad natal. Entre 1909 y 1910 formó parte del grupo literario modernista que radicaba en Santiago. Era uno de los participantes de la tertulia llamada El Palo Hueco, también de Santiago, encabezada por su primo José Manuel Poveda e integrada por Ángel Alberto Giraudy, Fernando Torralva Navarro, Sócrates Nolasco y otros. Graduado de veterinaria en la Universidad de La Habana después de abandonar la carrera de Derecho, ejerció en Holguín, Manzanillo y Bayamo, en la provincia de Oriente, y trabajó como veterinario del Consejo Provincial de Oriente y director de las oficinas de zootecnia y fitotecnia. Colaboró en *El Cubano Libre*, *Diario de Cuba*, *El Pensil*, *Renacimiento*, *Oriente Literario* y *Orto* —de la que fue además redactor—, todas de su provincia natal, y en *Heraldo de Cuba*, *El Fígaro* y *Revista Bimestre Cubana*, de La Habana. Publicó trabajos ensayísticos sobre poesía y cultivó el cuento. Es autor de las «Notas de ampliación y rectificación, al margen del estudio biográfico, bibliográfico y crítico de Regino Eladio Boti acerca de José Manuel Poveda», publicadas en el folleto *Notas acerca de José Manuel Poveda*, *su tiempo*, *su vida y su obra* (Manzanillo, Imprenta y Casa Editorial El Arte, 1928), de Regino Eladio Boti.

Bibliografía activa

Crepúsculo fantástico, poemas, prólogo de Regino Eladio Boti, Manzanillo, Editorial El Arte, 1928.

Bibliografía pasiva

Marinello, Juan, «*Notas acerca de José Manuel Poveda*, de Regino Eladio Boti y Héctor Poveda», en *Avance*, La Habana, 2, 3, 23, 160, junio, 1928.

«Deficiencias orgánicas de nuestras democracias, dictadura y ejército de Héctor Poveda», en *Avance*, La Habana, 4, 5, 44, 94, marzo, 1930.

Picazo Cossío, Nilo, «Un libro interesante, *Crepúsculos fantásticos* de Héctor Poveda» en *Diario de la Marina*, La Habana, 96, 168, 2, 3.ª sección, junio 17, 1928.

Poveda, **José Manuel** (Santiago de Cuba, 23 o 25 febrero 1888-Manzanillo, Oriente, 2 o 3 enero 1926). Cursó la primaria en Santo Domingo (República Dominicana) —a donde se había trasladado su familia durante la guerra de independencia—, en Guantánamo y en Santiago de Cuba. A los once años de edad redactaba el semanario manuscrito titulado *Cuba*. Su primer trabajo impreso, de humorismo político, fue publicado, probablemente, en *La Voz del Pueblo* o en *El Managüí*. En 1902, ya en Santiago de Cuba con su familia, inicia el bachillerato. Con Marco Antonio Dolz y otros estudiantes fundó, ese mismo año, la revista *El Estímulo*. Se trasladó a La Habana en 1904. En el Instituto de la capital continuó el bachillerato y reeditó *El Estímulo* (1905), donde publicó su primer poema impreso. Colaboró además en *Arpas Cubanas*. De regreso en Santiago de Cuba ese mismo año de 1905, editó *Ciencias y Letras* —en el que ocupó la jefatura de redacción—, órgano del Instituto santiaguero, y trabajó como agente de *El Estímulo*, de La Habana. Colaboró en *El Progreso* (Gibara, Oriente), *Urbi et Orbe* (La Habana) y *La Liga* (Santiago de Cuba), y fue corresponsal de *El Moderado* (Matanzas) y *La Opinión* (Cienfuegos, Las Villas). Editó, en 1906, *El Gorro Frigio*, semanario cómico-satírico. Ese mismo año trabaja como jefe de redacción de la revista *Oriente* —en la que tiene a su cargo la sección «Baturrillo»— y se gradúa de bachiller. Un año más tarde es jefe de redacción de *Revista de Santiago*, colabora en *Cuba y América* e inicia su interesante y fecunda relación epistolar con Regino Eladio Boti. Tuvo a su cargo la redacción de Heraldo Nacionalista. En 1908 comienza a trabajar en el bufete del Doctor Rovira para adquirir experiencia profesional. Ese mismo año se trasladó de nuevo a La Habana. Colabora en *El Pensil* (1908-1910) y luego en *Renacimiento* (1910), de Santiago de Cuba, a través de las secciones «Vida literaria» y «Página extranjera», en las que publicaba sus trabajos sin firma y daba a conocer noticias de otros autores o traducciones de escritores extranjeros. Por esa época fue el animador principal de un cenáculo literario integrado por escritores de intenciones renovadoras que se reunían en una casa situada en Calvario n.º 18, de Santiago de Cuba, en la que residía el dominicano Sócrates Nolasco. De este grupo formaban parte, además del ya mencionado, Fernando Torralba, Alberto Giraudy, Luis Vázquez de Cuberos, entre otros. Colaboró en *La Independencia* (1909-1911). En La Habana, en 1912, fundó Poveda la Sociedad de Estudios l. iterarios, en la que pronunció conferencias. Dos años más tarde, desaparecida ésta, funda el Grupo Nacional de Acción de Arte, en el que también divulgó la cultura a través de sus conferencias. Colaboró, también, en *Camagüey Ilustrado*, *Oriente Literario*, *Minerva* (La Habana), *El Estudiante* (Matanzas), *Orto* (Manzanillo) —desde sus inicios en 1912—, El *Fígaro*, *Letras*, *El Cubano Libre*, *Juvenil*, *Mercurio* (Cienfuegos), *Heraldo de Cuba* —en forma asidua a partir de 1914—, *Cuba Contemporánea*, *El Estudiante* (Santa Clara), *El Sol* (Marianao, La Habana), *Labor Nueva* (La Habana), *Oriente*, *La Defensa* (Manzanillo) —a través de su columna «Crónicas de los lunes»—, *La Antorcha*, *La Nación* —donde publicó sus conocidas «Crónicas sobreactuales» entre 1918 y 1920—. Este último año sufre prisión por breve tiempo acusado de faltar al presidente de la República en una de sus «Crónicas». En 1921, después de haber cursado sus estudios universitarios de manera irregular, se graduó de Doctor en Derecho Civil en la Universidad de La Habana. Ese mismo año instaló su bufete profesional. A mediados de 1923 se dedicó por entero al ejercicio de la profesión. Trabajó como juez suplente de Manzanillo. Durante años, a través de las publicaciones periódicas con las que estuvo más o menos vinculado y mediante su entusiasta labor de conferenciante y traductor, realizó Poveda una amplia labor en la difusión de la literatura y de la cultura en general y trató los temas de la actualidad política del país en múltiples crónicas periodísticas. Su obra lírica, junto con la de Regino Eladio Boti y Agustín Acosta, constituye el legado más importante de los primeros años de la República. Es autor de varios relatos. Los manuscritos de su novela *Senderos de montaña* fueron destruidos por la esposa. Dejó importantes trabajos de carácter ensayístico. Sus poemas han aparecido en diversas antologías nacionales y extranjeras. Algunos han sido traducidos al inglés, al alemán y al ruso. Tradujo textos de Henri de Regnier, Lorrain, Rodenbach, Bonville, Augusto de Armas, Stewart Merrill, entre otros. Utilizó los seudónimos *Mirval de Eteocles*, *Filián de Montalver*, *Darío Notho*, *Raúl de Nangis*, *Fabio Stabia* y *Alma Rubens*, el más importante de todos, con el que firmó un grupo de poemas bajo el título de «Poemetos de *Alma Rubens*».

Bibliografía activa

Asbert, La Habana, Imprenta La Prueba, 1916.

Versos precursores, Joyel parnasiano, Evocaciones, Advocaciones, Las visiones y los símbolos, Cantos neo-dionisíacos, Manzanillo, Imprenta El Arte, 1917; 2.ª edición, Id., 1928; 3.ª edición, La Habana, Ediciones de la Organización Nacional de Bibliotecas Ambulantes y Populares, 1958, Reediciones Isla, 2.

La independencia del Poder Judicial, Manzanillo, Editorial El Arte, 1923.

Proemios de cenáculo, «Evocación de Poveda», por Rafael Esténger, La Habana, Ministerio de Educación, Dirección de Cultura, 1948, Cuadernos de Cultura, 8.ª serie, 3.

Órbita de José Manuel Poveda, nota biográfica, introducción, selección, bibliografía y anotaciones por Alberto Rocasolano, La Habana, UNEAC, 1975.

Bibliografía pasiva

Aguiar Poveda, Luis, «José Manuel Poveda», *Orto*, Manzanillo, 19, 2, 64-68, febrero, 1930.

Avilés Ramírez, Eduardo, «Recuerdos de José Manuel Poveda, la venganza de los dioses», en *El País*, La Habana, 4, 6, 3, enero 6, 1926.

Aza Montero, Alberto, «El poeta que se persiguió a sí mismo», en *La Defensa*, Manzanillo, 2, 1, 3, enero 4, 1927.

Baquero, Gastón, «José Manuel Poveda», en *Información*, La Habana, 8, 8, 17, 2.ª sección, enero 9, 1944.

Boti, Regino Eladio, «Notas acerca de José Manuel Poveda, su tiempo, su vida y su obra», en *Orto*, Manzanillo, 16, 21, 1-11, noviembre 15, 1927.

«José Manuel Poveda y yo, nuevas memorias», en *Revista de Oriente*, Santiago de Cuba, 3, 25, 3-5, enero, 1931.

Boti, Regino Eladio y Héctor Poveda, *Notas*

acerca de José Manuel Poveda, su tiempo, su vida y su obra, notas de ampliación y rectificación, al margen del estudio biográfico y crítico de Regino Eladio Boti acerca de José Manuel Poveda, Manzanillo, Editorial El Arte, 1928.

Caillet Bois, Julio, «José Manuel Poveda, 1888-1926», en su Antología de la poesía hispanoamericana, 2.ª edición, Madrid, Aguilar, 1965, págs. 1007.

Carbonell, José Manuel, «Los Versos precursores de Poveda», en El Fígaro, La Habana, 35, 10, 266, marzo 10, 1918.

Castellanos, Carlos A., «José Manuel Poveda y la poesía francesa» en Revista de Oriente, Santiago de Cuba, 3, 25, 8, enero, 1931.

Conde Kostia, seudónimo de Aniceto Valdivia, «La danza ante el arca, José Manuel Poveda», en Diario de la Marina, La Habana, 86, 24, 20, 2.ª sección, enero 24, 1918.

«Un juicio de Conde Kostia sobre Versos precursores», en Orto, Manzanillo, 7, 7, 2, febrero, 16, 1918.

Cornet, Bartolomé, «Super crítica», en Orto, Manzanillo, 1, 32, 33 y 34, 4-5, 4 y 2-3, agosto 11, 18 y 25, 1912.

«Una crónica de Poveda y un comentario de Palomares plantean interesante cuestión en la Asociación Cívica», en La Nación, La Habana, 3, 493, 1, febrero 15, 1918.

Domínguez, Salvador, «Bajorrelieves, José Manuel Poveda», en El Estudiante, Santa Clara, 2.ª época, 8, 5, octubre 20, 1911.

Ducazcal, seudónimo de Joaquín Navarro Riera, «José Manuel Poveda, boceto pasa un retrato», en Renacimiento, Santiago de Cuba, 2, 2.ª época, 25, 253-254, diciembre 31, 1910.

«Un artista malogrado, José Manuel Poveda y Calderín», en El Fígaro, La Habana, 43, 2, 34, enero 10, 1926.

«En el Círculo Progresista, José Manuel Poveda», en La Opinión, La Habana, 2, 226, 1, abril 9, 1912.

Escanaverino, Miguel A., «José Manuel Poveda», en Oriente, Santiago de Cuba, 1, 40, 5, junio 24, 1917.

Esténger, Rafael, «Poveda y el modernismo en Cuba», en Cuba Contemporánea, La Habana, 41, 14, 163, 244-255, julio, 1926.

Poveda y su doble mundo, México D. F., Litográfica Machado, 1957, Cuadernos de la Embajada de Cuba, 6.

Fatjó, José, «Versos Precursores» en El Fígaro, La Habana, 34, 46, 928, diciembre 23, 1917.

Fernández de Castro, José Antonio, «Homenaje a José Manuel Poveda, Poveda y las drogas heroicas», en Chic, La Habana, 15, 127, 24, marzo, 1926.

Franco Varona, Matías, «En el jardín simbólico de Versos precursores, Alrededor un poeta altísimo», La Nación, La Habana, 3, 468, 1, 7, enero 21, 1918.

Gay Calbó, Enrique, «La muerte de José Manuel Poveda», en Cuba Contemporánea, La Habana, 40, 14, 159, 214-220, marzo, 1926.

Griñán Peralta, Leonardo, «Los Versos precursores de José Manuel Poveda», en Oriente, Santiago de Cuba, 2, 61, 11-12, diciembre 9,

1917.

«Una anécdota de José Manuel Poveda», en *Revista de Oriente*, Santiago de Cuba, 3, 25, 7, enero, 1931.

Gruchko, P. M., Samaev, *De la poesía cubana contemporánea, Regino Eladio Boti, José Manuel Poveda, Emilio Ballagas, Cintio Vitier, Eliseo Diego*, Moscú, Progreso, 1972.

«Homenaje a José Manuel Poveda», en *El Fígaro*, La Habana, 35, 29, 571, julio 28, 1918.

Ibarzábal, Federico de, «Gente de letras, Poveda», en *El País*, La Habana, 4, 57, 3, febrero 27, 1927.

Jerez Villarreal, Juan, «Por la verdad y por el arte, José Manuel Poveda y la crítica sin crisis de sus envidiosos», en *Orto*, Manzanillo, 1, 46, 2, diciembre 1.º, 1912.

«Hoja de acanto, José Manuel Poveda», en *El Fígaro*, La Habana, 43, 1, 9, enero 3, 1926.

«Semblanza del poeta», en su *Hierro y marfil*, La Habana, Carasa, 1930, págs. 85-95.

Jiménez, Ghiraldo, «*Versos precursores*», en *Orto*, Manzanillo, 6, 42, 1, noviembre 25, 1917.

«José María Poveda», en *El Pensil*, Santiago de Cuba, 3, 2.ª época, 12, 158, junio 30, 1990.

«José Manuel Poveda», en *La Nación*, La Habana, 4, 1 116, 1, noviembre 24, 1919.

«José Manuel Poveda», en *La Nación*, La Habana, 4, 1 132, 2, diciembre 10, 1919.

Labrador Ruiz, Enrique, «José María Poveda», en su *El pan de los muertos*, La Habana, Universidad de Las Villas, Departamento de Relaciones Culturales, 1958, págs. 61-64.

Lavié, Nemesio, «Memorando al poeta» en *La Defensa*, Manzanillo, 22, 2, 1, 8, enero 4, 1927.

Lizaso, Félix, «José Manuel Poveda», en su *Ensayistas contemporáneos*, 1900-1920, La Habana, Editorial Trópico, 1928, págs. 72-80 y 252-254.

Lizaso, Félix y José Antonio Fernández de Castro, «José Manuel Poveda», en su *La poesía moderna en Cuba*, *1882-1926*, antología crítica, ordenada y publicada, Madrid, Editorial Hernando, 1926, págs. 238-239.

Mañach, Jorge, «Homenaje a José Manuel Poveda, la muerte de Poveda» en *Chic*, La Habana 15, 127, 23, marzo, 1926.

Marinello, Juan «Notas acerca de José Manuel Poveda, de Regino Eladio Boti y Héctor Poveda» en *Avance*, La Habana, 2, 3, 23, 160, junio, 1928.

Nolasco, Sócrates, «José Manuel Poveda» en *El Fígaro*, La Habana, 35, 18, 508, mayo 5, 1918.

«José Manuel Poveda, el poeta de la noche», en *Orto*, Manzanillo, 16, 1, 2-5, enero 15, 1928.

«Revista de la semana, José Manuel Poveda», en *Orto*, Manzanillo, 6, 15, 1, abril 20, 1917.

«Revista de la semana, José Manuel Poveda, artista consumado...» en *Orto*, Manzanillo, 10, 1, 1, enero 1.º, 1921.

«Revista de la quincena, ha muerto José Manuel Poveda», en *Orto*, Manzanillo, 15, 1, 1, enero 15, 1926.

Roa, Raúl, «Revisión, José Manuel Poveda», en *Diario de la Marina*, La Habana, 96, 133, 2, 3.ª sección, mayo 13, 1928.

«José Manuel Poveda visto por la nueva generación», en *Orto*, Manzanillo, 21, 10-11, 141-145, octubre-noviembre, 1932.

Rocasolano, Alberto, «Poveda visto a través de *El Pensil* y *Renacimiento*», en *Unión*, La Habana, 9, 1, 141-151, marzo, 1970.

«El caso de *Alma Rubens*», en *Anuario L/L*, La Habana, 2, 57-90, 1971.

Rodríguez, Luis Felipe, «Los *Versos precursores* de José Manuel Poveda», en *Orto*, Manzanillo, 6, 39, 1-2, noviembre 4, 1917.

Sánchez Quesada, Epifanio, «Minibiografías, José Manuel Poveda», en *Orto*, Manzanillo, 39, 11-12, 1-4, noviembre-diciembre, 1951.

Sánchez Solórzano, Gabriel, «José Manuel Poveda», en *El Combate*, Santiago de Cuba, 16, 7, 2, 6, 16 enero, 1933.

Santovenia, Emeterio Santiago, «Recuerdo de José Manuel Poveda», en *Información*, La Habana, 22, 62, A-2, marzo 13, 1958.

Serpa, Enrique, «Homenaje a José Manuel Poveda, el sentimiento trágico de Poveda», en *Chic*, La Habana, 15, 127, 22, marzo, La Habana, Universidad Central de Las Villas, 1958, 1926.

Siré, Valenciano M., «Recordando a Poveda», en *Diario de la Marina*, La Habana, 96, 189, 2, 3.ª sección, junio 8, 1928.

Valenzuela, Sergio A., «José Manuel Poveda», en *Orto*, Manzanillo, 2, 4, 2-3, diciembre 14, 1913.

Valle, Gerardo del, «Impresión de lectura de *Versos precursores*» en *Diario de la Marina*, La Habana, 96, 133, 2, 3.ª sección, mayo 13, 1928.

«Poveda y sus *Versos precursores*», en *Revista de Oriente*, Santiago de Cuba, 3, 25, 6, enero, 1931.

Vázquez de Cuberos, Luis, «Libros nuevos, *versos precursores*» en Oriente, Santiago de Cuba, 2, 64, 10-11, diciembre 31, 1917.

Vitier, Cintio, «José Manuel Poveda», en su *Cincuenta años de poesía cubana, 1902-1952*, ordenación, antología y notas, La Habana, Ministerio de Educación, Dirección de Cultura, 1952, págs. 69.

«Orientaciones de la poesía después de la guerra, la obra de Boti y de Poveda en relación con el ambiente republicano», en su *Lo cubano en la poesía*, La págs. 269-294.

Poveda y Armenteros, Francisco (La Habana, 4 octubre 1796-Sagua la Grande, Las Villas, 21 mayo 1881). Se vio obligado a abandonar los estudios de primaria a causa de diversos problemas familiares. En 1816 se traslada a Sagua la Grande, donde residió la mayor parte de su vida. Desvinculado, por completo de las disciplinas académicas, se vio obligado a desempeñar los más diversos trabajos, como sabanero, peón de ganado, capitán de partido, amanuense de abogados, maestro de enseñanza primaria, empleado de ingenios y cafetales, notario eclesiástico y, en sus últimos años, vendedor de viandas. En *Ramillete Cubano*, que dirigía Manuel González del Valle, publicó su primer poema, «A Cuba», en 1829. Hacia 1830 trabajó como actor en un teatro de La Habana. Colaboró en *El Eco* (Santa Clara), *El Sagua* y *La Luz*, ambos de Sagua la Grande. El poeta José Eustaquio Triay organizó una velada artístico-literaria en el Liceo de Guanabacoa (La Habana) en 1879, con el fin de ayudarlo económicamente y de revalorizar su obra. En esta velada se representó su pieza teatral *El peón de Bayamo*, con el mismo Poveda en el papel protagónico. En sus comienzos, su obra tuvo el reconocimiento entusiasta de Domingo del Monte, Ignacio Valdés Machuca (seudónimo *Desval*), Ramón de Palma y Buenaventura Pascual Ferrer. Es considerado el iniciador del criollismo en nuestra poesía. Era conocido por su seudónimo *El trovador cubano*.

Bibliografía activa

La guirnalda habanera, compuesta de cuatro flores en glosas y décimas sueltas, La Habana, Imprenta de L. Teran, 1829.

Las rosas de amor, cuatro cuadernos, La Habana, Imprenta Fraternal, 1831.

Ocios poéticos del Trovador cubano, Villa Clara, Imprenta Sed y La Torre, 1834.

Lágrimas sobre la tumba del Pbro. don José Dionisio Veitía, Villa Clara, 1845.

Leyendas cubanas, Entrega 14 septiembre, 1846, *s. l.*, 1846.

Poesías de don Francisco Poveda, el trovador cubano, prólogo de Ramón Francisco Valdés, Sagua la Grande, Imprenta de don Antonio M. Alcover, 1863.

Poesías de el trovador cubano, Sagua la Grande, Imprenta La Luz, 1879; 2.ª edición, notablemente aumentada, Sagua la Grande, Imprenta El Comercio, 1883.

Bibliografía pasiva

Carbonell, José Manuel, «Francisco Poveda Armenteros, 1796-1881», en su *La poesía lírica en Cuba*, recopilación dirigida prologada y anotada, tomo 2, La Habana, Imprenta El Siglo XX, 1928, págs. 21, Evolución de la cultura cubana, 1608-1927, 2.

Feijóo, Samuel, «Los romances cubanos», en su *Sobre los movimientos de una poesía cubana hasta 1856*, La Habana, Universidad Central de Las Villas, 1961, págs. 51-52.

Lezama Lima, José, «Francisco Poveda Armenteros», en su *Antología de la poesía cubana*, tomo 3, La Habana, Consejo Nacional de Cultura, 1965, págs. 47-48.

López Prieto, Antonio, «Francisco Poveda Armenteros, el trovador cubano», en su *Parnaso cubano*, Colección de poesías selectas de autores cubanos desde Zequeira a nuestros días, precedida de una introducción histórico-crítica sobre el desarrollo de la poesía en Cuba con biografías y notas críticas y literarias de reputados literatos, tomo 1, La Habana, Miguel de Villa, editor, 1881, págs. 156-160.

Palma, Ramón de, «Cantores de Cuba», en *Revista de La Habana*, La Habana, 3, 261-262 y

297, marzo 15-septiembre 19, 1854.

Vitier, Cintio, *Lo cubano en la poesía*, La Habana, Universidad Central de Las Villas, 1958, págs. 112-113.

Prado, Pura del (Santiago de Cuba, 7 diciembre 1932). Cursó la primaria y la Escuela Normal para Maestros –hasta graduarse en 1951– en Santiago de Cuba. Fue presidenta del Club Literario juvenil «La Avellaneda», de la propia ciudad. Estudió pedagogía en la Universidad de La Habana y fue alumna de la Escuela de Artes Dramáticas del Teatro Universitario. Estuvo vinculada a las actividades revolucionarias del Movimiento 26 de julio. Colaboró en diversas publicaciones periódicas. Ha viajado por Venezuela, México y otros países latinoamericanos. Desde 1958 reside en Estados Unidos.

Bibliografía activa

De codo en el arcoiris, La Habana, Pérez Sierra, 1952.

Los sábados y Juan, La Habana, Pérez Sierra, 1952.

Canto a Martí en 1953, La Habana, Ediciones Sagitario, 1953.

El río con sed, poesía, La Habana, Ediciones de la Organización Nacional de Bibliotecas Ambulantes y Populares, 1956, Colección Isla, I.

Color de Orisha, Estados Unidos, 1972.

Premio Varona (La Habana, 1945-1947). Publicación anual del Ministerio de Defensa Nacional. Se han visto tres volúmenes, correspondientes a los años 1945, 1946 y 1947. Estaba dedicada a recoger los trabajos que resultaban ganadores en el concurso denominado «Premio Varona», convocado para premiar «el mejor artículo que se publicara, escrito o radiado, en relación con la significación de la presente guerra [se refiere a la Segunda Guerra Mundial] con los valores permanentes que defiende o con el mundo de la post-guerra». Entre los ganadores de este concurso, y cuyos trabajos aparecieron publicados, figuran Lisandro Otero Masdeu, Enrique Serpa, Ángel Augier, Dora Alonso, Ana María Borrero, Andrés Núñez Olano, Arturo Alfonso Roselló, José Manuel Valdés Rodríguez, Ernesto Fernández Arrondo y Gerardo del Valle.

Prendes, Álvaro (Guantánamo, Oriente, 24 diciembre 1928). Cursó estudios de bachillerato. Ingresó en el antiguo ejército en 1950. Fue alumno, durante dos años, de la Escuela de Cadetes de Infantería. Pasó entrenamiento como cadete de aviación en Estados Unidos hasta graduarse de piloto de combate en 1954. Puesto al servicio del Movimiento 26 de julio, dio comienzo a una conspiración en la Fuerza Aérea de la tiranía de Batista para apoyar la insurrección del 5 de septiembre de 1957. Por no cumplir las órdenes de bombardear a los insurrectos, fue detenido y condenado a muerte, pena que le conmutaron por la de seis años de presidio en Isla de Pinos, de donde salió en 1959, al triunfar la Revolución. Formó parte entonces de la Fuerza Aérea Rebelde con el grado de capitán. Fue piloto de la Empresa Cubana de Aviación. Combatió como piloto contra las fuerzas mercenarias en Playa Girón y como soldado de infantería en la lucha contra bandidos de la Sierra del Escambray. Ha ocupado diversos cargos de importancia después de su ascenso a comandante en 1961. En 1966 y 1968 tomó cursos en la Unión Soviética. En 1969 trabajó como profesor auxiliar en la Escuela de Ciencias Sociales de la Universidad de La Habana. En 1973 fue ascendido a primer comandante. Su libro *En el punto rojo de mi kolimador* ganó el premio de testimonio en el Concurso 26 de julio, de las FAR, en 1973. Es autor de un ensayo sobre Martí, publicado en el periódico *Hoy*. Tiene textos inéditos.

Bibliografía activa

En el punto rojo de mi kotimador, testimonio, prólogo del capitán Serafín Sato Caballero, La Habana, Instituto Cubano del Libro, Editorial Arte y Literatura, 1974.

Bibliografía pasiva

Acosta, Leonardo, «*En el punto rojo...*», en *Unión*, La Habana, 4, 184-190, diciembre, 1974.

Branly, Roberto, «Prendes, el rojo punto del coraje», en *Casa de las Américas*, La Habana, 15, 87, 130-132, noviembre-diciembre, 1974.

Cardosa Arias, Santiago, «Entrevista con el comandante Álvaro Prendes, premio en Testimonio del Concurso "26 de julio" del Ministerio de las Fuerzas Armadas Revolucionarias», en *Granma*, La Habana, 9, 213, 3, septiembre 8, 1973.

Chio, Evangelina, «En el punto rojo de mi kolimador», en *Revolución y Cultura*, La Habana, 18, 28-3, febrero 1974.

«Desde su kolimador literario», en *Cuba Internacional*, La Habana, 6, 62, 72, octubre, 1974.

«*En el punto rojo de mi kolimador,* Prendes», en *La Gaceta de Cuba*, La Habana, 125, 30, julio, 1974.

Prensa, La (La Habana, 1841-1870). «Periódico de literatura, teatros, ciencias, artes, agricultura, economía y comercio», según se lee en el «Prospecto» aparecido en el *Diario de La Habana* correspondiente al 26 de mayo de 1841. El primer número vio la luz el 1.º de julio. Su periodicidad fue, sucesivamente, bisemanal, trisemanal y por último diaria. El título varió también a lo largo de su existencia: *Prensa, La Prensa de La Habana, Prensa de La Habana*. Igualmente su subtítulo fue variando, según consta en diferentes prospectos publicados; en ocasiones aparecía inmediatamente debajo del título: «Periódico político, mercantil, literario y económico» y «Diario mercantil, económico y literario». El formato cambió en algunas oportunidades. Sus primeros directores fueron Luis Caso y Sola y José García de Arboleya, según hace constar Joaquín Llaverías en el tomo 2 de su obra *Contribución a la historia de la prensa periódica* (La Habana,

Talleres del Archivo Nacional de Cuba, 1959, pág. 271). El propio Llaverías señala que posteriormente ocuparon tal cargo Isidoro Araujo de Lira, Pascual Riesgo, Manuel González de Fonte, José María Dávila, Joaquín Jacas, Gil Gepi y Joaquín A. Gálvez.

En el «Prospecto» a que ya hemos hecho referencia inicialmente, se leía, entre otras características que tendría el periódico, que los lectores «...hallarán en *La Prensa* la variedad que requieren obras de esta clase; que por ella estarán al corriente [de] todas las noticias; de todas las circunstancias dignas de notarse en los ramos de que trata, tanto de esta plaza e isla como de ultramar; y en fin que en las producciones, ora literarias, ora científicas, ya originales o traducidas que les presentemos, nunca habrá más norte que moralidad, instrucción y recreo».

Y más adelante añadían: «...propondremos las mejoras económicas que consideremos adaptables para promover más y más el sólido fomento de la riqueza pública: prestaremos nuestro débil apoyo a las autoridades en su sagrada misión de hacer felices los pueblos que les están encomendados, y con el decoro que su dignidad y la de la imprenta prescriben, haremos cuanto nos sea posible para facilitar sus benéficos pensamientos; y, finalmente, sin huir jamás el cuerpo a cuestiones de utilidad general, pues creemos que apenas hay acierto humano sin discusión, jamás tampoco entraremos en polémicas de encono, de esas que, suscitadas por la envidia o tal vez por rencillas personales, pervierten los ánimos y el buen gusto, profanando el glorioso invento de Gutemberg. No, no vacilaremos en hacer al público el sacrificio de nuestro amor propio, si necesario fuese, antes que faltar a las consideraciones que se le deben».

Como afirma Joaquín Llaverías en la página 279 del tomo 2 de su obra citada, «tuvieron cabida en las columnas de *La Prensa* artículos sobre materias disímiles: composiciones poéticas, novelas, literatura cubana, remitidos, crónica habanera, gacetilla, variedades, movimiento mercantil, novedades, sección de miscelánea, lista de la lotería, instrucción pública, a la que prestaba preferente atención, como del propio modo a la agricultura, repartiendo entre los suscriptores figurines de modas y láminas con paisajes extranjeros, música, etc.».

Tuvo a lo largo de su prolongada existencia varias secciones fijas, como las tituladas «Noticias de la isla», «Correspondencia», «Tribunales», «Curiosidades», «Folletín dominical», «Ocurrencias», «Comunicados», «Noticias religiosas», «Mesa censoria», «Parte amena» y el folletín «Ramillete poético cubano».

Muchos fueron los colaboradores de este periódico. Se destacan entre ellos Carlos Manuel de Céspedes, Antonio Bachiller y Morales, Gertrudis Gómez de Avellaneda, Juan Clemente Zenea, Leopoldo Turla, José Antonio Cintra, Miguel Teurbe Tolón, José Fornaris, Ramona Pizarro, José María de Cárdenas y Rodríguez (*Jeremías de Docaransa*), Alejandro Angulo y Guridi, Ildefonso Estrada y Zenea, Manuel Costales, Joaquín Lorenzo Luaces, Ramón Zambrana, Felipe López de Briñas, María Josefa Massanés, José Quintín Suzarte, José Gonzalo Roldán, Ramón Vélez Herrera, Antonio Enrique de Zafra, Bartolomé José Crespo y Borbón (*Creto Gangá*), Teodoro Guerrero, Rafael García Copley, Isabel Fau de Gil, José Socorro de León, Francisco de Paula Gelabert, Saturnino Martínez, Tomás Romay, Dolores Rosado (*La hija del yumurí*), Mercedes del Corral y Luisa de Franchi Alfaro.

Desde mediados del año 1869 comienzan a producirse divergencias entre los que en aquel momento dirigían el periódico, lo que provoca el cese definitivo de la publicación el 29 de mayo de 1870, cuando el periódico se encontraba en su sexta época. En dicho número se expresa: «Con este número termina la publicación de la *Prensa*. Los buenos españoles que en estos últimos cuatro años nos han sostenido con sus simpatías y con sus auxilios para continuar la publicación de un periódico dedicado a la buena causa, nos concederán quince días de descanso, después de tan larga y tan ruda tarea. Cincuenta meses de constante y diario trabajo, que nos obligaba a llenar casi siempre las columnas, bien merecen la licencia que pedimos a nuestros sostenedores y amigos. Durante los quince días que descansaremos, y que se emplearán en hacer los necesarios preparativos para poder servir a los señores suscriptores un periódico de igual tamaño y mejores condiciones que la *Prensa* actual, se les servirá *La Voz de Cuba*, tal como actualmente se publica, y en la misma forma y del mismo tamaño [...]».

En realidad la *Prensa* se refundió con *La Voz de Cuba*, «periódico, el más intransigente y enemigo de la las libertades patrias que ha existido en Cuba y que fundó en La Habana Gonzalo Castañón», como señala Llaverías en la página 321 de su ya mencionada obra. Resulta obvio señalar que *La Prensa* fue siempre defensor de los intereses españoles y que en sus páginas manifestó su desacuerdo con la guerra iniciada por los cubanos en 1868. Incita a que los españoles tuvieran «mano fuerte» con los insurrectos.

Bibliografía

Lapique Becali, Zoila, «*La Prensa, 1841*», en *Revista de la Biblioteca Nacional José Martí*, La Habana, 66, 3.ª época, 17, 2, 119-126, mayo-agosto, 1975.

Llaverías, Joaquín, «*La Prensa*» en su *Contribución a la historia de la prensa periódica*, tomo 2, La Habana, Talleres del Archivo Nacional de Cuba, 1959, págs. 271-331, Publicaciones del Archivo Nacional de Cuba, 48.

Prensa, La (Véase **Páginas literarias**)

Prensa Libre (Véase **Páginas literarias**)

Presencia (La Habana, 1957-1959). Cuadernos literarios. Fueron sus directores propietarios Ramón Azarloza Blanco, José Jorge Gómez (quien firmaba en ocasiones con el seudónimo *Baltasar Enero*) y Francisco Chofre. Los dos últimos aparecen como director y subdirector; respectivamente. En el número inicial, que correspondió a los meses de noviembre-diciembre, expresaban los editores: «Aquí estamos, con nuestro fruto y nuestra labor, con un deseo sincero de servir, afirmados al noble empeño de señalar y situar, a dar virtud de presencia a los poetas y escritores cubanos en especial a la literatura actual en general [...]. Esperamos, sin prometer demasiado, que estos cuadernos literarios contribuyan humildemente a destacar nuestros valores, lo mismo en el teatro, la novela, el cuento, el verso, sin reparar en tendencias. Todo lo que vive o pugna por vivir, en un angustioso nacimiento, deseoso en situarse merecidamente en su puesto bajo el Sol, interesa a *Presencia* y a sus editores. Lo mismo el nombre del escritor ya consagrado, que el de aquel que comienza, tienen en estas páginas la acogida afectuosa que se merecen».

Al parecer la publicación duró poco, pues solamente se han localizado, aparte del número inicial, los correspondientes a enero-febrero y marzo-junio de 1958, y el número 4, que comprende de enero a marzo de 1959. Publicó cuentos, poemas, reseñas y notas críticas. Además, mantuvo dos secciones fijas: «Presencia en el mundo de las letras y las artes», que daba a conocer noticias culturales en general, y «Voces en la poesía cubana actual», donde aparecieron poemas y pequeños resúmenes biográficos de poetas, tales como Nicolás Gui-

llén, Samuel Feijóo, Alcides Iznaga, Aldo Menéndez, Carilda Oliver Labra, Rafaela Chacón Nardi y Jesús Orta Ruiz. Dio referencias sobre las obras teatrales y cinematográficas que se representaban y proyectaban en diferentes salas de la capital. Otros colaboradores de la publicación fueron Enrique Labrador Ruiz, Salvador Bueno, Rafael Marquina, Víctor Agostini, Anita Arroyo y Galo Herrero.

Primavera (Matanzas, 1911-Id.). «Revista decenal científico-literaria ilustrada», se lee en el primer ejemplar revisado (número 2) correspondiente al 20 de enero de 1911. Fue órgano de la Asociación de Estudiantes. No aparece en sus páginas el nombre del director. Publicó cuentos, poemas, trabajos de carácter histórico y literario, notas sociales y algunas secciones de amenidades y entretenimientos. Colaboraron en sus páginas Medardo Vitier, Emilio Blanchet, Fernando Llés, Joaquín V. Cataneo, Primitivo Ramírez Ros, Corpus Iraeta, Bonifacio Byrne, Hilarión Cabrisas, Pedro P. Iturralde, Joaquín Nicolás Aramburu, Carlos M. Piedra y Andrés Lucra. El último número localizado (24) corresponde al 30 de agosto de 1911.

Primavera (La Habana, 1912-Id.). Revista infantil ilustrada. El primer número correspondió al 10 de enero. Félix Callejas fue su redactor propietario. Tuvo una periodicidad decenal. Aparecieron en sus páginas cuentos, poesías, comedias, trabajos sobre geografía, historia y ciencias y, en general, conocimientos útiles a los niños. Publicó colaboraciones de Dulce María Borrero, Bonifacio Byrne y Lola Rodríguez de Tió. El último ejemplar revisado (número 15) corresponde al 30 de mayo de 1912.

Bibliografía

«Primavera», en *El Fígaro*, La Habana, 28, 2, 19, enero 14, 1912.

«*Primavera*, una revista para los niños», en *Letras*, La Habana, 2.ª época, 8, 2, 20-21, enero 14, 1912.

Prisma, **El** (La Habana, 1846-1847). «Repertorio de ciencias literatura, bellas artes agricultura y comercio, bajo la dirección de varios jóvenes», se lee a continuación del título de la publicación, en su carátula inicial. La primera serie de esta revista literaria constó de siete entregas, la primera de ellas correspondiente el mes de mayo y la última a noviembre. Se ha revisado la colección completa de esta primera serie y no consta quiénes fueron sus directores, pero diversas fuentes consultadas afirman que ocuparon el cargo Alejandro Angulo y Guridi y Víctor Kruger de Hidalgo. En la «Introducción», aparecida en el primer número, refieren sus editores: «Los fines que nos proponemos en esta obra, se resumen en dos palabras: instrucción y recreo. Adoptamos la forma miscelánea porque creemos que esta clase de publicaciones, bien dirigidas son susceptibles de producir más utilidad que aquéllas exclusivamente consagradas a un solo ramo del saber humano. Además, por medio de ello, es más fácil, más sencillo, difundir en las masas del pueblo ciertos principios sanos, ciertas doctrinas saludables, que bajo la forma severa de un tratado de moral o de ciencias tarde o quizás nunca, se abrirán paso hasta ellas: y esta consideración envuelve un objeto demasiado primario y atendible, para que desde luego no entrase de preferencia en las miras de la obra. Cuidaremos por lo mismo, que la parte de *El Prisma* destinada a este punto de la mayor entidad y trascendencia, se preste con toda sencillez y aún si se quiere, con ligereza, para más adaptarla a nuestra índole, a fin de que produzca los mejores resultados, despertando y propagando el gusto por la adquisición de nociones útiles y provechosas, en que se interesan la moral y la religión, y sin las cuales no hay mejoras de costumbres, ni bienandanza en los pueblos [...]».

Y más adelante añadían: «Al lado de esas páginas, tanto el joven entregado al estudio de las ciencias y las letras, como el que cultiva por afición las bellas artes, ambos hallarán otras que satisfagan sus deseos [...] el bello sexo [...] solo verá composiciones en prosa y verso que sean dignas de él y por selectas y acendradas, y a cuya lectura pueda, sin temor ni peligro, dedicar sus momentos de ocio [...] daremos cabida a traducciones útiles, acompañándolas de láminas [...]».

Con estos fines publicaron cuentos, poemas, trabajos sobre historia, literatura, geografía, industria, comercio y crítica literaria. Entre sus colaboradores más asiduos figuran Antonio Bachiller y Morales, Felipe López de Briñas, Eusebio Guiteras, José Zacarías González del Valle, Anselmo Suárez y Romero, Miguel Teurbe Tolón, Emilio Blanchet, Federico García Copley, *Jeremías de Docaransa* (seudónimo de José María de Cárdenas y Rodríguez), José Victoriano Betancourt, Ramón Vélez, Manuel Garay y Heredia y Francisco Camilo Cuyás.

En el séptimo ejemplar sus editores consignaban: «Con la presente entrega se completa el primer volumen y concluye la primera serie de esta publicación, que continuaremos, bajo el orden y la forma que nos aconseja la experiencia, tan luego como veamos allanados algunos inconvenientes que ahora estamos tocando».

Con un ligero cambio en el subtítulo, «Repertorio de ciencias, literatura, bellas artes, agricultura y comercio», reapareció esta publicación en su segunda serie, con un formato mucho menor. José María Labraña afirma, en la página 676 de su trabajo «La prensa en Cuba» —aparecido en *Cuba en la mano. Enciclopedia popular ilustrada* (La Habana, Imprenta Úcar, García, 1940, págs. 649-786)—, que esta segunda serie fue dirigida por Ricardo del Monte Rocío. Solo aparecieron dos entregas, correspondientes al año 1847, pero sin mención del mes. En la primera de esas dos entregas, en una introducción que los editores titulaban «A los suscriptores», se refieren a la demora que ha tenido la publicación en reaparecer,

recalcan: «No está nuestro periódico exclusivamente [...] dedicado a tal o cual ramo del saber humano, porque presentará constantemente siete departamentos, correspondientes a las siete grandes subdivisiones de todos los conocimientos humanos, a saber: las ciencias morales y filosóficas: las positivas y exactas: las históricas y descriptivas (arqueología, historia, biografía, viajes) las sociales, religión, derecho, moral; las sociales-prácticas, industria, comercio, agricultura, en fin toda aplicación de las ciencias físicas a las artes: literatura, crítica, bellas artes y poesía. Así *El Prisma* recibiendo toda la luz, la reparte y la descompone en siete rayos elementales».

Se proponían también los editores, reproducir trabajos que habían sido publicados originalmente en las revistas ya entonces desaparecidas, *El Álbum*, *El Plantel* y *Revista Bimestre*. En efecto, reprodujeron trabajos de Domingo del Monte y Antonio Bachiller y Morales. También publicaron colaboraciones de Luis Alejandro Baralt, *El Lugareño* (seudónimo de Gaspar Betancourt Cisneros), *Querubín de la Ronda* (seudónimo de Ambrosio Aparicio) y José Agustín Govantes. Preparado por el departamento de Colección Cubana de la Biblioteca Nacional José Martí, se publicó el índice general de *El Prisma*, aparecido en el tomo 2 de *Prosas cubanas* (La Habana, Consejo Nacional de Cultura, 1964, págs. 251-271), recopilación de artículos de *El Prisma* y *Flores del Siglo*.

Bibliografía

Llaverías, Joaquín, «*El Prisma*», en su *Contribución a la historia de la prensa periódica*, tomo 2, prefacio de Elías Entralgo, La Habana, Talleres del Archivo Nacional de Cuba, 1959, págs. 124-131, 133-136, Publicaciones del Archivo Nacional de Cuba, 48.

«*El Prisma*» en *Diario de la Marina*, La Habana, 3, 176, 2, *junio* 27, 1846.

«Publicaciones periódicas, ensayos literarios, *El Prisma*» en *Diario de la Marina*, La Habana, 3, 200, 2, jul, *20*, 1846.

Proa. Mensuario de avance (Artemisa, Pinar del Río, 1935-1936). Revista. Tenía como lema «Ayer: anhelo y esperanza. Hoy: realidad, contacto». El primer número correspondió al mes de noviembre. Su director fue Fernando González Campoamor. El consejo de redacción estaba integrado por Elizardo Díaz. Armando Guerra, Ody Breyjo Eloy C. Cruz, Ubaldo R. Villar, Sergio F. Cruz, Evelio Llera, C. Díaz López, Horacio H. Sierra, Evelio Valdés Acosta, Mario Llorens, Manuel M. Bernal y Marcos V. Vélez. Como órgano del grupo «proa» (véase), esta revista fue portavoz de las inquietudes intelectuales de varios escritores noveles artemiseños, quienes aunaron sus esfuerzos para dar vida a esta publicación y a otras empresas culturales, todas encaminadas a que el movimiento intelectual y artístico, concentrado siempre en La Habana, se hiciera fuerte y fecundo en el interior del país. Publicó cuentos, poemas y trabajos sobre historia, artes plásticas, teatro. Trató otros temas, tales como la problemática de la educación en Cuba. Mantuvo tres secciones fijas: «Motivos y puntos», dedicada al comentario de noticias culturales nacionales; «Libros», que reseñaba los últimos libros publicados y «Revistas», que hacía referencia a las revistas y publicaciones periódicas que recibían. Colaboraron en sus paginas, preferentemente, los escritores de Artemisa, la mayoría de ellos miembros del consejo de redacción de la propia revista, pero también publicó trabajos de Alfonso Hernández Catá, Juan Marinello, Luis Felipe Rodríguez, Juan Antiga, Rafael Esténger, Ángel Augier, Rafael García Bárcena, Felix Lizaso, Emeterio Santiago Santovenia, José Antonio Portuondo y Aurelio Boza Masvidal. Se han localizado seis números de esta revista, el último de los cuales corresponde a noviembre de 1936.

Productor, **El** (La Habana, 1887-Regla, La Habana, 1890). Semanario consagrado a la defensa de los intereses económico-sociales de la clase obrera. Era dirigido por Enrique Roig y San Martín. En el primer número, que correspondió al 12 de julio, se expresaba que tenía como misión «...tratar de reunir a los obreros todos en una aspiración común y confundirlos en la santa causa de su regeneración social [...]». A partir del ejemplar correspondiente al 29 de marzo de 1888, el periódico fue «órgano oficial de la Junta Central de Artesanos de La Habana», y desde el número del 10 de enero de 1889 su periodicidad fue bisemanal. En el ejemplar correspondiente al 29 de agosto de ese último año, se comunicó a los lectores la muerte del director del periódico. La segunda época de la publicación comienza el 7 de septiembre de 1889, con numeración independiente y bajo la dirección de Álvaro Aenlle Álvarez. En un artículo titulado precisamente «Segunda época», se comenta: «No constituye, como el título de este artículo parece indicarlo, cambio radical alguno en la marcha, ideas, ni conducta que ha de seguir en adelante este periódico». También se señala que «...este periódico no era solo el representante y defensor de los intereses inmediatos de los trabajadores: era también la voz del nuevo apostolado, la expresión del redentor ideal —el socialismo [...]».

En una hoja suelta fechada el 24 de abril de 1890 se informaba de la decisión del gobierno de prohibir toda publicación cuyo director no fuera elector o elegible, por lo que el periódico «...se ha visto precisado a suspender su tirada este jueves, hasta tanto se encuentre un generoso burgués, que, siendo de nuestras ideas, quiera desempeñar la Dirección [...]». Vieron la luz tres números más, correspondientes al 18 y 25 de mayo y al 8 de junio. El siguiente (y último) ejemplar publicado vio la luz en Regla el 23 de noviembre de 1890, con numeración independiente e igual subtítulo. En un artículo titulado «Otra vez en la brecha» manifestaban, entre otras observaciones, lo siguiente: «Ya ahora tenemos director [ante el gobierno se entiende, no ante nosotros] que reúne las condiciones que el gobierno requiere, solo que para hallarlo hemos tenido que ir hasta el vecino pueblo de Regla, lo que no impedirá que el periódico siga siendo lo que fue, aunque ayer fuera habanero y hoy tenga que ser reglano forzosamente».

No se menciona, sin embargo, quién asume la dirección. Publicó, sobre todo, trabajos referentes al movimiento obrero cubano e internacional, manifiestos proletarios, algunos poemas y colaboraciones sobre temas históricos y filosóficos. Fue portavoz de las luchas obreras nacionales. Figuran entre sus colaboradores J. Buttari y Gaunard y Lorenzo Belicio Flores, Publicó las «Cartas a un amigo», dirigidas a *Lidio* y firmadas por *Palmiro de Lidia* (seudónimo de Adrián del Valle). La mayoría de los artículos aparecen firmados con los seudónimos *El corresponsal*, *un semitipógrafo*, *Solón*, *Un desheredado y Esquilo*. Compilado y anotado por Aleida Plasencia, apareció el libro *Artículos publicados en el periódico* El Productor (La Habana, Consejo Nacional de Cultura. Biblioteca Nacional José Martí, 1967), que comprende los artículos de Enrique Roig San Martín que, aparecidos en la publicación, no ofrecen dudas acerca de su autor.

Bibliografía

Plasencia, Aleida, «Introducción», en Roig San Martín, Enrique, *Artículos publicados en el periódico* El Productor, La Habana, Consejo Nacional de Cultura, Biblioteca José Martí,

1967, págs. 11-68.

Rivero Muñiz, José, «Los orígenes de la prensa obrera en Cuba», en *Revista de la Biblioteca Nacional José Martí*, La Habana, 3.ª época, 1, 2, 1-4, 80-83, enero-diciembre, 1960.

Progreso, **El** (Regla, La Habana, 1853; 1860-Id.; 1862-Id.). «Periódico oficial de la Sociedad Nuestra Señora de Regla», se lee en el primer ejemplar que aparece en el volumen encuadernado que hemos revisado. Dicho ejemplar carece de fecha y de numeración. Eduardo Gómez Luaces señala, en la página 7 de su folleto *Un siglo de periodismo en Regla* (Regla, Oficina de Publicidad del Municipio, 1949), que el primer número vio la luz el 15 de enero de 1858. Da también como subtítulo «Periódico semanal, científico, artístico y literario. Consagrado a los intereses de Regla», «Órgano de la Sociedad de Declamación y Filarmonía "Nuestra Señora de Regla"». En los ejemplares revisados no aparece director, aunque afirma Gómez Luaces en su mencionado folleto que fue dirigido por José Narganes Osma. Figuraron en sus páginas cuentos, poemas, trabajos sobre bellas artes, educación, moral, religión, además de noticias teatrales y notas locales. Entre sus colaboradores se encontraban Fernando Pié y Faura, Antonio Enrique de Zafra, Agustín Mariscal, Francisco T. Acosta, José Bertrán y Ferrari, Natalio de Mora y Roche, J. Modesto Azpeitía y J. H. García de Quevedo. El último ejemplar revisado (número 15), corresponde al 25 de abril de 1858. Gómez Luaces afirma en la página 7 de su ya mencionado folleto, lo siguiente: «En esta PRIMERA ÉPOCA, vieron la luz 44 números, dominicales, el último salió el 11 de noviembre de 1858». De la segunda época de este periódico no se ha visto ningún ejemplar. Anota al respecto Gómez Luaces en la página 8 de su folleto citado, que en 1860 «Volvió a salir este semanario, durando muy poco tiempo. Su director José Narganes Osma. Su formato tabloide». Señala nuevamente Gómez Luaces una «Tercera época. Con el mismo formato y el mismo director. Vio la luz el 27 de julio de 1862».

Progreso, **El** (Guanabacoa, La Habana, 1862-1863; 1879). Periódico literario, económico y mercantil. Salía los domingos. El primer ejemplar salió el 2 de marzo. Fue su director José de Jesús Márquez, según consta en la página 166 del *Catálogo de publicaciones periódicas de los siglos XVIII y XIX* (La Habana, Biblioteca Nacional José Martí. Departamento Colección Cubana, 1965) y en la página 676 del trabajo de José María Labraña «La prensa en Cuba» —aparecido en *Cuba en la mano. Enciclopedia popular ilustrada* (La Habana, Imprenta Úcar, García, 1940, págs. 649-786)—. El volumen encuadernado que contiene los ejemplares hallados trae, en hoja aparte y manuscrita, una lista de los que componían la redacción de este periódico: José Ignacio Rodríguez, Antonio Comoglio, José María Céspedes, Juan Clemente Zenea, Francisco Valdés Mendoza,

José Fornaris: José de Jesús Márquez y su hermano Francisco. Publicó folletines, tanto, de autores cubanos como traducciones del francés, artículos costumbristas y poemas. Dio a conocer las noticias locales, sobre todo las actividades del Liceo de Guanabacoa (véase) y reprodujo los discursos y poemas que se decían en sus veladas. Publicó, por capítulos, el trabajo de Juan Clemente Zenea «Sobre la literatura en los Estados Unidos». Otros colaboradores fueron Mercedes Valdés Mendoza, Saturnino Martínez, *Julio Rosas* (seudónimo de Francisco Puig y de la Puente), *Narciso* (seudónimo de Juan Francisco Valerio), Angel Mestre y Tolón y Juan Güell y Renté. El último ejemplar revisado (número 17) corresponde al 22 de junio de 1863. Existe una hoja extra publicada el día 23 de dicho mes y año, con motivo de la muerte de José de la Luz y Caballero. El historiador oficial de Regla, Eduardo Gómez Luaces, en las páginas 10 y 11 de su folleto *Un siglo de periodismo en Regla* (Regla, Oficina de Publicidad del Municipio, 1949), afirma que en 1879 «sale en su segunda época, pues era la continuación del periódico *El Progreso* de Guanabacoa, que dirigió José de Jesús Márquez y en donde colaboraban: Fornaris, Saturnino Martínez, Meana y otros». Señala además Gómez Luaces que su subtítulo era «Diario político» y que estaba dirigido por Belisario Garcerán y Vall, con el reglano Federico García Ramis como redactor principal. Continúa afirmando que a pesar de que este periódico no era editado en Regla, en la primera plana de su edición del Domingo 2 de marzo de 1879, tenía un subtítulo de «Órgano de Guanabacoa y Regla» [el cual desapareció] en su edición del 2 de abril de 1879, número 10 de su publicación. Continúa diciendo Gómez Luaces que «En este semanario colaboró nuestro Apóstol José Martí, bajo el seudónimo de X». Y añade: «Dejó de ver la luz pública en julio de ese año. Fue multado por defender a los humildes, contra la Guardia Civil de Bacuranao, publicando un artículo titulado "Triste suceso"; por los golpes que había recibido el ciudadano Saturnino Díaz, en ese pueblo [...]. Colaboró el reglano Pedro Coyula Rodríguez, y se ocupaba mucho de nuestro Liceo, pues Federico García Ramis era presidente de la Sección de Declamación del mismo». No se ha localizado ningún ejemplar de esta segunda época.

Progreso, El (Puerto Príncipe, 1882-1885). «Periódico decenal de intereses generales y de anuncios. Órgano oficial de la sociedad de su nombre», se lee en el primer ejemplar revisado, correspondiente al 10 de junio de 1884, cuando ya estaba la publicación en su segunda época y en su tercer año. A partir del número correspondiente al 15 de junio de 1885, su periodicidad pasó a ser quincenal; aparece también desde este número como órgano de la Sociedad de Socorros Mutuos La Unión, además de continuar como órgano de la sociedad El Progreso. Fue su director propietario José Guzmán Loynaz. En el machón de varios ejemplares se lee: «Este periódico se ocupará de los intereses de la Sociedad de Instrucción y Recreo que lleva su mismo nombre; de amena e instructiva literatura, siguiendo en esto la máxima de "instruir delei-tando"; guardando siempre los preceptos de la justicia y de la sana moral, sin descender jamás al terreno enojoso de las cuestiones estériles y por demás inconvenientes. Recibirá c insertará con gusto y en lugar preferente todo escrito que tenga por objeto un fin con-veniente, ya sea para la localidad o ya para la sociedad en general; siempre que no se ataque ni directa ni indirectamente el nombre ni los intereses de ninguna individualidad, corporación o gremio pues en este caso será devuelto aquel al remitente». Publicó cuentos, artículos literarios e históricos y mantuvo su «Sección poética», donde colaboraron sobre todo autores locales hoy desconocidos y apa-recieron poemas de Esteban de Jesús Borrero, Enrique José Varona, Casimiro del Monte, Concepción Agüero y Agüero y Rafael María de Mendive. El último número revisado, que corresponde al 31 de agosto de 1885, pre-senta un formato mucho menor que el anterior.

Prometeo (La Habana, 1947-1953). Revista mensual de divulgación teatral. El primer número publicado apareció sin fecha, pero suponemos que correspondió al mes de octubre, pues el segundo que vio la luz está fechado en el de noviembre. En la dirección aparecía, en el primer número, un consejo for-mado por Carlos Felipe, Nora Badía, Miguel A. Centeno, Rodolfo Martínez y Francisco Morín Andrés. En el artículo titulado «Iniciación», que aparecía en el primer número, exponían, entre otras observaciones, que *Prometeo* «... cree tener poderosas razones para surgir; porque al no existir una publicación que se ocupe específicamente de teatro, viene a llenar un vacío en nuestros órdenes revisteriles; porque por su carácter informativo será un puente tendido entre el sector de realiza-ciones teatrales y el público, que podrá seguir así, a través de sus planas, la evolución de las labores desarrolladas en la escena mundial, ya que nuestra tarea informativa no se concreta a la actividades nacionales Y agregaban: ... aspira a desenvolver en nuestro ambiente una obra de orientación para el actor, mediante una crítica eficaz y depuradora, que a la par que señala errores apunta aciertos; porque conociendo los males que nos afectan, espera contribuir, empleando los elementos de que dispone, al fomento de una cultura teatral». El machón de la publicación varió a partir del número 2, al figurar como director Francisco Morín, como subdirector Manuel Casal, como administradora Nora Badía y como miembros del consejo de redacción Carlos Felipe, Andrés García Benitez, Miguel A. Centeno, Rodolfo Martínez, Leonor Borrero, Rodolfo Díaz, Adolfo de Luis, Berta Maig y Jorge Alexander. El último número visto del año 1949 (18) corresponde al mes de agosto; no se localizó otro número antes del 23, perteneciente a los meses de mayo-julio de 1950. En este último, de formato menor, se señala como editores a Mario Parajón y Francisco Morín. Publicó trabajos referentes a la técnica de la actuación y a aspectos históricos del teatro cubano y extranjero, así como artículos de crítica y pequeñas piezas. Mantuvo varias secciones fijas, como «el teatro en el mundo», que ofrecía una visión panorámica, preferentemente del teatro europeo y del norteamericano, y «Figuras de nuestra escena», con notas sobre nuestras personalidades teatrales más destacadas. Los números revisados que aparecen bajo la dirección de Parajón y Morín resaltan de los anteriores por su contenido, que se hace, dentro del terreno teatral, más técnico y especializado. Publicó además trabajos sobre danza y música. La revista convocó, anualmente, el concurso «Prometeo», para seleccionar las mejores piezas teatrales presentadas. Entre sus colaboradores se encuentran José Juan Arrom, Marcelo y Graciela Pogolotti, Virgilio Piñera, Eduardo Manet, Luis Amado Blanco, Mario A. Rodríguez Alemán, Guy Pérez Cisneros, Roberto C. Bourbakis, Eva Frejaville, Ramiro Guerra, Francisco Ichaso, Juan José Fuxá, Cintio Vitier, Aurelio Boza Masvidal, José Lezama Lima, Eliseo Diego y Vicentina Antuña. El último número revisado (28) corresponde al mes de marzo de 1953; los dos anteriores (26 y 27) pertenecen a junio de 1951 y julio de 1952, respectivamente.

Protocolo de antigüedades, literatura, agricultura, industria, comercio, artes, oficios, & (La Habana, 1845-1846). En el primer ejemplar de esta obra por entregas, aparecido en el mes de julio, Joaquín José García, su editor, expresaba: «Bajo este título y sin más auxilios que mis débiles fuerzas, me propongo publicar una obra en doce tomos por entrega de a diez pliegos, que se distribuirán todos los meses, haciendo cada seis un tomo en cuarto mayor, que deberá contener sobre quinientas páginas. Enriquecido mi archivo con preciosos documentos que he debido al favor y protección de mis buenos amigos aquí, en la Península, y en otros puntos de Europa, sería una mengua, una pérdida irreparable que se extraviaran o que quedasen olvidados en la noche de los tiempos; y éste es uno de los principales motivos que me han estimulado a la presente publicación. No me limitaré solo a insertar en esta obra el copioso número de apuntes históricos del país, que he reunido en diez años de constantes solicitudes, y correspondencia con los primeros genios del mundo civilizado, sino que los nuevos descubrimientos en las artes y en la ciencias, los sucesos más agradables y sorprendentes, los fenómenos, los procedimientos agrícolas de interés, las descripciones pintorescas de los lugares más famosos del globo, viajes, biografías de hombres célebres, y muy especialmente las de nuestros compatriotas, poesías puramente cubanas, y todo género de amenidad formarán el tejido bello y variado de esta preciosa colección. No entrará en mi plan ni la religión ni la política; así lo protesto desde ahora, porque estas son materias de suyo delicadas y opuestas a mi objeto. El fin que me propongo está reducido a dos palabras: la naturaleza y la industria». Tal y como se expresa en sus propósitos iniciales, aparecieron en sus páginas documentos antiguos, reales cédulas, discursos, trabajos sobre artes industriales, economía doméstica, educación, pedagogía, química, jurisprudencia, extractos de obras históricas notables, traducciones y algunos artículos sobre arte. Ocasionalmente publicó poesías, la mayoría de ellas en latín. De los doce tomos prometidos en un principio, solo vieron la luz dos. La última entrega publicada correspondió al mes de abril de 1846.

Pueblo, **El** (Nueva York, 1855-ld.). Periódico de pequeño formato, ampliado desde el número 3, cuyo número inicial vio la luz el 19 de junio. Tuvo una periodicidad irregular. Su director editor fue Francisco Agüero Estrada. En el primer número se expresaba: «El estado lamentable de ansiedad e incertidumbre, y la necesidad de ilustrar a las masas acerca de sus verdaderos intereses en las críticas circunstancias que rodean al infortunado pueblo de Cuba, nos han animado a establecer un nuevo periódico, que difundiendo las luces en el caos de tiniebla que rodea a los patriotas cubanos, esté en armonía con las necesidades de la patria, y con los principios de libertad, igualdad y justicia universal que son la base

de todo lo bueno [...]». Aparecieron en sus páginas, preferentemente, artículos de temas políticos relacionados con la situación existente entre Cuba y España. Publicó además críticas a libros publicados en Cuba y los Estados Unidos. El último ejemplar revisado (número 4) correspondió al 14 de agosto de 1855. Con relación a este periódico anota erróneamente José María Labraña, en la página 676 de su trabajo «La prensa en Cuba» —aparecido en *Cuba en la mano. Enciclopedia popular ilustrada* (La Habana, Imprenta Úcar, García, 1940, págs. 649-786)—, que fue fundado en 1852, y además señala: «Periódico anexionista que vivió poco. Fue su fundador Francisco Agüero y tuvo por director a Ramón I. Arnao. Publicación interesantísima, cuyas doctrinas levantaron viva polémica entre José Antonio Saco y Gaspar Betancourt Cisneros». En los cuatro números encontrados no aparece tal polémica, así como tampoco que Arnao fuera su director. Éste sí dirigió, desde la propia ciudad de Nueva York, un periódico también titulado *El Pueblo*, que vio la luz entre 1875 y 1876. Así lo confirma Juan J. Expósito Casasús en la página 457 de su obra La *emigración cubana y la independencia de la patria* (La Habana, Editorial Lex, 1953).

Pueblo y Cultura (La Habana, 1961-1965). Publicación del Consejo Nacional de Cultura. Su periodicidad fue quincenal. El primer número se supone que haya salido hacia el mes de noviembre de 1961, lo que se infiere de la lectura de algunos de los artículos aparecidos en dicho ejemplar. El número 11 (abril de 1962) es el primero que aparece fechado. Salía en forma de tabloide. Desde el número 14 comenzó a editarse en forma de revista, con Félix Pita Rodríguez como director y Onelio Jorge Cardoso como jefe de redacción. A partir del número 15 pasa a ocupar este último cargo Reinaldo González; comienza entonces a subtitularse «Revista mensual ilustrada», aunque no siempre se hacía constar tal subtítulo. En los últimos números revisados no aparece director, pero sí el jefe de redacción. Publicó trabajos sobre artes en general, crítica literaria y cinematográfica, poesías, reportajes culturales, notas sobre el desarrollo y las actividades del Consejo Nacional de Cultura, entrevistas con personalidades destacadas de la cultura nacional e internacional, comentarios sobre exposiciones, representaciones teatrales, y en general, sobre cualquier tema interesante de la vida cultural cubana y extranjera. Entre sus colaboradores figuraron Alejo Carpentier, Nicolás Guillén, Graciella Pogolotti, Ángel Augier, Fayad Jamís, Noel Navarro, Mario Rodríguez Alemán, Luis Suardíaz, Roberto Branly, José Lezama Lima, Natividad González Freire, Miguel Barnet, Víctor Casaus, Ezequiel Vieta, David Fernández, Edmundo Desnoes, Fernando González Campoamor y Bernardo Callejas. El último número revisado (31), corresponde a enero de 1965.

Puig y Cárdenas, Félix (La Habana, 1835-Id., 8 diciembre 1896). Marqués de Santa Emilia. Colaboró en *La Voz de Cuba*, *Diario de la Marina*, *Bandera Española*. En los folletines de *La Aurora* (1877) publicó sus novelas *Efecto del orgullo*, *Engañar con la verdad*, *La sortija del Doctor*, *La fuerza de la conciencia*, *La rueda de la fortuna y Mariana*. En *El Eco de San Francisco*, en 1883, apareció otra de sus novelas: «Una conversión». Además de novelas de costumbres, escribió la biografía del novelista Javier de Montepin y una historia de la viruela.

Bibliografía activa

Ángela, amores en La Habana, La Habana, Imprenta El Pilar, 1891.

Carlota Palmieri, amores en La Habana, La Habana, Imprenta El Pilar, 1892.

Leoncia de Nancis, novela, La Habana, Imprenta La Unión Constitucional, 1892.

El marqués de Girasol, amores en La Habana, La Habana, Imprenta El Pilar, 1892.

El marqués de Verdemar, amores en La Habana, La Habana, Imprenta El Pilar, 1892.

Historia de un crimen, La Habana Imprenta El Pilar 1894.

La bella loca, novela cubana, La Habana, Imprenta El Pilar, 1900.

Pulgarcito (La Habana, 1919). Revista infantil. El primer número correspondió al mes de enero. Su director artístico fue Conrado Massaguer y la jefatura de redacción fue desempeñada por Raquel Catalá. Su periodicidad fue mensual. Dedicada por entero a los niños. Publicó poemas, cuentos, pequeños relatos de carácter histórico, adivinanzas y otros entretenimientos infantiles. Entre sus colaboradores figuraron Aurelia Castillo de González, Dulce María Borrero, Gustavo Sánchez Galarraga, Lola Rodríguez de Tió y Bernardo G. Barros. Aparecieron en sus páginas cuentos de autores europeos, considerados clásicos de la literatura infantil, así como páginas de José Martí dedicadas a los niños. El último ejemplar revisado correspondió a diciembre de 1920. León Primelles señala, en la página 108 de su obra *Crónica cubana. 1919-1922* (La Habana, Editorial Lex, 1957), que esta publicación era «como un "hermanito menor" de la revista *Social*»; en la página 425 afirma que «*Social* anuncia (en octubre de 1920) que ha terminado, que en la librería Brentano, Nueva York, se la tenía por la mejor revista para niños, pero ha muerto víctima de la indiferencia de los padres cubanos». No obstante, siguió apareciendo, tal y como lo confirman los números vistos, pertenecientes a noviembre y diciembre.

Puntero Literario, **El** (La Habana, 1830). Periódico semanal de La Habana. El primer número correspondió al 2 de enero. Fueron sus redactores, según se afirma en la página 44 del *Catálogo de publicaciones periódicas cubanas de los siglos XVIII y XIX* (La Habana, Biblioteca Nacional José Martí. Departamento

Colección Cubana, 1965), Domingo del Monte y Antonio Bachiller y Morales. En una nota aparecida en el primer ejemplar, firmada por «Los Redactores», se expresa, entre otras observaciones, lo siguiente: «Tal será el título que constará de un pliego común y prometemos dar a luz los sábados de cada semana. Se insertarán en él las materias siguientes: composiciones y doctrinas que merezcan la atención de los afectos a las bellas letras; juicios sobre mérito de ellas, y observándose la mayor imparcialidad; epigramas, y otros versos sin que se nos olvide la amenidad ni el cuidado en la elección. Los que gusten contribuir con sus luces al bien de la literatura, nos enviarán sus apuntes, artículos o reflexiones: en la inteligencia de que será de nuestro cargo el correr con la censura, aun cuando sea impugnando nuestro modo de pensar, siempre que, como lo esperamos, se guarde el decoro debido». Figuraron en esta notable revista composiciones poéticas, crítica literaria y teatral, noticias literarias de Cuba y Europa, trabajos sobre jurisprudencia, sobre el papel de la imaginación en la creación literaria, sobre el concepto de las tres unidades aristotélicas. Trató también algunas particularidades del idioma español y en general desarrolló, a través de varios artículos, problemas relacionados con la estética. Señala Antonio Bachiller y Morales, en la página 230 del tomo 2 de su obra *Apuntes para la historia de las letras y de la instrucción pública en la isla de Cuba* (La Habana, Academia de Ciencias de Cuba.

Instituto de literatura y Lingüística, 1971), que esta revista «Introdujo el gusto romántico». José María Labraña afirma, en la página 676 de su trabajo «La prensa en Cuba» —aparecido en *Cuba en la mano. Enciclopedia popular ilustrada* (la La Habana, Imprenta Úcar, García, 1940, págs. 649-786)—, «...la lectura de sus dieciocho números (los únicos que se publicaron) se hace indispensable para escribir la historia del teatro cubano». La mayoría de las colaboraciones estaban firmadas con seudónimos o iniciales: *Íñigo del Jagüey*, *Toribio Sánchez de Almodóvar* (seudónimo de Domingo del Monte), A. B. y M. (Antonio Bachiller y Morales), *Un vecino de Jagua*, J. B., J. M. H., J. G. de la C. Anota también que colaboraron en sus páginas, además de Bachiller y Domingo del Monte, Anacleto Bermúdez, José Antonio Cintra y Manuel de Zequeira y Arango. El último número publicado (18) correspondió al 1.º de mayo de 1830. Joaquín Llaverías, en la página 370-371 del tomo 1 de *su Contribución al estudio de la prensa periódica* (La Habana, Talleres del Archivo Nacional de Cuba, 1957), inserta «una sucinta relación de algunos de los trabajos que figuraron en las columnas de El Puntero Literario [...]».

Bibliografía

Llaverías, Joaquín, «*El Puntero Literario*», en su *Contribución a la historia de la prensa periódica*, tomo 1, prefacio de Emeterio Santiago Santovenia, La Habana, Talleres del Archivo Nacional de Cuba, 1957, págs. 367-372, Publicaciones del Archivo Nacional de Cuba, 47.

Q

Quesada Torres, **Salvador** (Manzanillo, Oriente, 3 agosto 1886-La Habana, 24 noviembre 1971). Siendo todavía un escolar, fundó el periódico ocasional *El Mentiroso*. Participó en la sublevación contra la reelección de Estrada Palma. Fue premiado con la flor natural en un certamen, en 1909, por su «Oda a la restauración de la República». Representó a Cuba en competencias internacionales como tirador de espadas en Nueva York (1922), París (1924), México (1926). Siendo presidente de la Comisión de Cultura de la Asociación de Repórters, fundó una academia de periodismo, Fue cofundador de la Unión Sindical de Artes Gráficas, que decretó la huelga de periódicos de 1933. Estuvo, encarcelado durante el machadato. Entre 1937 y 1939 ocupó la secretaría de la Unión Sindical de Artes Gráficas. Fue presidente de la Asociación de Repórters de La Habana. Colaboró en *Letras*, *El Fígaro*, *Bohemia*, *Social*, *La Discusión*, *Azul y Rojo*, *Pay-Pay*, *Alma latina*, *La Tizona*. Dirigió *La Chambelona*, *La Linterna* y *Karikato*. Fue jefe de redacción de *La Lucha* y jefe de información de *Alerta*. Trabajó como redactor en *La Nación*, *El Triunfo* y *La Noche*. En este último tuvo una sección fija titulada «Notas atrasadas», que firmaba con el seudónimo *Zigomar*.

Bibliografía activa

El silencio, *Fragmentos del diario de un loco*, La Habana, Imprenta Montalvo y Cárdenas, 1923.

Al correr de la pluma, crónicas de la Primera Olimpíada Centroamericana, la verdad de lo ocurrido en México, La Habana, Imprenta y papelería de Rambla y Bouza, 1927.

La patria del muerto, *micronovela*, La Habana, Sociedad Colombista Panamericana, Departamento de Imprenta, 1958.

El árbitro, comedia de simbolismos en tres actos, y *Punto final*, caricatura de comedia en cuatro actos, La Habana, Imprenta Molina, s. a.

Marco G. Menocal, Interpretación política de un gobernante que no se desnudó, La Habana, Editorial Lux-Hilo, s. a.

Bibliografía pasiva

Betancour, América, «Salvador Quesada Torres», en *Orto*, Manzanillo, 12, 17, 4, septiembre 15, 1923.

Días de Gallego, P., «Salvador Quesada Torres», en *Letras*, La Habana, 2.ª época, 9, 39, 437, octubre 19, 1913.

Quesada y Aróstegui, **Gonzalo de** (La Habana, 15 diciembre 1868-Berlín, 9 enero 1915). Tenía nueve años cuando, debido a la situación creada por la guerra del 68, su familia se trasladó a Nueva York. Desde muy joven se vinculó a José Martí, de quien fue cercano colaborador y discípulo. En 1888 se recibió de Bachiller en Ciencias en el College of the City of New York. En 1891 se graduó de abogado en la universidad de esa ciudad.

Siguió estudios de ingeniería en la Universidad de Columbia. Viajó a la Argentina y a otras naciones latinoamericanas. Renunció a su cargo de cónsul de Argentina en Filadelfia para dedicarse a las actividades revolucionarias. Fue nombrado secretario del Partido Revolucionario Cubano desde su fundación y formó parte del consejo de redacción del periódico *Patria*. Martí lo designó su albacea literario antes de partir hacia Cuba en 1895. Actuó en Washington como encargado de negocios de la República en Armas. En 1898 fue nombrado delegado a la Asamblea de Santa Cruz por el Sexto Cuerpo del Ejército Libertador. Viajó a París como representante de Cuba a la Exposición Universal de 1900, designado por el gobierno interventor norteamericano.

Fue miembro de la Asamblea Constituyente de 1901. Su designación como ministro plenipotenciario de Cuba en Washington no le permitió asumir el cargo de representante a la Cámara. En Estados Unidos defendió por escrito y en discursos los derechos de Cuba a la Isla de Pinos. Fue miembro de las delegaciones cubanas a la tercera y la cuarta conferencias internacionales americanas (Río de Janeiro, 1906; Buenos Aires, 1910) y a la Conferencia Internacional de la Paz (La Haya, 1907), de la que preparó un *Informe* en colaboración con Antonio Bustamante y Manuel Sanguily. Colaboró en el *Boletín de la Oficina Internacional de las Repúblicas Americanas*, *North American Review*, *Outlook*. Publicó *Patriotismo* (1893), antología de cuentos de guerra traducidos

del francés. Con Henry Davenport Northrop escribió *America's Battle for Cuba's Freedom*, reeditada bajo el título de *The War in Cuba*. Redactó el *Informe* sobre la Cuarta Conferencia Internacional Americana en colaboración con Rafael Montoro, Carlos García Vélez, A. G. Pérez y José Manuel Carbonell. Un fragmento de su *Mi primera ofrenda* apareció publicado en inglés bajo el título de *The Chinese and Cuban Independence*. Su *Arbitration in Latin America* se publicó en español con el título *La América Latina y el arbitraje internacional*. Vertido al español, su *speech* lleva el título *Brindis*, con idénticas notas bibliográficas.

Editó las obras de Martí, labor culminada después de su muerte, en 1919. Al morir desempeñaba el cargo de ministro de Cuba en Alemania. Su correspondencia con Martí fue publicada póstumamente por su hijo, Gonzalo de Quesada y Miranda.

Bibliografía activa

Mi primera ofrenda, prosa, con dos cartas de Francisco Sellén y José Martí, Nueva York, Imprenta América, 1894.

The Spanish Idea of Autonomy, Washington, 1897.

Cuba's Great Struggle for Freedom, Washington, 1897.

Free Cuba, her oppression and struggles for liberty, history and description of the island, the history of the war for independence, contanig also..., the causes an justification of the war by Rafael María Merchán, traducida del español por J. Guiteras, Nueva York, Publisher Union, 1898.

Petition of the Cuban Planter's and Farmer's Association, Washington, 1889.

Speech by the special Commissioner for Cuba Gonzalo de Quesada, at the Dinner of the Cincinnatti Commercial Club, noviembre 9, 1899, Washington, Gibson Bros, 1899.

Cuba a l'Exposition Universelle de 1980 a Paris, París, Prieur et Dobois, 1900.

Isles of Pines, Washinton, Government Printig Office, 1902.

Cuba en la Exposición Universal de Saint Louis, 1904, Saint Louis, Lambert-Deacon-Hull, 1904, texto en inglés y español.

Cuba, Prepared by, Washington, Government Printig Office, 1905.

Isle of Pines Geography, History, The Isle of Pines and the political term «Cuba», Descriptive pamphlet, Washington, 1906.

Arbitration in Latin América, Rotterdam, M. Wyt & Zonen, 1907.

Carta del señor G. de Quesada a la Liga Patriótica de Cuba, Washington, 1907.

Adress of the Cuban Minister R. Gonzalo de Quesada, at the banquet of the Pennsylvania Arbitration and Peace Conference in Philadelphia, Washington, Government Printing Office, 1908.

Los derechos de Cuba a la Isla de Pinos, La Habana, Imprenta y papelería de Rambla y Bouza, 1909.

Emigración, Francia, Portugal, Suiza, La Habana, Imprenta Avisador Comercial, 1909.

Francia, estudio sobre inmigración, La Habana, Imprenta Avisador Comercial, 1909.

Impromta adress..., at the banquet of the National board of Trade, Washington, 1909.

Dinamarca, estudios sobre emigración, La Habana, Imprenta Aurelio Miranda, 1912.

Suecia, estudios sobre emigración, La Habana, Imprenta Aurelio Miranda, 1912.

Suecia, estudios sobre emigración, La Habana, Imprenta Aurelio Miranda, 1912.

Noruega, estudios sobre emigración, La Habana, Imprenta Aurelio Miranda, 1913.

La patria alemana, J. J. Weber, 1913.

Los chinos y la revolución cubana, La Habana, Ucar, García, 1946.

Archivo de Gonzalo de Quesada, epistolario, recopilación, introducción y notas por Gonzalo de Quesada y Miranda, La Habana, Editorial de la Universidad de La Habana, 1965.

Páginas escogidas, «Bibliografía», por Celestino Blanch y Blanco, La Habana, Instituto Cubano del Libro, 1968.

Home Rule and Cuba, Washington, s. a.

Our war with Spain and the Conquest of Philipoines, An authentic history prepared from official an other reliable sources, Including also a full official history of Cuba's War for freedom, Filadelfia, Franklin Book, s. a.

Bibliografía pasiva

Carbonell, José Manuel, «Gonzalo de Quesada, 1868-1915», en su *La oratoria en Cuba*, recopilación dirigida, prologada y anotada, tomo

2, La Habana, Imprenta Montalvo y Cárdenas, 1928, págs. 345-346, Evolución de la cultura cubana, 1608-1927, 8.

J. J. Carbonell, Néstor, «Gonzalo de Quesada», en su *Próceres*, ensayos biográficos, La Habana, Imprenta El Siglo XX, 1919, págs. 220-227.

González Curquejo, A., *Gonzalo de Quesada*, bosquejo biográfico, La Habana, Imprenta de Cuba y América, 1909.

«Gonzalo de Quesada», en *Revista de la Biblioteca Nacional José Martí*, La Habana, 2.ª serie, 1, 1, 17, abril, 1949.

Guerra, Benjamín J., «A Gonzalo de Quesada», en *Patria*, Nueva York, 11, 2, mayo 21, 1892.

Moreno Plá, Enrique H., *Gonzalo de Quesada, estadista*, conferencia leída en la Fragua Martiana el 15 de diciembre de 1962, La Habana, Antiguos Alumnos del Seminario Martiano, 1963.

Plochet, Alberto, «Hasta mañana, Gonzalo de Quesada y el 24 de febrero de 1895 en New York», en *El Mundo*, edición dominical, La Habana, 3, 117, 2, marzo 1, 1942.

Rogor de Lauria, seudónimo de Ramón F. Gollury, «La elegía del dolor», en la muerte de Gonzalo de Quesada, en *Bohemia*, La Habana, 6, 3, 25-27, enero 17, 1915.

Roig de Leuchsenring, Emilio, *Gonzalo de Quesada y Aróstegui*, La Habana, 1958.

Sánchez de Bustamante y Sirvén, Antonio, «Palabras pronunciadas como presidente de la Academia Nacional de Artes y Letras, al abrir la velada en honor del señor Gonzalo de Quesada el 9 de enero de 1916», en su *Discursos*, tomo 4, La Habana, Imprenta El Siglo XX, 1922, págs. 5-9.

Santovenia, Emeterio Santiago, *Gonzalo de Quesada*, contribución biográfica, Pinar del Río, Imprenta La Comercial, 1915.

El discípulo a quien Martí amaba, discurso leído en la sesión solemne celebrada el 15 de diciembre de 1948, en memoria de Gonzalo de Quesada y Aróstegui, La Habana, Imprenta El Siglo XX, 1948.

Trujillo, Enrique, «Gonzalo de Quesada» en *Álbum de El Porvenir*, Nueva York, 2.ª serie, 6, 63-66, 1895.

Varona Enrique José, «Mi primera ofrenda» en *Revista Cubana*, La Habana, 15, 372, abril, 1892.

Vázquez Rodríguez, Benigno, «Gonzalo de Quesada», en su *Precursores y fundadores*, palabras por el Doctor Néstor Carbonell, La Habana, Editorial Lex, 1958, págs. 269-272.

Quesada y Miranda, Gonzalo de (Washington D. C., 2 marzo 1900). Cursó estudios en Estados Unidos y en Alemania, donde se graduó de bachiller e hizo estudios de ingeniería civil. Legatario del archivo de Martí, continuó y amplió la labor de divulgación y estudio de la obra del Apóstol iniciada por su padre, Gonzalo de Quesada y Aróstegui. Actuó como jefe de información cubana del diario *Havana Post* (1922-1929 y 1957-1960) y del *Havana Telegram* (1930-1931). Ha colaborado en *Prensa Libre, Bohemia, Carteles, El País*,

Tiempo, *Revista Bimestre Cubana*, Boletín del Archivo Nacional, *Itinerario de América*. Fue director honorario del Museo Martí, anexo al Nacional. Durante la Segunda Guerra Mundial fue funcionario del Ministerio de Defensa Nacional y del Buró Británico, de Información en La Habana. Miembro de número de la Academia de Historia de Cuba, presentó diversos trabajos en los congresos nacionales de historia. Dirigió, en la Editorial Trópico y en la edición oficial de la Editorial Nacional de Cuba, las obras completas de Martí, de quien recopiló además las Páginas inéditas o dispersas (1963). Ha publicado el *Epistolario* de su padre y la correspondencia de éste con Martí. En colaboración con Orlando Castañeda publicó *Fechas martianas*, tabla cronológica de la vida de Martí. Es fundador de la Fragua Martiana, institución que dirige actualmente, y del Seminario Martiano de la Universidad de La Habana.

Bibliografía activa

Del casco al gorro frigio, mis impresiones de la Gran Guerra, La Habana, Imprenta Biosca, 1928.

Recuerdo de la inauguración del Museo Nacional «José Martí», La Habana, Montalvo y Cárdenas, 1928.

Martí, periodista, La Habana, Imprenta y Papelería de Rambla y Bouza, 1929.

Cloroformo, Madrid, Agencia General de Librería y Artes Gráficas, 1933.

¡En Cuba Libre! Historia documentada y anecdótica del machadato, La Habana, Seoane y Fernández, Impresores, 1938, 2 T.

Facetas de Martí, La Habana, Editorial Trópico, 1939.

Una misión cubana a México en 1896, discurso, La Habana, Imprenta El Siglo XX, 1939.

Martí, hombre, La Habana, Seoane y Fernández, Impresores, 1940; 2.ª edición, prólogo de Emil Ludwig, Id., 1944; Id., 1960.

Alrededor de la acción en Dos Ríos, La Habana, Seoane y Fernández, Impresores, 1942.

La juventud de Martí, discurso leído por el académico de número, en la sesión solemne celebrada el 27 de enero de 1943, en conmemoración del natalicio de José Martí, La Habana, Imprenta El Siglo XX, 1943.

Mujeres de Martí, La Habana, Ediciones de la revista Índice, 1943.

Martí en Dos Ríos, discurso leído por el académico de número, en la sesión solemne celebrado el 18 de mayo de 1945, La Habana, Imprenta El Siglo XX, 1945.

Guía para las obras completas de Martí, La Habana, Editorial Trópico, 1947.

Anecdotario martiano, nuevas facetas de Martí, La Habana, Asociación de Antiguos Alumnos del Seminario Martiano, 1948, Ediciones Patria, I.

Significación martiana del 10 de octubre, discurso leído en la sesión solemne de apertura del año académico, celebrada el día 9 de octubre de 1953, La Habana, Imprenta El Siglo XX, 1953.

Los natales de Martí, discurso leído en la sesión

solemne celebrada el 27 de enero de 1959, en conmemoración del natalicio de José Martí, La Habana, Imprenta El Siglo XX, 1959.

Martí, maestro de hombres, 7.º curso, 1956, La Habana, Imprenta Universitaria, 1961.

Bibliografía pasiva

Augier, Ángel, «*Martí, periodista*», en Cuba, Santiago de Cuba, 1, 15-16, 25-26, julio-agosto, 1931.

«Las obras completas de Martí», en *Libros cubanos*, La Habana, 1, 1, 5-6, mayo-junio, 1940.

Aznar, Manuel, «Del casco al gorro frigio», en *Excelsior*, La Habana, 2, 350, 20, diciembre 26, 1928.

C. R. M., «Martí, hombre», en *Diario de Yucatán*, Mérida, México, julio 1, 1940.

Entralgo, Elías «*En Cuba libre*» en *Pueblo*, La Habana, 2, 454, 4, octubre 6, 1939.

Esténger, Rafael, «Las nuevas biografías de Martí, La de Gonzalo de Quesada» en *El avance criollo*, Suplemento, La Habana, 7, 269, 5, noviembre 9, 1940.

Fernández, José Manuel, «Humanicemos a Martí, entrevista con Gonzalo de Quesada y Miranda» en *Orbe*, La Habana, 1, 41, 10-11, diciembre 25, 1931.

Fernández de Castro, José Antonio, «Humanidad y comprensión de José Martí», en *Romances*, México D. F., 1, 14, 19, agosto 15, 1940.

Ibarzábal, Federico de, «Gonzalo de Quesada y Miranda, 1900», en su *Cuentos contemporáneos*, La Habana, Editorial Trópico, 1937, págs. 103.

Iraizoz, Antonio, «El Martí de Quesada y Miranda», en su *Libros y autores cubanos*, Madrid, Editorial Rosareña, 1956, págs. 153-155.

J. A., «El libro de hay, *Del casco al gorro frigio, mis impresiones de la Gran Guerra*, por Gonzalo de Quesada y Miranda», en *Diario de la Marina*, La Habana, 97, 20, 2, 3.ª sec., enero 20, 1929.

Jaume, Adela, «Dos nuevos libros sobre José Martí», en *Diario de la Marina*, La Habana, 108, 268, 4, noviembre 9, 1940.

López, Pedro A., «Facetas de Martí», en *El Mundo*, La Habana, 39, 12 190, 2, septiembre 17, 1939.

«Mujeres de Martí, por Gonzalo de Quesada, I, II, y III», en *El Mundo*, La Habana, 39, 12 367, 12 368 y 12 369, 4, 4 y 4, abril 9, 10 y 11, 1940.

«Martí, hombre», en *El Mundo*, La Habana, 39, 12 423, 4, junio 14, 1940.

Mañach, Jorge, «Glosas, novedades martianas», en *El País*, La Habana, 8, 73, 2, marzo 14, 1930.

Montoro, Refael, «Las responsabilidades históricas de la guerra», en *Excelsior-El País*, La Habana, 7, 126, 2, may 7, 1929.

Ortiz Fernández, Fernando, «Martí hombre, por Gonzalo de Quesada», en *Revista Bimestre Cubana*, La Habana, 15, 2, 312-313, octubre 1940.

Pogolotti, Marcelo, «El machadato según Gonzalo de Quesada y Miranda», en su *La República de Cuba al través de sus escritores*, La

Habana, Editorial Lex, 1958, págs. 127-131.

Quintana, J., «Un curso sobre José Martí», en *Revista Universidad de La Habana*, La Habana, 38-39, 263-264, septiembre-diciembre, 1941.

Ramos, José Antonio, «El machadato y su historia», en *Revista Universidad de La Habana*, La Habana, 19, 108-119, julio-agosto, 1938.

Rodríguez Expósito, César, «Mujeres de Martí» en *Avance*, La Habana, 12, 26, 8, enero 30, 1946.

Roig de Leuchsenring, Emilio, «*Martí, hombre*», en *Carteles*, La Habana, 21, 32, ego, 11, 1940.

«Un humanizador de Martí, compilador y divulgador de su obra», en *Carteles*, La Habana, 22, 29, 46-47, julio 20, 1941.

Saud, Guillermo de, «Una breve charla con Quesada *¡En Cuba Libre!*», en *Bohemia*, La Habana, 31, 31, 7, 22 y 56-58, febrero 12, 1939.

Quintero, **Héctor** (La Habana, 1 octubre 1942-6 abril 2011). Estudió en la Escuela de Comercio de La Habana. Desde muy temprana edad desarrolló labores artísticas en radio y televisión. En 1957 se inició como actor en el teatro. De 1962 a 1967 trabajó en el Instituto Cubano de Radiodifusión. Su obra *Contigo pan y cebolla* obtuvo mención de Teatro en el Concurso Casa de las Américas de 1963 y fue estrenada ese mismo año. *El premio flaco* —mención de Teatro en el Concurso Casa de las Américas de 1965, premio nacional del Centro Cubano de Teatro del I. T. I. (1965), primer premio del Instituto Internacional de Teatro (París, 1968)—, fue estrenada en noviembre de 1966, con motivo del VI Festival de Teatro Latinoamericano de la Casa de las Américas, y ha sido llevada a la escena en México y Moscú. Compuso la música de la comedia *Pato macho*, estrenada en 1967. Escribió el libreto y la música de la comedia *Los siete pecados capitales*, con la que debutó como director en 1968. En diciembre de ese año dirigió la comedia de Gertrudis Gómez de Avellaneda *El millonario y la maleta*. En 1969 se estrenó, dirigida por él mismo, su versión teatral de los cuentos de *El Decamerón*. Representó a Cuba en el Congreso Bianual del Instituto Internacional de Teatro (Budapest, 1969). Ha viajado por varios países de Europa. En 1970 da a la escena *Mambrú se fue a la guerra*, en 1971 *Los muñecones* y en 1974 *Si llueve... te mojas como los demás*. También ha escrito *Paisaje blanco*, dramatización de tres cuentos de Pushkin, Chéjov y Gogol. Trabaja con el grupo Teatro Estudio. Sus obras han sido traducidas al inglés, francés, alemán y ruso.

Bibliografía activa

Contigo pan y cebolla, La Habana, Ediciones R, 1965.

El premio flaco, prólogo de Manuel Galich, La Habana, Ediciones Unión, 1968.

Bibliografía pasiva

A. C. L., «Mambrú se fue a la guerra», en *El Caimán Barbudo*, La Habana, 2.ª época, 43, 31, clic., 1970.

Abdo, Ada, «Una obra, un autor», en *La Gaceta de Cuba*, La Habana, 3, 33, 23, marzo 20, 1964.

Artiles, Freddy, «Ofrecer un buen espectáculo no es todo», en *Juventud Rebelde*, La Habana, 4, febrero 25, 1974.

Cruz-Luis, Adolfo, «Al ritmo de una sociedad en plena construcción, sobre *si llueve..., te mojas como los demás*, en *Juventud Rebelde*, La Habana, 4, febrero 25, 1974.

González, Xiomara, «El *premio flaco* en Moscú», en *Bohemia*, La Habana, 69, 9, 25, febrero 28, 19175.

González de Cascorro, Raúl, «*Contigo pan y cebolla*» en *Granma*, La Habana, 3, 43, 7, febrero 13, 1967.

González Freire, Natividad, «Teatro, *Contigo pan y cebolla*», en *Granma*, La Habana, 2, 111, 7, obr, 22, 1966.

«Sobre dramas y dramaturgos», en *Unión*, La Habana, 6, 4, 240, diciembre, 1967.

«Un premio para el pecado», en *Bohemia*, La Habana, 60, 24, 80, junio 14, 1968.

«*El millonario y la maleta*», en *Bohemia*, La Habana, 61, 5, 70, enero 31, 1969.

«*Cuentos del Decamerón*», en *Bohemia*, La Habana, 61, 43, 42, octubre 24, 1969.

«*Mambrú se fue a la guerra*», en *Bohemia*, La Habana, 63, 4, 78-79, enero 22, 1971.

«*Si llueve te mojas*», en *Bohemia*, La Habana, 66, 8, 33, febrero 22, 1974.

Hofmann, Paul, «Let's see a show in Castro's Cuba», en *The New York Times*, Nueva York 114, 39 313, 11 sección 2, part. 1, septiembre 12, 1965.

Leal, Rine, *En primera persona*, La Habana, Instituto Cubano del Libro, 1967, págs. 338-340.

Lised, «Teatro, *Contigo pan y cebolla*», en *Granma*, La Habana, 2, 97, 7, abril 8, 1966.

Otero, José Manuel, «Éste sí es *El Decamerón*», en *Granma*, La Habana, 3, 234, 6, septiembre 30, 1969.

«¿Volveremos después a *Los muñecones?*», en *Granma*, La Habana, 7, 68, 5, marzo 2.ª, 1971.

Piñeyro, Carlos, «Entrevista con Héctor Quintero», en *Boletín Informativo de la Comisión Nacional Cubana de la UNESCO*, La Habana, 7, 26, 29, septiembre-octubre, 1968.

Valdés Rodríguez, José Manuel, «Tablas y pantallas, *El Premio flaco*», en *El Mundo*, 65, 21 741, 6, noviembre 18, 1966.

Quintero y Woodville, José Agustín (La Habana, 6 mayo 1829-Nueva Orleans, 7 septiembre 1885). De acomodada familia, se educó en el Colegio San Cristóbal, donde fue discípulo de Luz y Caballero. Cursó estudios de derecho en la Universidad de Harvard. Allí cultivó la amistad de Longfellow y Emerson. Se doctoró en la Universidad de La Habana. A su regreso a Cuba en 1848 fue encarcelado con Cirilo Villaverde y otros patriotas y sentenciado a muerte, pero logró evadirse y partir hacia Estados Unidos. Allí fue notario y cónsul de Bélgica y Costa Rica. Amigo del presidente Davies, combatió al lado de los confederados; combatió además en los ejércitos de Juárez, en

México. Se ve obligado a abandonar de nuevo y para siempre su país al estallar la revolución en 1868. Fue director de *La Ilustración Americana y El Ranchero* (Texas) y redactor de El *Picayune* (Nueva Orleans). Colaboró en *El Almendares*, *Revista de La Habana*, *Revista Habanera*, *El Ariguanabo*, *La Verdad*, *El Nuevo Mundo*, *La América*, *El Museo* y en la *Aurora Poética*, junto a Zenea, Santacilia, Teurbe Tolón, Turla y Castellón figuró en el poemario *El laúd del desterrado* (Nueva York, Imprenta de La Revolución, 1858). También publicó poesías en la *Corona fúnebre consagrada a la memoria de Manuel Quibus por sus amigos* (1851). En 1852 escribió con Juan Clemente Zenea la leyenda en verso *La Azucena del valle*. El manuscrito de su *Lyric poetry in Cuba* se conserva en la Biblioteca Pública de Boston. Tradujo del alemán y del inglés, idioma al que también tradujo. Su obra se encuentra dispersa en las publicaciones en que colaboró. Usó el seudónimo *Fernando de Monclova*.

Bibliografía activa

Apuntes biográficos del Mayor General Juan Antonio Quitman, Nueva Orleans, Sherman, Wharton, 1955.

Bibliografía pasiva

Carbonell, José Manuel, «José Agustín Quintero, 1829-1885», en su *La poesía lírica en Cuba*, recopilación dirigida, prologada y anotada, tomo 3, La Habana, Imprenta El Siglo XX, 1928, págs. 283, 287, Evolución de la cultura cubana, 1608-1927, 3.

«José Agustín Quintero», en su *Los poetas de El laúd del desterrado*, Quintero-Teurbe Tolón-Santacilia-Turla-Castellón-Zenea, discursos pronunciados en la Academia Nacional de Artes y Letras, prefacio de Enrique José Varona, La Habana, Imprenta Avisador Comercial, 1930, págs. 13-30.

Chacón y Calvo, María, «José Agustín Quintero», en su *Las cien mejores poesías cubanas*, Madrid, Editorial Reus, 1922, págs. 182.

«Poetas de ayer, José Agustín Quintero», en *Yara*, La Habana, 1, 11, 8, febrero, 1926.

Esténger, Rafael, «José Agustín Quintero», en su *Cien de las mejores poesías cubanas*, 3.ª edición, con un ensayo preliminar y la inclusión de poetas actuales, La Habana, Ediciones Mirador, 1959, págs. 172.

«Expediente instruido para averiguar la conducta del súbdito norteamericano don José Agustín Quintero», en *Boletín del Archivo Nacional*, La Habana, 20, 4-6, 342-343, julio-diciembre, 1921.

Havá, J. G., «José Agustín Quintero», en *Cuba y América*, La Habana, 1, 7, 122, 292-294, marzo, 1903.

«José Agustín Quintero», en *El Palenque Literario*, La Habana, nueva época, 1, 6, 140-141, septiembre 20, 1885.

Lezama Lima, José, «José Agustín Quintero» en su *Antología de la poesía cubana*, tomo 3, La Habana, Editora del Consejo Nacional de Cultura, 1965, págs. 269-271.

«Miscelánea, José Agustín Quintero», en *Re-*

vista Cubana, La Habana, 2, 286, septiembre, 1885.

Trelles y Govín, Carlos Manuel, «Datos para la biografía del poeta José Agustín Quintero», en *El Fígaro*, La Habana, 38, 42, 641, 1921.

Quiñones, Serafín (La Habana, 5 agosto 1942). Cursó la primaria y hasta tercer año de bachillerato en su ciudad natal. Desempeñó diversos trabajos. En 1959 fundó, con un grupo de estudiantes, la revista *Juventud*. Dirigió *Moncada* (1959-1960), órgano oficial de la Casa del 26 de julio de Ceiba y Puentes Grandes (La Habana). Perteneció a las Fuerzas Armadas Revolucionarias entre 1960 y 1966. Terminó el primer año de la licenciatura en Historia en la Universidad de La Habana. Ha trabajado en el INRA y como profesor de historia en la segunda enseñanza. Sus colaboraciones han aparecido en *Cuba*, *La Gaceta de Cuba*, *El Placer de Leer*. En 1970 ganó el Premio David, de la UNEAC, con su libro de cuentos *Al final del terraplén, el Sol*. Es autor de guiones para el ICR.

Bibliografía activa.

Al final del terraplén, el Sol, cuento, La Habana, Instituto Cubano del Libro, 1971.

Quita Pesares (La Habana, 1845). «Biblioteca extravagante, escrita en sentido burlesco y diabólico bajo la dirección de don Teodoro Guerrero y don A. A. Orihuela», según consta en la página 85 del tomo 3 de la obra de Carlos Manuel Trelles, *Bibliografía cubana del siglo XIX* (Matanzas, Imprenta de Quirós y Estrada, 1912). Señala además Trelles que «se publicaba por entregas», aunque el volumen consultado carece de fecha y de numeración. Aparecieron en sus páginas poemas, cuentos, pequeñas piezas teatrales, artículos costumbristas crítica literaria y notas sobre las modas. Figuraron como colaboradores Joaquín G. de la Huerta, José Victoriano Betancourt, Juan Martínez Villerga, Próspero Massana, Francisco Javier Foxá y José M. Salas y Quiroga. De los poetas españoles Ramón de Campoamor y Manuel Bretón de los Herreros se incluyen varias composiciones poéticas. Al final del volumen aparece un índice con el nombre de los autores que colaboraron y el título de las composiciones insertadas.

www.ingramcontent.com/pod-product-compliance
Lightning Source LLC
Chambersburg PA
CBHW022235020726
47496CB00004B/921

* 9 7 8 8 4 9 9 5 3 7 7 4 0 *